***ACCESO GRATIS** a la Lectura en la Nube*

Para visualizar el libro electrónico en la nube de lectura envíe junto a su nombre y apellidos una fotografía del código de barras situado en la contraportada del libro y otra del ticket de compra a la dirección:

ebooktirant@tirant.com

En un máximo de 72 horas laborales le enviaremos el código de acceso con sus instrucciones.

La visualización del libro en **NUBE DE LECTURA** excluye los usos bibliotecarios y públicos que puedan poner el archivo electrónico a disposición de una comunidad de lectores. Se permite tan solo un uso individual y privado

INSOLVENCIA Y ACCIÓN RESCISORIA CONCURSAL

Doctrina, jurisprudencia y formularios

INSOLVENCIA Y ACCIÓN RESCISORIA CONCURSAL

Doctrina, jurisprudencia y formularios

Eduardo Aznar Giner
Abogado. Administrador Concursal
Socio Director de AZNAR & MONDÉJAR ABOGADOS
Socio de AZPAL ADMINISTRADORES CONCURSALES

tirant lo blanch
Valencia, 2025

Colección dirigida por:

Enrique Sanjuan y Muñoz
Magistrado

Ana Belén Campuzano
Catedrática de Derecho Mercantil

EDITA: TIRANT LO BLANCH
C/ Artes Gráficas, 14 - 46010 - Valencia
TELFS.: 96/361 00 48 - 50
FAX: 96/369 41 51
Email: tlb@tirant.com
www.tirant.com
Librería virtual: www.tirant.es
DEPÓSITO LEGAL: V-2393-2025
ISBN: 979-13-7010-637-9
MAQUETA: Innovatext

Si tiene alguna queja o sugerencia, envíenos un mail a: *atencioncliente@tirant.com*. En caso de no ser atendida su sugerencia, por favor, lea en *www.tirant.net/index.php/empresa/politicas-de-empresa* nuestro procedimiento de quejas.

Responsabilidad Social Corporativa: http://www.tirant.net/Docs/RSCTirant.pdf

Índice

Dedicatoria

A Julia, Álvaro, y Jorge Aznar Nebot, mi orgullo, absoluto orgullo, con el deseo que hagáis propias las palabras del insigne literato Jack Kerouac, y siempre recordéis que la libertad no reside en correr sin rumbo sino en elegir el propio camino, el adecuado, porque la vida es un viaje y solo vosotros podéis decidir hacia donde queréis ir.

En Valencia a 2 de junio de 2025

EDUARDO AZNAR GINER

I. Planteamiento

El día 1 de septiembre de 2004, entró en vigor la Ley 22/2003, de 9 de julio, Concursal (LC). Esta Ley, que supuso el fin de un arduo y complejo camino para la modernización de nuestro sistema concursal,[1] introdujo numerosos cambios respecto del precedente sistema de quiebra y suspensión de pagos. Especialmente, en lo relativo a extender el concurso a los no comerciantes.

Uno de los puntos que más problemas había causado bajo el régimen derogado de la quiebra, era el relativo al reintegro de la masa activa, esto es, la recuperación de los bienes del deudor que habían salido indebidamente de su patrimonio antes de instarse

1 Con relación a los antecedentes históricos previos a la vieja Ley Concursal, vid. AÑOVEROS TRIAS DE BES, X. "El derecho concursal en las ordenanzas de Bilbao", en "Estudios sobre la Ley Concursal. Libro homenaje a Manuel Olivencia", AA.VV., Madrid, 2004, pgs. 55 a 78; BETANCOURT, F. "El Concurso de acreedores en el derecho romano clásico", en "Estudios sobre la Ley Concursal. Libro homenaje a Manuel Olivencia", AA.VV., Madrid, 2004, pgs. 55 a 78; FERNÁNDEZ-NOVOA, C. "El anteproyecto de la ley de Concurso de acreedores de 1959", en "Estudios sobre la Ley Concursal. Libro homenaje a Manuel Olivencia", AA.VV., Madrid, 2004, pgs. 173 a 179; CORDONES RAMÍREZ, M. "Apuntes históricos sobre la evolución del sistema de quiebra de los comerciantes (especial referencia a las ordenanzas consulares de Málaga: un precedente olvidado en la historia del derecho concursal español)", en "Estudios sobre la Ley Concursal. Libro homenaje a Manuel Olivencia", AA.VV., Madrid, 2004, pgs. 147 a 155. También, DÍEZ-PICAZO, L. "Algunas acotaciones civilistas al Proyecto de Ley Concursal", en "Estudios sobre la Ley Concursal. Libro homenaje a Manuel Olivencia", AA.VV., Madrid, 2004, pgs. 175 y 156.

la quiebra. A tal efecto, cabe recordar la famosa, y temida, retroacción de la quiebra[2].

Esta figura, que dio lugar a numerosos conflictos, especialmente a la hora de fijar el día de retroacción, que quedaba al arbitrio del Juez, fue sustituida en la LC por un sistema de reintegración basado en el ejercicio en el seno del concurso, vía incidente, de las acciones impugnatorias contra los actos del deudor que reúnan determinados requisitos[3]. Este sistema, con alguna modificación, de tizne meramente aclaratorio o matizatorio,[4] se mantiene en el actual y vigente TRLC.

Una de estas acciones, la específicamente concursal, es la llamada acción rescisoria concursal,[5] basada ya no en el fraude, sino en el perjuicio causado por el deudor en la masa activa, recogida inicialmente en el art. 71 de la vieja LC, y actualmente, en los arts. 226 y ss TRLC.

Voy a dedicar este trabajo a esta concreta acción rescisoria concursal, desde las diversas perspectivas que ofrece, examinando su regulación con una finalidad planteatoria de los problemas y dudas interpretativas que me surgen, y facilitadora, al menos lo intentaré, de respuestas a estos interrogantes. Eso si, siempre con el necesario e imprescindible estudio de la opinión de nuestra doctrina y las resoluciones judiciales que, sobre la materia, han

---

2 Sistema calificado, significativamente, en la propia exposición de motivos de la LC como "perturbador".

3 Efectuando un completo análisis de la anterior regulación concursal en conexión con la LC, vid. GARCÍA-CRUCES J.A., "De la retroacción", pgs. 43 a 80.

4 VILLORIA RIVERA, I. "Acción", pg. 427.

5 En el penúltimo capítulo de este libro, se recoge una bibliografía sobre esta acción rescisoria concursal. La consulta de todas las referencias bibliografías que allí efectúo, todas absolutamente interesantísimas, se me antoja recomendable. Pero hay una monografía, "La rescisión concursal" de Ignacio Sancho Gargallo que, por su profundidad y relevancia, debo resaltar y recomendar vivamente su estudio. Y darla aquí por íntegramente citada en el presente libro.

dictado los Tribunales, en especial la Sala de lo Civil de nuestro Tribunal Supremo. Y aportando un ramillete de formularios sobre la materia, ya adaptados a la Ley Orgánica 1/2025, de 2 de enero, de medidas en materia de eficiencia de Servicio Público de Justicia. Vamos allá.

II. Naturaleza jurídica de la acción rescisoria concursal

En el ámbito de la insolvencia y, esencialmente, en materia de reintegración, la naturaleza de la acción rescisoria concursal surge como una cuestión **compleja**, y germinadora de diferentes cuitas y diatribas doctrinales, asomatorias de variadas **posturas y opiniones** al respecto**, todas ellas, cierto es, fundadas sólidamente**.[6]

Efectuando una suerte de spoiler, adelanto aquí mi opinión, y entiendo innegable que la acción rescisoria concursal aparece intensamente impregnada de **la naturaleza rescisoria de la** acción revocatoria o **pauliana**, aunque también **presenta caracteres propios** y ajenos a la referida paulianidad que permiten concluir su configuración como **acción autónoma e independiente, con su propia naturaleza, distinta de las demás** acciones **impugnatorias.**[7] Lo explico.

El sistema de reintegración rescisorio previsto en los arts. 226 y ss TRLC, deserta de la retroacción judicial prevista en el difunto sistema de la quiebra (art. 878.2 C.Com), atada devastatoriamente a un periodo de tiempo fijado por el Juez, y se orquesta en torno a una acción requeritoria de su ejercicio por legitimado, y que ataca actos del concursado perpetrados durante un determinado periodo sospechoso, pero no todos, únicamente los perjudiciales. Además, ese perjuicio no conecta con los acreedores individualmente considerados, sino con la masa activa del concurso, y pre-

---

6 Nos remitimos a la bibliografía reseñada al final de este libro, donde pueden observarse las diferentes posiciones doctrinales, especialmente respecto a su consideración como acción rescisoria o revocatoria.

7 FUENTES DEVESA, R. "Reintegración", pg. 1248.

tende eliminar los efectos perniciosos de dichos actos mediante la reintegración de los bienes al patrimonio del deudor.[8]

La acción rescisoria concursal pretende que el acto impugnado, en principio, válido, y no nulo o anulable, devenga declarado ineficaz y por no realizado, procediendo la devolución de las cosas con sus frutos y del precio con sus intereses. Y aquí se me antoja evidente e incontrovertido que la acción rescisoria concursal participa de la naturaleza de la acción pauliana.

Pero también es cierto que, por razones de oportunidad, la acción rescisoria concursal también ataca actos nulos o anulables que aparecen perjudiciales para la masa activa.[9]

Además, la acción rescisoria concursal presenta cualidades y caracteres sustanciales y extraños a aquella, que le dotan de una configuración autónoma. Así, a diferencia de la pauliana, la rescisión concursal precisa como el comer de la declaración y vigencia del concurso de acreedores del deudor. En tanto en cuanto no exista tal declaración, los actos del deudor no son rescindibles mediante la acción rescisoria de marras.

Por otro lado, la acción pauliana queda enraizada y atada inescindiblemente al fraude a los acreedores. La rescisoria concursal, por el contrario, al perjuicio a la masa activa del concurso. No implica ello que el fraude sea indiferente en la acción rescisoria concursal pues, ciertamente, se ha objetivado en el perjuicio patrimonial a la masa activa. Más adelante me ocupo de esto.

Además, mientras los arts. 226 y ss. TCLC establecen diversos supuestos en orden a la carga de la prueba del perjuicio patrimonial, el art. 1297 CC presume paulianamente celebrados en fraude de acreedores todos aquellos contratos por virtud de los cuales el deudor enajenare bienes a título gratuito, y fraudulentas las enajenaciones a título oneroso, hechas por aquellas personas

---

8 HERNÁNDEZ MARTÍ, J. "Efectos", pg. 298. VILLORIA RIVERA, I. "Acción", pg. 427.

9 MARTÍNEZ MUÑOZ, M y DELCLAUX ARANA, L. "La acción", pg. 517.

contra las cuales se hubiese pronunciado antes sentencia condenatoria en cualquier instancia o expedido mandamiento de embargo de bienes.

Finalmente, y a diferencia de la acción rescisoria concursal, la pauliana exhala subsidiariedad, y ata su ejercicio a la impepinable carencia acreedora de todo recurso legal para obtener la reparación del fraude.

En definitiva, la rescisión concursal contemplada en el TRLC conecta con la categoría general del CC, considerando las específicas acciones que se regulan como manifestaciones particulares de la ineficacia pauliana, en cuanto responden a la misma finalidad que no es otra que la de rescindir actos válidos en interés de los acreedores, teniendo en cuenta, al mismo tiempo, el interés del tercero afectado por la ineficacia y graduando el alcance de las consecuencias según la naturaleza del acto rescindible. Pero con las particularidades antes expuestas que la convierte en una rescisoria especial con un campo de actuación más amplio que la rescisoria común.[10]

---

10 MARTÍNEZ MUÑOZ, M y DELCLAUX ARANA, L. "La acción", pg. 517.

III. Los presupuestos de la acción rescisoria concursal

La acción rescisoria concursa requiere para su ejercicio la concurrencia de determinados presupuestos, esencialmente, la perpetración dentro de un periodo sospechoso de determinado acto del deudor que resulte perjudicial para la masa activa del concurso. Y otros presupuestos que a continuación voy a analizar. La concurrencia de todos ellos permite el triunfo de esa acción rescisoria concursal, eso si, siempre que no concurra mala fe (art. 7.1 CC) o abuso de derecho en la conducta de la actora (7.2 CC), en cuyo caso, procede su desestimación por muy perjudicial que resulte el acto maliciosamente atacado.[11] En este sentido, la sentencia del Tribunal Supremo, de fecha 15 de septiembre de 2015, rechaza la rescisión concursal planteada a la vista que el concurso de acreedores fue planteado abusivamente y a los exclusivos efectos posibilitarorios del ejercicio de la acción rescisoria.

Dicho lo cual, paso a examinar los presupuestos de la acción rescisoria concursal.

III.1. LA PREVIA DECLARACIÓN DEL CONCURSO COMO PRESUPUESTO PARA EL EJERCICIO DE LA ACCIÓN RESCISORIA

El ejercicio de la acción rescisoria concursal requiere, art. 226 TRLC, la previa declaración en concurso del deudor,[12] constitu-

---

11 VILLORIA RIVERA, I. "Acción", pg. 427.

12 HERNÁNDEZ MARTÍ, J. "Efectos", pg. 2
Como recuerda CRESPO AULLE, F. "Comentarios", pg. 1369, bajo el anterior régimen de la quiebra, el ejercicio de la acción de reintegra-

yéndose ese procedimiento concursal en su único hábitat natural y campo de actuación. La rescisión nace con la referida declaración, y fenece, sin perjuicio de lo que más adelante expondré, a la conclusión del proceso concursal.

Este inicial momento conecta con el dictado del auto de declaración de concurso (art. 28 TRLC), y no cuando éste adquiere firmeza. Mantener la postura contraria, supone no solo ocasionar un perjuicio adicional a los acreedores,[13] sino también contrariar el carácter inmediatamente ejecutivo de tal resolución declaracional, que produce ipso facto los efectos establecidos en el TRLC (art. 32 TRLC).

En aras de la celeridad y seguridad que impregna los procedimientos concursales, cabe imponer el inmediato carácter ejecutivo, aunque provisional, del auto que declara el concurso, tras la firma del Juez y sin necesidad de esperar a la notificación ni a la publicación del concurso en el BOE (art. 35.1 TRLC) o por los medios que el Juez haya estimado convenientes (art. 35.2 TRLC). E incluso con anterioridad a que la resolución se haya inscrito en los preceptivos registros (arts. 36 y 37 TRLC)[14]. O prescindiendo de una eventual interposición de recurso apelativo contra dicho auto en el supuesto de concurso necesario que, conforme al art. 25.1 TRLC carece de efecto suspensivo salvo que, excepcionalmente, el Juez acuerde lo contrario.

El ejercicio de la acción rescisoria concursal procede con independencia que el concurso se haya declarado a instancias del deudor, o de cualquier otro legitimado al efecto (arts. 3, 40, 41,

---

ción exigía la prueba de la insolvencia del deudor y su condición de comerciante. Esta ultima condición ha desparecido ya que, bajo la vieja LC, y el actual TRLC, el concurso es aplicable tanto a comerciantes como a no comerciantes.

13 HERNÁNDEZ MARTÍ, J. "Efectos", pg. 298. Así resulta del art. 32 TRLC, según el cual, el auto de declaración de concurso producirá de inmediato los efectos establecidos en el TRLC y tendrá fuerza ejecutiva, aunque no sea firme.

14 PULGAR EZQUERRA, J. "La declaración", pg. 739.

567, 568, y 569 TRLC, y 163 TRLMV). O con su consideración de concurso voluntario o necesario (art. 29 TRLC). O declarado ante una insolvencia actual o inminente del deudor (art. 2.3 TRLC).[15]

Pero en el concurso de acreedores, la rescisoria concursal riñe a muerte con la probabilidad de insolvencia (art. 584.2 TRLC), en el sentido que esta última resulta habilitadora de la entrada del deudor en el espacio del preconcurso reestructurador, aunque no a efectos de su declaración en concurso de acreedores, declaración que se constituye, reitero, en presupuesto inexcusable y preciso para el nacimiento de la acción rescisoria concursal.

Y desde la perspectiva del abominable procedimiento especial para microempresas, la acción rescisoria concursal se aparta irreconciliablemente de la insolvencia inminente y la probabilidad de insolvencia, a la vista que el ejercicio de las acciones rescisorias en el aquelarre microempresarial, solo queda permitido en situación de insolvencia actual del deudor (art. 695.6 TRLC).

Finalmente, la rescisión concursal también resulta incompatible con la declaración y conclusión del concurso sin masa por los tramites de los arts. 37 ter y ss TRLC. O la conclusión del concurso por insuficiencia de masa activa posterior al auto de declaración del concurso (arts. 473 y ss TRLC). Ambos supuestos requieren la inexistencia, o falta de indicios en el concurso sin masa, de actos perjudiciales para la masa activa que resulten rescindibles conforme a lo dispuesto en el TRLC. Vuelvo sobre ello más adelante.

III.2. LOS ACTOS DEL DEUDOR COMO OBJETO DE LA ACCIÓN RESCISORIA CONCURSAL

III.2.1. Concepto de acto

La acción rescisoria concursal impacta en actos del deudor, concretamente, en todos los actos del deudor, en un sentido am-

---

15 LEÓN SANZ, F.J. "El sistema", pg. 257.

plio y flexible[16], salvo los expresamente excluidos y que a continuación expondré.

A efectos rescisorios concursales, cabe partir de un concepto amplio y abierto de "acto",[17] comprensivo de cualquier declaración de voluntad del deudor autodisciplinando sus intereses,[18] y aunque en un primer entendimiento de la norma cabria limitar esa noción, exclusivamente, a los de disposición, considerando que sólo ese tipo de actos merman la masa del concurso,[19] resulta indiferente que el acto sea de disposición o de administración, por cuanto esta distinción, más que atender a la naturaleza del acto, toma en consideración la finalidad del mismo.[20] Evidentemente, no cabe restringir el concepto aquí analizado únicamente a los contratos.[21]

Dentro de este surtido amplio y flexible, la actora soporta la carga procesal de concretar, con precisión y claridad, qué es-

---

16 LEÓN SANZ, F.J. "El sistema", pg. 258; y "Comentario", pg. 1305; y ESCRIBANO GAMIR, R.C. "La reintegración", pg. 4029. También GONZÁLEZ VÁZQUEZ, J.A. "Las acciones", pg. 592. FUENTES DEVESA, R. "Reintegración", pg. 1249.

17 LEÓN SANZ, F.J. "El sistema", pg. 258; y "Comentario", pg. 1305. MARTÍNEZ MUÑOZ, M. y DELCLAUX ARANA, L. "La acción", pg. 516. ARIAS VARONA, F.J. "De la reintegración", pg. 1311. FUENTES DEVESA, R. "Reintegración", pg. 1249.

18 HERNÁNDEZ MARTÍ, J. "Efectos", pg. 298.

19 ROMERO MATUTE, B. "El concurso de acreedores", pg. 187.

20 HERNÁNDEZ MARTÍ, J. "Efectos", pg. 298, quien recuerda la distinción entre acto como declaración de voluntad, y la declaración de ciencia, que no es más que un medio de prueba.
En el mismo sentido, CRESPO AULLE, F. "Comentarios", pgs. 1377 y 1378, aun cuando parece que el autor citado parte de la consideración de que solo son perjudiciales los actos de disposición, en tanto en cuanto suponen un empobrecimiento del deudor y un enriquecimiento de un tercero.
También vid. RIBELLES ARELLANO, J.M. "Las acciones", pg. 324.
Contra, GARCÍA SANZ, A. "Notas", pg. 4067 y ROMERO MATUTE, B. "El concurso de acreedores", pg. 187.

21 LEÓN SANZ, F.J. "El sistema" pg. 258; y "Comentario", pg. 1305.

pecíficos actos jurídicos impugna rescisoriamente. A diferencia del anterior régimen de la retroacción de la quiebra, la vieja LC, y ahora el TRLC, apuesta por una selección concretiva de los actos del deudor sometidos a rescisión concursal, huyendo de la universalidad, e imponiendo el ataque rescisorio solo de aquellos actos reunitorios de determinados presupuestos, y que resulten perjudiciales para la masa activa. Así, vid. sentencia de la Audiencia Provincial de Castellón, de fecha 3 de febrero de 2024:

> "...Asimismo, doctrina y jurisprudencia han examinado y perfilado cuál puede ser el objeto de la acción rescisoria concursal. La normativa concursal contempla la rescisión de "actos". Utiliza por tanto un concepto amplio, que permite la impugnación no solo de negocios jurídicos, bilaterales o unilaterales, sino de otras declaraciones de voluntad y comportamientos voluntarios con trascendencia jurídica (v. gr., Sentencia n.º 493/2011, de 15 de diciembre, de la Sección 15.ª de la Audiencia Provincial de Barcelona), incluidos actos debidos si concurren circunstancias de cierta excepcionalidad (v. gr., Sentencias de la Sala Primera del Tribunal Supremo n.º 629/2012, de 26 de octubre o n.º 487/2013, de 10 de julio, entre otras). Ahora bien, ello no supone que la parte actora no deba concretar, con precisión y claridad, qué específicos actos jurídicos impugna. Ni tampoco que una Sentencia, en principio estimatoria, obvie la declaración de ineficacia de concretos actos suficientemente identificados (artículo 235.1 del TRLC). Precisamente, una de las principales novedades de la LC de 2003 fue sustituir el anterior sistema de retroacción y nulidad de actos realizados por el deudor en el denominado período sospechoso, próximo a la declaración de concurso. Frente a ese anterior sistema, indiscriminado y que la propia normativa calificó de "perturbador" (Exposición de Motivos de la LC, apartado III, in fine), se opta, en palabras de la doctrina científica, por un modelo de "reacción discriminada", basado en un "sistema totalmente diferente de acciones de reintegración selectiva" (L. Garrido Espá y R. Gimeno-Bayón Cobos en "Los efectos de la declaración de concurso sobre los actos perjudiciales para la masa", publicado en la obra coordinada por B. A. González Navarro, Ed. Lex Nova, 1.ª edición, junio 2009, págs. 231 y 235). Lo coherente con esa discriminación y carácter selectivo es que se determinen los concretos actos jurídicos perjudiciales que se impugnan..."

Por el contrario, no se incluye en dicha categoría los simples hechos jurídicos ni las omisiones.[22] Pese a no resultar argumentos del todo concluyentes, el tenor literal del art. 226 TRLC, aluditivo, en exclusiva, a "actos", sin referencia alguna a las omisiones, la exclusión de estas del sistema rescisorio general del Código Civil, en el que, con sus especialidades, se integra la acción rescisoria concursal, y razones de seguridad jurídica y la evidente dificultad práctica para implementar la rescisión de una omisión, conducen a mantener la anterior conclusión.[23]

Huelga decirlo, pese a lo silente de la norma, los actos del deudor, de disposición o de administración, precisan la tenencia de un contenido patrimonial.[24]

Con relación a la rescisión de omisiones, resulta recomendable leer la sentencia del Juzgado de los Mercantil núm. 1 de Madrid, sentencia de fecha 30 de noviembre de 2010,que acomete la cuestión de la rescindibilidad del sentido del voto emitido en una Junta General:

> "...En todo caso y en aras de la complitud, si pudiera interpretarse que en realidad lo que la demandante impugna es la omisión en la concurrencia a la ampliación de capital, aprobada en ECOEDI 2002, S.A., no consideramos que exista precepto legal alguno

---

22 Así vid. HERNÁNDEZ MARTÍ, J. "Efectos", pg. 298 y SILVETTI, E. "Comentarios", pg. 554, quien señala, a título de ejemplo, la salida de un bien del patrimonio del deudor por accesión o la prescripción de una acción por inactividad del deudor.
Contra vid. VILLORIA RIVERA, I. "Acción", pg. 428. O LEÓN SANZ, F.J. "El sistema", pg. 259; y "Comentario", pg. 1305, quien excluye del concepto los hechos jurídicos, aun cuando si que incluye las omisiones. Pese a ello, entiende el autor que no es un acto rescindible la renuncia del concursado a una oportunidad de negocio. Y ello aun cuando, "strictu sensu", podría calificarse de omisión.

23 MARTÍNEZ MUÑOZ, M. y DELCLAUX ARANA, L. "La acción", pg 516. Contra, VILLORIA RIVERA, I. "Acción", pg. 428. O FUENTES DEVESA, R. "Reintegración", pg. 1249.

24 CRESPO AULLE, F. "Comentarios", pg. 1378. FUENTES DEVESA, R. "Reintegración", pg. 1249.

que impida a limine litis sustanciar la acción ejercitada. Siendo la rescisión concursal de las omisiones una cuestión dudosa en Derecho español (negando su aceptación en la doctrina). E. Aznar Giner, La acción rescisoria concursal, Madrid: Tirant-lo-Blanch, 2009, pg. 16 y especialmente n. 16 y B. Rodríguez Achútegui en VV.AA. La Reintegración en **el Concurso de Acreedores,** Madrid: Aranzadi-Thomson, 2009, pg. 67), hemos de advertir que dicha posibilidad no aparece expresamente excluida en el texto de la Ley 22/2003. Tal silencio no puede considerarse que obedezca a un simple olvido o ignorancia de la posibilidad de que una actitud omisiva del deudor-pueda ocasionar un perjuicio para la masa activa, pues ya en el art. 92 del Anteproyecto de **Ley Concursal** de 1995 se habla aludido expresamente a la posibilidad de impugnación no sólo de los actos sino también de las omisiones a través de las acciones rescisorias concúrsales. En tal sentido debemos advertir, frente a cualquier argumentación que pudiera sostener la imposibilidad lógica de la rescisión de una actitud meramente omisiva atribuible al concursado y causante de un perjuicio para la masa activa, que la normativa concursal de algunos de los modelos que en Derecho comparado fueron considerados por el Legislador español expresamente contempla la posibilidad de impugnar tales omisiones (así, el § 129 de la InsO alemana de 5 de octubre de 1994 y § 1.2 de la AnfG); mientras que en otros palees, a falta de un expreso reconocimiento (como acontece en España) han sido la jurisprudencia y la doctrina las que han colmado la laguna, interpretando el concepto de 'acto rescindible' en el sentido de incluir también las omisiones (así, por referencia a la Ley suiza, véase VV.AA. Kommentar zum Bundesgesetz über Schuldbetreibung und Konkurs, T. III, Basilea: Helbing Lichtenhahn Verlag, 2005, Art. 285 marg. 11). Por consiguiente, no habiendo mencionado expresamente el Legislador español las omisiones perjudiciales entre los supuestos excluidos de la posibilidad de rescisión que se enumeran en el art. 71.5 LC, debemos entender que se ha remitido a la interpretación que la doctrina y jurisprudencia puedan atribuir al concepto de acto rescindible, a la luz de la propia evolución del tráfico jurídico en este ámbito y de los desarrollos que en Derecho comparado puedan darse. CUARTO.— Centrada como queda la cuestión, se hace ocioso examinar una gran parte de los hechos accesorios y periféricos profusamente expuestos por las partes y acreditados con ingente documentación. Sucintamente expuesta, la única cuestión controvertida consistiría en determinar si el voto favorable por parte de la sociedad CONSTRUCCIONES EDISAN, S.A. a una ampliación de capital en la sociedad ECOEDI 2002, S.A. puede interpretarse como un acto dispositivo perjudicial para la masa activa de la concursada. Y la respuesta a esta cuestión debe ser necesariamente negativa, como seguidamente vamos a ver. A título introductorio conviene recordar que las acciones concúrsales de reintegración encuentran su justificación en la concreta recuperación para la masa activa de bienes o derechos salidos del patrimonio del concursado en perjuicio de los acreedores. El acto u omisión (sí es que las omisiones pueden ser objeto de rescisión) debe ser de naturaleza dispositiva o bien equivaler a una disminución patrimonial sin correlativa contraprestación. Allí donde no se ha producido por acción u omisión la salida de bienes o derechos del patrimonio del concursado, la acción rescisoria concursal carece de razón de ser. Por los mismos motivos no es dable rescindir el no aprovechamiento de una mera oportunidad de negocio (E. Aznar Giner, op. cit. pg. 17) ni la omisión de adquirir bienes o derechos de cualquier naturaleza (dicha posibilidad ni siquiera se contempla en los ordenamientos que permiten la rescisión de las omisiones: véase, para el Derecho alemán W. Gerhardt, 'Die Anfechtung im Konkurs') ZZP 1986, T. 99, pg. 415). En el presente caso, difícilmente puede decirse que el voto favorable a una ampliación de capital supusiera un menoscabo patrimonial para la concursada. Al adoptar dicha decisión de voto, lo único acaecido fue que la concursada no utilizó su mayoría en la sociedad ECOEDI 2002, S.A. Para oponer trabas al otro socio (EUROPEA DE DESARROLLOS URBANOS, S.A.) en su voluntad de acceder al control de la compañía, que CONSTRUCCIONES EDISAN, S.A., debido a su situación de debilidad financiera, no podía continuar manteniendo ante la inaplazable inyección de liquidez que se precisaba en la empresa participada. En consecuencia no concurre el primer requisito de la acción de reintegración, que es la existencia de un acto perjudicial de naturaleza dispositiva: la concursada adquirió en el año 2004 una participación en el capital de ECOEDI 2002, S.A. y sigue siendo titular de la misma. Dicha participación le confería una situación dominante en la sociedad, pero dicha situación se vio truncada precisamente por las necesidades financieras de la mercantil participada que, no siendo atendidas por CONSTRUCCIONES EDISAN, S.A., tuvieron que ser asumidas por el otro socio de la entidad, significando todo ello el lógico traspaso de poder a este último derivado de su mayor participación en el negocio. Ni siquiera el patrimonio de ECOEDI 2002, S.A., se ha visto mermado a resultas de ningún acto de naturaleza, dispositiva, toda vez que los valiosos inmuebles de los que es propietaria dicha sociedad no han hecho salida de su patrimonio. Dado que la enajenación de dichos inmuebles se plantea a día de hoy en términos puramente conjeturales, ignoramos por completo qué efecto podrá tener dicha operación sobre la valoración económica de la inversión de la concursada en su conjunto. De ahí que ni siquiera sea procedente entrar a enjuiciar (punto clave del debate entre las partes) cuál de las valoraciones de tales terrenos se ajusta a su valor de mercado, pues ninguno de ellos pertenece ni ha pertenecido en ningún momento al patrimonio de la concursada, siendo por ende imposible que pueda predicarse, respecto de cualquier acto de disposición de los mismos, la existencia de perjuicio para la masa activa. Pues aunque en términos puramente especulativos sería posible el ejercicio de una acción de reintegración para rescindir la disposición de un inmueble por parte de una sociedad distinta de la concursada, combinando dicha rescisión con la doctrina del **levantamiento del velo** social, lo cierto es que en el presente caso dicho análisis se revelaría infructífero: la concursada no era ni inmediata ni mediatamente propietaria de los inmuebles en cuestión (existía otro socio, que desde luego no era un mero testaferro), por lo que ni siquiera su transmisión a valor inferior al de mercado podría juzgarse un acto perjudicial para la masa activa de este concurso. Descartada la identificación entre el voto favorable a la ampliación de ECOEDI 2002, S.A. y un acto de carácter dispositivo, tampoco podemos aceptar que el mismo suponga un perjuicio para la masa activa de CONSTRUCCIONES EDISAN, S.A. en los términos exigidos por la norma del **art. 71 LC**. Mientras que, en términos teóricos, podría plantearse sin lugar a dudas la rescisión de aportaciones dinerarias o no dinerarias al patrimonio de una sociedad por parte de un deudor en concurso, incluyendo la compensación de créditos existentes contra dicha sociedad; debemos considerar que el mero voto favorable a una ampliación de capital en una sociedad de la que es accionista la concursada, no concurriendo esta última a la ampliación, resulta absolutamente inocuo para el patrimonio de la deudora..."

III.2.2. Supuestos de actos del deudor que pueden ser objeto de la acción rescisoria

Puede leerse en la sentencia de la Audiencia Provincial de Barcelona, de fecha 15 de diciembre de 2011:

"...Por otra parte, el término 'acto de disposición' debe entenderse en un sentido amplio: abarca tanto los contratos y negocios (unilaterales o bilaterales, gratuitos u onerosos), como los pagos (también por compensación) y las declaraciones unilaterales de

> voluntad que comportan un sacrificio patrimonial, como es el reconocimiento de derechos a favor de terceros, la renuncia de derechos propios e, incluso, el afianzamiento de una deuda ajena. Por lo que un acuerdo transaccional, en principio, puede ser objeto de rescisión, pero siempre que la renuncia, entrega o reconocimiento de derechos realizada por el deudor concursado haya generado un perjuicio para la masa activa..."

Obviamente, se incluyen dentro del concepto de acto,[25] tanto aquellos unilaterales como plurilaterales como la renuncia a un derecho real de garantía, a una servidumbre (art. 546 CC), o a la prescripción ganada (1955 CC); la repudiación de la herencia; la falta de aceptación de una donación;[26] la condonación de una deuda (1187 y ss. CC)[27]; la imputación de pagos (art. 1172 CC); la representación conferida a un tercero; la ratificación de un contrato otorgado en nombre del concursado por un tercero sin poder o extralimitándose del conferido en su día (art, 1259 CC); la revocación de dicho contrato; la confirmación de un contrato nulo (art. 1311 CC); y el pago al concursado por su deudor apartándose de la obligación contraída.[28] También se incluyen actos procesales de parte como el desistimiento, la renuncia o el allanamiento[29].

Entendiendo la renuncia a la prescripción ganada como acto susceptible de rescisión concursal, vid. la sentencia del Juzgado de lo Mercantil núm. 5 de Madrid de fecha 7 de octubre de 2010:

> "...A los efectos de la apreciación de la reintegración es necesario que no solo se trata de actos en sentido positivo, sino que también son rescindibles las omisiones, entendidas como renuncias al ejercicio de los derechos, y en este punto es posible que la no invocación de la prescripción en un procedimiento, en cuanto

---

25 HERNÁNDEZ MARTÍ, J. "Efectos", pg. 299.

26 FUENTES DEVESA, R. "Reintegración", pg. 1249.

27 También SILVETTI, E. "Comentarios", cit., pg. 553.

28 Caso contrario, entiendo que el pago al concursado no será impugnable por cuanto que la voluntad de éste se limita a constatar que la prestación de su deudor se ajusta a la obligación contraída.

29 SILVETTI, E. "Comentarios", pg. 554.

acto de renuncia al ejercicio de un derecho, pueda ser rescindible. Es cierto que la prescripción es una institución excepcional y que solo puede ser apreciada a instancia de parte, lo que impide la aplicación de oficio. En este sentido, ha señalado la jurisprudencia que se trata de una institución no fundada en principios de estricta justicia, sino en los de abandono o dejadez en el ejercicio del propio derecho y en el de la seguridad jurídica, por lo que su aplicación por los Tribunales no debe ser rigurosa sino cautelosa y restrictiva, (SSTS de 8 de octubre de 1981, 31 de enero de 1983, 2 de febrero y 16 de julio de 1984, 9 de mayo y 19 de septiembre de 1986, 3 de febrero de 1987, 20 de octubre de 1988, 19 de diciembre de 2001, 2 de noviembre de 2005 y 17 de marzo y 27 de junio de 2006). Ello excluye una aplicación rigorista por ser una institución que, por no hallarse fundada en la justicia intrínseca, debe merecer un tratamiento fuertemente restrictivo (STS 31 de enero de 1983). Para decidir si procede o no la reintegración, es necesario identificar el acto atacado, ya que una vez determinado de forma precisa se podrán establecer las consecuencias en caso de su estimación. Como se ha indicado el acto u omisión concreto que se ataca es el de la renuncia a la prescripción, es decir, no se impugna el **laudo arbitral,** sino la no invocación de la prescripción. Pues bien, el **laudo arbitral** estimó la pretensión del instante y condenó a la hoy concursada al pago de 8.106Ž14 €. Si se hubiera invocado la prescripción y se hubiera apreciado, el laudo no habría estimado la pretensión del actor y por lo tanto no se hubiera condenado a la concursada al pago de esa cantidad. En consecuencia la no invocación de la prescripción debe estimarse perjudicial para los intereses de los acreedores, ya que se ha producido un aumento del pasivo. No se ha justificado por la concursada, ni por la codemandada Dronas, que la renuncia a la prescripción no fuera perjudicial, es decir, que como consecuencia de esa renuncia se evitó unas consecuencias más perniciosas para la masa. En consecuencia debemos entender que no había razón alguna, más allá de la decisión de la deudora de no comparecer en juicio, que justificara la no invocación, y por ello la renuncia debe considerarse perjudicial…"

Desde luego no cabe rescindir concursalmente asientos contables, por más que reflejen actos y transacciones económicas y patrimoniales de la concursada perjudiciales para la masa activa. La contabilidad, y los diversos asientos que la integran, no crean la realidad, sino que se limitan a contarla, esto es, a dejar reflejo de ella en los libros del comerciante (sentencia de la Audiencia

Provincial de Barcelona, de fecha 1 de diciembre de 2014). La acción rescisoria debe dirigirse contra tales actos reflejados en la contabilidad a través del asiento contable, y no contra este último. En este sentido, sentencias de la citada Audiencia Provincial de Barcelona, de fecha 1 de diciembre de 2024; o de la Audiencia Provincial de Castellón, de fecha 2 de febrero de 2024, en la que puede leerse:

> "...Se añade a ello, en el presente caso, la dificultad de identificar el acto impugnable con un asiento o apunte contable o con un saldo contable. Señala así, p. ej., la Sentencia n.º 388/2014, de 1 de diciembre, de la Sección 15.ª de la Audiencia Provincial de Barcelona: "Los asientos contables no creemos que tengan ese carácter de actos perjudiciales para la masa que puedan ser objeto de reintegración concursal. La contabilidad, y los diversos asientos que la integran, no crean la realidad sino que se limitan a contarla, esto es, a dejar reflejo de ella en los libros del comerciante. Por esa razón, no son los asientos contables los que determinan que se hayan podido producir salidas injustificadas del patrimonio de la concursada sino que los asientos contables no son otra cosa que un mero reflejo de su posible existencia. Por esa razón no tiene sentido alguno dirigir la acción de reintegración frente a los asientos contables, como tampoco tendría sentido pretender dañar una cosa golpeando su reflejo en un espejo". Asimismo, la Sección 28.ª de la Audiencia Provincial de Madrid, en Sentencia n.º 433/2023, de 2 de junio, recuerda que "una cosa son los asientos contables y otra las operaciones que dan lugar a dichos asientos", precisando que "[n]o se trata de determinar si la llevanza de la contabilidad se efectuó o no correctamente, sino de constatar la existencia de actos concretos que resulten perjudiciales y de valorar esos actos teniendo en consideración todo aquello que afecte a los mismos, se contabilizase o no o se contabilizase debidamente o no". Y así, tras argumentar y recordar que "a los efectos que nos ocupan, lo relevante no es la correcta o incorrecta llevanza de la contabilidad", advierte que los asientos "no son actos perjudiciales", pues "lo que será o no perjudicial son las operaciones que puedan dar lugar a los asientos, y deben quedar por lo tanto debidamente identificadas dichas operaciones y acreditada la realidad de las mismas". Precisa además la Sección 28.ª que "la presunción legal se refiere, en su caso, al perjuicio patrimonial, pero se debe acreditar por el demandante el propio hecho en el que se sustenta la demanda, sin que exista labor alguna de comprobación". Y, en suma, advierte que "unos asientos o el saldo de la cuenta

contable no constituyen por sí actos perjudiciales sin identificar operaciones concretas y acreditar su existencia" y que "lo primero que debe acreditarse es la existencia y realidad de concretas operaciones que se consideran actos perjudiciales, lo que incumbe al actor". Con base en lo expuesto, consideramos que no podía prosperar lo solicitado en los cuatro ordinales del apartado 1 del suplico de la demanda. Aun intentando integrarlos con los hechos del propio escrito de demanda, advertimos que el propio hecho primero comienza señalando que "[e]s objeto de esta acción de reintegración los saldos pendientes de cobro", y ello después de haber indicado como objeto de la demanda la rescisión de cantidades o "sospechosos ajustes contables". Al analizar en el punto 1 del hecho primero aquello que termina reclamando en el ordinal 1.º del suplico, constatamos que lo denunciado por la administración concursal es que el administrador societario ha omitido de la contabilidad 7.998,34 euros que arroja una subcuenta (de Familia Forné, S.L.). Igualmente, examinado el punto 2 del hecho primero de la demanda, a poner en relación con el ordinal 2.º del suplico, apreciamos que se incluye el saldo contable que la concursada presenta con un cliente, y otra cantidad que aparece regularizada, a juicio de la administración concursal sin justificación y de la que por otra parte viene a desdecirse en el ordinal tercero de su recurso de apelación—. Y los ordinales 3.º y 4.º del suplico de la demanda se refieren a saldos de cuentas que la administración concursal considera que el administrador adeuda a la sociedad. El 4.º, además, se conectaría con el ingreso que realiza la Agencia Estatal de la Administración Tributaria, vía medidas cautelares, de ciento cincuenta mil euros por una derivación a la concursada de responsabilidad subsidiaria respecto de la deuda tributaria de otra entidad (documento n.º 4 de la demanda, página numerada como 6 —pág. 8/16 del formato pdf y folio 43 vuelto del primer tomo de las actuaciones en soporte papel— apartado sexto, párrafo último), de modo que no respondería propiamente a un pago voluntario realizado por la concursada, sino impuesto por un tercero (AEAT). El planteamiento de la demanda, en suma, es ajeno a la lógica y objeto de la acción de reintegración. Acaso habría tenido un encaje jurídicamente adecuado a través de exigencia de responsabilidad al administrador, o incluso —véase el ordinal 3.º— a través de una reclamación de deuda frente al mismo. Posteriormente, y en su fundamentación jurídica, alude la demanda (pág. 12, párrafo I) a una "dación en pago realizada tan solo tres semanas antes de la solicitud de concurso", mas ningún otro dato figura de dicha operación..."

O la sentencia de la Audiencia Provincial de Madrid, de fecha 2 de junio de 2023:

> "...Todo esto no guarda relación con el fundamento de la demanda que (i) se sustenta directamente en el saldo de la cuenta contable sin más y (ii) atribuye ese saldo a disposiciones —conductas extractivas— de D. José. Desde el momento en que los asientos no se relacionan con tales conductas extractivas o disposiciones a título gratuito —en lo que aquí interesa— sino con proveedores, contratos de servicios o con el sistema de gestión centralizada de tesorería debe descartarse la existencia de actos perjudiciales en los que se sustenta la demanda, sin que pueda extenderse el análisis a estos pagos concretos o al sistema centralizado de tesorería. No es lo mismo la mera disposición gratuita en favor de terceros que los pagos a proveedores, prestadores de servicios o el funcionamiento del sistema de gestión centralizada de tesorería. Desde el momento en que esto consta, el fundamento de la demanda decae. Dicho de otro modo, la presunción de la existencia de actos perjudiciales queda desvirtuada. En definitiva, las disposiciones deberían en todo caso reducirse al importe de 59.309 euros, que es el saldo corregido de la cuenta, puesto que, de otro modo, estaríamos alterando el propio planteamiento de la demanda sobre conductas meramente extractivas, al margen de que el informe no concluye que los asientos excluidos por no corresponder a esta cuenta supongan irregularidad o perjuicio alguno, ni de sus circunstancias, expresadas en el informe, puede desprenderse tal cosa. Y, respecto a dicho importe debemos destacar otra limitación. Ya hemos señalado que, a los efectos que nos ocupan, lo relevante no es la correcta o incorrecta llevanza de la contabilidad. El informe no comprueba las transferencias o disposiciones efectivamente realizadas —que no era su objeto—, sino que se limita a ajustar el saldo de la cuenta. Los hipotéticos asientos, cuyo reflejo en los libros de contabilidad tampoco consta, no son actos perjudiciales. Lo que será o no perjudicial son las operaciones que puedan dar lugar a los asientos, y deben quedar por lo tanto debidamente identificadas dichas operaciones y acreditada la realidad de las mismas. La presunción legal se refiere, en su caso, al perjuicio patrimonial, pero se debe acreditar por el demandante el propio hecho en el que se sustenta la demanda, sin que exista labor alguna de comprobación. En la demanda no se identifican adecuadamente, ni se acredita ninguna operación en concreto más allá de la existencia de la cuenta contable. Ya hemos advertido las carencias alegatorias y probatorias de la demanda. Unos asientos o el saldo de la cuenta contable no constituyen por

sí actos perjudiciales sin identificar operaciones concretas y acreditar su existencia. Y la mera hoja contable difícilmente acredita nada al respecto, especialmente cuando en la relación del socio con la sociedad existen otros pagos a nombre de la sociedad y cuando la cuenta introduce asientos que no son propios de la misma. Bien es cierto que en virtud del principio de adquisición probatoria la sentencia puede sustentarse en el informe pericial obrante en las actuaciones, pero este informe, al margen de que no permite extraer la conclusión de la concurrencia de un acto perjudicial por mucho que existan irregularidades contables —y los asientos referidos a terceros no comportan acto perjudicial alguno— no identifica las operaciones concretas que determinan el saldo final que considera correcto, y mucho menos comprueba la realidad de determinadas operaciones de disposición que se refieran a ese saldo. Y esto es lo relevante, puesto que lo primero que debe acreditarse es la existencia y realidad de concretas operaciones que se consideran actos perjudiciales, lo que incumbe al actor. El documento acompañado a la demanda no permite constatar sin más la realidad de dichas operaciones. Y el informe pericial, respecto del saldo definitivo, tampoco las identifica y comprueba. Ante tales carencias, debe estimarse el recurso y, revocando la sentencia recurrida, procede desestimar íntegramente la demanda en relación a D. José, con imposición a la parte demandante de las costas causadas en aplicación de lo dispuesto en los artículos 394 LEC y 542.1 TRLC…"

Y respecto a los plurilaterales, resultan variadísimos, carece de importancia el tipo contractual, y se muestra como lo único relevante el perjuicio que cause a la masa activa. A título de ejemplo, reseño la compraventa, donación, concesión de una opción de compra,[30] o un derecho de adquisición preferente sobre un bien constitución de garantías reales o personales, etc.[31]

En este sentido, la rescisión concursal conecta tanto con los distintos tipos de actos realizados por el deudor en el marco de las

---

30 VILLORIA RIVERA, I. "Acción", pg. 428

31 Sobre las garantías y el concurso, vid. CARRASCO PERERA, A. "Los derechos".
Con relación a la fianza y el concurso, vid. PERDICES HUETOS, A.B., "Fianza y concurso"

relaciones jurídicas bilaterales como con el negocio jurídico en el que se fundan, incluidos pagos y actos extintivos de obligaciones.[32]

Así cabe rescindir el acto principal, el negocio jurídico obligacional o contractual, por ejemplo, un contrato de compraventa, o únicamente actos aislados dimanantes o ejecutorios de éste, sin que, a estos efectos rescisorios concursales de estos últimos, resulte necesario impugnar también el primero. Siguiendo el ejemplo anterior, el pago del precio.

En este sentido, es dable que el acto principal resulte perjudicial, aunque escapatorio de la rescisión por haber salvado el periodo de sospecha, y el de ejecución rescindido por el sacrifico patrimonial injustificado que conlleva para la masa. Pero nunca por la perjudicialidad de aquel. Como la falta de perjuicio del primero y principal, no salva la rescisión del ejecutorio si este presenta la tacha prejuiciosa. Y sin que sea preciso atacar el primero junto al segundo o viceversa. Eso sí. La rescisión del negocio principal arrastra también a los actos de ejecución de éste.

Los pagos debidos resultan rescindibles solo en determinadas circunstancias. Así vid. la sentencia del Tribunal Supremo, de fecha 28 de marzo de 2012:

> "Los términos de la norma —"serán rescindibles los actos perjudiciales para la masa..."— permiten la impugnación de concretos comportamientos aislados del contexto en el que se desarrollan, incluso cuando se trata de actos debidos —como lo demuestra la posibilidad de atacar pagos anticipados—, por lo que desde la perspectiva teórica podría mantenerse por un lado la eficacia de la compraventa y, por otro, la reintegración de los pagos realizados de forma discriminada con el precio percibido, por entender que la primera no es lesiva para la masa y si lo es el pago, ya que incluso tratándose de deudas vencidas pueden constituir un comportamiento discriminatorio injustificado, pero también cabe vincular ambos cuando responden a una operativa negocial compleja que las partes han querido de forma inescindible."

---

32 Así lo apunta LEÓN SANZ, F.J. "El sistema", pg. 258 y 259; y "Comentario", pg. 1305.

O la sentencia del Tribunal Supremo de fecha 12 de abril de 2012:

> "...25. Claro está que, para decidir si un acto supone un detrimento del patrimonio y si está justificado deberá analizarse en el contexto en el que se desarrolla, sin aislarlo artificiosamente de los que constituyen su causa jurídica y sus consecuencias, ya que en otro caso se llegaría a la absurda conclusión de que todos los pagos o actos que suponen una disminución del patrimonio suponen siempre un perjuicio para la masa, aunque fuesen debidos y constituyesen la justa contraprestación de bienes o servicios obtenidos a cambio, en virtud de contratos onerosos con obligaciones recíprocas. 26. Ahora bien, aunque como regla la rescisión afecta a la totalidad del complejo negocial querido por las partes como un todo, la propia norma autoriza —y en ocasiones regula de forma expresa— la disección de los distintos elementos que pueden integrar un contrato o negocio jurídico y, permite, por un lado, mantener su validez y, por otro, declarar la procedencia de la reintegración de concretos actos de ejecución, como lo demuestra de forma contundente la posibilidad de rescisión de pagos —actos debidos— y otros actos de extinción de obligaciones cuyo vencimiento fuese posterior al concurso... Aunque la norma no lo precisa de forma expresa, la regulación de los efectos de la estimación de la acción rescisoria permite deducir que está pensada para contratos bilaterales con prestaciones recíprocas susceptibles de restitución y que, como regla, tiene como punto de partida la nulidad de la totalidad del acto o negocio objeto de rescisión. 29. Pero: 1) No existe norma que prohíba expresamente la rescisión parcial en los casos en que resulte materialmente posible (en este sentido con referencia a la rescisión por fraude, sentencia 1182/2006, de 21 de noviembre); 2) La reparación del perjuicio permita modular los efectos de la rescisión. 30. Precisamente la rescisión parcial, en lo que es útil a los acreedores, es la posición que adopta la Propuesta de Anteproyecto de Modernización del Derecho de Obligaciones y Contratos de la Comisión de Codificación publicada por el Ministerio de Justicia en 2009, de innegable valor doctrinal, que en el artículo 1314 propone que "[e]n los contratos en fraude de acreedores la rescisión hará ineficaz el contrato sólo a favor del acreedor que lo haya impugnado y en la medida necesaria para que éste pueda cobrar, pudiendo ejecutar los bienes transmitidos en el patrimonio del adquirente", y es la que procede en aquellos supuestos en los que, existiendo perjuicio para la masa, no resulte posible la restitución de prestaciones por el concursado —ad

> ex. arrendamiento con renta perjudicial, retribución desorbitada de servicios ya prestados por terceros, etc.—, en cuyo caso, la indemnización procedente como prestación por equivalencia a la restitución, en modo alguno puede suponer, burlando la finalidad de la norma, el mantenimiento del perjuicio para la masa..."

O la sentencia de la Audiencia Provincial de Madrid, de fecha 13 de diciembre de 2024;

> "...-En cuanto al primer argumento de apelación, sobre la imposibilidad de reintegrar los pagos hechos para la devolución del contrato de préstamo sin atacar la validez de éste, la Sentencia apelada ya explicó con toda claridad que cabe la posibilidad de identificar el perjuicio preciso para la acción de reintegración tanto en el negocio jurídico de que se trate, como en los actos de liquidación del mismo, cuando sea en ellos donde se revele efectivamente el perjuicio para la masa del concurso. Así, el perjuicio para la masa, según los supuestos y casos que se den, puede aflorar en ocasiones en el propio contrato productor de obligaciones, de acuerdo con las condiciones en él presentes. Pero cabe también la posibilidad de que el perjuicio para el concurso no se cristalice en la celebración de contrato en cuestión, sino en los actos de cumplimiento del mismo, como, v. gr., ocurre con pagos efectuados de manera anticipada al vencimiento de las obligaciones, vd. art. 227 o 228.3.º TRLC, donde lo reintegrable es el pago mismo, no el contrato en virtud del cual se efectúan esos pagos. Así, v. gr., en un contrato de compraventa celebrado por la concursada, dentro o fuera del periodo de reintegración, puede no existir perjuicio alguno para la masa del concurso, lo que no significa que los pagos periódicos del precio de esa compraventa sí causen perjuicio para la masa por las condiciones y circunstancias concretas en que se satisficieron..."

Pero pienso preciso afinar bien a la hora de seleccionar el acto rescindible, en el ejemplo anterior, la compraventa o el pago del precio de esta, dado que es posible, como dije, que uno, la compraventa, no suponga un perjuicio para la masa activa, pero el otro, el pago, sí.[33] En este sentido, la sentencia del Tribunal Supremo de fecha 10 de marzo de 2015, analizadora y rechazadora de la

[33] ARIAS VARONA, F.J. "De la reintegración", pg. 1312.

rescisión de una ampliación de hipoteca no perjudicial, cuando, en todo caso, y a la vista de las argumentaciones de las partes, lo que debió ser objeto de afrenta rescisoria eran los pagos efectuados con cargo al crédito hipotecario ampliado:

> "...Sin embargo, la Audiencia rescinde la ampliación del préstamo hipotecario, se supone que de forma parcial, en atención al destino que se da a una parte del crédito concedido, en concreto, 4.500.000 euros, pues con ellos se acaban pagando, en los meses siguientes, deudas de la concursada con la entidad bancaria derivadas de tres pólizas de descuento y una póliza de crédito. Es aquí donde radica el error de la Audiencia, pues en sí mismo el acto de disposición que supone la ampliación del préstamo hipotecario no sería perjudicial, máxime cuando la ampliación de la garantía es contextual a la ampliación del crédito (18.600.000 euros) y se ha descartado que esta nueva obligación garantizada hubiera sustituido a otra anterior, mediante su amortización. En realidad, los actos en los que se basa la sentencia apelada para apreciar el perjuicio para la masa activa de la ampliación de la garantía hipotecaria, son posteriores, y se refieren al empleo de una parte de la ampliación del crédito concedido (4.500.000 euros), con la que se constituyó un depósito al que, directa o indirectamente (mediante la constitución de una imposición a plazo fijo pignorada al pago de las deudas derivadas de tres pólizas de descuento de la concursada), se acabaron cargando, durante los meses siguientes, deudas de la concursada con la entidad de crédito. En puridad, se hubiera tenido que impugnar este acto de disposición (el destino de 4.500.000 euros), y no la ampliación del préstamo hipotecario..."

Por otro lado, cabe rescindir un concreto contrato, aunque económicamente quede conectado a otro no objeto de la pretensión rescisoria concursal. Así, sentencia del Tribunal Supremo de fecha 12 de abril de 2012:

> "...27. Con mayor razón no existe obstáculo para la rescisión de un concreto contrato aunque esté económicamente conexo con otro y, en consecuencia, nada impide la del contrato de contrario consenso o acuerdo de voluntades de dejar sin efecto el de concesión exclusiva, o parte de él, manteniendo el de compraventa de la rama de actividad..."

O únicamente un negocio accesorio inserto en una relación obligacional o contractual principal. Así, por ejemplo, cabe rescindir una opción de compra insertada en un contrato de arrendamiento.

Y también resulta admisible el ataque rescisorio concursalmente contra determinada estipulación de un contrato. Piénsese, por ejemplo, en la modificación del vencimiento de un contrato de préstamo, impeditiva de la percepción por la concursada de una cantidad de dinero como consecuencia de la alteración inicial del plazo de devolución. En este sentido se manifiesta la Audiencia Provincial de Madrid, sentencia de fecha 7 de enero de 2025:

> "...QUINTO. Debemos rechazar que la modificación del vencimiento no constituya acto de disposición, puesto que la modificación de las facultades del titular del derecho subjetivo constituye un acto de disposición y no de mera administración. Por otra parte, la restitución del préstamo no venía supeditada a condición alguna relacionada con la ejecución de obra —ni inicialmente, ni en las modificaciones anteriores ya efectuadas—, de manera que la modificación de la fecha de vencimiento depende exclusivamente de la aceptación del acreedor en cada momento y no de una obligación que derive del contrato. Es más, la fecha de vencimiento inicial del préstamo era el 21 de abril de 2017, por lo que difícilmente se podía considerar una operación vinculada de algún modo a la ejecución de obra. Además, los argumentos que sustenta el recurso más bien expresan que los únicos beneficiados por la ampliación del plazo —que incluso deja sometida a condición, que no a término, la fecha de vencimiento— son el deudor y el fiador. Y esta ampliación se efectúa en momento objetivamente próximo a la solicitud de preconcurso, resultando irrelevante que la recurrente conociese o no la probabilidad de concurso. ...La modificación efectuada ha impedido que se integrase en el activo una cantidad que debía ser objeto de restitución..."

Pero se me antoja desdeñable cualquier pretensión reformulatoria, modificatoria, o renegociadora del contrato, o la relación obligacional, a través de la acción rescisoria concursal, y más concretamente, de sus efectos. Como acabo de señalar, la rescisión concursal permite extirpar del contrato clausulas o estipulaciones perjudiciales para la masa activa, pero no novar o alterar su contenido negocial, creando, por así decirlo, un nuevo contrato, cuestión ésta reservada en exclusiva a las partes.

Excepción a todo lo anterior, aquel negocio complejo, por ejemplo, operaciones de refinanciación, compuesto por varios actos o negocios jurídicos que presentan una unidad de causa, y que respondan, realmente, a una única operación inescindible, legal o por voluntad de las partes, supone su consideración como un único acto y, por lo tanto, requiere la recisión concursal conjunta de ese negocio complejo. Así lo recuerda, acertadamente, el Tribunal Supremo, en la antes sentencia de fecha 28 de marzo de 2012 (*Tol 2503477*):

> "...Esta es la posición que ha apreciado la Audiencia al concluir que el comportamiento negocial complejo, no susceptible de fragmentación en distintos actos a efectos de la acción de reintegración, es lesivo para la masa activa, lo que constituye una valoración que, en cuanto supone un juicio de hecho no es susceptible de control en casación, a salvo supuestos excepcionales, lo que no es el caso..."

En esta línea, sentencia de la Audiencia Provincial de Pontevedra, de 8 de marzo de 2023:

> "...42.— Reiteramos que este tipo de operaciones deben valorarse en su conjunto. Por eso no cabe la aplicación de normas o jurisprudencia que toma en consideración únicamente aspectos parciales como es, en este caso, los pagos o cancelaciones de deuda originaria que, en realidad no desaparece, sino que se modifica, sin alterar la masa activa de la ahora concursada. La nueva financiación no existiría sino fuera para, con carácter principal, refinanciar la deuda preexistente con la entidad financiera, por lo que no se puede, a posteriori, entender que el destino de la nueva financiación debiera ser otro, concretamente otros acreedores. Se estaría afectando a la causa del contrato y al sentido y finalidad de la operación financiera..."

En esta línea, sentencia del Juzgado de lo Mercantil núm. 1 de Valencia, de fecha 30 de diciembre de 2020, con relación a un afianzamiento prestado con ocasión de una compraventa de participaciones sociales y para liberar al vendedor de afianzamientos previos, sin lo cual no se hubiera efectuado la compraventa:

> "...Pues bien, en este caso es obvio concluir que el afianzamiento vino conformado a titulo oneroso, en el ejercicio de actividad empresarial, con fundamento en una operación mercantil previa de la que trae causa y prestada conjuntamente con el resto de sus socios en la adquisición del control de la mercantil SOCIEDAD FRANQUICIADORA MERCADO PROVENZAL S.L. TERCERO.—Y al interrogante relativo a si la consumación del negocio oneroso de afianzamiento de que se trata se deriva, de suyo y directamente, perjuicio para la masa activa del concurso la respuesta debe ser negativa, y es que el análisis debe operarse en atención a la situación dada en la fecha del negocio oneroso de cuya rescisión se trata, y no ahora, varios años después y con el sujeto persona física en situación concursal. Pues bien, en aquél momento el ahora concursado Sr. Mateo venía realizando operaciones mercantiles adquiriendo participaciones sociales de diversas entidades, y en el marco de las mismas parece obvio que el transmitente quisiera venir a liberarse de las garantías personales que había prestado para aseguramiento del cumplimiento de las obligaciones de la sociedad cuyo capital ahora transmitía. Y en ese marco, se opera el afianzamiento de que se trata, que no puede poderse venir a revertir sin mas bajo el paraguas de la actual situación concursal del Sr. Mateo. Porque además, se trataría de una reversión parcial, en cuanto que el negocio oneroso de cuya rescisión ahora se trata no es sino contextual de un negocio oneroso complejo. Y es que no es ocioso pensar que, de modo otro, esto es, sin el afianzamiento y liberación de compromisos del transmitente, el Sr. Nemesio, éste no hubiera vendido su participación social en la mercantil SOCIEDAD FRANQUICIADORA MERCADO PROVENZAL S.L..."

Como dije, resulta posible la rescisión de garantías, tanto personales como reales. Sobre estas últimas y su consideración como acto de disposición del deudor, señalo las sentencias del Tribunal Supremo de fecha 26 de marzo de 2015 o 30 de abril de 2014, esta última sobre una garantía real:

> "...2.— Entre los actos que pueden ser objeto de las acciones de reintegración están los constitutivos de garantías reales sobre bienes inmuebles, porque implican una disminución, siquiera sea cualitativa, del valor del bien sobre el que recaen, al sujetarlo a una posible realización a favor del acreedor garantizado, lo que

> merma su valor en la medida en que se afecta directamente el bien al cumplimiento de una obligación por parte del tercero, preparando por tanto su salida del patrimonio del garante si acontece el impago por el deudor principal de la obligación garantizada. Tal disminución del valor del bien sobre el que recae la garantía real se manifiesta sobre todo a la hora de enajenar o gravar nuevamente el bien para obtener crédito. Es por ello que han de considerarse actos de carácter dispositivo sobre el patrimonio..."

Cabe también la impugnación rescisoria concursal de los honorarios del letrado y del procurador de la concursada, percibidos con anterioridad a la declaración del concurso, y aunque respondan a servicios ajustados y efectivamente prestados a ésta, siempre que su importe sea excesivo o desmesurado. Cuando concurra pacto sobre los honorarios, y el pago se haya ajustado a este, también resulta preciso dirigir el ataque al referido pacto. En este sentido, sentencia del Tribunal Supremo de fecha 18 de junio de 2014, recogida también por la Audiencia Provincial de Madrid de fecha 13 de enero de 2025:

> "...El pago de honorarios excesivos antes de la declaración de concurso, por servicios prestados con anterioridad a la declaración, pueden ser objeto de impugnación mediante la acción rescisoria concursal, si se consideran perjudiciales para la masa, lo que exigirá la impugnación del pacto de honorarios, si el pago se ajusta al mismo..."

Y la sentencia de la Audiencia Provincial de Pontevedra, de fecha 21 de julio de 2023, que conecta la determinación de esa excesividad o desmesura en la fijación y cobro de los honorarios, a la complejidad y exigencia de los trabajos, así como atendiendo a los honorarios fijados para la administración concursal:

> "...34.— Como se ha expuesto, la nota que singulariza este supuesto es que el precio pactado por la prestación delos servicios jurídicos necesarios para la preparación y presentación de la solicitud de concurso de acreedores de INSERIMOS, declarada por Auto de 30/07/2020, ya fue satisfecho con anterioridad, por lo que la controversia se reconduce al valor del pacto de honorarios contenido en la hoja de encargo profesional y la posibilidad de rescisión parcial del pago realizado conforme a la misma. ...El estudio de la solicitud de declaración de concurso voluntario de

INSERIMOS y de la documentación acompañada, especialmente de la Memoria Expresiva, el Inventario de bienes y derechos y la Lista de acreedores, revela la existencia de un trabajo de estudio y preparación, previo a la elaboración u presentación de la solicitud, si bien existen ciertas discrepancias entre los datos de activo y pasivo (6.000.000 € y 10.785.276€) y relación de acreedores (siete) que figuran en la documentación, con los que recoge la AC en los textos definitivos (7.472.695 € y 11.545,549 €, respectivamente, cifrándose los acreedores en ciento noventa). Puede hablarse, por tanto, de un trabajo correcto, adecuado a las circunstancias económicas de la sociedad, pero respecto del cual no es dable afirmar que implicara o exigiera una labor especialmente penosa o exigente, por encima de la que pueda estimarse propia o normal de esta actuación. 39.— De este modo, a falta de otros elementos de juicio que solo la misma proveedora de servicios hubiera podido aportar y demostrar, cuales son, a título de ejemplo, horas dedicadas, desplazamientos realizados, costes soportados, reuniones o entrevistas con la concursada y con terceros para la obtención de información no negociación..., exclusivamente contamos como término de comparación con los honorarios fijados a la AC por el desempeño de su cargo durante la fase común. 40.— Si comparamos la cantidad que cobró PRODEMSA por la preparación y presentación de la solicitud de concurso (75.000 € más IVA, posteriormente desglosados en el correo electrónico remitido en fecha14/05/2021 por la codemandada al AC en 10.310,01 € por "Estudio y revisión de la información contable y fiscal de la empresa" y 64.600,00 € por "Confección de demanda de solicitud, memoria, relación de acreedores y activo y demás documentación obligatoria" —doc. 8 de la demanda—), con la retribución fijada provisionalmente al AC para toda la fase común (46.853,82 € más IVA, según Auto de 02/12/2020 —doc. 7 de la demanda—), fácilmente se observa la desproporción, y, en consecuencia, el perjuicio que entraña para la masa el pago realizado, puesto que, por la prestación de un concreto servicio (estudio de la información y elaboración dela solicitud con la documentación exigida) se abona cerca del doble de la retribución fijada al AC por toda la intervención que le corresponde llevar a cabo a lo largo de la fase común del concurso y que no solo supone la confección del informe provisional y de los textos definitivos, todas las tareas preparatorias (análisis delas comunicaciones de créditos, petición de información y aclaraciones, petición, búsqueda y revisión de la documentación justificativa...) y de las actuaciones imprescindibles para conocer, salvaguardar y recomponerla masa activa mediante las reclamaciones y el ejercicio de las acciones de resolución contractual, anulación de actos y rescisión y reintegración de la masa a que pudiera haber lugar…"

Obviamente, también cabe la rescisión de los honorarios excesivos o exorbitantes percibidos de la concursada con anterioridad al concurso por otros profesionales distintos de los reseñados. Y si los honorarios de los profesionales, pagados con anterioridad al concurso, incluido el abogado y procurador del deudor en el procedimiento concursal, responden a trabajos no facturables, esto es, servicios no prestados al tiempo de la declaración de concurso pero cobrados anticipadamente, o prestados pero cuyo pago se asienta legal o convencionalmente en fecha posterior a dicha declaración concursal, normalmente, en este último caso, en virtud de pacto, no cabe la menor duda que quedan atrapados en las garras rescisorias de la presunción absoluta del art. 227 TRLC, y aunque se travistan o enmascaren de provisión de fondos, adelanto o pago a cuenta de honorarios etc. Mas adelante también vuelvo sobre esta cuestión.

También se incluyen en el radar rescisorio, las llamadas operaciones societarias. Los actos de los órganos sociales de las sociedades mercantiles, Órgano de Administración y Junta General, constituyen actos de éstas, y, por lo tanto, cabe la rescisión concursal de acuerdos de aumento o reducción de capital social, disolución, liquidatorios, modificación de estatutos, etc., de la concursada, obviamente, en cuanto devengan perjudiciales para la masa activa.

Y la suscripción o asunción de acciones y participaciones sociales. Y el acuerdo social de reparto de dividendos. También los acuerdos conectados a la retribución del órgano de administración. O de constitución o retribución de prestaciones accesorias. O la adquisición por la sociedad de acciones o participaciones sociales propias. Y el acuerdo social de la Junta General transigiendo la acción social de responsabilidad.

Considerando el acuerdo de distribución de dividendos como acto susceptible de impacto por la rescisión concursal, vid. la sentencia del Juzgado de lo Mercantil núm. 1 de Alicante, de fecha 25 de abril de 2012:

> "...En cuanto al requisito objetivo, en primer lugar dicho acuerdo social de distribución de dividendos es susceptible de reintegración al ser un acto de disposición patrimonial unilateral de la deudora —después concursada— a través del órgano competente (la junta general aquí la decisión del socio único) generador de una deuda y correlativamente de un derecho de crédito del socio, realizado voluntariamente, al no encontrarnos en la hipótesis del art. 348 bis de la nueva LSC..."

Y la impugnación rescisoria de una reducción de capital, vid. la sentencia del Juzgado de lo Mercantil núm. 1 de Alicante, de fecha 5 de abril de 2011:

> "...Por ello entra en juego el art. 71.3.1 LC sin que se haya desvirtuado la presunción de perjuicio: el que el bien trasmitido o el dinero devuelto en el acto objeto de reintegración en su día fuese aportado en una previa ampliación de capital de PROMOTORA DE VIVIENDAS VENUS S.L. (fechada en 2005) no hace desaparecer el perjuicio para la masa activa. Entenderlo de esa manera sería tanto como conferir al socio un derecho de separación inmune al proceso concursal instrumentalizado con una reducción de capital cuando no tiene preferencia alguna sobre ese activo aportado, que desde la aportación pasa a formar parte de una masa patrimonial ajena (en este caso la de deudora después concursada). MARTINLLOR SLU y PROMOCIONES BUDAPEST S.L. realizaron una inversión en PROMOTORA DE VIVIENDAS VENUS S.L. con el riesgo que acarrea, sin que pueda verse beneficiados frente a los acreedores detrayendo antes del concurso activos con preferencia al resto de acreedores, pues ello lo ve con desvalor el legislador al ser una persona especialmente relacionada con la concursada..."

En este sentido procede la impugnación rescisoria del acuerdo repartiendo el dividendo que, como consecuencia de ello, impone también la caída en desgracia rescisoria del pago del dividendo a los socios. Pero también la dirigida en exclusiva a ese pago dividendial que por la pervivencia del acuerdo societario del que emana, exhibe una consideración de pago debido, pero que, a la vista de las circunstancias concurrentes al tiempo del pago, resulta perjudicial para la masa activa. En este sentido, sentencia del Tribunal Supremo, de fecha 24 de julio de 2014:

> "...conviene distinguir entre la rescisión del acuerdo de reparto de dividendos, en concreto 300.000 euros, adoptado por la junta de accionistas de la sociedad concursada, el día 24 de junio de 2003; y la rescisión del pago realizado a favor de los socios, dentro del periodo sospechoso, de los dividendos acordados en una junta celebrada fuera este plazo de rescisión. En el primer caso, se rescindió el acuerdo de reparto de dividendos y en consecuencia dejaron de gozar de justificación los pagos realizados en cumplimiento de tal acuerdo de reparto o las compensaciones acordadas. En el segundo caso, en que no cabía rescindir el acuerdo de reparto de dividendos, lo que se rescindió fue el concreto pago realizado a favor de dos socios, partiendo de la consideración de que el pago era debido. 17. Por lo que se refiere a la rescisión del acuerdo de reparto de dividendos adoptado en la junta de accionistas de 24 de junio de 2003, debemos advertir que este acuerdo es el que legitimaba el cobro de los dividendos, es más, hacía nacer el derecho de los accionistas a recibirlos, frente a la sociedad. Este acuerdo no deja de ser un acto de disposición patrimonial, en cuanto que reconoce un derecho a favor de los socios, que conlleva un sacrificio patrimonial para la sociedad, pues supone un detrimento de su masa activa, y puede ser susceptible de rescisión concursal siempre y cuando se haya adoptado dentro del periodo sospechoso (dos años antes de la declaración de concurso) y se constate su falta de justificación, desde la perspectiva de los intereses protegidos con el concurso de acreedores. En cualquier caso, en relación con el recurso formulado por Ñabe, S.L., no impedirá el ejercicio de esta acción rescisoria que existan otras acciones de impugnación, como las de impugnación de acuerdos sociales, ni que éstas hubieran podido haber caducado, pues —al margen de la validez del acuerdo— mediante la rescisoria concursal se juzga sobre el perjuicio que tal acuerdo, en cuanto acto de disposición patrimonial, ha podido ocasionar a la posterior masa activa del concurso de la sociedad, en interés de sus acreedores. ..."

En el supuesto de reducción de capital con devolución de aportaciones, cabría también la rescisión del pago restitutorio de aportaciones. Pero, incluso, también la dotación de la reserva a que se refiere el art. 331 TRLSC, en cuanto perjudicial para la masa activa y como consecuencia que la citada dotación supone la liberación de un obligado solidario junto a la concursada de las deudas sociales contraídas con anterioridad a la fecha en que la reducción fuera oponible a terceros. (art. 332 TRLSC).

Pero bajo la vieja LME, no parecían rescindibles modificaciones estructurales traslativas como la fusión, escisión o la cesión global de activo y pasivo, una vez inscritas en el Registro Mercantil, si se habían realizado conforme establecía la citada y derogada LME, y a la vista de la prohibición absoluta de impugnación de tales operaciones ex arts. 47.1, 73.1 y 90 derogada LME.[34]

En efecto, bajo la vieja LME, no cabía atacar rescisoriamente modificaciones estructurales traslativas. Únicamente su impugnación, no rescisoria, con apoyatura en la nulidad por haber infringido las normas legales de cada concreta modificación estructural y con un plazo de caducidad ciertamente breve, saneando la inscripción registral cualquier vicio y dejando a salvo el derecho de los socios y de los terceros al resarcimiento de daños y perjuicios.[35]

Tampoco resultaba posible desgajar a efectos rescisorios los diversos actos jurídicos que, inescindiblemente, conforman tales operaciones societarias reestructuradoras, sin afectar a esta última.

Así, sentencia del Tribunal Supremo de fecha 21 de noviembre de 2016, dictada bajo la vieja LME 2009:

> "...Esta posibilidad de impugnar un negocio o un acto de cumplimiento de una de las obligaciones nacidas de ese contrato, con sus efectos propios en cada caso, puede darse, obviamente, cuando sea posible diferenciar entre estos dos actos. Este no es el caso de la escisión parcial y la transmisión de los activos que dicha escisión conlleva desde la sociedad escindida a la beneficiaria. En una escisión parcial, como la realizada por la sociedad concursada, se traspasa en bloque por sucesión universal una o varias partes del patrimonio de la sociedad escindida, cada una de las cuales forma

---

34 Bajo la antigua Ley de Modificaciones Estructurales de 2009, vid. FUENTES DEVESA, R. "Reintegración", pgs. 1252 y 1253.

35 DE LA RUA NAVARRO, J. "El alcance".

una unidad económica, y los socios de la sociedad que se escinde reciben un número de acciones o participaciones de la sociedad beneficiaria de la escisión proporcional a su respectiva participación en la sociedad que se escinde, cuyo capital social se reduce en la cuantía correspondiente. La transmisión de los activos y pasivos de la rama de actividad escindida a favor de la sociedad beneficiaria es un efecto propio de la escisión, sin que sea un acto posterior o distinto de la propia escisión. Conforme al régimen jurídico de la escisión previsto en el art. 73 LME, que se remite a las normas de la fusión, con las salvedades que se exponen en los artículos siguientes, la eficacia de la escisión se producirá con la inscripción en el Registro Mercantil (art. 46 LME). En consecuencia, dejando a un lado la cuestión de la resistencia de las modificaciones estructurales traslativas a la rescisión concursal, no cabría ejercitar, en un caso como el presente, una acción rescisoria concursal que afectara sólo a la transmisión de los inmuebles y dejara incólume la escisión. La transmisión de los inmuebles incluidos en los activos de la rama de actividad escindida forma parte del propio negocio traslativo que supone la escisión, de la que no puede disociarse para su impugnación. En contra de lo razonado por el recurrente, a este respecto, no afecta para nada el carácter funcional de la ineficacia propugnada por la rescisión concursal. Lo que impide ejercitar la rescisión concursal únicamente respecto de la aportación de los inmuebles es que este traslado de activos no es un acto distinto de la propia escisión. Por lo que, en todo caso, ha de pedirse la rescisión concursal de la escisión. 3. Efectos de la rescisión concursal. Aunque ambas acciones, la pauliana y la rescisión concursal, tienen naturaleza rescisoria, sus efectos no son los mismos. El art. 73.1 LC expresamente prevé como efecto consiguiente a la estimación de la rescisión concursal la ineficacia del acto de disposición impugnado, así como la restitución de las prestaciones objeto de aquel, con sus frutos e intereses. Sin embargo, la estimación de la acción pauliana conlleva una ineficacia relativa y parcial del acto de disposición, tal y como razonamos en la sentencia 245/2013, de 18 de abril (con cita de las anteriores sentencias de 28 de noviembre de 1997, de 24 de julio de 1998 y 25/2004, de 30 de enero): «(l)os efectos del ejercicio de la acción pauliana en caso de estimarse tan sólo benefician al acreedor que hubiera ejercitado la acción, quien lo hace en su nombre e individualmente; esto es, no se produce propiamente una reintegración de los bienes afectados al patrimonio del deudor, restaurando así la garantía patrimonial a favor de todos los acreedores, sino que sólo se consideran los actos impugnados como no ocurridos en relación con el acreedor actor, para posibilitar la ejecución de su crédito en las mismas condiciones en que se encontraba antes de haberse concluido el acto de disposición impugnado. »(E)ste carácter personal de la acción determina por una parte que, en principio, la legitimación para su ejercicio corresponda al acreedor perjudicado, y por otra que la ineficacia del acto impugnado sea relativa y parcial, pues la privación de eficacia del acto impugnado lo es sólo respecto del acreedor que acciona y en la medida estrictamente necesaria para subsanar el perjuicio sufrido». Esta distinción tiene gran relevancia, pues la rescisión concursal no determina una ineficacia relativa del acto impugnado, sino total, con el consiguiente efecto de restitución a la masa de los bienes o derechos objeto del acto de disposición impugnado. Sólo si los bienes no pueden restituirse, el art. 73.2 LC impone a la contraparte, destinatario de los bienes objeto de disposición, la restitución por equivalente: el pago del valor de los bienes cuando salieron del patrimonio del deudor concursado, más el interés legal; y, en caso de mala fe en quien contrató con el concursado, también deberá indemnizar los daños y perjuicios causados a la masa activa. De talforma que no cabe instar la rescisión concursal de la escisión sin dejar de pretender con ello su ineficacia. Por el contrario, como veremos con mayor detalle, sí cabría que, caso de que la escisión se hubiera realizado para defraudar ilícitamente el derecho de crédito de algunos concretos acreedores existentes entonces, estos pudieran ejercitar una acción para pretender la satisfacción de sus créditos con los bienes transmitidos con la escisión, sin necesidad de dejar sin efecto la escisión. 4. Resistencia de las modificaciones estructurales traslativas a la rescisión concursal. El art. 47 LME regula el régimen de impugnaciones de la fusión, y por extensión de todas las modificaciones estructurales traslativas, también de la escisión parcial. Los dos primeros apartados del art. 47.1 prevén lo siguiente: «1. Ninguna fusión podrá ser impugnada tras su inscripción siempre que se haya realizado de conformidad con las previsiones de esta Ley. Quedan a salvo, en su caso, los derechos de los socios y de los terceros al resarcimiento de los daños y perjuicios causados. »2. El plazo para el ejercicio de la acción de impugnación caduca a los tres meses, contados desde la fecha en que la fusión fuera oponible a quien invoca la nulidad». No hay duda de que el precepto pretende restringir al máximo la posibilidad de que, una vez inscrita la fusión, o en este caso la escisión, pueda instarse su ineficacia. En este sentido, nuestra ley sigue la estela del art. 17 de la Décima Directiva de sociedades, relativa a fusiones transfronterizas de sociedades de capital (Directiva 2005/56/CE del Parlamento Europeo y del Consejo, de 26 de octubre 2005), cuando dispone que «no podrá declararse la nulidad de una fusión transfronteriza que se realice de conformidad con lo dispuesto en el art. 12», que presupone el previo control de legalidad de la fusión que cada Estado miembro debe realizar de conformidad con el art. 11. En ausencia de un control previo como éste para las fusiones no transfronterizas, este control de la legalidad de la fusión puede realizarse dentro de un breve lapso de tiempo (tres meses), desde que la fusión fuera oponible a quien la impugna. De este modo, si integramos los dos primeros apartados del art. 47 LME, es posible concluir que el efecto sanatorio de la inscripción registral de la fusión (y por extensión de cualquier modificación estructural traslativa) no es total, ya que no alcanza a la infracción del procedimiento previsto en la propia LME para su validez. La nulidad sólo podrá fundarse en la infracción de las normas legales para la realización de cada concreta modificación estructural, y además debe ejercitarse en un breve lapso de tiempo, pues está sujeta a un plazo de caducidad de tres meses, contados desde que la fusión fuera oponible a quien invoca la nulidad, que cuando menos coincidirá con la publicidad registral derivada de la inscripción. Evidentes razones de seguridad jurídica son las que justifican este restrictivo régimen legal de impugnaciones, que deja a salvo el derecho de los socios y de los terceros al resarcimiento de daños y prejuicios. Se trata de garantizar que tras los tres meses de su inscripción, no pueda instarse la ineficacia de una modificación estructural traslativa. Esta previsión afecta a cualquier acción que pretenda la ineficacia de la modificación estructural, no sólo la nulidad, sino también la rescisión concursal, que, como hemos expuesto, legalmente conlleva la nulidad del acto objeto de rescisión (art. 73.1 LC). De hecho, el art. 47.1 LME emplea el término «impugnación», que es más amplio que el de nulidad, para abarcar cualquier acción que pretenda la ineficacia de la modificación estructural una vez inscrita en el Registro Mercantil. 5. En la propia Ley Concursal conocemos casos que, por distintas razones, se excluyen de la rescisión concursal. Por ejemplo los previstos en el apartado 5 del art. 71, así como los acuerdos de refinanciación del art. 71 bis, siempre que reúnan los requisitos previstos en este precepto (art. 72.2 LC), y los acuerdos de refinanciación homologados judicialmente de la DA4.ª LC. Es cierto que en estos casos hay una expresa mención a la rescisión concursal, pero ello tiene sentido que sea así, pues en todos esos supuestos se excluye sólo la acción rescisoria concursal, y no el resto de acciones de impugnación, como la nulidad. La justificación de que baste la mención contenida en el art. 47.1 LME a la inimpugnabilidad de la fusión inscrita en el Registro Mercantil, y por ende de cualquier modificación estructural, radica en que en este caso la exclusión legal afecta a «todas» las acciones de impugnación que conlleven la ineficacia de la operación, salvo la nulidad basada en el incumplimiento de los requisitos legales, que además deberá ejercitarse en un breve plazo de tiempo, tres meses. Por esta razón, el art. 47.1 LME no menciona expresamente la rescisión concursal, como tampoco otras acciones de ineficacia, que deben entenderse igualmente excluidas. En este sentido, la Ley de Modificaciones Estructurales es una norma especial, respecto de la normativa general o sectorial que regula la ineficacia de los negocios jurídicos, tanto fuera como dentro del concurso de acreedores. En consecuencia, debemos concluir que no yerra el tribunal de instancia al afirmar que la escisión parcial está excluida de los actos de disposición susceptibles de rescisión concursal. 6. Salvaguarda de los derechos de terceros frente a la escisión. El propio art. 47.1 LM, después de declarar la inimpugnabilidad de la fusión o de cualquier otra modificación estructural traslativa, una vez inscrita en el registro mercantil, deja a salvo «los derechos de los socios y de los terceros, al resarcimiento de los daños y perjuicios causados». Es dentro de este apartado, que preserva la eficacia de la escisión, en el que se ha de enmarcar la pretensión amparada por las sentencias de esta sala invocadas en el recurso de casación (las sentencias 12/2006, de 27 de enero, y 873/2008, de 9 de octubre). Tanto en esas sentencias, como en otras que conocieron de casos muy similares y aplicaron la misma doctrina (entre otras, sentencias 1062/2005, de 12 de enero de 2006, 25/2006, de 30 de enero y 748/2006, de 5 de julio), se estima la pretensión de unos acreedores de efectos cambiarios, cuyo deudor, obligado cambiario, había llevado a cabo una segregación de la rama de actividad en el curso de la cual se habían emitidos las cambiales, sin incluir esas obligaciones cambiales. En aquel momento, anterior a la actual Ley 3/2009, de 3 de abril, de modificaciones estructurales, la segregación (transmisión en bloque de una rama de actividad de una sociedad de capital a otra, a cambio de acciones de la beneficiaria, que adquiere la segregante y no sus socios), que ahora se regula como una forma de escisión (arts. 68.1 y 71 LME), carecía de regulación. Esta Sala entendió que la exclusión de unos determinados pasivos ligados a la rama de actividad objeto de la segregación, que no habían sido incluidos en la segregación y se habían visto afectados después por los efectos de la suspensión de pagos de la sociedad segregada, constituía un fraude de los derechos de estos acreedores cambiarios. Las sentencias 12/2006, de 27 de enero, y 873/2008, de 9 de octubre, razonan en el siguiente sentido: «Como resultado de esa operación la acreedora demandante, que había adquirido su crédito atraída precisamente por la apariencia de solvencia de la deudora cambiaria que emanaba de la importancia económica de su rama de actividad relacionada con el petróleo y petroquímica, al margen de su valor cambiario expresamente mencionada en la letra de cambio, vio como dicha unidad patrimonial era cedida a otra sociedad, sin inclusión del pasivo por aquella generado, quedando de ese modo sometida a los rigores de una consecuente suspensión de pagos, en la que, a mayor abundamiento, ni siquiera aparecía señalada como acreedora. »Este elemento del fraude se refleja claramente en la sentencia recurrida, ya que el Tribunal de apelación declaró que Ercros, S.A. —la escindida— aportó a Ertoil S.A. —la beneficiaria— "un patrimonio afecto a la rama de actividad (negocio del petróleo) como unidad capaz de funcionar por sí misma"; que, con esa aportación, no resultaron garantizados los créditos de quienes, como la demandante, eran legítimos tenedores de las letras de cambio (...) aceptadas por Unión Explosivos Río Tinto, S.A., puesto que vieron "reducidas sus garantías patrimoniales con la salida de activos", sin constancia alguna, más bien lo contrario, de que la sustitución de los mismos por acciones se hubiera regido por reglas de equivalencia en valores reales; y que Ercros, S.A. quedó "sin patrimonio con que responder, en fraude de unos concretos acreedores (los legítimos tenedores de las letras), como luego resultó acreditado por la suspensión de pagos de Ercros, S.A., sólo dos años y medio después de la salida de activos". »En conclusión, ambas sociedades produjeron con tales actuaciones un resultado prohibido por el ordenamiento, claramente preocupado por evitar los efectos perjudiciales de las insolvencias provocados por los mismos deudores (artículos 1111 y 1291.3 del Código Civil), así como el daño que al crédito puede resultar de operaciones societarias distintas, pero con alguna similitud con la ejecutada (preocupación expresada, por ejemplo, en los considerandos octavo y noveno de la Directiva 82/891/CEE). »Que la aportación a otra sociedad de la parte del patrimonio de Ercros, S.A. vinculado a la rama de actividad del petróleo implicara la sucesión en las deudas asumidas por aquella como "negocio petrolero", entre ellas la correspondiente al crédito de la actora, no venía voluntariamente decidido en la fundación de Ertoil S.A., como la misma ha manifestado de modo reiterado, ni imperativamente impuesto por norma alguna. Sin embargo, esa imperatividad, en forma de vinculación, surgió desde el momento en que los beneficios fiscales solicitados fueron concedidos a Ercros, S.A., precisamente por cumplirse de modo fiel el modelo amplio de escisión que establecía, como supuesto de hecho de su previsión, la Ley que los regulaba y conforme al cual, según se ha dicho varias veces, la transmisión patrimonial se producía en bloque. La norma defraudada que cumple aplicar es, por tanto, la reiteradamente señalada por la jurisprudencia que excluye la admisibilidad de los comportamientos contradictorios con otros significativos anteriores, conforme a la regla "adversus factum suum quis venire non potest ", la cual nacida del principio de buena fe, en su proyección ética y objetiva, imponía a las dos sociedades demandadas un deber de coherencia con una conducta anterior exteriorizada en acuerdos sociales, en su ejecución y en la solicitud y obtención de los beneficios fiscales y, por tanto, en un conjunto de comportamiento apto para generar confianza en los demás que, por su significado objetivo, operaba como una limitación al libre ejercicio del derecho subjetivo de realizar la aportación de modo distinto al que generó aquella apariencia de sucesión en el pasivo vinculado a la rama de actividad cedida. Regla cuya extralimitación se traduce en los mismos términos que los del fallo de la sentencia recurrida». Del mismo modo, en otras ocasiones también hemos amparado el derecho de algunos acreedores concretos cuyos créditos eran anteriores a la escisión, constituían deudas asociadas a la rama de actividad objeto de escisión, y no habían sido incluidos en la escisión. Así lo hicimos en la sentencia 796/2012, de 3 de enero de 2013, en un caso en que regía la normativa anterior y podría ser resuelto en el mismo sentido bajo la actual: «(C)onforme al art. 253.1 TRLSA, la parte del patrimonio social que se divida o segregue con la escisión parcial debe formar una unidad económica, respecto de la que se produce el mencionado efecto de la sucesión universal. »A priori, y con carácter general, resulta difícil precisar qué debe entenderse por "unidad económica", pues no necesariamente tendría que tener, previamente, vida propia, ni tiene porque coincidir con una empresa, unidad productiva, establecimiento o negocio, de modo que podría ser meramente funcional. »En nuestro caso, tal y como quedó acreditado en la instancia, es muy significativo que el proyecto de escisión hiciera mención a que afectaba a la actividad internacional de la compañía escindida, que constituía una unidad económica empresarial que se desarrollaba de forma autónoma. El hecho de que una supuesta deuda generada por la actividad internacional de la compañía (...) antes de la fusión, no se incluyera luego en el proyecto de escisión, en concreto en la designación y reparto de los elementos del activo y del pasivo que iban a transmitirse a la sociedad beneficiaria, no significa necesariamente que quedara fuera del referido efecto de la sucesión universal, máxime cuando esta supuesta deuda no estaba tampoco contabilizada en la sociedad escindida. Por eso, debe entenderse que esta deuda estaba afectada al negocio internacional de la sociedad escindida, en que consiste la unidad económica transmitida a la sociedad beneficiaria, razón por la cual fue también transmitida a ésta última, formando parte de las relaciones jurídicas traspasadas en bloque, conforme al art. 252.1.b) TRLSA, y es en virtud de esta sucesión que la sociedad beneficiaria resulta responsable de su cumplimiento». 7. De este modo, la inimpugnabilidad de las modificaciones estructurales traslativas prevista en el art. 47.1 LME afecta a las acciones por las que se pretende su ineficacia, pero no impide otros remedios que permiten salvaguardar los derechos de los socios o, en su caso, de determinados acreedores, que hubieran sido ilícitamente soslayados, como ocurrió en los precedentes expuestos. No sería inconveniente para ello que se hubiera declarado el concurso de la sociedad escindida, pero la acción a ejercitar, que no sería la rescisión concursal, por lo ya expuesto, pretendería una compensación equivalente sólo a los créditos que hubieran sido, en su caso, ilícitamente defraudados con la escisión. Esto es, sin perjuicio de que se tratara de una acción colectiva ejercitada por la administración concursal (arts. 71.6 y 72.1 LC) y que lo obtenido fuera a parar a la masa, el importe reclamado guardaría relación con los créditos que realmente hubieran sido ilícitamente defraudados, que necesariamente deberían ser anteriores a la escisión. Es claro que en nuestro caso, la administración concursal no ha fundado su reclamación en que determinados créditos anteriores a la escisión hubieran sido ilícitamente defraudados, como ocurrió en supuestos de las sentencias invocadas (sentencias 12/2006, de 27 de enero, y 873/2008, de 9 de octubre). Ni menciona tales créditos, ni justifica por qué esos concretos créditos habrían sido ilícitamente defraudados por la escisión. La administración concursal ha pretendido, mediante la reintegración a la masa como consecuencia de la rescisión concursal, que todos los créditos de la sociedad escindida, anteriores o posteriores a la escisión, pudieran quedar satisfechos con los inmuebles que fueron transmitidos a la beneficiaria con dicha escisión. Como ya hemos adelantado: no cabe disociar la aportación de los inmuebles de la propia escisión, en atención a que las transmisión es un efecto propio de la escisión, que se produce con la inscripción registral (art. 46 LME); y el art. 47.1 LME impide el ejercicio de acciones, como la rescisión concursal, que conllevan la ineficacia de la modificación estructural traslativa (sin perjuicio de la nulidad basada en la infracción de las normas reguladoras de la escisión, sujeta a un plazo de caducidad de tres meses)..."

Pero la sentencia del Juzgado de lo Mercantil núm. 2 de Murcia, de fecha 7 de octubre de 2024, entendió rescindible la garantía hipotecaria prestada en favor de un acreedor, que ejercito el derecho de oposición que confería a este la antigua LME, y a efectos de desactivar ese rechazo a la escisión proyectada:

> "...Y es que en nuestro caso, como se desprende de los hechos probados, no se pretende rescindir la propia escisión y sus efectos, sino una garantía hipotecaria que se otorgó en el marco del proceso de escisión, para garantizar el derecho de un acreedor, pero que no forma parte como tal del proyecto y de los efectos propios de la escisión. Así, en el proyecto de escisión obrante en autos nada se dice de la constitución de garantía en favor de CAIXABANK SA, ni consta que fuera sometido a la junta general, ni aprobado por los socios...La parte demandada considera que esta garantía hipotecaria, que se otorga a su favor tras su expresa petición en el marco del procedimiento de escisión, fue un acto necesario para que se llevara a cabo la escisión, por lo que no puede valorarse de forma aislada, no pudiendo la actora separar la constitución de hipoteca de la modificación estructural que la justifica. Y, efectivamente, considera este juzgador que el acto de constitución de garantía debe analizarse teniendo en cuenta que se realizó en el marco la modificación estructural. Pero ello no significa necesariamente que el otorgamiento de la hipoteca deba ser inmune a la acción de reintegración concursal. Y en este punto debemos preguntarnos cuál es el motivo para que la modificación estructural y sus efectos sean inmunes a la acción de reintegración. La inmunidad de la modificación estructural, que se materializa en las diferentes normas nacionales y Directivas sobre la materia mediante la limitación de las vías y los plazos de impugnación de la misma, y que defiende la STS anteriormente transcrita, se fundamenta en la seguridad jurídica. sí, lo indica, por ejemplo, el considerando 6 de la Directiva (UE) 2017/1132 del Parlamento Europeo y del Consejo de 14 de junio de 2017, sobre determinados aspectos del Derecho de sociedades, cuando afirma; Es necesario, con el fin de garantizar la seguridad jurídica en las relaciones entre las sociedades y los terceros,así como entre los socios, limitar los casos de nulidad, así como el efecto retroactivo de la declaración de nulidad y fijar un plazo breve para la oposición de terceros a esta declaración. O el considerando 50 de la Directiva (UE) 2019/2121 del Parlamento Europeo y del Consejo de 27 de noviembre de 2019, por la que se modifica la Directiva (UE) 2017/1132 en lo que atañe a las transformaciones, fusiones y escisiones transfronterizas, indicando; En aras de la seguridad jurídica,no debe ser posible declarar la nulidad absoluta de una operación transfronteriza que haya surtido efecto de conformidad con el procedimiento establecido en la

presente Directiva. Entiende este juzgador que con la inmunidad se pretende evitar que, producida una modificación que altera significativamente la estructura y el patrimonio de las sociedades, sea posible, transcurrido un tiempo, "deshacer" esa modificación, lo que generaría, por un lado, una importante problemática con las nuevas operaciones y negocios jurídicos concertados por las sociedades resultantes, y, por otro lado, la lógica e indeseable desconfianza en el tráfico jurídico.... Pero, igualmente, entiendo que este efecto excepcional frente a la facultad de rescisión concursal debe ser analizado con carácter restrictivo, y, por tanto, no debe afectar a operaciones que se hayan realizado en el marco de la modificación estructural, pero que no sean un efecto propio de la misma. Con la posible rescisión de la concreta operación la modificación estructural no está en riesgo, y, por tanto, toda la construcción doctrinal sobre la irrescindibilidad de la escisión no es aplicable. Y esto es lo que ocurre en el caso de autos. La constitución de garantía es cierto que se hizo en el marco y conforme al procedimiento legal previsto para las modificaciones estructurales, pero no es un efecto propio de la modificación estructural. Es decir, no estamos hablando de retrotraer los efectos de la modificación, de manera que ahora los activos o pasivos de las sociedades, o la propia existencia de sociedades creadas, no sean los que se derivaron de la modificación, y, por tanto, que una multiplicidad de posteriores actos y negocios jurídicos queden afectados. Únicamente hablamos de si una concreta operación, que no es efecto de la escisión y que no afecta a la creación o desaparición de sociedades, o a los activos o pasivos que se traspasan entre la misma como consecuencia de la modificación, debe quedar afectada por la normativa concursal, que prevé, como uno de los mecanismos esenciales en favor de la par conditio creditorum,la posible rescisión de actos realizados en perjuicio de la masa durante un limitado periodo de tiempo. No cabe duda que el acreedor que pidió garantías, y le fueron concedidas, estaba ejercitando un derecho legalmente previsto, y, además, en el marco de una modificación estructural cuyos efectos son inmunes a la reintegración concursal. Pero esa inmunidad, que es excepcional y se defiende por razones de seguridad jurídica, no debe afectar a una concreta operación como la presente, en el caso de que sea perjudicial para la masa, pues la seguridad jurídica en las nuevas operaciones no se ve afectada por la posible reintegración, sino que solo se ve afectado el derecho del acreedor, que entiendo debe subordinarse a la reintegración concursal, si procede, por razones de perjuicio, y en favor del resto de acreedores. Nótese que en la demanda se afirma, lo cual no es negado de contrario, que existían otros acree-

> dores financieros con créditos no garantizados que no ejercitaron su derecho de oposición, y han acudido al concurso sin garantías. Así, en los textos definitivos, que obran en la sección primera del concurso, aparecen como acreedores entidades como BANCO DE CRÉDITO SOCIAL COOPERATIVO SA o CAJAMAR CAJA RURAL SCC con deudas derivadas de préstamos por Línea de Avales ICO COVID-19, como el de la hoy demandada, que no presentan garantías que les atribuyan privilegio especial. Lo anterior nos permite analizar la concreta operación, y el posible perjuicio al resto de acreedores, como procede conforme a la legislación concursal, sin que opere una inmunidad que, como hemos dicho, debe ser excepcional y de interpretación restrictiva...."

Con el advenimiento del Real Decreto-ley 5/2023 (nueva LME), la anterior conclusión, y la irrescinbilidad concursal de estas operaciones estructurales, y la imposibilidad de desgajar rescisoriamente los concretos actos que inescindiblemente la conforman, no se altera. Como la anterior, la nueva LME tampoco ofrece una norma expresa autorizatoria o prohibitiva del ejercicio de acciones de reintegración concursales contra dichas modificaciones estructurales. Pero, aun así y a la vista de la nueva legislación, mantengo la irrescinbilidad de las modificaciones estructurales traslativas.

Como sabemos, la nueva LME modifica el derecho de oposición de los acreedores, y el art. 13.3 nueva LME, señala que el derecho de los acreedores a garantizar sus créditos no paralizará la operación de modificación estructural ni impedirá su inscripción en el Registro Mercantil. Y se mantiene el carácter constitutivo, y sanatorio, de la inscripción de la modificación estructural (art. 16.1 nueva LME), habiendo sustituido la declaración de nulidad de la modificación estructural por el control registral y el consiguiente control judicial a la actuación del registrador. Además, se perfecciona al régimen de responsabilidad solidaria en la escisión (art. 70.2 nueva LME). Y se han limitado los motivos de impugnación del acuerdo societario de aprobación de la modificación estructural (art. 11 nueva LME).[36]

---

36 DE LA RUA NAVARRO, J. "El alcance".

De todo ello, cabe afirmar la potenciación de la seguridad jurídica preventiva de la nueva LME, tendentes a asegurar un control de legalidad de la operación antes de sus efectos. Se deduce una evidente voluntad del legislador, incluso con más intensidad que respecto a la vieja Legislación, en orden a blindar y proteger la modificación estructural, limitando ataques que la hundan, incluido el rescisorio concursal, pero sin desproteger al acreedor, cuya posición se refuerza, y no cabiendo, por lo tanto, el ejercicio de una acción de reintegración concursal que tenga por objeto declarar la ineficacia de una modificación estructural, o de cualquiera de los actos que la integran.[37]

Por otro lado, y en apoyo a esta conclusión, no hay que perder de vista el objeto de las acciones de reintegración, tendente a la recuperación del patrimonio deudor cuando aparece insuficiente para atender sus deudas. Y, desde esta perspectiva, y a la vista de la perfección en la nueva LME del régimen de constitución de garantías, o de responsabilidades, el incremento de la información a favor de los acreedores, y el citado control judicial, remedios absolutamente protectores del pago a los acreedores, desactiva fatalmente este objeto y convierte en inane un eventual ejercicio de la rescisión concursal frente a modificaciones estructurales.[38]

Finalmente, y desde la perspectiva de la Directiva traspuesta a través del Real Decreto-ley 5/2023, cualquier acción de reintegración frente a modificaciones estructurales, parece contrariar sus fines de garantizar la movilidad transfronteriza de cualquier empresa, incluso en situación de insolvencia, para lo cual se incorporan mecanismos garantitorios del control de legalidad antes que surta efectos. Ello, en cuanto supone dejar la operación modificatoria estructural, a la vista de la ineficacia efectual que conlleva la rescisión concursal, con un absoluto déficit de seguridad

---

[37] DE LA RUA NAVARRO, J. "El alcance". PEREZ BENITEZ, J.J "La rescisión", pg. 132.

[38] PEREZ BENITEZ, J.J "La rescisión", pg. 132.

jurídica, y en virtud de una norma interna y en comparación con otros ordenamientos comunitarios.[39]

También son rescindibles las capitulaciones matrimoniales, con independencia de la subsistencia de las acciones que asisten a los acreedores de gananciales al amparo de lo dispuesto en los arts. 1317 y 1401 CC. O los convenios reguladores de medidas aprobados judicialmente, no tanto en cuanto a las pensiones aprobadas por el Juez, como en lo respectivo a la atribución de bienes o derechos a favor de un cónyuge u otro. O la resolución de un contrato. También la asunción de una obligación cambiaria, en especial, cuando no responde a una obligación causal, con el límite de los posteriores tenedores del efecto y salvo que estos lo hubieran adquirido conociendo las circunstancias que dan lugar a la rescisión (art. 67 LCch).[40]

O el pago por el promotor-concursado del crédito del subcontratista ejercitador de la acción directa del art. 1597 CC, si el crédito subcontratador no reúne los requisitos de vencimiento y exigibilidad. En este sentido, sentencia del Tribunal Supremo de fecha 29 de diciembre de 2020:

> "...d) Así debe entenderse la incorporación del art. 51 bis.2 LC por la Ley 38/2011, de 10 de octubre, que establece que: "Declarado el concurso y hasta su conclusión, quedarán en suspenso los procedimientos iniciados con anterioridad en los que se hubiera ejercitado la acción que se reconoce a los que pusieren su trabajo y materiales en una obra ajustada alzadamente contra el dueño de la obra en los términos previstos en el artículo 1597 del Código Civil". Es decir, el precepto no hace más que sancionar una regla impeditiva del reconocimiento de un privilegio en sede concursal, confirmando el principio de especialidad concursal. e) Cuestión distinta es que el ejercicio de la acción directa por parte del subcontratista contra el dueño de la obra se hubiera iniciado extra o judicialmente, y se hubiera consumado y hecho efectivo, antes de la declaración concursal del contratista. El privilegio subsiste extraconcursalmente. Pero para ello es necesario que el crédito

39 PEREZ BENITEZ, J.J "La rescisión", pg. 133.

40 In extenso, SANCHO GARGALLO, I. "La rescisión", pgs. 193 y ss.

del subcontratista reúna los requisitos de vencimiento y exigibilidad. De no ser así, podría ser incluso objeto de rescisión concursal (artículo 71 LC), una vez declarado el concurso del contratista..."

Y los acuerdos transaccionales, incluso los homologados judicialmente ex art. 19 LEC. La homologación judicial no convierte al acto del deudor en inatacable, dado que el trámite homologatorio, salvo en su aspecto dotacional de fuerza ejecutiva, nada añade ni quita a la transacción. Además, en el acto homologatorio, el Juez se limita a comprobar que la transacción no queda prohibida por la Ley, ni ésta establece limitaciones por razones de interés general o en beneficio de tercero. Fuera de ello, nada más comprueba ni decide el Juez con su homologación por lo que un acuerdo transaccionador tampoco escapa a la rescisión concursal, incluso, aun cuando haya sido homologado judicialmente.[41] Como señala la sentencia del Juzgado de lo Mercantil núm. 1 de Palma de Mallorca, de fecha 25 de enero de 2021:

"...debe tenerse presente que una sentencia que homologa un acuerdo transaccional con relación al ejercicio de una pretensión rescisoria concursal no valida el acto que presuntamente por ser perjudicial para la masa justificaría la demanda incidental interpuesta...".

Respecto a convenios y procedimientos arbitrales no procede su rescisión ex art. 226 y ss TRLC, sin perjuicio de su impugnación por la Administración concursal, si concurre fraude, en juicio ordinario, y en los términos de los arts. 140.4 y 260.2 TRLC.

También burlan la espada rescisoria concursal las sentencias y resoluciones judiciales, únicamente atacables mediante los recursos procesales previstos en la Ley. También las sentencias firmes que solo sufren el riesgo de una eventual interposición de recurso de revisión, ostentado la Administración Concursal legitimación al efecto ex art. 511 LEC. Realmente en el supuesto de sentencias

---

41 RIBELLES ARELLANO, J.M. "Las acciones", pg. 324. SANCHO GARGALLO, I. "Las acciones", pg. 1171. FUENTES DEVESA, R. "Reintegración", pg. 1249.

y resoluciones judiciales no cabe hablar de actos del deudor, aunque éste sea parte del proceso en que recaiga y tengan efectos en su patrimonio.

En este sentido, sentencia del Juzgado de lo Mercantil núm. 1 de Madrid, de fecha 3 de octubre de 2023:

> "...La presente demanda no puede prosperar. En primer lugar, porque persigue indirectamente dejar sin efecto resoluciones judiciales firmes dictadas por el Juzgado de Primera Instancia núm. 2 de Navalmoral de la Mata, incurriendo en un evidente fraude de ley procesal (sobre la imposibilidad de ejercitar acciones rescisorias con relación a actos procesales cuando ello entra en contradicción con resoluciones judiciales firmes, véase C. Senés, "La rescisión de los actos procesales del deudor", en VV.AA. La reintegración de la masa. Congreso de Antequera, Cizur Menor: Civitas Thomson, p. 101 y ss.). Conforme ha quedado expuesto en la relación de hechos probados, ante dicho órgano la concursada ya solicitó la restitución del importe consignado, lo que le fue denegado mediante resolución que, tras ser recurrida, fue confirmada y ha devenido firme. Este órgano carece de jurisdicción y competencia para, erigiéndose en un superior jerárquico del Juzgado de Primera Instancia indicado, dejar sin efecto las resoluciones firmes que el mismo haya podido dictar y que a día de hoy han ganado firmeza. Hallándose consignado el importe al que se dirige la presente acción rescisoria en la Cuenta de Depósitos y Consignaciones del Juzgado de Primera Instancia núm. 2 de Navalmoral de la Mata, tras lo acordado por este último no hay otra salida que esperar a lo que dicho órgano resuelva al término del procedimiento..."

La compensación, como acto extintivo de obligaciones, también corre el riesgo de resultar impactada por la rescisión concursal. Pero esencialmente la compensación, convencional o facultativa, dependiente de la voluntad de las partes, con exclusión de la compensación judicial y la legal, no imputable al deudor.[42] Entiendo que cumplido los requisitos contemplados en los arts.

---

[42] LINACERO DE LA FUENTE, M. "Las acciones de reintegración", pg. 125, que aplica el mismo criterio cuando el impedimento de la compensación sea el cumplimiento de una condición suspensiva. También GULLÓN BALLESTEROS, A. "La acción rescisoria", pg. 4128.

1195 y 1196 CC, y el contenido del art. 153 TRLC que, permite y legitima, incluso, la compensación cuyos requisitos hubieran existido con anterioridad a la declaración de concurso, aunque la resolución judicial o el acto administrativo que la declare se haya dictado con posterioridad a ella, blinda a tal compensación legal o judicial frente a la acción rescisoria concursal salvo que concurra alguna circunstancia excepcional y extraordinaria que la convierta en perjudicial para la masa. Asi, sentencia del Tribunal Supremo de fecha 25 de marzo de 2021:

> "...En principio, si la compensación legal practicada justo antes de la declaración de concurso cumplía todos los requisitos legales que la hubieran hecho válida al amparo del art. 58 LC de haberse practicado después de la declaración de concurso, en ese caso no podría ser objeto de rescisión concursal, a no ser que concurriera alguna circunstancia extraordinaria que pusiera en evidencia la injustificación del sacrificio patrimonial que conllevaba para la masa del concurso..."

Por el contrario, no parece rescindible concursalmente hablando, la liquidación de una relación contractual con obligaciones pendientes a cargo de ambas partes,[43] con independencia que la relación estuviese o no resuelta, y siempre que no concurra en esa liquidación contractual circunstancias anómalas o extraordinarias.

Por otro lado, no parece que quepa la rescisión de aquellos actos que vinieran a suponer el cumplimiento de una obligación legal, o de una resolución judicial o administrativa. Por ejemplo, el pago de una multa.

Al hilo de ello, se venía defendiendo la irrescindibilidad concursal de aquellas garantías constituidas con ocasión de acuerdos de recuperación y aplazamiento de créditos públicos como consecuencia de su imperativa imposición y exigencia por la Ley.[44] Sin embargo, me desagradaba la anterior conclusión a la vista que con independencia que la concesión de un aplazamiento del crédito tributario exija la prestación de la correspondiente garantía,

---

43 VILLORIA RIVERA, I. "Masa activa", pg. 429

44 GARCÍA-CRUCES GONZÁLEZ, J.A. "Presupuestos", pg. 36.

no deja de ser cierto que la solicitud aplazatoria requiere un acto volitivo del deudor en tal sentido, y por ello, y estrictu sensu, no cabe entender que sea obligatoria la constitución de la garantía.[45]

En cualquier caso, el actual art. 230, apartados 2.º y 3.º TRLC resuelve la cuestión en el sentido de establecer el blindaje absoluto de los actos de constitución de garantías de cualquier clase a favor de créditos públicos, así como los actos de reconocimiento y pago de estos créditos tendentes a lograr la regularización o atenuación de la responsabilidad del concursado prevista en la legislación penal (art. 230.2.º TRLC) y de los actos de constitución de garantías a favor del Fondo de Garantía Salarial (art. 230.3.º TRLC).

También cabe la impugnación rescisoria concursal de negocios fiduciarios que cumplen con la función de garantía como, por ejemplo, la compraventa y la opción de compra con función de garantía, el pacto de retroventa, un leaseback, etc.[46]

Obviamente, la falta de perfección del acto o negocio sospechoso impide su combate rescisorio concursal. Así lo recuerda la sentencia de la Audiencia Provincial de Zaragoza de fecha 4 de mayo de 2012):

> "...En efecto, el primero de los negocios jurídicos contra el que se dirige la acción rescisoria es la cancelación parcial de la póliza de crédito concertada el día 6-7-2009 por consecuencia de la cesión de créditos que la concursa hizo a favor de la prestamista el día 9-10-2009, y es lo cierto que tan negocio no llegó a perfeccionarse, ni tuvo consecuencia alguna, en tanto que la cesión de créditos es un contrato que se concierta entre cedente, que en el caso era la concursada, y el cesionario, condición que recaería sobre MULTICAJA, y ésta no convino tal negocio, por lo que difícilmente puede entenderse concluido. Por otro lado no ha sido aportado ni probado acto alguno que permita afirmar que se ha producido una cancelación parcial de la póliza, pues la documentación relativa a su liquidación no recoge en punto alguno tan cancelación par-

---

45 GONZÁLEZ VÁZQUEZ, J.C. "Las acciones", pg. 593.

46 VILLORIA RIVERA, I. "Acción", pg. 428

cial, sino que la misma se produjo por consecuencia de la ulterior cesión del crédito derivado de ella hecha por MULTICAJA a los hoy recurrentes el día 15-1-2010. Por consecuencia, procede la estimación del motivo...

Y la Audiencia Provincial de León, sentencia de fecha 10 de marzo de 2011:

"...Observando el contenido de las pruebas practicadas en el procedimiento coincidimos con el criterio expuesto en la Sentencia recurrida pues no procede rescindir el negocio jurídico que no llegó a producir efectos entre las partes ya que la mercancía nunca se entregó a la entidad concursada por lo que la devolución de la misma lo único que implicó fue la realización de un mero apunte contable anulando el crédito a favor de la entidad vendedora. Ciertamente resulta que la mercancía necesitaba, con carácter previo a la entrega, de una concreta manipulación y fue depositada en una tercera empresa para su transformación sin que nunca fuera entregada a la entidad en concurso. Y la nota que se emitió fue a efectos contables para dejar sin efecto la factura derivada de la venta de la mercancía que finalmente no se entregó. Resulta entonces que no se aprecia perjuicio patrimonial alguno pues la mercancía no se encontraba en poder de la concursada cuando fue devuelta. Ni se recibió ni se abonó. No existe desplazamiento patrimonial alguno que rescindir. En nuestro derecho, teniendo en cuenta lo dispuesto en los arts. 609 y 1095 **del Código Civil**, es necesario para hacer dueño a quien compra una cosa mediante un **contrato de compraventa** la entrega de tal cosa, ya que en el **Código Civil**, inspirado en el derecho romano, la propiedad no se transmite por la mera perfección del **contrato de compraventa** si no es seguida de la tradición, de forma que solo la conjunción de los dos elementos: título y modo, determina la adquisición de la propiedad, pudiendo ser esta transmisión posesoria real: poniendo la cosa en poder y posesión del comprador, o ficticia, esto es, por medios espiritualistas pero jurídicamente relevantes, como por ejemplo el otorgamiento de una escritura pública en la transmisión de bienes inmuebles. Tal y como dispone el art. 1.278 **del Código Civil**, cualquiera que sea la forma en que celebre el contrato, lo esencial para su existencia es que concurran las condiciones esenciales para su validez, que no son otras que las señaladas en el art. 1.261, consentimiento de las partes contratantes, objeto cierto y causa; elementos que para el contrato de compraventa, según dispone el art. 1.450 **del Código Civil** concurren, cuando coinciden comprador y vendedor en la cosa objeto del contrato y en el precio. En este caso, existe el **contrato de compraventa objeto** de análisis pero la operación realizada tendría que haberse perfeccionado con la entrega de la mercancía a satisfacción de las partes. Si la misma se hubiera entregado estaríamos analizando la repercusión de lo ocurrido posteriormente que podría calificarse de una resolución convenida entre vendedora y compradora de aquél contrato de venta, por convenir a los intereses de la vendedora. Pero la prueba testifical justifica que la mercancía no fue entregada y por tanto la operación no se perfeccionó ni el material entró a formar parte del patrimonio de la concursada por lo que no existe operación de disposición que pueda ser rescindida..."

Respecto a los actos ineficaces, el art. 238 TRLC permite el ejercicio de la acción que corresponda conforme al derecho general y en conexión al vicio que conlleva la ineficacia del acto. Sin embargo, no encuentro inconveniente en atacar actos nulos o anulables mediante la acción rescisoria. Como señala el profesor LEÓN SANZ, "para los acreedores concursales, el ejercicio de las acciones rescisorias respecto de actos ineficaces, sea cual sea el motivo, presenta ventajas indudables: estas acciones ofrecen a los acreedores una manera efectiva de lograr que el patrimonio del deudor quede inmune a todos aquellos actos que les puedan resultar perjudiciales. Para alcanzar este objetivo, la recuperación de todo aquello que haya salido del patrimonio del deudor, resulta irrelevante que la disposición se funde en un acto que sea o no conforme a derecho. El ejercicio de las acciones rescisorias permite lograr de un modo directo la finalidad pretendida. De este modo se evita el ejercicio de la acción de nulidad o de anulabilidad, y la acreditación de los presupuestos que le son propios. En la delimitación del supuesto de hecho objeto de impugnación en virtud de las acciones rescisorias la Ley se refiere de una manera genérica a los actos realizados por el deudor. Los fines de la norma justifican una interpretación que considere incluidos también los actos ineficaces."[47]

47 LEÓN SANZ, F.J. "El sistema", pg. 259; y "Comentario", pg. 1305 y 1356.

Acertadamente parece manifestarse en esta línea la Audiencia Provincial de Córdoba, sentencia de fecha 10 de mayo de 2011:

> "...CUARTO.— Los elementos que en este caso corroboran dicha simulación son múltiples y resumidamente son: a) El supuesto préstamo en cuya devolución consistiría la contraprestación de la cesión de uso de la nave y la maquinaria no consta documentado, ni se ha acreditado su efectiva existencia; b) No consta que la sociedad concursada recibiera cantidad alguna en concepto del supuesto préstamo, ya que lo único que constan son ingresos en una cuenta bancaria de la que no es titular; c) Entre las aparentes prestamista y prestataria existen vínculos económicos y societarios; e) El documento privado de cesión de uso y reconocimiento de deuda se otorga en fechas próximas a **la declaración del concurso,** por lo que, en relación con los datos anteriormente expuestos, resulta evidente que su exclusiva finalidad era sustraer de la masa la posesión de los más valiosos activos realizables de la concursada. Por las razones expuestas, concurriendo el requisito temporal previsto en el **artículo 71 de la Ley Concursal,** existiendo perjuicio para los acreedores, e incluso considerándose acreditado el '**consilium fraudis**' en cuanto a la simulación contractual expuesta, ha de considerarse correctamente estimada la acción de reintegración ejercitada por **la administración concursal,** sin que pueda discutirse siquiera la existencia del perjuicio patrimonial para la concursada, puesto que ante la falta de contraprestación la cesión fue gratuita y el perjuicio se presume '**iuris et de iure**' (artículo 71.2 de la Ley Concursal)..."

Y la sentencia de la Audiencia Provincial de Valladolid, de fecha 26 de abril de 2011:

> "...En definitiva, se transfirió la propiedad de dicho vehículo por Transmilenio 2001 S.L. a otra entidad perteneciente a la propia familia, que tomó posesión del mismo y lo ha estado utilizando sin abonar cantidad alguna por ello. Dicha operación, bajo la apariencia de una compraventa plasmada en el libramiento de una factura, no encubre sino una donación a través de la cual la familia trataba de poner a salvo los activos que figuraban a nombre de aquella entidad ante la mala situación económica que atravesaba y que pocos meses después la llevaría a presentar la solicitud de concurso voluntario. Ello viene confirmado por el hecho de que también por aquellas fechas Transmilenio 2001 S.L., vendió otro de sus vehículos a una tercera sociedad, concretamente Auto Ballestas Segre, emitiendo la correspondiente factura, mas haciendo

> constar en la misma como cuenta bancaria en la que ingresar el precio (f. 197) una cuya titularidad ostentaba no dicha vendedora sino precisamente (f. 198) la aquí codemandada Distribuciones Cárnicas Daju S.L. No nos encontramos por lo tanto ante una simple compraventa cuyo precio no haya sido pagado o lo haya sido parcialmente, tal y como se sostiene en el recurso, sino ante una operación que bajo la apariencia de dicho negocio oneroso en realidad encubría un acto dispositivo a título gratuito, efectuada dentro de los dos años anteriores a la declaración en concurso de la vendedora, por lo que la entendemos perjudicial para la masa activa del concurso y correctamente rescindida conforme lo dispuesto en el **art. 71 de la Ley Concursal.** Vamos en su consecuencia a confirmar la sentencia impugnada que así lo declara con desestimación del recurso de apelación..."

En contra de lo anterior, parece manifestarse la sentencia de la Audiencia Provincial de Barcelona de fecha 2 de febrero de 2007:

> "...La rescisión responde mejor a la naturaleza jurídica de los actos o negocios realizados por el deudor un tiempo antes de la declaración de concurso (dos años), que en el momento de realizarse son válidos, por reunir los elementos esenciales del contrato (art. 1261 CC), no ser contrarios a una norma imperativa o prohibitiva (art. 6.3 CC), ni estar afectados por un vicio de anulabilidad (arts. 1300 y ss. CC). No adolecen de ninguna ineficacia estructural. ..."

Y la sentencia del Juzgado de lo mercantil núm. 1 de Málaga, de fecha 20 de noviembre de 2006. Dicha sentencia, parece que desplaza los supuestos de nulidad o anulabilidad a las otras acciones a que se refiere el art. 238 TRLC. En cualquier caso, la sentencia permite, como no podía ser de otra manera, su ejercicio acumulado junto a la acción rescisoria concursal. Dice la sentencia en cuestión:

> "...Se deja abierta, por tanto, la posibilidad de otras acciones no enumeradas en el artículo, sin identificar y que pueden ser todas aquellas que quepan 'conforme a derecho' lo que nos sitúa en supuestos tales como la acción derivadas de simulación, nulidad o revocatorias. Dogmáticamente los requisitos y diferencias entre estas acciones, como veremos, es importante y transcendental por lo que no podemos confundir unas con otras. Dichas acciones, además, no están sujetas al requisito temporal del artículo 71 LC sino al propio de prescripción que pudiera derivarse de la norma-

> tiva reguladora y del código civil. De esta forma siendo el juez del concurso competente, dentro del proceso concursal, y tramitándose por los mismos procedimientos incidentales es posible su acumulación pues parte, igualmente, de quien está legitimado conforme al artículo 72 LC. En el supuesto de simulación lo que se pretende es la nulidad del acto partiendo de que el deudor simula un acto jurídico con la finalidad de perjudicar a sus acreedores de tal forma que el mismo es fingido frente al acto válido y verdadero de la acción rescisoria concursal por fraude de acreedores y tradicionalmente ha venido siendo admitida por los tribunales en ejercicio conjunto aunque con carácter subsidiario (en tal sentido SSTS de 8 de febrero de 1988 y 13 de abril de 1988) lo que se recoge positivamente con la nueva norma al recoger dicha posibilidad en el apartado sexto del artículo 71 LC..."

Aunque el tenor literal del art. 226 TRLC alude, literalmente, a que los actos han de ser perjudiciales para la masa activa, se me antoja no excluidos de rescisión aquellos actos que sólo crean nuevas obligaciones, por ejemplo, una garantía personal que, en principio, no comporta un empobrecimiento de la masa activa. Ello a la vista que todo incremento de la masa pasiva conlleva un gravamen en la masa activa en virtud del principio de responsabilidad universal deudor.[48]

III.2.3. Actos del deudor excluidos de rescisión

Dándose los requisitos de los art. 226 y ss TRLC, cabe la rescisión concursal de los actos del deudor anteriormente examinados.

Sin embargo, el régimen rescisorio que aquí analizo no surge como absoluto. Existen determinados actos reunitorios de los presupuestos rescisorios, pero que la Ley expresamente excluye del régimen reintegrador de los arts. 226 y ss TRLC, sea de manera innegociable y tajante, en cuanto señala que "en ningún caso será posible su rescisión" (supuestos del art. 230 TRLC), sea de forma condicional, conectando el salvavidas anti rescisorio, incluso su intensidad protectora, a la concurrencia de determinadas circunstan-

---

[48] CARRASCO PERERA, A. "Los Derechos de garantía", pg. 316.

cias y requisitos, por ejemplo, la protección frente a acciones rescisorias de los planes de reestructuración ex arts. 667 y 668 TRLC.

Lo anterior no implica que esa protección, absoluta o condicional, impida el ejercicio de las otras acciones de impugnación del art. 238 TRLC, pues la exclusión reseñada viene referida esencialmente a la acción rescisoria concursal de los arts. 226 y ss TRLC.

III.2.3.1. Los actos ordinarios de la actividad profesional o empresarial del deudor realizados en condiciones normales

Desde luego no se trata de la irrevindicabilidad prevista en el art. 85 C.Com, sino de impedir la rescisión, con independencia de su perjudicialidad para la masa activa, de aquellos actos del deudor, de disposición y, esencialmente, la adquisición y prestación de bienes o servicios, realizados en condiciones de ordinariedad y normalidad.[49]

Esta exclusión se formula en términos absolutos y sin dejar lugar a resquicio rescisorio alguno. El art. 230.1.º TRLC, contundentemente, ordena que en ningún caso cabe la rescisión de "... los actos ordinarios de la actividad profesional o empresarial del deudor que hubieran sido realizados en condiciones normales". Toda esta serie de conceptos jurídicos indeterminados que conforma el citado artículo, la voy a tratar de aclarar.[50]

III.2.3.1.1. Fundamento de la exclusión

La presente exclusión rescisoria no enraíza en la ausencia de perjuicio para la masa activa de aquellos actos acometidos bajo las condiciones reseñadas en el art. 230.1.º TRLC.[51] Tampoco cabe conectar esta exclusión con la bondad de estos actos ordinarios y normales, posibilitatorios de la continuidad de la empresa, y la

---

49 HERNÁNDEZ MARTÍ, J. "Efectos", pg. 302.

50 VÁZQUEZ LEPINETTE, T. "La financiación", pg. 148.

51 GARCÍA-CRUCES J.A. "La reintegración de la masa", pg. 362.

consiguiente, pero eventual e incierta, generación de ingresos y rendimientos incrementadores de la masa activa, y por lo tanto, no perjudiciales para esta.[52]

Los actos en cuestión, en sí mismos, resultan perjudiciales para la masa activa en cuanto benefician a determinados acreedores frente a otros en el cobro de sus respectivos créditos, obviando la ley del dividendo y la pars conditio creditorum, amén de su impactación, disminuyéndola, en la masa activa del concurso.

Sin embargo, esa perjudicialidad se presenta muy liviana en su intensidad, casi inexistente. Y su prueba por la administración Concursal, que decir subsidiariamente por un acreedor, se me antoja una tarea titánica. Por ello, entiendo que ese perjuicio aquí no se valora, y se excluye su rescisión, en cuanto actos ordinarios, y debidos, realizados en condiciones normales,[53] incluso, aunque hayan sido llevados a cabo por el concursado y personas especialmente relacionadas ex art. 282 a 284 TRLC.[54]

Además, esta exclusión enraíza con la necesidad de dar seguridad al tráfico jurídico[55], y evitar que el temor a una reintegración futura bloquee, o paralice, la ordinaria y normal actividad empresarial, o profesional, de aquel deudor que atraviesa dificultades económicas y financieras, y se asoma o está incurso en insolvencia,[56] que, como es sabido, constituye un infalible repelente es-

---

52 RIBELLES ARELLANO, J.M. "Las acciones", pg. 325.

53 RIVERA FERNÁNDEZ, M. "Reintegración", pg. 127 y ALCOVER GARAU, G. "Aproximación", pg. 127. O QUINTANA CARLO, I. "Las exclusiones", pg. 154.

54 QUINTANA CARLO, I. "Las exclusiones", pg. 154.

55 HERNÁNDEZ MARTÍ, J. "Efectos", pg. 302; GARCÍA-CRUCES J.A. "La reintegración de la masa", pg. 362, FUENTES DEVESA, R. "Reintegración", pg. 1250, y VILA FLORENSA, M. "Comentarios", pg. 880.
También SILVETTI, E. "Comentarios", pg. 557, quien alerta sobre el posible camuflaje de actos perjudiciales del concursado, como normales y habituales y, por tanto, no sujetos a rescisión.

56 FERNÁNDEZ AGUADO, J.I. "Las acciones", pg. 178 y SANCHO GARGALLO, I. "Las acciones", pg. 1188.

pantador de los clientes, proveedores, etc, de ese incierto deudor, candidato a concursado. En este sentido, vid. sentencia del Tribunal Supremo de fecha 26 de octubre de 2012:

> "...Con ello, la ley pretende evitar la ineficacia de actos anteriores a la declaración de concurso, que se habrían realizado ya se fuera a declarar el concurso posterior o no, y que por lo tanto no podían evitarse a riesgo de paralizar la actividad profesional o empresarial del deudor..."

III.2.3.1.2. Determinación de los actos empresariales excluidos de rescisión

Los actos excluidos de rescisión precisan de su condición de actos del deudor, con independencia que sean de administración o disposición, realizados en el tráfico ordinario de su concreta actividad empresarial, esto es, lo cotidiano y habitual en su actividad, repudiándose no sólo los actos extraordinarios en la gestión de la concursada (por ejemplo, la transmisión de la empresa o de la unidad productiva), sino también los extraños o ajenos a su actividad.[57] Ese carácter ordinario del acto, y su examen, procede al tiempo de su perpetración.

Señala el Tribunal Supremo, sentencia de fecha 10 de julio de 2013:

> "....Para ser considerados como tales actos ordinarios no basta que no se trate de actos o negocios extravagantes o insólitos. Es preciso que sean actos que, en una consideración de conjunto, tengan las características normales de su clase, se enmarquen en el tráfico ordinario de la actividad económica habitual del deudor y no tengan carácter excepcional, pues respondan a la forma usual de realizar tales actos tanto por el deudor como en el sector del tráfico económico en el que opere. La determinación de lo que pueda considerarse como tales actos ordinarios de la actividad profesional o empresarial del deudor es ciertamente casuística, sin que sea fácil establecer categorías generales cerradas. Como criterios útiles

---

57 LEÓN SANZ, F.J. "El sistema", pg. 270; y "Comentario", pg. 1313.

> para la determinación se ha apuntado que presentan tal carácter los actos relacionados con el objeto social, cuando se trata de una sociedad, o los propios del giro típico de la actividad empresarial o profesional de que se trate, especialmente si han sido celebrados con consumidores, así como los que hayan sido generados por el mantenimiento del centro de actividad profesional o empresarial. Es preciso además que presenten las características de regularidad, formal y sustantiva, que les permita ser considerados como realizados en condiciones normales".

La exclusión no alcanza solo a los actos mínimos, imprescindibles o ineludibles para el mantenimiento de la actividad del deudor, sino a todos los actos o negocios propios del tráfico o giro ordinario de la actividad empresarial del deudor, entre los que se incluyen los referidos de mantenimiento. La alusión a actos resulta atrapatoria de los contratos y negocios jurídicos, pero también de aquellos actos singulares, aislados o dimanantes de aquellos como los pagos[58]. Normalmente revestidos de alcance o cuantía nimia o modesta, aunque, ciertamente, ello no se constituye en presupuesto necesario para el despliegue de la exclusión rescisoria, que requiere únicamente su carácter ordinario y normalidad, quedando expulsados aquellos actos extravagantes o insólitos a la actividad de la deudora.

La actividad empresarial aludida enlaza con la concreta y específica desempeñada por el concursado, de forma efectiva, al tiempo de concluirse el acto reputado ordinario, sin que quepa atender a un concepto generalístico o académico de "actividad empresarial". Tampoco a una identificación formal de la actividad del deudor partiendo del contenido de los Estatutos Sociales y el objeto social reseñado en estos, del epígrafe del IAE en que este dado de alta, la formación o titulación del profesional o comerciante, etc. Ello, ciertamente, ayuda en la determinación y prueba de la actividad empresarial deudora, pero lo único relevante a estos efectos no es tanto lo que resulte de los papeles o los registros públicos o administrativos, sino la concreta y especifica

58 SANCHO GARGALLO, I. "Las acciones", pg. 1190.

actividad que, efectiva y realmente, desempeñe o ejercite el concursado al tiempo de llevarse a cabo el acto reputado ordinario, con independencia de lo que resulte de los citados estatutos, IAE etc. Incluso aunque luzca contraria y distinta de la que resulte de tal documentación.

A título de ejemplo y sin ánimo exhaustivo, pues nos encontramos ante una determinación casuística,[59] constituyen actos ordinarios de la actividad deudora el pago de nóminas, impuestos, cuotas de la seguridad social, suministros (luz, agua, teléfono, limpieza etc) u otras deudas propias del tráfico empresarial, vencidas y exigibles.

También aquellos pagos conectados a contratos propios del tráfico ordinario de la empresa (alquiler, seguros, almacenaje, publicidad y marketing, compra de mercaderías, transporte o la compra de una maquinaria); reparaciones de maquinaria propia o de clientes, el pago, regular y a su vencimiento, de los plazos en que se fracciona o articula la devolución de un préstamo o crédito que financia la actividad ordinaria del deudor concursado. También el descuento o endoso de efectos cambiarios. Y la suscripción, renovación, resolución o extinción de contratos (arrendamiento, suministros, laborales, seguros etc). La compra de mercaderías. O los pagos debidos, esto es, de deudas vencidas, liquidas y exigibles, efectuados en condiciones normales y ordinarias.[60]

---

59 FUENTES DEVESA, R. “Reintegración”, pg. 1250

60 ALCOVER GARAU, G. “Comentarios”, pgs. 771 y 772; y GARCÍA SANZ, A. “Notas”, pg. 4074.
Contra LEÓN SANZ, F.J. “El sistema”, pg. 261 y 262 y “Comentario”, cit., pgs. 1307 y 1308, quien considera que el mero hecho de que deudor cumpla de forma íntegra con aquellos a los que debe, frente al tercero, ya implica un trato de favor y una reducción de la masa activa que se destina a la satisfacción del conjunto de los acreedores concursales.
También en sentido contrario, HERRADOR MUÑOZ, A. “Algunos aspectos”, pg. 172, considerando que cualquier pago efectuado por el deudor a uno de sus acreedores durante el periodo de dos años podría ser considerado un acto perjudicial para la masa activa dado que cons-

O el pago de la retribución de los administradores sociales, siempre que se haga conforme a los requisitos legales. Como señalé antes, resulta indiferente que el acto ordinario se haya concluido por la concursada y personas especialmente relacionadas ex arts. 282 a 284 TRLC.[61]

Pero también otros como, por ejemplo, la venta de viviendas por parte de una promotora inmobiliaria, la permuta de un solar a cambio de obra, la concertación de un préstamo hipotecario para desarrollar una promoción inmobiliaria, etc., si son operaciones ordinarias y habituales en la actividad del deudor, lo que acontece en un promotor inmobiliario. También la escrituración de una promoción de viviendas y locales, vendidas o reservadas previamente sobre plano, o durante su construcción, y en contrato privado. O respecto a un concesionario de vehículos la compraventa de automóviles a empresas y particulares. Pero no al revés. Tan extraordinario es para un promotor inmobiliario vender vehículos como para el concesionario vender el inmueble en que se hallan sus instalaciones.

Siguiendo este razonamiento, vid. la sentencia de la Audiencia Provincial de Pontevedra de fecha 18 de noviembre de 2009:

> "...Por ello es verdaderamente difícil que en este ámbito puedan integrarse las garantías, por más que sea habitual para el deudor acudir al crédito externo como forma de financiación. Así, salvo supuestos concretos que puedan integrar la concertación de hipotecas en su tráfico ordinario (promotor inmobiliario para financiar sus promociones), resulta improcedente su contemplación en la

---

tituye un acto que reduce las legítimas expectativas colectivas de cobro de los acreedores concursales, por mucho que este acto haya supuesto a la vez una reducción del activo y del pasivo del balance del deudor.

61 La retribución de los administradores sociales sin seguir las previsiones estatutarias o legales no se entiende como acto ordinario en la sentencia del Tribunal Supremo, de fecha 24 de julio de 2014. Como tampoco la devolución de aportaciones o préstamos a los socios o administradores (sentencia Tribunal Supremo de fecha 10 de julio de 2013). Vid. FUENTES DEVESA, R. "Reintegración", pg. 1251.

> exclusión que tratamos. En el caso que nos ocupa la actividad empresarial de la concursada nada tiene que ver con el mercado inmobiliario o similar, siendo su actividad ordinaria o habitual, su giro o tráfico empresarial, muy alejado de la concertación de garantías hipotecarias, por más que en alguna ocasión se vea en la necesidad de acudir a este sistema de financiación. Y menos cuando la garantía hipotecaria sobre un bien propio se realiza a favor de deuda ajena..."

O la sentencia de la Audiencia Provincial de las Islas Baleares de fecha 28 de marzo de 2011:

> "...CUARTO.— Concordado por las partes el hecho de que la adquisición de una parcela para construir un geriátrico puede considerarse como integrada en la actividad mercantil habitual de la empresa, la controversia de la litis radica en dos aspectos conexos entre sí: la existencia de un perjuicio para la concursada como consecuencia de los contratos de opción de compra y compraventa, y si se trata de una operación en condiciones de normalidad, a los efectos de la excepción a la procedencia de esta acción contenida en el artículo 71.5 de la LC, al indicar que 'En ningún caso podrán ser objeto de rescisión los actos ordinarios de la actividad profesional o empresarial del deudor realizados en condiciones normales'. ...No compartimos con la recurrente que, a efectos de la determinación del perjuicio, deba separarse la opción de compra con la compraventa subsiguiente, pues con respecto a los acreedores concursales, supone que una parcela con un precio de mercado aproximado de 1.500.000 euros, que quizás pudiere incrementarse entre un 30 y un 50% (que supondría entre 1.800.000 y 2.250.000 euros) por las circunstancias antedichas de bajada de precios y cantidades aplazadas, finalmente el coste final sin IVA sea de 6 millones de euros, siendo muy relevante la diferencia. En consecuencia, estos contratos, a los efectos del artículo 71 de la LC suponen un perjuicio para la masa activa, y a la vez no se han efectuado en 'condiciones normales', lo cual implica la desestimación de este motivo del recurso..."

Y la sentencia de la Audiencia Provincial de Barcelona de fecha 17 de marzo de 2011:

> "...Aunque pueda parecer irrazonable poner en cuestión el carácter de 'acto ordinario' de la venta por una promotora inmobiliaria de un inmueble incluido en una de sus promociones, resulta dudoso que la excepción legal en examen esté pensada para supuestos

como el que es objeto de consideración en esta litis. Dos circunstancias extraordinarias concurren en esta operación que hacen dudar de su carácter 'ordinario': (i) el extraordinario valor del activo y (ii) la gran distancia temporal con la venta de los demás inmuebles que integraban la misma promoción. El valor de la venta, según la propia estipulación que las partes fijaron en el contrato, supera el millón de euros y la actora le imputa un valor de aproximadamente el doble. Por otra parte, no se trata de una venta realizada con proximidad a la finalización de la propia promoción y dentro de un contexto de ventas generalizadas de los distintos inmuebles que la integraban, en cuyo caso no tendríamos dudas de calificar el acto como de ordinario, sino que se trata de una venta aislada, en un doble sentido: (i) porque no consta que la promotora aún tuviera otros inmuebles cuando la llevó a cabo; y (ii) porque las demás viviendas que integraban la promoción se vendieron (todas ellas) 3 años antes. Esas dos circunstancias son las que nos hacen dudar de que realmente se trate de un acto ordinario..."

Pero no lo es la financiación de una promoción inmobiliaria mediante la ampliación de un préstamo hipotecario (sentencia Tribunal Supremo de fecha 10 de marzo de 2015).[62]

Tampoco el préstamo efectuado a una empresa vinculada por quien tiene como actividad la prestación de trabajos de albañilería, rehabilitación y reparación de inmuebles. Así, sentencia del Juzgado de lo Mercantil núm. 9 de Barcelona, de 12 de febrero de 2021:

"...Tampoco el segundo motivo esgrimido por la concursada puede acogerse, pues aunque ciertamente el art. 230.1.º TRLC establece que en ningún caso podrán ser objeto de rescisión los actos ordinarios de la actividad profesional o empresarial del deudor que hubieran sido realizados en condiciones normales, lo cierto es que la demandada se ha limitado a realizar esta afirmación, sin ninguna alegación ni prueba que la respalde y que permita entender que la concesión de un préstamo a aquella otra empresa vinculada forma parte de la actividad ordinaria de la concursada y que se haya realizado en condiciones normales. Es más, siendo el objeto social de la concursada los trabajos de albañilería, rehabilitación y reparación de inmuebles, así como la promoción, com-

---

62 FUENTES DEVESA, R. "Reintegración", pg. 1250

pra, venta y explotación en arrendamiento de inmuebles, parece poco probable que la concesión de un préstamo forme parte de su actividad profesional o empresarial, correspondiendo en todo caso la prueba de tal extremo a la demandada, que no ha aportado prueba alguna sobre ello..."

Pero ese carácter ordinario no basta para que los actos del deudor devengan inatacables desde la perspectiva rescisoria concursal. Además, cabe requerir su realización por el deudor en "condiciones normales", examinada, no al tiempo de la declaración del concurso, o de la pretensión rescisoria, sino de la realización del acto ordinario.

Esa normalidad no conecta, exclusivamente, con las condiciones de mercado,[63]o el eventual equilibrio entre las reciprocas prestaciones de las partes del contrato. Tampoco cabe atender sólo a su valoración. Resulta preciso contemplar el acto en su integridad y desde una perspectiva cuántica, forma de pago, valoración, volumen, plazos de entrega, gastos, garantías, etc, y esencialmente, desde la perspectiva del sector empresarial de la concursada. Todos estos criterios o parámetros, además, precisan de un escudriño desde la óptica de la situación económico financiera en general, y del deudor, en particular, al tiempo de la realización del acto sospechoso, especialmente, su eventual celebración en la proximidad de la declaración del concurso (incluso, de la solicitud de concurso o de la comunicación preconcursal de apertura de negociaciones del art. 585 y ss TRLC) y, especialmente, desde la perspectiva de la habitualidad de su realización por el deudor (sentencia de la Audiencia Provincial de Murcia, de fecha 23 de maro de 2009)[64], comparándolo, en su caso, e incluso, con otros actos idénticos o similares que éste haya llevado a cabo previamente.[65]

---

63 GARCÍA SANZ, A. "Notas", pg. 4074.

64 FUENTES DEVESA, R. "Reintegración", pg. 1250

65 LEÓN SANZ, F.J. "El sistema", cit., pg. 270; y "Comentario", cit., pg. 1313; y LINACERO DE LA FUENTE, M. "Las acciones de reintegración", pg. 188.

Dice la Audiencia Provincial de Valladolid en su sentencia de fecha 13 de marzo de 2012:

> "...El concepto de 'normalidad' no puede quedar reducido al de equilibrio en las prestaciones de las partes o al de pago en condiciones de mercado. Antes bien, es necesario analizar el momento y contexto en que se realizan los actos susceptibles de rescisión. Para ello, debe examinarse la singularidad del acto en términos económicos y/o jurídicos; su excepcionalidad respecto a otras operaciones del mismo tipo que se hayan hecho con anterioridad o posterioridad por la empresa; la discriminación o agravio comparativo respecto de otros acreedores en idéntica situación; la forma de llevar a cabo el acto rescindible en relación a las habituales de la empresa; la proximidad temporal con **la declaración del concurso;** y en fin, el propio conocimiento que el concursado pudiera tener de su situación de insolvencia y dificultades financieras en el momento en que se lleva a cabo el cuestionado acto o negocio..."

Y la sentencia de la Audiencia Provincial de Pontevedra de fecha 8 de marzo de 2012:

> "...ante la falta de concreción en el art. 71-5-1.º LC del concepto de actos ordinarios del deudor, la mejor doctrina viene a coincidir en exigir la concurrencia de dos características, a saber, que el acto se encuentre comprendido en la actividad empresarial o profesional de índole ordinaria, y que el acto sea realizado en condiciones normales. En relación a este último aspecto, el profesor Florentino, en el manual 'La **Ley Concursal**' de la Revista del Poder Judicial, señala en orden a su apreciación que ha de ponderarse una serie de factores, cuales los de si se corresponden con la manera habitual de llevar a cabo ese tipo de actos, si no hay nada que los singularice por su objeto, volumen, coste o condiciones, etc. ..., así como el momento de su realización, en el sentido de ver difuminada su característica de normalidad cuando los actos dispositivos vienen a tener lugar hallándose el deudor en una situación de insolvencia o de serias dificultades económicas..."

Por ello debe de interpretarse restrictivamente. En este sentido, vid. GULLÓN BALLESTEROS, A. "La acción rescisoria", pg. 4130; MARTÍN REYES, M.A. "La impugnación", pg. 4183; y LINACERO DE LA FUENTE, M. "Las acciones de reintegración", pg. 188.

Por ello, aunque el pago de una nómina resulta claramente un acto del tráfico ordinario de la empresa, si se paga anticipadamente, o su importe se exhibe netamente superior al habitual en el sector o en el convenio colectivo, a la vista de la antigüedad del trabajador, su categoría profesional o de lo que venía percibiendo, no parece que se haya realizado en condiciones normales.

Igual acontece con la compra de mercaderías, acto ordinario sin duda, pero anormal si el precio pagado es superior al de mercado o al de otras transacciones previas similares concertadas por el deudor, o se efectúa anticipadamente. Pero si que parece ordinario y normal el pronto pago o pago al contado en vez de aplazado, ligado a un descuento, si se efectúa en los términos y cuantía normales y habituales en el sector y en la concursada.

Pero, al contrario, prima facie, no parece anormal el pago generalizado y habitual a trabajadores o a proveedores mediante endoso de efectos que, no conviene olvidarlo, constituye un medio de pago como otro cualquiera de los utilizados para un negocio jurídico oneroso. Además, en épocas de severas crisis económicas, infectada de la habitual, absoluta y completa restricción del crédito a las empresas, y cerrado el acceso a la liquidez, deviene como normal ese pago mediante endoso, absolutamente generalizado en el día a día de las empresas en tales tenebrosos momentos de crisis. Quizas la anormalidad de tal endoso de efectos cambiarios conecte con lo selectivo del destinatario del pago y la situación del deudor.

Aparece tiznada de una anormalidad impeditiva de la exclusión aquí analizada, la compraventa de un inmueble objeto de una promoción inmobiliaria, efectuada por la deudora en condiciones diferentes a la del resto de inmuebles que la componen, o descolgada en el tiempo respecto a la compraventa de las restantes unidades de la promoción.

También aparecen como anormales aquellas cesiones de créditos, o daciones en pago, que no constituye un modus operandi habitual de la empresa, efectuada en situación de insolvencia, escasos días antes de la declaración del concurso, y a favor de un acreedor. Lo señala el Tribunal Supremo en su sentencia de 26 de octubre de 2016:

> "...2.— Desde esta perspectiva, la cesión de créditos para pagar a unos de los acreedores, no puede considerarse un acto ordinario en los términos que hemos expresado, dadas las condiciones en que se realizó y que ya hemos explicado: sin que fuera un modus operandi habitual en la empresa, cuando ya estaba en insolvencia y para beneficiar a un acreedor que ya tenía garantizado su crédito con una hipoteca. Y no solo no fue un acto ordinario, sino que se realizó en un momento y de una forma que no puede calificarse de normal. La dación en pago es legítima, pero no es un acto ordinario, y llevada a cabo tres días antes de la solicitud de concurso, muestra que la satisfacción del crédito no se hizo en condiciones normales..."

También se me exhibe como anormal el pago selectivo de bienes y servicios del tráfico ordinario mediante la entrega de bienes en lugar de dinero o numerario.

Solo los actos del deudor que reúnan las características de ordinariedad y normalidad serán inatacables. El resto no.[66] Lo cual no implica que, por este solo motivo, y la ausencia de tales cualidades, queden infectados de rescinbilidad concursal, cuestión ésta, por cierto, sujeta al necesario e impepinable carácter perjudicial para la masa activa del acto sospechoso. Un acto absolutamente extraordinario y anormal, por muy estrafalario que se exhiba, puede resultar ajeno a la rescisión concursal si no causa perjuicio a la masa o, sencillamente, no se dan los presupuestos para acometer su recisión.

El Tribunal Supremo, sentencia de fecha 26 de octubre de 2012, declara como no normal un pago debido, correspondiente a una deuda liquida vencida y exigible, conectada formalmente a su normal y ordinaria actividad, pero efectuado en plena insolvencia y con la finalidad consignatoria del art. 22.2 TRLC y de finiquitar la solicitud de concurso necesario:

---

66 MARTÍN REYES, M.A. "La impugnación", pg. 4183, recordando que no todos los actos ordinarios de la actividad del concursado son inatacables.

> "El recurrente también argumenta que el pago constituye un acto ordinario, realizado en condiciones normales, para eludir los efectos de la rescisión concursal, tal y como prevé el art. 71.5 LC. El art. 71.5 LC, ya desde su originaria redacción, expresamente excluye de la rescisión concursal todos aquellos actos que constituyen o forman parte de la actividad profesional o empresarial del deudor, y prejuzga que esta consideración de ordinarios excluye el perjuicio. Con ello, la ley pretende evitar la ineficacia de actos anteriores a la declaración de concurso, que se habrían realizado ya se fuera a declarar el concurso posterior o no, y que por lo tanto no podían evitarse a riesgo de paralizar la actividad profesional o empresarial del deudor. El precepto exige la concurrencia de una doble condición: deben tratarse de actos ordinarios ligados a la actividad empresarial del deudor concursado y, además, deben haber sido realizados en condiciones normales. En este caso, podemos entender que para una sociedad como la deudora concursada, que explota un negocio de fabricación de aparatos de telefonía móvil, el pago de los servicios de reparación y asistencia técnica, como son los prestados por Postventa, es un acto normal ligado a su actividad empresarial. Pero no cabe concluir que fuera realizado en condiciones normales, pues está reconocido que el pago del crédito se hizo después de que la acreedora hubiera solicitado su concurso de acreedores, para conseguir el desistimiento, y sin que ello evitara que al cabo de pocas semanas se volviera a pedir el concurso, esta vez a instancia de la propia deudora..."

También traigo a colación, la sentencia de la Audiencia Provincial de Lugo, de fecha 24 de febrero de 2021, rescindidora de unos pagos selectivos, aunque debidos, efectuados pocas semanas antes de la solicitud de preconcurso, cuando la empresa ya se encontraba en una clara situación de insolvencia, teniendo en ese momento varias deudas de elevadísimos importes, cercanos en algunos casos al millón de euros:

> "....Y en nuestro caso consideramos que la operación cuestionada no reúne la doble condición exigida por el artículo 71.5.1.º de la Ley Concursal, pues dicha operación no puede considerarse un acto ordinario de la actividad profesional o empresarial del deudor realizado en condiciones normales, ya que nos encontramos ante pagos que fueron efectuados pocas semanas antes de la solicitud de preconcurso, cuando la empresa ya se encontraba en una clara situación de insolvencia, como así señaló el administrador judicial en la vista, quien indicó que en el mes de agosto de 2016 en que se

firmó el Anexo la empresa ya se encontraba en situación de insolvencia, teniendo en ese momento varias deudas de elevadísimos importes (cercanos en algunos casos al millón de euros según indicó), habiéndose producido una clara vulneración de la par conditio creditorum, no pudiendo considerarse justificados los pagos ni por la naturaleza del crédito ni por la condición del acreedor pues, como se decía en la demanda, no puede entenderse como normal el pago realizado a una compañía financiera cuando ya se está en una situación de insolvencia y la declaración de concurso es inminente, dejándose mientras tanto de pagar a los proveedores de bienes y servicios relacionados con la actividad productiva de la empresa, que son los fundamentales para que la misma no se paralice. Véase al respecto que el Anexo se firmó el 12 de agosto de 2016, que los pagos a Savia Financiación se efectúan entre diciembre de 2016 y enero de 2017 y que prácticamente al mismo tiempo se solicita el preconcurso, obrando en autos el Decreto de 17 de marzo de 2017 del Juzgado de Primera Instancia n.º 2 de Lugo mediante el cual se tiene por anunciado por parte de Lácteos Casa Macán la comunicación de inicio de negociaciones con los acreedores para obtener adhesiones a una propuesta anticipada de convenio, preconcurso que desembocó en la declaración de concurso, el cual fue solicitado dos meses después y declarado el 1 de junio de 2017..."

En la sentencia de fecha 24 de julio de 2014, el Tribunal Supremo parece que rechaza, discutiblemente, la condición de acto ordinario del pago de la retribución del administrador societario, pero acertadamente, la reputa de anormal como consecuencia de su percepción contraviniendo lo dispuesto en los estatutos sociales:

"12. Los dos pagos percibidos por el Sr. Rogelio, como administrador de la sociedad, no pueden quedar excluidos de la rescisión concursal por virtud del art. 71.5.1.º LC, como pretende el recurrente, pues la remuneración indebida de un administrador no puede constituir un acto ordinario de la compañía realizado en condiciones normales. ...La remuneración de los administradores, supeditado estatutariamente a la obtención de beneficios y en función de los mismos, no forma parte de la actividad empresarial de la sociedad. No constituye ningún acto propio de su giro y tráfico, ni puede considerarse consustancialmente ligado de forma ordinaria a su desarrollo. Ni mucho menos cabe entender que ha sido realizado en condiciones normales, cuando no han existido ganancias y, por lo tanto, se han pagado apartándose de la previsión estatutaria que lo justificaba.

Procede estimar la exclusión rescisoria del pago a su vencimiento de las mensualidades de un préstamo en condiciones normales, y que financiaba la actividad de la empresa. Vid. la sentencia de la Audiencia Provincial de Barcelona, de fecha 8 de enero de 2009:

"...SÉPTIMO. Dicho lo anterior, disentimos de la sentencia apelada pues no apreciamos un perjuicio a la masa activa por vía indirecta o en interpretación amplia, generado por un favorecimiento injustificado a un acreedor con vulneración del principio del trato paritario. Puede ser discutible la incardinación de los pagos al acreedor financiero en el concepto de actos ordinarios a que se refiere el art. 71.5 LC, ya que la norma contrae tal calificación, literalmente, a los actos propios de la actividad profesional o empresarial del deudor realizados en condiciones normales, sin alusión a los pagos o actos de amortización regular de la financiación externa. Si bien esta norma parece operar como un límite a la acción y facultad rescisoria, en realidad también encuentra fundamento en la ausencia del presupuesto objetivo de dicha acción, ya que, por principio, tales actos ordinarios, así entendidos, realizados en condiciones normales, las habituales o usuales que son observadas en este tipo de actos, no causarían un perjuicio a la masa activa en la medida en que, con la correlativa y equivalente contraprestación, y sin ocasionar una disminución patrimonial ni una alteración del trato paritario, han posibilitado la continuidad empresarial y potencialmente la generación de rendimientos. En cualquier caso, sin necesidad de entrar en el ámbito objetivo del límite, podemos descartar en este caso el presupuesto objetivo de perjuicio para la masa activa por alteración del principio de trato paritario. Contemplamos aquí una serie de pagos mensuales a lo largo de 2006 para amortizar la financiación externa que ha venido prestando un tercero no vinculado especialmente a la persona jurídica deudora en el sentido legal. Se trataba de una deuda vencida y exigible al tiempo en que comienzan a efectuarse las devoluciones cuya rescisión se pretende (enero de 2006). Si bien, como pone de manifiesto la Administración Concursal (f. 168), también existen acreedores (proveedores y transportistas) con facturas que vencen en el año 2005, éstos no representan un porcentaje significativo en el pasivo total declarado (suman aproximadamente unos 19.000 euros, a tenor de lo que manifestó la

Administración Concursal en el acto de la vista, con aportación de las facturas, cuando el pasivo declarado asciende a 203.448 euros; f. 169). Del año 2006 datan, como es lógico, la gran mayoría de los acreedores concursales, resultando impagadas deudas con proveedores por importe de 30.075 euros de enero a octubre (f. 169), pero en ese mismo año se justifica por la concursada que también ha efectuado pagos a proveedores por importe total de 457.176 euros desde enero a diciembre (f. 86 y anexos contables), además de haber satisfecho, ese año, las nóminas a los trabajadores y las indemnizaciones por despido, los seguros sociales y las rentas de alquiler de la nave en que desarrollaba su actividad. Es decir, durante el año 2006 no sólo se ha pagado, parcialmente, la deuda con el acreedor financiero, sino también a otros acreedores (proveedores y prestadores de servicios) y atendido otras obligaciones generadas por la actividad empresarial que vencían ese mismo año, y en una cantidad, en conjunto, muy superior. Respecto de esos pagos (proveedores, transportistas, prestadores de otros servicios, nóminas, rentas, etc.) bien podría apreciarse el carácter de actos ordinarios de la actividad empresarial del deudor realizados en condiciones normales, y por ello excluidos del ámbito de la reintegración concursal, pero no apreciamos aquí una razón jurídica diversa que justifique otro tratamiento a los pagos regulares, fraccionados mensualmente, durante el año anterior a la declaración de concurso, para la devolución de los préstamos otorgados por el acreedor financiero que ha venido contribuyendo a la viabilidad de la sociedad, valorando así mismo a estos efectos que no se ha pagado la totalidad de la deuda financiera, ni se ha realizado un único pago o varios pagos en amortización de la deuda de forma precipitada ante el advenimiento de la insolvencia (no tenemos constancia aquí de un retraso en la solicitud del concurso en atención al plazo que establece el art. 5 LC) o en fechas inmediatamente próximas a la solicitud del concurso, y que se ha condonado el resto de la deuda financiera, por 115.332 euros. En suma, no es apreciable en este caso un perjuicio a la masa activa en sentido directo ni indirecto, por quebrantamiento del principio de paridad de trato, y por ello procede desestimar la demanda, no sin reconocer las dudas de derecho que suscita el precepto aplicable, lo que determina que no impongamos las costas en ninguna de las dos instancias..."

También es de citar la sentencia del Juzgado de lo Mercantil núm. 2 de Madrid, de fecha 25 de febrero de 2011, que entiende como ordinario y normal, el pago de una obra en el ejercicio de la actividad del deudor, mediante el endoso al constructor de un pagare:

> "...Llegados a este punto resulta inevitable el fijar la aplicación a la presente litis del artículo 71.5.1 LC, donde se establece por el legislador que en ningún caso pueden ser objeto de rescisión los actos ordinarios de la actividad profesional o empresarial del deudor realizados en condiciones normales. Y es que lo aquí reclamado se deriva directamente de actos ordinarios de la actividad profesional de las partes, que para la realización de una partida de la obra contratan los servicios de una empresa, y proceden a su abono. El que medie en la casuística la emisión de un pagaré con un endoso, no puede hacer especular a nadie sobre la validez de ese negocio y acto jurídico, es un medio de pago como otro cualquiera de los utilizados para un negocio jurídico oneroso..."

O de la misma Audiencia Provincial de Barcelona, vid. la sentencia de fecha 30 de marzo de 2009 consideratoria como acto ordinario y normal las disposiciones efectuadas en un contrato de apertura de crédito en cuenta corriente, en condiciones ordinarias y en la que se efectúan cobros y pagos de la actividad empresarial del deudor. Incluso, aquellas disposiciones efectuadas para mantener la póliza dentro de los límites pactados a fin de evitar la resolución anticipada de la misma por el Banco:

> "...TERCERO: Pero, además, este acto puede considerarse que está excluido de la rescisión concursal por virtud del art. 71.5 LC, por tratarse de 'acto ordinario de la actividad profesional o empresarial del deudor realizado en condiciones ordinarias'. El contrato de apertura de crédito en cuenta corriente concertado por HERGAR con BANCO POPULAR servía no sólo para requerir crédito hasta el límite pactado, 85.000 euros, cuando lo necesitara HERGAR, sino también para realizar reembolsos totales o parciales sobre las cantidades recibidas, con la finalidad de poder ser nuevamente utilizado en la medida en que era reintegrado, lo que tiene gran importancia si, como es el caso, HERGAR utilizaba también los servicios de caja, como se desprende del extracto de la cuenta. Los reintegros practicados como consecuencia de estos seis ingresos fueron encaminados a reducir la deuda a los límites del crédito concedido, y así se desprende del propio extracto de la cuenta, donde se aprecia que cada ingreso vino precedido y, por ello, motivado por una situación de exceso en la disposición del crédito por encima de lo pactado, y la consecuencia de tales ingresos fue

reducir el crédito dispuesto a una cifra muy poco inferior al límite pactado (84.994,08 euros), y así cuando se canceló la póliza el saldo deudor era de –83.755,48 euros. Se trata de un acto ordinario, si se dispone de una póliza de crédito en cuenta corriente a través de la que se realizan cobros y pagos, derivados de su actividad mercantil, pues va encaminada a mantener la póliza dentro del límite pactado y evitar la resolución anticipada por el Banco, lo que redundaría en el vencimiento anticipado de la deuda y su inmediata exigibilidad; y fue realizado en condiciones ordinarias, pues se hizo a través de ingresos de terceros y no pretendió la **amortización** anticipada del crédito, sino tan sólo conservar el mismo reduciendo el saldo deudor por debajo del límite de disposición pactado..."

No parece que quepa catalogar como acto ordinario una dación en pago ajena al tráfico empresarial de la deudora, y efectuada en la proximidad del concurso, tal y como se pone de manifiesto en la sentencia del Juzgado de lo Mercantil núm. 2 de Barcelona de fecha 25 de febrero de 2005 Puede leerse en la citada sentencia:

"...La adjudicación de parcelas en pago de deudas no integra la actividad ordinaria de la demandada, que se dedica a la promoción de viviendas, de tal manera que, por su proximidad al concurso, cuando la concursada se encontraba en situación de insolvencia, y por favorecer a uno sólo de los acreedores, en perjuicio de la masa, debe acordarse su rescisión. Por todo ello, debe estimarse la demanda..."

Y la sentencia de la Audiencia Provincial de Teruel de fecha 7 de febrero de 2012, que niega el carácter de ordinario y normal a una dación en pago de una deuda no vencida ni reclamada:

"...No puede ser encuadrado dicho contrato como un acto ordinario de la actividad profesional o empresarial del deudor realizado en condiciones normales (acto que no podría ser objeto de rescisión según el artículo 71.5 **de la Ley Concursal)** como pretende considerarlo la apelante en su recurso pues con la escritura de dación en pago de deuda se saldó una deuda no vencida ni reclamada a favor de Grupo Alimentario Argal, S.A. con la entrega de la máquina loncheadora. Dicha deuda provenía de la desaparición en las instalaciones de Sadisa de unos lomos que había depositado en ellas Argal, habiéndose convenido entre ellas no la sustitución

> de los lomos por la máquina sino la entrega de ésta para la cancelación de la deuda que Sadisa tenía frente a Argal por la no devolución de los lomos depositados, por el importe de éstos..."

Tampoco es ordinario un acuerdo social, por ejemplo, de reparto de dividendos. Sentencia del Juzgado de lo Mercantil núm. 1 de Alicante, de fecha 25 de abril de 2012 (*Tol 2526209*):

> "...Frente al parecer de los demandados, no se considere que el acto impugnado —acuerdo social de reparto de dividendos— tenga encaje en el art. apartado 1.° del artículo 71.5 LC y esté excluido de la reintegración por ello, pues ese negocio no se trata de 'actos ordinarios de la actividad profesional o empresarial del deudor realizados en condiciones normales'. Acerca de este apartado en sentencia de este Juzgado de 18 de marzo de 2008 se dijo que la exégesis del precepto pone de manifiesto que deben concurrir acumuladamente dos circunstancias: 1.°) Que se trate de actos ordinarios de la actividad profesional o empresarial del deudor y 2.°) Que se trate de actos realizados en condiciones normales. Se trata de un excepción que aparece en **el derecho concursal** anglosajón donde se configura como uno de los factores negatorios de las 'fraudulent preferentes' y de la que se ha hecho eco la doctrina (entre otros Sancho Gargallo o Rojo) y la jurisprudencia al aplicar el derecho de quiebras derogado por LC para suavizar el rigor de la sanción de nulidad. Así la STS de 28 de octubre de 1996 excluye de tal sanción de nulidad, *'por mor de quedar fuera de la lógica de aquel concepto los negocios que por sus características económicas sean de aquellos que explicitan la actividad cotidiana y plenamente normal de la empresa y los que muestran que las operaciones en cuestión no fueron perjudiciales para la masa de acreedores'.* Aunque no debe perderse de vista que tales consideraciones nacen en un marco normativo distinto, se pone de relieve en todo caso que las mismas no han de ser perjudiciales para la masa, apuntando la STS de 30/3/2006, con invocación argumental del Art. 71LC, que los remedios reintegradores tienen como misión asegurar la 'par **conditio** creditorum' y preservar la integridad del patrimonio del quebrado, encuadrándose en esta categoría de 'actos ordinarios' por los comentaristas las operaciones que conforman el tráfico cotidiano y habitual de la empresa, sobre todo refiriéndose a pagos de salarios, de suministros de energía o materiales imprescindibles para la marcha de la mercantil, o las operaciones de descuento al ser propia del tráfico (STS 12/11/1977). Estas consideraciones se pueden completar con las contenidas en la llamada jurisprudencia menor, como la

SAP de Murcia de 23/03/2009 que señala que *'esos 'actos ordinarios' deben referirse a aquellas operaciones de carácter necesario o de contenido ineludible para el ejercicio de la correspondiente actividad empresarial, siempre que las mismas no conlleven, ni determinen un perjuicio patrimonial para el activo de la concursada. Entendemos que la referencia a dicho perjuicio patrimonial se impone con carácter necesario en atención a que precisamente es ese perjuicio el fundamento básico de la rescisión concursal. Y es que no cabe olvidar que puede suceder perfectamente que ese perjuicio pueda concurrir en determinadas operaciones o actos que se encuentren correctamente integrados en la ordinaria actividad de la sociedad'*, en tanto que la SAP de Valladolid de 7 de mayo de 2009 da un sentido más amplio al indicar que *'Por 'actos ordinarios' podemos entender los propios del giro o tráfico del deudor concursado así como los generados por el mantenimiento de su centro de actividad, excluyéndose los que no pertenezcan al ámbito de la actividad propia de la empresa y los de gestión extraordinaria, tal y como indica la* SAP Barcelona de 8 de enero de 2009'. *En este sentido, podemos admitir que el pago a un proveedor de un crédito vencido y exigible puede considerarse un acto ordinario. Cuestión diversa es que ese pago se haya hecho en 'condiciones normales'.* Respeto del presupuesto de 'normalidad' la SAP de Murcia citada lo identifica con las operaciones *'usuales o habituales en su proceder, con exclusión, por tanto, de aquellas meramente ocasionales o coyunturales precedidas por concretos criterios de oportunidad'* en tanto que la SAP de Valladolid, con apoyo en previa sentencia de 23 de marzo de 2009 apunta que *'el concepto de 'normalidad' no puede quedar reducido al de equilibrio en las prestaciones de las partes o al de pago en condiciones de mercado. Antes bien, es necesario analizar el momento y contexto en que se realizan los actos susceptibles de rescisión. Para ello, debe examinarse la singularidad del acto en términos económicos y/o jurídicos; su excepcionalidad respecto a otras operaciones del mismo tipo que se hayan hecho con anterioridad o posterioridad por la empresa; la discriminación o agravio comparativo respecto de otros acreedores en idéntica situación; la forma de llevar a cabo el acto rescindible en relación a las habituales de la empresa; la proximidad temporal con* ***la declaración del concurso;*** *y en fin, el propio conocimiento que el concursado pudiera tener de su situación de insolvencia y dificultades financieras en el momento en que se lleva a cabo el cuestionado acto o negocio.'* En este caso, aun cuando el acto impugnado pueda ser ordinarios en la vida societaria, no parece que pertenezcan al ámbito de la actividad empresarial del deudor, y en todo caso, en el

> caso concreto, no se realiza en condiciones de normalidad, según se ha expuesto, atendida su singularidad y excepcionalidad según los hechos antes descritos que se dan por reproducidos para evitar inútiles reiteraciones..."

A la misma conclusión denegatoria llega con acierto la Audiencia Provincial de Alicante, sentencia de fecha 11 de diciembre de 2007, respecto del aumento de capital extra legal o estatutario:

> "...es que es evidente que está ausente tanto el presupuesto subjetivo como el objetivo de la excepción contemplada en el artículo 71-5 de la Ley Concursal. Dos son efecto los requisitos que exige la excepción que contempla la norma. De un lado —presupuesto subjetivo— que se trate de actos realizados por el deudor con ocasión de su actividad profesional o empresarial. De otro —presupuesto objetivo— que se trate de actos celebrados en condiciones normales. Pues bien, no concurre el presupuesto subjetivo porque la disponente no tiene la condición de profesional o empresaria, que desde luego no adquiere por el hecho de ser socia. No ha asumido en la mercantil Calzados Blay S.L. cargo directivo alguno, ni de hecho ni de derecho en el ámbito societario, ni consta su actividad profesional vinculada a dicha empresa. Por tanto, cualquier acto que hiciera respecto de la misma lo era al margen de la actividad propia de la empresa. Y está ausente el presupuesto objetivo porque los incrementos de capital extra legales o estatutarios, no constituyen en absoluto actos ni ordinarios, caso de haberse tratado de un sujeto partícipe en la gestión empresarial, ni pueden describirse como realizados en condiciones normales, estando como están en la ley que rige el tipo societario de que se trata, perfectamente normadas las aportaciones de capital. La disposición particular del peculio propio para engrosar arcas societarias constituye de forma evidente una acción que ni es habitual en la gestión de la sociedad capitalista, ni es desde luego usual bajo la forma de acto privado, no existiendo correspondencia alguna entre una conducta de esta naturaleza y la forma social de la empresa..."

Tampoco es un acto ordinario de la actividad la asunción de una deuda ajena. Así lo expone la sentencia de la Audiencia Provincial de Lugo de fecha 16 de abril de 2012:

> "...No obstante, lo anterior, por haberlo sido en perjuicio de la masa activa toda vez que la concursada asumió una deuda ajena con plena consciencia de su incapacidad para satisfacer las propias al haber sido declarada en concurso voluntario, poco más de

2 meses después, el 7 de junio de 2011, no cabe acoger el recurso como pretende el apelante y sin que se desvincule la Sala de la causa de pedir, en esencia, el perjuicio para los acreedores derivado de la transferencia bancaria, en la imposibilidad, además, ni siquiera alegada de reputarse, tal asunción, un acto ordinario de la actividad profesional o empresarial del deudor realizado en condiciones normales..."

O la prestación de una garantía por deuda ajena. Lo recuerda, acertadamente, la sentencia del Juzgado de lo Mercantil núm. 1 de la Coruña, de fecha 9 de diciembre de 2009:

"...SEXTO.— No cabe tampoco sostener que la constitución de garantías reales y personales por parte de INALCUBA S.L., SONSAZ 1 S.L., SONZAZ 2 S.L., AYNAR PRO-XXI S.L. y ALCORAZ D & G en aseguramiento de las obligaciones de la sociedad cabecera del grupo, ALCUBA S.A., sea un acto ordinario de su actividad profesional o empresarial realizado en condiciones normales. Y no es necesario para así concluirlo con acoger una interpretación tan estricta de los actos ordinarios como la que siguen algunas resoluciones judiciales (v. gr. la ST del Juzgado de lo Mercantil de Málaga de 8 de junio de 2007, que lo circunscribe a los actos ineludibles para el ejercicio de la actividad empresarial o profesional); basta, por el contrario, con constatar que el riesgo empresarial asumido por las garantes al asegurar obligaciones de la matriz como prestataria frente a diez entidades financieras, no puede considerarse normal sino, por el contrario, extraordinario o anómalo, pues normal sería para una sociedad promotora como INALCUBA S.L. constituir garantías reales sobre sus bienes propios para poder acceder al crédito que su actividad empresarial precisa (aunque pueda no ser 'ineludible'); anormal es, en cambio, asegurar la efectividad de obligaciones de la sociedad matriz del grupo cuando, además, no se vislumbra beneficio, directo o indirecto, que esa actuación le pueda reportar..."

También reviste interés la sentencia de la Audiencia Provincial de Pontevedra de fecha 8 de marzo de 2012, que niega el carácter ordinario y normal del pago a un único acreedor, de una deuda debida pero de cuantía elevada, en una época en que la sociedad posteriormente concursada atraviesa dificultades económicas y financieras, obteniendo previamente a ello un préstamo hipotecario cuyo importe se destina a efectuar el pago impugnado:

"...ante la falta de concreción en el art. 71-5-1.º LC del concepto de actos ordinarios del deudor, la mejor doctrina viene a coincidir en exigir la concurrencia de dos características, a saber, que el acto se encuentre comprendido en la actividad empresarial o profesional de índole ordinaria, y que el acto sea realizado en condiciones normales. En relación a este último aspecto, el profesor Florentino, en el manual 'La **Ley Concursal**' de la Revista del Poder Judicial, señala en orden a su apreciación que ha de ponderarse una serie de factores, cuales los de si se corresponden con la manera habitual de llevar a cabo ese tipo de actos, si no hay nada que los singularice por su objeto, volumen, coste o condiciones, etc. ..., así como el momento de su realización, en el sentido de ver difuminada su característica de normalidad cuando los actos dispositivos vienen a tener lugar hallándose el deudor en una situación de insolvencia o de serias dificultades económicas. Pues bien, **a tenor de las circunstancias concurrentes en el caso examinado** y puestas de relieve por el Juez de lo Mercantil en su sentencia, esto es, de tratarse de actos dispositivos que en su conjunto alcanzan un elevado importe (de casi doce millones de euros), realizados por la deudora concursada en favor de un único acreedor ('Promalar S.L.', cuyo administrador único don Hermenegildo es a su vez apoderado de la concursada BASA, por nombramiento conferido por su hijo don Prudencio en su condición de administrador único de BASA), con la finalidad de devolución de un préstamo que no precisamente de atender obligaciones para el desenvolvimiento del proceso productivo de la empresa, y en un momento (período mayo-diciembre 2008) en que la sociedad atravesaba dificultades económicas (cuál resulta del contenido de la Memoria jurídico-económica acompañada con el escrito de solicitud de concurso, en donde se recoge para el ejercicio 2007 unas pérdidas en el ejercicio de la actividad de 6782000 euros con indicación de la existencia de un fondo de maniobra negativo, pérdidas que en el siguiente ejercicio 2008 pasan a ser del orden de 7582000 euros, todo lo cual pone de manifiesto la necesidad de la entidad de obtener financiación para no verse compelida a presentar la solicitud de concurso, al que finalmente terminó abocada la sociedad), **cabe concluir** el carácter no ordinario y de tampoco realización en condiciones normales (máxime teniendo en cuenta que el numerario empleado se obtuvo de un préstamo hipotecario) de las transferencias dinerarias llevadas a cabo por BASA en favor de 'Promalar S.L.' y objeto de litis..."

Y la sentencia de la Audiencia Provincial de Barcelona de fecha 1 de marzo de 2012 que niega el carácter de acto ordinario realizado en condiciones normales al pago realizado por la sociedad concursada, en época próxima a la declaración de concurso, a favor de un socio administrador de la misma, habiendo cesado en su actividad la sociedad, que además cuenta con un elevado pasivo:

> "...No puede merecer la consideración de acto de *giro ordinario* realizado en *condiciones normales*, en el ámbito del art. 71.5 LC, el pago a un socio-administrador financiador o a dos de ellos en una época, muy próxima al concurso, en la que la sociedad ya ha cesado en su actividad y cuenta con un pasivo vencido y exigible considerable ante instituciones públicas, que luego dará lugar a la petición de concurso, con el resultado de favorecer a ese socio o socios permitiéndoseles eludir el tratamiento subordinado de sus créditos en la situación concursal inminente o previsible..."

O la sentencia de la citada Audiencia Provincial de Barcelona de fecha 17 de marzo de 2011, que niega la normalidad del acto a una compraventa de un inmueble por una promotora por un precio muy inferior al de mercado:

> "...**9.** Por otra parte, también tenemos dudas de que pueda considerarse como un acto realizado en condiciones normales de mercado. Aunque pueda compartirse que a estos efectos no es determinante el precio pagado, atendido que el precio lo determina precisamente el mercado, tampoco puede ignorar que el abono de un precio que pueda reputarse muy inferior al que sería normal en el mercado puede ser un indicio de que la venta no se haya efectuado en condiciones normales de mercado. Este indicio concurre en el supuesto enjuiciado, sea por las causas que sean (justificadas o injustificadas), de manera que ello es suficiente para excluir que se esté ante una operación de venta realizada en condiciones normales de mercado..."

Y la sentencia también de la Audiencia Provincial de Barcelona, de fecha 27 de noviembre de 2011, que niega la normalidad del pago a proveedores mediante la entrega de bienes:

> "...En ese contexto, el pago de deudas preexistentes a los proveedores mediante cesión de activos no puede considerarse un *acto ordinario* de su actividad empresarial realizado en *condiciones normales* (art. 71.5 LC). En primer lugar, no se ha alegado ni probado que la actividad ordinaria efectiva de CHABIRTEX fuera

la venta de género en crudo a otros operadores de la cadena productiva, sino la comercialización de prendas acabadas al cliente final; lo que tiene lugar no es un pago en metálico, sino por cesión de bienes (lo que ya aleja el supuesto de la normalidad), y se lleva a cabo en una situación excepcional en la vida de la empresa: con el género en poder de los proveedores, que exigen el pago de sus créditos para llevar a cabo la confección de pedidos en curso, y bajo la presión del cliente final (NIKE) que intenta asegurar la entrega de sus pedidos en el plazo convenido. En este escenario y atendida la naturaleza de los actos, no pueden reconocerse los requisitos y circunstancias que exige el citado precepto (art. 71.5 LC), si bien no por ello debe concluirse sin más el perjuicio para la masa pues puede que la valoración de las circunstancias concurrentes y la consideración de otra conducta alternativa excluyan la existencia del perjuicio exigido por el art. 71.1 LC..."

Y aunque en defensa de esta tesis me encuentro más solo que la una, también entiendo excluida de rescisión ex art. 230.1.º TRLC las operaciones de financiación ICO COVID efectuadas al amparo del Real Decreto 8/2020, de 17 de marzo, de medidas urgentes extraordinarias para hacer frente al impacto económico y social del COVID-19, y sucesivos. Intento explicarme.

Como señalo a lo largo de este trabajo, el carácter ordinario y normal del acto sospechoso, al igual que acontece con su eventual perjudicialidad, conecta con su necesario examen al tiempo de su ejecución, y no después, en la declaración de concurso, o cuando se pretenda su rescisión. La ordinariedad y normalidad del acto sospechoso, enlaza con las circunstancias concurrentes, y solo esas, las que sean, y por raras y extrañas que sean, al tiempo de su perpetración y desde la perspectiva de la propia empresa y su sector. Y con independencia de lo nimio, o trascendente, de su alcance o cuantía.

Por otro lado, no hace falta señalar que, en época de catástrofes, crisis económicas, sanitarias o naturales, y tras ella, como consecuencia de sus terribles efectos, las empresas no dejan de tener actividad ordinaria, por mínima que sea, aunque normalmente, esta varía de la habitual, ajustándose, siquiera sea temporalmente, a esa catastrófica realidad y, a mantener su viabilidad, continuar la actividad, y paliar el marrón económico y financiero que le ha venido encima. Aunque cierto es que otras empresas no se ven afectadas por la situación, incluso económicamente les resulta favorable, pero aun así, varían su ordinario y normal tráfico mercantil, a la vista de estas nuevas circunstancias y con la finalidad de evitar que los problemas de otras empresas más expuestas les afecte y arrastre.

También la normalidad de la actuación ordinaria debe observarse esta doliente y catastrófica situación existente al momento de realizarse el potencial acto rescindible. Y no cabe la menor duda que los actos acometidos en esa terrible época también sufren el riego de ser objeto de rescisión concursal y de buscar amparo en su ordinariedad y normalidad via art. 230.4.º TRLC, pero no la que venía, y posteriormente, volverá a ser habitual, sino la que viven las empresas en ese trágico momento.

En los anómalos y terribles tiempos del confinamiento, de ralentización, por no decir, parálisis, de la actividad empresarial como consecuencia de la pesadilla del COVID, desde la perspectiva del art. 230.4 .º TRLC, lo extraordinario y anormal devino en ordinario y normal. Y viceversa.

De esta forma, tomando como ejemplo cualquier empresa afectada por la crisis covid, que son casi todas, de sectores cuya actividad quedó afectadísima, por no decir, absolutamente paralizada, y siguió en la maldita y mal llamada “nueva normalidad”, las compras de mercaderías, máquinas, instalaciones, gastos de viajes de trabajo, etc., lucen como extraordinarios y anormales, y no eran propios, en ese momento, en la actividad y quehacer diario de dichas empresas.

Y, por el contrario, la compra de geles y mascarillas protectoras, los gastos por los ERTES, adecuación de locales por la normativa COVID, etc aparecen como habitualísimos y ordinarios en estos tiempos y en esas empresas. Lo mismo que las operaciones de refinanciación ICO COVID, pensadas para hacer frente al impacto social y humano del COVID, absolutamente generalizado su uso por totas las empresas y sectores afectados, directa o indirectamente por el COVID, y tendentes a garantizar la liquidez de la empresa para asegurar la normal continuación de su actividad, y evitar que cayese en insolvencia, en ese momento aparece como un acto más de esa sui generis actividad ordinaria, cuyo desprecio constituye fuente de responsabilidad de los administradores sociales, y en cuanto, se efectuaran en condiciones normales para este tipo de refinanciaciones, incluso apoyadas por el Estado a través del aval ICO, quedan blindadas de rescisión ex art. 230.1.º TRLC. Incluso, para empresas no afectadas inicialmente por la crisis COVID, pero cuyo impacto en otras puede acabar afectándole.

En ese vírico momento, y en la nueva realidad, una de las cosas que tocaba hacer a las empresa y sectores impactados por el COVID, era financiarse bien y a través de la herramienta pensada para ello, las líneas ICO COVID, constituyendo un acto más de esa vírica actividad ordinario, efectuado en condiciones normales, y por tanto, excluido de rescisión ex art. 230.1.º TRLC.

Dicho lo anterior, nada señala el TRLC para el caso de concurso de persona natural. Pese al silencio, cabría entender no rescindibles los actos o gastos ordinarios para el propio sostenimiento del deudor y el de su familia, esto es, alimentos, ropa, educación, etc.[67]. Pero no como consecuencia de su cobijo en el paraguas protector del art. 230.1.º TRLC, sino por su consideración de debidos y exigibles, tan ordinarios que difícilmente admiten la apreciación de perjuicio.[68]

Recordar que el Tribunal Supremo, sentencias de fecha 15 de octubre de 1976 y 12 de noviembre de 1977[69], ya excluía de retroacción los actos de dominio o administración referidos a gastos ordinarios del deudor o de gestión de su actividad empresarial.

---

67 LINACERO DE LA FUENTE, M. "Las acciones de reintegración", pg. 189 y LEÓN SANZ, F.J "El sistema", pg. 189..

68 SANCHO GARGALLO, I. "Las acciones", pg. 1188,

69 Citadas por FERNÁNDEZ AGUADO, J.I. "Las acciones", pg. 178.

III.2.3.2. Actos comprendidos en el ámbito de leyes especiales reguladoras de los sistemas de pagos y compensación de valores e instrumentos derivados

El art. 230.4.º TRLC establece que tampoco pueden ser objeto de rescisión "los actos comprendidos en el ámbito de leyes especiales reguladoras de los sistemas de pagos y compensación de valores e instrumentos derivados", esto es, los recogidos en la Ley 41/1999, de 12 de noviembre, sobre sistemas de pagos y liquidación de valores (LSPLV).

Esta Ley, que supuso la incorporación a nuestro ordenamiento jurídico interno de la Directiva 98/26/CE, del Parlamento Europeo y del Consejo, de 19 de mayo, sobre la firmeza de la liquidación en los sistemas de pago, persigue, entre otros objetivos sintetizados, el reducir los riesgos jurídicos que lleva aparejada la participación en sistemas de pagos y liquidación de valores, sobre todo en lo que se refiere a la firmeza de las liquidaciones, la validez legal de los acuerdos de compensación y la exigibilidad jurídica de las garantías aportadas por los participantes para responder de sus obligaciones, así como minimizar las perturbaciones financieras que pudieren ocasionarse por no contar con los instrumentos jurídicos adecuados, sobre todo en los casos de insolvencia.

En esta línea, art. 11.1 LSPV, las órdenes de transferencia cursadas a un sistema por sus participantes, una vez recibidas y aceptadas de acuerdo con las normas de funcionamiento del sistema, la compensación que, en su caso, tenga lugar entre ellas, las obligaciones resultantes de dicha compensación, y las que tengan por objeto liquidar cualesquiera otros compromisos previstos por el sistema para asegurar el buen fin de las órdenes de transferencia aceptadas o de la compensación realizada, serán firmes, vinculantes y legalmente exigibles para el participante obligado a su cumplimiento y oponibles frente a terceros, no pudiendo ser impugnadas o anuladas por ninguna causa.

Las órdenes de transferencia cursadas a un sistema por sus participantes no podrán ser revocadas por los participantes o por terceros a partir del momento determinado por las normas de funcionamiento del sistema.

Cada sistema determinará en sus propias normas los momentos de irrevocabilidad y firmeza de las órdenes de transferencia, y en el caso de los sistemas interoperables, las normas de cada uno de ellos garantizarán, en la medida de lo posible, la coordinación con las normas de los otros sistemas afectados en cuanto a la determinación de tales momentos. No obstante, salvo que así lo establezcan expresamente las normas de todos los sistemas interoperables entre sí, las normas de cada uno de ellos relativas a los momentos de irrevocabilidad y firmeza no se verán afectadas por las de los demás.

Por lo tanto, todas estas operaciones no son impugnables conforme marca el art. 230.4.º TRLC[70], exclusión esta cimentada en el proveimiento de seguridad jurídica a los sistemas de pagos y compensación y liquidación de valores e instrumentos derivados, evitando que se vean perturbados o se bloqueen como consecuencia de una cadena de fallidos del concursado,[71] y en conexión a la incidencia que sobre todo el sistema tendría la ineficacia de estos actos.[72]

No obstante lo anterior, tal inimpugnabilidad, vid. art. 11.2 LSPV,

a) Se entiende sin perjuicio de las acciones que puedan asistir a los órganos concursales o a cualquier acreedor para exigir, en su caso, las indemnizaciones que correspondan, o las responsabilidades que procedan, por una actuación contraria a derecho o por cualquier otra causa, de quienes hubieran realizado dicha actuación o de los que indebida-

---

70 Como, ciertamente y bajo la legislación concursal anterior, tampoco podían ser anuladas de acuerdo con el artículo 878 del Código de Comercio, ni impugnadas o anuladas por ninguna otra causa.

71 VIGUER SOLER, P.L. "La masa activa" pg. 191; FERNÁNDEZ AGUADO, J.I. "Las acciones", pg. 179; VILA FLORENSA, M. "Comentarios", pg. 880; y ALCOVER GARAU, G. "Comentarios", pg. 772.

72 GARCÍA-CRUCES J.A. "La reintegración de la masa", pg. 362.

mente hubieran resultado beneficiarios de las operaciones realizadas.

b) No implica obligación alguna para el gestor o agente de liquidación de garantizar o suplir la falta de efectivo o de valores de un participante, a efectos de llevar a cabo la liquidación de una orden o una compensación, ni la obligación de emplear a tal fin medios distintos de los previstos en las normas de funcionamiento del sistema.

Conforme al art. 12 LSPLV a los efectos de la citada Ley se considera procedimiento de insolvencia el concurso, así como cualquier medida de carácter universal, prevista por la legislación española o de otro Estado, para la liquidación de una entidad o para su reorganización, que pretenda tener por efecto la suspensión de las órdenes de transferencia, o de los pagos que pueda o deba realizar el participante, o la imposición de limitaciones sobre los mismos

Por otro lado, el art. 13 LSPLV señala que, además de lo dispuesto en el artículo 11 LSPV, la incoación de un procedimiento de insolvencia de un participante en un sistema, incluso interoperable, o de un gestor de un sistema, no producirá efecto sobre los derechos y las obligaciones de dicho participante o de dicho gestor:

a) Que deriven de las órdenes de transferencia recibidas y aceptadas por el sistema con anterioridad al momento en que la citada incoación haya sido comunicada al sistema o que, excepcionalmente, hubieran sido cursadas después de la incoación del procedimiento de insolvencia y se compensen o liquiden en el mismo día hábil, siempre que los gestores del sistema o de un sistema interoperable que no sea participante puedan probar que, en el momento en que dichas órdenes pasaron a ser irrevocables, no han tenido conocimiento ni debieran haberlo tenido de la incoación de dicho procedimiento.

b) Que resulten de la compensación que, en su caso, se lleve a cabo entre dichas órdenes el mismo día hábil en que haya sido recibida la comunicación.

c) Que tengan por objeto liquidar en dicho día hábil cualesquiera otros compromisos previstos por el sistema para asegurar el buen fin de las órdenes de transferencia aceptadas o de la compensación realizada.

Estas obligaciones se liquidarán, de acuerdo con las normas del sistema, con cargo a los fondos o valores disponibles en la cuenta de liquidación de dicho participante para cumplir las obligaciones de éste en el sistema, incluso interoperable, así como con cargo a las garantías y demás activos y compromisos establecidos a estos efectos por él mismo.

A los efectos previstos en el art. 13 LSPV, los días hábiles quedarán delimitados para cada sistema por sus propias normas, debiendo abarcar las liquidaciones efectuadas tanto en período diurno como en período nocturno, así como todos los acontecimientos que sucedan durante el ciclo de actividad de cada sistema.

III.2.3.4. Operaciones al contado equivalentes a desplazamientos de dinero

Aunque el TRLC nada dice al respecto, entendemos que las operaciones al contado equivalentes al desplazamiento de dinero (ej.; cumplimiento de obligaciones dinerarias mediante instrumentos electrónicos de pago, contrato de descuento), no pueden ser objeto de rescisión, al ser movimientos económicos equivalentes del dinero en los que no se produce perjuicio.[73]

III.2.3.5. Cesiones de créditos

Los contratos de cesión de créditos a que se refiere la disposición adicional 3.ª de la Ley 1/1999, de entidades de capital

---

[73] LEÓN SANZ, F.J. "El sistema", pg. 273; y "Comentario", pg. 1316, quien manifiesta que sólo podrán ser impugnados si existe fraude.

riesgo y sus sociedades gestoras,[74] que tienen la consideración de operaciones de contado[75], se excluyen de rescisión si se dan determinados requisitos, y se protegen a la vista de los intereses concurrentes, en especial con la finalidad de evitar incertidumbres (ello pese a favorecer, evidentemente, a las entidades financieras)[76].

La DA 3.º Ley 1/1999, tras su modificación por la DF 3.ª Ley 30/2027, de contratos del sector público, y cumpliendo las cesiones de crédito las condiciones subjetivas y objetivas recogidas en la citada DA 3.ª Ley 1/1999:

a) En caso de concurso del cedente, las cesiones reguladas en esta disposición serán rescindibles de conformidad con lo dispuesto en el artículo 226 TRLC.

b) En caso de concurso del deudor, los pagos realizados por el deudor cedido al cesionario no estarán sujetos a la rescisión prevista en el artículo 226 y ss TRLC, en el caso de declaración de concurso del deudor de los créditos cedidos.

c) Sin embargo, podrá ejercitarse la acción rescisoria cuando se hayan efectuado pagos cuyo vencimiento fuera posterior al concurso o cuando quien la ejercite pruebe que el cedente o cesionario conocían el estado de insolvencia del deudor cedido en la fecha de pago por el cesionario al

---

74 La Disposición adicional tercera de la ley 1/1999, fue objeto de nueva redacción por la Disposición Final tercera de la Ley de Contratos del Sector Público (Ley 30/2007, de 30 de octubre).

75 LEÓN SANZ, F.J. "El sistema", pg. 274; y "Comentario", pg. 1317.

76 LEÓN SANZ, F.J. "El sistema", cit., pg. 274; y "Comentario", cit., pg. 1317. Sobre el contrato de factoring y la acción rescisoria, vid. LEÓN SANZ, F.J. "Las acciones", pgs. 4137 a 4158; y CARRASCO PERERA, A. "Los derechos de garantía", pg. 353 a 356.
Con relación a la cesión de créditos y concurso, vid. GARCÍA VICENTE, J.R. "Los efectos del concurso" pgs. 1955 a 1968; y ROMERO MATUTE, B. "El concurso de acreedores", (específicamente respecto del factoring, vid. pgs. 92 a 168).

cedente. Dicha revocación no afectará al cesionario sino cuando se haya pactado así expresamente.

A estos efectos resulta indiferente que la cesión de créditos tenga como deudor a una administración pública. Como ha desaparecido el régimen especial en caso de concurso de acreedores del cedente, la especialidad se centra en el concurso de acreedores del deudor de un crédito que ha sido previamente objeto de cesión, y no se centra solo en el factoring, y alcanza a contratos bancarios de descuento, operaciones de titularización etc.[77]

III.2.3.6. Acuerdos de compensación y garantías financieras

Con relación a las operaciones financieras que se realicen en el marco de un acuerdo de compensación contractual o en relación con él, regulados en el Real Decreto-Ley 5/2005, de 11 de marzo, establece el art. 15 del citado Real Decreto-Ley:

La apertura de un procedimiento concursal o de liquidación administrativa no podrá ser causa para declarar nulos o rescindir un acuerdo de garantía financiera o la aportación misma de una garantía, siempre que la resolución de dicha apertura sea posterior a la formalización del acuerdo de garantía o a la aportación de la garantía; o que dicha formalización o aportación se hayan producido en un período de tiempo determinado, anterior a la apertura del procedimiento o a la adopción de una resolución o de cualesquiera otras medidas o la concurrencia de otros acontecimientos en el transcurso de tales procedimientos (art. 15.1 RDL 5/2005)

Cuando la apertura de un procedimiento concursal o de liquidación administrativa se produjeran el mismo día, pero antes de que se haya formalizado un acuerdo de garantía financiera o se haya aportado la garantía, la garantía será jurídicamente ejecutable y vinculante para terceros en el caso de que el beneficiario

---

77 SANCHO GARGALLO, I. "La acción", pgs. 305 y 306.

pueda probar que no tenía conocimiento, ni debía tenerlo, de la apertura de tal procedimiento (art. 15.2 RDL 5/2005).

La apertura de un procedimiento concursal o de liquidación administrativa no será causa para anular o rescindir la aportación de una garantía financiera, de una garantía financiera complementaria o de una garantía financiera equivalente en los casos de ejercicio de los derechos de sustitución o disposición, siempre que la aportación de la correspondiente garantía, garantía complementaria o equivalente se haya efectuado antes, aunque fuese el mismo día, de la apertura del procedimiento; o en un período de tiempo determinado, anterior a la apertura del procedimiento, o a la adopción de una resolución o de cualesquiera otras medidas o la concurrencia de otros acontecimientos en el transcurso de tales procedimientos; y/o la obligación financiera principal se haya contraído en fecha anterior a la de aportación de la garantía financiera, de la garantía financiera complementaria o de la garantía financiera de sustitución o intercambio (art. 15.3 RDL 5/2005).

Los acuerdos de garantía financiera, art. 15.4 RDL 5/2005, no se verán limitados, restringidos o afectados en cualquier forma por la apertura de un procedimiento concursal o de liquidación administrativa, y podrán ejecutarse, inmediatamente, de forma separada, de acuerdo con lo pactado entre las partes y lo previsto en la sección 3.ª RLD 5/2005).

Los acuerdos de garantías financieras o la aportación de estas, formalizados o aportadas, anteriores a la apertura de un procedimiento concursal o de liquidación administrativa sólo podrán rescindirse o impugnarse al amparo de lo previsto en los arts. 226 TRLC, pero solo por la administración concursal, finiquitando así la legitimación subsidiaria de los acreedores, que tendrá que demostrar no que ha causado perjuicio, sino que se han realizado en fraude de acreedores, que conecta con el requerido en la acción pauliana. Este recurso al fraude, obviamente, impide la aplicación de las presunciones de perjuicio de los arts. 227 y 228 TRLC.[78]

Sobre esta cuestión, vid la sentencia del Tribunal Supremo de fecha 15 de marzo de 2015, excluidora de la rescisión de pagos satisfechos mediante la ejecución de una garantía financiera, mientras no se impugne su constitución, y en virtud del art. 15 RDL 5/2005:[79]

> "11. Además, se da la circunstancia de que la mayoría de estos pagos están excluidos de la rescisión concursal, en virtud del art. 15 Decreto Ley 5/2005, de 11 de abril, pues se hicieron mediante la satisfacción de una garantía financiera, cuya constitución no fue impugnada. La Audiencia no cayó en la cuenta que los pagos realizados con cargo a la imposición a plazo fijo de 4.000.000 euros, para satisfacer las obligaciones derivadas de las pólizas de descuentos, en garantía de las cuales se había pignorado la imposición a plazo fijo, no dejan de ser compensaciones mediante las cuales se ejecuta la garantía financiera. La ejecución de la garantía financiera, conforme a lo previsto en el art. 15 DL 5/2005, no puede ser objeto de rescisión concursal, sino que, en todo caso, debería serlo la formalización o aportación de la garantía financiera. Para que pudiera prosperar la acción rescisoria concursal sobre la formalización o aportación de la garantía financiera, el apartado 5 del art. 15 DL 5/2005, en su redacción originaria, exigía que se hubieran «realizado en perjuicio de acreedores». Tras la reforma operada por la Ley 7/2011, de 11 de abril, se sustituye la exigencia adicional de que la formalización o aportación de las garantías financieras se hubieran realizado en «perjuicio de acreedores», por la exigencia de que se hubieran realizado «en fraude de acreedores». Al margen de lo que se deba entender por una u otra exigencia, en ambos casos se trata de un complemento que se añade a los requisitos generales de la rescisión concursal, y no consta en este procedimiento que se hubieran cumplido. Máxime cuando sí consta que el tribunal de instancia rechazó expresamente que los actos impugnados hubieran sido realizados con mala fe o en fraude de acreedores..."

---

78 SANCHO GARGALLO, I. "La acción", pg. 302 y 303.

79 SANCHO GARGALLO, I. "La acción", pg. 301 y 302.

III.2.3.7. Liquidación anticipada

Igualmente, con relación a las operaciones financieras que se realicen en el marco de un acuerdo de compensación contractual o en relación con él, regulados en el Real Decreto-Ley 5/2005, de 11 de marzo, establece el art. 16.3 del citado Real Decreto-Ley que las operaciones financieras o el acuerdo de compensación que las regula no podrán ser objeto de las acciones de reintegración que regula el artículo 226 TRLC, salvo mediante acción ejercitada por la administración concursal en la que se demuestre perjuicio en dicha contratación, lo que nos lleva a la regla general de perjuicio de la acción rescisoria concursal (art. 229 TRLC), y a la desparación, de nuevo, de la legitimación subsidiaria de los acreedores. En este sentido, quedan amparados en la norma protectora tanto el acuerdo de compensación como las operaciones financieras afectadas por dicho acuerdo[80].

III.2.3.8. Bonos garantizados

El RDL 24/2021, de 2 de noviembre, de trasposición de directivas de la Unión Europea en materia de bonos garantizados, regula la emisión de tales bonos, definidos, en su art. 2 RDL 24/2021, como un título de deuda emitido por una entidad de crédito de conformidad con las disposiciones de RDL 24/2021, y garantizado por activos de cobertura a los que los inversores pueden recurrir directamente en su calidad de acreedores preferentes, estableciéndose en el art. 3 RDL 24/2021 que los bonos garantizados emitidos en España podrán, en función de la clase de activos primarios que se integren en su conjunto de cobertura, pertenecer a alguna de las siguientes categorías: a) "cédulas hipotecarias"; b) "cédulas territoriales"; c) "cédulas de internacionalización"; d) "bonos hipotecarios"; e) "bonos territoriales"; f) "bonos de internacionalización"; y g) otros bonos garantizados con la denominación comercial que, en su caso, quiera dar la entidad emisora.

---

[80] SANCHO GARGALLO, I. "Las acciones", pg. 1294.

El art. 42.2 RDL 24/2021, y en el supuesto de concurso de acreedores de la entidad emisora de los bonos, presenta una regla especial de reintegración, afectante, a las hipotecas sobre activos en garantía inscritas a favor de las entidades emisoras, los préstamos y créditos, los contratos de derivados, así como la incorporación de dichos activos y del resto de activos que forman el conjunto de cobertura en el registro especial previsto en el art. 9 RDL 24/2021. De esta manera, tales actos, y solo estos, ciertamente podrán ser rescindidos o impugnados al amparo de lo previsto en el artículo 226 TRLC, esto es, a través de la acción rescisoria concursal. Pero solo a instancia de la administración concursal, decayendo en este caso también la legitimación subsidiaria de los acreedores del art. 233 TRLC. Además, la Administración Concursal tendrá que demostrar la existencia, no de perjuicio rescisorio concursal, sino de fraude en la constitución de la garantía hipotecaria, en los contratos correspondientes o en la incorporación de los activos de cobertura en el registro especial. Esta exigencia de fraude, que entiendo coincidente con el fraude pauliano, veta la aplicación de las presunciones de perjuicio de los arts. 227 y 228 TRLC, que devienen aquí inaplicables. En todo caso quedarán a salvo los derechos del tercero de buena fe.

Lo aquí previsto resulta de aplicación tanto a los tenedores de bonos garantizados como a las contrapartes de contratos de derivados que cumplan lo dispuesto en el art. 12 RDL 24/2021.

III.2.3.9. Garantías por créditos de derecho público y Fondo Garanta Salarial

En ningún caso, pueden ser objeto de rescisión concursal, los actos de constitución de garantías de cualquier clase a favor de créditos públicos (art. 230.2.º TRLC), así como los actos de constitución de garantías a favor del Fondo de Garantía Salarial, el conocido FOGASA (art. 230.3.º TRLC).

Esta irrescinbilidad se presenta como absoluta y sin excepción ("en ningún caso" señala la norma), cimienta en una indisimulada voluntad legislativa tendente a asegurar y proteger los ingresos públicos, y su cobro, y cobija tanto a las garantías reales como las personales, pues la ley no distingue entre ambas, prestadas por el concursado, tanto por obligaciones o créditos públicos y del FOGASA propios del deudor, como ajenos, o de tercero, pues la Ley aquí tampoco diferencia al respecto. Lo relevante es la garantía, su conexión y atadura credictual pública o con el FOGASA, y lo indiferente, la persona deudora.

La garantía tendrá su origen en el cumplimiento de créditos públicos, fundamentalmente, tributarios, de Seguridad Social, o también del FOGASA, habitualmente, con ocasión de acuerdos o convenios de recuperación de tales créditos (refinanciación, aplazamientos, fraccionamientos del pago, etc.). Lo que nos lleva a los arts. 65 y 82 LGT, 48 RGR (respecto a las deudas tributarias); arts 23 TRLGSS y 31 RGSS (Seguridad Social) y art. 83.1 RGSS (FOGASA). Pero el FOGASA también puede resultar acreedor por subrogación en los derechos y acciones de los trabajadores frente a la empresa y por las cantidades satisfechas a aquellos. Y la devolución de estas cantidades también pueden dar lugar a un aplazamiento y fraccionamiento de deuda, (art. 32 RD 505/1985) y la constitución de garantías para asegurar su cumplimiento.[81]

Quiero recordar que los acuerdos de fraccionamiento o aplazamiento de tales deudas públicas y de FOGASA, en cuanto actos administrativos, nunca pueden ser objeto de rescisión concursal (sentencia del Tribunal Supremo, de fecha 11 de octubre de 2011). Por ello, el blindaje del art. 230.2.º y 3.º TRLC no tiene por objeto tales acuerdos, sino únicamente las garantías prestadas como consecuencia de ellos.

Ciertamente, la redacción absoluta y rígida de la norma permite mantener la mera tenencia de la garantía sospechosa por entidades públicas y FOGASA impide y venta su rescisión concursal (sentencia de la Audiencia Provincial de Madrid, de fecha 24

---

[81] SANCHO GARGALLO, I. "La rescisión", pgs. 282 y 283.

de febrero de 2014). Pero no las otras acciones de reintegración del art. 238 TRLC. Aunque, ciertamente, parece absolutamente complicado que prosperen.[82]

III.2.3.10. Reconocimiento y pago de créditos públicos para regularizar o atenuar la responsabilidad penal.

Igualmente, tampoco cabe la rescisión concursal, en ningún caso, de los actos de reconocimiento y pago de los créditos públicos tendentes a lograr la regularización o atenuación de la responsabilidad del concursado prevista en la legislación penal. (art. 230.2.º TRLC).

Por lo tanto, queda vetada absolutamente la rescisión concursal de tales actos y pagos efectuados por el concursado, por un lado, con anterioridad al procedimiento y efectos de regularizar su situación y deuda con la Hacienda Pública y la Seguridad Social, con trascendencia penal, pagos únicamente en este caso, y así evitar y eludir el procedimiento y la sanción penal, Y por otro, una vez incoadas las actuaciones penales, tendentes a reducir la responsabilidad penal, consistente en el reconocimiento de los hechos delictuales cometidos y el pago de las deudas en cuestión.

Ello conecta, con el art. 305 CP, apartados 1 y 4, respecto al delito tributario, y el art. 307 CP, apartados 1 y 3, respecto a los delitos contra la Seguridad Social, y la elusión de la calificación penal como consecuencia de haber regularizado en determinadas condiciones, según el caso, la situación fiscal o de Seguridad Social. Además, también resulta preciso traer a colación los arts. 305.6 CP, en cuanto al delito tributario, y 307.5 CP, delitos contra la seguridad social, en el sentido que, dándose determinadas condiciones, y en los citados delitos, cabe la atenuación de la responsabilidad penal como consecuencia del reconocimiento judicial de los hechos por el concursado y el pago por éste de la deuda

82 SANCHO GARGALLO, I. "La rescisión", pg. 284.

tributaria o, en su caso, frente a la Seguridad social.[83] Me remito a la lectura de los citados presupuestos.

III.2.3.11. Medidas de resolución de entidades de crédito y empresas de prestación de servicios.

Conforme señala el art. 230.5.º TRLC, y por razones de seguridad jurídica e interés público, en ningún caso cabe la rescisión concursal de las operaciones mediante las que se instrumenten las medidas de resolución de entidades de crédito y empresas de servicios de inversión.

En este sentido, art. 578.1 TRLC, en los concursos de entidades de crédito o entidades legalmente asimiladas a ellas, empresas de servicios de inversión y entidades aseguradoras, así como de entidades miembros de mercados oficiales de valores y entidades participantes en los sistemas de compensación y liquidación de valores, se aplicarán las especialidades que para el concurso de acreedores se hallen establecidas en su legislación específica.

Y a tal efecto, art. 578.2 TRLC, se considera legislación especial, entre otras, la Ley 11/2015, de 18 de junio, de recuperación y resolución de entidades de crédito y empresas de servicios de inversión.

Esta Ley 11/2015, art. 25.9, presenta una limitación rescisoria concursal, según la cual, las operaciones mediante las que se instrumenten las medidas de resolución y, en particular, las medidas derivadas de la aplicación de los instrumentos enumerados en el art. 25 Ley 11/2015, no serán rescindibles al amparo de lo previsto en el artículo 226 y ss TRLC.

Además, y respecto a la transmisión de activos verificada con ocasión de las medidas de resolución de entidades de crédito y servicios de inversión, no podrá ser, en ningún caso, objeto de

---

[83] SANCHO GARGALLO, I. "La rescisión", pgs. 285 a 287.

rescisión por aplicación de las acciones de reintegración previstas en la legislación concursal.

Todo ello resulta englobado en la exención rescisoria concursal del art. 230.5.º TRLC.

III.2.3.12. Planes de reestructuración

No es este el sitio donde tratar una cuestión tan interesante y compleja que es la regulación de los planes de reestructuración, incluida su vulnerabilidad a las acciones de reintegración lo que posdato, in extenso, a una futura, y espero próxima, publicación.

Brevemente por ello, y como ya he tenido ocasión de señalar, siempre he considerado como inocuos los actos de saneamiento llevados a cabo por el deudor ante una situación cercana o tendente a la insolvencia, esto es, en una fase preconcursal, para intentar resolverla, aun cuando, desgraciadamente, no sean suficientes, resulten fallidos y la empresa acabe en concurso de acreedores.

Estos actos, v. gr. enajenación de activos, prestamos con garantías, pagos etc., operaciones de refinanciación o reestructuración en la mayoría de los casos, suelen constituir un conjunto de medidas que tiene su origen en un previo análisis de la situación patrimonial y financiera del deudor llevada a cabo por profesionales (auditores, economistas, abogados...), que proponen tales medidas como solución a la crisis. Además, normalmente cuentan con el apoyo de los propios acreedores.

Entiendo que estos actos, si se realizan en condiciones normales y son los habituales para tal situación, no se exhiben como concursalmente rescindibles al amparo de lo dispuesto en los arts. 226 y ss TRLC). Máxime cuando el deudor, por tal condición, no está impedido para realizar nuevos negocios ni está sujeto a control por sus acreedores respecto a los nuevos compromisos que adquiera, salvo en situación de insolvencia establecida. Menos aún, para evitarla. En cualquier caso, parece que nunca serían perjudiciales.

Pese a lo anterior, dichos acuerdos de refinanciación y reestructuración, en especial, los pagos y las garantías pactadas y prestadas por el deudor con ocasión de estos, fueron objeto, en los primeros tiempos de vigencia de LC, de rescisión por buena parte de los Tribunales de Justicia.

Cierta y afortunadamente, nuestro Tribunal Supremo, como expongo a lo largo de este libro, ha ido aquilatando admirablemente la rescisión de estas refinanciaciones, en la mayoría de los casos, no perjudiciales para la masa y los acreedores, y, objetivamente, beneficiosas para la empresa y su viabilidad, aunque, finalmente, resulten fallidas y la deudora, inmersa en el concurso de acreedores. Y esta dotrina ha ido calando en los Tribunales de lo Mercantil.

Aun así, y desde un primer momento, se abogó por la aprobación de un régimen especial protector de estas refinanciaciones frente a la rescisión concursal. Fruto de ello, se injertó en el año 2009 una regulación especial de la rescisión concursal de los acuerdos de refinanciación en la DA 4.° de la vieja LC, ley está, por cierto, que, hasta tal fecha, obvió todo lo relativo al derecho preconcursal de la insolvencia. Asi salió el injerto. Este régimen, posteriormente, fue modificado y pasó a quedar regulado, igualmente de manera deficiente y poco operativa, en el art. 71.6 y 71 bis LC, nuevamente alterado por el inicialmente TRLC, arts. 598 y ss TRLC; y actualmente regulado en los vigentes arts. 667 y 668 TRLC, y en relación con la nueva y paradigmática herramienta preconcursal de los planes de reestructuración, mucho mas trabada y efectiva que sus predecesoras, devenida en estrella del ámbito de la insolvencia y protegida y ensalzada, frente al siempre criticado y deleznable, para el legislador, que no para mi, concurso de acreedores, como arma tratadora, a través de la viabilidad de la empresa, no solo de la insolvencia actual o inminente del deudor, sino también ahora de la brumosa probabilidad de insolvencia (art. 584 TRLC).

El régimen protector rescisorio de los planes de reestructuración en el Libro II TRLC, que precisa innegociablemente para su despliegue de la homologación del plan de reestructuración en cuestión (arts. 635 y ss TRLC), abdica del establecimiento de un régimen protector absoluto, finiquitador de la rescisión. O aplicable por igual a todos los planes de restructuración. Opta por fijar un sistema de protección reintegradora de determinados actos o negocios, y financiación interina y nueva financiación, objeto o conectados con el plan de reestructuración, y con dos niveles de intensidad protectora señalizadores de las acciones de reintegración potencialmente ejercitables, limitativo del general del Libro I TRLC, y aplicables a la vista, no del contenido del plan, o de las clases o mayorías aprobatorias del mismo, sino del porcentaje de acreedores por él afectados, al tiempo de la homologación, entendiendo que a mayor porcentaje afectatorio procede mayor protección rescisoria.[84] Y uno adicional, limitado a la rescisión de la financiación interina y la nueva financiación prestada por personas especialmente relacionadas con el deudor.

Por cierto, esta cuestión, la del porcentaje, calculado conforme a los arts. 616 y TRLC, y al tiempo de la homologación, devenida firme ésta, no podrá ya ser objeto de discusión en la posterior sede rescisoria.

1. En efecto, primer nivel, protección intensa, y en caso de concurso posterior, art. 667.1 TRLC, en el supuesto que ese plan de reestructuración, repito, necesariamente homologado, afectase a acreedores que representasen al menos el cincuenta y uno por ciento del pasivo total del deudor, "no serán rescindibles", salvo prueba de que se realizaron en fraude de acreedores, los siguientes actos:

A. Los actos u operaciones para el éxito de la negociación con los acreedores. Pero no todos. Solo aquellas que resulten "razonables y necesarios inmediatamente", contundencia esta que obliga a una interpretación restrictiva de esos actos, y siempre que se

---

[84] SANCHO GARGALLO, I. "la acción", pg. 330.

hubieran identificado expresamente como tales, no en cualquier sitio, sino en el propio plan.

En este sentido, el art. 667.2 TRLC señala como incluibles en estos actos u operaciones, sin ánimo exhaustivo ni carácter de numerus clausus, los siguientes:

a. El pago de tasas y costes en relación con la negociación, la adopción o la confirmación de un plan de reestructuración;

b. El pago de honorarios y costes de asesoramiento profesional en estrecha relación con la reestructuración;

c. El pago de los salarios de los trabajadores por trabajos ya realizados;

d. Cualquier otro pago y desembolso efectuados en el curso ordinario de la actividad empresarial o profesional del deudor.

B. La financiación interina y la nueva financiación, entendidas a estos efectos protectorios únicamente en conexión con lo dispuesto en los arts. 665 y 666 TRLC, incluida la concedida por personas especialmente relacionadas, de conformidad con lo previsto en el art. 668 TRLC.

C. Los actos, operaciones o negocios que sean razonables e inmediatamente necesarios para la ejecución del plan.

Todos estos actos, operaciones y negocios, incluida la referida financiación interina y nueva financiación en los términos de los arts. 665 y 666 TRLC, y con la salvedad de lo dispuesto en el art. 668.3 TRLC, a la vista de lo señalado en el art. 667.1 TRLC, y salvo que se pruebe fraude, "no son rescindibles", expresión está absolutamente oscura, indeterminada y embarrada, que complica el entendimiento de la norma y el alcance de esa no rescindibilidad, no quedando claro si viene referida a la acción rescisoria concursal del art. 226 y ss TRLC, a las otras acciones de reintegración del art. 238 y ss TRLC, o a todas o alguna.

Con las limitaciones reseñadas, y a la vista que la rescisión reseñada en el art. 667.1 TRLC requiere la prueba del fraude, y este resulta ajeno a la acción rescisoria concursal, en la que sólo rige y reina el perjuicio, o sacrificio patrimonial injustificado, así como la falta de referencia en el art. 667.1 TRLC a la rescisión concursal, o cualquier elemento o presupuesto de ésta, a diferencia de lo que acontece en el art. 667.3 TRLC, que alude a perjuicio, propio de la rescisión concursal, en conexión con las presunciones, entiendo, la de los arts. 227 y 228 TRLC, todo ello me permite concluir que, en el presente supuesto, los referidos actos y negocios expuestos quedan absolutamente protegidos y salvados frente a la acción rescisoria concursal del art. 226 TRLC. Pero no frente a las otras acciones de reintegración del art. 238 TRLC, y en esencia, la acción pauliana, aunque, en este caso, no operan las presunciones por fraude del art. 1297 CC, precisando el triunfo reintegrador de la prueba por la actora del fraude. También cabria interponer una acción de nulidad por ilicitud de causa (1275 CC).[85] Realmente, se me antoja muy difícil el éxito de dichas impugnaciones.

2. Segundo nivel. Protección atenuada. Conforme al art. 667.3 TRLC, en caso de concurso posterior, si los créditos afectados por un plan de reestructuración, que a efectos de este nivel protectorio también requiere haber sido homologado, representasen una proporción inferior a ese cincuenta y uno por ciento del pasivo total del deudo, la que sea, pero inferior a ese porcentaje, la antes referida financiación interina, la nueva financiación y los actos, operaciones o negocios expuestos en los apartados 1 y 2 del art. 667 TRLC, serán rescindibles conforme a lo establecido en el libro primero TRLC, sin que sean de aplicación las presunciones relativas de perjuicio para la masa activa.

La referencia en el art. 667.3 TRLC a la rescisión conforme a lo establecido en el libro I TRLC, y en especial, a la falta de aplicación de las presunciones de perjuicio, permite, por un lado, mantener el potencial ejercicio de la acción rescisoria concursal,

85 SANCHO GARGALLO, I. "La acción", pgs. 332 a 336.

pero conforme a la regla general de perjuicio del art. 229 TRLC, y con exclusión de las presunciones perjudicativas de los arts. 227 y 228 TRLC. Y aunque nada diga la Ley, en ese atenuado ejercicio de la acción rescisoria, además, pese a literalidad del art. 667 TRLC, no cabe examinar aisladamente el acto objeto de impacto, y su perjudicialidad, sino conjuntamente con el resto de actos y negocios que componen el plan de reestructuración, en cuanto negocio conjunto y complejo, con causa única, y en los términos reiterados por nuestro Tribunal Supremo en jurisprudencia constate que, por conocida y varias veces citada en este libro, su trascripción deviene aquí innecesaria.

Y por otro, también, sin limitación alguna, salvo las derivadas de su propia naturaleza, las otras acciones de impugnación a que se refiere el art. 238 TRLC.

3. Régimen especial para las personas especialmente relacionadas

Finalmente, el art. 668 TRLC establece un régimen especial protectorio, limitado a la financiación interina o la nueva financiación, tal y como las entienden los arts. 665 y 666 TRLC, concedidas por personas especialmente relacionadas con el deudor, esto es, las comprendidas en los arts. 282 a 284 TRLC, examinado tal vínculo al tiempo de la aportación, aplicativo de la potente protección rescisoria del art. 661 TRLC, si los créditos afectados, excluidos los créditos de que fueran titulares esas personas, representen más del sesenta por ciento del pasivo total del deudor.

Dándose lo anterior, esa nueva financiación y/o la financiación interina, quedan absolutamente resguardada rente a la acción rescisoria concursal del art. 226 TRLC. Pero no frente a las otras acciones de reintegración del art. 238 TRLC, y en esencia, la acción pauliana, requeritoria de la prueba por la actora del fraude, y sin que quepa, como dije, la aplicación de presunción alguna fraudulenta, y la acción de nulidad por ilicitud de causa (1275 CC).

Si no concurriese esa mayoría, art. 668.2 TLC, la financiación interina. o la nueva financiación. otorgadas por personas especialmente relacionadas, no le resulta aplicable el citado régimen absoluto de protección. Pero tampoco el más atenuado del art. 667.3 TRLC, resultando potencialmente ejercitables, la acción rescisoria concursal, incluidas las presunciones de los arts. 227 y 228 TRLC, y también las otras acciones de impugnación del art. 238 TRLC.

Finalmente, el hecho que los actos o negocios sospechoso no queden amparados en el régimen expuesto de los arts. 667 y 668 TRLC, no implica que sean, por tal motivo, objeto de rescisión concursal rescindido automáticamente, sin más. Obviamente, podrá ser objeto de rescisión, pero deberán seguirse los trámites y condiciones establecidos en los arts. 226 y ss. TRLC, para tal rescisión concursal. En especial, que sea perjudicial para la masa activa.

III.2.4. Los actos objeto de rescisión deben ser del deudor

Por lo tanto, concursalmente hablando, los actos rescindibles consisten en negocios jurídicos unilaterales, como destinados a la formación de un negocio bilateral o plurilateral. Pero, irremediablemente, perpetrados por el concursado, por si o por medio de tercero (v. gr. apoderamiento o representación orgánica en persona jurídica).

No presentan esta cualidad deudora, aquellos actos que el concursado acomete en nombre y representación de un tercero, por ejemplo, como apoderado o administrador social de una sociedad anónima, en cuanto resultan imputables directamente a este última.[86] Tampoco los actos de terceros, aun cuando impliquen efec-

---

86 HERNÁNDEZ MARTÍ, J. "Efectos", pg. 298. En el mismo sentido SILVETTI, E. "Comentarios", pg. 554, salvo en lo relativo a los actos del deudor, que entiende que son los realizados por el mismo en nombre propio, excluyendo los realizados en su nombre por apoderados.

tos jurídicos sobre el patrimonio del deudor, y en tanto en cuanto no constituyen actos del concursado.[87] Menos aún los otorgados por filiales con terceros, aun cuando la concursada sea socio único y administrador de las primeras (sentencia del Juzgado de lo Mercantil núm. 1 de A Coruña, de fecha 4 de julio de 2011).[88]

Así cabe rechazar la rescisión de enajenaciones de bienes o derechos realizadas en el curso de una ejecución judicial forzosa, en cuanto no derivan de un acto patrimonial del deudor sino de una imposición judicial como consecuencia del acto de adjudicación.[89]

También queda vetada la rescisión concursal de aquellos actos efectuados unilateralmente por un tercero, normalmente la contraparte de un contrato, sin el consentimiento ni la aceptación de la concursada. Piénsese en los cargos efectuados por una entidad de crédito en la cuenta corriente del deudor, cancelatorios de deudas de este último con el banco. La inexpugnabilidad rescisoria de estos actos conecta con su condición de ajenos y extraños al deudor, aunque impacten en su patrimonio. Pero la anterior conclusión no implica que ese acto unilateral no pueda ser atacado judicialmente. Podrá serlo, sin lugar a duda, pero no a través de la acción rescisoria concursal, sino de aquellas anulatorias, o las pensadas para el incumplimiento de obligaciones contractuales, esencialmente, la del art. 1124.[90]

Así, vid las sentencias del Tribunal Supremo de fecha 24 de junio de 2015, y de la Audiencia Provincial de Barcelona de fecha 14 de mayo de 2012). O del Juzgado de lo Mercantil núm. 1 de Castellón, de fecha 30 de junio de 2023:

> "...La precisión que se acaba de realizar no es baladí, puesto que si consideramos que el pago fue realizado por la entidad financiera sin el consentimiento de la concursada, procedería desde luego

---

87 HERNÁNDEZ MARTÍ, J. "Efectos", pg. 299. Contra SILVETTI, E. "Comentarios", pg. 554.

88 VILLORIA, I. "Masa activa", pg. 429

89 SANCHO GARGALLO, I. "Las acciones", pg. 1145.

90 FUENTES DEVESA, R. "Reintegración", pg. 1249.

la desestimación de la acción de reintegración toda vez que esta tan solo entra en juego respecto de actos de disposición en los que haya sido parte de la concursada, procediendo en otro caso el ejercicio de una acción de anulación (STS de 24 de junio de 2015)..."

La sentencia de la Audiencia Provincial de Guipuzcoa, de fecha 25 de abril de 2024, declara que no constituye actos del deudor, las retenciones unilaterales efectuadas por un tercero sobre el dinero del deudor. Tampoco la ejecución unilateral del beneficiario de un aval otorgado por la concursada. O la liquidación unilateral de un contrato o relación obligacional o contractual sin intervención de la concursada. Obviamente, sin perjuicio, como dije, de las eventuales acciones que asistan a esta última frente a tal unilateral actuación:

"...Rechaza la acción ejercitada el Juez del Concurso sobre la base de que no se tratan de actos realizados por el deudor, sino que se trata de actos realizados de forma unilateral por SESTAO BERRI y sin intervención de la concursada, bien en virtud de orden de embargo de la TGSS, de obligatorio cumplimiento, por lo que no hay ningún acto aquí que pueda ser rescindido. Y, es lo cierto, que este Tribunal en la Sentencia 765/2022, de 18 de noviembre, ECLI:APSS:2022:1176se pronunció acerca de la cuestión, en la que, en una demanda de rescisión presentada por la Administración Concursal de Lurgoein, dijimos que "Presupuesto para el éxito de la acción rescisoria concursal es que el acta haya sido realizado por el deudor, en este caso LURGOIEN, S.A, no por un tercero acreedor de aquél, en este caso, la JUNTA DE COMPENSACIÓN por razones de los derechos conferidos en el contrato de adjudicación de las obras de urbanización. La actuación que genera la retención de las garantía está protagonizada no por la concursada LURGOEIN S.A., sino por la JUNTA DE COMPENSACIÓN SARRATU quien es quien resuelve unilateralmente el contrato de obra que en su día suscribió con LURGOEIN, S.A. (...) La supuesta inactividad o connivencia de LURGOEIN SA con JUNTA DE COMPENSACIÓN SARRATU ante la comunicación de resolución contractual es una alegación "ex novo" efectuada por la parte recurrente no contenida en su escrito de recurso por lo que de conformidad con el artículo 456.1 de la LEC no puede ser objeto de examen". Al igual que en aquel entonces, todo lo relativo a la pasividad o silencio de Lurgoein, como manifestación de la realización de un acto susceptible de ser impugnado, decae por no haberse puesto de manifiesto en la demanda de rescisión. No se pretende en el recurso que la ejecución del aval bancario, la realización de la liquidación o la entrega del dinero a la Tesorería de la Seguridad Social sean actos realizados por el demandado no concursado, que, efectivamente, no los son, y, por lo tanto, quedan extramuros de la concreta rescisión reclamada en autos; sin perjuicio de acudir a los cauces procesales oportunos, en los que pudiera discutirse la procedencia de la resolución invocada de contrario o la imputación de cantidades en la liquidación del contrato. Ahora bien, constatado que no hay acto del deudor, nos encontramos fuera de la acción de rescisión. De hecho, en la sentencia de esta Ilma. Audiencia Provincial 177/2017, de 23 de junio, que cita como base del recurso, el escenario era bien distinto y lo que se solicitó fue la nulidad de la compensación realizada por el demandado. Para concluir, en relación a una mejor tutela judicial efectiva, a la vista de que la demandante cita la suspensión del ejercicio de derecho de retención, ex art.154 del Texto Refundido, nos ocupamos de ella. Aparentemente lo hace como base de la rescisión, la cual ya hemos descartado y, en cualquier caso, sobre la eficacia del referido precepto, la suspensión alcanza a aquellas que estén vivas y no ejecutadas, escenario que aquí, a la vista de las fechas, previas al concurso, no se da. En la anterior resolución que hemos citado, sobre el ámbito de aplicación dijimos que "el precepto habla de bienes y de derecho no de dinero. Por otro lado, de la dicción del mismo se entiende que se trata de un derecho de retención vigente que a la fecha de la declaración del concurso sigue desarrollando sus efectos. Pero, como se ha dicho, anteriormente, el contrato fundamentador del derecho de retención ya se resolvió con antelación en su momento, siete meses antes del dictado del Auto de declaración del concurso, por lo que a fecha del concurso no está vigente, razón por la que no cabe abogar por la suspensión de las retenciones ya practicadas bajo el imperio de un contrato y extinguido".

La sentencia de la Audiencia Provincial de Valencia, de fecha 21 de noviembre de 2023, deniega la recisión concursal de la disposición de un cobro operado por la entidad financiera demandada que, como gestora de la cuenta bancaria vinculada a una operación de préstamo originaria, contaba con facultades para la exacción de tal cantidad por sí misma, sin que a la concursada le asistiera la capacidad de procurar de la misma forma unilateral la retroacción del cobro:

"...17.— En segundo lugar, porque la acción de reintegración no se refiere a un pago del concursado, sino a un cobro operado por la entidad financiera demandada y que, como gestora de la cuenta bancaria vinculada a una operación de préstamo originaria (doc. 2 administración concursal), contaba con facultades para la exacción de tal cantidad por sí misma, sin que a la concursada le asistiera la capacidad de procurar de la misma forma unilateral la retroacción del cobro. La acción no tiene por objeto, por lo tanto, el examen de la conducta de la concursada, sino la de un tercero, siendo tales presupuestos extraños a la doctrina jurisprudencial en las que la sentencia se basa..."

Discrepo de la anterior resolución a la vista que esta unilateral disposición, realmente, cabe entenderla como efectuada por la deudora, actuando en su nombre y representación, en tanto en cuanto dicha entidad venia dotada por la deudora de suficientes facultades contractuales para llevarla a cabo. En esta línea, sentencia de la Audiencia Provincial de Badajoz, de fecha 29 de abril de 2021:

"...Como abunda la jurisprudencia Tribunal Supremo, hay que estar a las circunstancias del caso, que aquí son bien elocuentes: (i) el 21 de diciembre de 2018 "Scanieto, SL" solicitó ante el Registro Mercantil la iniciación de un acuerdo extrajudicial de pagos; (ii) el 19 de febrero de 2019 se comunicó dicha circunstancia a todos los acreedores, incluida "Caixabank, SA", la cual remitió tres certificaciones de deuda, una de ellas referida a la póliza de crédito NUM000, cuyo saldo a 6 de marzo de 2019 era de 8.243,26 euros; (iii) el 8 de marzo de 2019, en la cuenta corriente de "Scanieto, SL", se recibió un abono por parte de un cliente por importe de 7.451,83 euros y, como quiera que tenía un saldo negativo de 8.162,97 euros, "Caixabank, SA" imputó esa cantidad a su propio crédito. Como puede observarse, pese a conocer la situación de insolvencia de "Scanieto, SL", la entidad financiera recurrente aplicó los 8.162,97 euros a la satisfacción de sus propios créditos. Como señala la sentencia del Tribunal Supremo 488/2016, de 14 de julio, la autodisposición puede ser acto perjudicial porque altera la par conditio creditorum...Como ya hemos expuesto, no estamos realmente ante una compensación. Es un cobro o disposición que, por facultad contractual, realiza "Caixabank, SA" en pago de una deuda que "Scanieto, SL" tenía frente a ella..."

Cambian las tornas si estos actos, inicialmente unilaterales, resultasen aceptados y consentidos posteriormente por el deudor, siquiera sea tácitamente, en cuyo caso, y en cuanto actos ya del deudor, quedan dentro del radar rescisorio concursal del art. 226 y ss TRLC. En este sentido, se manifiesta acertadamente en la sentencia de la Audiencia Provincial de Castellón de fecha 7 de marzo de 2012:

> "...Precisamente por este fundamento y tal como expresa el artículo acabado de transcribir, requisito básico para el éxito de toda acción rescisoria concursal como la que nos ocupa es que se trate de un acto del deudor. Esta condición esencial, que queda al margen de que interpretemos más o menos ampliamente el término acto que recoge la definición legal desde la óptica de su contenido, motivación o voluntariedad, exige por tanto que de manera directa e inmediata la actuación de que se trate provenga de la concursada y, de ahí, que la demanda de rescisión deba dirigirse obligatoriamente contra el deudor y los demás que hayan sido parte en el acto impugnado (art. 72.3). Esta circunstancia, oportunamente aducida en el recurso de apelación y en la que puede entrarse perfectamente aunque no haya sido alegada expresamente en la instancia, en tanto en cuanto no puede catalogarse como cuestión nueva que no pueda tomarse ahora en consideración (que es lo defendido en el escrito de oposición) dado que es uno de los presupuestos legales para que pueda accederse a lo instado en la demanda conforme al precepto legal reseñado y, por tanto, en todo caso debe examinarse en orden a determinar si concurre el supuesto rescindible concretamente alegado o acogido en la resolución impugnada (en este caso, el pago de obligaciones de vencimiento posterior al concurso), consideramos que determina que deba acogerse ya de partida el recurso de apelación y revocar la sentencia no dando lugar a lo peticionado en la demanda en la medida en que los actos que se pretenden rescindir, por mucho que en último término se ubiquen en el ámbito de relaciones contractuales en las que ha tenido intervención la concursada, provienen única y exclusivamente de la entidad bancaria, por lo que no quedan sujetos al régimen especial de ineficacia a los que se ha pretendido someter, sin perjuicio de que puedan ser combatidos por otros cauces y sobre la base de otro régimen de responsabilidad o de ineficacia. Téngase en cuenta que no estamos en presencia de pagos de obligaciones realizados voluntariamente por el deudor sino de cargos en una cuenta corriente del mismo verificados por decisión exclusiva de la entidad bancaria en que está

abierta y en su beneficio, con amparo esencial en una cancelación de una póliza de crédito decidida únicamente por dicha entidad, esto es, sin intervención alguna en cualquiera de dichos casos de la concursada. De hecho, la propia resolución impugnada habla en el Fundamento de Derecho Tercero de 'acto unilateral de la entidad financiera' y de 'sin la intervención ni consentimiento de la concursada'..."

Tampoco constituye un acto del concursado la cesión por los acreedores de los créditos que ostentan frente a aquel, cesión no requeritoria del consentimiento del deudor cedido, ni siquiera de su conocimiento, para que se produzca el efecto traslativo de la titularidad del crédito, y sin perjuicio de que el pago hecho por aquél al cedente antes de tener conocimiento de la cesión le libere de la obligación (art. 1527 CC). Así, sentencia del Tribunal Supremo de fecha 25 de marzo de 2021:

"...Las cesiones de los créditos hechas por las acreedoras originarias y notificadas a la concursada el 15 de abril de 2015 sí son res inter alios acta para ésta, y en consecuencia no es posible su rescisión por la vía del art. 71 LC. ..."

Pero sí constituye un acto del deudor la compensación, total o parcial, extintiva de un crédito que ostente la concursada frente a un acreedor, con el crédito que ostente este frente a aquel. Incluso si el crédito de ese acreedor compensatorio le fue cedido, o transmitido, previamente por el acreedor originario del concursado. En este sentido, sentencia del Tribunal Supremo, de fecha 23 de marzo de 2021:

"...El debate actual consiste en si resultan o no susceptibles de rescisión las compensaciones de créditos y, en concreto, se centra en dilucidar si esas compensaciones pueden considerarse actos dispositivos de la concursada, si constituyen pagos justificados y, en relación con ello, si los créditos compensados cumplen la regla de la homogeneidad que exige el art. 1196.2.º CC. 8.— La tesis de la Audiencia y de las sociedades demandadas se basa en que las compensaciones no son actos propios del deudor, faltando así una de las premisas exigidas por el art. 71.1 LC, que se refiere a "los actos perjudiciales para la masa activa realizados por el deudor". Afirma la Audiencia que "la operación descrita en el escrito de demanda no puede ser atacada por la vía de la reintegración concursal al no aparecer como un acto del deudor". Apoya esta conclusión en el siguiente razonamiento: "En el caso presente resulta indiscutido que nos encontramos ante una operación descrita como una cesión intragrupo de los derechos de cobro y de deudas que las sociedades del Grupo LASER pudieran mantener frente a la ahora concursada "BAP HEALTH OUTCOMES RESEARCH, S.L.". Se trata por tanto de operaciones de reestructuración financiera y contable llevadas a cabo entre las sociedades del grupo pero cuyo contenido no le puede ser opuesto a la concursada precisamente por haberse mantenido ajena a quienes han intervenido como parte en dicho negocio jurídico, motivo por el que tampoco puede ser calificado como un pago por compensación precisamente por la ausencia de aquélla. Frente a la concursada constituye una res inter aliosacta que ningún perjuicio le puede deparar por aplicación del principio de eficacia relativa de los contratos consagrado en el art. 1257 C.Civil, pues se trata de un acuerdo carente de heteroeficacia". Este razonamiento adolece de una evidente confusión entre las dos operaciones que se describen en la demanda: la cesión de los créditos que ostentaban dos sociedades del "Grupo Laser" a favor de las demandadas "Laser Internacional" y "Laser Europa", por un lado, y su inmediata compensación con los créditos que contra las cesionarias ostentaba la concursada, por otro. Es esta última operación de compensación de tales créditos, a las que se ciñe la impugnación y la petición de rescisión concursal. La cesión de créditos y demás derechos incorporales son contratos traslativos que se perfeccionan por el mero consentimiento de cedente y cesionario (arts. 1526 y siguientes CC y 347 y 348 Ccom), sin necesidad de acto alguno de entrega o traspaso posesorio del derecho cedido para dejar de ser titular del mismo (sentencia 19/2009, de 14 de febrero) —sin perjuicio de los requisitos necesarios para que produzca efectos frente a terceros, conforme al art. 1526 CC—. Tampoco es necesario el consentimiento del deudor cedido, ni siquiera es preciso su conocimiento, para que se produzca el efecto traslativo de la titularidad del crédito, sin perjuicio de que el pago hecho por aquél al cedente antes de tener conocimiento de la cesión le libere de la obligación (art. 1527 CC). Las cesiones de los créditos hechas por las acreedoras originarias y notificadas a la concursada el 15 de abril de 2015 sí son res inter alios acta para ésta, y en consecuencia no es posible su rescisión por la vía del art. 71 LC. Pero no son las cesiones de los créditos los actos dispositivos respecto de los que se pide la rescisión. El objeto de la acción es la subsiguiente compensación de los créditos que pasan a ostentar las cesionarias con los acreditados por la concursada, sin perjuicio de que las previas cesiones puedan en este caso incidir en la valoración de la concurrencia del requisito del perjuicio para la masa activa. 9.— Las demandadas tratan de apuntalar el argumento de la Audiencia invocando el carácter automático de la compensación, como efecto directo de la ley, y completamente ajeno a la voluntad de los respectivos deudores/acreedores. Pero este argumento tampoco puede ser acogido. Como recordamos en la sentencia 953/2011, de 30 de diciembre, aunque los efectos de la compensación se producen de forma automática o ipso iure, con la extinción de las obligaciones en la cantidad concurrente y una eficacia ex tunc, "este automatismo va referido a su eficacia más que al modo de producirse la misma". De forma que el efecto de la compensación no se produce hasta que se haga valer por uno de los acreedores recíprocos, sin perjuicio de que en ese momento actuará como si la extinción de las prestaciones contrapuestas se hubiera verificado al tiempo de nacer la segunda de ellas (en la cantidad concurrente). Por eso, una amplia parte de la doctrina autorizada ha defendido que se trata de una facultad jurídica y no de un efecto extintivo desencadenado de forma automática por el ministerio de la ley. La compensación, para ser eficaz, exige o presupone una voluntad de actuarla por una de las partes, como lo demuestra que cabe su renuncia, no es apreciable de oficio por los tribunales y el pago de la deuda susceptible de compensación no es pago indebido. En este sentido se ha recordado que el Código civil habla reiteradamente de "oponer la compensación" (arts. 1197, 1198 y 1200), y que el art. 1202 no incorpora la expresión "por ministerio de la ley" que figuraba en el art. 1123 del Proyecto de 1851, procedente del Código francés. Es cierto que, a partir del momento en que concurren todos los requisitos de la compensación (arts. 1195 y 1196 CC), su alegación, por vía de acción o de excepción, por el acreedor que es a su vez deudor de su deudor, que lo es por derecho propio y a título principal, genera el resultado extintivo previsto en la ley (art. 1156 CC) con efectos retroactivos a la fecha en que aquellos requisitos concurrieron. Pero para que esa "compensación legal" opere en el ámbito extrajudicial es preciso que el deudor/acreedor recíproco, frente a quien se alega, acepte los presupuestos en que se basa la compensación (créditos recíprocos, líquidos vencidos y exigibles, por derecho propio, a título principal, prestaciones debidas de la misma especie y calidad —homogeneidad de las obligaciones—, ausencia de retención o contienda sobre ninguna de las obligaciones promovida por terceros). La aceptación de estos presupuestos expresa o tácita, a través, en su caso, del aquietamiento a la alegación o declaración de la compensación por parte de quien quiere hacerla valer, son actos u omisiones, respectivamente, imputables al acreedor/deudor

> frente a quien se hace valer aquella, que expresan una voluntad de aceptación o no oposición que, a los efectos concursales, son subsumibles en el concepto amplio de "actos del deudor" a que se refiere el art. 71.1 LC, de acuerdo con la finalidad a que responde el precepto. Por tanto, no puede afirmarse que la compensación sea ajena al deudor concursado. Tampoco pueda sostenerse que la compensación, en caso de resultar procedente y no rescindible, no sea oponible al concursado. El error de esta afirmación de la Audiencia se muestra en los efectos que en el inventario de la masa activa ya se produjeron al dar de baja los créditos que "Bap Health" ostentaba frente a las dos sociedades cesionarias, situación que la acción de rescisión trata precisamente de revertir. En consecuencia, una vez que hemos concluido en que en la compensación litigiosa concurre, en el sentido expresado, un "acto del deudor", queda por dirimir es si esos pagos por compensación han resultado perjudiciales para la masa activa, en los términos exigidos por el art. 71.1 LC tal y como ha sido interpretado por la jurisprudencia...".

Cuestión distinta, e innegable, el eventual impacto de la rescisión de un acto del deudor, sobre actos de terceros no abordados por aquel.[91] Un ejemplo, la deuda contraída a título gratuito por el deudor concursado con un acreedor, y que fue afianzada por un tercero. La rescisión de la deuda implica la extinción de la garantía, pero no que la fianza haya sido o pueda ser objeto de rescisión.[92]

En fin, y aunque no sea rescindible, un acto de ese tercero también resulta atendible a los efectos de evaluar el eventual sacrificio patrimonial injustificado del acto sospechoso del deudor.[93] Así sentencias del Tribunal Supremo de fecha 14 de julio, o 4 de noviembre de 2016, esta última, denegatoria de la concurrencia de perjuicio de un pago parcial y debido por el concursado de una deuda propia, entre otros motivos, porque la mayor parte de esa deuda fue pagada por un tercero, enajenando un bien propio, y cuyo crédito frente a la concursada, si hubiera reclamado a ésta

---

91 VILLORIA RIVERA, I. "Masa activa", pg. 429

92 CARRASCO PERERA, A. "Los derechos de garantía", pg. 327.

93 VILLORIA RIVERA, I. "Masa activa", pg. 429

el reembolso de lo pagado, revestiría en el posterior concurso el carácter de crédito concursal subordinado:

> "...3.— Los hechos fijados en la instancia muestran que la mayor parte del pago cuya rescisión se pretende con el ejercicio de la acción rescisoria concursal se hizo con el precio obtenido por una finca de una tercera sociedad, Tricenter Albamur, de la que la única circunstancia fáctica que se fija en la instancia es que pertenece al mismo grupo que la concursada. Estas circunstancias determinan que, tal como afirma la recurrente, con la salida del patrimonio de la concursada de un activo cuyo valor apenas superaba los 900.000 euros, se canceló un crédito cuyo importe superaba los dos millones de euros, pues el otro activo utilizado para tal cancelación provenía del patrimonio de un tercero. En caso de que Tricenter Albamur hubiera ejercitado la acción de reembolso frente a MHG por la dación de pago hecha en su beneficio, su crédito no habría tenido la consideración de ordinario, como lo era el crédito de Banesto, sino de subordinado, en virtud de lo previsto en el art. 92.5.º de la Ley Concursal No han sido fijados en la instancia otros datos que permitan afirmar que la dación en pago hecha por Tricenter Albamur para cancelar la mayor parte de la deuda que MHG mantenía con Banesto haya supuesto un perjuicio para MHG. La Audiencia Provincial solo menciona que son sociedades del mismo grupo, no que MHG sea propietaria de la totalidad o la mayor parte del capital social de Tricenter Albamur. En su escrito de oposición al recurso, la propia MHG se refiere a Tricenter Albamur como una «tercera empresa». 4.— Lo expuesto determina que este motivo del recurso deba estimarse, porque la intervención de una tercera persona en la cancelación de la deuda que MHG mantenía con Banesto, tercera persona que enajenó una finca cuyo precio sirvió para cancelar la mayor parte de dicha deuda, determina que no concurra el requisito del perjuicio, pues excluye la existencia de un sacrificio patrimonial injustificado en MHG, ya sea directo, porque su patrimonio sufriera una merma considerable, ya sea indirecto, porque se perjudicara la condición de otros acreedores estando la deudora en una situación de clara insolvencia..."

III.2.5. Los actos del deudor deben recaer sobre bienes o derechos de su patrimonio

De manera muy breve, pues parece claro, los actos del deudor objeto de rescisión deben recaer sobre bienes de su patrimonio afecto al concurso, excluyéndose los de titularidad ajena, separables ex arts 239 y ss TRLC[94].

III.3. EL PERJUICIO DEL ACTO PARA LA MASA ACTIVA COMO FUNDAMENTO DE LA RESCISIÓN

III.3.1. Introducción

Junto a los citados presupuestos, la previa declaración del concurso del deudor y los actos de éste en cuanto objeto de rescisión, la acción rescisoria concursal requiere, impepinablemente, el perjuicio de los meritados actos para la masa activa.

Bajo la anterior regulación concursal, las acciones revocatorias de la quiebra conectaban con el "consilium fraudis", el ánimo dañino y perjudicatorio a sus acreedores por parte del deudor. Así resultaba de los derogados arts. 880 ("se reputarán fraudulentos y serán ineficaces respecto a los acreedores"...), 881 ("podrá anularse a instancia de los acreedores, mediante la prueba de haber el quebrado procedido con ánimo de defraudarlos en sus derechos"), y 882 ("podrá revocarse a instancia de los acreedores toda donación o contrato celebrado en los dos años anteriores a la quiebra, si llegare a probarse cualquier especie de suposición o simulación hecha en fraude de acreedores"), todos ellos del Código de Comercio.

Del mismo, los arts. 1111 in fine y 1291.3.º, ambos del CC, permiten a los acreedores rescindir los contratos realizados en fraude de acreedores, siempre que prueben la intención del deudor de perjudicar a sus acreedores y a salvo que opere cualquier presunción del consilium fraudis.

Por el contrario, la acción rescisoria concursal de los arts. 226 y ss TRLC, difiere del difunto sistema quebrero del C. Com, y lo dispuesto en el Código Civil, en cuanto aparece prescinditoria de la

---

94 SILVETTI, E. "Comentarios", pg. 554

intención fraudulenta del deudor al perpetrar el acto rescindible, y se ata, inescindiblemente, a su carácter perjudicial para la masa activa,[95] perjuicio éste que se constituye en presupuesto objetivo y único, y fundamento esencial de la acción rescisoria concursal.[96]

III.3.2. ¿Abandono del carácter fraudulento del acto?

El alumbramiento del perjuicio como centro y núcleo germinativo ineludible de la rescisión concursal, permite mantener la desaparición del fraude del sistema de reintegración concursal español. Así parece desprenderse del tenor literal de los apartados 1 y 2 del art. 226.1 TRLC, al señalar que cabe la rescisión "aunque no hubiese existido intención fraudulenta."

Así lo señala el Tribunal Supremo, sentencia de fecha 27 de marzo de 2006 entre otras:

> "...Ciertamente, la Ley 22/2003, de 9 de julio, Concursal, en su artículo 71 establece un sistema de rescisión de los actos perjudiciales para la masa, aunque no hubiese intención de defraudar..."

O la sentencia del Tribunal Supremo de fecha 17 de abril de 2015:

---

95 VIGUER SOLER, P.L. "La masa", pg. 385; VILA FLORENSA, M. "Comentarios", pg. 877; HERNÁNDEZ MARTÍ, J. "Efectos", pg. 304; y GARCÍA SANZ, A. "Notas", pg. 4068. MARTÍNEZ MUÑOZ, M. y DELCLAUX ARANA, L. "La acción", pg 516.
LÓPEZ SÁNCHEZ, M.A., "Los efectos", pg. 189, entiende que tal exigencia de perjuicio, debe observarse desde la perspectiva de recomponer un patrimonio indebidamente disminuido con daño a su titular y/o sus acreedores, siendo este el fundamento especifico de las acciones revocatorias y de la mayoría de las rescisorias.

96 GONZÁLEZ CANO, M.I. "El nuevo tratamiento procesal", pgs. 424 y 425; y GULLÓN BALLESTEROS, A. "La acción", pg. 4126.
Sin que ello implique negar la posible existencia de dolo o ánimo de defraudar en el concursado, que, habitualmente, lo habrá (Vid. CRESPO AULLE, F. "Comentarios", pg. 1371.)

"...No es necesario que se haya realizado con intención de dañar, como insistentemente destaca el recurrente, pues la rescisión a que se refiere el art. 71.1 LC descarta expresamente cualquier elemento subjetivo de fraude. Y el acto, en si mismo considerado, es susceptible de otras acciones independientes, como las que se han promovido en este supuesto de calificación del concurso (ex art. 167 LC), pero la acción de reintegración aquí ejercitada es una acción propia, que se funda en el elemento objetivo del perjuicio a la masa activa por un acto realizado dentro del periodo sospechoso de dos años, que son los dos requisitos exigidos por el invocado art. 71.1 LC..."

Y las sentencias del Tribunal Supremo de fecha 4 de noviembre de 2016:

"...2.— En la acción rescisoria por fraude de acreedores del art. 1291.3 del Código Civil es preciso, además del perjuicio, el elemento subjetivo del consilium fraudis, como complicidad del transmitente con el destinatario de la transmisión patrimonial o, al menos, como conocimiento del perjuicio por parte de esta persona, para lo que resulta suficiente la conciencia de causar daño o perjuicio, scientia fraudis (sentencias de esta sala de 17 de julio de 2006, 406/2010, de 25 de junio, y 575/2015, de 3 de noviembre). Sin embargo, para que proceda la acción rescisoria concursal, basta con que concurra el elemento objetivo del perjuicio. El perjuicio relevante para la estimación de las acciones de rescisión concursal es el que supone un sacrificio patrimonial injustificado. Por tanto, lo relevante para apreciar la concurrencia de ese elemento no es la intención que moviera a Banesto al realizar la operación, sino si la misma causó un sacrificio patrimonial injustificado..."

También vid sentencia del Juzgado de lo Mercantil núm. 1 de Bilbao, sentencia de fecha 29 de diciembre de 2005, al señalar que del vigente art. 226 TRLC:

"...no puede derivarse una exigencia de fraude a los acreedores, como ocurría con la regulación legal precedente en materia de retroacción."

O las sentencias de la Audiencia Provincial de Pontevedra, de fecha 18 de noviembre de 2020, o de A Coruña, de fecha 26 de marzo de 2012:

"...tratándose de acciones rescisorias especiales o concursales por cuanto tienden a privar de eficacia a negocios válidamente celebrados por el deudor en una época en que ostentaba plena capacidad y facultad dispositiva y el objeto material de tales pretensiones lo constituye el perjuicio a la masa de acreedores, cualquiera que sea la intencionalidad del acto o contrato..."

Por ello, la rescisión concursal ataca actos de buena fe de la deudora, aunque perjudiciales para la masa activa, y no aquellos maliciosos o fraudulentos que no pecan de la referida perjudicialidad. Así, Tribunal Supremo, sentencia de 28 de marzo de 2012:

"34. Dicho de otra forma, los actos susceptibles de reintegración lo resultan porque resultan lesivos para la masa activa, aunque no redunden en daño del patrimonio de la concursada, con independencia de si han sido realizados de buena fe. Por el contrario, no lo son los que no son lesivos para la masa activa, incluso si fueron ejecutados de mala fe..."

Pero no cabe entender que en el régimen de la acción rescisoria concursal, el comportamiento fraudulento desaparece y se traslada a la valoración de los efectos rescisorios (art. 235 TRLC),[97] dado que supone identificar, erróneamente, fraude con la mala fe a la que alude el citado art. 235 TRLC, conceptos estos, como más adelante expongo, que no resultan sinónimos ni equivalentes.

Realmente, la referencia del art. 226 TRLC al perjuicio no implica que desaparezca el fraude en la acción rescisoria concursal. El legislador ha optado por una acción concursal rescisoria o revocatoria que recoge, de forma intensa, la objetivización del fraude de acreedores en torno al perjuicio causado con el acto a la masa activa,[98] a efectos de facilitar el ejercicio de la acción res-

97 ARIAS VARONA, F.J. "La delimitación", pg. 372.

98 ALCOVER GARAU, G. "Comentarios", pg. 770. ARIAS VARONA, F.J. "La delimitación", pg. 371. También DE LAS HERAS GARCÍA, M.D. "Acciones", pg. 140.
Sobre la objetivización del fraude de acreedores, vid. al maestro DÍEZ-PICAZO Y PONCE DE LEÓN, L. "Fundamentos", pg. 731.

cisoria, y ampliar su ámbito aplicativo.[99] Máxime cuando el plazo sospechoso reseñado en los apartados 1 y 2 del art. 226 TRLC, y su amplitud, no solo dificulta, sino que, en ocasiones, lisia e impide la prueba del fraude.[100]

Esa flexibilidad del régimen rescisorio concursal es recogida en las sentencias de la Audiencia Provincial de Palma de Mallorca de fecha 31 de marzo de 2004 y fecha 31 de enero de 2006:

> " este criterio de flexibilidad para la declaración de la nulidad de los negocios jurídicos realizados en período sospechoso constituye la regla general en la Ley Concursal 22/2003, de 9 de julio, que entrará en vigor el próximo día 1 de septiembre, en cuyos artículos 71 y 72 se establece que serán rescindibles los actos perjudiciales para la masa activa realizados por el deudor dentro de los dos años anteriores a la fecha de la declaración, aunque no hubiera existido intención fraudulenta, si se prueba el carácter perjudicial por quien insta la rescisión, salvo en el caso de los actos de disposición a título gratuito, las liberalidades de uso, los pagos u otros actos de extinción de las obligaciones cuyo vencimiento fuese posterior a la declaración de concurso, supuestos en los que se supone, sin admitir prueba en contrario, el perjuicio, y las disposiciones a título oneroso realizadas a favor de alguna persona especialmente relacionadas con el concursado o la constitución de garantías reales a favor de obligaciones preexistentes o de las nuevas contraídas en sustitución de aquéllas, en las que el prejuicio se presume, salvo prueba en contrario..."

La Ley no prescinde del fraude. Lo objetiviza en tono al perjuicio. Cuestión distinta es que tal fraudulentidad se muestre nítidamente en otras áreas del proceso concursal como la calificación concursal (art. 443.2 TRLC). O que distorsionando el régimen rescisorio concursal, el fraude todavía se requiera en determinados supuestos de ejercicio de la acción rescisoria concursal vistos con anterioridad.

---

99 ROMERO MATUTE, B. "El concurso de acreedores", pg. 185; y CARRASCO PERERA, A. "Los Derechos de garantía", pg. 318. ARIAS VARONA, F.J. "La delimitación", pg. 371.

100 CARRASCO PERERA, A. "Los Derechos de garantía", pg. 318.

III.3.3. Concepto de perjuicio

¿Qué cabe por "perjuicio a la masa activa"? Pregunta de fácil formulación, pero complicada resolución, en cuanto el perjuicio consiste en un concepto indeterminado y no definido en el TRLC.[101]

III.3.3.1. Tesis estricta

Por parte de la doctrina, se vino defendiendo una interpretación del concepto de perjuicio restringida y conectada en exclusiva a la disminución patrimonial del deudor. En esta línea, concurriría tal perjuicio si resultaba que, como consecuencia de la realización del acto, la masa activa presentaba menos valor, sea particular o general. Y al efecto señalaba el profesor ALCOVER GARAU que "a) habrá un perjuicio particular si el concreto acto que se analiza implica una disminución en el patrimonio del deudor, lo que, en lo básico, puede acontecer por el acto gratuito, o tratándose de un negocio oneroso, por tener la prestación del deudor un mayor valor que la contraprestación que recibe de la contraparte, mayor valor que también puede provenir por ser aquella de cumplimiento inmediato y ésta estar aplazada. b) Habrá un perjuicio de tipo general si, por ejemplo, el deudor vendió a precio de mercado la única unidad verdaderamente productiva que tenía o el elemento aglutinador de su organización empresarial —así una patente o una marca—, de forma que la masa activa actual del concursado impide o dificulta un convenio de continuación o determina que los bienes que resten por liquidar tengan un valor enorme."

En esta línea, parecía manifestarse la Audiencia Provincial de Gerona, sentencia de fecha 20 de marzo de 2009:

---

[101] Ciertamente el TRLC resulta carente de concepto o definición de perjuicio aplicable a la generalidad de los casos. GULLÓN BALLESTEROS, A. "La acción", pg. 4126 y 4127, o MASSAGER, J. "Aproximación", pg. 4220.

"...No obstante, como regla general, hay que entender que habrá perjuicio para la masa activa siempre que la administración concursal demuestre que si no se hubiera producido el acto que se pretende impugnar la composición de la masa activa tendría un mayor valor, bien en particular, bien en general. Habrá un perjuicio particular si el acto en concreto implica una disminución en el patrimonio del deudor, lo que básicamente puede suceder si el acto es gratuito o si la prestación del deudor tiene un mayor valor que la contraprestación que recibe la contraparte. Mientras que habrá perjuicio general si el bien que sale del patrimonio del deudor impide el mantenimiento de la actividad profesional o empresarial del deudor, o impide o dificulta que se pueda alcanzar un convenio, o determina que los bienes que quedan por liquidar tengan un valor menor. Debe tenerse en cuenta que el principio rector de todas las actuaciones del concurso, al que la Ley Concursal se refiere en múltiples ocasiones, es el 'interés del concurso', entendido como maximización de los activos con que hacer pago a los acreedores. Por tanto, habrá perjuicio determinante de la reintegración cuando el acto o negocio cuestionado atente contra dicho principio de maximización del valor de la masa activa..."

III.3.3.2. Tesis amplia

Sin embargo, la mayor parte de la opinión doctrinal se decantó por una acepción amplia de ese perjuicio a la masa activa, consistente no sólo en una disminución, mediata o inmediata, de la garantía patrimonial del deudor, bien por la ausencia de una prestación por la contraparte o por la falta de reciprocidad entre las prestaciones llevadas a cabo en beneficio de éste, sino también en una violación de la par conditio creditorum, esto es, atentar al orden legal de pagos previsto en el concurso de acreedores, atentado este que rezuma y se pone de manifiesto, sin lugar a duda, en los supuestos de los arts. 227 (pagos anticipados) y 228.2.º y 3.º TRLC.

Puede leerse en la sentencia del Juzgado de lo Mercantil de Córdoba de fecha 25 de julio de 2005 (*Tol 737131*):

"...No obstante, como regla general, antes de entrar al análisis de la posible aplicabilidad de tales presunciones, hay que entender que habrá perjuicio para la masa activa siempre que la administra-

> ción concursal demuestre que si no se hubiera producido el acto que se pretende impugnar la composición de la masa activa tendría un mayor valor, bien en particular, bien en general. Habrá un perjuicio particular si el acto en concreto implica una disminución en el patrimonio del deudor, lo que básicamente puede suceder si el acto es gratuito o si la prestación del deudor tiene un mayor valor que la contraprestación que recibe la contraparte. Mientras que habrá perjuicio general si el bien que sale del patrimonio del deudor impide el mantenimiento de la actividad profesional o empresarial del deudor, o impide o dificulta que se pueda alcanzar un convenio, o determina que los bienes que quedan por liquidar tengan un valor menor... Por tanto, habrá perjuicio determinante de la reintegración cuando el acto o negocio cuestionado atente contra dicho principio de maximización del valor de la masa activa...".

La sentencia del Juzgado de lo Mercantil núm. 1 de Alicante, de fecha 14 de julio de 2010:

> "...No solo hay perjuicio cuando el activo patrimonial del deudor se ve disminuido por la realización del acto o no se incrementa como consecuencia de su omisión, sino también cuando el acto impugnado impida, disminuya o dificulte la satisfacción colectiva de los acreedores concursales, ya que aquel perjuicio se aprecia no solamente atendiendo al activo patrimonial (visión estricta) sino también atendiendo al conjunto de los acreedores, como se deduce del art. 71.2.2.° y 71.3. 2.°), dando entrada al principio de paridad de trato (visión amplia). Tesis ésta última que se asume y es la seguida por las Audiencia Provinciales, entre ellas la SAP de Madrid de 19/12/2008 que dice 'El perjuicio para la masa activa también puede devenir de una reducción del activo, aunque le acompañe una minoración de pasivo, si de resultas de la misma se produce una disminución de la posibilidad de dar satisfacción a los acreedores, según la regla de paridad de trato, como consecuencia de la reducción del soporte patrimonial del deudor que habría de responder ante ellos. Si el acto objeto de la acción de reintegración por vía de la rescisoria concursal ha incidido, de modo desfavorable, en la posibilidad de dar una mejor satisfacción al colectivo de los acreedores concursales, lo que ocurre cuando se reduce la masa activa con la que atender el pago de las obligaciones contraídas, debe considerarse que existe el perjuicio patrimonial a que se refiere el n.° 4 del artículo 71de la LC en relación con el n.° 1 del mismo precepto legal. Que la regla de la 'par conditio creditorum' subyace en la redacción del artículo71 de la LC,

> y debe orientar su interpretación, lo demuestra el tenor de varias de las presunciones que se contienen en los números 2 y 3 del dicho precepto legal, en los que se contemplan algunas operaciones que no solo entrañan disminución del activo patrimonial, sino también del pasivo, pero que no se consideran de carácter neutro, sino perjudiciales, porque entrañan infracción del principio de paridad de trato a los acreedores. Este criterio resulta de aplicación, a los efectos de rescindir negocios jurídicos, en principio eficaces y aunque se hubiesen realizado sin intención fraudulenta, con cierta proximidad a la manifestación externa de la insolvencia (dentro de los dos años anteriores a la declaración de concurso), cuando como consecuencia de aquellos se satisfizo tan solo el derecho de un acreedor singular en perjuicio del interés del conjunto de los acreedores, que comprueban como se disminuyó el activo que a todos interesaba a costa de atender el interés particular de uno de ellos...'"

Y la antes citada Sentencia del Juzgado de lo Mercantil núm. 2 de Barcelona de fecha 25 de febrero de 2005:

> "...Aplicado lo que antecede al supuesto enjuiciado, el acto que se analiza —la adjudicación de dos parcelas en pago de una deuda preexistente—, tanto por el momento en que tuvo lugar —apenas dos meses antes de la declaración del concurso—, como, fundamentalmente, por alterar, en perjuicio del resto de los acreedores, el principio de la paridad o la llamada par conditio creditorum debe rescindirse conforme a lo dispuesto en el artículo 71 de la Ley Concursal. En efecto, si bien no puede tenerse por acreditado que el precio convenido fuera inferior al de mercado, dado que obran en autos dos informes que llegan a conclusiones dispares, lo relevante, en el presente caso, es la vulneración de la pars conditio creditorum, que permite, por sí sola, la rescisión del acto. El artículo 71 de la Ley Concursal permite rescindir los 'actos perjudiciales para la masa activa', concepto más amplio que el de 'perjuicio patrimonial'; es decir, aun cuando el acto, considerado de forma aislada, no se considerara perjudicial, por mantener la equivalencia de las prestaciones, si no respeta aquel principio, que es consustancial al concurso y que encuentra su fundamento en la necesidad de dar al conjunto de acreedores un mismo trato, dicho acto debe ser rescindido..."

También la sentencia del Juzgado de lo mercantil núm. 3 de Barcelona, de fecha 28 de septiembre de 2005; la sentencia del Juzgado de lo Mercantil núm. 1 de Bilbao, de fecha 29 de diciembre de 2005, o la sentencia de la Audiencia Provincial de Barcelona de fecha 8 de enero de 2009, que establece:

> "...La norma, sin embargo, admite una noción de perjuicio para la masa activa que no se reduce estrictamente a los actos que de modo directo produzcan una disminución del patrimonio del deudor (generalmente por falta de equivalencia de las prestaciones o por tratarse de actos a título gratuito), sino que también alcanza a aquellos que supongan un perjuicio indirecto por quebrar el principio de paridad de trato de los acreedores cuando se provoca una alteración de la preferencia y prelación concursal de cobro..."

La sentencia de la antes citada Audiencia Provincial de Barcelona fecha 11 de julio de 2007:

> "...Que esta asunción de deuda ajena y posterior constitución de garantía real sobre el patrimonio del concursado es presuntivamente perjudicial para la masa no admite demasiadas dudas, partiendo de un concepto amplio de perjuicio, sancionado jurisprudencial y doctrinalmente, que escapa a una lectura restrictiva que ciña el concepto a la reducción del patrimonio del concursado, para acoger también aquellos casos en los que el acto impugnado impide, disminuye o dificulta la satisfacción colectiva del resto de los acreedores, alterándose injustificadamente las preferencias de cobro..."

La sentencia de la citada Audiencia Provincial de Barcelona de fecha 1 de marzo de 2012:

> "...La norma, sin embargo, como hemos señalado en resoluciones anteriores, admite una noción de perjuicio para la masa activa que no se reduce estrictamente a los actos que de modo directo produzcan una disminución del patrimonio del deudor (generalmente por falta de equivalencia de las prestaciones o por tratarse de actos a título gratuito), sino que también alcanza a aquellos que supongan un perjuicio indirecto (o en sentido más amplio) por quebrar el principio de paridad de trato de los acreedores, cuando se provoca una alteración de la preferencia y prelación concursal para el cobro. En este sentido el perjuicio es presumido por la Ley en el apartado 2 (con carácter ***iuris et de iure)*** y en el apartado 3 (aquí iuris tantum) del **art. 71 LC**, que describen ciertos supuestos de favorecimiento a acreedores mediante la anticipación del pago de deudas no vencidas a la fecha de declaración del concurso o la constitución de garantías reales para garantizar deudas preexisten-

> tes, además de presumir el perjuicio por actos dispositivos a título oneroso realizados a favor de alguna de las personas especialmente relacionadas con el deudor concursado..."

También la sentencia de la Audiencia Provincial de Valladolid, de fecha 15 de octubre de 2009:

> "...CUARTO.— Esta Sala ya ha tenido ocasión de pronunciarse en dos ocasiones (Sentencias de 3 marzo y 7 mayo 2009) en demandas que **la Administración Concursal** ha presentado contra otros acreedores. Y en el último de nuestros pronunciamientos (7 mayo), y cuando se hablaba de la inexistencia de perjuicios para la masa activa decíamos 'En la sentencia dictada por esta Sala, de fecha 23 de marzo de 2009, se indica que el concepto de 'perjuicio' no es puramente cuantitativo, sino que puede consistir en una disminución de la garantía de cobro, lo cual acontece cuando se hace un pago ignorando el principio de la 'par **conditio** creditorum'. Así se desprende del tenor de algunas de las presunciones que contiene el artículo 71 LC, en supuestos que no entrañan una disminución patrimonial, pero que no se consideran de carácter neutro, sino que resultan perjudiciales. Esto ocurre, v. gr., en la anticipación del pago de deudas no vencidas a la fecha de declaración del concurso o la constitución de garantías reales para garantizar deudas preexistentes. Este es el criterio que también sostiene la SAP Barcelona de 8 de enero de 2009, al admitir que junto al perjuicio directo que ocasiona una disminución de patrimonio, (generalmente por falta de equivalencia de las prestaciones o por tratarse de actos a título gratuito), existe un perjuicio indirecto derivado de un trato de favor injustificado. En el mismo sentido podemos citar la SAP Madrid, de 19 de diciembre de 2008. Frente a estos argumentos, el recurrente mantiene que este perjuicio a la 'par **conditio** creditorum' no está contemplado en ninguna de las presunciones **iuris et de iure** o iuris tamtum que se incluyen en el artículo 71 LC. Este argumento no puede acogerse, puesto que la existencia de presunciones legales no son óbice para la concurrencia de otros supuestos de perjuicio. La única diferencia consistirá en que esos otros supuestos no podrán beneficiarse de ninguna de indicadas presunciones legalmente establecidas, pero nada impide que pueda acreditarse el perjuicio en cada caso concreto, como ocurre en el de autos. Por otro lado, el recurrente mantiene que la 'par **conditio** creditorum' únicamente rige una vez declarado el concurso, pero no antes. Cierto es que este principio es uno de los pilares del concurso, pero sus efectos se extienden a la fase preconcursal a través precisamente de esta acción de rescisión. En este mismo

sentido se pronuncian las sentencias, ya citadas, de la Audiencia de Barcelona de 8 de enero de 2009 y la de Madrid de 19 de diciembre de 2008..."

La sentencia de la Audiencia Provincial de Salamanca, de fecha 1 de julio de 2011:

"...En tal sentido debe señalarse que es doctrina reiterada, (cfr. Sentencia de la Audiencia Provincial de Madrid, Sección 28.ª, de 15.1.2010) que el perjuicio para la masa activa también puede provenir de una reducción del activo, aunque le acompañe una minoración de pasivo, si de resultas de la misma se produce una disminución de la posibilidad de dar satisfacción al colectivo de los acreedores concursales, según la regla de paridad de trato. Porque la regla de la 'par **conditio** creditorum' subyace en el proceso concursal, de manera que también operaciones que no solo entrañan disminución del activo patrimonial, sino además del pasivo, no se consideran de carácter neutro, sino perjudiciales, porque entrañan infracción del principio de igualdad de trato a los acreedores según las reglas predeterminadas legalmente. Lo que ocurre cuando dentro del período patrimonialmente deficitario se satisface tan solo el derecho de algunos elegidos en perjuicio del interés del conjunto de los acreedores, que comprueban que mientras se sobreseía el pago de sus créditos se disminuía, en cambio, el activo que a todos interesaba a costa de atender los intereses particulares de algunos de ellos..."

Y la sentencia de la Audiencia Provincial de Pontevedra de fecha 22 de julio de 2009:

"...De otra parte, resulta difícil dar un concepto de perjuicio patrimonial, al existir el riesgo de que un criterio de interpretación excesivamente laxo convierta en rescindibles todos los actos realizados por el deudor en los dos años anteriores a **la declaración del concurso,** con el consiguiente riesgo para el valor esencial de la seguridad jurídica. Sin embargo, es bien conocido cómo la jurisprudencia mercantil se está decantando, en abierta oposición a sólidas interpretaciones doctrinales, por el concepto amplio de perjuicio, comprensivo no sólo de aquellos actos que suponen una minoración de la masa activa sin contraprestación de ninguna clase, sino también de los actos que perjudican la masa activa al tiempo que minoran el pasivo si ello supone una alteración del principio general de la par **conditio** (por todas, sentencia AP Madrid, secc. 28.ª, de 19 de diciembre de 2008 y sentencia de 8 de enero de 2008, AP Barcelona, secc. 15.ª)..."

III.3.3.3. El sacrificio patrimonial injustificado

Sin embargo, el circulo evolutivo de ese concepto de perjuicio, quedo perfectamente configurado desde la perspectiva del llamado "sacrificio patrimonial injustificado".[102]

Precursora de la citada doctrina fue la Audiencia Provincial de Barcelona en sentencias como la de fecha 6 de febrero de 2009, cuyo contenido es de obligada lectura:

> "...El art. 71.1 LC declara rescindibles los actos perjudiciales para la masa activa, realizados por el deudor dentro de los dos años anteriores a la declaración de concurso, aunque no hubiera existido intención fraudulenta. La ineficacia propugnada con esta acción es la propia de la rescisión, aunque su fundamento radica exclusivamente en el perjuicio. El perjuicio, cuya concurrencia ordinariamente debe ser acreditada por la administración concursal, en ocasiones se presume: sin admitir prueba en contrario (**iuris et de iure**) en dos casos que por su propia naturaleza se hace evidente la falta de justificación del sacrificio patrimonial que comportan —actos de disposición a titulo gratuito y pagos anticipados— (art. 71.2 LC); o salvo prueba en contrario, en otros dos casos en que se invierte la carga de la prueba del perjuicio, de manera que deberá ser el deudor y/o el adquirente del bien o derecho quienes prueben la ausencia de perjuicio (art. 71.3 LC). La administración concursal invocó uno de estos dos supuestos, la constitución de garantías reales a favor de obligaciones preexistentes o de otras que las sustituyan, para justificar la concurrencia del perjuicio. En cualquier caso, para acreditar la existencia o ausencia del perjuicio, resulta necesario determinar qué se entiende por perjuicio. El perjuicio es un concepto jurídico indeterminado que hay que dotar de contenido. Se advierte con claridad cuando existe un sacrificio patrimonial injustificado, que requiere una aminoración del valor del activo sobre el que más tarde, una vez declarado el

---

[102] Prácticamente asumida en la doctrina. A mero título de ejemplo, SANCHO GARGALLO, I. "Las acciones", pg. ARIAS VARONA F.J. "La delimitación", pg. 374 y 375, o FUENTES DEVESA, R. "Reintegración", pg. 1250

> concurso, se constituirá la masa activa (**art. 76 LC**), y que ello no se encuentre justificado. El juicio sobre el perjuicio exige, pues, que haya existido un auténtico sacrificio patrimonial, que no se da en todos los actos de disposición patrimonial, por ejemplo cuando el negocio es oneroso y la prestación realizada por el deudor tiene su justificación en una contraprestación de valor patrimonial equivalente. Y, además, es preciso que dicho sacrificio carezca de justificación..."

O también en las sentencias de fecha 15 de junio de 2011; 16 de julio de 2009; 9 de julio de 2010; 10 de mayo de 2010; O la de fecha 13 de enero de 2010:

> "...En relación al primer criterio, ya hemos argumentado en otras ocasiones [por ejemplo, Sentencia de 23 de abril de 2008 (RJC 2008/IV, pgs. 1114 y ss.)], que los actos de disposición dineraria 'son susceptibles de rescisión concursal, siempre que se hayan realizado dentro de los dos años anteriores a la declaración de concurso, por ser perjudiciales para la masa en la medida en que suponen una aminoración del patrimonio del concursado sin justificación alguna. En última instancia el perjuicio viene determinado en este caso porque esas entregas o transferencias de dinero no responden al pago de ninguna deuda ni contraprestación alguna'. Por lo que si no se acredita la existencia de la deuda y, además, que era exigible antes de la declaración de concurso, pues de otro modo incurriría en la presunción **iuris et de iure** del art. 71.2 LC, habría que considerar tales pagos como perjudiciales. Más controvertido resulta apreciar el perjuicio en el caso de que los pagos hubieran sido de obligaciones debidas, vencidas y exigibles, antes de la declaración de concurso, pues aunque, en principio, todos estos pagos constituyen lógicamente una disminución del haber del deudor y reducen la garantía patrimonial de los acreedores, no por ello se puede considerar 'injustificado' este sacrificio patrimonial, presupuesto necesario para que exista perjuicio para la masa. La injustificación de estos pagos podría derivar de que supusieran al mismo tiempo una alteración de la **par condicio creditorum,** tal y como recordamos en la Sentencia de 8 de enero de 2009 (Roj SAP B 1810/2009), donde argumentábamos que en estos casos el perjuicio 'se derivaría propiamente de un trato de favor injustificado, teniendo en cuenta las concretas circunstancias concurrentes, que en definitiva han de determinar un resultado de favorecimiento a quien debía concurrir al concurso en igualdad de condiciones que los restantes acreedores, los cuales, de no haber existido ese pago, hallarían una masa activa que les permitiría la percepción, en hi-

pótesis, de una cuota de satisfacción más elevada'. De este modo, es en atención a que estos pagos suponen el favorecimiento de uno o varios acreedores que, en detrimento de las perspectivas de cobrar del resto, se verán libres de tener que concurrir al concurso y de sujetarse al orden de preferencias legalmente establecido para cobrar sus créditos, por lo que estos pagos se podrían llegar a considerar perjudiciales. Pero para que tales pagos constituyan una vulneración de la **par condicio creditorum** será necesario que, al tiempo de ser realizados, el deudor ya esté en estado de insolvencia, y por lo tanto obligado a presentar el concurso (arts. 5 y 2.2 LC), y que los pagos no puedan considerarse 'acto ordinario de la actividad profesional o empresarial del deudor realizado en condiciones ordinarias', en la medida en que están excluidos expresamente por el art. 71.5 LC..."

Y convertida en consolidada Jurisprudencia por nuestro Tribunal Supremo, sentencia de fecha 16 de septiembre de 2010:

"...La alegación relativa a que la sanción que el legislador establece en el art. 71.2 LC respecto de los pagos anticipados 'no se refiere a los préstamos hipotecarios' no es relevante en el supuesto que se enjuicia porque la existencia del presupuesto del perjuicio, con sacrificio patrimonial injustificado, no deriva únicamente de la presunción —con independencia de que también se razone sobre ella en la resolución recurrida— sino de la propia realidad de su existencia al ampliarse la hipoteca convirtiendo un crédito ordinario en privilegiado y las condiciones más onerosas o gravosas de la nueva operación crediticia..."

O la sentencia del Alto Tribunal de 12 de febrero de 2012:

"...31. Como la propia recurrente sostiene, para decidir sobre la rescisión concursal es preciso subsumir el supuesto de hecho en alguno de los casos en los que la propia norma presume el perjuicio y, si no, demostrar el mismo, lo que nada más puede valorarse teniendo en cuenta el contexto en el que se ejecuta el acto o contrato, razón por la que el alegato resulta contradictorio con la propia posición mantenida en el recurso al pretender, por un lado, que el negocio es complejo y debe examinarse globalmente y, por otro, que hay que aislar la resolución del contrato de exclusiva y prescindir del propio contrato que se resuelve para evitar que se analice si existía o no incumplimiento de la concesionaria constitutivo de causa justificada para que la concursada resolviese y si, en consecuencia, la fijación de una indemnización a favor de la

> recurrente constituyó una arbitrariedad que comportó un sacrificio patrimonial injustificado y perjudicial para la masa activa —en el caso enjuiciado la sentencia recurrida declara que la concesionaria incurrió en incumplimiento— *'ambas entidades no cumplieron en relación con sus obligaciones, conforme a lo que habían pactado, aunque el incumplimiento fue mayor en la entidad Fine Products S.L.',...*"

Y la Sentencia del Tribunal Supremo de fecha 26 de octubre de 2012:

> "....El perjuicio para la masa activa del concurso, como ya apuntábamos en la Sentencia 622/2010, de 27 de octubre, puede entenderse como un sacrificio patrimonial injustificado, en cuanto que tiene que suponer una aminoración del valor del activo sobre el que más tarde, una vez declarado el concurso, se constituirá la masa activa (art. 76 LC), y, además, debe carecer de justificación. La falta de justificación subyace en los casos en que el art. 71.2 LC presume, sin admitir prueba en contrario, el perjuicio. Fuera de estos supuestos, en la medida en que el acto de disposición conlleve un detrimento patrimonial, deberán examinarse las circunstancias que concurren para apreciar su justificación, que va más allá de los motivos subjetivos, y conforman el interés económico patrimonial que explica su realización. En principio, la acreditación del perjuicio le corresponde a quien insta la rescisión concursal (art. 71.4 LC), salvo que el acto impugnado esté afectado por alguna de las presunciones de perjuicio previstas en el art. 71.3 LC, que por admitir prueba en contrario, traslada a los demandados la carga de probar que aquel acto impugnado no perjudica a la masa activa..."

Otras sentencias del Tribunal Supremo acogedoras de la doctrina del sacrificio patrimonial injustificado son las de fecha 24 de julio de 2014; 17 de abril de 2015, 26 de octubre de 2016, 8 de noviembre de 2014, 9 de julio de 2015, 17 de febrero de 2015, 23 de febrero de 2015, 10 de marzo de 2015, 17 de marzo de 2015, 17 de abril de 2015, 24 de junio de 2015; 26 de octubre de 2016, 6 de marzo de 2018, 7 de marzo de 2018, 11 de abril de 2018, 10 de mayo de 2018, 18 de mayo de 2018, 21 de mayo de 2018, 24 de mayo de 2018, 30 de mayo de 2018, 21 de junio de 2018, 3 de febrero de 2020, 25 de febrero de 2021, 25 de noviembre de 2024, 25 de marzo de 2021, entre otras.

También seguida de manera unánime por la mal llamada Jurisprudencia menor. Así vid. las sentencias de la Audiencia Provincial de Castellón, de fecha 2 de junio de 2011; Audiencia Provincial de León, de fecha 21 de noviembre de 2010; Audiencia Provincial de Madrid, de fecha 27 de febrero de 2012; Audiencia Provincial de Barcelona, de fecha 6 de febrero de 209, y 30 de junio de 2014; Audiencia Provincial de Alicante, de fecha 1 de marzo de 2012, Audiencia Provincial de Alicante, de fecha 25 de noviembre de 2010, o la Audiencia Provincial de Álava, de fecha 9 de febrero de 2012. O la sentencia de la Audiencia Provincial de Badajoz de fecha 24 de noviembre de 2011:

> "...En tal sentido, la SAP Barcelona de 6 de febrero de 2009 afirma que el juicio sobre el perjuicio exige que haya existido un autentico sacrificio patrimonial, que no se da en todos los actos de disposición patrimonial, por ejemplo cuando el negocio es oneroso y la prestación realizada por el deudor tiene su justificación en una contraprestación de valor patrimonial equivalente. Además, es preciso que dicho sacrificio carezca de justificación. En esa última resolución se analizan posibles causas de justificación en el otorgamiento de una hipoteca constituida para garantizar, siquiera en parte, una obligación preexistente y concretamente se valora el hecho de que se transforma una deuda inmediatamente exigible, que por estar en cuenta corriente genera elevados intereses de descubierto, en una deuda a largo plazo (en nuestro caso, 20 años a un interés menor que el propio del descubierto)..."

La Audiencia Provincial de Murcia, sentencia de fecha 17 de mayo de 2012:

> "...Lo cierto es que, si bien finalmente y tras esos traspasos, el citado saldo deudor se situaba en cifras muy similares a las iniciales o previas a aquéllos, es también cierto, que no consta el destino final de esos traspasos, que sin duda estaban disminuyendo el activo de la quebrada y por tanto causando un evidente perjuicio para la masa activa, definido tal perjuicio, en palabras de la sentencia del Tribunal Supremo de 27 de octubre de 2010 como '*sacrificio patrimonial injustificado*'. Correspondería a la parte demandada acreditar que ese trasvase de saldos no perjudicó a la masa activa porque no implicó un sacrificio patrimonial o que habiéndolo implicado, estaba justificado. Como decimos esa ausencia de perjuicio o en su caso su justificación, no consta probada, resultando extempo-

ránea procesalmente, como ya dijimos en el Auto de fecha 9 de abril de 2012, esa postrera pretensión probatoria de la demandada 'Caja de Ahorros de Castilla la Mancha' en tal sentido. Asimismo y por idénticas razones entendemos también procedente la ineficacia del cargo por importe de 119.000 P, por gastos de préstamo y por tanto la viabilidad de su reintegración, pues en definitiva, fue ese préstamo de 17.000.000 P, el que posibilitó aquellos primeros traspasos injustificados a la otra cuenta de crédito de la quebrada..."

También por los Juzgados Mercantiles de instancia. A mero título de ejemplo, vid. la sentencia del Juzgado de lo Mercantil núm. 1 de Alicante, de fecha 25 de abril de 2012:

"...En segundo lugar, en cuanto al perjuicio ha tenido éxito su definición como *'sacrificio patrimonial injustificado'* (STS de 27 de octubre de 2010, haciéndose eco de la SAP de Barcelona de 6 de febrero de 2009) que implica: a) una aminoración del valor del activo sobre el que más tarde, una vez declarado el concurso, se constituirá la masa activa (**art. 76 LC**), y b) que ello no se encuentre justificado; concurrencia cuya prueba corresponde al actor, salvo que concurra alguna de las presunciones del art. 71.2 (iures **et de iure**) o del art. 71.3 LC (**iuris tantum**)..."

O la sentencia del Juzgado de lo Mercantil núm. 3 de Pontevedra de fecha 31 de enero de 2012:

" **...CUARTO.**— El concepto de perjuicio que ha de ser probado quedó jurisprudencialmente instalado en la noción de 'sacrificio patrimonial injustificado' que instauró la SAP Barcelona, sección 15.ª en su sentencia de 6-2-09, generalmente asumido sin mayor discusión, incluso de forma expresa por la STS 27-10-10..."

Y la sentencia del Juzgado de lo Mercantil núm. 9 de Barcelona, de 12 de febrero de 2021:

"...que ese acto haya causado un perjuicio a la masa activa del concurso, entendido como aquel que haya supuesto un "sacrificio patrimonial injustificado", bien porque haya implicado una disminución del patrimonio del deudor de manera injustificada, o bien porque haya supuesto una alteración de la par conditio creditorum o paridad en el trato a los acreedores, al haber beneficiado el deudor a uno de sus acreedores en detrimento del resto de acreedores, disminuyendo sus expectativas de cobro. Es por ello

> que el perjuicio para la masa activa puede venir dado tanto por aquellos actos que suponen su disminución (en cuanto implican que los acreedores vean reducidas sus posibilidades de cobro de los créditos), como aquellos que conllevan un trato privilegiado para determinados acreedores con alteración de las preferencias legalmente dispuestas. Así se recoge en la doctrina consolidada del TS, desde la STS de 26-octubre-2012, reiterada en posteriores sentencias..."

Me identifico con la tesis del sacrificio patrimonial injustificado. Entiendo que en la determinación del perjuicio rescisorio hay que partir de la noción amplia de perjuicio anteriormente reseñada, que engloba tanto una disminución del patrimonio del deudor como una alteración de las preferencias de cobro entre los acreedores, pero en este último supuesto, no equiparando siempre ambas situaciones, ni identificando, sin más, perjuicio y ruptura de paridad, pues ello conduciría a la ineficacia de todo acto de disposición patrimonial realizado en el periodo rescisorio de sospecha (sentencia de la Audiencia Provincial de Castellón, de fecha 27 de abril de 2024),[103] sino atendiendo a una ruptura de la paridad de trato en conexión con el estado de insolvencia del deudor. Todo ello es lo que constituye "el sacrificio patrimonial".

Pero, además, resulta necesario exigir que tal perjuicio o sacrificio, carezca de justificación, concepto este, justificación, conectado y completado a a la vista de la motivación, de la razón o porqué de la ejecución del acto sospechoso. Pero no desde una perspectiva subjetiva, sino exclusivamente patrimonial o económica.

La prueba de tal sacrificio patrimonio injustificado corresponde al demandante que insta la rescisión del acto, salvo que concurra la presunción del art. 227 TRLC, en cuyo caso se presume que el mismo conlleva un sacrificio patrimonial injustificado sin que quepa prueba en contrario, o la del art. 228 TRLC, en cuyo

---

[103] VILLORIA RIVERA, I. "Acción", pg. 428 RIBELLES ARELLANO, J.M. "Las acciones", pg. 327.MARTÍNEZ MUÑOZ, M y DELCLAUX ARANA, L. "La acción", pg. 523.

caso, el citado sacrifico se presumirá injustificado salvo prueba en contrario del deudor.

III.3.4. El acto del deudor ha de ser perjudicial para la masa activa

Cuestión importante. El perjuicio queda referido a la masa activa,[104] sin que quepa identificar perjuicio a los acreedores con perjuicio a la masa activa.

El sistema de reintegración concursal de los arts. 226 y ss TRLC atiende al interés de los acreedores del concurso, aunque no de forma directa o inmediata, sino con carácter mediato o instrumental, a través de la recuperación del patrimonio del deudor que, tras la declaración del concurso, deviene y constituye la masa activa, pretendiéndose así la protección refleja del interés de esos acreedores mediante la tutela del alcance cuantitativo y cualitativo del patrimonio del deudor llamado a constituirse en masa activa del concurso.[105]

III.3.5. Determinación del perjuicio

III.3.5.1. Desde un punto de vista objetivo

La determinación del perjuicio se asienta en las circunstancias concurrentes en cada caso,[106] y con independencia que, en esta tarea, la administración concursal y, subsidiariamente, los acreedores, cuenten con libertad para valorar el carácter perjudicial del acto,[107]y sin perjuicio de su concreción en cada caso por el Juez del concurso.[108]

---

104 GONZÁLEZ CANO, M.I. "El nuevo tratamiento", pg. 425; CARRASCO PERERA, A. "Los derechos de garantía", pg. 312 y 316; y LINACERO DE LA FUENTE, M. "Las acciones de reintegración", pg. 66.

105 GARCÍA-CRUCES J.A. "La reintegración de la masa", pgs. 356 a 358.

106 GARCÍA-CRUCES J.A. "La reintegración de la masa", pg. 358.

107 CRESPO AULLE, F. "Comentarios", pg. 1371.

108 GULLÓN BALLESTEROS, A. "La acción", pg. 4127.

A título de ejemplo, y respecto de los derechos de garantía, pienso preciso valorar el entero negocio, crédito y garantía y no sólo esta última, para determinar si existe perjuicio para la masa.[109]

Además, en aquellas operaciones conformadas por varios actos o negocios vinculados y entremezclados, con unidad de causa, que respondan, realmente, a una única operación compleja, incluso inescindible, legal o por voluntad de las partes, normalmente operaciones de refinanciación, la apreciación del perjuicio requiere atender al conjunto de la operación y no de forma fraccionada respecto de cada uno de los negocios que la componen. Y en tal caso, no cabe el acceso rescisorio a las presunciones de los arts. 227 y 228 TRLC LC, quedando atado a la regla general del art. 229 TRLC[110].

En similar sentido, vid. la sentencia la sentencia del Tribunal Supremo de 16 de septiembre de 2010:

> "...El motivo se desestima porque, además de mezclar cuestiones sustantivas con procesales, inadvirtiendo que bajo el nuevo siste-

---

[109] CARRASCO PERERA, A. "Los Derechos de garantía", pg. 315.
Con relación a las garantías reales y la existencia de perjuicio, el profesor CARRASCO PERERA se plantea el supuesto de la sobregarantía. El autor es de la opinión que la sobregarantía, en principio, no causa un perjuicio directo a la masa, puesto que el acreedor no se apropia del valor excedentario del bien, sino que realiza su crédito sobre dicho bien. Si ejecuta el bien y se subasta, el acreedor recibirá lo que se le debe y el exceso se destinará al concurso. Sin embargo, acertadamente, concluye en sentido contrario, pues, igualmente en principio, el bien va a ser realizado o adjudicado por un sensiblemente inferior a su precio real y la circunstancia de que un bien se haya gravado en garantía de una deuda notablemente inferior que su valor, habrá supuesto que se habrá perdido una cantidad de valor que no podrá ser recuperado en el concurso. En cualquier caso, será una cuestión de hecho. La posible participación de la administración concursal en la ejecución no implica que la sobregarantía no pudiese ser perjudicial. CARRASCO PERERA, A. "Los Derechos de garantía", pg. 316 y 317.

[110] SANCHO GARGALLO, I. "Las acciones", pg. 1160.

> ma de recursos extraordinarios los temas de valoración probatoria están excluidos del recurso de casación, e incidir en el vicio casacional de hacer supuesto de la cuestión, al ser incontestable la existencia de interrelaciones económicas e incluso confusión de patrimonios entre los cónyuges Sres. Luis Pedro-Carla y la entidad Roller Stock S.L. no cabe desconectar las operaciones relativas a Banco de Crédito Balear S.A. y La Caixa d'Estalvis i Pensions de Barcelona (La Caixa) sino que hallándose entremezcladas integrando una operación compleja deben valorarse conjuntamente y en una consideración unitaria, siendo por lo demás inconcusa la existencia de un perjuicio patrimonial, que hace innecesaria acudir al examen de la presunción aludida en el motivo..."

O la sentencia del citado Tribunal Supremo de fecha 12 de febrero de 2012:

> "...31. Como la propia recurrente sostiene, para decidir sobre la rescisión concursal es preciso subsumir el supuesto de hecho en alguno de los casos en los que la propia norma presume el perjuicio y, si no, demostrar el mismo, lo que nada más puede valorarse teniendo en cuenta el contexto en el que se ejecuta el acto o contrato, razón por la que el alegato resulta contradictorio con la propia posición mantenida en el recurso al pretender, por un lado, que el negocio es complejo y debe examinarse globalmente y, por otro, que hay que aislar la resolución del contrato de exclusiva y prescindir del propio contrato que se resuelve para evitar que se analice si existía o no incumplimiento de la concesionaria constitutivo de causa justificada para que la concursada resolviese y si, en consecuencia, la fijación de una indemnización a favor de la recurrente constituyó una arbitrariedad que comportó un sacrificio patrimonial injustificado y perjudicial para la masa activa —en el caso enjuiciado la sentencia recurrida declara que la concesionaria incurrió en incumplimiento— *'ambas entidades no cumplieron en relación con sus obligaciones, conforme a lo que habían pactado, aunque el incumplimiento fue mayor en la entidad Fine Products S.L.';...*"

O la del Juzgado de lo Mercantil de Córdoba de fecha 21 de enero de 2011:

> "...CUARTO.— Una vez indicadas los argumentos jurídicos de la administración concursal que resultan ajustados a derecho, a criterio de este juzgador, hay que indicar que no puede estimarse la demanda, ya que tal y como indica la entidad de crédito deman-

dada, las dos operaciones de compraventa en cuestión deben ser analizadas conjuntamente con el contrato marco de novación y el contrato de financiación sindicada celebrados ambos el día anterior a la compraventa, es decir, el 4 de noviembre de 2008. No se puede contemplar las dos compraventas como negocios jurídicos descontextualizados (tal y como pretende la administración concursal), sino que ambas operaciones son parte de un plan (que comprende una pluralidad de operaciones jurídicas) que se recogen en los contratos de novación y financiación antes indicados. Así se reconoce expresamente en el art. 8.3 del contrato marco de novación donde se indica que *'A efectos de dotar a los financiados de una mayor liquidez y como fórmula complementaria al otorgamiento del contrato de financiación sindicada, los sindicados y las entidades financiadoras señaladas en el anexo VI han acordado llevar a cabo las operaciones de compraventa de activos inmobiliarios que se describen en el anexo VI en los términos que en dicho anexo se recogen (las 'compraventas de activos') y que se aplicarán a las finalidades igualmente identificadas en el citado Anexo VI incluyendo la amortización de los contratos de financiación que ahí se identifican'*. Por otro lado en el contrato de financiación sindicada se indica en el expositivo A *'que en el contexto de la reestructuración de la deuda de las sociedades del grupo y con objeto de financiar parcialmente las necesidades de tesorería del Grupo durante los próximos años, todo ello de conformidad con lo descrito en la cláusula 4 siguiente, los financiados han solicitado a las entidades financiadoras financiación por un importe de hasta 96.723.071,92 euros.'* Y en la Cláusula II. El préstamo mercantil 2.1. se indica *'conforme y con sujeción a los términos y condiciones establecidos en este contrato, las entidades financiadores conceden a los financiados, que la aceptan, financiación por un importe de hasta 96.723.071,92 euros que los financiados se obligan a rembolsar junto con los intereses, comisiones, gastos y cualquier otra suma debida, y todo ello en los plazos, términos y condiciones que en este contrato se establecen.'* Como conclusión hay que indicar que en el contrato de financiación sindicada se aporta dinero nuevo (*fresh money* en su versión anglosajona) que ingresa la concursada y no puede obviarse que esta operación de financiación estaba vinculada a la compraventa de activos de forma que la primera no se hubiese concedido sin la segunda, hasta el punto que las dos compraventas controvertidas aparecen recogidas en el anexo 8 del contrato de financiación como compraventas de activos que deben realizarse en los 15 días siguientes a la firma del contrato de financiación sindicada. Por tanto, no existe el perjuicio patrimonial, tal y como pone de manifiesto la sentencia de la

Sentencia de la Audiencia Provincial de Barcelona, sección 15.ª, 6 de febrero de 2009, al concurrir las circunstancias expuestas en el fundamento jurídico tercero de esta sentencia, ya que existe una parte del crédito del que puede disponer la concursada (el contrato de financiación sindicada por importe de 96.723.071,92 euros). A tenor de lo expuesto, valorando y apreciando conjuntamente los medios de prueba practicados en el presente procedimiento procede la desestimación de la demanda al considerar que no concurre el presupuesto del perjuicio para la masa activa en las operaciones objeto de reintegración..."

Ello con independencia de lo que he señalado anteriormente respecto a la rescisión concursal de planes de reestructuración.

Por lo tanto, el perjuicio requiere su examen desde un punto de vista objetivo, atendiendo, en exclusiva, a la mera concurrencia del sacrifico patrimonial, en los términos antes expuestos, y su carencia de justificación.[111]

Esa mirada objetiva de la perjudicialidad del acto convierte en indiferente y prescindible a estos efectos, la eventual existencia, y tras la realización del acto rescindible, de bienes suficientes en el patrimonio del deudor para liquidar sus deudas. Tal abundancia de activos en modo alguno cauteriza el perjuicio del acto sospecho.[112]

O que el acto en cuestión, directa o indirectamente, resulte determinante de la insolvencia del deudor.[113] Así, cabe prescindir de cualquier requerimiento de causalidad, entre el negocio rescindible y la situación de insolvencia posterior del deudor, no precisándose que aquel sea desencadenante de la ruina insolvencial del concursado.[114]. También aparece vetada cualquier valo-

---

111 CRESPO AULLE, F. "Comentarios", pg. 1377.

112 HERNÁNDEZ MARTÍ, J. "Efectos", pg. 302; y CARRASCO PERERA, A. "Los Derechos de garantía", pg. 314.

113 CRESPO AULLE, F. "Comentarios", pg. 1371; y LEÓN SANZ, F.J. "El sistema", pg. 260 y "Comentario", pg. 1307. GARCÍA-CRUCES GONZÁLEZ, J.A. "Presupuestos", pg. 36.

114 GARCÍA-CRUCES J.A. "La reintegración de la masa", pg. 356; ROMERO MATUTE, B. "El concurso de acreedores", pg. 186 y 187; y CA-

ración sobre el acometimiento del acto dudoso en situación de insolvencia.[115] Cristalinamente lo recuerda el Tribunal Supremo, en su sentencia de fecha 24 de julio de 2014:

> "...11. En contra de lo que se afirma en el recurso, bajo la configuración de la acción rescisoria concursal en el art. 71 LC, para poder apreciar que el acto objeto de rescisión es perjudicial para la masa activa no es necesario ni que haya generado o agravado la insolvencia, ni que se haya realizado estando la sociedad concursada en estado de insolvencia..."

Pero sin obviar que la lesión de la paridad de trato en conexión con el perjuicio rescisorio si valora esa insolvencia del deudor.

En fin, también se antoja indiferente si el acreedor, o el tercero, conoció, o debió conocer, la situación de insolvencia del deudor.[116] O si el acto produjo un beneficio económico a tercero.[117] O si el deudor actuó fraudulenta o dolosamente, pretendiendo fastidiar y lastimar a sus acreedores, a uno o alguno de ellos, o beneficiar a otros,[118] tal y como declara la sentencia del Juzgado de lo Mercantil núm. 9 de Barcelona, de fecha 12 de febrero de 2021:

> "..la acción rescisoria concursal no exige ningún ánimo de causar perjuicio, tal como expresamente recoge el art. 226 TRLC al referirse a que son actos rescindibles los actos perjudiciales para la masa activa, "aunque no haya existido intención fraudulenta". En consecuencia, que la concursada no haya ocultado información relativa al préstamo o que no haya existido intención de perjudicar, no afecta a la decisión sobre la rescindibilidad del préstamo..."

RRASCO PERERA, A. "Los Derechos de garantía", pg. 314.

115 FUENTES DEVESA, R. "Reintegración", pg. 1256.

116 En el mismo sentido, sentencia del Juzgado de lo Mercantil de Córdoba de fecha 25 de julio de 2005 (*Tol 737131*) "...sin que sea exigible, ni el conocimiento de que se origina un perjuicio ni, por supuesto, la concurrencia del ánimo defraudatorio..."

117 Contra, CRESPO AULLE, F. "Comentarios", pg. 1372; GARCÍA SANZ, A. "Notas", pg. 4067 y MASSAGER, J. "Aproximación", pg. 4221.

118 CARRASCO PERERA, A. "Los Derechos de garantía", pg. 318.

III.3.5.2. Desde un punto de vista temporal

La valoración del perjuicio, del sacrificio patrimonial injustificado, enlaza con las circunstancias concurrentes en el momento en que el deudor acometió el acto, siendo preciso que el perjuicio a la masa activa, venga referido a ese momento, y no a acontecimientos o hechos posteriores, y menos aún, al momento de la apertura del concurso, o del ejercicio de la acción rescisoria.[119] Desde luego, no cabe determinar el perjuicio desde la perspectiva temporal actual del concurso.[120] Como puede leerse en la sentencia del Juzgado de lo Mercantil núm. 1 de Valencia, de fecha 30 de diciembre de 2020,

> "...Y al interrogante relativo a si la consumación del negocio oneroso de afianzamiento de que se trata se deriva, de suyo y directamente, perjuicio para la masa activa del concurso la respuesta debe ser negativa, y es que el análisis debe operarse en atención a la situación dada en la fecha del negocio oneroso de cuya rescisión se trata, y no ahora, varios años después y con el sujeto persona física en situación concursal..."

Resulta preciso que concurra el sacrificio patrimonial injustificado en el momento de realizarse el acto, y no que ese perjuicio derive de circunstancias extrínsecas y posteriores, absolutamente prescindibles a la hora de analizar la existencia del perjuicio.[121]

Lo contrario puede dar lugar a situaciones ciertamente complejas e injustas, especialmente, a la vista de lo holgado del plazo de sospecha rescisoria, ampliado su computo en la reforma de la Ley 16/2022, posibilitatorio de una eventual permuta de las circunstancias del deudor o acreedor, del mercado, o cualesquiera otra extrínseca que incida en el acto o el bien objeto del mismo. Piénsese en la compraventa u otras operaciones inmobiliarias,

---

119 MASSAGER, J. "Aproximación", pg. 4221. RIBELLES ARELLANO, J.M. "Las acciones", pg. 328.

120 CARRASCO PERERA, A. "Los Derechos de garantía", pg. 314.

121 SILVETTI, E. "Comentarios", pg. 554; GONZÁLEZ VÁZQUEZ, J.C. "Las acciones", pg. 595.

cuyo tráfico quedaría en una situación de absoluta inseguridad. El valor de mercado de un solar, fijado el día de su compra en doscientos mil euros, seis meses después puede resultar netamente superior o inferior a este. Que decir en los lapsos temporales a que se refieren los apartados 1 y 2 del art. 226 TRLC. O en época de crisis, de cierre de mercado inmobiliario, o por un mero cambio de su calificación urbanista, devenir a una carencia de todo valor, y así algo que adquirió el concursado a un buen precio se exhiba con posterioridad como una compra ruinosa.

En el tráfico mercantil y comercial, siempre aparecen sectores en los que como consecuencia de la simple concurrencia de procesos especulativos, cualquier acto perfectamente justificado y con una suficiente correspondencia patrimonial, pasado el tiempo, deviene y aparece necesariamente perjudicial, cuando al tiempo de su ejecución, realmente, no lo era.[122]

Igual acontece con los derechos de garantía. Desde la perspectiva actual del concurso, y no la de su otorgamiento o constitución, la mera existencia del concurso y una garantía que privilegia a un acreedor supone un evidente perjuicio a la masa activa.[123]

Ni que decir tiene que cualquier peritaje, tasación o valoración de bienes o derechos afectados por la rescisión, y a efectos de defensa de la ausencia de sacrificio patrimonial injustificado, requiere atender al tiempo de la realización de acto sospechoso de perjuicio, y a la vista de las circunstancias concurrentes en dicho momento, aunque se practique la pericia con posterioridad.

Esa atadura del perjuicio y su apreciación, al momento de perpetración del acto sospechoso se mantiene por nuestro Tribunal Supremo, sentencias de fecha 6 y 7 de marzo de 2018:

> "...Si bien la concurrencia del perjuicio debe juzgarse de acuerdo con las circunstancias concurrentes al tiempo de ser realizados los actos de disposición objeto de rescisión (las daciones de pago),

122 GARCÍA-CRUCES J.A. "La reintegración de la masa", pg. 358.

123 CARRASCO PERERA, A. "Los Derechos de garantía", pg. 314.

en este caso en que el perjuicio se funda en la alteración de la par condicio creditorum, es muy ilustrativo advertir que los créditos sujetos al concurso sufrieron una quita del 50%, cuyo pago se fraccionó y demoró entre uno y cinco años. De tal forma que los acreedores que percibieron las cesiones recibieron en pago unos derechos de difícil comercialización cuyo valor era inferior a la mitad de sus créditos y los acreedores que se sometieron al concurso vieron reducidos sus créditos a un 50%, aunque fuera demorado su cobro cinco años. Estas circunstancias ponen en evidencia que cuando se realizaron las daciones en pago, pese a la proximidad de la declaración de concurso, por las condiciones en que se hicieron no conllevaban un perjuicio en cuanto que el sacrificio patrimonial que suponían no era injustificado..."

Llamo la atención sobre como el Alto Tribunal, acertadamente, y afirmando taxativamente que el examen del perjuicio cabe residenciarlo al tiempo de la realización del acto sospechoso, permite el apoyo en hechos posteriores a la declaración del concurso a efecto de valorar ese eventual perjuicio en el momento de la realización del acto objeto de recelo rescisorio.

También cito la sentencia del Juzgado de lo Mercantil núm. 1 de Málaga, de fecha 6 de febrero de 2009:

"...El perjuicio debe valorarse en el momento en que se produce la operación y por ello este será el criterio temporal que debe acreditarse con la documental necesaria en función de la distribución de la carga de la prueba..."

Y la sentencia del Juzgado de lo Mercantil núm. 1 de Alicante de fecha 24 de mayo de 2010:

"...Valoración según las circunstancias concurrentes en el momento en que se realiza el acto, al margen de acontecimientos posteriores. No cabe determinar el perjuicio tomando como perspectiva temporal el momento de apertura del concurso o el ejercicio de acción de rescisión y ello por los siguientes motivos: i) se infiere de art. 71.2 y del art. 71.3.2.º: el momento relevante para apreciar el hecho considerado como presunción de perjuicio es el de la realización del acto; ii) el **art. 73 LC** atiende al momento del acto para determinar cuando hay mala fe; consecuentemente será en ese momento cuando haya que ver si el acto es o no perjudicial y iii) hay sectores en los que por la simple concurrencia de elementos especulativos ajenos a las partes, todo acto anterior, plenamente justificado y con su correspondiente equivalente patrimonial, acabaría siendo necesariamente perjudicial, con la quiebra de la propia seguridad del tráfico, implicando tal exégesis infracción de la seguridad jurídica consagrada en el art. 9CE. Por tanto se desenfoca el análisis por las defensas de las demandadas cuando se centran en cotejar la contraprestación recibida el 13/2/2008 con el valor inicial de compra por el deudor en 2007 o con el valor actual de la finca 15. En cuanto al primer elemento comparativo (valor del activo en febrero de 2008) no hay prueba que permita fijar el valor pretendido en la demanda de 710.344 € (parece una errata los 610.344 € indicados), pues i) no hay prueba de esos 263.000 € de obras de acondicionamiento que se adicionan al importe de compra, máxime cuando la tasación más próxima (del 9/5/2007 a instancia de AKRA LUZ) fija en 515.049,60 € su valor y ii) no pueden adicionarse los 137.000 € de las fincas rusticas, por lo antes dicho 16. En cuanto al segundo parámetro comparativo (importe de la contraprestación recibida) no se discuten los 60.000 € retenidos para liquidar la deuda de la Caixa más 349.288,01 € de capital del préstamo hipotecario pendiente de amortizar, por lo que no es cierto que no se recibe nada a cambio, pues aunque no ingresa efectivo en la caja de AKRA, sí desaparece una pasivo importante (409.288,01 €). Pero además, también hay constancia documental de que dos pagares nominativos se emiten a favor de AKRA: uno de ello se aplica a favor de Brigal Ferralas S.L. (112.000 €), y otro a favor de HORMIGONES BELI S.L. (290.711,99 €), proveedores de AKRA 17. En cuanto al primero se afirma por BRIGAL FERRALAS haberlo cobrado, sin que haya dato alguno que permita establecer vínculo alguno con ARIDOS Y EXCAVACIONES BUGARRA S.L. para dudar de tal aserto..."

Concluyendo, bajo el actual régimen y con las excepciones anteriormente apuntadas, el ejercicio de la acción rescisoria concursal no requiere la prueba de la intención de perjudicar por parte del deudor al realizar el acto sospechoso ni el consilium fraudis con quienes contrataron o pactaron con él,[124]sino ese carácter perjudicial del acto para la masa activa, recayendo en la administración concursal, o en su caso, los acreedores subsidiarios

124 ROMERO SANZ DE MADRID, C. "Derecho", pg. 161 y SANCHO GARGALLO, I. "Reintegración de la masa", pgs. 1127 y 1128.

ejercitadores de la referida acción, la carga de la prueba de tal perjudicialidad, y a salvo que concurra alguna de las presunciones de perjuicio de los arts. 227 y 228 TRLC.

III.4. REGLA GENERAL: LA PRUEBA DE LA PERJUDICIALIDAD

A la vista del art. 229 TRLC, la alegación y prueba del carácter perjudicial del acto corresponde a quien ejercita la acción rescisoria, esto es, la administración concursal o, en su caso, los acreedores,[125]quienes también pechan con la carga acreditatoria de la realización del acto perjudicial dentro del lapso temporal a que se refieren los apartados 1 y 2 del art. 226 TRLC. Y lo cierto es que mientras la prueba del último extremo, dependiendo del acto, se me antoja asequible para la actora, la acreditación del perjuicio patrimonial injustificado, cuestión de hecho,[126] se torna siempre más enrevesada y tortuosa.

Todo lo anterior, siempre que en el acto cuestionado no impacte ninguna de las presunciones previstas en los arts. 227 y 228 TRLC. En el primero, presunciones absolutas de perjudicialidad fijadas en el art. 227 TRLC, la referida carga probatoria deviene inexigible al actor en tanto en cuanto el acto afectado de rescinbilidad resulta imperativamente perjudicial y sin que se pueda desvirtuar la presunción, dado su carácter presuntorio iuris et de iure. El segundo, presunciones de perjuicio del art. 228 TRLC, de

---

125 LÓPEZ SÁNCHEZ, M.A, "Los efectos", pg. 188; RIPOLL OLAZÁBAL, G. "Derecho Concursal", pgs. 379 y 382; AA.VV. "Guía práctica", pg. 276, FERNÁNDEZ AGUADO, J.I. "Las acciones", pgs. 175 y 176; LEÓN SANZ, F.J. "El sistema", pg. 263 y "Comentario", pg. 1308; GULLÓN BALLESTEROS, A. "La acción", pg. 4127; MASSAGER, J. "Aproximación", pg. 4221; MARTÍN REYES, M.A. "La impugnación", pg. 4181; ROMERO MATUTE, B. "El concurso de acreedores", pg. 187 y LINACERO DE LA FUENTE, M. "Las acciones de reintegración", pg. 180.

126 GARCÍA SANZ, A. "Notas", pg. 4073.

obvia naturaleza iuris tantum, supone una inversión probatoria hacia el demandado, sobre el que pecha la demostración de la ausencia de perjuicio.

Pero, en ambos casos, la carga de la prueba de la realización del acto dentro del periodo sospechoso previsto en los apartados 1 y 2 del art. 226 TRLC continúa a cargo de la administración concursal y, en su caso, de los acreedores. En este sentido, vid. la sentencia del Juzgado de lo Mercantil núm. 1 de Málaga, de fecha 6 de febrero de 2009:

> "...debe ser entendida bajo la carga probatoria de la actora y que por ello a esta correspondía haber aportado documental que acreditara al menos los elementos necesarios para dicha rescisión: (1) qué afectaciones concretas, peligro concreto, se genera en la operación a raíz de la existencia de la hipoteca anterior y de los acreedores existentes y preferentes. (2) que valoración de tasación tenía a la fecha de su constitución en garantía hipotecaria o diferente en cuando a la dación en pago. (3) Qué perjuicio para la masa activa se produce en la situación concreta de la sociedad de cierre al momento en que todo ello se ha realizado cuando la propia administración reconoce que se paraliza la actividad en el mes de diciembre de 2005..."

Aplicando esta regla general, eminentemente causuístia,[127] traemos a colación la sentencia de la Audiencia Provincial de Barcelona de fecha 26 de abril de 2007:

> "...Los hechos incontrovertidos, que conforman el contexto antecedente de la acción de rescisión concursal, fueron fijados por el Sr. Magistrado en el Fundamento primero: a) el 26 de mayo de 2005 la concursada y el Banco Popular suscribieron una póliza de crédito por límite máximo de 30.000 euros y vencimiento el día 26 de mayo de 2006, firmando como avalistas solidarios los Sres. Marcelino y Carlos Antonio, cuyo cese como administradores mancomunados de la sociedad concursada fue inscrito el 5 de mayo de 2005 y publicado en el BORME el 24 de mayo siguiente, dando paso a un administrador único; b) mediante transferencias efectuadas los días 19, 20 y 21 de septiembre de 2005 a la cuenta

---

[127] FUENTES DEVESA, R. "Reintegración", pg. 1262.

corriente de crédito vinculada a la póliza, la concursada ingresó la suma de 27.964,66 euros, siendo cancelada la póliza acto seguido (documentos 3 y 4); c) Construcciones Migasa presentó solicitud de concurso voluntario el día 17 de octubre del mismo año 2005, que fue declarado por Auto de 16 de noviembre siguiente.

SEGUNDO. La Sentencia, sin llegar a aplicar la presunción iuris et de iure que recoge el art. 71.2 LC ('El perjuicio patrimonial se presume, sin admitir prueba en contrario, cuando se trate de... pagos u otros actos de extinción de obligaciones cuyo vencimiento fuere posterior a la declaración del concurso'), ofreció una fundamentación adecuada para justificar el perjuicio que para la masa activa había supuesto el acto dispositivo de pago, realizado con vocación y efecto liberatorio y extintivo de la póliza, valorando las circunstancias concurrentes: a) la concursada había dispuesto desde un inicio de la práctica totalidad del límite del crédito (como resulta del extracto de la cuenta corriente de crédito); b) el saldo negativo de la cuenta siempre estuvo próximo al límite de 30.000 euros; c) el ingreso de la cantidad cercana al límite crediticio se produce en época muy próxima a la solicitud de concurso, menos de un mes antes; d) la póliza se cancela tras los ingresos, cuando su vencimiento era posterior a la declaración de concurso, debiendo considerarse un acto dispositivo extraordinario o anormal; y e) el resultado es que al tiempo de privilegiar a un acreedor, en perjuicio de los demás, se procura un beneficio a los avalistas, que eran administradores mancomunados de la concursada al tiempo de suscribirse la póliza, o hasta pocos días antes.

TERCERO. Pese a que también el Banco Popular se opuso a la pretensión, tan sólo la sociedad concursada apela la decisión judicial, reiterando los argumentos que hizo valer en su contestación: los mencionados ingresos no determinaron la cancelación de la póliza sino tan sólo el incremento del saldo crediticio disponible, constituyendo actos de disposición ordinarios en la operativa de la póliza de crédito, con insistencia en que en un contrato de este tipo (de diferente operativa que una póliza de préstamo, en la que existen plazos y cuotas de amortización), los ingresos en la cuenta de crédito que realiza el acreditado no implican una cancelación anticipada, y por ello no es aplicable el art. 71.2 LC.

Añade la incongruencia extra petitum de la Sentencia porque en la súplica de la demanda se interesaba la rescisión de los mencionados actos de pago y, sin embargo, el fallo acuerda no sólo eso sino también la rescisión del acto de cancelación anticipada de la póliza, que no fue pedido.

CUARTO. Comenzando por esta última cuestión, como indica la STS de 30 de enero de 2003 respecto del vicio de incongruencia, no resulta exigible una conformidad rígida de la sentencia con las pretensiones formuladas en el Suplico de la demanda en su expresión literal, sino que han de conectarse con la fundamentación expuesta en ésta y, en definitiva, atender a la esencia de lo solicitado (SS. de 1 abril 1987, 22 octubre y 26 noviembre 2002). Y es que ese vicio, en cuanto resultado de la inadecuación de la decisión judicial en relación con las peticiones de las partes (**STC 191/1995**, de 18 de diciembre), no se produce aunque no haya una coincidencia literal entre los dos términos de la comparación (SSTS de 15 de junio de 1978, 1 de marzo de 1979, 20 de junio de 1981, 3 de noviembre de 1982, 29 de noviembre de 1985, 8 de junio de 1986), con tal de que exista entre ellos una racional adecuación (STS de 9 de julio de 1986), lo que permite efectuar, dentro de ciertos límites, pronunciamientos no pretendidos, pero complementarios, sobre cuestiones accesorias (STS de 25 de septiembre de 1978) o necesarias para facilitar la ejecución (STS de 10 de mayo de 1986).

Teniendo en cuenta lo anterior, si la póliza de crédito se canceló de forma anticipada (porque, en efecto, la relación crediticia quedó extinguida por pago con anterioridad a la fecha de vencimiento pactado), la rescisión de los pagos efectuados para cubrir el crédito dispuesto hasta el límite convenido lleva consigo, necesariamente, la rescisión del acto o negocio de cancelación o extinción de la póliza de crédito, efecto que, aunque no se dijera en el fallo de la Sentencia, quedaría sobreentendido, pues si se rescinden los ingresos liberatorios de la obligación del acreditado, que extinguen la deuda, no puede subsistir la cancelación del contrato de crédito por pago anticipado, y de ahí, así mismo, que el Banco pase a ser acreedor concursal por la suma que ha de reintegrar a la masa.

QUINTO. La necesidad de salvaguardar la eficacia y función del tratamiento legal de la insolvencia mediante el proceso concursal protegiendo a los acreedores de las actuaciones del deudor común en período próximo al concurso (en el que ya concurría o era inminente, por lo menos previsible, su presupuesto objetivo), tendentes a disminuir la garantía patrimonial de los créditos o a favorecer a algún acreedor vulnerando el trato paritario, justifica el régimen legal de reintegración, orientado a preservar la integridad del patrimonio que constituye la garantía de satisfacción de los acreedores. A tales efectos, el nuevo ordenamiento concursal, alejándose del ambiguo y problemático esquema normativo de la retroacción absoluta, opta por un sistema de ineficacia funcional a la hora de configurar la reintegración de la masa activa, que ahora se logra mediante la categoría de la rescisión, en la que se sustituye el criterio técnico del acto fraudulento por el de acto perjudicial, referido en todo caso a un negocio válido y eficaz. El remedio, por tanto, no es otro que el de la rescisión por perjuicio a la masa, y así el art. 71 declara que serán rescindibles los actos perjudiciales para la masa activa realizados por el deudor dentro de los dos años anteriores a la fecha de la declaración (del concurso), aunque no hubiere existido intención fraudulenta, estableciendo a continuación presunciones iuris et de iure de la lesividad patrimonial de determinados actos que enumera.

SEXTO. El Sr. Magistrado a quo no acudió a la referida presunción legal para lograr la consecuencia pretendida, porque en realidad ese expediente resulta innecesario en el caso ante la evidencia del perjuicio que supone el reintegro del crédito dispuesto, preordenado a la cancelación de la póliza, con anterioridad a su vencimiento y cuando ya se ha manifestado la situación de insolvencia (tres semanas antes del concurso), para el resto de los acreedores, que han de someterse a la regla de la par contitio creditorum en el marco del procedimiento concursal, con la masa patrimonial minorada en beneficio de un acreedor, que de esta forma ha eludido la ordenación y prelación de cobro en el contexto concursal.

Los argumentos impugnatorios parten de una premisa que la realidad de lo acontecido desmiente, cual es que la póliza no se canceló o no quedó cancelada (en el sentido jurídico de extinción de la obligación por pago, anterior al vencimiento), por tratarse de simples ingresos en la cuenta corriente vinculada, normales o habituales en la dinámica de la línea de crédito. Pero la conducta contractual de las partes evidencia lo contrario: los ingresos, en época inmediatamente anterior a la solicitud de concurso (que presupone la confesión de insolvencia por parte de la acreditada, manifestada tres semanas después de los pagos), no respondían al interés y efecto de incrementar, con proyección futura, el saldo de crédito disponible, como si se tratara de reintegros ordinarios en la cuenta corriente permitidos por la disponibilidad de tesorería o liquidez a consecuencia de la actividad empresarial. Por el contrario, se trata de dos ingresos en dos días consecutivos que cubren el crédito dispuesto, en cuantía cercana al límite concedido, y a los que sigue la liquidación final de intereses por el Banco y la cancelación de la póliza el mismo día 20 de septiembre de 2005, como resulta de la contabilidad de la propia concursada (documento 3) y de la comunicación de créditos del Banco Popular (documento 4), en la que éste hace constar que la referida póliza de crédito fue

> cancelada con fecha 20 de septiembre de 2005, nada más efectuarse los ingresos..."

A la hora de determinar el perjuicio o sacrifico patrimonial injustificado en los contratos o negocios sinalagmáticos, por ejemplo, una compraventa, resulta preciso atender a la desproporción o diferencia de valor entre las prestaciones de las partes al tiempo de concluirse el negocio. En el ejemplo, la comparación nos llevará al precio y valor del objeto de la compraventa.

La sentencia de la Audiencia Provincial de Córdoba, de fecha 27 de noviembre de 2023, niega la existencia de un sacrificio patrimonial injustificado en la compraventa de un inmueble, a la vista que el valor de mercado era prácticamente igual que el precio de venta. Y, por otro lado, rescinde la compraventa de unos vehículos en atención a la desproporción entre ese valor y el precio pagado:

> "...En virtud de los mismos, la sentencia de instancia debe ser confirmada en este punto. El precio de venta se corresponde prácticamente con el valor de mercado, siendo la diferencia de4.311,52 euros, de modo que el precio de venta alcanzó el 98,38 % del valor de mercado. Así, la diferencia es poco relevante. A ello hay que unir que BAÑERUT, S.L. estuvo pagando durante más de tres años (hasta que se formula la acción de reintegración) las cuotas del préstamo hipotecario, por lo que, desde esta perspectiva, la operación no fue perjudicial para la concursada, puesto que, si la situación económica era complicada, la falta de pago del préstamo hubiera generado una mora que incrementaría la deuda. Por ello, entendemos que la concursada no quedó como consecuencia de la venta en peor situación de la que existía con anterioridad, no produciéndose un sacrificio patrimonial injustificado. Por tanto, ambos peritos tuvieron en cuenta el estado concreto del vehículo, sin que existan otras periciales contradictorias. La recurrente alude al contenido de las testificales, que pondrían de manifiesto el calamitoso estado del mismo. Sin embargo, tales testificales no pueden resultar determinantes, dada la relación de los testigos con las partes, siendo D. Demetrio antiguo administrador de DESGUACE LA CONCEPCIÓN, S.L. Teniendo ello en cuenta, vamos a tomar como valor del vehículo la suma fijada por el Perito Judicial del procedimiento de ejecución (12.209,40 euros), puesto que se trata de una pericial que se realiza con mayor proximidad temporal al momento de la venta, habiendo examinado el Perito exteriormente el vehículo, sin que el transcurso de tiempo

entre el informe de dicho Perito y el momento de la venta justifique una depreciación tan grande como la que pretenden los recurrentes. No desvirtúa esta conclusión que DESGUACE LA CONCEPCIÓN,S.L. hubiera vendido el vehículo poco después a Garcón, S.L. por la suma de 8.000 euros tras su puesta en funcionamiento, ya que se trata de un acto de disposición de DESGUACE LA CONCEPCIÓN, S.L. que no tiene por qué corresponderse con el valor de mercado. Partiendo del valor indicado (12.209,40 euros), existe una gran desproporción respecto del precio de compra por parte de DESGUACE LA CONCEPCIÓN, S.L., lo que evidencia que se produjo un sacrificio patrimonial injustificado para la concursada. Ahora bien, en correspondencia con el valor señalado, el importe de la condena a DESGUACE LA CONCEPCIÓN, S.L. debe reducirse a dicha suma..."

Y en la permuta cabe atender a la proporcionalidad y equilibrio del valor correspondiente a los bienes entregados y cambiados ente si por las partes. En este sentido, vid la sentencia de la Audiencia Provincial de Lugo, de fecha 22 de noviembre de 2023, rescindidora de una permuta a la vista de la desproporción entre las prestaciones de ambas partes:

"... bien, en este caso del informe pericial económico presentado por el economista José Carlos se desprende que la permuta cuestionada ha sido desproporcionada por el valor de las participaciones vendidas y el valor de los bienes permutados. Repercutiendo de forma desfavorable para la sociedad. Ya sea atendiendo a la valoración realizada por este técnico como atendiendo al informe del técnico economista Sergio. Esta prueba se considera suficiente para entender acreditado el perjuicio para la masa del acto de disposición enjuiciado, toda vez que la parte demandada no ha acreditado que el valor de las participaciones sociales transmitidas tuviera un valor suficiente para compensar la salido de bienes inmuebles del capital de la sociedad. Es más, según el informe del perito Sr José Carlos, el valor de esas participaciones sería "cero" habida cuenta que el patrimonio neto de la sociedad, después de realizar los ajustes contables sería negativo. Por otra parte, en el momento en que tiene lugar la transmisión de las participaciones sociales Roque seguía siendo administrador social, y por lo tanto persona especialmente vinculada con la entidad concursada por lo que en aplicación del art. 229 del TRLC sería la parte apelada quien debería de probar la ausencia de perjuicio para la masa, prueba que como decimos no se ha aportado."

Pero el mero desequilibrio entre las prestaciones no implica, necesariamente, perjuicio. Habrá que analizar todas las circunstancias concurrentes en el negocio para determinar si es perjudicial para la masa. A título de ejemplo, pienso preciso escudriñar la operación desde el punto de vista del principio de oportunidad, las expectativas razonables, o beneficio que el negocio reportaba al deudor, por ejemplo, asegurarse el suministro de mercancía precisa y esencial para el desarrollo de su actividad, la situación de mercado, o la necesidad de vender para obtener liquidez, la innecesaridad del activo dispuesto para su actividad empresarial, la imposibilidad de soportar el mantenimiento y conservación del activo, lo conveniente del acto sospecho en orden a la viabilidad y continuación empresarial de la deudora etc., repito, todo ello al tiempo de perpetrarse el acto.[128] Especialmente, la situación económica-financiera del deudor. Y la cercanía de la realización del acto a la comunicación preconcursal, o a la declaración del concurso.

En esta línea, vid. la sentencia del Juzgado de lo Mercantil núm. 1 de Pontevedra, de fecha 12 de enero de 2023, rechaza que concurra sacrificio patrimonial injustificado en una compraventa de unos inmuebles por un precio inferior al de mercado, pero bien gravados con hipotecas unilaterales:

> "...Tampoco pueden tener acogida estas manifestaciones, y la intención de relacionarlas con una especie de información privilegiada que podrían tener respecto al desenlace de las impugnaciones de las actas de inspección y sancionadoras ante el TEAR; ni, respecto a la voluntad o intención del Abogado del Estado de formular recurso contencioso administrativo frente a la resolución del TEAR que estimó parcialmente la impugnación interpuesta frente a las referidas actas. El hecho cierto, que se revela de los datos fácticos fijados en el fundamento de derecho segundo, es que: al tiempo de la compra las fincas estaban gravadas con hipoteca unilateral; y los recursos interpuestos frente alacta de inspección o sancionadores fueron estimados parcialmente. Resulta también probado que al tiempo del otorgamiento de la escritura notarial

---

[128] SANCHO GARGALLO, I. "Las acciones", pgs. 1168 y 1169.

de compraventa el plazo de interposición del recurso contencioso-administrativo aun no había precluido, sin que la fecha que cita la AC en la demanda, 7 de octubre de 2019, se pueda considerar como la fecha de notificación del acto administrativo a la concursada o a su asesor jurídico, pues dicha fecha es de registro de salida del órgano administrativo no de notificación del acto al administrado. Por ello en atención al segundo argumento que da la AC para interesar la estimación de la acción rescisoria también ha de ser desestimado. Ello es así en este punto, por cuanto para determinar el perjuicio a la masa activa que refiere la AC habrá que analizar los hechos ex ante no ex post una vez que ya se ha cancelado la carga o el gravemente que pesaba sobre los bienes inmuebles objeto de transmisión. No se duda que los inmuebles tengan un valor superior, ahora, al precio de venta y hayan sido transmitidos otros similares (por su ubicación) una vez declarado el concurso por un importe de 15.500,00€, precio de cada una de las restantes plazas de garaje. Pero lo cierto es que ninguna de ellas tenía un gravamen como el inscrito y que pesaba sobre cada una de las tres plazas de garaje que fueron objeto de compraventa por los codemandados en noviembre de 2019. En este caso, con estos datos, no quedó probado que hubieran existido ofertas de compra por los inmuebles por el precio que ahora refiere la AC, y tampoco ofertas de compra al precio que fue pagado por las codemandadas, que firmaron un contrato aleatorio de compra con la incertidumbre de que la carga que pesaba sobre los citados inmuebles no se cancelara y pudiera llegar a ser ejecutada por la AEAT. A estos efectos se debe tener presente que, según el artículo 4 de la Orden ECO/805/2003, de 27 de marzo, sobre normas de valoración de bienes inmuebles y de determinados derechos para ciertas finalidades financieras, valor de mercado o venal de un inmueble es el precio al que podría venderse el inmueble, mediante contrato privado entre un vendedor voluntario y un comprador independiente en la fecha de la tasación en el supuesto de que el bien se hubiere ofrecido públicamente en el mercado, que las condiciones del mercado permitieren disponer del mismo de manera ordenada y que se dispusiere de un plazo normal, habida cuenta de la naturaleza del inmueble, para negociar la venta. Por su parte, el hipotecario o valor a efecto de crédito hipotecario es el valor del inmueble determinado por una tasación prudente de la posibilidad futura de comerciar con el inmueble, teniendo en cuenta los aspectos duraderos a largo plazo de la misma, las condiciones del mercado normales y locales, su uso en el momento de la tasación y sus usos alternativos correspondientes.n Es decir, las tasaciones y valoraciones se realizan teniendo en cuenta condiciones normales, y en este caso los inmuebles transmitidos estaban gravados al tiempo de formalizarse la compraventa por una hipoteca unilateral a favor de la AEAT. En consecuencia, ateniendo a lo que se considera el perjuicio rescisorio y se define en números resoluciones del TS (STS de 27 de octubre de 2010, de 14 de diciembre de 2010, y 12 de abril de 2012, entre otras) con citade la Sentencia de 8 noviembre de 2012 para su determinación "(...) hay que analizar el acto en el momento de su ejecución, proyectando la situación de insolvencia de forma retroactiva. Es decir, si con los datos existentes en el momento de su ejecución, el acto se habría considerado lesivo para la masa activa en la hipótesis de que ésta hubiese existido en aquella fecha". En este caso de trasmisiones onerosas a personas no vinculadas habrá perjuicio cuando la salida del activo patrimonial tiene como contraprestación un valor patrimonial apreciablemente no equivalente, y además ese sacrificio no está justificado, atendidas las circunstancias concurrentes, correspondiendo a la AC, al no concurrir presunción alguna de perjuicio, la carga de la prueba (art 229 TRLC). Así se deduce de la STS de 27de octubre de 2010 que ante la impugnación de una compraventa reseña:"Es evidente que la venta se hizo por un precio notablemente inferior al del mercado lo que produjo una disminución del valor del patrimonio de la entidad vendedora constituyendo un sacrificio patrimonial injustificado. Las circunstancias concurrentes no solo no justifican la venta, sino que incluso explican por qué se realizó una operación que era perjudicial para la vendedora y sus acreedores, y muy beneficioso para la sociedad compradora (...)". En el caso presente, atendidas el acto impugnado y las circunstancias concurrentes en ese momento, no se puede predicar que nos encontremos ante un sacrificio patrimonial injustificado. Ello por cuanto la jurisprudencia exige que el precio de venta sea notablemente inferior al del mercado teniendo en cuenta las circunstancias, cargas y gravámenes del inmueble. En este caso los precios pagados por inmuebles libres de gravámenes, riesgo o incertidumbre no son prueba suficiente, pues ninguna de las fincas transmitidas, posteriormente, estaban gravadas. En conclusión, en a tención a los datos fácticos relevantes fijados, no se puede considerar probado que la venta impugnada causara un perjuicio patrimonial a la masa activa del concurso..."

O la sentencia de la Audiencia Provincial de Pontevedra, de fecha 22 de julio de 2009. En la citada resolución la Sala, acertadamente, entiende que la venta de una cantera no es perjudicial para la masa a la vista del precio de la operación y el valor de la cantera. También de su situación y circunstancias, y las de la propia concursada:

> "...El perjuicio patrimonial esgrimido como fundamento de la pretensión no se basa en ninguna de las hipótesis de presunción que la norma contempla. En consecuencia, el demandante soporta la carga de probar que la enajenación de la cantera resultó perjudicial para la masa activa. Es evidente que, tratándose de un negocio oneroso, la medida esencial del perjuicio partirá de la comparación entre el precio de la enajenación y el valor del bien enajenado. La demandante habrá de acreditar que con la operación cuya rescisión se pretende se produjo un quebranto o desequilibrio patrimonial para la masa activa. A ello se añade el argumento de que la operación descapitalizó a la sociedad concursada, pero el análisis de las actuaciones y la valoración del material probatorio ponen de manifiesto que no fueron así las cosas. En efecto, la propia administración concursal en su informe (folios 42 y ss.) parte de la contundente afirmación de que AGLONOR resultaba ya entonces una empresa inviable, no sólo por la venta de la cantera, sino por encontrarse desde el ejercicio 2002 'en quiebra técnica'. Según la referencia contenida en el informe a las **cuentas anuales**, en el ejercicio 2002 los fondos propios eran negativos, y en la exposición final del mismo documento, la administración concursal insiste en el carácter deficitario de la situación patrimonial y financiera, la inviabilidad de la continuidad de la explotación y la conveniencia de la apertura del proceso de liquidación. Claramente, tales afirmaciones son contradictorias con las tesis mantenidas en la demanda y en el recurso. No es cierto que la venta de la concesión minera hubiera impedido el mantenimiento de la actividad empresarial o hubiera forzado la solución liquidatoria en el concurso. El material probatorio no convence sobre que la principal actividad de AGLONOR hubiera sido, al menos en la etapa en la que los hechos enjuiciados tuvieron lugar, la venta de áridos producidos en la cantera 'VENTOXO'. El que fuera administrador de la concursada, D. José Francisco, afirmó que las instalaciones de la cantera estaban obsoletas; es cierto que el testigo no afirmó de forma contundente que la cantera apenas se explotara, como proponían las demandadas, pero sus respuestas permiten intuir que el testigo no admitía como cierto que en el momento de la venta la cantera estuviera 'a pleno rendimiento'. El propio Sr. José Francisco afirmó que en aquel momento la única obra en activo era la que se llevaba a cabo en Teruel, donde se ubicaba una planta asfáltica móvil y para la que no se suministraban áridos procedentes de la cantera VENTOXO. Cuando el testigo fue preguntado

con mayor detalle sobre el grado de productividad, sus respuestas fueron evasivas, contestando que no era técnico y que no podía saberlo con precisión, respuesta que contrastaba con otras ofrecidas por el testigo en las que sí se mostró conocedor de los pormenores de la empresa. También afirmó que AGLONOR, por aquel entonces, estaba en una situación 'insostenible' y 'muy apurada'. Si bien se miran las cosas, el argumento de la demanda resulta especialmente débil si se considera que fue la propia administración concursal la que solicitó autorización del juzgado para la enajenación de otro inmovilizado de gran valor perteneciente a la empresa en concurso (la planta asfáltica ubicada en Teruel), como la documentación acompañada con la demanda revela. La autorización fue concedida por auto de 7 de diciembre de 2005. El tema del rendimiento obtenido y el grado de productividad de la instalación ha sido recurrente a lo largo del litigio. Las manifestaciones de los testigos dan soporte a la tesis demandada. El número de trabajadores en la cantera había descendido en los últimos años. Los dos testigos aportados por la actora para convencer de la bondad de su tesis no resultaron concluyentes, ni por su calidad ni por sus respuestas. El Sr. Cipriano trabajaba de soldador y sólo acudía a la cantera puntualmente, cuando había averías, por lo que desconocía su nivel de funcionamiento. Otro tanto sucede con el Sr. Isidoro, trabajador de mantenimiento que iba a la cantera 'de vez en cuando'. Se comprenderá que a partir de este soporte probatorio no pueda inferirse que la cantera constituía el principal bien con que AGLONOR contaba para el mantenimiento de su actividad. Los sucesivos administradores de AGLONOR oídos en declaración ofrecieron la impresión de desconocer aspectos esenciales de las negociaciones, manejadas desde atrás por quien, inexplicablemente, no fue traída al proceso. El informe aportado por SERCOYSA, —documento 8 de la contestación— pone de manifiesto que la cantera, en marzo de 2005, precisaba de una 'rehabilitación total'. Así resulta también de las fotografías unidas al acta notarial de presencia extendida por la notario Sra. Calaza. La explicación ofrecida por la concursada, tal como se plasmaba en el preámbulo de los contratos de opción y compraventa, resultaba puesta en razón. En una situación de desbalance, —como reconoce la administración concursal —, enajenar un bien del inmovilizado para obtener numerario resultaba razonable y si se añade que de esta forma se liberaba pasivo, —ya se verá más adelante con qué consecuencias—, la decisión aparecía como incuestionable en términos empresariales. De otra parte, la presencia de un inmovilizado como la cantera no resultaba esencial en la empresa, pese a lo sostenido en la demanda. La explicación ofrecida por el perito Sr. Lamo, a la vista de las magnitudes contables declaradas por la empresa, así lo sugiere. Además de contar con otra planta de extracción en la localidad de Barro, la posibilidad de adquirir el material de otros proveedores y la distancia de la única obra que ocupaba a la empresa, —que, además, contaba con su propia planta asfáltica—, hacen que la tesis demandante pierda convicción. **El informe de la administración concursal** revela que la facturación durante el año 2005, producto de la explotación ordinaria, era muy reducida en comparación con los ejercicios precedentes. Algo semejante ocurre con respecto al análisis de la corrección del precio fijado en el contrato. Es cierto que la demanda cuenta con un inicial punto de apoyo, cual es la inexplicable diferencia entre el precio fijado en el contrato de opción (1.440.000 euros) y el determinado quince días después (901.519 euros). Es también hecho probado (así se sigue de las contundentes manifestaciones del testigo Sr. José Francisco y de la documentación aportada) que esa diferencia de precio y la consiguiente negativa de quien entonces desempeñaba el cargo de administrador para firmar la venta, fueron el motivo determinante de su fulminante y llamativo cese. Ambos hechos arrojan un manto de incertidumbre y de desconfianza sobre la operación que justifica el celo de la administración concursal, sin lugar para la duda. Sucede que para el éxito de la acción afirmada no bastan sospechas o conjeturas, sino que la administración accionante debe probar que el negocio cuya rescisión se pretende es perjudicial para la masa, en el caso, convenciendo sobre el hecho de que el precio finalmente pactado era muy inferior al valor de mercado. Sobre tal cuestión existen dos dictámenes periciales contradictorios. De un lado, el elaborado por el Sr. Luis María, fechado el día 27 de abril de 2001, que según se expresa en el correspondiente documento, fue el que se tomó como referencia para fijar el precio en el contrato de opción. De otro, el elaborado por el Sr. Celso, aportado con la contestación presentada por SERCOYSA. El primero fija un valor global para la cantera de 485.550.000 pts. (2.918.214 euros). El segundo de 868.489,47 euros. La sustancial diferencia se justifica por los distintos parámetros utilizados por cada uno de los técnicos. El Sr. Celso admitió como cierto el hecho de su actual condición de trabajador de SERCOYSA, lo que no aparenta resultar suficiente para descartar la bondad de sus conclusiones o cuestionar su imparcialidad, tanto más cuanto que en la fecha en que el informe fue emitido no desempeñaba funciones para la demandada. La necesidad de corregir a la baja la valoración obtenida por el Sr. Luis María fue asumida desde el inicio por éste y resulta del análisis de los datos contenidos en su dictamen. Por de pronto, el técnico estimó una superficie de explotación de cuatro cuadrículas mineras, —tal como figuraba en la concesión administrativa—, cuando en realidad la superficie de explotación era muy inferior. A ello cabe añadir que el tiempo de explotación del recurso tomado como referencia por el técnico (quince años como vida productiva de la cantera) era muy superior al que restaba para la finalización del arrendamiento con el titular de las parcelas donde la cantera se ubica, por lo que una de las bases esenciales del dictamen resultaba incorrecta. Otro dato claramente inadecuado para fundamentar la valoración es la propia fecha del dictamen, cuatro años antes de la venta. En dicha fecha, además, el objeto de la concesión era materiales de la clasificación A, siendo que en 2001 la autorización lo fue para recursos de la sección C. Ello así, lo que no resulta justificado no es el precio de la venta, sino la determinación del precio pactado en el momento de firmar la opción. Carece de justificación que sobre tales premisas se acordara vender la explotación sobre la base del informe del Sr. Luis María, tal como reflejaba la clausula octava del contrato de opción. El perito Sr. Celso toma como duración, de forma más convincente, un período de siete años como **vida útil** y toma cuatro años como período de estimación; el técnico realiza su valoración sobre la base de considerar la efectiva superficie de la explotación, en lugar de las cuatro cuadrículas de la concesión administrativa. Es cierto que el dictamen del perito resulta sorprendente desde el momento en que reduce diferentes importes cuya procedencia resulta dudosa. Así sucede con los gastos de personal —sueldos y salarios y Seguridad Social—, y con los gastos financieros. Especialmente llamativo es el capítulo de 'gastos diversos', en el que se incluyen partidas para las que el perito no encontró explicación al ser preguntado en el acto de la vista ('publicidad, propaganda, relaciones públicas', o 'servicios auxiliares'). Pero es lo cierto que, aún deducidas esas partidas, —cuyo importe asciende a la cantidad de 147.976 euros—, la valoración estaría muy lejos de la ofrecida por el Sr. Luis María. La peculiaridad del dictamen del Sr. Celso reside en que no valora el objeto de la compraventa, la concesión minera, desde un punto de vista estático, sino que lo tomado en consideración aparenta ser la rentabilidad de la explotación, convirtiéndose en un dictamen de tipo económico, que cobraría más sentido de haberse tratado no de la compraventa de un objeto, —la concesión minera y la maquinaria allí instalada—, sino una unidad productiva autónoma, que se transmitiera con todos sus componentes. Con todo, la valoración de la rentabilidad que pudiera obtenerse con la adquisición de la concesión minera no resultaba un tema de segundo orden. Probablemente, el precio real de la concesión se moviera en alguna cifra entre las dos magnitudes ofrecidas por los técnicos, lo que ciertamente no es decir mucho. La conclusión que se obtiene de cuanto se viene afirmando es que la Sala no puede considerar probado que el precio al que finalmente se vendió la cantera estuviera muy lejos del valor de mercado. En la comparación entre el valor patrimonial del activo que sale del patrimonio del deudor con el valor patrimonial recibido como contraprestación, el litigio no ofrece elementos de hecho suficientes. Era carga de la parte actora convencer del desequilibrio patrimonial con magnitudes propias del momento en el que el acto de enajenación fue realizado. Tal función no se consigue con la aportación de un dictamen fechado cuatro años antes, que además toma como base premisas que se han demostrado erróneas, y aunque tampoco pueda tomarse como cierto el dictamen aportado por la codemandada, lo que sucede es que llegados a este punto se desconoce el precio de mercado o el valor real del objeto transmitido. En consecuencia, en atención al elemento del precio en su comparación con el valor real del bien, no cabe afirmar que la compraventa de la cantera fuera un acto perjudicial para la masa activa. Puede añadirse por último que, a juzgar por la documentación aportada, atendiendo a las inversiones realizadas por la compradora en el bien adquirido, la procedencia, en términos económicos, de la rescisión intentada resulta más que cuestionable…"

Considero inimpugnables los pagos realizados por el deudor, dentro de los dos años anteriores a la declaración de concurso, que correspondan a deudas debidas, vencidas, y exigibles en cuanto actos ordinarios y debidos, y siempre que hayan sido realizados a su vencimiento y en condiciones normales.[129]

---

129 ALCOVER GARAU, G. "Comentarios", pgs. 771 y 772; y GARCÍA SANZ, A. "Notas", pg. 4074.
Contra LEÓN SANZ, F.J. "El sistema", pg. 261 y 262 y "Comentario", cit., pgs. 1307 y 1308, quien considera que el mero hecho de que deudor cumpla de forma íntegra con aquellos a los que debe, frente al tercero, ya implica un trato de favor y una reducción de la masa activa que se destina a la satisfacción del conjunto de los acreedores concursales.
También en sentido contrario, HERRADOR MUÑOZ, A. "Algunos aspectos", pg. 172, considerando que cualquier pago efectuado por el deudor a uno de sus acreedores durante el periodo de sospecha podría ser considerado un acto perjudicial para la masa activa dado que cons-

En esta línea, la Audiencia Provincial de Barcelona, en sus sentencias de fecha 13 de enero de 2010 y 8 de enero de 2009:

> "...SÉPTIMO. Dicho lo anterior, disentimos de la sentencia apelada pues no apreciamos un perjuicio a la masa activa por vía indirecta o en interpretación amplia, generado por un favorecimiento injustificado a un acreedor con vulneración del principio del trato paritario. Puede ser discutible la incardinación de los pagos al acreedor financiero en el concepto de actos ordinarios a que se refiere el art. 71.5 LC, ya que la norma contrae tal calificación, literalmente, a los actos propios de la actividad profesional o empresarial del deudor realizados en condiciones normales, sin alusión a los pagos o actos de amortización regular de la financiación externa. Si bien esta norma parece operar como un límite a la acción y facultad rescisoria, en realidad también encuentra fundamento en la ausencia del presupuesto objetivo de dicha acción, ya que, por principio, tales actos ordinarios, así entendidos, realizados en condiciones normales, las habituales o usuales que son observadas en este tipo de actos, no causarían un perjuicio a la masa activa en la medida en que, con la correlativa y equivalente contraprestación, y sin ocasionar una disminución patrimonial ni una alteración del trato paritario, han posibilitado la continuidad empresarial y potencialmente la generación de rendimientos. En cualquier caso, sin necesidad de entrar en el ámbito objetivo del límite, podemos descartar en este caso el presupuesto objetivo de perjuicio para la masa activa por alteración del principio de trato paritario. Contemplamos aquí una serie de pagos mensuales a lo largo de 2006 para amortizar la financiación externa que ha venido prestando un tercero no vinculado especialmente a la persona jurídica deudora en el sentido legal. Se trataba de una deuda vencida y exigible al tiempo en que comienzan a efectuarse las devoluciones cuya rescisión se pretende (enero de 2006). Si bien, como pone de manifiesto la Administración Concursal (f. 168), también existen acreedores (proveedores y transportistas) con facturas que vencen en el año 2005, éstos no representan un porcentaje significativo en el pasivo total declarado (suman aproximadamente unos 19.000 euros, a tenor de lo que manifestó la Administración Concursal en el acto de la vista, con aportación de las facturas, cuando el pasivo declarado asciende a 203.448 eu-

---

tituye un acto que reduce las legítimas expectativas colectivas de cobro de los acreedores concursales, por mucho que este acto haya supuesto a la vez una reducción del activo y del pasivo del balance del deudor.

ros; f. 169). Del año 2006 datan, como es lógico, la gran mayoría de los acreedores concursales, resultando impagadas deudas con proveedores por importe de 30.075 euros de enero a octubre (f. 169), pero en ese mismo año se justifica por la concursada que también ha efectuado pagos a proveedores por importe total de 457.176 euros desde enero a diciembre (f. 86 y anexos contables), además de haber satisfecho, ese año, las nóminas a los trabajadores y las indemnizaciones por despido, los seguros sociales y las rentas de alquiler de la nave en que desarrollaba su actividad. Es decir, durante el año 2006 no sólo se ha pagado, parcialmente, la deuda con el acreedor financiero, sino también a otros acreedores (proveedores y prestadores de servicios) y atendido otras obligaciones generadas por la actividad empresarial que vencían ese mismo año, y en una cantidad, en conjunto, muy superior. Respecto de esos pagos (proveedores, transportistas, prestadores de otros servicios, nóminas, rentas, etc.) bien podría apreciarse el carácter de actos ordinarios de la actividad empresarial del deudor realizados en condiciones normales, y por ello excluidos del ámbito de la reintegración concursal, pero no apreciamos aquí una razón jurídica diversa que justifique otro tratamiento a los pagos regulares, fraccionados mensualmente, durante el año anterior a la declaración de concurso, para la devolución de los préstamos otorgados por el acreedor financiero que ha venido contribuyendo a la viabilidad de la sociedad, valorando así mismo a estos efectos que no se ha pagado la totalidad de la deuda financiera, ni se ha realizado un único pago o varios pagos en amortización de la deuda de forma precipitada ante el advenimiento de la insolvencia (no tenemos constancia aquí de un retraso en la solicitud del concurso en atención al plazo que establece el art. 5 LC) o en fechas inmediatamente próximas a la solicitud del concurso, y que se ha condonado el resto de la deuda financiera, por 115.332 euros. En suma, no es apreciable en este caso un perjuicio a la masa activa en sentido directo ni indirecto, por quebrantamiento del principio de paridad de trato, y por ello procede desestimar la demanda, no sin reconocer las dudas de derecho que suscita el precepto aplicable, lo que determina que no impongamos las costas en ninguna de las dos instancias..."

Y la sentencia de la misma Audiencia Provincial de Barcelona, de fecha 13 de enero de 2010 y 26 de enero de 2010:

"...Ya hemos argumentado en otras ocasiones [por ejemplo, Sentencia de 23 de abril de 2008 (RJC 2008/IV, pgs. 1114 y ss.)], que los actos de disposición dineraria 'son susceptibles de rescisión concursal, siempre que se hayan realizado dentro de los dos años anteriores a la declaración de concurso, por ser perjudiciales para la masa en la medida en que suponen una aminoración del patrimonio del concursado sin justificación alguna. En última instancia el perjuicio viene determinado en este caso porque esas entregas o transferencias de dinero no responden al pago de ninguna deuda ni contraprestación alguna'. Por lo que si no se acredita la existencia de la deuda y, además, que era exigible antes de la declaración de concurso, pues de otro modo incurriría en la presunción **iuris et de iure** del art. 71.2 LC, habría que considerar tales pagos como perjudiciales. Por lo que se refiere a la primera transferencia a favor de PRATLICA, S.A., los demandados argumentan que la orden de pago responde a la satisfacción de una deuda que CARRA, S.A. tenía con el gabinete Betulo, S.L., en su condición de asesoría laboral, y que había sido pagada por PRATLICA, S.A. Dicho de otro modo, se trataría de un pago por tercero, realizado por PRATLICA, que al amparo del **art. 1158 CC** le legitimaría para repetir del deudor principal, en este caso CARRA, S.A. Los demandados aportaron una factura girada por este mismo importe de 661,20 euros contra CARRA, S.A., que por hallarse el sello del acreedor, se puede presuponer abonada (f. 51). Este documento, si bien sirve para acreditar que existía este crédito de Gabinete Betulo frente a CARRA, S.A., y que fue abonado, no justifica que quien realizara este pago fuera PRATLICA, S.A., pues para ello tendría que haber abonado un recibí o documento que justificara no sólo que la factura había sido satisfecha, sino quién la había pagado, pues ello justificaría la legitimación de dicho pagador para repetir frente al deudor principal. Razón por la cual hemos de considerar que no estaba acreditado que el pago fuera debido y en su consecuencia tal pago era perjudicial para la masa activa del concurso..."

Sin embargo, la anterior conclusión no cabe entenderla en clave absoluta, y resulta razonable imponer la rescisión concursal de aquellos pagos que aunque debidos, vencidos y exigibles, y en tanto en cuanto impactatorios en la pars conditio creditorum, vienen perpetrados por la concursada en situación de insolvencia, o tras la comunicación preconcursal del art. 585 TRLC (sentencia de la Audiencia Provincial de Vizcaya de fecha 8 de marzo de 2016), o en las proximidades de la solicitud, o la declaración del concurso de acreedores.

Junto a lo anterior, también conviene contemplar esa recisión del pago debido desde la perspectiva de la naturaleza y circunstancias del crédito, por ejemplo, si su origen y existencia aparece oscura y procelosa, y no suficientemente justificada (sentencia de la Audiencia Provincial de Madrid de fecha 14 de octubre de 2022). También atendiendo a la actividad deudora, o su ausencia, al tiempo del pago; las ventajas obtenidas por el deudor con dicho pago; o la proporción de los ingresos o de la liquidez del deudor dispuesta para atender el pago. O las circunstancias de su titular, en esencia, su vinculación o especial relación con el deudor. O la vejez del crédito pagado, vencido con muchísima antelación a un pago habitualmente producido en un momento puntual de entrada de liquidez en la deudora. O el carácter aislado y selectivo del pago en relación con el resto de los créditos vencidos y exigibles del deudor. También, la anormalidad de la entrada de la liquidez con la que se efectúa el pago por el deudor, cosida habitualmente a la venta apresurada de un activo de su propiedad.

Resume todo lo expuesto la sentencia del Tribunal Supremo, de fecha 26 de octubre de 2012:

> "...6. En el caso de los pagos, aunque conllevan una disminución del haber del deudor y reducen la garantía patrimonial de los acreedores, no por ello se pueden considerar todos ellos perjudiciales para la masa. Su justificación viene determinada, en primer lugar, por el carácter debido de la deuda satisfecha, así como por su exigibilidad. Carece de justificación abonar un crédito no debido o que no sea exigible. Por ello, en principio, un pago debido realizado en el periodo sospechoso de los dos años previos a la declaración de concurso, siempre que esté vencido y sea exigible, por regla general goza de justificación y no constituye un perjuicio para la masa activa. Sin embargo, ello no excluye que en alguna ocasión puedan concurrir circunstancias excepcionales (como es la situación de insolvencia al momento de hacerse efectivo el pago y la proximidad con la solicitud y declaración de concurso, así como la naturaleza del crédito y la condición de su acreedor), que pueden privar de justificación a algunos pagos en la medida que suponen una vulneración de la par condicio creditorum. Al respecto, cabría aplicar analógicamente la doctrina contenida en la sentencia 855/2007, de 24 de julio, donde negamos la concurrencia del fraude en un supuesto de acción pauliana en que el deudor, con las cantidades percibidas, había atendido obligaciones con otros acreedores. En esta sentencia argumentábamos que "el deudor, en tanto no resulte

constreñido por un proceso ejecutivo o concursal para la ordenada concurrencia de los créditos (el cual puede determinar la rescisión de los actos perjudiciales para la masa activa), tiene libertad para realizar sus bienes y atender a los créditos que le afecten sin atender a criterios de igualdad o preferencia, como se infiere del hecho de que el CC (art. 1292) únicamente considera rescindibles los pagos hechos en situación de insolvencia por cuenta de obligaciones a cuyo pago no podía ser compelido el deudor en el tiempo de hacerlos, pero no los que no reúnen esta condición, en virtud del principio qui suum recepit nullum videre fraudem facere (quien cobra lo que es suyo no defrauda)". De esta forma, un corolario moderno de este principio, proyectado sobre la rescisión concursal, que se funda en el perjuicio y no en el fraude, como criterio justificativo de la rescisión, sería que cuando se paga algo debido y exigible no puede haber perjuicio para la masa activa del posterior concurso de acreedores del deudor, salvo que al tiempo de satisfacer el crédito estuviera ya en un claro estado de insolvencia, y por ello se hubiera solicitado ya el concurso o debiera haberlo sido. 7. En el presente supuesto no se cuestiona que el crédito satisfecho por la concursada a Postventa fuera un crédito real, vencido y exigible. El problema radica en que las circunstancias que rodean al pago ponen en evidencia su injustificación. El acreedor (Postventa) había pedido el concurso de su deudora (Vitelcom), el 4 de diciembre de 2006, y Vitelcom, para lograr el desistimiento del instante antes de que se llegara a declarar el concurso, pagó el crédito de 272.272,50 euros (el 12 de enero de 2007). Este pago que, en principio, sería válido, al ser debido y exigible, se ve afectado por que, no mucho más tarde (el 5 de marzo de 2007), la propia deudora (Vitelcom) solicitó su propio concurso de acreedores, que fue declarado el 16 de marzo de 2007, pero con la consideración de necesario, pues el art. 22.2 LC prevé que "el concurso de acreedores tendrá la consideración de necesario cuando, en los tres meses anteriores a la fecha de la solicitud del deudor, se hubiere presentado y admitido a trámite otra por cualquier legitimado, aunque este hubiere desistido..." Detrás de esta consideración legal, aplicada al caso por el magistrado de lo mercantil que declaró el concurso de acreedores, se encuentra la presunción de que el estado de insolvencia ya existía al tiempo en que fue solicitado por el acreedor que después desistió. Y esta consideración tiene gran importancia en el presente caso, pues permite apreciar la vulneración de la par condicio creditorum, porque en esas circunstancias está más justificado la declaración de concurso y el sometimiento de todos los acreedores a la regla de paridad de trato, que el pago a uno de los acreedores, en detrimento de las perspectivas de cobrar del resto…"

Reitero que no cabe atender, únicamente, a la cercanía o proximidad del pago a la declaración de concurso, y procede analizar también todas las circunstancias concurrentes, en especial, alguna de las antes reseñadas. Vid. sentencia del Tribunal Supremo de 10 de marzo de 2015:

> "...Ni la demanda, ni la sentencia recurrida justifican qué circunstancias son las que concurren que privan de justificación unos pagos debidos, vencidos y exigibles. Es cierto que alguno de ellos fue muy próximo a la declaración de concurso, pero no basta la mera proximidad, ha de concurrir alguna otra razón que ponga en evidencia la alteración de la par condicio creditorum ..."

En idéntico sentido, también vid las sentencias del Tribunal Supremo de fecha 10 de julio o 12 de diciembre de 2013, o 25 de marzo de 2021.

También reseño la sentencia de la Audiencia Provincial de Pontevedra, de fecha 8 de marzo de 2024:

> "....22. De otra parte, como hemos señalado, son objeto de la acción rescisoria "actos unilaterales de pago ". Se trata de pagos realizados con cargo a los ingresos obtenidos por nuevas operaciones de financiación concedidas por el acreedor, que fueron mayoritariamente destinados a extinguir posiciones deudoras preexistentes de diverso origen, (una póliza de crédito, cuotas de leasing, y cuotas de préstamos), todas ellas vencidas y exigibles. Desde el punto de vista rescisorio, los actos de pago no causan perjuicio para la masa activa, porque correlativamente a la salida de activo, reducen el pasivo por el mismo importe. Surge entonces el problema de considerar si, al realizarse estos pagos en la vecindad del concurso, (en insolvencia actual o inminente), el concepto de perjuicio rescisorio debe ensancharse, para comprender también el perjuicio causado a la masa pasiva, pues el acreedor se cobra anticipadamente con una cuota mayor de la que le correspondería en el inminente concurso, con perjuicio del resto de acreedores. 23. Este problema, como recuerdan las partes, ha sido abordado en numerosas ocasiones por la doctrina y por la jurisprudencia. Resume el estado de la cuestión la STS 170/2021, de 25 de marzo, que invoca la sentencia recurrida. Con cita de otros precedentes, dicha resolución recuerda que un pago de deuda vencida y exigible es neutro para la masa activa, pero que circunstancias excepcionales pueden justificar su

> rescisión cuando, realizados los pagos en la proximidad de la solicitud del concurso, atendidas la naturaleza del crédito y las circunstancias personales del acreedor, el pago pueda entenderse perjudicial para el trato igualitario de los acreedores. La sentencia recuerda la STS 629/2012, de 26 de octubre, que consideró rescindible un pago realizado por el deudor en situación de insolvencia "y por ello hubiera solicitado ya el concurso o debiera haberlo sido ". Otras sentencias han contemplado situaciones similares, como es conocido, y han rescindido pagos debidos, pero siempre con apreciación de circunstancias extraordinarias que justificaron cada decisión, (por ejemplo, la STS 487/2013, o la repetida STS 170/2021)....."

También vid las sentencias de la Audiencia Provincial de Madrid de fecha 22 de mayo de 2015, o de la Audiencia Provincial de Valladolid, de fecha 15 de octubre de 2009. Y la sentencia de la Audiencia Provincial de Baleares, de fecha 13 de diciembre de 2024, que rescinde un pago debido a la socia única y administradora de la compañía, a la vista de la situación de insolvencia de la concursada y a que solo efectuó ese pago, destinándose todos los ingresos de la sociedad a afrontarlo:

> "...Pero incluso prescindiendo del efecto de dicha presunción de perjuicio y atendiendo a la doctrina general sobre la reintegración de pagos debidos, se cumple con los requisitos para entender la presencia tanto del perjuicio directo, minusvaloración de la masa activa, como indirecto, alteración de la pars condictio. Así, el concurso de MAMÁ ESTOY BIEN SL se declaró como voluntario, a instancia del propio deudor, en auto de fecha 6 de febrero de 2017, pero con solicitud correspondiente al año 2016, registrado con n.º 849/2016. Sin que a la ADMINISTRACIÓN CONCURSAL le constase en la documentación de la sociedad deudora contrato alguno de préstamo, localizó en la contabilidad los pagos por 63.678€ a favor de Rocío, todos ellos en ese año 2016. El documento contractual de préstamo fue aportado con la contestación a la demanda incidental de este litigio, como fechado el día 1 de octubre de 2008. Durante ese ejercicio del año 2016, el único crédito que fue objeto de atención por parte de MAMÁ ESTOY BIEN SL fue precisamente el de su administradora y socia única, existiendo otros vencidos y exigibles desde años anteriores. Los ingresos obtenidos ocasionalmente por la deudora en dicho ejercicio provenían del cobro de rentas...."

La sentencia de la Audiencia Provincial de Baleares, de fecha 13 de mayo de 2024, rescinde los pagos debidos efectuados por la concursada en situación de insolvencia, que no consta que fueran dirigidos al mantenimiento de la actividad empresarial, o a superar la insolvente situación del deudor:

> "....En nuestro caso, el recurso interpuesto por GESTION TECO llama la atención sobre los hechos no discutidos que aquí expondremos en orden cronológico: La concursada solicito el 5 bis (actual 586 TRLC) el 31 de octubre de 2019. Al finalizar la temporada turística la concursada afirma que tenía deudas por 1.000.000euros. El 30 de marzo 2020 Banca March concedió financiación por 300.000 euros. El 19 de junio de 2020 ordenó los pagos identificados en la demanda por importe de 106.197,27 euros. El 31 de julio de 2020 se firma la solicitud de concurso que finalmente fue presentada en septiembre. Como hemos anticipado, esta recurrente discrepa de la conclusión de la sentencia apelada respecto a que, cuando se solicitó el 5bis LC, si había planes para continuar la actividad lo cierto es que la solicitud de concurso (menos de un año después pero fuera del plazo establecido por el 5 bis)) afirmaba la imposibilidad de reanudar la actividad. Revisada la actividad probatoria y las alegaciones de las partes no hallamos evidencia de la necesaria financiación para el mantenimiento de la actividad por lo que, sin necesidad de abundar en la buena fe alegada, procede confirmar la decisión. El recurso de Hotel Castell del Hams, respecto a las discusión sobre la calificación de personas especialmente relacionadas esta cuestión fue abordada también en el rollo 24/23. En cuanto a la incidencia de que las facturas pagadas por la concursada fueran refacturas o deudas anteriores a la fechas de su efectivo pago, no afecta a la causa de rescisión de los realizados con conocimiento de la situación de insolvencia —hecho probado porque no se ha demostrado la actuación de la mercantil para mantener la actividad o superar la insolvencia— y sin que resulte afectado por el supuesto excepcional de los pagos imprescindibles para continuar la actividad..."

Y también de la Audiencia Provincial de Baleares, sentencia de fecha 5 de enero de 2024, que anula los pagos debidos efectuados en situación de insolvencia, y tras presentarse la comunicación del art. 5 Bis LC (actual art. 585 TRLC), incluso, días antes de la presentación del propio concurso, de una deuda con un vencimiento muy anterior al pago, dejando impagadas numerosas otras, y por una sociedad que no tenía ni actividad ni ingresos regulares, ni obtiene beneficio o ventaja alguna por tales pagos:

> "...Existe, por tanto, cumplida prueba del perjuicio indirecto para la masa activa que exige el artículo 229 en relación con el 226 del TRLC. Se verifica el pago de dos créditos en una situación clara de imposibilidad de cumplir regularmente con la totalidad de las obligaciones vencidas y exigibles y tras haber realizado previamente la comunicación prevista en el artículo 5 bis de la Ley Concursal. 15. Los actos dispositivos resultan perjudiciales para la masa activa desde el momento en que se realiza en el periodo de dos años antes de la declaración de concurso, tras haberse realizado una comunicación de inicio de negociaciones prevista en el artículo 5 bis de la Ley Concursal sin haber solicitado el concurso de acreedores acto seguido a la expiración del plazo del preconcurso, no haberse obtenido financiación para cumplir con el pago de la totalidad de los créditos vencidos y exigibles, y realizare a escasos cuarenta días de la firma de la solicitud de declaración de concurso. El resto de los acreedores soslayados vieron mermadas sus posibilidades de cobro conculcándose el principio de la comunidad de pérdidas y el principio universal de la masa activa que informa la legislación concursal. 16. A mayor abundamiento, probado el pago en condiciones del todo irregulares, no existe prueba que blinde los actos dispositivos de la posibilidad de ser rescindidos. No estamos ante ningún acto ordinario de la actividad de la mercantil realizado en condiciones normales ni el sacrificio patrimonial que comportaba el pago para la masa activa está justificado por irrogar un beneficio. 17. La entidad GESTIÓN TECO HAMS, S.L. finalizó la temporada turística en octubre del año 2019. Y con independencia del impacto de la pandemia originada por el COVID-19 la mercantil no contó con actividad ni ingreso regular alguno. En octubre del año 2019 pone en conocimiento del juzgado de lo mercantil la existencia del inicio de negociaciones para sortear las dificultades que le impiden cumplir regularmente con sus obligaciones y, por tanto, deja sin efecto la obligación legal de solicitar la declaración de concurso en el plazo y término previsto en el artículo 5 de la Ley Concursal. Y sin obtener financiación para cumplir con el pago de determinados créditos vencidos y exigibles ya en los ejercicios 2018 y 2019, como se pone de manifiesto al observar la lista de acreedores presentada con la solicitud de concurso, a escasos días de firmar la declaración de concurso paga sin justificación alguna los créditos cuya rescisión se pretende. 18. Se pagan créditos con fecha de vencimiento muy anterior al pago e incluso a la fecha de la comunicación del artículo 5 bis de la Ley Concursal, discrimi-

nando al resto de acreedores y, por tanto, fuera de toda actuación empresarial ordinaria y en condiciones del todo anormales. Sin que, a su vez, se aprecie beneficio alguno. No existe contrapartida o ventaja o, por ejemplo, beneficio por asegurarse un suministro que asegurase la viabilidad del proyecto empresarial..."

Y la sentencia del Juzgado de lo Mercantil núm. 2 de Murcia, de fecha 14 de febrero de 2023, que reputa perjudicial el pago debido, a la vista de la situación de insolvencia de la deudora al tiempo de efectuar el pago, deudas éstas, por otro lado, atrasadas que no fueron realizados con la normalidad del tráfico, sino cuando existió disponibilidad excepcional en la cuenta corriente de la concursada tras una evidente y prolongada situación de impago previo:

"...Visto lo anterior es preciso analizar las circunstancias del caso concreto para determinar si los pagos realizados a favor de BANCO DE SANTANDER SA de deudas vencidas, líquidas y exigibles pueden considerarse perjudiciales. Y dicho análisis pasa por determinar si en fecha 25 de abril de 2022 la hoy concursada se encontraba ya en situación de insolvencia. La parte actora trata de justificar esta circunstancia afirmando que en aquel momento los concursados estaban inmersos en un intento de acuerdo extrajudicial de pagos, iniciado el 2 de marzo de 2022, y que no conseguido el acuerdo, se declaró su concurso de acreedores el 30 de junio de 2022. Y siendo cierto lo anterior, debe tenerse por probado que los concursados se encontraban ya en situación de insolvencia al tiempo de los pagos, siendo que ese es el estado en que se debe solicitar el acuerdo extrajudicial de pagos. Pero, además, si observamos la solicitud de inicio del procedimiento de acuerdo extrajudicial, que fue aportada con la demanda del presente incidente, se aprecia que al tiempo de dicha solicitud los concursados tenían deudas con diversas entidades de crédito o de financiación por valor de 530.023 euros. A la vista de lo anterior, concurriendo la existencia de perjuicio conforme a la cláusula general del artículo 226TRLC, procede estimar la rescisión que se pretende en la demanda. Y todo ello sin que pueda considerarse, como afirma la demandada, que nos encontramos antes actos ordinarios de la actividad profesional o empresarial del deudor realizados en condiciones normales no rescindibles conforme al artículo 230 TRLC, pues se trata de pagos de deudas atrasadas que no fueron realizados con la normalidad del tráfico, sino cuando existió disponibilidad excepcional en la cuenta corriente de la

> concursada tras una evidente situación de impago previo que no forma parte de la normalidad en el mercado..."

Rezuma injustificación, el sacrificio patrimonial originado en la masa activa por los pagos inicialmente debidos y efectuados por el socio único de una compañía, en virtud de un préstamo, que no fue transcrito en el libro registro de contratos a que se refiere el art. 16.1 TRLSC, ni objeto de mención en la memoria de las cuentas anuales, deviniendo con ello, art. 16.2 TRLSC, inoponibles a la masa. (sentencia de la Audiencia Provincial de Pontevedra de fecha 18 de noviembre de 2020).[130]

Sin embargo, el ataque sólo a un pago debido provoca que el examen de la falta de justificación del sacrifico conecte, exclusivamente, con ese pago, y no con la relación jurídica obligacional del que dimana, que, si no queda también combatida rescisoriamente, y por muy perjudicial que resulte, deviene protegida y blindada desde el punto de vista rescisorial concursal. Así, sentencia del Tribunal Supremo, de fecha 12 de diciembre de 2013.

> "...Pero esta falta de justificación debe afectar al propio pago, no, en el caso de los pagos debidos, al nacimiento de la obligación satisfecha, si no se impugna esta..."

También resulta perjudicial para la masa activa, el pago efectuado por el deudor en situación de insolvencia, a ese acreedor que ha instado su concurso necesario, normalmente, a efectos de "incentivar" la liquidación de su deuda, pago éste que efectúa antes de la declaración concursal, y a los efectos de obtener el desistimiento del instante de la referida solicitud declaratoria concursal necesaria, o su archivo, deudor éste que, al poco tiempo, casi a continuación del citado pago, por la situación de insolvencia en que se halla, y tras el citado desistimiento, o archivo, presenta su propio concurso. Incluso procede tal rescisión concursal, aunque el pago se ampare en supuesto consignatorio del art. 22.2

---

130 VILLORIA, I. "Masa activa", pg. 430.

TRLC.[131] En este sentido, vid las sentencias de la Audiencia Provincial de Málaga de fecha 9 de diciembre de 2009, de la Audiencia Provincial de A Coruña, de fecha 9 de diciembre de 2013, o del Tribunal Supremo, de fecha de octubre de 2012, en la que puede leerse:

> "...6. En el caso de los pagos, aunque conllevan una disminución del haber del deudor y reducen la garantía patrimonial de los acreedores, no por ello se pueden considerar todos ellos perjudiciales para la masa. Su justificación viene determinada, en primer lugar, por el carácter debido de la deuda satisfecha, así como por su exigibilidad. Carece de justificación abonar un crédito no debido o que no sea exigible. Por ello, en principio, un pago debido realizado en el periodo sospechoso de los dos años previos a la declaración de concurso, siempre que esté vencido y sea exigible, por regla general goza de justificación y no constituye un perjuicio para la masa activa. Sin embargo, ello no excluye que en alguna ocasión puedan concurrir circunstancias excepcionales (como es la situación de insolvencia al momento de hacerse efectivo el pago y la proximidad con la solicitud y declaración de concurso, así como la naturaleza del crédito y la condición de su acreedor), que pueden privar de justificación a algunos pagos en la medida que suponen una vulneración de la par condicio creditorum. Al respecto, cabría aplicar analógicamente la doctrina contenida en la sentencia 855/2007, de 24 de julio, donde negamos la concurrencia del fraude en un supuesto de acción pauliana en que el deudor, con las cantidades percibidas, había atendido obligaciones con otros acreedores. En esta sentencia argumentábamos que "el deudor, en tanto no resulte constreñido por un proceso ejecutivo o concursal para la ordenada concurrencia de los créditos (el cual puede determinar la rescisión de los actos perjudiciales para la masa activa), tiene libertad para realizar sus bienes y atender a los créditos que le afecten sin atender a criterios de igualdad o preferencia, como se infiere del hecho de que el CC (art. 1292) únicamente considera rescindibles los pagos hechos en situación de insolvencia por cuenta de obligaciones a cuyo pago no podía ser compelido el deudor en el tiempo de hacerlos, pero no los que no reúnen esta condición, en virtud del principio qui suum recepit nullum videre fraudem facere (quien cobra lo que es suyo no defrauda)". De

131 Asi lo pongo de manifiesto en AZNAR GINER, E. "El concurso", pg. 386.

> esta forma, un corolario moderno de este principio, proyectado sobre la rescisión concursal, que se funda en el perjuicio y no en el fraude, como criterio justificativo de la rescisión, sería que cuando se paga algo debido y exigible no puede haber perjuicio para la masa activa del posterior concurso de acreedores del deudor, salvo que al tiempo de satisfacer el crédito estuviera ya en un claro estado de insolvencia, y por ello se hubiera solicitado ya el concurso o debiera haberlo sido. 7. En el presente supuesto no se cuestiona que el crédito satisfecho por la concursada a Postventa fuera un crédito real, vencido y exigible. El problema radica en que las circunstancias que rodean al pago ponen en evidencia su injustificación. El acreedor (Postventa) había pedido el concurso de su deudora (Vitelcom), el 4 de diciembre de 2006, y Vitelcom, para lograr el desistimiento del instante antes de que se llegara a declarar el concurso, pagó el crédito de 272.272,50 euros (el 12 de enero de 2007). Este pago que, en principio, sería válido, al ser debido y exigible, se ve afectado por que, no mucho más tarde (el 5 de marzo de 2007), la propia deudora (Vitelcom) solicitó su propio concurso de acreedores, que fue declarado el 16 de marzo de 2007, pero con la consideración de necesario, pues el art. 22.2 LC prevé que "el concurso de acreedores tendrá la consideración de necesario cuando, en los tres meses anteriores a la fecha de la solicitud del deudor, se hubiere presentado y admitido a trámite otra por cualquier legitimado, aunque este hubiere desistido..." Detrás de esta consideración legal, aplicada al caso por el magistrado de lo mercantil que declaró el concurso de acreedores, se encuentra la presunción de que el estado de insolvencia ya existía al tiempo en que fue solicitado por el acreedor que después desistió. Y esta consideración tiene gran importancia en el presente caso, pues permite apreciar la vulneración de la par condicio creditorum, porque en esas circunstancias está más justificado la declaración de concurso y el sometimiento de todos los acreedores a la regla de paridad de trato, que el pago a uno de los acreedores, en detrimento de las perspectivas de cobrar del resto..."

Por cierto, el supuesto anterior me suena a aquello de ir a cortar lana ("meto el necesario para que este se acongoje y me pague"), y volver trasquilado ("me toca devolver lo que me pagó más intereses"). El murakamiano mundo de la insolvencia...

La compensación legal de créditos, cumplidora de lo requerido en los arts. 1195 y 1196 CC, y 153 TRLC, no corre el riesgo de rescisión concursal,[132] a no ser que concurra alguna circunstancia absolutísimamente extraordinaria, y evidenciadora de la ausencia de justificación del sacrificio patrimonial que conlleva para la masa del concurso en la vertiente de la pars conditio creditorum (sentencia del Tribunal Supremo de fecha 25 de marzo de 2021).

Por otro lado, la compensación de créditos convencional, en virtud de acuerdo entre las partes posterior al nacimiento de la relación obligacional y los créditos compensados, resulta rescindible concursalmente en cuanto acto de disposición del deudor, ubicándose el parámetro perjudicial en la satisfacción del crédito del acreedor mediante la compensación en determinadas circunstancias concurrentes, y en cuanto no resultaría exigible con posterioridad al concurso, lesionando así la pars conditio creditorum.

Sin perjuicio de lo anterior, una compensación convencional cumplidora de lo dispuesto en el art. 153 TRLC se me antoja no rescindible salvo en situaciones y circunstancias ciertamente extraordinarias,[133] tal y como acontece en la sentencia del Tribunal Supremo, de fecha 25 de marzo de 2021:

> "Las cesiones de los créditos hechas por las acreedoras originarias y notificadas a la concursada el 15 de abril de 2015 sí son res inter alios acta para ésta, y en consecuencia no es posible su rescisión por la vía del art. 71 LC. Pero no son las cesiones de los créditos los actos dispositivos respecto de los que se pide la rescisión. El objeto de la acción es la subsiguiente compensación de los créditos que pasan a ostentar las cesionarias con los acreditados por la concursada, sin perjuicio de que las previas cesiones puedan en este caso incidir en la valoración de la concurrencia del requisito del perjuicio para la masa activa... En el presente caso las circunstancias que privan de justificación al sacrificio patrimonial que comporta para la masa las compensaciones litigiosas son: (i) el momento en que se produce la alegación de la compensación, en el breve intervalo de tiempo que medió entre la comunicación de la sociedad concursada del art. 5 bis LC y la declaración del concurso, es decir en un momento muy próximo a esta declara-

---

132 SANCHO GARGALLO, I. "La rescisión", pg. 232.

133 SANCHO GARGALLO, I. "La rescisión", pgs. 232 y 233

ción, en el que ya era conocida la situación de insolvencia; (ii) las sociedades cedentes, cesionarias y concursada/cedida, están integradas en un mismo grupo de sociedades, en que el presidente o consejero-delegado es una misma persona; (iii) la previa cesión de créditos entre sociedades del grupo para provocar la compensación; y (iv) la circunstancia de que los créditos contra la concursada, que desaparecen del pasivo a cambio de la supresión en el activo de los correlativos créditos de la concursada, dada la especial relación de las sociedades acreedores con ésta, tendrían carácter subordinado (art. 92.5.º y 93.2.3.º LC)..."

Constitución de garantías reales. El perjuicio conecta con una disminución de valor del bien sobre el que recae la garantía, a la vista que ese activo, una vez impactado garantitoriamente, queda esclavizado al cumplimiento de la obligación del acreedor. Esa pérdida de valor se manifiesta al tiempo de enajenar el bien sobre el que recae.[134] Vid. sentencias del Tribunal Supremo de fecha 30 de abril de 2014, o 26 de marzo y 23 de febrero de 2015. Puede leerse en esta última:

"...La constitución de una garantía sobre unos bienes del deudor, luego declarado en concurso, es un acto de disposición que conlleva una sacrificio patrimonial para la masa activa porque «implica una disminución, siquiera sea cualitativa, del valor del bien sobre el que recaen, al sujetarlo a una posible realización a favor del acreedor garantizado, lo que merma su valor en la medida en que se afecta directamente el bien al cumplimiento de una obligación por parte del tercero, preparando por tanto su salida del patrimonio del garante si acontece el impago por el deudor principal de la obligación garantizada. Tal disminución del valor del bien sobre el que recae la garantía real se manifiesta sobre todo a la hora de enajenar o gravar nuevamente el bien para obtener crédito» (Sentencia 100/2014, de 30 de abril). Cuestión distinta es que el sacrificio patrimonial que conlleva la constitución de una garantía real esté justificado, porque sea contextual a la concesión de un nuevo crédito, y no concurra otra circunstancia que le prive de justificación..."

No parece perjudicial la ampliación de un préstamo hipotecario cuando la ampliación de la garantía aparece contextual a la

---

134 FUENTES DEVESA, R. "Reintegración", pg. 1262.

ampliación del crédito, y la nueva obligación garantizada no ha sustituido a otra anterior, mediante su amortización (sentencia del Tribunal Supremo de 10 de marzo de 2015).

Tampoco concurre sacrificio patrimonial injustificado en la constitución de la hipoteca en cuanto esta no garantiza el pago de deudas preexistentes sino futuras, contraídas por concursada como consecuencia de la recepción de suministros imprescindibles para el mantenimiento de la actividad empresarial de la concursada, contribuyendo a la subsistencia y continuación de la actividad de la empresa, y con ello, a la generación de nuevos activos con los que cumplir con el resto de sus acreedores. Así vid. sentencia del Tribunal Supremo, de fecha 26 de octubre de 2016:

> "...La constitución de la hipoteca en garantía de deudas futuras no supuso perjuicio para la masa. 1.— Si aplicamos los criterios expuestos a la constitución de la hipoteca litigiosa, no podemos considerar que perjudicara a la masa, porque no supuso perjuicio patrimonial injustificado. Al contrario, al no garantizar el pago de deudas preexistentes, sino el de deudas futuras contraídas por la recepción de suministros imprescindibles para el mantenimiento de la actividad empresarial de Dipolack, lo que hacía era contribuir a la subsistencia de la empresa y a que siguiera funcionando, lo que supondría la generación de nuevos activos con los que cumplir con el resto de sus acreedores. Es decir, el sacrificio patrimonial que podría suponer la constitución del gravamen tenía como contrapartida el aseguramiento del suministro durante un largo periodo de tiempo —siete años— y, desde ese punto de vista, estaba justificado. 2.— La sentencia recurrida no toma en consideración dicha consecuencia económica, sino que desde un planteamiento formal llega a una conclusión que, llevada a sus últimas consecuencias, supondría que cualquier constitución de un gravamen debería ser considerado perjudicial para la masa. Es cierto que, en términos generales, la hipoteca desvaloriza el activo de la deudora, puesto que dificulta la enajenación del bien afectado o incluso su ofrecimiento en garantía si hiciese falta la obtención de crédito; pero ello es consustancial a cualquier gravamen de semejante naturaleza y no por ello es necesariamente perjudicial para la masa, sino que habrá que comprobar si ese sacrificio (la desvalorización) es justificado o no. Del mismo modo, es también correcta la afirmación de que cualquier constitución de hipoteca, tras la declaración de concurso del deudor hipotecado, sujeta di-

rectamente el bien hipotecado al pago del crédito (art. 155 LC) y privilegia al acreedor mediante un derecho de ejecución separada (arts. 55 y 56 LC). Pero son consecuencias comunes a cualquier gravamen hipotecario y no implican, per se, que sea perjudicial para la masa, en los términos que ya hemos expuesto. 3.— Por ello, se opone a la jurisprudencia de esta Sala la conclusión de la sentencia recurrida de que la constitución de la hipoteca fue perjudicial para la masa activa del concurso, porque la minoración de la masa en el valor de la carga hipotecaria tuvo como contrapartida razonable el aseguramiento de la continuidad de los suministros necesarios para el mantenimiento de la actividad empresarial de Dipolack, lo que no puede considerarse un sacrificio patrimonial injustificado. ..."

Tampoco concurre sacrificio patrimonial injustificado en la prestación de una garantía por deuda ajena intra grupo, siempre que concurra una atribución patrimonial concreta que justifique el otorgamiento garantitororio, siquiera sea un beneficio patrimonial indirecto, sin que sea admisible alusiones genéricas al interés del grupo. Asi, vid sentencias del Tribunal Supremo de fecha 21 de julio 2014, 2 y 3 de junio de 2015, 31 de marzo y 27 de junio de 2017, 19 de diciembre de 2018 y 23 de enero de 2019, en la que puede leerse:

"..., para excluir la existencia de perjuicio en la constitución de garantías de deuda ajena prestadas entre los integrantes de un grupo de sociedades, se exige la constatación de una atribución patrimonial concreta que justifique la prestación de la garantía, siquiera sea un beneficio patrimonial indirecto, sin que sea suficiente la invocación del abstracto interés del grupo..."

O la sentencia del Tribunal Supremo de 2 de junio de 2015:

"...Ello no obstante, como se señalaba en la mencionada STS núm. 100/2014, de 30 de abril, "[Q]ue la garantía sea onerosa no excluye la existencia de perjuicio para la masa. Es más, si se trata de uno de los actos onerosos previstos en los supuestos del art. 71.3.1 de la Ley Concursal, el perjuicio patrimonial se presume, si bien cabe prueba en contrario". Y añadía que el perjuicio, como sacrificio patrimonial injustificado "ha de examinarse únicamente si ha existido algún tipo de retribución o beneficio en el patrimonio del garante, que justifique razonablemente la prestación de la garantía. No ha de ser necesariamente una atribución patrimonial directa como pudiera ser el pago de una prima o precio por la constitución de la garantía. Puede ser un beneficio patrimonial indirecto". En el presente caso, la sentencia recurrida fue categórica: "[E]n el caso concreto la Sala no aprecia la existencia de perjuicio, pues el préstamo garantizado cuenta con la justificación de que pretende dotar de liquidez a una sociedad de participación mayoritaria a quien lo garantiza, y relacionada con la actividad profesional del concursado, en la suma de 580.000.-?, y se halla plenamente justificado porque en la fecha en que se realizó se pretendía obtener liquidez o circulante para la persona jurídica, como medio, a su vez, de obtener ingresos superiores para el patrimonio de la persona física que es su socio mayoritario. Se desconoce si esta cantidad es o no desorbitada o desproporcionada en atención al valor aproximado del patrimonio del Sr. Amadeo, pues no obra en autos referencia alguna a éste, ni siquiera el informe de la Administración concursal y la valoración prestada por dicho fiador a la Caja de Ahorros"..."

Inextenso sobre la anterior conclusión, sentencia del Tribunal Supremo de fecha 15 de enero o 3 de febrero de 2020:

"...1.— Para decidir si ha existido o no perjuicio para la masa, cuando se ha ejercitado una acción rescisoria concursal, lo relevante es si ha existido un sacrificio patrimonial injustificado, porque se haya producido una reducción del valor del activo sobre el que más tarde, una vez declarado el concurso, se constituirá la masa activa, que carezca de justificación. Si lo que pretende rescindirse es la garantía prestada en favor de un tercero, esto es, una garantía de deuda ajena, ha de examinarse únicamente si ha existido algún tipo de atribución o beneficio en el patrimonio del garante, que justifique razonablemente la prestación de la garantía. No ha de ser necesariamente una atribución patrimonial directa como pudiera ser el pago de una prima o precio por la constitución de la garantía. Puede ser un beneficio patrimonial indirecto. Por tanto, lo relevante no es tanto si se cumplen o no los requisitos establecidos en el art. 42 del Código de Comercio para considerar que existe un grupo societario como comprobar si ha existido alguna atribución o beneficio para el garante que justifique el sacrificio patrimonial. 2.— En todo caso, la cuestión planteada en la primera parte del motivo (el concepto de grupo en los distintos aspectos del concurso de acreedores) es artificiosa por cuanto que la razón de la decisión de la sentencia recurrida no ha sido la inexistencia de un grupo de sociedades. Como se desprende de la transcripción de la sentencia hecha en el primer fundamento, la Audiencia Provincial valora si ha existido ese beneficio aceptando incluso un concepto más amplio de grupo societario. La cuestión planteada en la primera parte del motivo se muestra por tanto intrascendente. 3.— La cuestión decisiva, puesto que es la que ha determinado fundamentalmente la decisión de la Audiencia, es la que se plantea en la segunda parte del motivo, esto es, si el interés de grupo justifica el sacrificio patrimonial derivado de la constitución de una garantía real sobre un bien propio para el aseguramiento de una deuda ajena y excluye per se la existencia de perjuicio. 4.— La recurrente transcribe en su recurso un párrafo de la sentencia 100/2014, de 30 de abril, pero desfigura completamente el sentido de esa sentencia no solo porque la transcripción es incompleta y no contiene los párrafos que le siguen y que le dan sentido, sino porque la recurrente realiza a continuación algunas consideraciones que contradicen lo afirmado en aquella sentencia. 5.— Frente a la pretensión de la recurrente de que el "contexto" derivado de la existencia de un grupo de sociedades y el interés del grupo justifica per se el sacrificio patrimonial derivado de la constitución de una garantía real sobre un bien propio para el aseguramiento de una deuda ajena, la sentencia citada afirmó lo siguiente: "En las garantías contextuales intragrupo puede considerarse excluida la existencia de perjuicio patrimonial si existe una atribución patrimonial, siquiera indirecta, a favor de la sociedad garante, de una entidad suficiente para justificar la prestación de la garantía. "Pero la simple existencia de un grupo de sociedades no es por si sola justificativa de la existencia de esa atribución o beneficio patrimonial que excluya el perjuicio en la constitución de la garantía. No basta, pues, la invocación en abstracto del "interés de grupo" para excluir la existencia de perjuicio en la constitución de una garantía intragrupo, es preciso concretar y justificar el beneficio económico obtenido por el garante. Es más, en ocasiones, algunos resultados provechosos para el "interés del grupo" pueden lograrse a costa de los intereses objetivos de una o varias de las sociedades consorciadas, lo que los acreedores de estas no están obligados a soportar. "Cada una de las sociedades integradas en el grupo tiene una personalidad jurídica, y un patrimonio, independiente de las demás, que constituye un centro de imputación individualizado de relaciones jurídicas. El grupo de sociedades, como tal, carece de personalidad jurídica propia, y por tanto de un patrimonio propio. Cada sociedad es exclusiva titular de su propio patrimonio, que responde de sus obligaciones. No existe un "patrimonio de grupo", ni un principio de comunicabilidad de responsabilidades entre los distintos patrimonios de las distintas sociedades por el mero hecho de estar integradas en un grupo, sin perjuicio de situaciones excepcionales de confusión de patrimonios, o que justifiquen de

> otro modo el levantamiento del velo. [...] "Por otra parte, sería un contrasentido que la misma circunstancia que sirve de fundamento a la presunción "iuris tantum" de perjuicio, como es el carácter "intragrupo" de la garantía prestada, sea la que excluya la existencia de perjuicio por entender que el mero interés de grupo lo excluye". 6.— Por tanto, la sentencia de la Audiencia Provincial no contradice la jurisprudencia iniciada por esa sentencia y continuada por otras como las sentencias 401/2014, de 21 de julio, 289/2015, de 2 de junio, 294/2015, de 3 de junio, 213/2017, de 31 de marzo, 404/2017, 406/2017 y 407/2017, de 27 de junio, y 717/2018, de 19 de diciembre, en todas las cuales, para excluir la existencia de perjuicio en la constitución de garantías de deuda ajena prestadas entre los integrantes de un grupo de sociedades, se exige la constatación de una atribución patrimonial concreta que justifique la prestación de la garantía, siquiera sea un beneficio patrimonial indirecto, sin que sea suficiente la invocación del abstracto interés del grupo. 7.— Otras alegaciones hechas en el motivo son irrelevantes (como que la operación objeto del litigio fue una operación a tres bandas, que ese tipo de garantías suelen ofrecerse a las entidades financieras o que Proinsa prestó otras garantías en favor de Teconsa) o bien se apartan de la base fáctica fijada en la instancia (como la relativa a la confusión de patrimonios entre las sociedades del grupo o la existencia de garantías cruzadas), por lo que no pueden sustentar la estimación del recurso..."

En este sentido, la sentencia del Tribunal Supremo de fecha 19 de diciembre de 2018, reputa no perjudicial la prestación de una hipoteca por deuda de una sociedad del grupo en cuanto la concursada se benefició con tal garantía real a la vista que sirvió para comentar la financiación indirecta de una filial en la que ostentaba una participación relevante, y perseguir su viabilidad, que finalmente se obtuvo:

> "...En cuanto a la hipoteca, la Audiencia aprecia que existía un beneficio indirecto en su constitución por parte de Lesepa: que el préstamo garantizado iba dirigido a pagar una deuda de una sociedad participada por ella (de forma indirecta a través de Cartera, en un 75%), que estaba desarrollando una empresa que "resultó exitosa". Esta valoración es respetuosa con la jurisprudencia contenida en la citada sentencia 100/2014, de 30 de abril, cuando declara que, descartada en su caso la aplicación de la presunción del art. 71.2 LC, para juzgar sobre la existencia de perjuicio para la masa hay que valorar "si ha existido alguna atribución o beneficio

> patrimonial en el patrimonio del garante que justifique razonablemente la prestación de la garantía". Teniendo en cuenta que "no ha de ser necesariamente una atribución patrimonial directa como pudiera ser el pago de una prima o precio por la constitución de la garantía. Puede ser un beneficio patrimonial indirecto". La Audiencia razona correctamente en que había consistido en este caso el beneficio indirecto: garantizar la financiación indirecta de una sociedad (Urbaja) en la que tiene una participación muy significativa (del 75%), por medio de Cartera (100% participada por Lesepa), para asegurar el éxito de una empresa, que además consta acreditado que se logró. Lo que, en atención a la estructura societaria, redunda en un incremento de valor del activo de Lesepa..."

Y la sentencia del Tribunal Supremo, de fecha 27 de junio de 2017, que rechaza la concurrencia de perjuicio a la vista que con la concesión de la garantía a favor de la matriz permitió que ésta a su vez accediera a financiación externa:

> "...El que no resulte de aplicación la presunción de perjuicio iuris et de iure, no excluye que la concesión de la garantía no pueda ser rescindida si se estima perjudicial para la masa, esto es, si no se acredita que el sacrificio patrimonial que suponía la hipoteca, en cuanto que reducía el valor del activo gravado, estaba justificado. Como afirmamos en la sentencia 100/2014, de 30 de abril, habrá que valorar «si ha existido alguna atribución o beneficio patrimonial en el patrimonio del garante que justifique razonablemente la prestación de la garantía». Teniendo en cuenta que «no ha de ser necesariamente una atribución patrimonial directa como pudiera ser el pago de una prima o precio por la constitución de la garantía. Puede ser un beneficio patrimonial indirecto». La Audiencia ha entendido, de forma razonable, que la constitución de la hipoteca se encuentra justificada por las garantías que a su vez la matriz TAS había concedido y siguió concediendo durante ese tiempo, para hacer posible que MECSA pudiera acceder a la financiación externa. En concreto, según ha quedado probado, en ese tiempo el crédito financiero recibido por MECSA que fue a su vez afianzado por TAS ascendía a un total de 3.903.000 euros. De tal forma que la ventaja o el beneficio venía representado porque a su vez TAS facilitaba la obtención de financiación externa..."

El Tribunal Supremo, sentencia de fecha 5 de abril de 2016, considera injustificado el sacrifico patrimonial derivado de la obtención de un préstamo, insuficiente para atender las necesidades de financiación de la deudora, en cuya garantía se constituyó una hipoteca sobre todos sus bienes inmuebles e instalaciones industriales cuyo valor era desproporcionado, por lo elevado, respecto del importe del préstamo, y en unas condiciones que hacían en la práctica imposible la devolución de la cantidad prestada y que a su vez impedían la obtención de financiación a largo plazo por gravar todo el patrimonio inmobiliario y las instalaciones de la deudora. Puede leerse en la citada sentencia:

> "4.— La cuestión a decidir es si la obtención de un préstamo en el plazo de dos años anteriores a la declaración de concurso previsto en el art. 71.1 de la Ley Concursal, insuficiente para atender las necesidades de financiación de la deudora, para cuya garantía se constituyó una hipoteca sobre todos sus bienes inmuebles e instalaciones industriales cuyo valor era desproporcionado, por lo elevado, respecto del importe del préstamo, en unas condiciones (insolvencia de la matriz, brevísimo plazo de devolución) que hacían en la práctica imposible la devolución de la cantidad prestada y que a su vez impedían la obtención de financiación a largo plazo por gravar todo el patrimonio inmobiliario y las instalaciones de la deudora, constituye un acto perjudicial para la masa. Los órganos de instancia declaran que se trata de una operación a la que no son aplicables las presunciones de los apartados 2 y 3 del art. 71 de la Ley Concursal. Pero que la misma es perjudicial para la masa activa. 5.— La apreciación de la existencia de perjuicio, en aquellos casos en que la ley no establece una presunción, debe realizarse valorando las características del negocio o acto impugnado, su significación en el contexto en que se encuentra incursa la deudora, y sus consecuencias, para decidir si constituye un sacrificio patrimonial injustificado, en tanto supone una minoración del valor del activo sobre lo que más tarde constituirá la masa activa del concurso y, además, carece de justificación. En el presente caso, las circunstancias concurrentes (insuficiencia del préstamo para atender las necesidades de financiación de la deudora, fijación de un plazo de devolución inusualmente corto que, habida cuenta de la situación económica de la sociedad y de su matriz, hacía imposible su devolución, constitución de una hipoteca sobre la totalidad de los inmuebles e instalaciones de la deudora que no solo suponían una sobregarantía sino que además imposibilitaba la obtención de financiación bancaria a más largo plazo, imposibilidad de devolución que determinó la ejecución de la totalidad del activo inmobiliario, suspendida como consecuencia del proceso concursal, etc.) dibujan un panorama en el cual

> la operación carece de justificación razonable y supone un serio sacrificio patrimonial por cuanto que la imposibilidad práctica de devolver el préstamo en el breve plazo concertado suponía casi inexorablemente la ejecución forzosa de la totalidad del patrimonio inmobiliario y de las instalaciones de la deudora."

Las sentencia de la Audiencia Provincial de Las Palmas, de fecha 19 de enero de 2024, entiende injustificado el sacrificio patrimonial derivado de una refinanciación imponedora de garantía real sobre todos los activos de la concursada, sin realizar estudio alguno de viabilidad, y a iniciativa de la entidad financiera, cuya deuda, en su mayor parte, carecía de guarnición garantitoria real, y no de la deudora, que se halla en una situación de difícil continuidad dado su estado patrimonial y de pérdidas. Y evitando con ello la eventual venta de sus activos por la deudora a efectos de reestructurar todo su pasivo. Además, esa refinanciación, que incluye en la garantía todas las deudas de la entidad financiera, no resulta hecha con múltiples acreedores, y obvia la restante deuda de la posteriormente concursada, y cómo podría afrontarse su pago. La refinanciación aquí solo pretende que el acreedor obtenga una prioridad en el cobro de todas sus deudas, incluso las que pudieran haber sido calificadas como ordinarias o subordinadas en un eventual concurso, respecto a los demás acreedores, constituyendo una garantía real. Puede leerse en la citada sentencia:

> "....De la prueba practicada lo que resulta es que el Banco apelante era acreedor de GRE PESCA, S.A. por diversos créditos, de los cuales la mayoría no se encontraban garantizados por hipoteca alguna. No es el cliente, contra lo que afirma el apelante, quien se dirige al Banco interesando una refinanciación sino que por el contrario como claramente resulta del propio correo del gestor del BBVA que transcribe la apelante en la página 3 de su contestación a la demanda (folio 83 de las actuaciones). El préstamo con garantía hipotecaria suscrito el 11 de marzo de 2013 sobre la finca registral NUM000 del Registro de la Propiedad número se hizo por un importe de 450.000 euros, pero la entidad demandada no acredita qué saldo pendiente en concepto de principal quedaba por pagar a la fecha en que se hizo la escritura pública objeto de la demanda de rescisión aunque señala que el abono mensual a partir de abril de 2013 ascendía a 9.247,67 euros. En cuanto a la póliza de cré-

dito de Comercio exterior de 11 de marzo de 2013 con límite de 750.000 euros con vencimiento a 20 de febrero de 2014, también omite la demandada en su contestación a la demanda qué cantidad estaba pendiente de pago de dicha póliza ni por qué conceptos, y respecto a la hipoteca de máximo que dice existía suscrita el mismo 11 de marzo de 2013 con segundo rango para garantía de la póliza de comercio exterior, tampoco refleja los límites de garantía establecidos en dicha hipoteca. Se limita a resumir (sin acreditación, además, y citando la documental de la demandante en la que no se precisa qué parte de la deuda corresponde a principal, intereses u otros conceptos, qué parte de la deuda pendiente se encuentra garantizada con hipoteca, etc.) que la deuda total en el momento anterior ascendería a 695.000 euros por financiaciones y resto préstamos (es decir, no solo el préstamo con garantía hipotecaria) 621.000 euros. El préstamo anterior con garantía hipotecaria (folios 36 y siguientes) se suscribió el 1 de diciembre de 2011 con tipo de interés inicial del 6,357 y revisión cada seis meses a euribor más 4,75%. No se trata tampoco de una refinanciación hecha con múltiples acreedores, ni considerando la deuda existente frente a los demás acreedores y cómo podría afrontarse su pago. No se efectúa análisis de viabilidad alguno de la sociedad mercantil cuyo auditor de cuentas el 13 de mayo de 2013 en la época en la que se propone por el Banco la refinanciación pone ya de manifiesto que tiene muy difícil la continuidad dado su estado patrimonial y de pérdidas. Y lo cierto es que no se solicita por el cliente que por el contrario tenía claramente la intención de vender las propiedades libres de cargas para pagar deudas y reducir así las cuotas a pagar, como se observa en el documento 8 de la demanda, folio 56 vuelto, a cuya intención reaccionó el gestor comercial del Banco evitando esa venta y proponiendo la operación de refinanciación sólo de la deuda del Banco a fin de garantizar toda ella, incluso la que pudiera resultar por intereses moratorios, como principal de una nueva hipoteca que recayera sobre todo el patrimonio inmobiliario de GREPESCA y del matrimonio fiador—. El Banco claramente lo que intentó y consiguió es una prioridad en el cobro de todas sus deudas (incluso las que pudieran haber sido calificadas como ordinarias o subordinadas en un eventual concurso) respecto a todos los demás acreedores constituyendo una garantía real..."

Falta la nota de injustificación, en el sacrificio patrimonial originado por el pago de una deuda de dos millones de euros de la concursada, en cuanto ata el efecto pagatorio, a la enajenación por ésta de una finca, cuyo precio ascendía novecientos mil euros, aplicando lo obtenido al pago, y el resto de la deuda se liquida por un tercero, enajenando un bien propio, y cuyo crédito frente a la concursada, si le hubiera reclamado el reembolso de lo pagado, revestiría en el posterior concurso el carácter de crédito concursal subordinado. Así sentencia del Tribunal Supremo de fecha 4 de noviembre de 2016:

> "...3.— Los hechos fijados en la instancia muestran que la mayor parte del pago cuya rescisión se pretende con el ejercicio de la acción rescisoria concursal se hizo con el precio obtenido por una finca de una tercera sociedad, Tricenter Albamur, de la que la única circunstancia fáctica que se fija en la instancia es que pertenece al mismo grupo que la concursada. Estas circunstancias determinan que, tal como afirma la recurrente, con la salida del patrimonio de la concursada de un activo cuyo valor apenas superaba los 900.000 euros, se canceló un crédito cuyo importe superaba los dos millones de euros, pues el otro activo utilizado para tal cancelación provenía del patrimonio de un tercero. En caso de que Tricenter Albamur hubiera ejercitado la acción de reembolso frente a MHG por la dación de pago hecha en su beneficio, su crédito no habría tenido la consideración de ordinario, como lo era el crédito de Banesto, sino de subordinado, en virtud de lo previsto en el art. 92.5.º de la Ley Concursal No han sido fijados en la instancia otros datos que permitan afirmar que la dación en pago hecha por Tricenter Albamur para cancelar la mayor parte de la deuda que MHG mantenía con Banesto haya supuesto un perjuicio para MHG. La Audiencia Provincial solo menciona que son sociedades del mismo grupo, no que MHG sea propietaria de la totalidad o la mayor parte del capital social de Tricenter Albamur. En su escrito de oposición al recurso, la propia MHG se refiere a Tricenter Albamur como una «tercera empresa». 4.— Lo expuesto determina que este motivo del recurso deba estimarse, porque la intervención de una tercera persona en la cancelación de la deuda que MHG mantenía con Banesto, tercera persona que enajenó una finca cuyo precio sirvió para cancelar la mayor parte de dicha deuda, determina que no concurra el requisito del perjuicio, pues excluye la existencia de un sacrificio patrimonial injustificado en MHG, ya sea directo, porque su patrimonio sufriera una merma considerable, ya sea indirecto, porque se perjudicara la condición de otros acreedores estando la deudora en una situación de clara insolvencia..."

También se exhibe justificado el sacrificio patrimonial para la masa ocasionado por el afianzamiento prestado por los socios personas fiscas a favor de la sociedad cabecera de un grupo, de la que son únicos socios, y que permitió la concesión de un préstamo a una sociedad participada íntegramente por la cabecera y que permitió pagar a otra sociedad del grupo, dominada indirectamente por la primera. Ello a la vista del interés económico que los fiadores detentaban en el buen fin y viabilidad de las empresas financiadas. Sentencia del Tribunal Supremo de 15 de diciembre de 2015:

> "...4. Respecto de los afianzamientos otorgados por los hermanos Eleuterio e Dimas, la estructura societaria muestra con claridad la incidencia patrimonial que el buen éxito de la empresa desarrollada por Urbaja tiene en los intereses económicos de estos dos fiadores, a través de la participación mayoritaria en Solventia: Los fiadores eran titulares de más del 86% del capital social de Solventia, sociedad matriz; Solventia era titular del 100% del capital social de Alarcos; Alarcos era titular del 100% del capital social de Lesepa; Lesepa es titular del 100% del capital social de Cartera; Y Cartera es titular del 75% del capital social de Urbaja. Recordemos que el acto de disposición que se pretende rescindir es el afianzamiento de un préstamo recabado por Alarcos para pagar una deuda de Urbaja, que permitiría, como de hecho ocurrió, que concluyera con éxito la empresa para la que se constituyó. Respetando la personalidad jurídica de estas sociedades, pero contando con que Alarcos, Lesepa y Cartera son sociedades unipersonales, sobre las que Solventia tiene un interés exclusivo, se aprecia con nitidez el interés patrimonial que los fiadores tenían en el beneficio de Urbaja, que justificaba en el momento de su realización el sacrificio patrimonial asumido con la fianza. Es un caso que guarda analogía suficiente con el resuelto en la sentencia 290/2015, de 2 de junio, como para entender que procede aplicar la misma regla jurídica. En el concurso de una persona física que había afianzado un préstamo a favor de una sociedad participada mayoritariamente por ella, y mediante la cual desarrollaba su actividad empresarial, apreciamos la justificación del sacrificio patrimonial que suponía el afianzamiento en atención al interés económico que el fiador concursado tenía en el buen fin de la empresa financiada: "[E]n el caso concreto la Sala no aprecia la existencia de perjuicio, pues el préstamo garantizado cuenta con la justificación de que pretende dotar de liquidez a una sociedad de participación mayoritaria a quien lo garantiza, y relacionada con

> la actividad profesional del concursado, (...) y se halla plenamente justificado porque en la fecha en que se realizó se pretendía obtener liquidez o circulante para la persona jurídica, como medio, a su vez, de obtener ingresos superiores para el patrimonio de la persona física que es su socio mayoritario" ..."

Incluso carece del carácter de perjudicial un pago por la concursada de una deuda, existente y debida, no propia, sino de tercero, una empresa del grupo, a la vista del interés económico de la concursada en la viabilidad y éxito de la empresa deudora, que se obtuvo. Y sin perjuicio del remedio del art. 1158 CC a favor de la concursada. De nuevo, sentencia del Tribunal Supremo de fecha 15 de diciembre de 2018:

> "...5. Sin perjuicio de que lo razonado hasta ahora también serviría para apreciar justificado el sacrificio patrimonial que comportaba para Alarcos haber asumido el pago de una deuda de Urbaja frente a CAM, en atención al beneficio indirecto que reportaba para Alarcos el éxito de la empresa desarrollada por Urbaja, hay además otras razones que excluirían la existencia del perjuicio. Como hemos apuntado en el fundamento jurídico anterior, estamos ante el pago de una deuda ajena. El destinatario del pago era titular de un crédito cuya existencia y validez no fue cuestionada, como tampoco su exigibilidad frente al deudor (Urbaja). Desde la perspectiva de quien cobra el crédito, ha percibido algo debido, y el hecho de que lo haga de otra sociedad del grupo de la deudora no priva de justificación a su cobro, conforme al principio qui suum recepit nullum videre fraudem facere (quien cobra lo que es suyo no defrauda). En todo caso da lugar al régimen del pago por tercero previsto en el art. 1158 CC, que orienta el derecho a reclamar frente a quien se benefició con el pago, que es Urbaja. En última instancia, desde la perspectiva del pagador (Alarcos), el sacrificio patrimonial realizado ha redundado en beneficio de Urbaja, a quien libera de una obligación, de tal forma que lo realizado vendría ser equivalente a haber aportado a Urbaja el dinero necesario para que esta pagara la deuda..."

La sentencia de la Audiencia Provincial de Badajoz, de fecha 8 de mayo de 2023, tacha de injustificado el sacrificio patrimonial para la masa que acarrea un contrato de explotación, por tiempo indefinido y una contraprestación rácana, de un complejo hotelero de la concursada:

"...QUINTO.— Por lo demás, sí se observa que, cómo ha quedado debidamente acreditado coma la Sociedad concursada y la Sociedad cesionaria de la gestión y explotación de las licencias y autorización administrativas relativas a la actividad hotelera (contrato privado de cesión de 2/4/2018), tienen identidad de actividad económica, identidad de objeto social, identidad del domicilio social, identidad de clientes; y, entre ellas, ha existido entrega efectiva del conjunto de elementos productivos que permiten la inmediata iniciación de la actividad por parte de la nueva empresa (la cesionaria), en virtud precisamente del contrato de cesión de2/4/2018; con transmisión o traspaso de los mismos trabajadores, los cuales cesan como empleados y comienzan en alta en 1.º de mayo de 2018;Y, precisamente, esta última, la sociedad cesionaria, se constituye el mismo 2/4/2018, inscribiéndose en el Registro Mercantil de Badajoz el 27/4/2018; o sea, se constituyó precisamente para suceder empresarialmente a la Sociedad Concursada cedente. SEXTO.— Siendo ello así y resultando que varias de las fincas registrales cedidas en el contrato de 2/4/2018estaban gravadas con hipoteca a favor de varias entidades bancarias, quiere decirse que ese contrato privado de cesión, celebrado en el periodo de los dos años anteriores a la declaración de Concurso (Auto de 14/5/2018),por un precio ciertamente irrisorio, de 10.000€ a cambio de una cesión indefinida, sin límite de tiempo, por un total de trece fincas registrales que conforman el "Hotel de las que sólo cuatro fincas eran propiedad de terceros individuos que tenían cedida su explotación y gestión para la Concursada, ese contrato privado,decíamos, causa perjuicio a la masa en el sentido del Art. 71.1 de L.C. (hoy 226.1) Porque se cedían por tiempo indefinido la gestión de producción y comercialización del establecimiento turístico "Hotel-Apartamento", a cambio del abono, por la cesionaria, de los gastos de explotación que se describen en el contrato y el pago de una retribución única de 10.000€, que equivalía al pago de una renta de 192,30 € año por cada finca registral cedida. De tal manera se permitía desviar capital que debía formar parte natural de la masa activa del hotel..."

En materia de refinanciación de pasivo ICO Covid,[135] resultan interesantísimas tres sentencias de la Audiencia Provincial de Pontevedra, todas de fecha 8 de marzo de 2024. La primera que

---

[135] Sobre esta cuestión, vid la interesantísima entrada en www.almacendederecho.org de GONZALEZ VAZQUEZ, J.C "Sobre la rescinbilidad".

reseño, la número 123/24, rechaza acertadamente la rescisión dirigida únicamente contra determinados pagos, obviando el necesario ataque rescisorio al conjunto de la operación, dado que reviste el carácter de negocio complejo y con unidad de causa, y entiende que no concurre un sacrifico patrimonial injustificado a la vista que en un delicado momento de la situación económica por la maldita crisis Covid, la operación se realiza para renovar o refinanciar posiciones deudoras anteriores con la misma entidad, en su mayor parte vencidas o de vencimiento próximo, con el beneficio añadido de ampliar en tres años el plazo de vencimiento, liberando recursos de caja o tesorería para atender a necesidades de la empresa. Además, la situación de las entidades financieras no se altera, pues, aunque obtienen un beneficio a modo de garantía del Estado que avala un 80% del préstamo, pero ello no es a cargo de la sociedad concursada, a la que le resulta ajeno, en principio, dicho aval del Estado en favor de la entidad financiera:

> "...."Tal y como apunta la parte apelante, los pagos, o si se prefiere cancelaciones o cargos, objeto de rescisión forman parte de una operación más compleja de refinanciación de pasivo, en el marco de la concesión de financiación ICO-Covid que, precisamente en un delicado momento de la situación económica, se realiza para renovar o refinanciar posiciones deudoras anteriores con la misma entidad, en su mayor parte vencidas o de vencimiento próximo, con el beneficio añadido de ampliar en tres años el plazo de vencimiento. 24 De la documentación aportada resulta no controvertido que, mediante un contrato de apertura de crédito fechado el 20 de mayo de 2020, se obtiene nueva financiación, por importe global de 500.000 euros. Aunque la parte apelante se refiera en el recurso a que la concursada tenía así una disponibilidad crediticia del mencionado importe, que podía ser usado o no, en realidad ya estaba pactado su destino para hacer frente, por un lado, y según indica la propia apelante, a un crédito de 282.164,25 euros derivados de la Póliza de crédito anterior, que tenía vencimiento en febrero de 2021. Póliza que tenía una disponibilidad crediticia de 200.000euros, pero ya se había dispuesto la totalidad por la Concursada, excediendo incluso el límite del crédito, y por ello se adeudaba dicha cuantía a fecha de 22 de mayo de 2020, que resulta cancelada al cargarse su importe en la nueva cuenta de crédito; y, por otro lado, se realizaron apuntes en cuenta a favor de Sabadell —los Cargos según la apelante— por importe de

> 305.350,24 euros, para cancelar las operaciones de Confirming vencidas o de inminente vencimiento. Cargos que, en el párrafo anterior del recurso, identifica con pago de las operaciones de confirming, con la correlativa cancelación de la póliza de confirming. 25 No se han producido unos pagos que han mermado la masa activa de la ahora concursada. Los pagos o cargos realizados se llevan a cabo en el marco más amplio de la refinanciación de un pasivo vencido o próximo a vencer, mediante la obtención de un nuevo instrumento de financiación, en este caso una línea de crédito ICO, que sirve para absorber los créditos anteriores derivados de otros instrumentos de financiación, contrato de apertura de crédito y confirming, novando elementos de estos no ya sin causar un perjuicio al patrimonio dela prestataria o acreditada, sino en su beneficio por la ampliación del plazo de vencimiento, sin ninguna carga o gravamen adicional, como ha sido propio de garantías contextuales más gravosas que la situación ahora examinada. Es más, aplazar el vencimiento de los créditos que se cargan a la nueva financiación, lo que hace es liberar recursos de tesorería o de caja que se vayan generando para sus necesidades, ya que no es preciso atender a los créditos que estaban a punto de vencer, y han obtenido un nuevo plazo de vencimiento a tres años. 26 Desde la óptica de la entidad financiadora, ahora apelante, su situación no mejora desde una perspectiva de un futuro proceso concursal. Sus créditos siguen manteniendo el mismo importe y la misma calificación de créditos ordinarios. Solo cambia el negocio sobre el que se sustenta su crédito, antes unos contratos de apertura de crédito y de confirming, y ahora un nuevo contrato de apertura de crédito ICO. Ciertamente la entidad financiera obtiene un beneficio a modo de garantía del Estado que avala un 80% del préstamo, pero ello no es a cargo de la sociedad concursada, a la que le resulta ajeno, en principio, dicho aval del Estado en favor de la entidad financiera. Razón por la que no resulta de interés, por ahora, examinar con más intensidad le mencionada garantía."

La segunda sentencia de la Audiencia Provincial de Pontevedra, de 8 de marzo de 2024, la núm. 122/24, y con similares argumentos, también entiende justificado el sacrificio patrimonial de la operación refinanciadora a la vista que permite renovar, en condiciones financieras más favorables (esto es, con ampliación del plazo y reducción de los tipos interés aplicables) las líneas de circulante de que derivaban de la pólizas de crédito y de confirming concertadas entre al concursada y la apelante, de vencimiento próximo, y, por otro lado, se obtiene un dinero adicional para atender otras necesidades:

> "...17 Tal y como apunta la parte apelante, los pagos objeto de rescisión forman parte de una operación más compleja de refinanciación de pasivo, en el marco de la concesión de financiación ICO-Covid que, precisamente en un delicado momento de la situación económica, se realiza para renovar o refinanciar posiciones deudoras anteriores con la misma entidad, en su mayor parte vencidas o de vencimiento próximo, con el beneficio añadido de ampliar en cinco años el plazo de vencimiento, a un interés incluso menor en algunos casos, con un periodo de carencia de un año, y obteniendo una parte de financiación adicional de 78.000 euros. 18 De la documentación aportada resulta no controvertido que, mediante un préstamo ICO, se obtiene nueva financiación, por importe global de 348.000 euros, con un doble objetivo: a) por un lado, renovar, en condiciones financieras más favorables (esto es, con ampliación del plazo y reducción de los tipos interés aplicables) las líneas de circulante de CELSO MÍGUEZ que derivaban de la pólizas de crédito y de confirming concertadas entre al concursada y la apelante, de vencimiento próximo, y que ascendían a un límite disponible máximo de 270.000 euros; y b) por otro lado, se obtiene un dinero adicional por importe de 78.000 euros, para atender otras necesidades. 19 No se han producido unos pagos que hayan mermado la masa activa de la ahora concursada. Los pagos o cargos realizados se llevan a cabo en el marco más amplio de la refinanciación de un pasivo próximo a vencer, mediante la obtención de un nuevo instrumento de financiación, en este caso un préstamo ICO, que sirve para absorber los créditos anteriores derivados de otros instrumentos de financiación, contrato de apertura de crédito y confirming, novando elementos de estos no ya sin causar un perjuicio al patrimonio de la prestataria o acreditada, sino en su beneficio por la ampliación del plazo y la reducción del tipo de interés en algunos casos, sin ninguna carga o gravamen adicional, como ha sido propio de garantías contextuales más gravosas que la situación ahora examinada. Es más, aplazar el vencimiento de los créditos que se cargan a la nueva financiación, lo que hace es liberar recursos de tesorería o de caja que se vayan generando para sus necesidades, ya que no es preciso atender a los créditos que estaban a punto de vencer, y han obtenido un nuevo plazo de vencimiento a cinco años. 20 Desde la óptica de la entidad financiadora, ahora apelante, su situación no mejora desde una perspectiva de un futuro proceso concursal. Sus créditos siguen manteniendo el mismo importe y la misma calificación

de créditos ordinarios. Solo cambia el negocio sobre el que se sustenta su crédito, antes unos contratos de apertura de crédito y de confirming, y ahora un contrato de préstamo ICO. Ciertamente la entidad financiera obtiene un beneficio a modo de garantía del Estado que avala un 80% del préstamo, pero ello no es a cargo de la sociedad concursada, a la que le resulta ajeno, en principio, dicho aval del Estado en favor de la entidad financiera. Razón por la que no resulta de interés, por ahora, examinar con más intensidad le mencionada garantía. Únicamente resaltar que, estos avales públicos concedidos al amparo de los Reales Decretos-Leyes 8/2020 y 6/2022, pueden provocar la subrogación del Estado a través del Ministerio correspondiente, incluso aunque no se ejecuten, tal y como prevé la actual Disposición Adicional 8.ª TRLC, pero tal previsión en nada afecta a las expectativas y derechos del resto de acreedores concursales. QUINTO.— Examen por el Tribunal de los motivos de apelación. Motivo cuarto. 21 Como recogíamos anteriormente, los pagos realizados en relación a la póliza de crédito 2048 0902 4497 0000 0225, en la que se emplearon 90.000 euros, se rescinden por referirse a deudas no vencidas ni exigibles en el momento de ser realizados, en tanto carentes de toda justificación, por haber supuesto una quiebra de la par conditio creditorum. En este caso se identifica con no haber procedido a pagar, con preferencia a la entidad apelante, a otros acreedores cuyos créditos ya estaban vencidos en ese momento y eran exigibles. 22 En relación con los otros 13 pagos que se rescinden respecto de las pólizas comex y confirming, el motivo se centra también en resultar perjudiciales para la masa activa, en el sentido de que supusieron una quiebra de la igualdad de trato entre los acreedores o par conditio creditorum conforme a la doctrina del TS (STS n.º 170/2021), y también por haber defraudado la finalidad de los avales del Estado previstos por el Real Decreto Ley 8/2020. En este caso, aunque los créditos estaban vencidos y eran exigibles, considera relevante que se llevan a cabo cuando la ahora concursada ya se encontraba en situación de insolvencia. A lo que añade que se llevan a cabo pagos en contra de la finalidad de la norma que regula los créditos ICO. 23 La parte apelante, además de mantener, lógicamente la tesis de la necesidad de valorar de forma conjunta la operación de refinanciación, considera que la sentencia aplica de forma errónea la excepcional doctrina jurisprudencial que abre la puerta a la posible rescisión de los pagos debidos, cuando se producen en situación de insolvencia actual. Esta afirmación parece contradictoria con la alegación de que los pagos rescindidos son actos ordinarios de la actividad empresarial realizados en condiciones normales. Parece que la apelante realiza una valoración jurídica individualizando los pagos al margen de la operación de refinanciación en que se enmarcan. Desde esta última perspectiva que es la que se entiende procedente para resolver las cuestiones aquí controvertidas, no resulta admisible considerar estas operaciones de refinanciación de pasivo circulante en una situación de crisis económica general, y en particular de la propia sociedad ahora en concurso, que se plantean además de una forma generalizada con varias entidades financieras (se desconoce si la totalidad de ellas), con las que venía financiando su actividad empresarial, como actos ordinarios de la actividad empresarial realizados en condiciones normales, a los efectos del art. 230.1.º TRLC. Se trata, por el contrario, de actos de carácter excepcional, ajenos a la actividad ordinaria de la empresa, dirigidos a refinanciar o reestructurar su pasivo financiero para mantener la viabilidad económica y financiera de la empresa, en condiciones también excepcionales de crisis económica y con instrumentos, como son las líneas de crédito ICO, creadas precisamente para un momento de excepcionalidad. 24 Como venimos razonando, los pagos que se rescinden en la sentencia de instancia se enmarcan en una operación de refinanciación. Es más, corresponde a este Tribunal examinar en el mismo día otras tres operaciones de refinanciación de pasivo entre la ahora concursada y otras entidades financieras, por lo que, sin duda alguna, la operación se enmarca en una estrategia global de refinanciación del pasivo financiero. Este tipo de operaciones ha sido contemplado de forma expresa por el antiguo art. 71 bis LC y la disposición adicional 4.ª LC, relativos a los acuerdos de refinanciación, y se siguen contemplando como contenido de los actuales planes de reestructuración (arts. 614 y 616 TRLC). 25 Ciertamente, tales acuerdos para poder hacerse resistentes a la rescisión en la forma establecida por la legislación concursal, debían reunir una serie de requisitos que no concurren en el presente caso. Pero ello no determina que acuerdos singulares de refinanciación de deuda, como es el caso, deban ser rescindidos, y menos con un carácter parcial que no toma en consideración la totalidad de la operación, pues esta no se entiende sino es desde una visión global de la misma. 26 Resulta conveniente la cita de la STS núm. 363/2014, de 9 de julio en la que, con referencia a refinanciaciones atípicas, en el sentido de operaciones de refinanciación que no reunían los requisitos del art. 71 bis LC y concordantes, solo son rescindibles si se acredita un perjuicio en cuanto supone un sacrificio patrimonial injustificado. ...Ante todo, hemos de señalar que el RDL 3/2009 fue una norma que pretendía proporcionar una seguridad jurídica a las partes a determinadas operaciones de reestructuración y de financiación, o ambas, con

> el fin de que, si se daban ciertos requisitos, fueran irrescindibles frente a las acciones de reintegración. En modo alguno puede pensarse que la norma supuso que todos los acuerdos de refinanciación o de reestructuración debían ajustarse a los requisitos que en la misma se establecen, so pena de poder ser rescindidos inevitablemente. Las mismas razones que llevaron y llevan a la jurisprudencia, en cada caso particular, tras su análisis y ponderación, a apreciar o no un sacrificio patrimonial injustificado por las operaciones descritas, también ahora, nada impide que pueda probarse que no ha existido perjuicio, destruyendo la presunción iuris tantum, que es lo que ha ocurrido en el presente caso y que la sentencia recurrida ha ponderado detenidamente. Por tanto, ni la norma que introduce los acuerdos de refinanciación (la DA 4.ª del RDL 3/2009), ni las posteriores reformas concursales que los ha modificado (Ley 38/2011 y el RDL 4/2014) impiden que para los acuerdos de refinanciación que no se acojan a la protección específica prescita recientemente en la disposición adicional 4 .ª y en el art. 71.bis, deba seguir examinándose, caso por caso, si existe o no sacrificio patrimonial injustificado como venía haciéndose hasta ahora, pues aunque los acuerdos no se ajusten a los requisitos exigidos por las nuevas normas pueden ser igualmente inmunes si no comportan perjuicio concursal en el sentido del art. 71 LC. 27 Entendemos que este tipo de operaciones deben valorarse en su conjunto. Por eso no cabe la aplicación de normas o jurisprudencia que toma en consideración únicamente aspectos parciales como es, en este caso, los pagos o cancelaciones de deuda originaria que, en realidad no desaparece, sino que se modifica, sin alterar la masa activa de la ahora concursada. La nueva financiación no existiría sino fuera para, con carácter principal, refinanciar la deuda preexistente con la entidad financiera, por lo que no se puede, a posteriori, entender que el destino de la nueva financiación debiera ser otro, concretamente otros acreedores. Se estaría afectando a la causa del contrato y al sentido y finalidad de la operación financiera. 28 No puede considerarse como perjuicio a la masa activa en cuanto sacrificio patrimonial injustificado, una operación para refinanciar un circulante que, en otro caso, al estar próximo su vencimiento, iba a asfixiar financieramente a la ahora concursada, generando una situación de impago generalizado de las fuentes de financiación que conducía inexorablemente al concurso de acreedores."

Y finalmente, la tercera, la núm. 121/2024, también de 8 de marzo de 2024, niega la concurrencia de un sacrificio patrimonial injustificado a la vista que la refinanciación cuestionada suponía una mejora notable respecto de las condiciones obrantes en la póliza de crédito, tanto en lo que concierne al principal como a la forma de amortización y al tipo de interés, y, por otra parte, el préstamo puente se articula como un mecanismo de garantía tendente a evitar las consecuencias de que el préstamo ICO no fuese aprobado en plazo —o no fuese aprobado—, sin que se observe en esta última operación ningún elemento de agravación de la situación preexistente, antes al contrario, no se incluye comisión de amortización anticipada, de forma que el pago realizado tan pronto se concedió el préstamo ICO no dio lugar a comisión alguna:

> "...En estas condiciones, cabe fundadamente afirmar que, por una parte, el préstamo ICO suponía una mejora notable respecto de las condiciones obrantes en la póliza de crédito, tanto en lo que concierne al principal como a la forma de amortización y al tipo de interés, y, por otra parte, el préstamo puente se articula como un mecanismo de garantía tendente a evitar las consecuencias de que el préstamo ICO no fuese aprobado en plazo —o no fuese aprobado—, sin que se observe en esta última operación ningún elemento de agravación dela situación preexistente, antes al contrario, no se incluye comisión de amortización anticipada, de forma que el pago realizado tan pronto se concedió el préstamo ICO no dio lugar a comisión alguna, como tampoco a intereses, lo que demuestra el objetivo de esta operación. 36.— Ciertamente, el préstamo puente se canceló 27 días antes de su vencimiento (29/06/2020), pero no loes menos que su finalidad se circunscribía a impedir el vencimiento de la póliza impagada, que días antes ya había alcanzado el límite de crédito y con relación a la cual la deudora no se encontraba en situación de liquidez que le permitiera afrontar el pago —lo que la abocaba a un incumplimiento contractual de imprevisibles consecuencias—, en el ínterin se aprobaba el préstamo ICO, por lo que, autorizado dicho préstamo, carecía de sentido mantener vivo el préstamo puente, so pena de pagar intereses. 37.— De ahí que el pago del préstamo puente no supusiera perjuicio alguno para la deudora, ni mermara la masa activa de la ahora concursada. El pago o amortización realizada se lleva a cabo en el marco más amplio de la refinanciación de un pasivo próximo a vencer, mediante la obtención de un nuevo instrumento de financiación, en este caso una línea de crédito ICO, que sirve para absorber los créditos anteriores derivados de otros instrumentos de financiación, como es el contrato de apertura de crédito,

novando elementos de éstos no solo sin causar un perjuicio al patrimonio de la prestataria o acreditada, sino en su beneficio por la ampliación del plazo de vencimiento, sin ninguna carga o gravamen adicional, como ha sido propio de garantías contextuales más gravosas que la situación ahora examinada. Es más, aplazar el vencimiento de los créditos que se cargan a la nueva financiación, lo que hace es liberar recursos de tesorería o de caja que se vayan generando para sus necesidades, ya que no es preciso atender a los créditos que estaban a punto de vencer, y han obtenido un nuevo plazo de vencimiento a 5 años. 38.— Desde la óptica de la entidad financiadora, ahora apelante, su situación no mejora desde una perspectiva de un futuro proceso concursal. Sus créditos siguen manteniendo el mismo importe y la misma calificación de créditos ordinarios. Solo cambia el negocio sobre el que se sustenta su crédito, antes un contrato de apertura de crédito y después un contrato de préstamo ICO, mediando un préstamo puente por el que no percibe ni comisiones ni, al haberse devuelto inmediatamente, comisiones. Es verdad que la entidad financiera obtiene un beneficio a modo de garantía del Estado que avala un 80% del préstamo, pero ello no es a cargo de la sociedad concursada, a la que le resulta ajeno, en principio, dicho aval del Estado en favor de la entidad financiera. 39.— Como hemos señalado con anterioridad, la sentencia de instancia, declara que los pagos o cargos referidos a deudas no vencidas ni exigibles en el momento de ser realizados, en tanto carentes de toda justificación, son rescindibles por haber supuesto una quiebra de la par conditio creditorum. En este caso se identifica con no haber procedido a pagar, con preferencia a la entidad apelante, a otros acreedores cuyos créditos ya estaban vencidos en ese momento y eran exigibles. 40.— Mas según se ha expuesto, el pago que se rescinde en la sentencia impugnada se enmarca en una operación de refinanciación. Es más, corresponde a este Tribunal examinar en el mismo día otras tres operaciones de refinanciación de pasivo entre la ahora concursada y otras entidades financieras, por lo que, sin duda alguna, la operación se enmarca en una estrategia global de refinanciación del pasivo financiero. Este tipo de operaciones ha sido contemplado de forma expresa por el antiguo art. 71 bis LC y la disposición adicional 4.ª LC, relativos a los acuerdos de refinanciación, y se siguen contemplando como contenido de los actuales planes de reestructuración (arts. 614 y 616 TRAC). 41.— No se discute que tales acuerdos, para poder hacerse resistentes a la rescisión en la forma establecida por la legislación concursal, debían reunir una serie de requisitos que no concurren en el presente caso. Pero ello no determina que acuerdos singulares de refinanciación de deuda, como los aquí enjuiciados, deban ser rescindidos, y menos con un carácter parcial que no toma en consideración la totalidad de la operación, pues esta no se entiende sino desde una visión global o de conjunto destinada a proporcionar liquidez que permitiera salir de la situación en que se encontraba y pagar a los proveedores y a los trabajadores. 42.— Reiteramos que este tipo de operaciones deben valorarse en su conjunto. Por eso no cabe la aplicación de normas o jurisprudencia que toma en consideración únicamente aspectos parciales como es, en este caso, los pagos o cancelaciones de deuda originaria que, en realidad no desaparece, sino que se modifica, sin alterar la masa activa de la ahora concursada. La nueva financiación no existiría sino fuera para, con carácter principal, refinanciar la deuda preexistente con la entidad financiera, por lo que no se puede, a posteriori, entender que el destino de la nueva financiación debiera ser otro, concretamente otros acreedores. Se estaría afectando a la causa del contrato y al sentido y finalidad de la operación financiera. 43.— No puede entenderse como perjuicio a la masa activa, en cuanto sacrificio patrimonial injustificado, una operación para refinanciar un circulante que, en otro caso, al estar próximo su vencimiento, iba a asfixiar financieramente a la ahora concursada, generando una situación de impago generalizado de las fuentes de financiación que conduciría inexorablemente al concurso de acreedores..."

Por lo tanto, en estas operaciones refinanciadoras complejas, y con una causa común, se impone la rescisión conjunta del negocio completo, y no de actos aislados, desgajados y determinando la concurrencia de ese requerible sacrificio patrimonial injustificado a la vista del negocio completo y sus circunstancias, obviándose la aplicación de las presunciones legales del perjuicio de los arts. 227 TRLC y 228 TRLC.

Además, el hecho que la operación no quede guarecida de las inclemencias rescisorias concursales bajo el paraguas protector del régimen de los planes de restructuración (arts, 667 y 668 TRLC), no determina que acuerdos singulares de refinanciación de deuda deban ser necesariamente rescindidos por este motivo, y menos, como dije antes, con un carácter parcial que no toma en consideración la totalidad de la operación, realmente, de causa única, y que no se entiende sino desde una visión global o de conjunto.

En materia de cesiones de créditos, cabe reputar injustificado el sacrificio patrimonial de la cesión en cuanto la deudora se desprende de unos activos (los créditos) sin contrapartida suficiente (precio cesión) y afectando con ello al valor de la masa activa. Máxime si el deudor cumple una obligación vencida y exigible por un medio de pago que no fue el inicialmente pactado e inhabitual en su tráfico ordinario, privilegiando a unos acreedores frente a otros y extrayendo bienes de la masa. Además, en estado de insolvencia. Dejo aquí en este sentido, la sentencia del Tribunal Supremo de fecha 26 de octubre de 2016:

> "..1.— En cuanto a la cesión de créditos, es cierto que su mera realización en los dos años anteriores no conlleva per se que sea rescindible. Pero aparte de que el elemento temporal en este caso sí es muy significativo, puesto que la operación se realizó tres días antes de la solicitud de concurso, no es la razón decisiva por la que la Audiencia confirmó su rescisión, sino que lo determinante es que la deudora se desprendió de unos activos (los créditos) sin contrapartida suficiente, lo que redunda en el sacrificio patrimonial injustificado que constituye el perjuicio. Conforme a lo expuesto anteriormente, fuera de las presunciones legales (art. 71.4 LC), habrá perjuicio para la masa siempre que la administración concursal demuestre que si no se hubiera producido el acto impugnado, la composición de la masa activa tendría un mayor valor.
> 2.— Según estos parámetros, en este caso la cesión de créditos en pago de deudas ya vencidas resulta perjudicial para la masa, porque el deudor cumplió una obligación vencida y exigible por un medio de pago que no fue el inicialmente pactado e inhabitual en su tráfico ordinario, lo que supuso a un tiempo privilegiar a unos acreedores frente a otros y extraer bienes de la masa. Además, cuando se realizó la operación la deudora ya estaba en situación de insolvencia y la cesión puso de manifiesto su intención de realizar una discriminación de pagos a favor de un concreto acreedor en detrimento de otros..."

Dación en pago de una deuda. Cabe atender al valor del bien o derecho dado, y al importe de la deuda cancelada, total o parcialmente, con lo entregado, así como al carácter líquido, vencido y exigible de la deuda, y su vejez. Pero también resulta relevante el momento y circunstancias de la dación, en esencia, la situación de insolvencia del deudor, las circunstancias del acreedor, y las ventajas de la dación para el deudor. También la excepcionalidad de la dación respecto a otros acreedores de igual condición, asi como las cualidades, o defectos, del bien entrgado, por ejemplo, su compleja venta, o su innecesaridad en la actividad del deudor, costes de mantenimiento etc.

Así, vid la sentencia del Tribunal Supremo, de fecha 6 de marzo de 2018, que declara carente de sacrificio patrimonial injustificado varias cesiones de determinados derechos de uso exclusivo de plazas de garaje, derechos de difícil comercialización, en pago de una deuda atendiendo a que el valor de los citados derechos cedidos resultaba inferior a la mitad del importe de los créditos extinguidos, y que la dación en pago no se efectuó aisladamente sino que se ofreció a la generalidad de acreedores. Y permitió a la deudora ahorrase costes de mantenimiento. Ello pese a que se realizó meses después de la presentación de la comunicación preconcursal del actual art. 585 TRLC (en ese momento, 5 Bis LC). Además, y a efectos de negar el perjuicio, la resolución judicial se apoya en el hecho que en el posterior concurso, los créditos sujetos al convenio sufrieron una quita del 50%, cuyo pago se fraccionó y demoró entre uno y cinco años, lo que permitió a éstos cobrar sus créditos en similares condiciones a los acreedores que aceptaron los citados derechos en pago de su deuda. Puede leerse en la citada sentencia:

> "...3.— Los actos de disposición objeto de rescisión concursal son daciones en pago: OCASA cedió los derechos de uso exclusivo de veinticuatro plazas de aparcamiento a Laragres, en pago de una deuda que tenía con esta, que estaba vencida y era exigible. El valor de los derechos cedidos era inferior a la mitad del crédito de Laragres, que se extinguía con la cesión. La dación en pago fue acordada después de que OCASA realizara la comunicación del art. 5 bis LC y pocos días antes de su declaración de concurso a instancia de algunos de sus acreedores. En las sentencias 175/2014, de 9 de abril, y 715/2014, de 16 de diciembre, hemos entendido que «(l)a dación en pago supone un concierto de voluntades entre deudor y acreedor por el que éste consiente recibir, con carácter solutorio, un aliud pro alio (una cosa por otra), con el efecto de extinguir la obligación originaria». Se trata de un negocio complejo, pues participa de las características del pago o

cumplimiento de una obligación, de la compraventa y de la novación por cambio de objeto que, con efectos solutorios, extingue la primitiva obligación. De tal forma que lo que puede ser objeto de rescisión concursal es el acuerdo de dación en pago contenido en la escritura pública, materializado en la entrega de los derechos sobre las plazas de parking y la satisfacción convenida de los créditos del cesionario. Y la procedencia de la rescisión viene determinada por la acreditación de que este acuerdo era perjudicial para el patrimonio del deudor concursado, en la medida en que conllevaba un perjuicio patrimonial injustificado. 4.— Si nos ajustamos a la relación entre el valor de los derechos sobre las plazas de parking cedidos por OCASA y el importe de la deuda que esta tenía con Laragres, tal y como ha quedado acreditado en la instancia por la sentencia recurrida, no habría perjuicio, en cuanto que el valor de los derechos cedidos era inferior a la mitad del importe de los créditos extinguidos. Desde el punto de vista del acuerdo de transmisión de bienes o derechos que supone la dación en pago, el importe por el que se transmitían era el doble de su valor, razón por la cual no habría propiamente sacrificio patrimonial. Es únicamente desde el punto de vista de la satisfacción de los créditos que se extinguían con la dación, en que podría existir alguna duda sobre el perjuicio, en atención al momento y las circunstancias en que se realizaron, de acuerdo con la jurisprudencia contenida en las Sentencias 629/2012, de 26 de octubre, y 487/2013, de 10 de julio: «en principio, un pago debido realizado en el periodo sospechoso de los dos años previos a la declaración de concurso, siempre que esté vencido y sea exigible, por regla general goza de justificación y no constituye un perjuicio para la masa activa. Sin embargo, ello no excluye que en alguna ocasión puedan concurrir circunstancias excepcionales (como es la situación de insolvencia al momento de hacerse efectivo el pago y la proximidad con la solicitud y declaración de concurso, así como la naturaleza del crédito y la condición de su acreedor), que pueden privar de justificación a algunos pagos en la medida que suponen una vulneración de la par condicio creditorum». 5.— Las daciones en pago se realizaron para pagar unos créditos varios meses después de que la cedente, OCASA, hubiera realizado la comunicación del art. 5 bis LC, que conlleva la suspensión de las ejecuciones singulares, y unos días antes de que se hubiera declarado su concurso de acreedores. Ligado al hecho de que estas cesiones no se realizaron de forma aislada, sino que en un periodo corto de tiempo OCASA cedió plazas de garaje ubicadas en Getafe en pago de deudas contraídas con distintos acreedores, por un importe global de 4.428.600 euros, y en todas ellas, según declara probado la Audiencia, el valor de las plazas era inferior al importe de los créditos. Estas circunstancias temporales hubieran podido ser muy relevantes si el importe de los créditos fuera equivalente o inferior al valor de los derechos cedidos, y si hubieran concurrido circunstancias excepcionales respecto de la naturaleza del crédito o la condición de su acreedor que hubieran determinado la naturaleza injustificada de la diferencia de trato, como fue el caso objeto de la sentencia 487/2013, de 10 de julio. Pero la regla general fue que la cesión suponía que el acreedor cesionario recibía en pago de sus créditos unos derechos que valían menos de la mitad del importe de esos créditos. Tampoco se aprecian circunstancias excepcionales respecto de la naturaleza de los créditos o la condición del acreedor. Es más, consta que hubo un ofrecimiento por parte de la deudora a una generalidad de acreedores para realizar la dación en pago en estas condiciones, de modo que no se trató de una operación aislada sino que estuvo acompañada de otras realizadas con otros acreedores y en similares condiciones, con las que se extinguieron deudas por importe de 4.428.600 euros. Bajo estas condiciones, es difícil apreciar la concurrencia del sacrificio patrimonial injustificado, que como ya apuntábamos no puede quedar reducido a que unos créditos fueron pagados en detrimento de aquellos otros que no se beneficiaron de la cesión de pagos. 6 — Aunque la concurrencia del perjuicio debe juzgarse de acuerdo con las circunstancias existentes al tiempo de ser realizados los actos de disposición objeto de rescisión (las daciones de pago), en este caso en que el perjuicio se funda en la alteración de la par condicio creditorum, es muy ilustrativo advertir que los créditos sujetos al concurso sufrieron una quita del 50%, cuyo pago se fraccionó y demoró entre uno y cinco años. Los acreedores que recibieron las cesiones recibieron en pago unos derechos de difícil comercialización cuyo valor era inferior a la mitad de sus créditos; y los acreedores que se sometieron al concurso vieron reducidos sus créditos a un 50%, aunque fuera demorado su cobro cinco años. Estas circunstancias ponen en evidencia que cuando se realizaron las daciones en pago, pese a la proximidad de la declaración de concurso, por las condiciones en que se hicieron, no conllevaban un perjuicio en cuanto que el sacrificio patrimonial que suponían no era injustificado, fundamentalmente porque se extinguieron pasivos por el doble del valor de los derechos cedidos, con lo cual no existió un detrimento de la masa activa; y porque la novación sufrida por los créditos concursales afectados por el concurso les permitió cobrar sus créditos, más tarde, pero en similar proporción y en dinero y no se aprecian circunstancias excepcionales en la naturaleza de los créditos o la condición del acreedor que permi-

> ta afirmar el carácter injustificado de la diferencia de trato entre los acreedores que vieron satisfecho parcialmente su crédito. Todo ello aparte de que, además, la cesión de unos derechos de difícil explotación en esos momentos, ahorró a la concursada los gastos de mantenimiento…"

En idéntico sentido, vid las sentencias del Tribunal Supremo de fecha 7 de marzo de 2018; 11 de abril de 2018; 11, 21, 24 y 30 de mayo de 2018; y 21 de junio de 2018.

La sentencia de la Audiencia Provincial de A Coruña, de fecha 24 de enero de 2024, decreta perjudicial una dación en pago de una deuda debida, a la vista de la desproporción existente el valor del activo y la deuda extinguida, habiéndose infravalorado los bienes dados en pago, y ha aumentado de manera injustificada la deuda concurrente. Esta rescisión impacta sobre actos del deudor acometidos en la fase de convenio, y tras la apertura de la liquidación, y al amparo del art. 405 TRLC:

> "…Pero la AC mantiene que la deuda de la concursada con PULPO no asciende a esa cifra, suma de 121.166,65€ reconocidos en el convenio y otros 99.277,75€ que Pulpo de Camariñas pretende con tres facturas no justificadas. La AC mantiene que la deuda acreditada de la concursada asciende a 171.039,90€, remitiéndose a la propia contabilidad de la concursada, y es el resultado de los 121.166,65€ reconocidos en el convenio y no cuestionados, y otros 49.873,25€ que sí se reconocen generados durante el tiempo de cumplimiento del convenio, lo que suma los 171.039,90€ que siguen reconociendo. No sabemos la razón por la cual la recurrente sigue defendiendo su valoración de 190.947,35€ de deuda concursal cuando además en la escritura y con las cifras expuestas se defendía una deuda de 220.444,50€ igual a la valoración de las dos fincas. A la vez, mantiene que el objetivo de la dación era evitar el incumplimiento del convenio, sin que sepamos como fundamenta la cifra que dice reconocida, más allá de las facturas aportadas, pues la AC se remite a la propia contabilidad de la concursada y ciertamente no se justifica que exista una categoría legal que permita privilegio alguno en favor de lo que se llama acreedor estratégico, que por lo demás, la AC entiende que es una mercantil vinculada a Congelados País S,L al tener su administrador la mitad del capital de la concursada, según se dice que fue reconocido en otro incidente. 8.— Sobre el intento de reducir el valor de los

bienes entregados, la sentencia impugnada recoge en un cuadro el valor actualizado de los dos inmuebles en enero de 2021 al tiempo de la escritura de dación, concediéndoles valoración por importe final de 243.408,72€ (suma de 120.823,32€ para el primer local y 122.585,40€ para el segundo), aceptando valoraciones inferiores a las que manejaba la AC pero en todo caso siempre superiores a la deuda, por lo que objetivamente la dación en pago siempre sería perjudicial para la masa; y volvemos a no comprender desde el recurso, de donde surge que deba estarse a otra valoración. 9.— El artículo 228 del TRLC dice que "cuando se trate de actos no comprendidos en el artículo anterior, el perjuicio patrimonial para la masa activa deberá ser probado por quien ejercite la acción rescisoria" y a AC ha probado el perjuicio en los términos de las cuantías expuestas en la sentencia, sin que el recurso demuestre el error en las cifras tenidas en cuenta para revisar la deuda concurrente y la valoración de los bienes dados en pago. 10.— La juez hace ver que por auto de 11 de marzo de 2022 se declaró la reinsolvencia de la entidad concursada, con la automática apertura de la fase de liquidación; sin que haya sido discutido que la TGSS justificó su petición con certificados de créditos contra la masa a fecha 24 de enero de 2022, de los años 2016, 2017, 2018, 2019, 2020 y 2021, acreditativos del sobreseimiento generalizado en el pago de las cuotas de la Seguridad social y demás conceptos de recaudación, durante más de tres meses. 11.— La STS de 26 de octubre de 2012 que la recurrida cita, nos hace ver que "Por ello, en principio, un pago debido realizado en el periodo sospechoso de los dos años previos a la declaración de concurso, siempre que esté vencido y sea exigible, por regla general goza de justificación y no constituye un perjuicio para la masa activa. Sin embargo, ello no excluye que en alguna ocasión puedan concurrir circunstancias excepcionales (como es la situación de insolvencia al momento de hacerse efectivo el pago y la proximidad con la solicitud y declaración de concurso, así como la naturaleza del crédito y la condición de su acreedor), que pueden privar de justificación a algunos pagos en la medida que suponen una vulneración de la par condicio creditorum. Al respecto, cabría aplicar analógicamente la doctrina contenida en la sentencia 855/2007, de 24 de julio, donde negamos la concurrencia del fraude en un supuesto de acción pauliana en que el deudor, con las cantidades percibidas, había atendido obligaciones con otros acreedores. En esta sentencia argumentábamos que "el deudor, en tanto no resulte constreñido por un proceso ejecutivo o concursal para la ordenada concurrencia de los créditos (el cual puede determinar la rescisión de los actos perjudiciales para la masa activa), tiene libertad para realizar sus bienes y aten-

> der a los créditos que le afecten sin atender a criterios de igualdad o preferencia, como se infiere del hecho de que el CC (art. 1292) únicamente considera rescindibles los pagos hechos en situación de insolvencia por cuenta de obligaciones a cuyo pago no podía ser compelido el deudor en el tiempo de hacerlos, pero no los que no reúnen esta condición, en virtud del principio qui suum recepit nullum videre fraudem facere (quien cobra lo que es suyo no defrauda)". De esta forma, un corolario moderno de este principio, proyectado sobre la rescisión concursal, que se funda en el perjuicio y no en el fraude, como criterio justificativo de la rescisión, sería que cuando se paga algo debido y exigible no puede haber perjuicio para la masa activa del posterior concurso de acreedores del deudor, salvo que al tiempo de satisfacer el crédito estuviera ya en un claro estado de insolvencia, y por ello se hubiera solicitado ya el concurso o debiera haberlo sido". 12.— Cuando como sucede en el caso, en la escritura de dación en pago se acredita que se han infravalorado los bienes dados en pago, y se ha aumentado de manera injustificada la deuda concurrente, el perjuicio está justificado, y el recurso no puede ser estimado....."

También resalto la sentencia de la Audiencia Provincial de Vizcaya, de fecha 14 de octubre de 2010, que declara no perjudicial la constitución de una hipoteca en garantía del pago de los pedidos de material pendientes de suministro, dado que la posteriormente concursada precisaba avituallarse de tal material a efectos de terminar una serie de obras que estaban pendientes, en beneficio incrementatorio de la masa activa:

> "...Ahora bien, se revoca la sentencia de instancia en cuanto que no se ha demostrado que la constitución de la hipoteca para garantizar los pedidos de material pendientes de entrega hubiera sido perjudicial en los términos del art. 71.4 de la LECO, puesto que estaba justificado el sacrificio patrimonial que comporta la concesión de la garantía real por el hecho de que la Sociedad Umaran tenía que abastecerse de vidrio para poder terminar las obras pendientes de entrega final, que estaba obstaculizado por la deuda contraída con la proveedora, para así poder continuar su actividad empresarial y asumir las obligaciones contraídas sin consecuencias jurídicas adversas..."

La sentencia de la Audiencia Provincial de Alicante de fecha 12 de febrero de 2008, analizatoria del perjuicio en una compraventa inmobiliaria, atiende al precio, valor del inmueble y circunstancias de la compraventa, y partiendo de valoraciones periciales judiciales y no de otros valores que no reflejan la realidad:

> "...El alegato es de error de valoración de la prueba documento-pericial que lleva al Juzgador a considerar que hay perjuicio en la masa activa del concurso. El conflicto valorativo se encuentra en el contraste entre los documentos número 2, 3 y 4 de la demanda, documentos privados relativos a tasaciones de los inmuebles trasmitidos, y la pericial practicada a instancia de la mercantil Exclusivas de Sanidad y Consumo S.L. sobre el mismo objeto, la valoración de los inmuebles. En dichos medios, las diferencias valorativas son notables. Así, la finca núm. NUM002 (local con trastero anejo) está valorada por la actora en 37.379,01 euros y por la demandada en 23.916,36 euros; la finca NUM001 (plaza de aparcamiento) está tasada por la actora en 18.659,15 euros y por la demandada en 7.741,08; y la finca núm. NUM003 (trastero vinculado a plaza de garaje) está tasada por la actora en 6.953,04 euros y por la demandada en 5.074,06 euros. El elemento crítico frente a la decisión judicial de asumir la valoración de la actora se centra en la consideración de que las tasaciones en que se sustenta —doc. n.º 2, 3 y 4—, se efectúan sin inspección directa de cada inmueble a diferencia de lo ocurrido respecto de la pericial de la sociedad demandada que, además, se somete a la contradicción de las partes en el juicio oral. Se abunda dicha crítica aduciendo que el argumento judicial de que en el dictamen de la demandada se incluyan los costes de oportunidad y depreciación funcional es equívoco dado que el segundo de los criterios también se utiliza en las tasaciones de la actora aunque con menor fundamento dada la falta de inspección directa de los bienes y, porque el coste de oportunidad, es un concepto fundamental para establecer el valor de mercado. Además se aduce que el precio no puede obtenerse mediante un método comparativo —como se hace en los casos de los documentos n.º 3 y 4— cuando no se identifican las fincas objeto de comparación y que, en todo caso, la presunción del Juzgador sobre que se debió vender a precio inferior al de mercado porque la transmisión se realizó en situación de liquidación de los activos inmobiliarios de la demandada carece de prueba que la sustente. Las críticas que se efectúan a la valoración judicial contienen varios fundamentos perfectamente asumibles. Desde el punto de vista de este Tribunal, el hecho de la contradicción en lo que hace a la pericial del Sr. Matías resulta relevante. Sin embargo, no es suficiente para desvirtuar el valor de los documentos que contienen la tasación de los inmuebles de que se trata cuando

se ponen en relación con tres datos esenciales, a saber, el valor catastral de los bienes, el propio valor que a la fecha de la venta —14 de julio de 2007— su titular confiere a dos plazas de garaje del mismo edificio en el que se encuentra la finca NUM001, y la forma de la venta. En cuanto lo primero. El valor catastral de conjunto de las fincas vendidas asciende a la fecha de la transmisión a 26.136,55 euros, y ello constituye una cifra próxima al valor de venta, siendo así que es notorio que no son los valores catastrales los que marcan el valor de mercado. Así, la finca núm. NUM002 (local con trastero anejo), que está valorada por la actora en 37.379,01 euros y por la demandada en 23.916,36 euros, tiene asignado un valor catastral de 15.356,10 euros; la finca NUM001 (plaza de aparcamiento), que está tasada por la actora en 18.659,15 euros y por la demandada en 7.741,08, tiene un valor catastral de 6.700,49 euros; y la finca núm. NUM003 (trastero vinculado a plaza de garaje), que está tasada por la actora en 6.953,04 euros y por la demandada en 5.074,06 euros, tiene asignado un valor catastral de 4.099,96 euros. Si se observan estos valores se constatará que la diferencia se encuentra sólo en relación con el local, y aunque es cierto que el precio de la venta se estableció en forma de precio unitario de los tres inmuebles, 35.000 euros, fácilmente puede entenderse que el porcentaje determinante del mayor valor debió conferirse al local con trastero. Esta forma misma de fijación del precio es despreciativa, por otro lado, de valores de mercado. En efecto, una venta inmobiliaria en globo supone un menor valor de cada parte que la compone ya que los elementos se combinan para compensar valores, haciendo el precio atractivo a la venta. Es además característica de ventas apresuradas, destinadas a la obtención de una inmediata liquidez, lo que en el caso se constata con evidencia, tanto a partir de la realidad del inmediato concurso, como el reconocimiento de la búsqueda de tal fin, por otro lado, puesto de manifiesto a través de la aportación de bienes y dinero por parte de la demandada Sra. Daniela, a las sociedades implicadas en actos de la misma fecha que aquella transmisión donde, en lo que constituye el último indicio relevante de la insuficiencia del precio señalado, la atribución del valor a otros elementos idénticos a los vendidos, a la plaza de garaje en particular, deviene valorada por la propietaria en modo muy superior al precio de la venta a la Sociedad co-demandada, en concreto en 24.000 euros por plaza es decir, en más de tres veces el valor catastral que ya vimos. Todos estos datos, dan veracidad a las tasaciones criticadas, al tiempo que minimizan los defectos apuntados sobre falta de observación directa de los locales ya que ponen de relieve que, frente a la pericial practicada, aquellas se aproximan con mejor criterio al valor de mercado a la fecha del acto impugnando. El valor catastral, la forma y momento de la venta y los valores otorgados por la propia vendedora a la misma fecha a bienes equivalentes, demuestran que la venta se efectuó apresuradamente con el objeto, en el marco del plan que expone la Sra. Daniela en su contestación, de obtener fondos con los que evitar la situación de crisis que padecían las sociedades en las que estaba implicada. Así se explica que la venta se hiciera en conjunto, sin valoraciones individuales, y sumados los elementos, por debajo de su verdadero valor de mercado, produciéndose con tal diferencia, como está reconocida en la dialéctica del proceso, el perjuicio que persigue el artículo 71.1 de la Ley Concursal a los efectos de obtener la constatación del elemento objetivo de la reintegración concursal en los términos propuestos por el Juez en la Sentencia de instancia que no cabe sino confirmar..."

O la sentencia de la citada Audiencia Provincial de Alicante, de fecha 22 de octubre de 2008:

"...No tiene este Tribunal intención de analizar el mercado en general ni el mercado inmobiliario en particular. Lo notorio es obvio y por tanto, carente de prueba —art. 281-4 LEC—, afirmación que hacemos en relación a dos contenidos del recurso, primero, al que el precio se fija por el mercado y, por tanto, no es un factor objetivo y matemáticamente determinable y, segundo, que el mercado inmobiliario es fluctuante. En efecto, en el sistema de libre mercado y economía de mercado, es éste quien fija, por concurrencia de oferta y demanda, el precio. No existe por tanto precio legal ni, desde luego, precio justo, fuera de los supuestos legalmente predeterminados, lo que sin embargo no es excluyente de fijación de criterios de valoración media en atención a factores como tamaño, calidades, ubicación, antigüedad, etc., necesarios para fijar valores a diversos fines, incluso los de tasación. Dicho lo cual, resulta evidente que el mercado inmobiliario, hasta el año 2007, ha sido creciente en demanda, lo que ha determinado que durante más de una década, la fluctuación de precios siempre haya sido al alza, en particular en las grandes ciudades y desde luego, en toda la zona marítima y sus adyacentes. Con tales antecedentes, sí podemos extraer consecuencias a partir de los datos de que disponemos, indubitadamente contrastados en autos. Nos referimos a los siguientes. La vivienda se trasmite en noviembre de 2003 al recurrente para satisfacer parte de una deuda, en concreto, 60.000 euros. En febrero de 2007 el recurrente trasmite a terceros dicho inmueble, constituyéndose a la misma fecha una hipoteca por los adquirentes sobre dicho bien, a cuyos efectos es tasado en 179.865,75 euros, concediéndose la garantía por un préstamo de 143.892 euros. No consta en autos el precio de transmisión del recurrente a los terceros adquirentes, aunque se afirma en la contestación a la demanda que lo es por 100.000 euros. La falta de contraste de tal dato permite sin embargo evaluarlo como de débil o escasa credibilidad. La simplicidad de su prueba hace que el principio de facilidad probatoria —art. 217-6 LEC— permita exigir al demandado la prueba de tal alegación y que sobre él recaiga la falta de verosimilitud del mismo como factor para desvirtuar lo que resulta de aquellos que sí están contrastados y que nos permiten afirmar que, más allá de la concreción que el Juez, en un detallado y fundado análisis que de la cuestión hace, resulta evidenciada la desproporción entre el valor del bien entregado en satisfacción de la deuda pendiente y el valor de mercado de dicho bien en función de la relación existente entre el tiempo transcurrido entre una y otra operación (veintisiete meses) y la diferencia de valor otorgado a efectos de pago de deuda y del otorgado a los efectos de garantía de un préstamo hipotecario (que lo triplica). Existe por tanto perjuicio desde la perspectiva que interesa al Concurso, esto es, en cuanto el acto de dación en pago supone a la postre una restricción de los derechos de créditos de los terceros acreedores de la concursada, pues es evidente que el mecanismo ya extraordinario de la dación en pago (no constando su previsión en el caso del crédito particular) y el privilegio que se hace con su uso a un concreto acreedor, reduce los derechos de aquellos otros acreedores, primero por la alteración de la pars y, en segundo lugar, por la reducción de la masa pasiva desde el momento en que no existe además equivalencia económica entre el bien y el fin que constituye causa del negocio de la dación en pago. En suma, en el caso hay perjuicio porque hay objetiva disminución, con el negocio de dación en pago, del patrimonio del deudor y además, se produce con el pago del crédito, una alteración injustificada de la preferencia de cobro entre los acreedores concursales. Procede en consecuencia desestimar el recurso de apelación y confirmar la sentencia de instancia..."

En la misma línea, atendiendo al precio y circunstancias de la compraventa, esta vez de participaciones sociales, vid. la sentencia del citado Juzgado de lo Mercantil núm. 2 de Barcelona, de fecha 18 de enero de 2006:

"...La administración concursal manifiesta que el precio convenido es muy superior al pactado, circunstancia evidenciada por haber sido declarada en concurso aquélla entidad apenas cuatro meses después de verificarse la venta. Pues bien, aun cuando en este caso la prueba es más endeble, también cabe concluir, en línea con lo argumentado por la administración concursal, que el precio pactado por Don José María —1.251.887,95 euros— por las acciones de MEMORIAL TRANSPORT S.L. fue muy superior a su valor real o de mercado y, en consecuencia, que el acto fue perjudicial para la masa. Ciertamente, el hecho admitido por el propio concursado en el interrogatorio de parte de encontrarse la sociedad, al tiempo de realizarse la venta, activa y al corriente en el pago de sus obligaciones, arroja serias deudas de hecho sobre cual era su auténtico valor patrimonial. Sin embargo no puede desconocerse que tres meses después, en concreto, el día 19 de enero de 2005, MEMORIAL TRANSPORTS S.L. solicita el concurso voluntario con un pasivo de 1.978.034,94 euros y un activo de 491.813,24 euros. No parece que en apenas ochenta días pueda generarse semejante desfase patrimonial. En este contexto, debe otorgarse valor probatorio al informe pericial de parte elaborado por Don Juan María, que valora la situación patrimonial de la empresa a 7 de octubre de 2004 y concluye que su activo neto real, a dicha fecha, era de —586.372,01 euros— (folio). Dicho informe se realiza partiendo de otro elaborado por don José Ángel en noviembre de 2004, es decir, un mes después de la operación que se analiza. Dicho informe se elaboró a instancia de MARCH EXPRESS TRANSPORTE Y DISTRIBUCION S.L. para un procedimiento ordinario seguido ante el Juzgado de Primera Instancia núm. 25. Por ello, el hecho de que el Sr. José Ángel comparta despacho provisional con uno de los administradores concursal (el Sr. Roberto, es absolutamente irrelevante. Obedece a una mera casualidad, pues este Juzgador, al realizar su nombramiento, en modo alguno pudo prever el devenir del concurso y la existencia misma de este incidente. Pues bien, el Sr. José Ángel justifica contundentemente porqué del activo de MEMORIAL TRANSPORT S.L. deben deducirse créditos con tres empresas del grupo —MEMORIAL TRANSPORTS MADRID S.L., RIO ORLINA S.L. y KILOTRANS CASTILLA S.L.— que eran absolutamente incobrables. En definitiva, de la prueba practicada se infiere que el concursado incorporó a su activo unas acciones que no valían nada, que aceptó un precio vil y que para garantizar el pago aplazado gravó su patrimonio con una hipoteca. La actora, por tanto, ha logrado acreditar, en la forma prevista en el artículo 71.4.º de la Ley, el perjuicio para la masa. Las dudas sobre la intención última de los contratantes vienen reforzadas por los vínculos personales entre comprador y vendedores. Estos no eran sino amigos personales del Sr. Luis Ángel y empresas de éste,

> cuando todavía mantenía una relación sentimental con la hija del concursado. Debe descartarse, en cualquier caso, la vinculación de la escritura que se analiza con otra firmada el mismo día y ante el mismo Notario (documento cuatro de la contestación del Sr. Ismael, al folio), dado que no coinciden los contrantes. Por todo ello, debe acordarse la rescisión e ineficacia del acto impugnado (artículo 73 de la Ley Concursal). La restitución recíproca de las prestaciones determina que las participaciones hayan de ser reintegradas a los vendedores y la cancelación de la hipoteca constituida en garantía del precio aplazado..."

O la sentencia del Juzgado de lo Mercantil núm. 1 de Oviedo, de fecha 26 de septiembre de 2007, que parte de la desproporción entre el precio de compraventa y el valor del bien objeto de transmisión, atendiendo, acertadamente en nuestra opinión, a informes periciales y no al valor fijado a efectos tributarios (catastral, etc.) que normalmente, por no decir siempre, no responde, ni de lejos, a la realidad del tráfico empresarial. Dice el Juzgador:

> "...se presenta como indubitado que el acto dispositivo es perjudicial para la masa activa al cifrarse un precio de venta (42.000 €) netamente inferior al valor real (81.800 €). Ciertamente puede admitirse que los locales objeto de comparación en el informe no sean los más acertados, dado su valor comercial y ubicación, pero lo cierto es que el informe debe valorarse en su conjunto y se trata de un informe imparcial, no prefabricado ad hoc para este procedimiento, pues fue solicitado unos meses antes de la compraventa por el concursado al objeto de conseguir una hipoteca. A mayor abundamiento, no puede agitarse contra un informe pericial, sea éste más o menos acertado, unas valoraciones otorgadas por la administración pública a efectos meramente impositivos, que, de todos es sabido, no guardan relación alguna con la realidad, máxime cuando bien podía la demandada haber aportado un informe pericial de parte o solicitado un perito judicial. Por último, hemos de valorar que a fecha 1-2-2001 el inmueble objeto de discusión fue valorado a efectos de subasta en 61.339'30 € y que la propia demandada lo tiene a la venta desde hace dos años (así lo afirmó reiteradamente la letrada de la demandada en sede de conclusiones) por 60.000 €, acto propio que no puede desconocerse. En suma, cualquiera que sea el valor que otorguemos al local, lo cierto es que el mismo es superior al fijado como precio de la operación..."

Esta sentencia fue confirmada por la Audiencia Provincial de Asturias, sentencia de fecha 4 de marzo de 2009, en la que puede leerse:

"...TERCERO.— En cuanto al valor del inmueble, objeto principal de discrepancia en el presente recurso y a pesar de los esfuerzos de la parte apelante, esta Sala entiende que es acertada la valoración de la prueba efectuada por el juzgador de instancia. Se parte para ello de reconocer que, descartado el supuesto de presunción de perjuicio patrimonial iuris et de iure del primer inciso del art. 71. 2 de la ley Concursal, así como el supuesto de la primera de las presunciones iuris tantum del art. 71. 3, nos encontramos ante un supuesto del art. 71. 4 de impugnación de un acto rescindible regido por las reglas generales de la carga de la prueba contempladas en el art. 217 de la LEC y en consecuencia corresponde a la Administración concursal probar el perjuicio patrimonial causado a la masa. El juez de instancia entiende que ha quedado probado que el precio de venta (42.000 euros) del inmueble es netamente inferior al valor que considera real de 81.800 euros, y por tanto es perjudicial para la masa activa, basándose en el informe efectuado por la sociedad de tasación Krata y que obra a los folios 113 y ss. de los autos, informe que hay que considerar imparcial y que además no ha sido efectuado para aportar al presente procedimiento sino para la obtención de una hipoteca por lo que es de suponer que al ser aceptado por la entidad que otorga el préstamo y teniendo en cuenta que el inmueble constituye la garantía para la entidad bancaria, la valoración será lo más cercana a la realidad posible. La parte apelante dedica gran parte de sus argumentos a tratar de desvirtuar el citado informe de tasación, atacando por un lado el método utilizado en cuanto a los locales objeto de comparación, al encontrarse ubicados en zonas diferentes y con características distintas del inmueble litigioso, hecho que incluso reconoce el juez de instancia en la sentencia cuando admite que ciertamente los locales objeto de comparación en el informe no son los más acertados dado su valor comercial y su ubicación, sin embargo a pesar de ese hecho reconocido, el juzgador sigue dándole valor a esa tasación y ello porque no solo se basa en esta prueba que por las razones antes expuestas considera imparcial, sino porque además la realidad de la valoración se confirma con otras pruebas. Así, el citado inmueble fue valorado a efectos de subasta en el año 2001 en 61.339,30 euros según consta en escritura pública de préstamo hipotecario, aportada en el acto de la vista, y si tenemos en cuenta que es un hecho notorio que el valor de los inmuebles tenían un constante incremento en esos años es fácil deducir que la valoración efectuada en el 2001 por el importe señalado con los incrementos anuales que se producían todavía en esa época, coincidiría muy probablemente con la tasación efectuada cuatro años después en el informe de Krata. Pero aún existe otro dato que valora la sentencia y que forma parte de los actos propios de la parte apelante, y es que el mismo inmueble se puso a la venta poco después de su adquisición por HUEVOS LEÓN-ASTURIAS S.L. por 60.000 euros como se reconoce en el acto de la vista, sin que pueda servir de argumento favorable a la tesis de la apelante, el hecho de que no se haya vendido en los dos últimos años, pues también es un hecho aún más notorio la crisis inmobiliaria de los últimos tiempos. CUARTO. Frente a la prueba señalada, consistente en dos informes imparciales realizados para obtener sendos préstamos hipotecarios en los que el inmueble servía de garantía, reforzada por el acto propio de la aquí apelante, ésta entidad, en vez de realizar una prueba pericial que pudiera desvirtuar la actividad probatoria de la Administración concursal, se limita o bien a aportar la valoración a efectos del IBI que no es habitualmente una referencia para tener en cuenta como valor real de un inmueble; o bien a tratar de poner en duda el método realizado para la elaboración del primero de los informes mencionados, con amplia argumentación en cuanto a lo que debe entenderse por inmuebles comparables y a la, a su juicio, incorrecta aplicación de la Orden ECO/805/2003, de 27 de marzo, incluso con aportación de jurisprudencia contencioso-administrativa al respecto, esfuerzo encomiable pero que no contradice el verdadero motivo por el que dicha tasación es tenida en cuenta tanto por el juzgador de instancia como por esta Sala y que no es otro que su fiabilidad al tratarse de una tasación aceptada por una entidad bancaria para garantizar un préstamo. Incluso partiendo de la tasación de 81.800 euros que acepta la sentencia y esta Sala y de la diferencia en cuanto al precio pagado de 42.000, tampoco favorecería a la parte apelante la tesis que también incluye entre su argumentación, de aplicación analógica del art. 1291 del código civil relativo a la rescisión por lesión 'en más de la cuarta parte del valor de las cosas'..."

Resulta interesante la sentencia de la Audiencia Provincial de Girona, de fecha 25 de noviembre de 2024, anulatoria de la compraventa de unas máquinas recreativas, a la vista de la rebaja de valor acordada, y el contenido de la relación obligacional entre las partes previa a esa compraventa:

"...Pues bien, TOPDIVER y SOUP PICK fijaron, en la novación de 1 de junio de 2018, el precio final de las máquinas recreativas de las delegaciones o dependencias de Murcia, Málaga, Sevilla, Madrid y Barcelona, más unos trenes de Navidad, en 2.772,092 euros + IVA, es decir, de 3.354,231,32 euros. El importe total abonado por SOUP PICK es, según ella misma, de 1.559.335,56 euros, aunque la Administración Concursal puntualiza que los pagos realmente acreditados son por importe de 1.407.401,72 euros. Ambas cifras incluirían, en todo caso, las cuotas abonadas hasta el momento de la compraventa y el pago de un valor residual de 200.000 euros pactados en la opción de compra de 6 de septiembre de 2019. Por tanto, la diferencia entre lo pactado en 2018 y lo finalmente abonado en 2019 es de 1.946.729,60 euros o de 1.794.895,76 euros, según la cifra que se tome como referencia. El primer elemento que sustenta el perjuicio es el propio apartamiento por ambas partes respecto de lo expresamente pactado un año y tres meses antes. Llama la atención que, el 1 de junio de 2018, un año y tres meses después de celebrar el contrato primigenio (de 24 de febrero de 2017) y que, por tanto, la parte arrendataria y futura compradora haya hecho uso de la maquinaria, pacte un precio final de compra de más de tres millones de euros, para luego, el 6 de septiembre de 2019 desdecirse y fijar el valor residual en tan solo 200.000 euros, alegando que es su verdadero valor de mercado. No resulta consistente afirmar, como hizo, por ejemplo, la testigo Sra. Rafaela (empleada de la apelante) en juicio, que no fue hasta el año 2019 cuando SOUP PICK se dio cuenta del alcance de las deficiencias de las máquinas, pues en junio de 2018 había transcurrido ya tiempo suficiente para que las examinara. Durante el juicio planeó la tesis de que el contrato de 2019 había sido redactado por el Sr. Luis Pablo con la asistencia de su letrada, pero es evidente que la intervención letrada queda circunscrita a las estipulaciones jurídicas, y la cifra concreta en la que se fija el valor residual de las máquinas es el verdadero contenido de la negociación, entre el Sr. Notario (SOUP PICK) y el Sr. Luis Pablo (TOPDIVER). Ya desde el "contrato madre" de 24 de febrero de 2017 existía una cláusula que, si bien estaba orientada al arrendamiento (es decir, a la problemática derivada del uso y no de la futurible compraventa), delataba el conocimiento por parte del arrendatario del estado de la maquinaria arrendada. Dicha cláusula (4.ª) rezaba: "CUARTA. SOUP PICK exonera al arrendador de la responsabilidad por la idoneidad, el funcionamiento, el estado o cualquier otra circunstancia o condición referida al bien objeto del contrato". En los dos contratos de 24 de febrero de 2017 se recogían las dos siguientes prevenciones: "Que el bien ha sido en-

> tregado, quien manifiesta su voluntad con el mismo"; "OCTAVA. SOUP PICK asume los riesgos del deterioro, daño y pérdida total o parcial del bien, incluidos los supuestos de caso fortuito y fuerza mayor". SOUP PICK, la arrendataria y compradora, era experta en el sector de los recreativos, por lo que difícilmente puede sostenerse que, dado su conocimiento y, además, las cautelas que las partes contractuales dejaron plasmadas, no le fue posible conocer todo el alcance del deterioro que presentaban las máquinas hasta septiembre de 2019...."

Acertada la sentencia del Juzgado de lo Mercantil de Salamanca, de fecha 9 de febrero de 2024, en un supuesto ciertamente almodovariano. En efecto, la Sala rescinde concursalmente un acuerdo entre la concursada y su principal acreedor no financiero por el que, a cambio de adherirse a una propuesta anticipada de convenio, éste obtiene, a diferencia del resto de acreedores, una cantidad de dinero, que se le abona mediante endoso de un pagare, y la dación del veinticinco por ciento de los jamones producidos por la deudora en una temporada:

> "...Una valoración conjunta de la prueba documental aportada permite considerar acreditado que la concursada, antes de solicitar el concurso, y SERGAPE suscribieron un documento privado a través del cual, SERGAPE se comprometía a adherirse a la propuesta anticipada de convenio que la concursada tenía intención de formular, a cambio de recibir una suma específica de dinero en ese momento y la dación en pago de un porcentaje de la propiedad sobre productos terminados de la campaña de 2019 (jamones y paletas vendibles a partir de marzo de 2022) valorada en 250.000€.a) SERGAPE se comprometía a adherirse a la propuesta anticipada de convenio, en cualquiera de sus dos alternativas, firmándola antes del 8 de abril siguiente. Nada más; pero nada menos, pues suponía la asunción de una quita del 50% y una espera de 5 años (en ambas alternativas). b) La concursada CÁRNICAS CLAUDINO SÁNCHEZ se obligaba a abonar la suma de 52.728,00 €, a través del endoso de un pagaré de César Nieto S.L., con vencimiento el 18 de abril de 2022 (cláusula primera del acuerdo cuya copia se aporta con la demanda incidental), y a dar en pago a SERGAPE el 25% de la propiedad de los jamones y paletas de bellota de la campaña de 2019 (en número de 4.660 y 2.161, respectivamente). Este importante número de piezas, según establecieron las demandadas en el acuerdo, tiene un valor

> de, al menos, 250.000,00 €, que SERGAPE obtuvo a través de la dación en pago, con la intención declarada de enajenar las piezas y obtener numerario destinado al pago de su crédito. La cláusula segunda establecía que los jamones y paletas dados en pago, de la campaña 2019, se mantendrían en las instalaciones de la concursada gratuitamente hasta el momento de ser susceptibles de venta, a partir de marzo de 2022, es decir, apenas un mes después del acuerdo. Asimismo, las demandadas acordaron que la venta de los jamones y paletas debía reportar a SERGAPE 250.000,00€ y hacerlo antes del 31 de diciembre de 2022. Incluso, para el caso de que no se alcanzara ese volumen de ventas, se pactó que, llegada la fecha marcada, SERGAPE "cubriría" la suma pendiente a través de la cesión de nuevos jamones y paletas de otros lotes o a través de la cesión de derechos de cobro de la concursada. En cualquiera de los casos, el pacto conllevaba el pago, a través de dación y posterior venta, de una suma de 250.000,00€ a favor de SERGAPE. El acuerdo suscrito tenía, por lo tanto, el objeto de lograr la adhesión del más importante acreedor no financiero de la concursada a la propuesta anticipada de convenio, aunque para ello la concursada debía "pagar un precio"; un precio que ascendió a 302.728,00 €, parte en efectivo y parte en dación Por tanto, se cumplen todos los requisitos exigidos para la rescisión indicados en el Fundamento Jurídico Primero, procediendo la estimación de la demanda incidental."

La sentencia de la Audiencia Provincial de Jaén de fecha 23 de noviembre de 2010, reputa acertadamente perjudicial la concesión de un préstamo cuyo importe se retiene parcialmente como garantía pignoraticia, devengándose intereses a favor de la entidad de crédito por su total cuantía, incluyendo la de la parte retenida:

> "...En efecto, significativo resulta obtener un préstamo por una cantidad de dinero, de la que sólo se puede disponer en parte, quedando el resto retenido como garantía pignoraticia, y no obstante lo cual, se devengarán intereses por el total, a pesar de que una parte del dinero es entregada al prestatario y la otra no; de tal suerte que el Banco obtiene doble beneficio, por un lado, percibe intereses de la cantidad que él mismo retiene como garantía o prenda, y por otro lado, tiene garantizada la devolución de toda la deuda. Correlativamente a ello el deudor prestatario resulta perjudicado en una doble vertiente, por no disponer del total del prés-

tamo al quedar parte del mismo como garantía, y por pagar los intereses de tal suma aunque nunca la ha recibido…"

La sentencia de la Audiencia Provincial de Barcelona, de fecha 26 de abril de 2007, reputa perjudicial el pago por el concursado del descubierto de una línea de crédito días antes del concurso, cuyo vencimiento era posterior al mismo, y que se enmascara, no como cancelatorio, sino bajo la forma de meros ingresos en la cuenta vinculada. Concretamente:

"…a) la concursada había dispuesto desde un inicio de la práctica totalidad del límite del crédito (como resulta del extracto de la cuenta corriente de crédito); b) el saldo negativo de la cuenta siempre estuvo próximo al límite de 30.000 euros; c) el ingreso de la cantidad cercana al límite crediticio se produce en época muy próxima a la solicitud de concurso, menos de un mes antes; d) la póliza se cancela tras los ingresos, cuando su vencimiento era posterior a la declaración de concurso, debiendo considerarse un acto dispositivo extraordinario o anormal; y e) el resultado es que al tiempo de privilegiar a un acreedor, en perjuicio de los demás, se procura un beneficio a los avalistas, que eran administradores mancomunados de la concursada al tiempo de suscribirse la póliza, o hasta pocos días antes…"

A la vista de los citados hechos, señala la Audiencia:

"…ante la evidencia del perjuicio que supone el reintegro del crédito dispuesto, preordenado a la cancelación de la póliza, con anterioridad a su vencimiento y cuando ya se ha manifestado la situación de insolvencia (tres semanas antes del concurso), para el resto de los acreedores, que han de someterse a la regla de la par contitio creditorum en el marco del procedimiento concursal, con la masa patrimonial minorada en beneficio de un acreedor, que de esta forma ha eludido la ordenación y prelación de cobro en el contexto concursal. Los argumentos impugnatorios parten de una premisa que la realidad de lo acontecido desmiente, cual es que la póliza no se canceló o no quedó cancelada (en el sentido jurídico de extinción de la obligación por pago, anterior al vencimiento), por tratarse de simples ingresos en la cuenta corriente vinculada, normales o habituales en la dinámica de la línea de crédito. Pero la conducta contractual de las partes evidencia lo contrario: los ingresos, en época inmediatamente anterior a la solicitud de concurso (que presupone la confesión de insolvencia por parte de la acreditada, manifestada tres semanas después de los pagos), no respondían al interés y efecto de incrementar, con proyección futura, el saldo de crédito disponible, como si se tratara de reintegros ordinarios en la cuenta corriente permitidos por la disponibilidad de tesorería o liquidez a consecuencia de la actividad empresarial. Por el contrario, se trata de dos ingresos en dos días consecutivos que cubren el crédito dispuesto, en cuantía cercana al límite concedido, y a los que sigue la liquidación final de intereses por el Banco y la cancelación de la póliza el mismo día 20 de septiembre de 2005, como resulta de la contabilidad de la propia concursada (documento 3) y de la comunicación de créditos del Banco Popular (documento 4), en la que éste hace constar que la referida póliza de crédito fue cancelada con fecha 20 de septiembre de 2005, nada más efectuarse los ingresos. La realidad muestra, por tanto, que los ingresos se hacen en cumplimiento de la obligación de reintegro para extinguir o cancelar la póliza de crédito de vencimiento posterior a la declaración de concurso, con lo que al tiempo de favorecer al acreedor bancario, en perjuicio de los demás, se libera a los avalistas, que fueron administradores mancomunados de la concursada hasta cinco meses antes de la solicitud de concurso..."

En materia de contrato de obra, resulta interesante la sentencia del Juzgado de lo Mercantil núm. 10 de Barcelona, de fecha 15 de septiembre de 2023:

"...Aunque la concursada y ESTAMPACIONES METÁLICAS JOM, S.L. documentaron una suerte de cesión de crédito, lo cierto es que de la prueba practicada dicho crédito no existía. Aunque se emitiese la certificación n.º 3, que no obra en las actuaciones y se desconoce su contenido, lo cierto es que la cubierta no estaba acabada y a ESTAMPACIONES METÁLICAS JOM, S.L. le urgía que se terminase porque le llegaba en próximas fechas la maquinaria. En esas circunstancias se fraguó la resolución del contrato con la concursada y la continuación de la obra directamente con INCOMANSA. La resolución contractual se hizo asumiendo que la cubierta no estaba construida y únicamente debían liquidarse unos 5.000 € a la concursada por trabajos realizados, pago que efectivamente se ha realizado a la concursada y por ello no es reclamado.Lo que se vehicula como indemnización que corresponde a la concursada pero que se cede a la subcontratista no es más que una fórmula ficticia para documentar una resolución contractual cuando ya existía emitida la factura correspondiente a la certificación 3. Lo cierto es que INCOMANSA presupuestó a

> ESTAMPACIONESMETÁLICAS JOM, S.L. la cubierta y se lo facturó y le siguió facturando otros trabajos que continuó haciendo. En estas circunstancias, no se ha perjudicado ni la masa ni la par conditio creditorum porque como la cubierta no se había llegado a construir ESTAMPACIONES METÁLICAS JOM, S.L. estaba en condiciones de impagar la factura correspondiente invocando la exceptio non adimpleti contractus implícita en el incumplimiento de las obligaciones sinalagmáticas. En definitiva, el presunto crédito cedido no era tal crédito porque correspondía a una factura por unos trabajos no realizados. Así pues, la cantidad cobrada por INCOMANSA no responde acuna cesión de un crédito de la concursada, si no del precio por los trabajos realizados por encargo directo de ESTAMPACIONES METÁLICAS JOM, S.L..."

Y la sentencia de la Audiencia Provincial de Valladolid de fecha 13 de marzo de 2012, que reputa perjudicial la rescisión y liquidación de un contrato de obra a la vista de su cercanía a la declaración del concurso y la falta de beneficio de tal acuerdo para la concursada:

> "...Desde el primer momento se ve que la operación se ha preparado con sumo cuidado. VIA TERTIA VALLADOLID, constituida el día 2 julio 2004, por acuerdo de la Junta de Socios de 2 diciembre 2008 cambia su **denominación social** por la de DIVAL 04 S.L. Con éste cambio no se deterioraba la imagen de la sociedad VIA TERTIA S.L., pues se estaba preparando la declaración de concurso que tendría entrada en el juzgado el 30 diciembre 2008. Accionistas de la nueva sociedad eran Via Tertia, S.L. (70%), Dehesa del Casar (20%), y Losa Consulting (10%). Pocos días antes del concurso Via Tertia vendió el 41,30% del total del capital social de Dival 04, S.L. a Pronsa, S.L. (no podemos olvidar que ésta sociedad es la que va a ejecutar la mayor parte de las obras de la reparación del edificio de Valencia). La vinculación entre las distintas sociedades es clara Via Tertia, S.L. era dueña del 70% del capital social de la concursada DIVAL 04, S.L., que hasta entonces se denominaba Via Tertia Valladolid, S.L. Los administradores de la concursada siempre han sido asalariados o han estado estrechamente unidos a Via Tertia, S.L.: El Presidente del Consejo de Administración y Consejero Delegado, D. Oscar siempre ha sido asalariado de Via Tertia. D. Rodolfo trabajaba como aparejador de Via Tertia y ha tenido poderes de ella. D. Severiano es propietario de Via Tertia, que es dirigida por el Sr. José Augusto (y su hijo Carlos Francisco), a quienes pertenece en propiedad Gesdesol Gestión y Consultoría.

D. Oscar, Presidente del Consejo de Administración en Dival 04, apoderado Via Tertia, es también apoderado de Gesdesol. QUINTO.— Llama la atención como expone la Administración que una empresa como VIA TERTIA VALLADOLID (posteriormente Dival 04) para la construcción de un edificio de 50 viviendas no tenga gastos financieros, ni entre sus acreedores se encuentre ningún Banco, ni operación de crédito, descuento, financiación, etc. Por supuesto que es posible la construcción de un edificio en éstas condiciones, pero no es normal en el ámbito de la construcción. De la misma forma que también es posible que exista ese entramado de empresas con identidad de personas. Igual que también es normal que de acuerdo con el principio de autonomía de la voluntad del Art. 1.255 **CC** las partes puedan celebrar los contratos que tengan por convenientes (nos estamos refiriendo al acuerdo de 2 enero 2009). También faculta la ley que las sociedades puedan cambiar su **denominación social** cuando lo estimen oportuno, así como no pone trabas a que el domicilio de una o varias empresas sea el mismo. Pero si bien todos éstos hechos aislados son todos normales, el conjunto de todos ellos nos conducen a una conclusión. Se estaba preparando cuidadosamente **el concurso de acreedores** en beneficio de la propia sociedad y sus componentes y en perjuicio del resto de acreedores. SEXTO.— Analicemos el contrato cuya rescisión ahora se pide. Dival 04 renuncia a percibir el 50% de la retención que se le ha practicado (97.035,05 euros) y esa renuncia está basada en una reclamación que previsiblemente se le va a realizar por unos daños que no se conocen. Es decir, ya de antemano sabe que durante los próximos meses se le van a reclamar la realización de unas obras que van a ascender a esa cantidad. Si la reclamación de los daños hubieran ascendido sólo a 50.000 euros (por ejemplo) habría renunciado prácticamente a otros 50.000 sin ninguna justificación. Pero resulta que la certificación final de obra tuvo lugar el 24 de octubre 2008, por lo que desde la misma hasta el contrato de 2 enero habían trascurrido más de dos meses. Y en esa certificación se determina que las obras estaban terminadas. Con la renuncia a las cantidades retenidas lo que hace la concursada es trasformar la retención en una reducción del precio, por lo que desde el mismo momento de la celebración de cualquier **contrato de obra** entre las partes no debiera acordarse una retención a modo de garantía, sino una reducción del precio a costa de los defectos producidos en la construcción. No es de recibo decir que 'existía un interés general en liquidar de modo inmediato esa obra toda vez que se trataba de viviendas de protección oficial, como se adujo en la vista pública, y que el retraso en la finalización de las mismas podría haber hecho decaer

> la calificación de protección oficial con evidente perjuicio para las docenas de adquirentes de la promoción, que habían suscrito antes los contratos de compraventa', y no lo es porque como acabamos de decir la certificación final de obra había tenido ya lugar. Por otro lado estiman las demandadas que a consecuencia de su acuerdo se ha producido un ahorro de 467.833,81 euros porque estaba pactada una cláusula penal de 100 euros por vivienda y día laborable, exceptuando los primeros quince días laborables por el retraso en la construcción del edificio. Sólo por éste concepto deberían haberse abonado 343.000 euros. Nosotros no lo vemos así. Y no lo vemos así porque el 24 de octubre 2008 se extendió el certificado final de obra y porque a lo que se comprometió la concursada inicialmente fue a la construcción de 41 viviendas (así consta en el **contrato de ejecución de obra** firmado entre partes el 1 septiembre 2006), y luego se amplió a 50, lo que justifica el posible retraso, no pudiéndose aplicar la cláusula penal, el aumento de la obra obligaba necesariamente a un correlativo aumento de plazo para permitir su ejecución, y ello supone una alteración del supuesto en base al cual se pactó (SSTS 16 de septiembre 1986; 3 de febrero de 2000; 5 de marzo de 2002). Por ello está acreditado que con ese acuerdo alcanzado por las demandadas ningún beneficio obtuvo ni Dival 04 ni el resto de los acreedores, y, sin embargo, se ha producido un evidente perjuicio al detraerse de la masa una importante cantidad de dinero. A ello debe añadirse que el contrato se celebró el primer día hábil después de la presentación de la demanda de concurso, y seis días antes de su declaración. Las fechas no son caprichosas, sino que están buscadas y pensadas. Se ocultaba, al menos inicialmente, al juzgado el acuerdo alcanzado. Se solicitaba el auxilio judicial pero al propio tiempo se actuaba a sus espaldas..."

En materia de acuerdos sociales de reparto de dividendos o reservas, resultan interesantes las sentencias del Tribunal Supremo de fecha 1 de noviembre y 24 de julio de 2014, y de la Audiencia Provincial de Madrid de fecha 19 de junio de 2020, que rescinde por perjudicial un acuerdo de distribución de dividendos por no respetar las normas legales y estatutarias requeribles para tal reparto. También a la vista que, aunque formalmente concurriese tal cumplimiento, de hecho, la sociedad presentaba pérdidas significativas y un deterioro de la situación patrimonial al tiempo del reparto. Puede leerse en la sentencia de 1 de noviembre de 2014:

"...). En el caso de una sociedad mercantil, carece de tal justificación el acto de disposición patrimonial que vulnera las normas que regulan la protección del patrimonio social y la correspondencia mínima de este con el capital social, en tanto que garantía de los acreedores sociales. Entre estas normas se encuentran las que permiten el reparto de dividendos con cargo a beneficios o a reservas voluntarias solo cuando el patrimonio social no resulte ser, antes del reparto de dividendos o como consecuencia de tal reparto, inferior al capital social (art. 213 TRLSA). La disciplina del capital social en las sociedades mercantiles constituye un régimen jurídico que persigue una estricta vinculación jurídica de los fondos propios aportados a la empresa social en tutela de los acreedores y del tráfico jurídico, dada la limitación de la responsabilidad de los socios. Dicha regulación busca garantizar el conocimiento por los terceros de cuál es el patrimonio vinculado, su correcta formación inicial y su mantenimiento o conservación efectiva a lo largo de la vida social, de modo que guarde una proporción o correspondencia mínima con el capital social. El acuerdo de reparto de dividendos es un acto de disposición patrimonial, en cuanto que reconoce un derecho a favor de los socios, que conlleva un sacrificio patrimonial para la sociedad, pues supone un detrimento de su masa activa, y puede ser susceptible de rescisión concursal siempre y cuando se haya adoptado dentro del periodo sospechoso (dos años antes de la declaración de concurso) y se constate su falta de justificación, desde la perspectiva de los intereses protegidos en el concurso de acreedores. Es posible ejercitar la acción rescisoria aunque existan otras acciones de impugnación, como las de impugnación de acuerdos sociales, que hubieran caducado, pues, al margen de la validez del acuerdo, mediante la acción rescisoria concursal se juzga sobre el perjuicio que tal acuerdo, en cuanto acto de disposición patrimonial, ha podido ocasionar a la posterior masa activa del concurso de la sociedad, en interés de sus acreedores..."

Y en la sentencia de fecha 24 de julio de 2014:

"Cabe apreciar perjuicio en el acuerdo de distribución de dividendos "irregular", ya sea porque se apoya total o parcialmente en beneficios netos inexistentes, ya sea porque no se han respetado las normas legales y estatutarias sobre reservas o la previsión del art. 213 TRLSA, que se corresponde con el actual art. 273 LSC. También cabría apreciar el perjuicio en otras hipótesis en que, si bien formalmente se cumplían todas las previsiones legales, de hecho, por las significativas pérdidas sufridas por la sociedad en los

> primeros meses del ejercicio en curso, al tiempo de aprobarse las cuentas del anterior y de acordarse la distribución de beneficios, se ha producido un drástico deterioro de la situación patrimonial de la sociedad, de modo que su patrimonio neto ya no alcanza la cifra del capital social o no lo hará como consecuencia del reparto de beneficios, o bien ha devenido o devendría en estado de insolvencia. En estos casos podría rescindirse el acuerdo de distribución de beneficios, totalmente, si el perjuicio alcanza a la totalidad del importe reconocido a los socios, o de manera parcial, hasta el montante a que ascienda el perjuicio. 19. En el presente caso, la sentencia de instancia declaró probado que la sociedad, lejos de haber obtenido beneficios, arrastraba importantes pérdidas, sin que este hecho pueda ser objeto de controversia en casación, ni quepa fundar el recurso en un supuesto fáctico distinto. De este modo, si contrariamente a lo que reflejaban las cuentas del ejercicio 2002, la sociedad arrastraba pérdidas y el acuerdo de reparto de dividendos se apoyó en unos beneficios netos inexistentes, podemos concluir que el indudable sacrificio patrimonial que representa la atribución de este derecho a los socios, que les confiere un crédito contra la sociedad, resulta injustificado por la referida "irregularidad.... Lo expuesto trae como consecuencia que el acto de disposición patrimonial en que consistió el reparto de dividendos, en infracción de las normas societarias que lo regulan y que garantizan que el patrimonio social no quede por debajo del capital social, fue perjudicial para la masa, al haberse mermado injustificadamente la masa activa del concurso de la sociedad, y que debe procederse a la reintegración de los dividendos indebidamente repartidos, puesto que al haberse realizado con infracción de las normas que protegen el patrimonio social en garantía de los acreedores sociales, su reparto carece de justificación..."

También la sentencia del Juzgado de lo Mercantil núm. 1 de Alicante, de fecha 25 de abril de 2012, que a la hora de determinar si concurre prejuicio en tales actos societarios, atiende, junto a la minoración de la masa activa, no sólo a los aspectos formales y legales de la adopción del acuerdo, sino especialmente, a la situación patrimonial y económica de la compañía concursada al tiempo de la adopción del acuerdo examinado su fondo de maniobra, la constancia de pérdidas, patrimonio neto, desequilibrio patrimonial etc.:

> "...En el caso presente, y en cuanto al sacrificio patrimonial, es evidente que concurre, pues hay una aminoración del valor del activo de BALPERIA, ya a consecuencia de ese reparto de dividen-

dos, el derecho de crédito que tenía contra un tercero (PERYPER) se reduce en 1.250.000 €. Por ello, la alegación defensiva de que el reparto de dividendos no supuso salida de efectivo no significa que por ello deje ser una salida de activos, y en consecuencia una aminoración de lo que después constituye la masa activa del concurso. Pero es que además en el caso presente pretenden las demandadas que se obvie un dato revelador: solo en 2008 hasta el día del acuerdo social impugnado se produjeron traspasos y pagos desde BALPERIA SLU a PERYPER INMUEBLES S.L. por importe cercano a 670.000 €, que se añaden a los de años anteriores. Respecto a la justificación, no se puede considerar justificada ese reparto por venir amparada en un **contrato de cuenta corriente** y estar contabilizados en la cuenta n.º 2423007 créditos a L/P a PERYPER, pues el extracto de esa cuenta lo que viene a reflejar en 2007 y 2008 es que desde BALPERIA SLU se estaba traspasando importantes sumas de dinero a PERYPER INMUEBLES (ya mediante traspasos ya mediante pagos), y solo se hace disminuir ese saldo a favor de BALPERIA (con excepción de unos reducidos traspasos) mediante el mecanismo del reparto de dividendos. El resultado es que el activo de BALPERIA SLU pasa a PERYPER INMUEBLES de manera que los acreedores de la primera ven perdida la garantía que el **art. 1911 CC** les otorga para la atención de sus créditos. Pero además, y aunque formalmente no consta cuestionada la regularidad del acuerdo de distribución de dividendos, la situación económica de la mercantil en el momento de adoptarlo (3/10/2008) impide entenderla justificada por varias razones: i) el fondo de maniobra de la S.L. según esas cuentas de 2007 ya era negativo; magnitud esencial cuando se evalúa la liquidez o situación financiera a corto plazo, revelador de ausencia de suficientes recursos para pagar a acreedores a corto plazo, y que es uno de los indicadores habitualmente empleados por la ciencia económica para medir la distancia a la insolvencia que desemboca en situación concursal. Tensiones de liquidez e inmersa la sociedad en un proceso de fuerte crisis, reconocidas en la Memoria de 2007, que se agrava en 2008, como se ha expuesto **ut supra.** ii) si bien la regularidad formal se aprecia con arreglo a las cuentas del ejercicio 2007, lo cierto es que al tiempo en que se adopta (3/10/2008) la situación económica de la S.L. se deduce que era cuanto menos altamente preocupante cuando arroja solo tres meses más tarde (31/12/2008) unos datos demoledores: un fondo de maniobra negativo de 301.158,25 €, unas pérdidas de 496.161,82 € y unos fondos propios de 124.035,61 €, por debajo de la mitad del capital social, y por ende incursa en causa de disolución, que da lugar a la presentación de concurso en septiembre de 2009. En esa situación económica no parece que un reparto de dividendos y en consecuencia, un debilitamiento de la masa patrimonial del deudor, esté justificado, como apunta en la doctrina, entre otros, Sancho Gargallo según la cual debe valorarse no solo el aspecto formal (según las cuentas del ejercicio anterior al acuerdo de reparto) sino también la situación patrimonial de la sociedad en el momento del acuerdo..."

En materia de reparto de dividendos, vid. también la sentencia de la Audiencia Provincial de Zaragoza de fecha 30 de diciembre de 2011:

"...Comenzaremos por aludir al resultado del ejercicio social correspondiente al año 2007. Según resulta de los folios 17 y 18 del informe elaborado por **la administración concursal,** es de 302.152,67 euros. El año siguiente, 2008, el resultado negativo del ejercicio fue, según el mismo informe, de 33.932,94 euros. Ante estos datos, y sin necesidad de acudir a un entendimiento muy amplio del concepto, parece que la idea de perjuicio patrimonial aflora con facilidad en las atribuciones patrimoniales de la sociedad concursada a las socias demandadas y se nos presenta como una situación patrimonial en la que se ha colocado por voluntad propia la sociedad concursada dejando relegados otros intereses como lo son los de sus acreedores externos. Este acuerdo de distribución de beneficios tuvo como efecto el nacimiento de un derecho de crédito de los socios en calidad de terceros que se antepuso al resto de acreedores externos como lo es, sin duda, la comunidad de propietarios actora. Pues bien, este reparto de dividendos, como medio de dar liquidez a las socias de la sociedad concursada que son acreedores últimos de la sociedad por el importe, en su caso, de la cuota de liquidación ha supuesto, de hecho, una liquidación de la sociedad concursada que cesó en su actividad de promoción inmobiliaria el 27 de noviembre de 2007, y entregó sus últimas existencias mediante dación en pago a dos entidades de crédito acreedoras, todo ello según refiere la administradora concursal en su informe rendido el 10 de febrero de 2010. Fácilmente se advierte que la tesorería de la sociedad ahora en concurso hubiera podido atender el pago de la deuda pendiente si no se hubiera realizado la distribución de beneficios con el alcance que se ha hecho reduciendo la masa activa. **TERCERO.**— Así las cosas en punto a las consecuencias del acuerdo, conviene decir que no está en cuestión la validez formal de su adopción el día de 30 de junio de 2008 en la reunión en junta de los socios de la sociedad concursada. Otro es el problema y tiene que ver con los efectos claramente perjudiciales del mismo respecto del patrimonio de la concursada, masa activa del concurso. La importancia financiera de esta salida de dinero hacia las socias demandadas no es baladí. En efecto, la relación entre el acuerdo de la junta de la sociedad concursada y la situación de concurso es estrecha y manifiesta según se ha expuesto con anterioridad. Conforme al **principio de prudencia** en la gestión, la distribución de los beneficios de la sociedad concursada debía haber tenido como tope una retención de parte de éstos suficiente para el fin de atender, en su caso, las consecuencias del litigio pendiente de apelación que la sociedad en concurso no podía desconocer. Las circunstancias aconsejaban desde la sentencia de primera instancia, el 18 de marzo de 2008, que no se debía realizar el reparto abarcando la totalidad de los beneficios. Esta sentencia de primera instancia, posteriormente confirmada en la alzada, debió ser una limitación lógica a la facultad de distribuir todos los beneficios ya que no resulta fácil de conciliar la existencia de una sentencia de condena con el reparto de todos los beneficios. No es dudoso que la junta no debe de repartir necesariamente tales beneficios en su integridad, ni siquiera asignarlos a un fin determinado y, en consecuencia, pudo haber una parte de los beneficios que no se tocasen. Estos son los que constituyen un remanente o reserva voluntaria que debió ser prevista para no causar perjuicio alguno. Por lo demás, nada impide que convivan el derecho del socio al dividendo con la debida atención al pago de las deudas. No creemos que pueda considerarse un atrevimiento esta afirmación que satisface a todos. Por lo demás, este acuerdo está desaconsejado desde la perspectiva del principio de conservación de empresa. Las operaciones de una sociedad mercantil tienen siempre carácter aleatorio, de ahí que la fijación de los elementos patrimoniales que pueden considerarse beneficios sea una estimación prudente que depende de las previsiones de futuro. Siendo esto así, conforme al sentido común es una idea bastante elemental que si entregamos a los socios todo el beneficio corremos el riesgo de no poder pagar la cantidad debida por la disminución de la masa activa, desplazando hacia el acreedor, como lo es la comunidad de propietarios actora, su riesgo de empresa. **CUARTO.**— La corrección de este juicio puede comprobarse si nos atenemos a un hecho. Basta recorrer el listado de acreedores para observar la relevancia del crédito de la comunidad de propietarios actora que debió quedar preservado. Tanto lo era que, precisamente, de esta deuda que puede alcanzar 36.000 euros ha derivado la sociedad concursada su situación crítica al formular su escrito de solicitud de concurso. En efecto, en el aludido listado nos encontramos con tres créditos tributarios por el impuesto de bienes inmuebles de 691,86 euros, con un aval solidario por la suma de 2.484 euros, con dos cuotas camerales por importe de 947,90 euros, otro crédito por importe de 3.492,43 euros en razón de una liquidación relativa al impuesto de transmisiones patrimoniales y actos jurídicos documentados y, por último, otro crédito a favor de la Hacienda Pública por la suma de 4.440,33 euros. Con estos datos es fácil colegir el perjuicio que para la actora ha supuesto el reparto de los beneficios sociales a despecho de su crédito que, repetimos, la sociedad concursada no pudo desconocer. **QUINTO.**— Tampoco se entiende la desigualdad de trato o contradicción valorativa que supone el reintegro de beneficios previamente repartidos para atender únicamente el pago de las deudas contraídas con dos entidades de crédito dejando desatendido el legítimo interés económico de la comunidad de propietarios acreedora, aunque las sociedades demandadas explícitamente razonan de forma unánime que el reintegro de 40.052,07 euros fue realizado para atender, precisamente, esta deuda. Por lo probado esta línea común de pensamiento carece de solidez por no compadecerse con el curso posterior de los hechos..."

Respecto a la rescisión, ya no del acuerdo social de reparto de dividendos, sino únicamente del pago de éste a los socios, vid. la sentencia del Tribunal Supremo de 24 de julio de 2014:

"En nuestro caso, la condición de accionistas de los destinatarios de los pagos, la naturaleza de los créditos (dividendos) y la circunstancia de que cuando fueron satisfechos la sociedad tenía encubiertas importantes pérdidas, que ponían en evidencia el contrasentido que suponía el pago de los dividendos acordados y la necesidad de capitalización de la sociedad como consecuencia de las pérdidas, convierten en este caso concreto en injustificado el pago, por muy debido que fuera..."

Otras resoluciones de interés. La sentencia de la Audiencia Provincial de Málaga de fecha 26 de marzo de 2009, reputa perjudicial para la masa, la cesión de las obligaciones y derechos derivados de un leasing inmobiliario que tiene por objeto el inmueble en que la concursada desarrolla su actividad y que prácticamente era su único activo. Todo ello en pago de la deuda de un acreedor y tres meses antes de la declaración de concurso:

"...TERCERO.— Sentado lo anterior, procede en primer lugar analizar si constituye un perjuicio a la masa activa la cesión de los derechos y obligaciones dimanantes de la escritura de leasing inmobiliario efectuado tres meses y medio antes de la declaración de concurso de la mercantil cedente, leasing que tenía por objeto precisamente el local y plazas de aparcamiento donde la cedente ejercía su actividad, y respecto de esta cuestión ha de resaltarse que correspondiendo a la demandante probar el perjuicio patrimonial, en su demanda aporta esta prueba con el solo relato de la operación, la documental que lo acredita, y la afirmación que con ello se ha primado el derecho de cobro de un determinado acreedor frente al resto y se ha detraído de la masa uno de los bienes que figuraban en el inventario y que constituye uno de los pocos activos de la sociedad, correspondiéndole entonces a las demandadas alegar los hechos que impidan, extingan o enerven la eficacia jurídica de los hechos aportados por la actora (art. 217.3 **LEC**), sin embargo la codemandada ahora recurrente en su contestación a la demanda (momento procesal donde han de alegarse esos hechos) afirma la inexistencia de perjuicio patrimonial pero obvia los argumentos en que pueda basar dicha afirmación refiriéndose en sus alegaciones a cuestiones colaterales que no afectan al núcleo de la cuestión debatida, siendo por primera vez en esta alzada donde aporta datos numéricos en los que pretende basar esa afirmación. Aclarado esto, como es sabido, el contrato de **arrendamiento con opción de compra** o arrendamiento financiero, conocido como leasing, se considera como un contrato atípico por el que una empresa especializada cede el uso de un producto —que ella no ha producido sino que ha sido adquirida de un tercero— en arrendamiento al usuario, con la **opción de compra,** finalizado el arrendamiento, por un precio, normalmente muy bajo (en este sentido, y por todas, Sentencia de 14 de diciembre de 2004), contrato que además nada tiene que ver ni con la compraventa a plazos, ni con el préstamo de financiación a comprador (STS 14 de diciembre de 2004, 4 de abril de 2002 y 19 de julio de 1999), figuras con las que a veces ha sido confundido, ya que la finalidad del leasing, es decir, su **función económica** que constituye su causa no es otra que permitir a los empresarios que no tienen liquidez o medios financieros para adquirir, desde un principio, la propiedad de bienes muebles o inmuebles, disfrutar de ellos obteniendo la cesión de uso de los mismos, una vez han sido adquiridos para dicha finalidad, según las especificaciones del futuro usuario, por una entidad financiera, la cual, al margen de los beneficios fiscales que se les reconocieron desde la Ley 26/1988 de 29 de julio, de Disciplina e Intervención de las Entidades de Crédito, en su Disposición Adicional séptima, se constituye a cambio en acreedora de una contraprestación a pagar por el arrendatario financiero, consistente en el abono periódico de cuotas —calculadas en función de la amortización del precio y remuneración por el demérito que el uso acarreará a los bienes—, incluyéndose necesariamente una **opción de compra** a su término, en favor del usuario, con un valor fijo que suele corresponder al resto de precio pendiente de amortizar, y que no impide calificar el contrato como de arrendamiento financiero con independencia de que su montante no se corresponda con el importe de cada cuota (Sentencias de 4 de junio y 21 de diciembre de 2001). Siendo esta la esencia del **contrato de leasing,** con ello decaen la mayor parte de las alegaciones efectuadas por el recurrente por cuanto si bien es obvio que la propiedad de los bienes corresponde al arrendador (BBVA), también lo es que integra el patrimonio de la arrendataria financiera los derechos y obligaciones que le otorga el contrato, de ahí que para analizar si la masa activa se ha visto perjudicada por la cesión de esos derechos y obligaciones haya de examinarse si el activo y el pasivo han mermado en igual medida o bien ha sido el activo el mas perjudicado, conclusión ésta última la que ha de estimarse pues con esa operación se excluyó del patrimonio de la concursada el derecho actual a usar unos inmuebles y el derecho a adquirir su propiedad con el ejercicio de la opción de compra, y si bien es cierto, como insiste la recurrente, en que con la cesión la concursada lo que hizo fue traspasar deudas, como el impago de las cuotas futuras, éstas se devengarían mensualmente en el transcurso de menos de ocho años, y comparando el activo y el pasivo del que se deshizo la concursada sin duda alguna es mayor la pérdida que la ganancia para la masa activa, debiendo rechazarse el resto de argumentos aportados por la recurrente pues en definitiva viene a plantear que llevó a cabo una operación con la concursada de la que resultaba la cesionaria muy perjudicada económicamente, lo que ni tiene lógica ni es creíble tratándose de una entidad inserta en el mundo mercantil que, al igual que el BBVA, si llevaron la cesión es porque sin duda alguna les era rentable tanto a la cesionaria como a la cedida, viniendo realmente con esa argumentación a plantear los nulos beneficios que pueda tener todo **contrato de leasing,** olvidando que se trata de una institución del derecho comercial importado del área jurídica de los Estados Unidos de América y plenamente incorporada a nuestro tráfico económico y comercial (entre otras, STS 20 de julio de 2000, con cita de la de 28 de noviembre de 1997), y si esto es así, es porque reporta beneficios a ambas partes…"

O la del Juzgado de lo Mercantil núm.1 de Málaga, de fecha 6 de febrero de 2009, que declara no perjudicial una dación en pago a la vista de las valoraciones y tasaciones obrantes en autos:

"...Todo ello conlleva además que analicemos las valoraciones y cuantías que refieren una y otra parte. Señala la administración concursal que la adjudicación fue por un valor inferior al de mercado dado que se adjudicó por un crédito de 350.000 euros un afinca valorada en 473.280 euros, IVA incluido tras y como se deriva de la venta posterior que realiza la acreedora a un tercero no demandado. La Tasación aportada por la demandada fechada en 18 de mayo de 2006 lo fija en un valor de mercado de 347.900 euros y la cobertura en garantía lo era por esos 350.000 euros más las cantidades ya reseñadas por intereses y costas y gastos. El precio sin IVA, por tanto, se sitúa en 442.317,76? Señala la demandada que a la cantidad habría que restarle tanto el IVA como el **interés de demora** al 20% pactado, la comisión bancaria cargada por la devolución del pagaré y 30.346,21 euros por IVA y otros gastos. Aporta al efecto gastos (documentos 11, 12 y 13) de 4.725 euros por transmisiones, 25.621,21 euros por gastos de notaría y 245,67 euros por gastos de registro y otros de 24.500 por transmisiones. En la prístina garantía se pactó una tasación de 400.000 euros, superior a la que se realiza en 2006 para responder de cantidades superiores a dicha cuantía. Ningún documento acredita que existiera una valoración superior en tasación en el momento en que se realiza y a la vista del **precio de adquisición** por la concursada lo cierto es que el incremento del valor fue importante. CUARTO: Todo lo anterior nos lleva a entender que la operación (que no está sujeta a ninguna presunción **iuris et de iure** o iuris tamtum de las previstas en el artículo 71 LC) debe ser entendida bajo la carga probatoria de la actora y que por ello a esta correspondía haber aportado documental que acreditara al menos los elementos necesarios para dicha rescisión: (1) qué afectaciones concretas, peligro concreto, se genera en la operación a raíz de la existencia de la hipoteca anterior y de los acreedores existentes y preferentes. (2) que valoración de tasación tenía a la fecha de su constitución en garantía hipotecaria o diferente en cuando a la dación en pago. (3) Qué perjuicio para la masa activa se produce en la situación concreta de la sociedad de cierre al momento en que todo ello se ha realizado cuando la propia administración reconoce que se paraliza la actividad en el mes de diciembre de 2005. El perjuicio debe valorarse en el momento en que se produce la operación y por ello este será el criterio temporal que debe acreditarse con la documental necesaria en función de la distribución de la carga de la prueba. Ese perjuicio (objetivo o subjetivo) se encuadra en criterios amplios, tal y como hemos señalado, no restrictivos al patrimonio o a la masa activa sino a todo lo que afecta a la misma. Pero también en perjuicios concretos tal y como hemos referido..."

La sentencia de la Audiencia Provincial de Teruel de fecha 7 de febrero de 2012, reputa perjudicial la dación en pago consistente en la entrega de una maquina en funcionamiento y de suma importancia para el desarrollo de la actividad empresarial de la concursada. Además, esa dación supone una disminución del activo patrimonial del deudor, y una mayor dificultad para la satisfacción colectiva de los acreedores concursales:

> "...Pese a los argumentos esgrimidos por la apelante en esta alzada para impugnar la sentencia de instancia en torno a la falta de los requisitos precisos para poder aplicar al supuesto de autos el **artículo 71 de la Ley Concursal,** no se han desvirtuado los acertados razonamientos en los que el juzgador **a quo** funda la rescisión del contrato de dación en pago celebrado entre las dos empresas demandadas pues concurre en el presente caso tanto el presupuesto temporal consistente en haber tenido lugar dicho contrato dentro de los dos años anteriores a la fecha de **la declaración del concurso** (hecho no controvertido) como el requisito de haber causado perjuicio para la masa activa, lo que se deduce por el hecho de haberse quedado Embutidos Sadisa, S.A. sin una máquina que se encontraba en funcionamiento y que, según los encargados de la empresa que tenían conocimiento directo de la situación, era importante para la actividad que desarrollaba, lo que impide considerar el uso que se le había dado a la máquina como de simple prueba de funcionamiento según resulta de la prueba pericial practicada a instancia de la demandada-recurrente, prueba que ha sido valorada acertadamente por el juzgador a quo. Por otra parte, con el acto cuya rescisión declara la sentencia apelada, además de verse disminuido el activo patrimonial del deudor, también supone una disminución o una mayor dificultad para la satisfacción colectiva de los acreedores concursales..."

Y la sentencia de la Audiencia Provincial de Valencia, de fecha 12 de marzo de 2012, proclamadora del carácter perjudicial de una dación en pago, a la vista de su cercanía al concurso, seis meses, y el tenor de la propia escritura de dación, aluditoria de determinados problemas de liquidez de la deudora, posteriormente concursada:

> "...Ahora bien, la estimación del primero de los motivos del recurso de apelación en nada afecta al pronunciamiento de la sentencia de la instancia que por esta resolución se ha de confirmar, y ello

> por cuanto la Sala estima que la dación en pago verificada por la entidad TRALACANT S.L. a favor de la mercantil hoy recurrente debe ser rescindida a tenor del resultado probatorio de los autos: en la escritura pública de dación en pago (f. 25) otorgada en fecha 29 de enero de 2009 —apenas seis meses antes de la fecha en que se declaró su situación concursal, Auto de 24 de julio de 2009—, la entidad TRALACANT se limita a manifestar que reconoce deber a la entidad PIMK SPECIDION la cantidad de 180.000 Euros como resultado de sus relaciones comerciales, y que no contando con liquidez para pagar a la citada mercantil procede a la dación de pago mediante la entrega de un total de nueve fincas, cuyo valor total queda fijado en 180.000 Euros. Por tanto, en la propia escritura pública se pone de manifiesto un eventual estado de insolvencia de la mercantil ahora concursada, entendiendo por tal el que se determina en el artículo 2 de la vigente **Ley Concursal,** esto es, la imposibilidad de cumplir regularmente sus obligaciones exigibles, a lo que debe añadirse la circunstancia de que, según la documentación aportada a los autos, realmente no existieron tales relaciones comerciales entre la mercantil TRALACANT y PIMK SPEDICION, pues la condición de acreedora de ésta resulta de un **contrato de cesión de crédito** (f. 110) otorgado a su favor en fecha 26 de enero de 2009 por la mercantil PIMK OOD S.L., entidad ésta que es la que habría mantenido las relaciones comerciales con la concursada como resulta del tenor del contrato de cesión y de las facturas que se acompañaron al escrito de contestación a la demanda. A este respecto cabe poner de relieve que todas las facturas que se aportaron (f. 115 y siguientes), —y cuya toma en consideración, como bien indica la parte apelante, no puede quedar descartada por mera aplicación del **artículo 144 de la LEC** ya que pese a su falta de traducción al español resultan perfectamente inteligibles—, son de fecha posterior tanto a la fecha de la cesión del crédito como a la del otorgamiento de la escritura pública de dación en pago, pues todas ellas aparecen fechadas el 10 de febrero de 2009..."

La sentencia de la Audiencia Provincial de Tarragona, de fecha 12 de enero de 2012), estima la rescisión ex art. 229 TRLC de una compraventa de participaciones sociales a la vista del precio y la cercanía del concurso de la vendedora:

> "...En cualquier caso, de lo obrante en autos se desprende que efectivamente las participaciones en cuestión valían, en el momento de la compraventa, que debe recordarse que fue pocos días antes de la declaración en concurso de AGB, más que los 1.202

euros que se pagaron por ellas, lo que es probado por la actora, como requiere el **art. 71 LC**. Así, una prueba indiciaria es la oferta que el 5-12-2008, es decir, algo menos de 6 meses después de la compra de las participaciones por la hoy apelante, le hizo a la apelante la empresa Galarraga 2005 S.L. una oferta de compra de las participaciones en cuestión por valor de 360.000 euros, como la propia demandada (hoy apelante) reconoce en su escrito de contestación a la demanda (folio 120 autos); y aunque sobre ello diga que la oferta la hizo dicha empresa sin conocer la situación de NCTE, ello no resulta creíble, no sólo porque difícilmente un empresario del sector haría tal oferta sobre unas participaciones que 6 meses antes valían sólo 1.202 euros, sino porque en la propia carta de renuncia de tal oferta que la demandada misma aporta como doc. 3 en su escrito de contestación, señala como 'causa d de mi renuncia' a 'la actitud obstruccionista del otro partícipe de la sociedad' a lo que sólo añade conflictos dentro de la sociedad con profesionales y empresas que colaboran en una urbanización, pero no resalta que lo haga por la pérdida sustancial de valor de la sociedad desde el 5-12-2008 al 8-1-2009, día en que está fechada tal misiva. Parece, pues, que sí que hubo oscilaciones sustanciales en el valor de las participaciones. Y, en segundo lugar, la completa pericial de la actora (folios 194 y ss. autos) señala una desviación muy sustancial entre el valor que se pagó por las participaciones y lo que realmente valían (señala que lo que realmente valían las participaciones eran 682.929,38 euros). El perito se reafirma en la vista del juicio (DVD 3:20) y despeja las dudas de la contraparte, como que las cuentas de 2008 de la concursada no estaban en **el Registro mercantil** y por eso utilizó las de 2007 y que a pesar de que en 2007 y en 2008 el **patrimonio neto** de NCTE era negativo en algunos miles de euros, su valoración final tan grande proviene del valor actualizado de los inmuebles que tiene en su haber (DVD 8:26) y que ya tuvo en cuenta, reduciendo el valor de los mismos en un 30%, la reducción de las tasaciones de inmuebles debido a la crisis, siendo incluso más estricto que **la administración concursal** (DVD 10:00). En cuanto a si el segundo activo estaba acabado (folio 201), **el informe de la administración concursal** señala que la declaración de obra nueva y división horizontal fue de septiembre de 2007, lo que conforme al art. 20 Ley del Suelo de 2008 o el art. 19 de la derogada Ley del Suelo de 2007, si bien pueden emitirse la declaración de obra nueva si aún se está construyendo con determinados requisitos, también se puede hacer cuando la obra está finalizada; lo mismo sucede con la división horizontal, conforme al art. 553-7 CCC; en cualquier caso, generada esta duda, nada probó la hoy apelante que se otorgó sin finalizar, lo que no puede correr más que en su contra (**art. 217 LEC**)..."

La sentencia de la Audiencia Provincial de La Coruña, de fecha 20 de octubre de 2011 estima no perjudicial una dación en pago a la vista que el valor de las fincas entregadas es inferior a la total deuda extinguida y que la acreedora, a diferencia de otros proveedores, continúo suministrando materia prima a la concursada:

"...Lo que no se acepta en la sentencia apelada, pese a la argumentado en contrario en el recurso, y tal decisión y valoración de la prueba practicada por el Juzgador de Primera Instancia la estimamos acertada y por tanto correcta, dadas las circunstancias concurrentes en el presente caso. Así, consta acreditado la importante cuantía de la deuda que tenía en tal momento la entidad después declarada en concurso, encontrándose vencidas cuando se otorga la escritura de fecha 13 de octubre de 2008, de dación en pago de dos facturas por importe de 316.535,83 euros, cuando de la tasación pericial practicada, resulta acreditado que los inmuebles que se entregan en concepto de pago de tal cantidad adeudada tienen un valor a fecha de la dación mucho menor a la deuda, así se tasan en la suma de 270.926,62 euros, de tal modo se cancela deuda de mayor importe, con lo que ello supone de no ser un acto perjudicial. Máxime cuando debido a la situación de grave crisis que nos encontramos, de tasarse a precio actual, su importe presumiblemente sería mucho menor. Lo cierto es que a diferencia de la gran mayoría de proveedores, 'Gallega de Mallas, S.L.' continúo suministrando materia prima a 'Ferralla Lois, S.L.', quedando pendiente de abono el precio, y gracias a dicho acto, cuya rescisión se pretende con la demanda, que se estima justificado en atención a la difícil situación económica de la entidad deudora en que se encontraba en aquel momento, que no se niega su conocimiento, si bien no se admite que lo fuese hasta el punto de ser conocedora la acreedora de la situación inminente de concurso de la deudora, para que pudiera estimarse que obrase con mala fe, el fraude, a los efectos que aquí nos interesan, radica en utilizar una forma jurídica lícita para obtener un resultado no querido por el ordenamiento jurídico. Pero lo cierto es que la deudora con tal acto de disposición pudo continuar su actividad ordinaria, al conseguir con ello que le siguiese la mercantil proveedora suministrando material, cuando además las parcelas entregadas como dación en pago no se trataban de bienes afectos a la producción en su actividad económica empresarial propia

> ordinaria. Por otra parte, consta acreditado que con posterioridad al acto que se pretende su rescisión, vino abonando 'Ferralla Lois, S.L.' facturas de otros proveedores, algunas de importe elevado, lo que de admitirse la tesis de la apelante también atentaría a la pars **conditio** creditorum. Lo que en principio no puede estimarse así, salvo prueba en contrario, de conformidad con lo dispuesto en el apartado 5 del **art. 71 de la Ley Concursal**, que no admite la rescisión los actos ordinarios de la actividad profesional o empresarial del deudor realizados en condiciones normales..."

Expuesto todo lo anterior, paso a desentrañar las antes citadas presunciones de perjuicio, todas ellas de obvia aplicación restrictiva y no analógica a otros supuestos no contemplados en la Ley.[136]

III.5. PRESUNCION IURIS ET DE IURE DE PERJUDICIALIDAD DEL ACTO

III.5.1. Planteamiento

El art. 227 TRLC sella e impone, fatalmente, un perjuicio indiscutible y absoluto para la masa activa de determinados actos de contenido patrimonial del deudor. Concretamente:

a) Actos de disposición a título gratuito, excepto las liberalidades de uso.

b) Pagos u otros actos de extinción de obligaciones cuyo vencimiento fuese posterior a la declaración del concurso, excepto si contasen con garantía real.

Como consecuencia del carácter presuntivo "iuris et de iure" del art. 227 TRLC, estos actos y pagos devienen ineludiblemente como lesivos para la masa activa desde un punto de vista perjudicial rescisorio concursal, presunción objetiva y absoluta ésta, letal y dotada de un aura de fatalidad que repele y veta cualquier pretensión probatoria en contra del perjuicio presuntivamente

---

136 LEÓN SANZ, F.J. "El sistema", pg. 263 y "Comentario", pg. 1308.

decretado.[137]Así resulta del art. 227 TRLC, señalatorio que, en dichos actos y pagos, el perjuicio "se presume, sin admitir prueba en contrario".

Realmente los citados actos y pagos, por su propia naturaleza,[138] se muestran borrachos de un perjuicio que les resulta connatural,[139] y que impone, por así decirlo, una suerte de finiquito eluditivo e impedidor de cualquier discusión sobre su carácter perjudicial.

Pero no de toda discusión. Solo la del perjuicio. La presunción del art. 227 TRLC no supone una liberación probatoria absoluta en favor del demandante, la administración concursal o, en su caso, los acreedores subsidiarios, dado que sigue pechando sobre sus espaldas la justificación del acto cuestionado como uno de los objeto de la referida presunción y su realización dentro del lapso temporal sospechoso del art. 226 TRLC.[140] De esta forma, y certificado lo anterior, la acción rescisoria ejercitada, cuan disparo de Lamine Yamal, deviene imparable a la vista de su indiscutible y fulminante carácter perjudicial.[141]

Y a sensu contrario, no basta una reacción del demandado que tienda, exclusivamente, a batallar sobre la inexistencia de perjuicio, ya que éste se presume sin que se admita prueba en contrario, y precisa defender la falta de concurrencia de la presunción absoluta de marras, y, tras ello, y en su caso, que el acto atacado no se

137 MONTÓN REDONDO, A. y MONTÓN GARCÍA, M. "El nuevo proceso", pg. 137.

138 ARIAS VARONA F.J "La delimitación", pg. 375.

139 DE LAS HERAS GARCÍA, M.D. "Acciones", pg. 144.

140 RIPOLL OLAZÁBAL, G. "Derecho Concursal", pg. 379; CRESPO AULLE, F. "Comentarios", pg. 1380; GONZÁLEZ CANO, M.I. "El nuevo tratamiento", pg. 426; y HERRADOR MUÑOZ, A. "Algunos aspectos", pg. 173. GONZÁLEZ VÁZQUEZ, J.C. "Las acciones", pg. 602.

141 ESCRIBANO GAMIR, R.C. "La reintegración", pg. 4030, al resaltar que la finalidad de la presunción es facilitar la reivindicación de activos que abandonaron el patrimonio del deudor. MONTÓN REDONDO, A. y MONTÓN GARCÍA, M. "El nuevo proceso", pg. 137.

muestra perjudicial para la masa activa. O a mostrar la realización del acto fuera del plazo de sospecha, y por lo tanto, y por muy perjudicial que se repute, ajeno al impacto rescisorio concursal.

III.5.2. Actos a título gratuito

III.5.2.1. Fundamento de la presunción

El TRLC sienta el carácter perjudicial y, por tanto, rescindible concursalmente, de los actos y negocios acometidos por el deudor a título gratuito, caracterizados por resultar huérfanos de contraprestación a cargo de la persona a favor de la cual éste los realiza.

El fundamento de la pretensión parece conectar con la innegable minoración injustificada del patrimonio del deudor que conlleva la ejecución del acto a título gratuito, con la consiguiente imposibilidad o dificultad cobratoria por los acreedores, y el enriquecimiento injustificado del tercero adquirente.[142]

Sin embargo, pienso que la cimentación fundamentadora de la presunción, incluso, prescinde, o cuanto menos no precisa, de ese enriquecimiento injusto, y queda centrada en el mero y objetivo hecho de la lesión que para la masa activa supone tal acto gratuito.[143]

---

142 LÓPEZ SÁNCHEZ, M.A., "Los efectos", pg. 188; ROMERO SANZ DE MADRID, C. "Derecho", pg. 161; RIPOLL OLAZÁBAL, G. "Derecho Concursal", pg. 380 y FERNÁNDEZ AGUADO, J.I. "Las acciones", pg. 176. También, CRESPO AULLE, F. "Comentarios", pg. 1382, resaltando el enriquecimiento injusto del tercero a favor del cual, el concursado realiza el acto gratuito; ALCOVER GARAU, G. "Comentario", cit., pg. 772; RIVERA FERNÁNDEZ, M. "Reintegración", pg. 94 o BUSTO LAGO, J.M. "Aproximación", pg. 699, quien recuerda que "el hecho que los actos gratuitos sean susceptibles de 'rescisión', se cohonesta adecuadamente con la menor tutela de la que son objeto las adquisiciones realizadas en virtud de un titulo de aquella naturaleza en nuestro derecho privado."

143 GONZÁLEZ VÁZQUEZ, J.C. "Las acciones", pg. 602.

La disposición del propio patrimonio a título gratuito y a favor de un tercero, supone una actuación contraria a cualquier mínima y elemental exigencia, y censurable a quien procede y actúa con tanta generosidad y, después, deviene arrojado al averno del concurso de acreedores.[144] Incluso, aun cuando en el momento de efectuarse la disposición gratuita no resultara insolvente, o no se previera, o visualizara, su posterior declaración concursal, pues, ciertamente, ese reproche de generosidad se efectúa posteriormente, tras decretarse su concurso de acreedores, aunque atendiendo a las circunstancias concurrentes al tiempo de la dávida.[145]

En fin, a la vista del evidente perjuicio patrimonial que todo acto a título gratuito conlleva, esta presunción se me antoja netamente prescindible,[146] en cuanto indudablemente portadora del estigma y llaga de la perjudicialidad. Y, el acto, aun cuando no existiera la presunción de marras, absolutamente rescindible.[147]

En esta línea, señala la sentencia del Juzgado de lo Mercantil núm. 1 de Santa Cruz de Tenerife, de fecha 25 de octubre de 2005:

> "...Como los actos comprendidos en esta presunción no cuentan con una contrapartida equivalente, la propia estructura del acto hace innecesario el enjuiciamiento de si se ha producido daño, ya

---

144 GARCÍA-CRUCES J.A. "La reintegración de la masa", pg. 359; y RIVERA FERNÁNDEZ, M. "Reintegración", pg. 93

145 RODRÍGUEZ ACHUTEGUI, E. "Las presunciones absolutas", pg. 73.

146 GONZÁLEZ VÁZQUEZ, J.C. "Las acciones", pg. 602. BUSTO LAGO, J.M. "Aproximación", pg. 699. En el mismo sentido y con más rotundidad LÓPEZ SÁNCHEZ, M.A, "Los efectos", pg. 189; y ALCOVER GARAU, G. "Aproximación", pgs. 336 y 356, quien junto al calificativo de prescindible, añaden el más rotundo y, en mi opinión excesivo, de inútil.
También GARCÍA SANZ, A. "Notas", pg. 4071; y VILA FLORENSA, M. "Comentarios", pg. 878, quien extiende la anterior afirmación de innecesariedad, erróneamente en nuestra opinión, a los actos de extinción de obligaciones con vencimiento posterior a la declaración de concurso.
Recordar que la presunción de fraude de las donaciones ya es tradicional en nuestro ordenamiento, Vid. los arts. 880.1.y 5 Ccom, 643 y 1297 CC.

147 GULLÓN BALLESTEROS, A. "La acción", pg. 4127.

> que el perjuicio es inherente al acto mismo. En el caso de actos a título gratuito, sólo se ha de probar que se han realizado esos concretos actos y que se han realizado, además en el período considerado por la Ley..."

III.5.2.2. Concepto de acto a título gratuito

La referencia a "actos a título gratuito", desborda y no queda limitado a las donaciones,[148] acoge todos los actos de disposición realizados a título gratuito y, por tanto, sin contraprestación,[149] ausencia ésta constituida en elemento clave y nuclear a efectos rescisorios concursales.

A la hora de aplicar la presunción citada, un acto a título gratuito requiere que el deudor no reciba contraprestación alguna por el acto de disposición por él realizado, produciéndose una disminución o afectación de su patrimonio sin equivalencia.

Dice la sentencia del Juzgado de lo Mercantil núm. 1 de Santa Cruz de Tenerife, de fecha 25 de octubre de 2005:

> "...El concepto de acto a título gratuito es más amplio que el de la mera donación. Dentro de esta categoría quedan incluidos todos aquellos actos que den lugar a una disminución del patrimonio del deudor sin una contrapartida que justifique la salida del bien o del derecho..."

Constituyen a estos efectos "actos gratuitos" las donaciones, las renuncias abdicativas, esto es, la renuncia a la herencia, a legados, a la prescripción o a la usucapión,[150] la condonación de una deu-

---

148 Recordar el contenido del art. 643 CC que presume siempre hecha la donación en fraude de acreedores cuando, al hacerla, no se haya reservado el donante bienes bastantes para pagar las deudas anteriores a ella. Sobre lo dispuesto en el art. 643 CC, vid. Sentencias del Tribunal Supremo de fecha 22 de junio y 30 de julio de 1999 y 10 de septiembre de 2001.

149 RIPOLL OLAZÁBAL, G. "Derecho Concursal", pg. 380; y LEÓN SANZ, F.J. "El sistema", pg. 264 y "Comentario", pg. 1309.

150 En el mismo sentido, vid. la espléndida exposición de LINACERO DE LA FUENTE, M. "Las acciones de reintegración", pgs. 79 a 84.

da sin contraprestación, la asunción o pago de una deuda de un tercero (deuda ajena), o el otorgamiento de una garantía sobre deuda ajena, en ambos casos, igualmente sin contraprestación, dotación a fundaciones, conversión de un seguro a favor del deudor en a favor de un tercero, el pago de la prima de un seguro en beneficio de un tercero etc[151]. También resultan atrapadas en las redes presuntivas que examino las obligaciones prescritas[152]. O una modificación contractual a favor de la contraparte o tercero ajeno al mismo, y en perjuicio del concursado, sin contraprestación o carente de justificación.[153] Pero no se incluyen las disposiciones mortis causa productoras de sus efectos después del fallecimiento del deudor.[154]

Resaltando la idea de ausencia de contraprestación a efectos de la aplicación de la presunción que estamos estudiando, vid. la sentencia de la Audiencia Provincial de Barcelona de fecha 1 de febrero de 2007, que establece:

> "...SEXTO: Pero la sociedad RED ELITE DE ELECTRODOMESTICOS S.A., además de las cantidades correspondientes a la indemnización por falta de preaviso (75.000 euros) y por desistimiento del contrato de siete días por año de servicio (8.508,40 euros), reconoció al Sr. Tomás una cantidad de 3.283,04 euros, que no responde a ninguna obligación contractual asumida por la empresa. Según el Sr. Tomás la causa del pago de esta suma sería el desistimiento del procedimiento de despido. Pero, aunque queda constancia de que el Sr. Tomás había demandado RED ELITE DE ELECTRODOMESTICOS S.A. y de que el procedimiento acabó por desistimiento, derivado de la incomparecencia del actor al acto del juicio, ello no es suficiente para justificar el reconocimiento y pago de aquella suma de dinero, esto es, ello no impide que, siendo válido dicho acto de disposición, pueda considerarse per-

151 LEÓN SANZ, F.J. "El sistema", pgs. 264 y 265; y "Comentario", pgs. 1309 y 1310; GARCÍA SANZ, A. "Notas", pg. 4071; y BUSTO LAGO, J.M. "Aproximación", pg. 699, quien también incluye la rebaja del precio, la fianza o la renta vitalicia (art. 1807 CC).

152 GARCÍA SANZ, A. "Notas", pg. 4071.

153 GONZÁLEZ VÁZQUEZ, J.C. "Las acciones", pg. 603.

154 SANCHO GARGALLO, I. "Las acciones", pg. 1153.

judicial. Aunque formalmente pudiera concebirse como una contraprestación al desistimiento de un procedimiento judicial, en atención a las circunstancias concurrentes, y en concreto a que la empresa acabó reconociendo al Sr. Tomás sus pretensiones económicas, no se aprecia justificado por una causa onerosa y por ello constituye un pago sin contraprestación alguna digna de ser considerada como tal, a los efectos de impedir la calificación de este pago como un acto de disposición a titulo gratuito, sobre el que debe recaer la presunción de perjuicio, sin prueba en contrario, prevista en el art. 71.2 LC...".

También se ocupa de esta presunción, la sentencia de la Audiencia Provincial de Alicante de fecha 11 de diciembre de 2007:

"...La Sentencia de instancia, valorando las alegaciones formuladas tanto por la mercantil Calzados Blay S.L. como por la representación legal de la Sra. Antonieta, considera que debe aislarse la intencionalidad del acto de la naturaleza objetivamente gratuita del mismo y llega así a la conclusión que la transmisión del capital constituye un acto de disposición a título gratuito, niega además que se trate de un acto ordinario de la actividad empresarial o profesional de la disponente, y aplica en consecuencia la presunción iuris et de iure del número 2 del articulo 71 de la Ley Concursal para alcanzar la conclusión rescisoria del acto y la condena de reintegro a la masa activa del capital dispuesto en el periodo legal de retroacción. Esta resolución es objeto de impugnación por la legal representación de Calzados Blay S.L. Critica en su apelación la citada recurrente, la calificación de gratuita de la disposición de capital a su favor por la concursada. En particular, el argumento que se desgrana en el escrito de apelación se sustenta en la existencia de una contraprestación económica efectiva derivada de la posición que en el ámbito societario ocupaba la Sra. Antonieta, socia mayoritaria de Calzados Blay y esposa de su apoderado general. Sostiene el apelante que la intencionalidad del acto dispositivo fue la de atender las obligaciones de la empresa para eludir las responsabilidades propias de un incumplimiento frente a terceros y, por tanto, que en absoluto el acto fue gratuito sino un hecho en atención a la situación empresarial que vinculaba jurídicamente, actual y de futuro, a la disponente. Y no siendo gratuito, concluye el apelante, debería acreditarse el perjuicio patrimonial del acto dispositivo, perjuicio que no consta en autos por lo que debería revocarse la sentencia de instancia. SEGUNDO.— El argumento del recurrente, carece sin embargo de razón jurídica. En efecto, el acto dispositivo que consta realizado por la Sra. Antonieta a favor de Calzados Blay S.L. (y que no es objeto de debate) de disposición de un importante capital, presenta todos los rasgos propios de una donación. En efecto, el acto de poner a nombre o directa y libre disposición de la sociedad, la ahora recurrente, un importe de capital privativo tal que ha quedado constancia, permite proclamar el animus donando de la disponente en tanto se cumplen los requisitos del art. 618 del Código Civil pues, como dice la STS de 15 de junio de 1995, existe la donación desde el momento en que aparece la transmisión de un bien gratuitamente, sin ánimo de lucro por parte del donante, y es correspondido por el ánimo de aceptada a título de liberalidad por el donatario, no constando desde luego que bajo la apariencia de la donación, se tratara de encubrir un negocio jurídico distinto. Es cierto que se alega justificación. Y es cierto que no resulta difícil aceptar la razón justificativa que se expone a la vista de la situación familiar en relación a la mercantil. Sin embargo, la intencionalidad no trasmuta la gratuidad que por naturaleza corresponde al acto. Incluso existe una modalidad de donación como poco próxima a la situación descrita por el recurrente, en la que se plantea la disposición por motivación distinta a la de un acto de mera liberalidad, sin que por ello desaparezca la voluntad gratificante. Nos referimos a la donación remuneratoria pues, del propio argumento del recurrente, se deduce que la prestación se pudo hacer por razón de los servicios que la empresa prestaba a la Sra. Antonieta en cuanto fuente de sus ingresos, pero sin que dicha disposición respondiera a deuda exigible alguna dada la infraestructura societaria que presentaba dicha empresa respecto de quien se beneficiaba de la misma. En efecto, el incremento patrimonial que de Calzados Blay S.L. lleva la Sra. Antonieta a cabo, no responde a obligación legal alguna de las que en el marco de las reglas societarias pudieran exigirle dicha prestación. Su posición societaria, de partícipe en la entidad mercantil, sin aportaciones o prestaciones accesorias que la hicieran respecto de éstas responsable, y por las que existiera algún tipo de crédito exigible, la ausencia de todo acuerdo de aumento de capital social con su correspondiente suscripción que formalizara dicha transmisión, unido por lo demás a la falta de todo crédito exigible por cualquier otro título, hacía de la prestación de que se trata de un acto puramente liberal por más que respondiera a determinadas finalidades, incluso dimanantes —por eso de la similitud con la donación remuneratoria que la doctrina identifica en el artículo 619 CC—, del servicio que, en relación a su economía familiar y personal, aquella desempeña. Y no debe obviarse que, como dice la Sentencia del Tribunal Supremo de 29 de julio de 2005 'la donación remuneratoria se sitúa en la órbita de los

> gratuitos'. Lo cierto es que hay en el caso una disposición de capital en periodo próximo a la insolvencia de la disponente sin causa legal que la justifique, por más que el argumento desarrollado a lo largo del proceso pretenda generar una imagen de confusión entre patrimonios desdicha por la propia selección de los interesados de las formas de la sociedad de capital, lo que constituye, en los términos del artículo 71, un acto claramente perjudicial para la masa activa por cuanto que con tal disposición, se perjudicaban los particulares acreedores de la disponente a favor de un tercero, perjuicio a la masa que es la característica que permite diferenciar esta acción revocatoria concursal de las revocatorias ordinarias a las que en algún momento se ha referido el recurrente con relación a lo dispuesto en el número 6 del artículo 71 de la Ley Concursal. Y es que, como recuerda la Sentencia del Tribunal Supremo de 10 de octubre de 2007, las acciones revocatorias concursales se caracterizan (y diferencian) de las acciones paulianas, en que tienden a la reintegración de la masa y no al beneficio del acreedor o acreedores que en particular ejercitan las revocatorias ordinarias del artículo 1111 del Código Civil, lo que en el caso justifica plenamente la atención y examen de la naturaleza del acto dispositivo en relación al concurso del que dimana que constituye a la vez, fuente legitimadora especial del titular (administración concursal) de la acción así ejercitada..."

O la sentencia del Juzgado de lo Mercantil núm. 1 de Santa Cruz de Tenerife, de fecha 25 de octubre de 2005, que parte de la siguiente relación fáctica:

> "...1.º— Que la Sociedad LITA CANARIAS S.A. fue declarado en Concurso Voluntario por Auto de este Juzgado de fecha 3 de enero de 2005.
>
> 2.º— Por Junta General de Accionistas de 13 de noviembre de 2002 se acordó el aumento de capital de la concursada por importe de 2.404.048,4 €, expirando el plazo para éste el 7 de julio de 2003 (dentro de los dos años anteriores a la declaración del Concurso). Consta en autos que a principios de julio se realizaron dos transferencias bancarias a la cuenta cotitularidad de las demandadas COMPAÑÍA LITA CANARIAS S.A. y COMERCIAL MONTABES VAÑO S.A., realizadas por TRANSPORTES, MAQUINARIAS Y OBRAS S.A. (TRAMO S.A.) por importe de 547.330 €, (que por error material mecanográfico la demandante expresa en 547.350 €) y otra por COMERCIAL MONTABES VAÑO S.A. (MONVA S.A.) por importe de 541.000 € (Documentos n.º: 1 y 2 acompañados

a la demanda). En la escritura otorgada con fecha 10 de octubre de 2003, realizada por el Notario D. José Villaescusa Sanz en Madrid con n.º de Protocolo 8.366, hay unido una certificación de B.S.C.H. en la que figura que en la cuenta abierta a nombre de la Sociedad LITA CANARIAS S.A. se han recibido transferencias Bancarias por el importe total 1.442.430,57 €.

El 10 de julio de 2003, tal y como consta acreditado mediante la certificación expedida por el B.S.C.H. (Documento n.º: 3 de la demanda) se realizaron dos transferencias de la cuenta conjunta COMERCIAL MONTABES VAÑO S.A. y COMPAÑÍA LITA CANARIAS, hacia las entidades MONVA S.A. por importe de 541.000 € y a TRAMO S.A. por importe de 547.330 €. Según se refleja en dicha certificación no consta copia del original de la orden de transferencia realizada hacia TRAMO S.A., motivado según se dice por el incendio del Edificio Windsor, anexo a nuestra sucursal, no pudiendo localizarse dicho documento; aunque si se adjunta copia del original de la transferencia de MONVA, la cual fue firmada por D.ª Elsa, tal y como reconoció en el interrogatorio realizado en calidad de representante de COMOVA.

Consta en autos el reconocimiento de deuda realizada el 16 de enero de 2004 por COMOVA a LITA CANARIAS S.A. por importe de 1.237.585,69 €. Con fecha 4 de marzo de 2005 se presentó escrito en el Decanato y en este Juzgado el 8 de marzo de 2005 en el que COMOVA comunicó su crédito contra la concursada por importe de 1.688.366,2 € desglosado en el crédito con origen en el contrato de reconocimiento de deuda por importe de 1.237.585,69 € más un crédito con origen en servicios prestados por COMOVA durante el año 2004, por importe de 30.072,04 € y un contrato de préstamo participativo suscrito entre COMOVA y LITA CANARIAS S.A. por importe de 420.708,47 €.

Con fecha de entrada en el Decanato el 18 de marzo de 2005 y a raíz de la comunicación que la Administración Concursal hizo a la concursada de los hechos que acontecieron en el mes de julio de 2003, de los que se refiere ésta en su demanda, se presentó escrito por COMOVA con entrada en este Juzgado el 23 de marzo de los corrientes en el que comunicaba una rectificación del crédito al entender que los pagos referidos con anterioridad eran pagos a terceros con cargo a la deuda que LITA CANARIAS S.A. tenía con COMOVA, cuyo original consta en los autos del concurso. Dicha rectificación bajaba el crédito a 600.036,20 €. La parte actora considera que nos hallamos en un acto a título gratuito —Liberalidad no de uso— la referida salida de dinero del Patrimonio de la concursada (ya fueran pagos a terceros con cargo a la deuda que LITA

CANARIAS S.A. tenía con COMOVA, o bien una transferencia de LITA a COMOVA, y de ésta a su vez a MONVA S.A. y a TRAMO S.A., por las razones que expone en su demanda a lo que se oponen las partes codemandadas...)"

A la vista de los citados hechos, el Juzgador concurrente un acto a título gratuito y rescinde los citados pagos argumentando:

"...1.º— Se alega por COMOVA S.A., y se corrobora por D.ª Elsa en la vista oral que por razones que ella desconoce D. Rodolfo que en julio de 2003 ostentaba el cargo de Director Financiero de COMOVA S.A., no adoptó ninguna iniciativa para llevar a cabo la ampliación de capital hasta una vez iniciado el mes de julio de 2003 indicándole que no había tiempo a realizar una aportación no dineraria (por medio de la capitalización de una parte del crédito de COMOVA S.A. frente a LITA CANARIAS S.A.). Sin embargo no consta la preceptiva certificación del Auditor de Cuentas que exige el Art. 156 de la Ley de Sociedades Anónimas para poder realizar un aumento de capital por compensación de créditos, y no consta en la publicación de convocatoria de junta General en el Diario de Avisos de esta ciudad de 23 de octubre de 2002, la ampliación por compensación de créditos sino que se alude aportación dineraria en coherencia con la certificación de D. Rodolfo de fecha 7 de agosto de 2003 en el que se recoge el acuerdo adoptado por la Junta de 13 de noviembre de 2002 y que consta unido a la escritura de fecha de 10 de octubre de 2003 anteriormente referida. 2.º— En el reconocimiento de deuda de fecha 16 de enero de 2004, las entidades LITA CANARIAS S.A. y COMOVA S.A., se reconocen mutuamente deudas, resultando acreedora COMOVA S.A. por importe de 1.237.585,69 € dado que LITA CANARIAS S.A. reconoce haber contraído con COMOVA S.A., una deuda por un importe de 1.290.938,5 € y COMOVA S.A. reconoce haber contraído con LITA CANARIAS S.A. una deuda de un total de 53.352,81 €, sin que aparezca la deuda de 1.088.330 €, (que por error material mecanográfico la demandante expresa en 1.088.350 €) que de haber sido un pago a terceros por cuenta de COMOVA S.A. o una transferencia directa de LITA CANARIAS S.A. a COMOVA S.A., debió aparecer en dicho documento. Por tanto ninguna de las dos entidades le dieron a la salida de dinero el carácter de pago de deuda sino el de disposición de título gratuito. 3.º— Con la solicitud de Concurso, LITA CANARIAS S.A. presente a COMOVA S.A. como acreedora por importe 1.702.952,37 €, no compensando por tanto la referida cantidad de la deuda frente a COMOVA S.A., ni incluye dicha partida en su activo. Por su parte

> COMOVA S.A. cuando comunica su crédito a este Juzgado frente a LITA CANARIAS S.A. lo hace por importe de 1.688.366,20 € procediendo según se dice 1.237.585,69 € de la financiación prestada por COMOVA S.A. entre los años 1998 y 2003 que dio lugar a la firma del contrato de reconocimiento de deuda antes citado, por lo que tampoco existe soporte contable que justifique lo alegado por la demandada COMOVA S.A. sin que se estime suficiente la manifestación realizada por la representante de COMOVA S.A., D.ª Elsa, de que el Sr. Rodolfo debía haber aclarado dicha situación y que no supo contabilizarlo, ni tampoco el Documento n.º: 2 aportado por la demandada COMOVA S.A. en el acto de Juicio Oral expedido en fecha 21 de octubre de 2005, ya que no consta cuando se hizo la rectificación contable, presumiéndose que la misma según se alegó que el Letrado de COMOVA S.A. se debió hacer cuando se pidió la rectificación al Juzgado del importe del Crédito que ostentaba frente a LITA CANARIAS S.A. por importe de 600.036,2 € y que según Doña. Elsa, cree que se hizo en el 2004, aunque duda al respecto. 4.º— Por último decir que si hubiera sido un pago frente a terceros por cuenta de COMOVA S.A. D.ª Elsa no hubiera podido hacer las transferencias en nombre de LITA CANARIAS S.A. —que fueron firmadas por ella tal y como reconoció en el Juicio Verbal—, sin tener poder de la concursada, por lo que dicha salida de dinero fue de LITA CANARIAS S.A. a COMOVA S.A. y de ésta a MONVA S.A. y TRAMO S.A. ..."

La sentencia de la Audiencia Provincial de Jaén, de fecha 5 de septiembre de 2024, aplica la presunción del art. 227 TRLC, y estima gratuita la cesión de un edificio industrial por un plazo de cinco años, prorrogables por idénticos plazos, y sin contraprestación para la concursada, alegando alucinantemente que lo fue para el mantenimiento del inmueble, y habilitando al cesionario a efectos de su explotación, arrendamiento, o subarrendamiento, según sus necesidades, y que arrendó a un tercero:

> "...En nuestro caso, nos encontramos ante un negocio jurídico realizado dentro del periodo sospechoso, es decir, dentro de los dos años previos a la declaración de concurso, tratándose de un contrato en el que la concursada entrega a la apelante las instalaciones que conforman el Lote n.º 1 sobre el que se proyecta la liquidación, teniendo el negocio jurídico como objeto, la cesión de las instalaciones para su explotación, arrendamiento y subarriendo según las necesidades de la cesionaria aquí apelante. Además, el coste de dicha cesión será de 0,00 euros por un periodo

de vigencia de 5 años prorrogables por periodos iguales. Con lo cual, el acto objeto de rescisión, es un acto de disposición de la concursada sobre sus instalaciones, realizada a título gratuito, resultando inane para ésta sala los argumentos mostrados por la apelante, para tratar de incardinar el acto rescindible, en un acto de mantenimiento que comporta una onerosidad. Dicho lo anterior, a tenor de lo dispuesto en el art. 227 del TRLC, se presume en el acto de disposición, un sacrificio patrimonial injustificado, del que según el tenor del precepto, no admite prueba en contrario. En consecuencia, al tratarse de un acto de disposición realizado a título gratuito, el acto es rescindible, tal y como se estima en la instancia, sin que por otro lado, sea preciso entrar a resolver sobre el segundo motivo de recurso invocado por la apelante, ya que no se infringe el art. 229 del TRLC, pues el precepto aplicable en el supuesto de hecho, se trata de art. 227 del TRLC, sin que por tanto, sea preciso la prueba que se exige por la recurrente sobre el perjuicio patrimonial, dado que el mismo se presume sin admitir prueba en contrario...."

Interesante la sentencia de la Audiencia Provincial de Cádiz de fecha 19 de diciembre de 2023 que rescinde por entender gratuito, el arrendamiento de determinados inmuebles de la concursada, sin que medie contraprestación, salvo el acometimiento por el arrendatario de obras de reforma y reparaciones en los inmuebles que, posteriormente, se subarriendan a terceros, obteniéndose por el subarrendador ingresos de los que se ve privada la concursada-arrendadora:

"...Dado tales hechos y desarrollo de la operación inicial de autos, mediante la cesión de los inmuebles de la concursada realizada, quedaba en evidencia, ciertamente la mera apariencia formal de contrato, sin verdadero soporte material que lo sustente (por daños y reformas) y, en cualquier caso, sin contrapartida alguna de ingresos ulteriormente obtenidos a través de diversos inquilinos (SILES 4X4 y WEBCARABAN) a quienes la codemandada DALAMA-cesionaria inicial-, subarrendó las naves o locales. Quedando así en evidencia, la despatrimonialización que de facto y, en definitiva, se denunciaba por la AC, en cuanto a la cesión esencialmente gratuita operada sobre los bienes de la empresa deudora, a tercero (DALAMA), —y con cesiones ulteriores de esta a otros terceros aludidos—, detrayendo, en todo momento, el uso y disponibilidad de los inmuebles del beneficio e interés de la concursada y masa pasiva **concursal**, y aquellos ingresos de la masa activa. Nótese en este sentido, como también la secuencia de las fechas viene a refrendar una cierta ideación, exente, no desdeñable de la operación, por parte del administrador social representante de la concursada y la cesionaria señalada, previamente a la solicitud y declaración del concurso de su empresa, pues, en efecto, se aprecia que no es sino con posterioridad a la solicitud de concurso (el 22.5.2011), cuando se firma el contrato de autos (el 11.6.2011), sobreviniendo la declaración **concursal** (el 1.9.2011), cuando ya se había sustraído por tanto, la disponibilidad y explotación de los bienes, de la empresa a su cargo, finalmente devenida en tal situación **concursal.** Dado todo lo expuesto, no cabía sino la estimación del recurso, en este aspecto considerado, reputando la realidad del perjuicio y sacrificio patrimonial a cargo de la concursada, al sustraerse la rentabilidad sobrevenida sobre los bienes objeto del contrato, en todo momento, a la masa del concurso. Ello sobre la base de un contrato, en definitiva, carente de contenido de onerosidad debida, pues no ha resultado constancia alguna ni de la realidad de daños ni de las obras de reparación, que al parecer le pretendían servir de contrapartida oportuna, a la cesión material de las naves que se operaba. Pudiendo concluirse por ello, en definitiva, en su indebida gratuidad, con el añadido apreciable del referido sacrificio patrimonial que supone la explotación lucrativa por un tercero de su objeto, cuyo rendimiento ha quedado, en todo momento, al margen del concurso, sin reciprocidad hacia la concursada, y antes al contrario en su notorio perjuicio. Y si bien ciertamente no cabría reputar un perjuicio como un daño directo sobre el activo **concursal**, sí, al menos, resultaba reconocible aún como un mero lucro cesante, suficientemente acreditado como veremos en el caso, y sustraído al interés del concurso..."

En la sentencia de la Audiencia Provincial de Murcia, de fecha 29 de febrero de 2024, se rescinde concursalmente por su consideración de acto gratuito, la compraventa de un vehículo respecto de la que no consta el pago de precio alguno, siquiera sea la contabilización de una deuda por tal enajenación. Este vehículo, y otro más, aparecían como los dos únicos elementos del activo inmovilizado tangible:

"...La parte actora ha acreditado que se produjo un cambio de titularidad del vehículo Nissan Juke mencionado en fecha 31 de marzo de 2021, propiedad de la concursada, sin abonar el precio correspondiente por la demandada. La parte demandada no ha acreditado que, con fondos procedentes de su patrimonio, abo-

> nara el importe del vehículo controvertido y fuera su propietaria desde su adquisición el 5 de marzo de 2019. Insistimos en que la demandada era la interventora de la sociedad cooperativa y que los únicos documentos en que consta su nombre son las dos pólizas de seguro como tomadora —y la sociedad cooperativa como propietaria— y el encargo y reserva del vehículo —como persona que paga 1.000 euros por cuenta y en nombre de la concursada—. En cuanto al pago, siendo una práctica habitual en la concursada tener créditos de sus socias, conforme la documentación contable de la sociedad cooperativa —que supervisaba la demandada como interventora consta que en esas fechas realizó préstamos a la sociedad concursada en tres veces por 2.000 euros. Ello concuerda con la devolución parcial que tuvo el 15 de abril de 2021 y el crédito reconocido en el concurso. De igual manera, no era el único vehículo propiedad de la sociedad cooperativa, que también fue propietaria de un vehículo Rover hasta que lo dio de baja y mandó al desguace el 8 de enero de 2021. Eran los dos únicos elementos del activo inmovilizado tangible... En puridad, dado que no se ha abonado su precio, se trata de un acto gratuito, por lo que se encuentra en la esfera del art. 227 TRLC, que dispone: "El perjuicio patrimonial se presume, sin admitir prueba en contrario, cuando se trate de actos de disposición a título gratuito, salvo las liberalidades de uso, y de pagos u otros actos de extinción de obligaciones cuyo vencimiento fuere posterior a la declaración del concurso, excepto si contasen con garantía real". Por tanto, si un vehículo adquirido el 5 de marzo de 2019 y entregado el 22 de marzo de 2019, por un precio de 17.300 euros total, fue vendido en fecha 31 de marzo de 2021, la demandada debía haber pagado el precio correspondiente por la adquisición de segunda mano, ... Al no entregar precio alguno, nos encontramos ante un acto de disposición gratuito y el perjuicio se presume iuris et de iure...."

Un supuesto curioso es el que contempla la sentencia de la Audiencia Provincial de Álava de fecha 15 de septiembre de 2010, que reputa gratuito el servicio de protección personal que presta una empresa de seguridad al presidente de un club de futbol y su familia, que son abonados por el club:

> "...En este caso los actos impugnados lo han sido a título gratuito, el Club Deportivo Alavés abonó las facturas giradas por las empresas de seguridad que respondían a los servicios prestados en el área personal de Edmundo y su esposa, a cambio de nada, el Club no recibió contraprestación alguna. El Presidente conside-

ró que su situación personal exigía una protección, contrató los servicios de las mismas empresas que venían trabajando para el Club, pero no abonó nada por estos servicios, fue el Club quien pagó las facturas. Afirma el apelante que el cargo de Presidente le reportó inseguridad, recibía amenazas constantemente, incluso se encontró su nombre en documentos incautados a ETA. La documentación anexa a su contestación (copias de prensa), muestra estos hechos. Quizás el Sr. Edmundo se sintiese amenazado y sintiese que necesitaba de una especial protección, en tal caso, si pretendía no pagarla de forma personal, debió solicitar al Club formalmente la asistencia de estas empresas, correspondiendo al Consejo de Administración la aprobación de la gestión y del gasto, sin embargo, omitió esta formalidad. De la forma en que se contrataron los servicios de las empresas de seguridad se deriva que fue Edmundo quien autogestionó el servicio y requirió sus servicios para su propio domicilio. Que los servicios se realizasen en Izarra donde se encontraba su vivienda familiar no pasa de ser una mera alegación no corroborada por otras pruebas, si bien, consideramos indiferente esta circunstancia que no afecta al fondo. Utilizó las empresas de vigilancia que prestaban servicios al Club para su uso personal y el de su esposa. Y lo que si ha quedado acreditado es que con esta decisión hizo gastar al Club una importante cantidad de dinero que ahora deberá reponer junto a su esposa, este fue un acto anormal realizado a título gratuito que perjudicó los fondos del Club Deportivo Alavés. Por todo lo explicado el recurso no puede prosperar..."

III.5.2.3. Supuestos controvertidos

Quiero exponer aquí una serie de supuestos planteatorios de dudas en torno a su sujeción a la presente presunción.

III.5.2.3.1. Donaciones remuneratorias

Las donaciones remuneratorias encuentran su razón de ser en los méritos del donatario, o en los servicios por éste prestados al donante.[155]

---

155 LASARTE, C. "Principios", pg. 186.

El art. 880.5 C.Com reputaba fraudulentas y declaraba la ineficacia de las donaciones inter vivos que no tuvieran el carácter de remuneratorias, otorgadas después del balance anterior a la quiebra si de este resultara un pasivo del quebrado superior a su activo.

El APLC, art. 91, exceptuaba del régimen de reintegración aplicable a los actos de disposición a título gratuito, junto a las liberalidades de uso y los regalos, las donaciones que tuvieran conocidamente el carácter de remuneratorias.

Por el contrario, tanto la vieja LC como el actual TRLC omiten cualquier referencia a las citadas donaciones remuneratorias, por lo que, inicialmente, cabría tenerlas por incluidas dentro del ámbito de aplicación de la presunción absoluta aquí examinada.

Y en este sentido, se manifiesta la Jurisprudencia, citando aquí la sentencia de la Audiencia Provincial de Alicante, de fecha 11 de diciembre de 2007.

Y la mayoría de la Doctrina. A título de ejemplo, CRESPO AULLE argumenta que "ciertamente el servicio remunerado mediante la donación no era exigible, pero tampoco puede decirse que fuese una obligación de vencimiento posterior a la declaración del concurso. Evidentemente, el espíritu del precepto si puede estar en línea con el anterior, es decir, no beneficiar en perjuicio de los acreedores con crédito exigible a otros posibles acreedores con créditos o no exigibles por la entidad de la obligación (v. gr. obligación natural) o por no haber llegado el vencimiento de su posible exigibilidad". El autor citado, a efectos de incluir las donaciones remuneratorias dentro de lo dispuesto en el art. 227 TRLC, resalta el silencio que guarda la norma sobre tales donaciones, a diferencia de lo reseñado en el derogado art. 880.5 C.Com.[156]

---

156 LEÓN SANZ, F.J. "El sistema", pg. 264 y "Comentario", pg. 1309. También CRESPO AULLE, F. "Comentarios", pg. 1382. O RODRÍGUEZ ACHUTEGUI, E. "Las presunciones absolutas", pg. 78.

La profesora LINACERO DE LA FUENTE insiste en la aplicación del art. 227 TRLC, y considera que esta donación supone un acto de disposición a título gratuito, Sin embargo, matiza la anterior conclusión y descompone a efectos rescisorios concursales la donación, por así decirlo, en dos tramos. Uno, regido por las reglas de la donación, y que alcanza la parte de la liberalidad que exceda del servicio remunerado. Y otro, regulado por las reglas de los negocios onerosos e impactante en el valor patrimonial atribuido al servicio.[157]

No me confortan las anteriores argumentaciones y entiendo excluidas las donaciones remuneratorias del ámbito de la presunción analizada.

En este sentido, descarto la postura de la profesora LINACERO DE LA FUENTE, que se me exhibe contradictoria en cuento proclama la donación remuneratoria, a efectos de la aplicación de la presunción, como acto gratuito, pero distingue, en sede de los efectos de la reintegración, entre la parte onerosa y parte gratuita. Tampoco parece que dichas donaciones tengan la consideración de negocio mixto, y seguir el régimen de las transmisiones onerosas, salvo en la parte que exceda de lo donado (ex art. 622 CC), "descomponiendo" la donación. Dado que el servicio remunerado no constituye deuda exigible, no cabe la aplicación de la normativa de los contratos onerosos sin suponer que la donación remuneratoria tiene una parte onerosa y una parte gratuita,[158] menos aún en el ámbito concursal.

---

157 LINACERO DE LA FUENTE, M. "Las acciones de reintegración", pg. 89 y 90. La autora, no obstante lo anterior, resalta la dificultad en cuanto a los efectos de la rescisión al tener el negocio en cuestión una regulación diversa, remitiéndose a las soluciones establecidas por la doctrina en él ámbito civil.
También LEÓN SANZ, F.J. "El sistema", pg. 264 y "Comentario", pg. 1309.

158 LASARTE, C. "Principios", pg. 186, quien concluye afirmando que el art. 622 CC es aplicable a las donaciones modales u onerosas.

Las donaciones remuneratorias, a efectos concursales, escapan de su consideración como actos a título gratuito, ya que en el ámbito rescisorio concursal, se exige la ausencia de contraprestación, lo que aquí no acontece pues existe aunque sea inferior a lo donado.

Dese un punto de vista del derecho civil, dichas donaciones remuneratorias resultan actos gratuitos. Sin embargo, desde una estricta óptica concursal, nunca deberán tener tal consideración pues existe contraprestación, recordando la necesaria aplicación e interpretación restrictiva que requiere la presunción iuris et de iure del art. 227 TRLC.[159]

Ello sin perjuicio de la facultad de reaccionar contra tal acto, incluso, mediante la acción rescisoria concursal, pero en este caso, al amparo del art. 229 TRLC, y la acreditación del perjuicio causado por el acto, algo que no se me antoja demasiado complicado. Más bien lo contrario.

III.5.2.3.2. Donaciones modales u onerosas

Una lectura de los párrafos anteriores permite también inicialmente mantener la exclusión del concepto de actos a título gratuito de las donaciones estrictamente modales, aquellas en las que se impone al donatario un gravamen inferior al valor de lo donado (art. 619 CC), que tampoco quedan cosidas a la presunción. El carácter mixto de esta donación coadyuva en la defensa de tal exclusión.

No obstante, el referido escape presuntivo pende de la persona beneficiaria del gravamen, toda vez que la donación modal puede implicar tanto la asignación de una parte de lo donado a un cierto destino en beneficio de un tercero, cuanto un gravamen independiente del propio objeto de la donación.[160]. En el primer

---

159 En el mismo sentido, ESPIGARES HUETE, J.C. "La acción", pgs. 126 y 127.
160 LASARTE, C. "Principios", pg. 187.

caso, no existe contraprestación a favor del deudor y, por lo tanto, la donación recae en el ámbito de aplicación de la presunción. En el segundo, sí que lo podrá haber, excluyéndose la dávida modal de lo dispuesto en el art. 227 TRLC.

III.5.2.3.3. Otras donaciones

Por el contrario, no cabe excluir de la presunción las donaciones condicionadas.[161]. Tampoco la donación por méritos, la cual, sin lugar a duda, es una donación pura sin especialidad alguna.[162]

Donación indirecta, o aquellos negocios formalmente onerosos, con causa onerosa, pero perjudiciales a la vista de lo desproporcionado de la contraprestación.

Aun cuando por autorizada doctrina, se mantiene la aplicación de la presunción a las donaciones indirectas,[163]el carácter oneroso del acto y, especialmente, la necesaria aplicación e interpretación restrictiva de una presunción iuris et de iure, permiten mantener su exclusión de la presunción, y sin perjuicio de la eventual

---

161 LEÓN SANZ, F.J. "El sistema", pg. 264 y "Comentario", pg. 1309. ESPIGARES HUETE, J.C "La acción", pg. 126.

162 LINACERO DE LA FUENTE, M. "Las acciones de reintegración", pg. 91. Sobre la distinción entre donación modal y donación remuneratoria, vid. ALBALADEJO GARCÍA M. "La donación", pg. 149.

163 RIVERA FERNÁNDEZ, M. "Reintegración", pg. 93 y 94.
LINACERO DE LA FUENTE, M. "Las acciones de reintegración", pg. 92, mantiene una posición intermediaria, quien las incluye en el ámbito del art. 227 TRLC, rigiéndose el régimen de reintegración, respecto de la parte de liberalidad, por las reglas de los actos de disposición a títulos gratuitos y por las reglas de los negocios onerosos, por el resto que no es liberalidad.
Desde la perspectiva civil y no estrictamente concursal, sobre la donación indirecta, vid. DÍEZ-PICAZO, L. y GULLÓN BALLESTEROS, A. "Sistemas", pg. 357, quienes entienden que en tal negocio existe un contrato de venta pero con un intento ulterior de liberalidad al cual debe dársele la oportuna relevancia. Por ello, concluyen que deben aplicarse las reglas de la donación para proteger a terceros.

reacción contra ese indirecto y donatorio acto en base al art. 229 TRLC, y la acreditación del perjuicio, algo que, por otro lado, y como dije antes, se ofrece relativamente fácil. O ejercitar otras acciones como la acción de rescisión genérica ex art. 1295.1 CC.

III.5.2.3.4. Actos onerosos simulados

También cabe cuestionarse el eventual trallazo de la presunción absoluta del art. 227 TRLC sobre actos de disposición simulados de onerosos por el concursado y que, en realidad, son actos gratuito. Piénsese en la compraventa simulada que encubre una donación. A la vista del tenor literal del precepto, no parece que les alcance la presunción, sin perjuicio que el acto simulado gratuito, aunque travestido de onerosidad, soporte su eventual ataque a través de la acción correspondiente a tal simulación ex art. 238 TRLC o, incluso, mediante la acción rescisoria ex art. 229 TRLC.[164]

No comparte esta conclusión la Audiencia Provincial de Córdoba, sentencia de fecha 10 de mayo de 2011 que declara la rescisión ex art. 227 TRLC de un contrato simulado que esconde una disposición a título gratuito:

> "...**CUARTO**.— Los elementos que en este caso corroboran dicha simulación son múltiples y resumidamente son: a) El supuesto préstamo en cuya devolución consistiría la contraprestación de la cesión de uso de la nave y la maquinaria no consta documentado, ni se ha acreditado su efectiva existencia; b) No consta que la sociedad concursada recibiera cantidad alguna en concepto del supuesto préstamo, ya que lo único que constan son ingresos en una cuenta bancaria de la que no es titular; c) Entre las aparentes prestamista y prestataria existen vínculos económicos y societarios; e) El documento privado de cesión de uso y reconocimiento de deuda se otorga en fechas próximas a **la declaración del concurso,** por lo que, en relación con los da-

---

164 LEÓN SANZ, F.J. "El sistema", pg. 264 y "Comentario", pg. 1309 y GIL RODRÍGUEZ, J. "De los efectos", pg. 856. También RODRÍGUEZ ACHUTEGUI, E. "Las presunciones absolutas", pg. 80 y 81.

> tos anteriormente expuestos, resulta evidente que su exclusiva finalidad era sustraer de la masa la posesión de los más valiosos activos realizables de la concursada. Por las razones expuestas, concurriendo el requisito temporal previsto en el **artículo 71 de la Ley Concursal,** existiendo perjuicio para los acreedores, e incluso considerándose acreditado el '**consilium fraudis**' en cuanto a la simulación contractual expuesta, ha de considerarse correctamente estimada la acción de reintegración ejercitada por **la administración concursal,** sin que pueda discutirse siquiera la existencia del perjuicio patrimonial para la concursada, puesto que ante la falta de contraprestación la cesión fue gratuita y el perjuicio se presume '**iuris et de iure**' (artículo 71.2 de la Ley Concursal)..."

También es de traer a colación la sentencia de la Audiencia Provincial de Valladolid, de fecha 26 de abril de 2011:

> "...En definitiva, se transfirió la propiedad de dicho vehículo por Transmilenio 2001 S.L. a otra entidad perteneciente a la propia familia, que tomó posesión del mismo y lo ha estado utilizando sin abonar cantidad alguna por ello. Dicha operación, bajo la apariencia de una compraventa plasmada en el libramiento de una factura, no encubre sino una donación a través de la cual la familia trataba de poner a salvo los activos que figuraban a nombre de aquella entidad ante la mala situación económica que atravesaba y que pocos meses después la llevaría a presentar la solicitud de concurso voluntario. Ello viene confirmado por el hecho de que también por aquellas fechas Transmilenio 2001 S.L., vendió otro de sus vehículos a una tercera sociedad, concretamente Auto Ballestas Segre, emitiendo la correspondiente factura, mas haciendo constar en la misma como cuenta bancaria en la que ingresar el precio (f. 197) una cuya titularidad ostentaba no dicha vendedora sino precisamente (f. 198) la aquí codemandada Distribuciones Cárnicas Daju S.L. No nos encontramos por lo tanto ante una simple compraventa cuyo precio no haya sido pagado o lo haya sido parcialmente, tal y como se sostiene en el recurso, sino ante una operación que bajo la apariencia de dicho negocio oneroso en realidad encubría un acto dispositivo a título gratuito, efectuada dentro de los dos años anteriores a la declaración en concurso de la vendedora, por lo que la entendemos perjudicial para la masa activa del concurso y correctamente rescindida conforme lo dispuesto en el **art. 71 de la Ley Concursal.** Vamos en su consecuencia a confirmar la sentencia impugnada que así lo declara con desestimación del recurso de apelación..."

Sin perjuicio de lo anterior, en el supuesto que se optase por ejercitar la acción de simulación, a la vista que nuestro Tribunal Supremo, sentencias de fecha 11 de enero, 26 de febrero de 2007, 20 de junio del mismo año o 18 de marzo de 2008, ha decretado la nulidad de la compraventa que encubre una donación e igualmente la nulidad de la donación encubierta, no parece preciso acumular la acción rescisoria concursal para declarar la ineficacia de la transmisión una vez resuelta la simulación.[165]

III.5.2.3.5. Reparto de dividendos

Tampoco resulta aplicable la presunción letal e indiscutible de perjudicialidad de los actos gratuitos a los acuerdos sociales de reparto de dividendos, toda vez el ánimo de lucro que asiste a los socios de las compañías mercantiles, el derecho a participar del beneficio o ganancia que le asiste, y la naturaleza de la relación societaria mercantil.

En esta línea, vid. la sentencia del Juzgado de lo Mercantil núm. 1 de Alicante, sentencia de fecha 25 de abril de 2012 (*Tol 2526209*):

> "...Respecto de las primeras, no parece que el acto impugnado pueda ubicarse en la categoría de acto a título gratuito, pues se supone la materialización del derecho al beneficio del socio consustancial a su estatus. Así lo viene a entender la SAP de Barcelona de 9/2/2012 calificando como onerosa la distribución de dividendos *'con amparo genérico en la naturaleza de la relación societaria mercantil y el* ***ánimo de lucro*** *de los socios que le es inherente'...*"

III.5.2.3.6. El otorgamiento o constitución de garantías a favor de deuda ajena al concursado

Se exhibe habitual en la práctica financiera y empresarial, normalmente en operaciones de refinanciación de deudas, o de re-

---

[165] Así vid. ESPIGARES HUETE, J.C. "La acción", pg. 129.

estructuración, la prestación o constitución por el posteriormente devenido concursado, y en favor de un deudor tercero, y en garantía de la obligación del acreedor de aquel, de la oportuna fianza, hipoteca, pignoración de acciones o depósitos etc. Esto es, la llamada prestación de garantía por deuda ajena, definida en la sentencia del Tribunal Supremo de fecha 30 de abril de 2014, como aquella constituida para garantizar el cumplimiento de una obligación en la que el obligado principal es una persona ajena al que presta la garantía personal o real.

Esta garantía a favor de tercero resulta susceptible de constituir un acto a título gratuito u oneroso. Puede leerse en la sentencia del Tribunal Supremo de fecha 30 de abril de 2014:

> "...Tradicionalmente se ha venido considerando que la garantía a favor de un tercero puede constituirse a título gratuito o a título oneroso..."

También, sentencia del Tribunal Supremo de fecha 21 de abril de 2014:

> "....El art. 71 LC, referido a las acciones de reintegración, señala que son rescindibles los actos perjudiciales para la masa activa del concurso realizados por el concursado dentro del periodo de los dos años anteriores a la declaración, aunque no hubiera existido intención fraudulenta. Se presume de forma absoluta este perjuicio (iuris et de iure) cuando se trata de un acto o contrato otorgado a título gratuito por el concursado (art. 71.2 LC). Las garantías personales y reales pueden ser actos susceptibles de ser afectados por el precepto. Lo esencial y determinante es si el acto, contrato o negocio fue realizado a título oneroso o gratuito por el fiador concursado. El recurrente plantea el motivo sobre la base de que el supuesto literal del precepto —art. 71.2 LC— se refiere a "actos de disposición a título gratuito", en contraposición con el art. 878.2 CdeCom, que se refería a "actos de dominio y administración". 2. En la medida en que la fianza es una garantía a favor de tercero, un negocio obligacional, de riesgo sin inversión, puede derivarse, en caso de incumplimiento de la obligación principal, un perjuicio para la masa activa del fiador concursado, con todo su patrimonio presente y futuro (art. 1911 Cc). Al propio tiempo puede suponer una alteración de la composición de la masa pasiva como consecuencia de la insinuación y reconocimiento, en el concurso del

fiador concursado, del importe del crédito del acreedor garantizado en la lista de acreedores, en caso de insuficiencia de la masa activa, por la menor cuota de participación que pudiera corresponderles al resto de los acreedores ordinarios en la liquidación. 3. Por ello, si a cambio de este riesgo potencial(perjuicio para la masa activa) no se recibe una contraprestación que justifique la concesión de la fianza por deuda ajena o, por lo menos, se obtiene una ventaja, una atribución o beneficio patrimonial que lo justifique, es decir, se presta gratuitamente, sin recibir nada a cambio, la mera liberalidad como causa del afianzamiento entraría en juego la presunción iuris et de iure de perjuicio a que se refiere el art. 71.2 LC. En este sentido, la fianza gratuita sería un acto o negocio obligacional, equiparable a un acto de disposición a que se refiere el art. 71.2 LC porque existe un sacrificio injustificado del patrimonio del garante, que posteriormente, tras la declaración de concurso, perjudicará a la masa activa de dicho concurso. Se dan, en tal supuesto, todos los requisitos para rescindir la fianza calificada de gratuita de acuerdo con el art. 71.2, al existir la presunción iuris et de iure de perjuicio para la masa activa por un acto o contrato realizado por el concursado, en los dos años anteriores a la declaración de concurso, sin necesidad de que exista intención fraudulenta (art. 71.1 LC). 4. Para evitar la presunción de perjuicio que supone una garantía constituida a favor de tercero, a que se refiere el art. 71.2 LC, corresponderá al acreedor garantizado demostrar la existencia de contraprestación a favor del fiador concursado, carga de la prueba que sólo a él corresponde, aportando elementos fácticos y jurídicos que destruyan la presunción de gratuidad..."

Por lo tanto, procede la aplicación del remedio presuntivo del art. 227 TRLC en el supuesto de constitución de esa garantía ajena a título gratuito, y sin que la concursada perciba una contraprestación a su favor, algo no confundible ni asimilable con el mero beneficio que obtenga el deudor garantizado por la prestación garantial del deudor posteriormente concursado.

A tal efecto, cabe requerir que esa "contraprestación", con independencia de su constancia en el propio contrato de constitución u otorgamiento de la garantía, o de forma independiente a éste, venga acreditada en cuanto a su existencia por el deudor y/o el tercero que pretenda la defensa de la garantía del impacto rescisorio concursal del art. 227 TRLC. La inexistencia de la contraprestación reputa ese garantía por deuda ajena como acto a título gratuito y, por lo tanto, infectado absolutamente de perjudicialidad en los términos presuntivos del art. 227 TRLC.

Esa onerosidad, a la vista de la sentencia del Tribunal Supremo de fecha 30 de abril de 2014, conecta con la prestación asumida por el acreedor en favor del garante:

> "...cuando el acreedor, como equivalencia de la garantía prestada, se obliga a una determinada prestación a favor del garante o del deudor principal, que si resulta incumplida permitirá al garante liberarse de su obligación de garantía..."

Contextualidad de la garantía por deuda ajena. Esto es, la prestación, por ejemplo, de una fianza o hipoteca simultáneamente al surgimiento de la obligación de pago objeto de la garantía ajena y sospechosa. Pienso que esta circunstancia permite presumir ese carácter oneroso, señalando el Tribunal Supremo, sentencia de fecha 3 de junio de 2015:

> "...En el presente caso el afianzamiento fue prestado simultáneamente con la concesión del préstamo del Banco Gallego a favor de Agroquijada, S.L., que sirvió para renovar otro préstamo que vencía el mismo día de su concesión. Por tanto, la contextualidad de la garantía prestada con ocasión de conceder una operación, la de préstamo, como aquí sucede, no permite aplicar la presunción iuris et de iure del art. 71.2 LC por no tener la garantía el carácter de gratuito..."

O la sentencia del Tribunal Supremo de fecha 2 de junio de 2015:

> "... El motivo se desestima por las razones que se exponen a continuación: 1. La STS núm. 100/2014, de 30 de abril(fundamento de derecho sexto, 5 in fine) señaló que: "La garantía a favor de tercero se constituye a título oneroso cuando el acreedor, como equivalencia de la garantía prestada, se obliga a una determinada prestación a favor del garante o del deudor principal, que si resulta incumplida permitirá al garante liberarse de su obligación de garantía. Salvo prueba en contrario, la constitución de la garantía coetánea o contextual con el nacimiento del crédito garantizado se entenderá correspectiva a la concesión de éste, y por tanto onerosa, pues el acreedor concede el crédito en vista de la

> existencia de la garantía, es decir, recibe como correspectivo conjunto de su crédito la promesa de pago del deudor y la garantía del tercero". En el presente caso, es un hecho indiscutible que la contragarantía o contra aval prestado por el Sr. Amadeo y otros se prestó simultáneamente con el otorgamiento del afianzamiento de Isba en el préstamo personal concedido por Sa Nostra a Uco Rehabilitación, S.L. por importe de 580.000.-?. Por consiguiente, la contextualidad de la garantía prestada con ocasión de conceder una operación de préstamo, como aquí sucede, no permite aplicar la presunción iuris et de iure del art. 71.2 LC por no ostentar la garantía el carácter de gratuito..."

Sin embargo, ese escape del tiznado gratuito no surge como absoluto, adviniendo su consideración gratuita cuando pese a esa contextualidad, su prestación exhala espontaneidad e impulsividad, y falta de requerimiento acreedor al efecto, de tal manera que la concesión del préstamo no responde a la concesión de la garantía, habiéndose obtenido, realmente, sin necesidad de su prestación.[166] Aquí la carga de la prueba de este innecesario otorgamiento, rompedor de la cualidad onerosa derivada de su coetaneidad o contextualidad, corresponde a la actora y a nadie más.

Así sentencias del Tribunal Supremo de 19 de diciembre de 2018, o 30 de abril de 2014:

> "...Salvo prueba en contrario, la constitución de la garantía coetánea o contextual con el nacimiento del crédito garantizado se entenderá correspectiva a la concesión de este y por tanto onerosa, pues el acreedor concede el crédito en vista de la existencia de la garantía, es decir, recibe como correspectivo conjunto de su crédito la promesa de pago del deudor y la garantía del tercero...."

Por otro lado, la ausencia de esa nota de contextualidad garantitoria, que queda atada a la prestación del respaldo en favor de deuda ajena por el concursado con posterioridad al surgimiento de la obligación garantizada, la convierte en acto a título gratuito, salvo que concurra, y resulte acreditada, esta vez a cargo de los

---

166 SANCHO GARGALLO, I. "La rescisión", pg. 155.

demandados, la concurrencia de la referida contraprestación.[167] Así vid la sentencia del Tribunal Supremo de fecha 21 de abril de 2014, o 27 de junio de 2017:

> "...En la actualidad, en el caso de constitución de una hipoteca para garantizar un deuda ajena, para determinar cuándo la causa es onerosa o gratuita, la jurisprudencia tiene en cuenta si la concesión de la garantía es contextual a la concesión del crédito garantizado. Cuando la concesión de la garantía es contextual, la jurisprudencia entiende que no lo es a título gratuito. En realidad, se trata de una presunción, porque cabría contradecirla si se acreditara que la garantía fue prestada del todo espontáneamente, de modo que el crédito habría sido concedido sin ella. Por el contrario, cuando la garantía se hubiera concedido después del nacimiento de la obligación, y por ello no fuera contextual, debe entenderse que la causa es la mera liberalidad, salvo, lógicamente, que se acredite que la garantía se prestó a cambio de una contraprestación o ventaja..."

Pero aun cuando esa garantía ajena escape de las garras presuntivas del art. 227 TRLC a la vista de su contextualidad y onerosidad, ello no implica que no quepa su rescisión al amparo las presunciones del art. 228.1.° y 2.° TRLC. O de la herramienta general del art. 229 TRLC, que requiere la acreditación del perjuicio por la parte demandante.[168] Lo recuerda el Alto Tribunal en su sentencia de fecha 27 de junio o de 30 de abril de 2014:

> "...Que la garantía constituida en favor de tercero sea onerosa no excluye la existencia de perjuicio para la masa. Es más, si se trata de uno de los actos onerosos previstos en el art. 71.3.1 de la Ley Concursal, el perjuicio patrimonial se presume, si bien cabe prueba en contrario..."

O en las sentencias del Tribunal Supremo de fecha2 de junio de 2015, o de 19 de diciembre de 2018, pudiendo leerse en esta última:

> "...Como hemos recordado en esas sentencias, una cosa es que no resulte de aplicación la presunción perjuicio iuris et de iure del

---

167 SANCHO GARGALLO, I. "La rescisión", pg. 155 y 156.

168 GONZÁLEZ VÁZQUEZ, J.C. "Las acciones", pg. 607.

art. 71.2 LC porque en estos casos la contextualidad de estas garantías, reales y personales, excluya su gratuidad, y otra distinta la valoración de la justificación del sacrificio patrimonial que supone la prestación de la garantía, en atención de los beneficios directos o indirectos que podían derivarse para el concursado que haya prestado la garantía..."

Sobre el tema, vid. también la sentencia de la Audiencia Provincial de Pontevedra de fecha 18 de noviembre de 2009:

"...En el supuesto de garantía real prestada a favor de un tercero, por obligación ajena, dicha garantía será onerosa si el garante ha recibido del deudor o del acreedor alguna contraprestación, la cual puede constar en el propio contrato que incluye la garantía o bien de forma independiente entre algunos de los integrantes de esa relación trilateral. Ahora bien, esta garantía, como el resto de negocios jurídicos, sin exigir un justo precio, si exige una contraprestación que despeje la apariencia de gratuidad. En el supuesto sometido a examen no consta contraprestación alguna que impida considerar la gratuidad de la garantía al no constar, a pesar de la importancia cuantitativa de la operación y de su documentación en escritura pública, una contraprestación en dicho contrato. Pero tampoco consta documentado ningún otro negocio jurídico en que se prevea la misma. A tal fin resulta harto insuficiente el hecho de que la prestataria haya realizado algún pago en beneficio de la concursada, pues se desconoce el concepto en virtud del cual se procede, y además resulta altamente desproporcionado en relación con la relevancia de la garantía prestada ya que se hace alusión a pagos que rondan los 200.000 euros, cuando la garantía se presta por una deuda de 850.000 euros. A ello debe añadirse que, como señala la sentencia de instancia, **el informe de la administración concursal** incluye un crédito de la concursada contra la prestataria ATALFRIGO S.L. por importe superior a la suma de 200.000 euros, por lo que no hay razón para pensar que aquellos ingresos no obedezcan al pago de este crédito. En consecuencia, esta gratuidad lleva a presumir, sin admitir prueba en contrario, el perjuicio patrimonial a la masa activa que justifica la éxito de la acción de reintegración ejercitada al amparo del art. 71.1 y 2 LC..."

También es de reseñar la sentencia de la Audiencia Provincial de Sevilla de fecha 14 de febrero de 2012:

"...La respuesta ha de ser afirmativa. La cuestión es clara. El Sr. Benjamín obtiene un crédito de dos millones de euros. Con ese crédito compra acciones de la ampliación de capital de CONTSA. Es decir, que el Sr. Benjamín tiene sus acciones y CONTSA tiene los dos millones de euros que pasan a engrosar su capital. Con ese dinero CONTSA compra acciones de BANESTO que deposita en la propia entidad bancaria haciendo un depósito de valores. Seguidamente CONTSA pignora ese depósito de valores en garantía del crédito que BANESTO concedió al Sr. Benjamín. Éste no devuelve el crédito cuando vence la Póliza el 28 de noviembre de 2007. BANESTO ejecuta la garantía. CONTSA pierde su inversión de dos millones de euros. Sin embargo, el Sr. Benjamín es propietario de las acciones sin haber desembolsado un solo euro, porque el precio de esas acciones al final lo ha pagado la propia entidad, que ha visto como disminuye su patrimonio en la suma de dos millones de euros sin obtener nada a cambio. Es decir, el acto de la pignoración del depósito de valores fue hecho a título gratuito, pero en cualquier caso es evidente el perjuicio que le ha ocasionado a la concursada y, por ende, a la masa activa, desposeída de dos millones de euros, que son los que han servido en definitiva para pagar las acciones de las que es titular D. Benjamín. Por su parte, CONTSA no ha obtenido nada a cambio, pues el dinero de la Póliza que se entregó a la concursada se le dio como pago del precio de las acciones, integrándose en el patrimonio de la sociedad. Con él constituyó la garantia sin recibir nada a cambio. En definitiva nos hallamos ante un acto de CONTSA gratuito y perjudicial para la masa activa, efectuado dentro del periodo al que se extienden los efectos de **la declaración del concurso** ..."

O la sentencia de la Audiencia Provincial de Castellón de fecha 2 de junio de 2011:

"...Estimamos que los argumentos expuestos en nuestra resolución anterior y que hemos recogido en la presente son plenamente de aplicación al presente caso, y que en virtud de lo razonado que ahora reiteramos debemos rechazar los dos primeros motivos del recurso en que se exponen alegaciones que cuestionan lo razonado en la sentencia de instancia respecto a la existencia del perjuicio patrimonial y la consideración de la fianza solidaria otorgada por la concursada en relación con las obligaciones asumidas por la mercantil Gil-Juan-Guerrero Selecta S.L. en **el contrato de leasing** de fecha 7 de junio de 2007 como un acto dispositivo a titulo gratuito, lo que entendemos plenamente acertado en el supuesto de hecho que es objeto de este procedimiento, en que ninguna prueba se ha aportado de que se haya pactado contraprestación alguna por la prestación de la garantía. Por tanto, entendemos no

> cabe duda alguna de la aplicación al caso del articulo 71.2 de la L.C, siendo de aplicación en consecuencia la presunción **iuris et de iure** del perjuicio patrimonial, debiendo añadir que no parece razonable negar que la constitución de la fianza causa un perjuicio patrimonial, afirmando que solo existiría en caso de que se ejecute, como hace la recurrente, cuando por otra parte la propia recurrente pide el reconocimiento de la existencia de su crédito en los términos que se recogen en su escrito aportado como documento n.º 4 con la demanda por la Administración concursal (folios 26 y 27)...."

Item más. Entiendo aplicable las anteriores conclusiones a aquella garantía prestada por el concursado por obligaciones propias. Y también a la que tenga por objeto la deuda de una empresa vinculada o que forme parte del grupo de la concursada.

En esta línea, se ha aludido al interés del grupo como contraprestación o justificación de la garantía. O a la existencia de un interés económico en la operación para el garante, aludiendo, a título de ejemplo, al administrador y socio mayoritario de la sociedad deudora principal, o a la sociedad dominante respecto de la sociedad filial en atención al flujo de dividendos y a los derivados de la subsistencia del grupo.[169]

Sin embargo, no basta la mera presencia de la citada relación de grupo entre el garante concursado y el deudor, a efectos de reputar onerosa la prestación de la garantía a favor de empresas, socios o administradores del grupo. Tampoco es suficiente al efecto la alusión, de forma genérica o potencial, etérea y fantasmalmente, a ese interés de grupo, o económico, sin más. O a la mera vinculación entre garante y deudor.

Por ello, no dándose la nota de contextualidad en los términos que acabo de exponer, entiendo huérfana de onerosidad la garantía prestada, por ejemplo, por la matriz grupal por deuda de una filial, fundada, únicamente y de forma genérica, en eventua-

---

169 SANCHO GARGALLO, I. "Las acciones", pg. 1156.

les flujos de dividendos, mayor valor de la participación correspondiente a la filial cuya deuda ha garantizado la matriz etc.

La onerosidad siempre precisa de una atribución patrimonial, siquiera indirecta, a favor de la sociedad garante, de una entidad suficiente para justificar la prestación de la garantía. No basta alegar la mera grupalidad entre el deudor principal y el garante. Tampoco vagas y genéricas manifestaciones al interés de grupo. No pocas veces, lo indudablemente beneficioso para el grupo y su interés impacta y lesiona en el patrimonio de una o varias sociedades que lo componen, cuyos acreedores, conviene no olvidarlo, no quedan compelidos a soportar tal tara patrimonial. Cada sociedad es exclusiva titular de su propio patrimonio, que responde de sus obligaciones. No existe un "patrimonio de grupo", ni un principio de comunicabilidad de responsabilidades entre los distintos patrimonios de las distintas sociedades por el mero hecho de estar integradas en un grupo.

Item más, y no mediando la citada contextualidad, el regate antirescisorio a la presunción del art. 227 TRLC requiere una concreción y explicitación de la onerosidad, huidora de generalidades, y, si se apoya en ese interés de grupo, que deberá igualmente concretarse, habrá que determinarse en que beneficia a la concursada garante esa operación avalistica en interés del grupo, atendiendo a la operación en concreto, y no a otra, de forma completa y en conjunto, y a las circunstancias del concursado y del grupo, concurrentes al tiempo de la concesión de la garantía.

Puede leerse en la sentencia del Tribunal Supremo de fecha 30 de abril de 2014:

> "...Ahora bien, la recurrente impugna también este extremo de la sentencia recurrida, pues considera que la existencia de grupo excluye el perjuicio patrimonial en las garantías "intragrupo" pues la sociedad garante se beneficia de las sumas prestadas a otra sociedad del grupo. 8.— El perjuicio para la masa consiste en el sacrificio patrimonial injustificado del deudor que posteriormente es declarado en concurso. Para decidir si ha existido un sacrificio injustificado del patrimonio del garante, que posteriormente, tras la declaración de concurso, constituirá la masa activa de dicho

concurso, ha de examinarse únicamente si ha existido algún tipo de atribución o beneficio en el patrimonio del garante, que justifique razonablemente la prestación de la garantía. No ha de ser necesariamente una atribución patrimonial directa como pudiera ser el pago de una prima o precio por la constitución de la garantía. Puede ser un beneficio patrimonial indirecto. 9.— En las garantías contextuales intragrupo puede considerarse excluida la existencia de perjuicio patrimonial si existe una atribución patrimonial, siquiera indirecta, a favor de la sociedad garante, de una entidad suficiente para justificar la prestación de la garantía. 6 Pero la simple existencia de un grupo de sociedades no es por si sola justificativa de la existencia de esa atribución o beneficio patrimonial que excluya el perjuicio en la constitución de la garantía. No basta, pues, la invocación en abstracto del "interés de grupo" para excluir la existencia de perjuicio en la constitución de una garantía intragrupo, es preciso concretar y justificar el beneficio económico obtenido por el garante. Es más, en ocasiones, algunos resultados provechosos para el "interés del grupo" pueden lograrse a costa de sacrificar los intereses objetivos de una o varias de las sociedades consorciadas, lo que los acreedores de estas no están obligados a soportar. Cada una de las sociedades integradas en el grupo tiene una personalidad jurídica, y un patrimonio, independiente de las demás, que constituye un centro de imputación individualizado de relaciones jurídicas. El grupo de sociedades, como tal, carece de personalidad jurídica propia, y por tanto de un patrimonio propio. Cada sociedad es exclusiva titular de su propio patrimonio, que responde de sus obligaciones. No existe un "patrimonio de grupo", ni un principio de comunicabilidad de responsabilidades entre los distintos patrimonios de las distintas sociedades por el mero hecho de estar integradas en un grupo, sin perjuicio de situaciones excepcionales de confusión de patrimonios, o que justifiquen de otro modo el levantamiento del velo. No puede aceptarse por tanto la afirmación de la recurrente de que no existe perjuicio para la masa porque el grupo societario de la concursada y, por ende, la concursada, han percibido una cuantiosa suma de dinero por los préstamos con relación a los cuales se constituyeron las hipotecas. El dinero lo ha recibido la otra sociedad. No lo ha recibido "el grupo", que carece de personalidad como tal, ni la concursada, que se limitó a hipotecar su nave industrial para garantizar el préstamo concedido a la otra sociedad, y las sentencias de instancia consideran probado que la concursada no recibió contraprestación alguna, pues tales préstamos no sirvieron siquiera para que la prestataria saldara la deuda que mantenía con la garante, la posteriormente declarada en concurso. Por otra parte,

> sería un contrasentido que la misma circunstancia que sirve de fundamento a la presunción "iuris tantum" de perjuicio, como es el carácter "intragrupo" de la garantía prestada, sea la que excluya la existencia de perjuicio por entender que el mero interés de grupo lo excluye. 10.— En consecuencia, la constitución de una hipoteca por parte de la concursada sobre la nave industrial de su propiedad, en la que desarrollaba su actividad industrial, dentro de los dos años anteriores a la declaración de concurso, sin recibir contraprestación alguna, directa ni indirectamente, constituye un acto dispositivo oneroso que ha causado un perjuicio patrimonial al deudor declarado en concurso y por tanto susceptible de rescisión. Por lo expuesto, no puede considerarse que la declaración de rescisión de la hipoteca constituida por la concursada a favor de otra sociedad incurra en infracción legal alguna..."

En idéntico sentido, vid también las sentencias del Tribunal Supremo de fecha 21 de julio 2014, 2 y 3 de junio de 2015, 31 de marzo y 27 de junio de 2017, 19 de diciembre de 2018, 23 de enero de 2019, o 15 de enero o 3 de febrero de 2020.

Y sin perder de vista que la garantía ajena intra grupo onerosa, también corre el riesgo de quedar afectada por la presunción iuris tantum de perjuicio contemplada en el art. 228.1.º TRLC, siempre que concurran los parámetros de los arts. 282 a 284 TRLC. Y en su defecto, por la regla general del art. 229 TRLC. Así, sentencia del Tribunal Supremo de fecha 30 de abril de 2014:

> "...Resulta favorecido por la constitución de la garantía el acreedor, pues aumenta la calidad de su crédito al poder dirigirse contra otro patrimonio, en la fianza personal, o contra bienes ajenos al deudor mediante un procedimiento de ejecución, con posibilidad de persecución "erga omnes" [frente a todos] y preferencia para el cobro del crédito garantizado, en la garantía real. Pero también resulta favorecido el deudor principal, puesto que la constitución coetánea de esa garantía posibilita la concesión de crédito y favorece su posición. Por tanto, la presunción de perjuicio patrimonial del art. 71.3.1 de la Ley Concursal se aplica a la garantía constituida para garantizar, valga la redundancia, la obligación contraída por una sociedad perteneciente al mismo grupo de sociedades que la garante, puesto que se trata de un acto dispositivo a título oneroso realizado a favor de una persona especialmente relacionada con el garante declarado posteriormente en concurso, en la medida en que recibe el crédito (art. 93.2.3.º de la Ley Concursal)..."

En esta línea, vid. la sentencia de la Audiencia Provincial de Madrid, de fecha 20 de abril de 2012:

> "...la apelante ha tratado de sustentar la inexistencia del perjuicio patrimonial legalmente presunto en el hecho de que la concursada garante pertenece al mismo grupo empresarial que la prestataria. Pero lo ha hecho de manera inespecífica, aludiendo únicamente a las sinergias y principios de actuación unitaria que ordinariamente caracterizan a la actuación de los grupos para concluir, en definitiva, con una pura abstracción: que los dos préstamos que integraron la operación sindicada en su conjunto '...supusieron el reforzamiento del grupo como tal.' Ahora bien, aun suponiendo que dicha reflexión fuese acertada y que, por lo tanto, pudiéramos concluir que el grupo como tal resultase reforzado, lo que cabría preguntarse es qué clase de impacto positivo tuvo ese refuerzo grupal para los acreedores de una específica sociedad: FRUTAS FRANCH S.A. El argumento del interés grupal, si no va acompañado de un concienzudo estudio capaz de poner de relieve que la operación cuestionada resultó además provechosa para la mercantil concursada, carece por completo de interés en el ámbito concursal. Pues, si evidente resulta que el concepto de 'grupo' tiene una proyección eminentemente contable (artículo 43 y siguientes del C. de Comercio) y está desprovisto de aptitud para diluir la personalidad jurídica independiente de las sociedades que en él se integran, lo relevante no es tanto el dato puramente formal de la personalidad jurídica que aquellas conservan cuanto las consecuencias prácticas que del principio de la personalidad derivan: al tratarse de entes independientes, su actividad en el tráfico mercantil es generadora de círculos de acreedores incomunicables, cada uno de ellos dotado de particulares intereses en la preservación del patrimonio de la respectiva sociedad que les resulta deudora. Intereses que, desde luego, no sólo no son en modo alguno identificables con los del grupo de empresas sino que en muchos casos pueden ser frontalmente contrarios a ellos, pues no es en modo alguno infrecuente observar cómo determinados resultados que desde una perspectiva global son provechosos para el interés grupal (que no es otro que el interés del empresario singular o colectivo que subyace al grupo) se logran precisamente a costa de sacrificar los intereses objetivos de una o varias de las sociedades consorciadas. Buena prueba de que no debemos perder esa perspectiva la constituye que la noción de grupo en el ámbito de lo concursal no ha rebasado la trascendencia estrictamente procesal (se prevé la posibilidad de instar conjuntamente la declaración de concurso de varios deudores que perteneciesen al mismo grupo —artículo

3.5 de la LC, que pasa al artículo 25 con la reforma legal por Ley 38/201— o de acumular los concursos declarados de varias sociedades pertenecientes a un mismo grupo —artículo 25 de la LC, que pasa al artículo 25 bis con la referida modificación legislativa), sin que ello pueda dar lugar a la consolidación de los tratamientos concursales concernientes a las respectivas masas activas y pasivas de las entidades concursadas, lo que sólo excepcionalmente, y ello tras la reforma por Ley 38/2011, se prevé expresamente para el caso específico de confusión patrimonial que contempla el párrafo segundo del nuevo artículo 25 ter, frente a la previsión de su párrafo primero que postula como regla general precisamente la no consolidación de tales masas. Siendo ello así, es patente que, para desvirtuar la presunción que sobre ellas gravita (artículo 71.3 de la LC), incumbía a las apelantes acreditar (artículo 217.6 de la LEC) en qué concreta medida o de qué modo específico la hipoteca constituida por FRUTAS FRANCH S.A. resultó no perjudicial para su específico círculo de acreedores, propósito que no se logra mediante apreciaciones de tipo abstracto, como lo es la consideración genérica de que aquello que fuera bueno para la matriz lo debería ser necesariamente también para sus filiales, lo que, por cuanto acabamos de razonar, no puede considerarse una conclusión que deba estimarse obvia ni susceptible de ser acogida acríticamente y sin reservas. Es más, precisamente en el ámbito de lo concursal se contemplan con especial desconfianza las operaciones favorecedoras de una persona que tenga una especial relación con el concursado, lo cual es apreciable cuando de un grupo de sociedades se trata (artículo 93.2 de la LC), lo que incluso ha llevado al extremo de prever una presunción de perjuicio en los casos de actos dispositivos a título oneroso realizados entre quiénes se hayan inmersos en ese tipo de vinculaciones (artículo 71.3.1.º); es por ello que lo anteriormente argumentado cobra, si cabe, en el aspecto conceptual, mayor justificación…"

La sentencia de la Audiencia Provincial de Pontevedra de fecha 9 de febrero de 2012:

"**…SEGUNDO.—** Entrando en la cuestión de fondo, no queda duda que se trata de una hipoteca constituida en garantía de una deuda ajena, de tercero. La parte apelante trata de orillar la presunción de gratuidad que ello conlleva y la falta de prueba del beneficio que le reporta a la concursada la constitución de esa carga sobre un bien inmueble propio o la contraprestación que pudo recibir para que pueda apreciarse un equilibrio patrimonial en la operación, aludiendo a la existencia de un grupo empresarial, de forma que la hipoteca también le proporciona un beneficio a la ahora concursada enmarcándose la operación en beneficio de todo el grupo y, además, en aquel momento, la situación patrimonial y financiera de la concursada era óptima. La conformación de un grupo de empresas no deja de ser una mera alegación de la parte apelante, sin prueba alguna sobre el particular. Como ya señalamos en nuestra sentencia de 18 noviembre 2009: Ni la LC ni ninguna norma del ordenamiento jurídico nos ofrece una definición o concreción de lo que debe entenderse por grupo de sociedades o de empresas. El art. 4 de la **Ley del Mercado de Valores** de 28 de julio de 1988, dice que '*se considerarán pertenecientes a un mismo grupo las entidades que constituyen una unidad de decisión, porque alguna de ellas ostente o pueda ostentar directa o indirectamente, el control de las demás, o porque dicho control corresponda a una o varias personas físicas que actúen sistemáticamente en concierto*'. Por su parte, el **art. 42 del Código de Comercio**, que regula la presentación de cuentas de los grupos de sociedades, contempla diversos supuestos de relaciones entre sociedades que les obliga a formular **cuentas anuales** y el **informe de gestión** consolidados, cuya finalidad esencial consiste en la eliminación de los efectos de las operaciones y transacciones intragrupo, para ofrecer así una imagen fiel de la situación patrimonial de todas las empresas del grupo. Y el art. 87 de la Ley de Sociedades Anónimas define lo que considera sociedad dominante. De todos estos preceptos cabe extraer que la base para la presencia de un grupo de sociedades o de un grupo de empresas es la existencia de una unidad de decisión La **Ley Concursal** no contiene tampoco un tratamiento sistemático del fenómeno del grupo de sociedades, sino más bien fragmentario, en los arts. 3.5 (declaración conjunta), 6 (dentro de la documentación que debe acompañar el deudor a la solicitud de concurso), 10.4 (competencia territorial), 25 (acumulación sobrevenida) y 92.5 en relación con el art. 93, al calificar como subordinados los créditos de las sociedades que formen parte del mismo grupo que la sociedad declarada en concurso. Ninguno de estos preceptos permite tampoco fijar un concepto de grupo de sociedades. La doctrina viene a considerar que la **Ley Concursal** en esta materia tiene mayor trascendencia procesal que material, que en realidad no regula el concurso del grupo de sociedades o empresas, y no puede hablarse de una normativa de carácter material que pueda suponer un avance en la conceptuación de esta realidad jurídica y económica. Si bien no dejar de destacar la inclinación del legislador por introducir en la configuración del grupo de sociedades la idea de la existencia de una sociedad dominante, lo que delimita su predilección por una definición que tiene en cuenta la estructura de la dirección, y dentro de las posibilidades de grupos de subordinación y grupos de coordinación, preferir los primeros. Idea perfectamente compatible con el concepto de unidad de decisión o de dirección ya apuntada anteriormente, y que es la preferida en las resoluciones de la jurisdicción mercantil. Esta unidad de dirección implica unidad de política empresarial para todas las entidades integradas en el grupo, sin perjuicio de que pueda modalizarse en cada una de las entidades agrupadas en el marco de libertad de gestión de cada sociedad. La formación de política común se puede producir de manera centralizada desde la sociedad dominante o por medio de cooperación entre todos los integrantes. Además esta unidad debe afectar al menos al ámbito de la financiación, producción, comercialización y política social. En general, a la política empresarial que normalmente impondrá la sociedad dominante (lo que no impide que ante falta de definición legal también sean admisibles los grupos por coordinación o grupos horizontales o de estructura paritaria), con evidente vocación de permanencia para conseguir un fin común. En el supuesto enjuiciado allí, únicamente constaba la identidad del sustrato personal de ambas sociedades, así como la utilización de su patrimonio de forma conjunta, según se desprendía del **informe de la administración concursal.** Sin embargo, más allá de estas meras alegaciones, no se ha acreditado en modo alguno que tal forma de actuar obedezca a esa unidad de dirección y de decisión encaminada a conseguir un fin común del grupo con una definida unidad de política empresarial. Tal actuación puede tener su explicación, simplemente, en el carácter familiar de las sociedades, y el escaso respeto a la independencia patrimonial de cada una de las sociedades, entre ellas y respecto de los propios socios, que deriva de su separada personalidad jurídica, pero sin la idea de unidad de decisión o dirección antes expuesta como definidora de un grupo de sociedades. Ni siquiera existen elementos para revelar si, en tal caso, estaríamos ante la modalidad de grupos por subordinación o por dependencia (grupos verticales o de estructura jerárquica) o de grupos por coordinación (grupos horizontales o de estructura paritaria). En el supuesto enjuiciado además, la coincidencia del sustrato personal se alega, pero ni siquiera consta prueba al respecto. Ni siquiera su inclusión en el supuesto del art. 42 **CCo**. y la realización de cuentas consolidadas, a que se remite la actual **Ley Concursal,** tras la reforma operada por la Ley 38/2011, cuando establece en la Disposición adicional sexta que A los efectos de esta Ley, *se entenderá por grupo de sociedades lo dispuesto en el* **art. 42.1 del Código de Comercio**. En todo caso, como señala la STS de 13 diciembre 2010, en un supuesto similar de acción rescisoria concursal de una hipoteca constituida en garantía de deuda ajena, lo relevante son los datos fácticos que permitan apreciar la causa onerosa o gratuita de la operación. Y, en relación con ello, se conviene con lo razonado por la SAP Barcelona, sección 15.ª, de 4 julio 2011, cuando señala que el mero hecho de que pueda existir una relación de grupo entre la concursada y los deudores garantizados no es, por sí misma, razón por la que deba darse al acto la consideración de oneroso o no gratuito, conforme al art. 71.2 LC, pues nada autoriza a llegar a tal conclusión. Es precisamente en este ámbito en el que pueden darse más negocios jurídicos de carácter gratuito. Habrá que analizar cada operación, y no acudir a un presupuesto de hecho del que se pretende una conclusión general de carácter absoluto que no resulta justificado, como es que toda operación entre o a favor de miembros de un grupo empresarial es onerosa por el mero hecho de que, de algún modo, favorece a toda la actividad de grupo, sin ninguna concreción. No siempre que una operación beneficie a una sociedad que se integre en un grupo empresarial forzosamente revertirá en beneficio del resto de sociedades del grupo..."

La sentencia de la citada Audiencia Provincial de Pontevedra de fecha 30 de enero de 2012:

"**TERCERO.**— Entrando en la cuestión de fondo, no queda duda que se trata de una hipoteca constituida en garantía de una deuda ajena, de tercero. La parte apelante trata de orillar la presunción de gratuidad que ello conlleva y la falta de prueba del beneficio que le reporta a la concursada la constitución de esa carga sobre un bien inmueble propio o la contraprestación que pudo recibir para que pueda apreciarse un equilibrio patrimonial en la operación, aludiendo a la existencia de un grupo empresarial, de forma que la hipoteca también le proporciona un beneficio a la ahora concursada enmarcándose la operación en desarrollo de una actividad estratégica de conjunto y, además, en aquel momento, la situación patrimonial y financiera de la concursada era óptima. Señala igualmente que la demanda no alude al fraude de acreedores sino la frustración de las legítimas expectativas de los acreedores, así como que no consta el empobrecimiento patrimonial de la concursada. La conformación de un grupo de empresas no deja de ser una mera alegación de la parte apelante, sin prueba alguna sobre el particular, por lo que no es necesario detenernos más en esta cuestión, ni presumir que la operación pudo reportarle algún beneficio. Pasando así al examen de los requisitos cuestionados, la gratuidad de la operación, al no acreditarse beneficio o contraprestación alguna para la concursada, nos encamina hacia la presunción de que la operación ha sido realizada en fraude de acreedores conforme a lo dispuesto en el art. 1297.1 CC, según el cual se presumen celebrados en fraude de acreedores todos aquellos contratos por virtud de los cuales el deudor enajenare bienes a título gratuito. Gratuidad que, además, también sirve para presumir el perjuicio, como requisito integrante de la acción pauliana. Como señalamos ya en nuestra sentencia dc 18 noviembre 2009, en el supuesto de garantía real prestada a favor de un tercero, por obligación ajena, dicha garantía será onerosa si el garante ha recibido del deudor o del acreedor alguna contraprestación, la cual puede constar en el propio contrato que incluye la garantía o bien de forma independiente entre algunos de los integrantes de esa relación trilateral. Ahora bien, esta garantía, como el resto de negocios jurídicos, sin exigir un justo precio, si exige una contraprestación que despeje la apariencia de gratuidad. En consecuencia, esta gratuidad lleva a presumir la existencia de un perjuicio, sirviendo como pauta incluso el art. 71. 2 LC que, en sede de acciones de reintegración, presume ***iuris et de iure,*** sin admitir por lo tanto prueba en contrario, que existe tal perjuicio en los actos de enajenación a título gratuito..."

O la sentencia de la Audiencia Provincial de Valencia de fecha 27 de octubre de 2011:

"**TERCERO.**— La declaración judicial de rescisión del negocio de garantía prendaria se ha basado exclusivamente en el artículo 71-2 de la Ley Concursal. Respecto al primer motivo de apelación, vista la contestación a la demanda se concluye que es novedoso para la alzada, pues nada se dijo sobre el mismo en la contestación, razón suficiente conforme al artículo 456-1 de la Ley Enjuiciamiento Civil para su rechazo pues el juicio revisorio a efectuar por este Tribunal ha de limitarse a las cuestiones fácticas y jurídicas planteadas por las partes ante el Juzgado de lo Mercantil en sus escritos rectores y lo que ahora se denuncia en tal motivo no se planteó en la instancia. A mayor abundamiento es que el hecho de que en el informe emitido por **la administración concursal** ex-artículo 84.2 Ley Concursal no se mencionasen acciones rescisorias, no impide ni proscribe su planteamiento o ejercicio posterior. Respecto a que la garantía prendaria efectuada por Avlas Inversiones S.A. es gratuita, el Tribunal acepta y comparte las consideraciones del Juzgador de la Instancia pues no media contraprestación alguna a favor de quien otorga un prenda para garantizar el cumplimiento de una obligación ajena y siendo gratuita tal prestación juega la presunción iure et **de iure** del artículo 71-2 que no admite prueba en contrario sobre que al misma causa un perjuicio a la masa concursal al realizarse en los tres meses antes a la declaración de concurso. Las citas jurisprudenciales invocadas por el recurrente del Tribunal Supremo de 10-11-2003; 19-9-2002 y 7-5-1987, no resuelven acciones como la presente, pues la primera refiera a la impugnación de acuerdos sociales, la segunda trata de la acción pauliana sobre un reconocimiento de deuda y constitución de hipoteca y la última refiere a una póliza de afianzamiento en donde expresamente consta que la fianza es onerosa. En el presente caso, si bien Avlas Inversiones forma parte de un grupo empresarial con la entidad Aromatex (deudora de Textil A.G.B. S.A.) no por ello y sin más hay que entender que Avlas es igualmente deudora para paso siguiente poder achacarle como contraprestación un período de carencia en el cumplimiento de la obligación. De manera alguna la obligada al cumplimiento de esa obligación (deuda reconocida) es quien prestó la garantía y la sentencia del Juzgado de lo Mercantil contiene unos argumentos fácticos en su fundamento de derecho quinto de que la deuda de Aromatex frente a Textil AGB S.A., no es a su vez deuda de Avlas, con datos como base financiera, grupo de acreedores etc. que destruyen esa unidad de deuda. Dice el apelante que la prenda está dada por la sociedad matriz por deudas de su filial no siendo por ende a titulo gratuito. No se comparte tal aserto al hacer supuesto de la cuestión en esta alzada dada su completa omisión en la instancia al imputar a Avlas Inversiones la condición de sociedad matriz y Aromatex filial, cuando no existe elemento de juicio alguno que sustente tal calificativo ni tampoco se adujo en la contestación a la demanda…"

Igualmente, en análogo sentido, pero entendiendo que no resulta gratuita la garantía prestada por la sociedad matriz por deuda de sus filiales, vid. la sentencia del Juzgado de lo Mercantil núm. 1 de la Coruña, de fecha 9 de diciembre de 2009:

"…QUINTO.— El artículo 71. 2 presume el perjuicio patrimonial, sin admitir prueba en contrario, cuando se trate de actos de disposición a título gratuito, salvo las liberalidades de uso. Ha de entenderse, conforme a consolidados criterios jurisprudenciales, que la referencia legal a actos de disposición abarca todos los de riguroso dominio a que se refiere el apartado 2 del **artículo 1713 del Código civil** —transigir, enajenar e hipotecar—. Las STS de 19/11/2002 (RJ 2002\7949) y de 10/10/2003 niegan la gratuidad de las garantías intragrupo. Dice el fundamento de derecho Cuarto de la primera, relativo a un supuesto de acción pauliana, que 'no pueden considerarse gratuitos los actos de disposición que hace una sociedad en relación con otra, cuando ambas son integrantes del mismo complejo económico —grupo—' La segunda de las sentencias citadas, sobre un supuesto de impugnación de acuerdos sociales y nulidad de la escritura de constitución de hipotecas sobre bienes sociales, acoge la argumentación de la audiencia según la cual entra en el ámbito del objeto social de la garante la realización de aquellos actos cuya finalidad es apuntalar la situación económica de una sociedad del mismo grupo al que aquélla pertenece, situación económica de la que depende su propia liquidez y a veces su supervivencia, negando en consecuencia que el acuerdo de constitución de las hipotecas fuese en este caso un acto de liberalidad ajeno a su interés social. En el marco de una acción rescisoria concursal debe diferenciarse, sin embargo, entre el supuesto de constitución de garantías reales por parte de la sociedad matriz por deudas de sus filiales, al que sería siempre de aplicassem la doctrina jurisprudencial expuesta teniendo en cuenta que con ellas protege la sociedad matriz su propio interés, sus activos en definitiva, y los casos de las garantías prestadas por una filial a favor de la matriz o de otras sociedad hermana (up stream guarantee) en los que debe presumirse el carácter gratuito de la garantía salvo que la filial reciba algún tipo de contraprestación (Carrasco Perera, 'LOS DERECHOS DE GARANTÍA EN LA **LEY CONCURSAL**'), pues desde la perspectiva de los acreedores de la filial declarada en concurso nada aporta el que la garantía haya beneficiado verticalmente al grupo. No hay en este caso constancia alguna de que el dinero prestado en la operación múltiple de 27 de junio de 2008 haya fluido, directa o indirectamente, total o parcialmente, del patrimonio de la prestataria al de sus filiales garantes o fiadoras. Cabe incluso descartarlo, teniendo en cuenta las limitaciones a la disposición del dinero impuestas por las prestamistas con arreglo a las cuales 'el préstamo se destinará exclusivamente a atender el normal y puntual cumplimiento de las obligaciones que tiene contraídas frente a terceros derivadas de su actividad negocial ordinaria' de modo que la prestataria se obliga a justificar en cada caso el destino de los fondos con identificación del proveedor u organismo destinatario. Aunque así no fuera, es decir, aunque dogmáticamente cupiera considerar en todo caso onerosa la constitución de las garantías reales por las deudoras en concurso a favor o en aseguramiento de obligaciones de la sociedad matriz, por el mero hecho de pertenecer ambas al mismo grupo, la consecuencia habría de limitarse a la inaplicabilidad del concreto supuesto legal del artículo 71.2 de la LC. En otros términos, que el acto no sea gratuito no supone que, por esa razón, no sea perjudicial para la masa activa, que es el presupuesto objetivo de la acción de reintegración ejercitada. Y lo es, sin duda, desde la perspectiva del concurso de las garantes, cuyo patrimonio resulta sensiblemente minorado por causa de los gravámenes impuestos sobre sus bienes en garantía de una operación en la que el garante no tiene ningún interés, ni le reporta beneficio alguno. Por lo pronto, la propia LC presume perjudiciales los actos de disposición a título oneroso realizados a favor de alguna de las personas especialmente relacionadas con el concursado (Artículo 71 3 1.º), y aunque cabría sostener que el destinatario del acto de disposición —gravamen— no es en este caso la sociedad matriz del grupo, sino la entidad financiera prestamista cuyo crédito resulta garantizado, no es dudoso que la sociedad a cuyo favor se realiza es persona especialmente relacionada con la garante..."

Y la magnífica sentencia del Juzgado de lo Mercantil núm. 1 de Alicante, de fecha 28 de diciembre de 2011:

"...La **ley concursal** actual no anuda la ineficacia a la nulidad, como acontecía en el derecho derogado (art. 878.II **CCo**) sino que opta por acciones especiales cuyos elementos esenciales son la existencia de perjuicio para la masa y su realización en el periodo sospechoso de dos años anteriores a **la declaración del concurso,** prescindiendo del elemento subjetivo, ya que procede 'aunque no hubiere existido intención fraudulenta' (art. 71.1 **LC**), completando la delimitación del elemento objetivo (el perjuicio para la masa) con una serie de presunciones. En el caso presente el elemento temporal no ofrece problema alguno, ya que consta declarado el concurso de MARCUS el 31/3/2009 y la prenda atacada como perjudicial se llevó a cabo el 22/05/2008. Es en el requisito objetivo en el que divergen las partes: La tesis de **la admón. concursal** es que la constitución de la garantía real pignoraticia es gratuita al no haber recibido contraprestación de tipo alguno, que se presume 'iures et **de iure'** perjudicial (art. 71.2 **de la Ley Concursal**). En cambio, la entidad crediticia niega la gratuidad en la constitución de la garantía, por los vínculos existentes entre garante y garantizada aduciendo, sin mucha convicción, la existencia de grupo de sociedades, o en todo caso por tratarse la garantizada de una S.L. de la que la garante (concursada) es participe en una tercera parte, que impide considerar que la constitución de las garantías reales y personales otorgadas para asegurar el cumplimiento del préstamo pueda ser calificado como un acto gratuito. Con carácter general (sentencia de este Juzgado de 7 de mayo de 2010), la tesis más generalizada es que para considerar que el acto de disposición es a título gratuito ha de tratarse de un acto realizado sin que medie contraprestación alguna a favor del garante, que puede proceder del deudor o del acreedor, pues hay que considerar siempre la relación jurídica trilateral y no limitarse a individualizar la pura relación de garantía entre acreedor y fiador (Carrasco Perera). En este sentido SJM 1 de Oviedo de 10 de diciembre de 2007 (constitución de hipoteca en garantía de deuda ajena sin contraprestación alguna para la después concursada, pues no puede merecer tal calificativo la evitación de una eventual derivación de responsabilidades por la TGSS) o sentencias del Juzgado de lo mercantil de Palma de Mallorca de 4 y 5 de junio de 2007 (libramiento de pagaré cambiario para pago de una deuda ajena sin contraprestación alguna). Como la SAP de Pontevedra de 18 de noviembre de 2009 recuerda 'En el supuesto de garantía real prestada a favor de un tercero, por obligación ajena, dicha garantía será onerosa si el garante ha recibido del deudor o del acreedor alguna contraprestación, la cual puede constar en el propio contrato que incluye la garantía o bien de forma independiente entre algunos de los integrantes de esa relación trilateral. Ahora bien, esta garantía, como el resto de negocios jurídicos, sin exigir un justo precio, si exige una contraprestación que despeje la apariencia de gratuidad'. En definitiva, para negar la gratuidad hace falta que el garante tenga algún interés económico en la operación, y que como en todos los negocios jurídicos de esa clase, garantía y contraprestación deben ser congruentes entre sí, o en palabras del TS en sentencia de 13 de diciembre de 2010 'Lo relevante son los datos fácticos, las circunstancias y características de la operación, que permitan apreciar la causa onerosa o gratuita de la operación, y en concreto si ha habido o no una 'real reciprocidad de intereses, que no exige equivalencia de prestaciones' —en que consiste la onerosidad—, o, por el contrario, solamente 'un puro beneficio sin contraprestación para una parte y para la otra una disminución de acervo patrimonial sin compensación económica' —en que consiste la gratuidad—' ...apuntando la citada sentencia de la AP de Pontevedra una presunción de gratuidad en estos casos de garantía de deudas ajenas, ya que '...en la constitución de una garantía hipotecaria por un 'no deudor' a favor de un tercero, no se aprecia, a priori y salvo que se acredite lo contrario, un equilibrio entre la salida que significa la constitución de una garantía y la entrada correlativa de un elemento del activo. El equilibrio sólo puede entenderse producido si se recibe una remuneración suficiente'. En el caso concreto de las garantías reales intragrupos la afirmación de la demandada de que no pueden considerarse gratuitos los actos de garantía que hace una sociedad en relación con otra, cuando ambas son integrantes del mismo complejo económico —grupo— y actúan como una unidad, con cita de la STS de 19 de septiembre de 2002, no parece que sea asumible sin más, sino que habrá que estar a las circunstancias del caso, como apunta la STS de 13 de diciembre de 2010. Es pacífico entre la doctrina científica (entre otros R. Escribano y Carrasco Perera) que no cabe apreciar gratuidad cuando la garantía real la presta la matriz por deudas de la filial, por cuanto el crédito recibido por la filial es una atribución que beneficia a la matriz por el flujo de potenciales dividendos, sino que además el interés del grupo y su existencia implica o supone que la dominante tutele los activos de la filial. En cambio, la situación es distinta y más complicada en el caso inverso en el que la garantía real se presta por la filial por deudas de la matriz, en el que se dice que no basta el genérico interés de grupo, presumiéndose la gratuidad de la garantía salvo que se pruebe la existencia de alguna contraprestación a favor de la filial. Lógica prevención pues en caso de concurso de la filial, cuya decisiones están sujetas al control de dirección de la matriz, y consecuencia de la autonomía de personalidades jurídicas, los acreedores de dicha filial solo pueden ver atendidos sus créditos con el patrimonio de la concursada, no de la matriz, salvo que se declare una solidaridad (por **levantamiento del velo** u otras figuras), por lo en una situación de dominación es evidente el riesgo de que dichos acreedores se vean perjudicados al comprobar como el patrimonio de su deudor, por mor de la voluntad de la dominante, se destina a satisfacer o garantizar deudas ajenas (las de la dominante). Por tanto y en supuestos de garantías intragrupo otorgada por la filial el perjuicio patrimonial por la constitución de la garantía debe ubicarse en la masa activa diferenciada de la garante concursada. Supuesto al que se refiere la SAP de Barcelona de 26 de julio de 2007 en el caso de una concursada que constituyó una hipoteca, siete meses antes del concurso, en garantía de una deuda ajena de persona jurídica especialmente relacionada (ex art. 93.2.3.º LC) a título lucrativo o gratuito pues nada obtuvo a cambio. En este sentido se pronuncia la SJM N.º de La Coruña de 9 de diciembre de 2009, que se cita descontextualizada por la demandada, que diferencia entre el supuesto de constitución de garantías reales por parte de la sociedad matriz por deudas de sus filiales, al que sería de aplicación la doctrina jurisprudencial expuesta en la STS de 19/9/2002, de 'los casos de las garantías prestadas por una filial a favor de la matriz o de otras sociedad hermana (up stream guarantee) en los que debe presumirse el carácter gratuito de la garantía salvo que la filial reciba algún tipo de contraprestación (Carrasco Perera, 'LOS DERECHOS DE GARANTÍA EN LA **LEY CONCURSAL**'), pues desde la perspectiva de los acreedores de la filial declarada en concurso nada aporta el que la garantía haya beneficiado verticalmente al grupo'. Por último la reciente SAP de Barcelona de 4 de julio de 2011 es contundente al afirmar que 'El mero hecho de que pueda existir una relación de grupo entre la concursada y los deudores garantizados noes, por sí misma, razón por la que deba considerarse que el acto no es gratuito y no resulte de aplicación la presunción iuris et de iure de perjuicio del art. 71.2 LC. Nada autoriza a llegar a esa conclusión, que podría poner en cuestión toda la lógica del precepto. Es precisamente en el ámbito de las personas especialmente relacionadas, entre las que se encuentra el grupo de empresas, donde se pueden producir negocios jurídicos de carácter gratuito. De manera que resulta irrazonable excluir la aplicación de la norma por el mero hecho de existir la relación de grupo' y añade, en sintonía con lo antes expuesto 'Cuestión distinta es que, por la particular naturaleza de las relaciones existentes dentro del grupo de sociedades, pueda concluirse que una operación que aparentemente es gratuita no lo sea en realidad, porque exista un interés económico por parte de quien lo realiza que la explique, más allá de la mera liberalidad. Eso es distinto y admisible. Habrá que analizar la operación, en si misma considerada y en el contexto en el que se produjo, para determinar si verdaderamente es gratuita u onerosa, pues únicamente en el primer caso entraría dentro de la presunción de perjuicio del art. 71.2 LC 'apuntado que la onerosidad de la constitución de la garantía puede proceder de otras razones, 'tales como el mismo interés económico que la sociedad que la constituye podría tener en la propia obligación garantizada o en los deudores', pero 'El mero hecho de que los deudores garantizados sean personas especialmente relacionadas con ella no es suficiente cuando está acreditado que se trata de una obligación preexistente y no se ha acreditado qué concreto perjuicio habría podido sufrir la concursada caso de no haberla prestado, sea de forma directa o indirecta'. Como ya se ha apuntado, de forma poco convincente, en la contestación se afirma, o al menos se parte como presupuesto para negar la gratuidad, que MARCUS y ALCAL forma parte de un grupo empresarial. Conocido es que hasta la Ley 38/2011 cuya entrada en vigor es el 1 de enero de 2012 no existía en la normativa concursal un concepto de grupo, siendo una realidad huérfana de una regulación completa y sistemática, como reconoce el propio legislador en la EM del TRLSC, que deberá afrontar 'con la creación de un Derecho sustantivo de los grupos de sociedades, confinados hasta ahora en el régimen de las cuentas consolidadas y en esas normas episódicas dispersas por el articulado'. 'La **DA 6.ª de la LC** tras la reforma de la Ley

38/2011 se remite al **artículo 42 del Código de Comercio** (como hace el art. 18 TRLSC) y que desde la reforma de 4 de julio de 2007, desplazó la 'unidad de decisión' por el concepto de 'control directo o indirecto' considerándose que 'Existe un grupo cuando una sociedad ostente o pueda ostentar, directa o indirectamente, el control de otra u otras', desglosando unas serie de presunciones de control de la dominante respecto de la/s dependiente/s'. En el caso presente lo único que consta es que OBRAS E INVERSIONES ALCAL S.L. esta participada por Marcus Obras Servicios S.L. (99.000 participaciones de las 300.000, en que se divide el capital social) y que Casimiro (titular de 1.000 participaciones) es apoderado general de Marcus Obras Servicios S.L., cuyo administradora es su esposa, y es administrador de OBRAS E INVERSIONES ALCAL S.L., figurando, no obstante lo afirmado por AC, como domicilio en la escritura de constitución un domicilio distinto al de MARCUS (doc. núm. 2 de la demanda). Con esos solos datos no se puede apreciar la existencia de grupo en el sentido del art. 42 **CCo** al no existir prueba de control por MARCUS respeto de ALCAL, sin que tampoco se den los supuestos fácticos en que descansan las presunciones legales de control del citado precepto. Es cierto que la jurisprudencia ha mantenido un criterio de grupo, a efectos concursales en general y de acciones rescisorias en particular, no sujeto a la estricta concepción del **artículo 42 del Cco**, de la que es paradigma la SAP Pontevedra de 18 de noviembre de 2009 según la cual se aprecia '...la inclinación del legislador por introducir en la configuración del grupo de sociedades la idea de la existencia de una sociedad dominante, lo que delimita su predilección por una definición que tiene en cuenta la estructura de la dirección, y dentro de las posibilidades de grupos de subordinación y grupos de coordinación, preferir los primeros. Idea perfectamente compatible con el concepto de unidad de decisión o de dirección ya apuntada anteriormente, y que es la preferida en las resoluciones de la jurisdicción mercantil. Esta unidad de dirección implica unidad de política empresarial para todas las entidades integradas en el grupo, sin perjuicio de que pueda modalizarse en cada una de las entidades agrupadas en el marco de libertad de gestión de cada sociedad. La formación de política común se puede producir de manera centralizada desde la sociedad dominante o por medio de cooperación entre todos los integrantes. Además esta unidad debe afectar al menos al ámbito de la financiación, producción, comercialización y política social. En general, a la política empresarial que normalmente impondrá la sociedad dominante (lo que no impide que ante falta de definición legal también sean admisibles los grupos por coordinación o grupos horizontales o de estructura paritaria), con evidente vocación de permanencia para conseguir un fin común' Pero tampoco con lo acreditado en este incidente, y a los solo efectos del mismo, podemos afirmar la existencia de grupo empresarial por el hecho de la coincidencia personal en el órgano de gestión (si se considera como tal al ser lago más que un apoderado general de la concursada) cuando la concursada solo es socia en menos de un tercio del capital social, sin control político alguno, sin que conste acreditado que haya una unidad de dirección y de decisión encaminada a conseguir un fin común con una definida unidad de política empresarial, por lo que esta línea defensiva debe ser descartada. En segundo lugar se afirma que no ha gratuidad porque lo que hizo MARCUS fue avalar la financiación concedida a ALCAL para compra de un inmueble en iguales condiciones que los restantes socios de ALCAL, para lucrase vía retorno de dividendos, venta del negocio, de las propias participaciones, etc. Tal y como se ha expuestos en el fundamento jurídico segundo ALCAL adquiere una finca para cuya financiación, además de la hipoteca de ésta, se presta fianza solidaria de los socios y prenda de 73.000 € por cada uno de ellos, al ser el importe prestado (500.000 €) superior al valor de tasación de la garantía real (404.921 €). Cierto que MARCUS no debía nada a BANCO DE VALENCIA S.A., por lo que en principio no tenía porqué pignorar 73.000 € de una imposición a plazo fijo, pero siendo ello así, también lo es que con esa pignoración, se incrementa al mismo tiempo el patrimonio de la sociedad participada (ALCAL), con la adquisición de un inmueble por valor cercano al importe prestado, de modo que si bien MARCUS grava sus activos financieros, también revaloriza simultáneamente sus participaciones sociales en ALCAL. En este caso, y atendidas las específicas circunstancias concurrentes, se ve desdibujada la gratuidad afirmada en la demanda, pues hay un interés económico en el garante que justifica la prenda al ver de esa manera incrementado el valor de sus participaciones, dado que la sociedad garantizada pasa a tener un activo inmobiliario gracias a esa financiación. La concursada otorga su garantía para asegurar la obligación de ALCAL de devolución de un préstamo del que se beneficia, cuanto menos indirectamente, puesto que el capital prestado se destina a la compra de un activo inmobiliario que provoca que las participaciones sociales en esa sociedad sean, correlativamente, mas valiosas económicamente. Cuestión distinta es que ese dinero se hubiera destinado exclusivamente a otros fines..."

Y la sentencia del expresado Juzgado de lo Mercantil núm. 1 de Alicante, de fecha 7 de mayo de 2010:

"...Según la tesis de **la admón. concursal** de OCCA la constitución de la garantía real hipotecaria es claramente perjudicial para la masa activa del concurso de OCCA, pues ha supuesto que un importante activo de la concursada haya quedado afecto para responder de una deuda de tercero, la mercantil dominante ICASA, sin que en consecuencia OCCA haya recibido contraprestación de tipo alguno, tratándose de un 'acto de disposición a título gratuito' que se presume 'iures **et de iure'** perjudicial (art. 71.2 **de la Ley Concursal)** En cambio, la entidad de ahorros niega la gratuidad en la constitución de la garantía hipotecaria por OCCA, pues la actuación de ICASA (matriz) y OCCA (filial) se concibe como una unidad a la hora de obtener financiación, por su interdependencia, siendo ICASA único cliente de OCCA de manera que la financiación de ICASA repercute directamente en OCCA, pues su actividad —y supervivencia— depende de aquélla. Solo la mejor posición financiera de su matriz le permitía seguir operando La tesis más generalizada es que para considerar que el acto de disposición es a título gratuito ha de tratarse de un acto realizado sin que medie contraprestación alguna a favor del garante, que puede proceder del deudor o del acreedor, pues hay que considerar siempre la relación jurídica trilateral y no limitarse a individualizar la pura relación de garantía entre acreedor y fiador (Carrasco Perera). En este sentido SJM 1 de Oviedo de 10 de diciembre de 2007 (constitución de hipoteca en garantía de deuda ajena sin contraprestación alguna para la después concursada, pues no puede merecer tal calificativo la evitación de una eventual derivación de responsabilidades por la TGSS) y SAP de Asturias de 18 de julio de 2008 o Sentencias del Juzgado de lo mercantil de Palma de Mallorca de 4 y 5 de junio de 2007 (libramiento de pagaré cambiario para pago de una deuda ajena sin contraprestación alguna). Como con carácter general la SAP de Pontevedra antes citada recuerda 'En el supuesto de garantía real prestada a favor de un tercero, por obligación ajena, dicha garantía será onerosa si el garante ha recibido del deudor o del acreedor alguna contraprestación, la cual puede constar en el propio contrato que incluye la garantía o bien de forma independiente entre algunos de los integrantes de esa relación trilateral. Ahora bien, esta garantía, como el resto de negocios jurídicos, sin exigir un justo precio, si exige una contraprestación que despeje la apariencia de gratuidad'. En definitiva, para negar la gratuidad hace falta que el garante tenga algún interés económico en la operación y que como en todos los negocios jurídicos de esa clase garantía y contraprestación deben ser congruentes entre sí o en palabras de la citada sentencia de AP de Pontevedra 'en la constitución de una garantía hipotecaria por un 'no deudor' a favor de un tercero, no se aprecia, a priori y salvo que se acredite lo contrario, un equilibrio entre la salida que significa la constitución de una garantía y la entrada correlativa de un elemento del activo. El equilibrio sólo puede entenderse producido si se recibe una remuneración suficiente'. En el caso concreto de las garantías reales intragrupos la afirmación de que no pueden considerarse gratuitos los actos de garantía que hace una sociedad en relación con otra, cuando ambas son integrantes del mismo complejo económico —grupo— y actúan como una unidad, no parece que sea asumible sin más, sino que habrá que estar a las circunstancias del caso. Es pacífico entre la doctrina científica (entre otros R. Escribano y Carrasco Perera) que no cabe apreciar gratuidad cuando la garantía real la presta la matriz por deudas de la filial, por cuanto el crédito recibido por la filial es una atribución que beneficia a la matriz por el flujo de potenciales dividendos, sino que además el interés del grupo y su existencia implica o supone que la dominante tutele los activos de la filial. En cambio, la situación es distinta y más complicada en el caso inverso en el que la garantía real se presta por la filial por deudas de la matriz, en el que se dice que no basta el genérico interés de grupo, presumiéndose la gratuidad de la garantía salvo que se pruebe la existencia de alguna contraprestación a favor de la filial. Lógica prevención pues en caso de concurso de la filial, cuya decisiones están sujetas al control de dirección de la matriz, y consecuencia de la autonomía de personalidades jurídicas, los acreedores de dicha filial solo pueden ver atendidos sus créditos con el patrimonio de la concursada, no de la matriz, salvo que se declare una solidaridad (por **levantamiento del velo** u otras figuras), por lo en una situación de dominación es evidente el riesgo de que dichos acreedores se vean perjudicados al comprobar como el patrimonio de su deudor, por mor de la voluntad de la dominante, se destina a satisfacer o garantizar deudas ajenas (las de la dominante) Consideración plenamente valida aunque se haya declarado también el concurso de la matriz ICASA, pues, formal y sustantivamente, son dos concursos de deudores distintos, por responder cada uno de ellos a la insolvencia de sujetos jurídicos diferentes, con personalidad jurídica propia y diferenciada, aunque se tramiten en un solo procedimiento concursal. Por tanto y en supuestos de garantías intragrupo otorgada por la filial el perjuicio patrimonial por la constitución de la hipoteca debe ubicarse en la masa activa diferenciada de la hipotecante concursada, en este caso OCCA. Con arreglo a estas consideraciones y atendidas las circunstancias fácticas antes descritas la conclusión es que la garantía real otorgada por OCCA objeto de

> rescisión hay que calificarla como gratuita, al no haber prueba de contraprestación a su favor, sin que se pueda decir que a cambio del gravamen de un inmueble valorado en más de 1 millón de euros ve protegida su propia actividad y patrimonio (tesis de la demandada) cuando escasos 6 meses después del gravamen se ve abocada al concurso, sin actividad alguna, desarrollando las promociones pendientes de ICASA una tercera sociedad distinta y haber estado destinada la operación crediticia, no a insuflar solvencia a la matriz y en conjunto al grupo, y a posibilitar nuevas oportunidades de negocio para OCCA como filial sino principalmente a saldar la deuda de ICASA (aproximadamente 600.000 €), por lo que, descontados gastos, la entrada de 'dinero fresco' se limita a un 10% más o menos del importe garantizado, convirtiendo la deuda sin garantías de ICASA en deuda con garantía inmobiliaria de OCCA En definitiva, los acreedores de OCCA si no se rescinde la hipoteca verán como con un inmueble de esta servirá para satisfacer el crédito de un tercero ajeno al concurso (la Caja demandada) en virtud de una operación realizada 6 meses antes de solicitarse el concurso, sin dato alguno fehaciente que permita afirmar que a través de dicha operación de financiación obtuviera solicitarse el económico OCCA o siquiera viera favorecida su continuidad, pues a la hora de examinar la controversia objeto de litis no debe perderse de vista que la finalidad del sistema de reintegración es la protección de los acreedores del concursado al ser ellos los beneficiarios y razón de ser del mismo, pivotando sobre el principio de que la masa pasiva de un concurso no tiene que soportar actuaciones que perjudiquen sus posibilidades de cobro, ya sea mediante la disminución de sus activos, el incremento sin contraprestación de su pasivo o la ruptura de la par **conditio** creditorum. La calificación como gratuita conlleva la estimación de la demanda ya que en ese caso se presume iuris et iure el perjuicio (art. 71.2 LC) o si se quiere, se considera fraudulenta a los efectos del art. 10 LMV."

III.5.2.3.7. El pago por el concursado de deuda ajena.

También escapa de las garras presuntivas del art. 227 TRLC, aquel pago efectuado por la concursada de una deuda ajena, pero existente, liquida, vencida y exigible, siempre que le comporte un beneficio indirecto. Y sin perjuicio de la aplicación de alguna de las presunciones del art. 228 TRLC, o la regla general de perjuicio del art. 229 TRLC.

Así, sentencia del Tribunal Supremo de fecha 19 de diciembre de 2018:

> "...3. El pago realizado por Alarcos para satisfacer la deuda que Urbaja tenía con CAM es un pago por tercero. No es un pago indebido, en cuanto que el acreedor haya percibido el importe de un crédito inexistente, en cuyo caso sí que cabría extender a este supuesto la presunción de perjuicio de los actos realizados a título gratuito. Se trata del pago de una deuda existente, pero ajena. Desde la perspectiva del acreedor, percibe una suma de dinero en pago de un crédito, vencido y exigible, aunque quien pague no sea exactamente el deudor, sino alguien vinculado a él, por una relación que muestra un interés que justifica haber asumido esa obligación. El pagador, Alarcos, a través de Lesepa y Cartera, tiene una participación del 75% del capital social de la sociedad deudora, que en ese momento estaba desarrollando un negocio que consta finalmente fue rentable. Alarcos tiene un interés económico-patrimonial en el resultado de la actividad empresarial de la deudora, Urbaja, representado por la reseñada participación, y ese interés muestra que el pago de la deuda de Urbaja no fue un acto de mera liberalidad, sino que su causa estaba ligada al beneficio indirecto que percibiría por el mejor resultado económico de Urbaja. De este modo, podemos concluir que es correcta la valoración jurídica realizada por la Audiencia de que la causa del acto de disposición patrimonial en que consistió el pago controvertido no era la mera liberalidad, y por ello no resultaba de aplicación la presunción del art. 71.2 LC. Todo ello, sin perjuicio de que, al tratarse de un pago por tercero, pueda resultar de aplicación la previsión contenida en el art. 1158 CC, lo que no es objeto de este pleito..."

A sensu contrario ese pago de deuda ajena presenta tiznes de gratuidad y, por lo tanto, de perjuicio absoluto, si el crédito extraño a la concursada resulta inexistente, o indebido. O si resultando existente o debido, ese acto extintivo no aporta ninguna ventaja o beneficio a la concursada.

La sentencia de la Audiencia Provincial de Madrid, de fecha 23 de septiembre de 2024, apuntala la onerosidad del pago de una deuda ajena por parte de la matriz y socia única de la deudora, en el vínculo funcional existente entre ambas, y el interés de la concursada en el buena marcha de su filial:

"...A pesar de las dudas que plantea la cuestión que nos ocupa, consideramos que no puede calificarse de gratuito el pago efectuado de la deuda ajena. No es discutido que tanto Construcción y Contratas de Viviendas, S.A. como la beneficiaria del pago forman parte del mismo grupo de sociedades, destacando que la Construcción y Contratas de Viviendas, S.A. es titular del 100% de Construcciones Banville. Esto nos permite apreciar un vínculo funcional entre ellas así como un interés de la concursada en la marcha de Construcciones Banville y sus resultados que excluyen la gratuidad del pago como tal..."

III.5.2.4. Las liberalidades de uso

Las llamadas liberalidades de uso, aludidas en los arts. 1378 CC o 1041 CC, también escapan del tormento presuntivo del art. 227 TRLC, a la vista de su limitada significación económica.[170]

Cabe definir la liberalidad de uso como aquella justificada por la costumbre social,[171] proporcionando a quien la recibe un beneficio gratuito sin que exista obligación legal,[172] configurándose su escape rescisorio a la vista de las circunstancias concurrentes,[173] interpretadas de forma restrictiva.[174]

Realmente me refiero a esos actos de liberalidad comunes, usuales, que no persiguen afectar al patrimonio del deudor, que se excluyen por su carácter ordinario, evitando, de esta forma, que se afecte innecesariamente a terceros y a la seguridad jurídica[175] Esa exclusión impacta únicamente sobre la presunción absoluta del art. 227 TRLC, pero no resulta totalmente evitativa de la ac-

170 RIVERA FERNÁNDEZ, M. "Reintegración", pg. 89 y GARCÍA-CRUCES J.A. "La reintegración", pg. 5.

171 LEÓN SANZ, F.J. "El sistema", pg. 265 y "Comentario", pg. 1310.

172 LINACERO DE LA FUENTE, M. "Las acciones de reintegración", pg. 86.

173 VILA FLORENSA, M. "Comentarios", pg. 878.

174 LINACERO DE LA FUENTE, M. "Las acciones de reintegración", pg. 86. También DE LAS HERAS GARCÍA, M.D. "Acciones", pg. 143.

175 RODRÍGUEZ ACHUTEGGUI, E. "Las presunciones", pg. 79.

ción rescisoria concursal, o de las otras acciones de impugnación del art. 238 TRLC. Lo cual, ciertamente, no me parece lógico.

Desde la perspectiva excluidora de la presunción procede examinar su procedencia e importe, atendiendo fundamentalmente al entorno social del deudor y a su situación de próxima insolvencia.[176] No me resulta dable el recurso exclusivo a cálculos aritméticos sobre su importe, y su proporción respecto al patrimonio deudor. Resulta preciso acudir también a la actividad profesional o empresarial del concursado en condiciones normales y habituales.[177] Y, especialmente, a las circunstancias concretas, económicas, empresariales, sociales, etc., del concursado. En síntesis, a la normalidad de la liberalidad.[178] Todo ello al tiempo de acometerla.

Pese al silencio de la Ley, entiendo incluidas dentro del concepto de liberalidad de uso, las donaciones de utilidad pública, o con fines sociales, siempre valorándolas objetivamente.[179] También las acometidas en cumplimiento o ejecución del plan de responsabilidad social de la empresa.[180] Pero, en ambos casos, siempre atendiendo a las circunstancias concretas del deudor.

Así una donación de elevada cuantía efectuada por una gran corporación industrial, en cumplimiento de obligaciones estatu-

---

176 ROMERO SANZ DE MADRID, C. "Derecho", pg. 162.
En el mismo sentido, MASSAGUER FUENTES, J. "La reintegración de la masa", pg. 113 y LINACERO DE LA FUENTE, M. "Las acciones de reintegración", pg. 86 y 87, quien atiende al escaso valor de la liberalidad y que ésta sea proporcionada al uso social y a la costumbre del deudor.

177 CRESPO AULLE, F. "Comentarios", pg. 1383 y 1384.

178 LEÓN SANZ, F.J. "Comentario", pg. 1310.

179 Contra, LINACERO DE LA FUENTE, M. "Las acciones de reintegración", pg. 87 y LEÓN SANZ, F.J. "El sistema", pg. 265 y "Comentario", pg. 1310. Compartimos con los autores citados la exclusión de las aportaciones a partidos políticos, pero no la exclusión que realizan de las donaciones a una ONG o institución religiosa.

180 Contra, excluyendo las donaciones realizadas por la empresa en cumplimiento de sus políticas de responsabilidad social corporativa, vid. GONZÁLEZ VÁZQUEZ, J.C. "Las acciones", pg. 604.

tarias, o su política de responsabilidad social, se antoja amparada en la excepción. Y esa cuantiosa donación, propulsada por una pyme o una empresa de reducida dimensión, o una micropyme, por muy benéfica que luzca, indudablemente sí queda empapada, y no excluida, de la presunción del art. 227 TRLC.

Obviamente, la presente excepción presuntiva no alcanza las deudas de juego.

La exclusión de las liberalidades de uso reseñada, como dije antes, debe entenderse siempre sin perjuicio de su impugnabilidad rescisoria concursal, en esencia, al amparo de lo dispuesto en el art. 229 TRLC, probando el demandante su carácter perjudicial para la masa activa, algo, pienso, relativamente fácil de conseguir.[181]

III.5.3. Extinción de obligaciones con vencimiento posterior al concurso

Bajo el derogado régimen de la quiebra y conforme señalaba el art. 879 C.Com, podían ser impugnados los pagos en dinero, efectos o valores de crédito, incluido el descuento al que se asimilaba en virtud del art. 1038 C.Com, concluidos en los quince días anteriores a la fecha de la declaración de quiebra o suspensión de pagos o a la que, en su caso, fueran retrotraídos a los efectos de aquella.

Por otro lado, el art. 880.3.º C.Com, reputaba fraudulentos e ineficaces respecto a los acreedores del quebrado los contratos celebrados por éste en los treinta días siguientes a su quiebra, si pertenecen a alguna de las clases siguientes "…3.º concesiones y traspasos de inmuebles en pago de deudas no vencidas al tiempo de declararse la quiebra".

El art. 227 TRLC, impone la presunción absoluta de perjuicio, iuris et de iure, sin que quepa prueba en contrario, de aquellos pagos u otros actos de extinción de obligaciones cuyo vencimien-

---

181 MASSAGER, J. "Aproximación", pg. 4222.

to fuere posterior a la declaración del concurso, excepto si viniesen dotados de garantía real, en cuyo caso se aplica la presunción del art. 228.3.º TRLC.

III.5.3.1. Fundamento de la norma

La ratio legis del art. 227 TRLC, que supone e impone un régimen más severo que el que se preveía en la regulación quebristica del C.Com,[182] radica en la ruptura y alteración de la par conditio creditorum, en cuanto esa anticipación de pagos y extinción de obligaciones no vencidas, supone una evidente discriminación acreedorticia, en cuanto favorece a unos en perjuicio de los restantes.[183]

Este acto provoca una discriminación entre los acreedores del deudor, y permite a su destinatario cobrar y sustraerse a las exigencias derivadas de los principios de preferencia y proporcionalidad concursal a la que, por el contrario, quedan sometidos los restantes acreedores.[184]

El pago o acto extintivo obligacional, por sí mismo, no resulta injusto o fraudulento, en cuanto el crédito u obligación solventada resulta existente y válida, aun cuando no vencida y exigible por acuerdo entre las partes, y por lo tanto, atentatorio a la igualdad que impone la par conditio creditorum.[185] Como dije antes,

---

182 HERNÁNDEZ MARTÍ, J. "Efectos", pg. 303; y GARCÍA SANZ, A. "Notas", pg. 4071.

183 HERNÁNDEZ MARTÍ, J. "Efectos", pg. 303; RIPOLL OLAZÁBAL, G. "Derecho Concursal", pg. 380; FERNÁNDEZ AGUADO, J.I. "Las acciones", pg. 176; RIVERA FERNÁNDEZ, M. "Reintegración", pg. 89; LINACERO DE LA FUENTE, M. "Las acciones de reintegración", pg. 98; GIL RODRÍGUEZ, J. "Comentario", pgs. 857 y 858; y BUSTO LAGO, J.M. "Aproximación", pg. 700. RIBELLES ARELLANO, J.M. "Las acciones", pg. 331 y 332. ARRIBAS HERNÁNDEZ, A. "Derecho concursal", pg. 220.

184 LÓPEZ SÁNCHEZ, M.A., "Los efectos", pg. 188; y GARCÍA SANZ, A. "Notas", pg. 4071.

185 RIVERA FERNÁNDEZ, M. "Reintegración", pg. 95; GARCÍA SANZ, A. "Notas", pg. 4071; y CRESPO AULLE, F. "Comentarios", pg. 1386, remi-

el pago de una deuda inexistente también queda impactado por esta presunción, pero en su condición de acto a título gratuito.

Así vid. la sentencia de la Audiencia Provincial de Burgos de fecha 21 de septiembre de 2011:

> "...Por lo demás, los actos de extinción de obligaciones cuyo vencimiento fuere posterior al concurso se presumen siempre realizados en perjuicio de la masa sin posibilidad de prueba contraria. Se trata de una presunción de las llamadas **iuris et de iure,** como los actos realizados a título gratuito, que no admite prueba en contrario. Se justifica esta especial característica por lo sospechoso que tiene la extinción de una obligación que no vence sino hasta una época posterior, haciéndolo en una situación de insolvencia, que determinaría no tanto una anticipación de los pagos, sino su postergación. Y la rescisión se produce no porque el pago no responda a la existencia de una obligación válida y eficaz, como es en este caso la obligación de devolver en un **contrato de préstamo,** o porque los préstamos fueren más o menos necesarios para la continuación de la actividad comercial del deudor, sino por la ruptura del principio de la pars **conditio** creditorum que exige, no solo que todos los acreedores se vean afectados por igual por la situación de concurso, sino también que se hagan los pagos por el orden de la fecha de los respectivos vencimientos, lo que no se cumple cuando se anticipan los pagos a alguno de ellos..."

Y en cualquier caso, absolutamente injustificado y carente de sentido. Vid. sentencia del Tribunal Supremo de fecha 25 de marzo de 2021:

> "...En el caso de los pagos, aunque conllevan una disminución del haber del deudor y reducen la garantía patrimonial de los acreedores, no por ello pueden considerarse todos ellos perjudiciales para

---

tiéndonos al completo análisis que efectúa el autor, respecto a la doctrina del fraude y los pagos anticipados.

GARCÍA-CRUCES J.A. "La reintegración de la masa", pg. 359, junto a lo anterior, parece que centra la ratio de la presunción en la reducción patrimonial carente de justificación. Tal opinión no la compartimos pues no cabe hablar de reducción alguna pues, si el pago no se hubiera llevado a cabo, el patrimonio sería el mismo pues en el pasivo figuaria la deuda liquidada.

la masa. Su justificación viene determinada, en primer lugar, por el carácter debido de la deuda satisfecha, así como por su exigibilidad. Carece de justificación abonar un crédito no debido o que no sea exigible..."

III.5.3.2. Actos objeto de la presunción

A la vista del art. 227 TRLC, el pago o cualquier otro acto de extinción anticipado de obligaciones del deudor como, por ejemplo, la confusión, la condonación, la compensación convencional, la dación en pago o la novación ex art. 1156 y ss CC,[186], con independencia que sea total o parcial,[187] referido a obligaciones cuyo vencimiento fuese posterior a la fecha de declaración del concurso, resulta absolutamente perjudicial para la masa activa, sin que quepa prueba en contrario, y, por tanto, susceptible de rescisión concursalistica a instancia de la administración concursal o, en su caso, y subsidiariamente, los acreedores.[188].

A efectos de esta presunción resulta inane que el referido acto extintivo recaiga sobre una obligación propia del concursado, o ajena a este. Lo relevante aquí conecta con el pago antes del vencimiento. Como señale arriba, escapa de las garras presuntivas del art. 227 TRLC, aquel pago efectuado por la concursada de una deuda ajena, pero existente, liquida, vencida y exigible, siempre que le comporte un beneficio o contraprestación, siquiera sea indirectamente Pero si no obtiene tal ventaja o beneficio sí que procede la aplicación del art. 227 TRLC por su carácter gratuito.

Aquí la cosa va de pago de deudas no vencidas. Pero no todos, pues la norma alude su vencimiento con posteridad a la declaración del concurso, y además, tras la reforma concursal de la vieja

---

186 LINACERO DE LA FUENTE, M. "Las acciones de reintegración", pg. 97. RIBELLES ARELLANO, J.M. "Las acciones", pg. 332.

187 LEÓN SANZ, F.J. "Comentario", pg. 1311. GONZÁLEZ VÁZQUEZ, J.C. "Las acciones", pg. 607.

188 MASSAGER, J. "Aproximación", pg. 4222; y HERNÁNDEZ MARTÍ, J. "Efectos", pg. 303.

LC, llevada a cabo en su día a través de la Ley 38/2011, escapan de la presente presunción iuris et de iure, aquellas supuestos en que la obligación extinguida se presenta guarnecida de una garantía real. En este caso, estos actos extintivos también sufren una presunción perjudicial, pero ya no iuris et de iure sino iuris tantum (art. 228.3.º TRLC).

La referencia a "deudas con vencimiento posterior a la declaración de concurso", por lo tanto, repele la aplicación de la presunción aquí examinada en el supuesto de vencimiento de la obligación extinguida después de la solicitud de concurso, pero antes de su declaración.[189] O cuando el vencimiento resultaba anterior a esta ultimo hito declaracional concursal. En estos casos la presunción resulta inaplicable y sin perjuicio de la rescisión del acto extintivo si se acredita por los demandantes la perjudicialidad del mismo, o procede la aplicación presuntiva del art. 228 TRLC.[190]

Igualmente, queda excluida la aplicación de la presunción, pese a lo estricto del tenor legal, a aquellos pagos, inicialmente con vencimiento posterior a la declaración de concurso, cuya exigibilidad se anticipa por la pérdida del plazo ex art. 1129 CC, por resolución judicial, o pacto inserto en una relación contractual.[191]

---

189 LEÓN SANZ, F.J. "Comentario", pg. 1310, quien manifiesta que no se aplicará la presunción, incluso, aun cuando el deudor, en su solicitud de concurso, haya señalado su situación de insolvencia.
En el mismo sentido, vid. ROMERO SANZ DE MADRID, C. "Derecho", pg. 162 y SANCHO GARGALLO, I. "Reintegración", pg. 1139, quienes afirman que la anterior exclusión, es sin perjuicio de la eventual rescisión del acto, como cualquier otro, si se acredita su carácter perjudicial y se dan el resto de presupuestos contemplados en el art. 71 LC.

190 RIPOLL OLAZÁBAL, G. "Derecho Concursal", pg. 380; SILVETTI, E. "Comentarios", pg. 555; y LINACERO DE LA FUENTE, M. "Las acciones de reintegración", pg. 99. GONZÁLEZ VÁZQUEZ, J.C. "Las acciones", pg. 608.

191 MASSAGER, J. "Aproximación", pg. 4222, que lo limita a los pagos anticipados voluntariamente por el concursado. GONZÁLEZ VÁZQUEZ, J.C. "Las acciones", pg. 608. O RODRÍGUEZ ACHUTEGUI, E. "Las presunciones absolutas", pg. 84.

Aquellos supuestos en que el vencimiento anticipado no conecta con una actuación voluntaria del deudor.

Tampoco queda impregnado de la letalidad de la presunción del art. 227 TRLC, el pago de una obligación natural, a la vista que no cabe hablar de vencimiento anterior o posterior a la declaración del concurso, dado el carácter imprescriptible de esta naturalística obligación.[192]

Ni el pago de obligaciones prescritas, que pese a ello son exigibles y sin perjuicio de fuminar su exigencia mediante la excepción alegatoria de la prescripción. Ello a la vista de la necesaria interpretación restrictiva del art. 227 TRLC y sin perjuicio de la aplicación del régimen general del art. 229 TRLC.[193]

Ni la dación para pago del art. 1175 CC, en cuanto no supone, en sí misma, extinción alguna de la obligación, sino un mandato de venta para, una vez consumada, pagar, total o parcialmente, la deuda en cuestión con el precio obtenido en la enajenación. Pienso que sólo se aplica la presunción absoluta del art. 227 TRLC en supuesto que la extinción de la deuda, como consecuencia de la dación para pago, se produjera antes de su vencimiento y este fuera posterior a la declaración de concurso. Caso contrario, únicamente procedería su rescisión ex art. 229 TRLC.

Frente a la anterior conclusión, cabe argumentar que la dación para pago, como mínimo, constituye un acto encaminado a la extinción de una obligación no vencida, y por tanto, susceptible de

---

Contra GULLÓN BALLESTEROS, A. "La acción", pg. 4127, siendo, quizás, excesivamente riguroso y estricto en la interpretación de la norma.

192 Contra LINACERO DE LA FUENTE, M. "Las acciones de reintegración", pg. 112, a la vista de la par conditio creditorum y el diferente trato que se daría al acreedor de una obligación natural y, por tanto, inexigible jurídicamente que el acreedor que recibe en el periodo sospechoso un pago anticipado, exigible jurídicamente cuando se produce el vencimiento.

193 SANCHO GARGALLO, I. "La rescisión", pg. 165.

inclusión en la presunción absoluta.[194] Sin embargo, lo cierto es que tal dación no conlleva la extinción de la obligación, elemento nuclear de la presunción y que, dado su carácter iuris et de iure, requiere una interpretación y aplicación de forma restrictiva.

Por el contrario, entiendo recayente en la órbita presuntiva del art. 227 TRLC aquel pago efectuado por el deudor de una obligación sujeta a condición suspensiva, y en cuanto recibitoria del mismo tratamiento que los pagos anticipados de obligación a plazo. Aunque ciertamente la literalidad de la presunción del art. 227 TRLC, "pagos u otros actos de extinción de obligaciones cuyo vencimiento fuere posterior a la declaración de concurso", invita a la exclusión de las obligaciones sujetas a condición suspensiva, la paridad de trato siempre requerible entre acreedores, imponen la rescisión de aquellos pagos o actos extintivos de obligaciones condicionales, más aún, a la vista que mientras el término se exhibe futuro pero cierto, lo incierto del acontecimiento en que consiste la condición, conllevaría en este caso a la extinción de una obligación inexigible si la condición no llega a cumplirse.[195]

Dado que, en la diatriba condicional, la deuda no resulta exigible en tanto en cuanto no advenga la condición, cabe afirmar en tal caso, la concurrencia de un pago anticipado de deuda con vencimiento posterior a la declaración del concurso, y, por lo tanto, impactado por la presunción de absoluta perjudicialidad del art. 227 TRLC.[196]

---

194 ESPIGARES HUETE, J.C. "La acción", pgs. 138 y 139. También RODRÍGUEZ ACHUTEGUI, E. "Las presunciones absolutas", pg. 87.

195 LINACERO DE LA FUENTE, M. "Las acciones de reintegración", pg. 108 y 109 o ESPIGARES HUETE, J.C.
Contra, SANCHO GARGALLO, I. "Las acciones", pg. 1160.

196 RIVERA FERNÁNDEZ, M. "Reintegración", pg. 95. Entiende incluidas en el ámbito del art. 1292 CC, las obligaciones condicionales, MORENO QUESADA, B. "Comentario al art. 1292 del Código Civil" en Comentarios al Código Civil y Compilaciones Forales, AA.VV. dirigidos por ALBALADEJO, M. y DÍAZ-ALABART, S., Tomo XVII, vol. 2, Madrid 1995, pg. 133.

El vencimiento de la obligación extinguida con posterioridad a la declaración de concurso del deudor constituye una cuestión eminentemente de hecho. Pienso evidente que, en ausencia de contrato escrito, la contabilización de una deuda como a largo plazo se antoja como elemento a tener en cuenta en la determinación del carácter anticipado del pago. Pero no el único. En esta línea, vid. la sentencia de la Audiencia Provincial de Barcelona, de fecha 8 de enero de 2009:

> "...SEXTO. Un factor decisivo para apreciar el perjuicio a la masa activa una vez declarado el concurso, radicaría, además de la inclusión del acto del pago o pagos al prestamista en los dos años anteriores a su declaración, en la anticipación de la extinción de la deuda, por tratarse de una obligación cuyo vencimiento es posterior a la declaración de concurso, supuesto del que el art. 71.2 LC deriva el perjuicio a la masa activa sin admitir prueba en contrario. Pero la Administración Concursal no alegó esta presunción legal, ni formalmente, mediante la cita del precepto, ni materialmente por afirmar que la deuda no estaba vencida, sino que se limitaba a manifestar que estaba contabilizada en la partida de 'acreedores a largo plazo'. Está probado en las actuaciones, no sólo por las manifestaciones de las partes implicadas sino fundamentalmente por la propia dinámica de las entregas y las devoluciones periódicas parciales, que no se pactó un término o plazo de vencimiento determinado de las respectivas obligaciones surgidas a raíz de la entrega de los capitales en concepto de préstamo, sino que se convino que la sociedad devolvería los préstamos (sin interés) desde luego o inmediatamente, conforme se lo fuera permitiendo su situación económica. De este modo, los préstamos nacieron vencidos, si bien supeditados a la disponibilidad económica de la sociedad prestataria, y así consta que se actuó, pues la sociedad, ya durante los años 2004 y 2005, fue devolviendo sumas de cuantía irregular, al tiempo que el prestamista hacía nuevas entregas, que se contabilizaban siguiendo el sistema de cuenta corriente, compensando automáticamente las entregas con las devoluciones que se iban produciendo. En el año 2006, en el cual no se produjeron más préstamos, la sociedad continuó efectuando devoluciones parciales minorando así el saldo deudor, hasta completar, desde el mes de enero y hasta el de noviembre, la suma de 96.139 euros, quedando pendiente a la fecha de declaración del concurso (en febrero de 2007) la cuantía de 115.332 euros (según admite la Administración Concursal), que ha sido condonada por el Sr. Alejandro (así lo afirma dicha parte actora, sin contradicción por parte

> del prestamista ni de la concursada prestataria). Los préstamos, por tanto, estaban vencidos a la fecha en que se comienzan a efectuar las devoluciones de capital cuya rescisión se pretende (enero de 2006), y ello pese a que, por mera conveniencia interna, la sociedad los contabilizara como deudas a largo plazo (mejorando así en sus balances su imagen económica ante terceros), lo que en realidad no se concilia con su propia actitud, ya que durante 2004 y 2005 estaba devolviendo mediante pagos parciales los préstamos concedidos en esos mismos años. Mediante tal financiación, se afirma en las contestaciones y no se ha contradicho, la sociedad atendió deudas con las entidades bancarias y otras generadas o que se iban generando por la actividad propia de la empresa, eludiendo así el coste de la financiación bancaria..."

El pago antes de la declaración del concurso de los honorarios del letrado o el procurador de la concursada por servicios contratados y a prestar con posterioridad a la declaración de concurso, incluso, aun cuando vengan tuneados como provisiones de fondos o anticipos a cuenta, también queda atrapado por la presunción del art. 227 TRLC. Asi, vid sentencia del Juzgado de lo Mercantil núm. 1 de Málaga de fecha 16 de febrero de 2008, que se funda en los siguientes hechos:

> "...Que mediante auto de 16 de marzo de 2007 fue declarada en concurso necesario por este juzgado a la concursada. (autos 63/2007), según solicitud de fecha 15 de febrero de 2007 a la que se acumuló otra de fecha 26 de febrero de 2007 resuelta por auto de 9 de marzo de 2007. En fecha de 15 de marzo de 2007 se presentó contestación por la concursada a la admisión a trámite del concurso necesario instado en primer lugar, señalando que había presentado concurso voluntario. Que anteriormente (en 2006) a este se había presentado otro concurso (necesario) por un acreedor que se tramitó con el número 551/2006 y que terminó mediante auto de 24 de enero de 2007 (aportado a autos como documento número 2 de la contestación de la concursada). Que la concursada solicitó concurso voluntario en fecha de 8 de marzo de 2007 que fue resuelto por auto de 12 de marzo de 2007 (documento 1 de la concursada) y otro posterior de 22 de marzo de 2007 acumulándolo al necesario. El documento cuatro de la demanda recoge orden de transferencia al banco por parte de la concursada fechada en 15 de marzo de 2007 remitido en fecha de 16 de marzo que se carga el mismo día. Aunque se recogía como factura fue corregido con posterioridad a petición de la concursa-

da (documento de 29 de marzo de 2007 remitido el mismo día por fax) para modificar el concepto por 'provisión fondos proceso concursal'. Mediante transferencia bancaria de 16 de marzo de 2007 se ordenaba el pago a la letrada de la concursada de su factura 4/07 ya reseñada que la misma (hecho sexto de su contestación) entiende corresponde a un 'servicio ya prestado, cuya deuda era ya vencida, líquida y exigible'. A los efectos de la citada minuta (4/2007) lo cierto es que la misma se recoge para la 'preparación, llevanza y tramitación del procedimiento concursal tramitado ante el Juzgado de lo Mercantil número 1 de Málaga' y por tanto referida al procedimiento de concurso voluntario y no a otro puesto que no existe preparación, por parte del concursado, en el concurso necesario. En fecha de 15 de marzo de 2007 (fecha en que se turna a este juzgado) la hoy concursada presentó escrito de alegaciones a la solicitud de concurso presentada en fecha de 15 de febrero de 2007. Consta presentada en fecha de 14 de marzo de 2007 según documento aportado por la letrada codemandada. En dicho escrito recoge que con fecha de 8 de marzo de 2007 se notificó a la concursada auto admitiendo a trámite la solicitud de declaración de concurso efectuada por Arrow Ibérica. En esa misma fecha señala que ha presentado solicitud de concurso voluntario. Es decir, en la misma fecha en que manifiesta tener conocimiento de la presentación del concurso necesario se presenta concurso voluntario. Concurso voluntario que sin duda es precipitado en su redacción a la vista de la providencia dictada en el mismo con fecha de 12 de marzo de 2007 por la que se requiere para que se subsanen, de conformidad al artículo 13.2 LC, los siguientes: Poder especial, copias de la solicitud, lista de acreedores con los datos del artículo 6 LC, estados contables a fecha de solicitud que justifiquen la insolvencia, certificación del Registro Mercantil en donde consten los administradores de la sociedad. Cuando ya se ha tomado conocimiento de la existencia de un concurso necesario, por tanto, se factura como por un concurso voluntario en virtud de la remisión a esa referida nota de encargo..."

A la vista de lo anterior, el Juzgador aplica la presunción y manifiesta:

"...En referencia al artículo 71.2 LC debemos presumir el perjuicio patrimonial, iuris et de iure, en tanto debe considerarse tanto como acto a título gratuito como de pago de obligaciones cuyo vencimiento fuere posterior a la declaración de concurso. No de otra forma puede considerarse el pago realizado en virtud de la precipitada solicitud de declaración de concurso por cuanto ya se tiene conocimiento de la solicitud de concurso necesario. Aún a pesar de ello se prepara y se presenta, con este conocimiento, generando en realidad una obligación que no debió acontecer puesto que ya se encontraba en trámite el concurso necesario. La gestación de dicha solicitud es en realidad una ficción motivada expresamente para la facturación y por tanto el pago se refiere a una disposición a título gratuito al no ser necesaria dicha solicitud. Por otro lado y en el supuesto de que pudiéramos —a efectos dialécticos— entender que se trata de una posibilidad de la deudora lo cierto es que se paga una cantidad en provisión de fondos que incorpora partidas como preparación (intrascendentes a los efectos del necesario) pero que se saltan el régimen del encargo profesional. En caso de concurso (siendo difícil comprender como se presupuesta igual un voluntario que un necesario) las normas a las que se remite el acuerdo (del Ilustre colegio de abogados de Madrid) parten de que 'para el cálculo de los honorarios del letrado del deudor se tomará como base la cuantía del pasivo del balance definitivo confeccionado por la Intervención Judicial (normativa todavía no adaptada a la legislación concursal), aplicando la Escala'. Antes de que esto se produzca —que lo será con la aprobación del balance definitivo— no es posible realizar pago alguno, ni a cuenta o provisión, por cuanto supone el adelanto del pago de cantidades no vencidas. El criterio del devengo (tanto el fijado por las normas colegiales como por el citado acuerdo entre las partes) es indiferente a dicho vencimiento y cualquier adelanto de pago debe comprenderse en dicho marco rescisorio. A ello se une el mismo hecho de la calificación de estos créditos por la ley concursal que recoge en el artículo 84.2.2 LC en relación al artículo 154 LC, debe realizarse en el propio proceso concursal y pagarse conforme a lo establecido en dicho precepto sin que sea posible anticipos o acuerdos que contradigan la misma. La recepción de los pagos por parte de los profesionales que instan el concurso voluntario es reconocido en la norma y por ello sujetos al mismo, debe ser controlado en el proceso (moderado en su caso) y fijados en el mismo bajo los principios de defensa y contradicción y criterios de orden público e interés de terceros...".

Sobre la misma materia, honorarios de abogado y procurador anticipados, vid. la sentencia de la Audiencia Provincial de Alicante de fecha 18 de enero de 2012:

"...El artículo 71.2 **de la Ley de Enjuiciamiento Civil** establece una presunción ***iuris et de iure*** de perjuicio para la masa activa cuando se realizan actos de extinción de obligaciones cuyo vencimiento es posterior a **la declaración del concurso.** Como ya hemos dicho, al calificarse el derecho a la retribución del Abogado de la concursada como crédito contra la masa, su satisfacción debe efectuarse a su respectivo vencimiento. En el caso que nos ocupa, se hizo efectiva la provisión de fondos de los gastos judiciales de la concursada antes de que se solicitara y se declarara el concurso, esto es, antes de que se devengaran los derechos al cobro de los honorarios profesionales por el efectivo ejercicio de su actividad profesional. En definitiva, se anticipó un pago cuyo vencimiento era posterior a **la declaración del concurso.** El carácter de presunción ***iuris et de iure*** exime de la carga de la prueba del efectivo perjuicio a la masa activa en el sentido amplio, esto es, que impida, disminuya o dificulte la satisfacción colectiva de los acreedores. No obstante, es evidente que ese cobro anticipado puede perjudicar a otros acreedores contra la masa cuyo crédito venza antes del devengado por la actividad profesional de Don Casiano dentro del procedimiento concursal. Además, el hecho de que se trate de un crédito prededucible, no excluye el perjuicio a los acreedores concursales porque se detrae una cantidad de la masa activa destinada también a la satisfacción colectiva de los acreedores concursales antes de que se tenga derecho a ello. De otro lado, el hecho de que se haya aprobado un convenio no afecta al carácter perjudicial del pago anticipado de los gastos judiciales de la concursada porque el momento temporal en el que debe valorarse el efectivo perjuicio es el momento en que se realiza el acto objeto de rescisión con independencia de las vicisitudes posteriores del procedimiento concursal. De todas maneras, la aprobación del convenio no excluye el perjuicio porque: a) los demás acreedores contra la masa tendrán más dificultades ahora para obtener la satisfacción de sus respectivos créditos al haber pagado la concursada anticipadamente y de forma indebida a su Abogado; b) porque según consta en la **demanda incidental** y sobre lo que no se ha hecho ninguna alegación por la parte demandada (con el efecto de admisión de los hechos previsto en el artículo 405.2 **de la Ley de Enjuiciamiento Civil**) en la lista de activos valorados del Plan de Viabilidad aportado con la propuesta de convenio se incluye la suma de 94.240,53.— € (procedente del 'depósito' entregado al Letrado instante del concurso) como crédito a favor de DIALOR SANTANA, S.L.U., lo que resulta contradictorio con las alegaciones vertidas por la apelante en este proceso al oponerse a la reintegración..."

Del mismo Juzgado de lo Mercantil núm. 1 de Málaga, traigo a colación la sentencia de fecha 12 de octubre de 2007:

"...TERCERO: Analizados los elementos fijados por la nueva norma concursal procede entrar en el objeto del pleito partiendo de determinados elementos fácticos: a) Existe un documento de fecha 25 de julio de 2006 firmado entre las codemandadas por el que la concursada reconoce una deuda de 110.619,89 euros y ser titular de diversos créditos frente al Ayuntamiento de Arcos de la frontera por 106.882,05 euros. Mediante ese documento se cede parcialmente el crédito si bien lo es con recurso de tal forma que el cesionario no responde del impago del acreedor por cuanto dicha cesión otorgará, como señala el contrato, carta de pago si efectivamente se realiza el mismo. b) La propia codemandada cedida reconoce, aunque matiza lo afirmado por la administración concursal, que el día 25 de julio de 2006 vencían determinados pagarés y que existen otros que estaban pendientes de vencimiento. De hecho existen una serie de facturas en las que no se señala el vencimiento pero dentro de las cuales podemos localizar otras posteriores a los vencimientos pendientes de dichos instrumentos cambiarios. Existe por tanto el criterio temporal previsto en el artículo 71 LC respecto del citado documento que se acredienta aún más si tenemos en cuenta que el documento se hizo en fecha de 25 de julio de 2006 y que, como afirman las partes, el concurso se declaró en fecha de 5 de octubre de 2006 y se solicita el día 31 de julio de 2006. Por tanto la concursada conocía de su situación grave y evidentemente actúa de mala fe afectando a su propio patrimonio a sabiendas de que iba a declarar el concurso que evidentemente ya debía estar preparado dada la fecha de presentación de la solicitud y la complejidad de los documentos a presentar conforme al artículo 6 de la LC. Ello, supone un perjuicio consciente de la masa activa del concurso por la disminución que con esta se produce pero también supone afectar, como se ha señalado, pagos cuyo vencimiento se adelantaba, recogiendo, en su conjunto, una serie de facturas vencidas y no vencidas para beneficiar, sin duda, a uno de sus acreedores, que vería por ello adelantado su pago. Nos encontramos, por tanto dentro del marco de la presunción del perjuicio patrimonial del artículo 71.2 de la Ley Concursal y por ello debe decretarse la rescisión solicitada..."

También la presunción en cuestión impacta en la compensación como acto de extinción de obligaciones, pero únicamente la convencional o facultativa, dependiente de la voluntad de las partes, pero en las que no se hubiere cumplido el requisito del vencimiento, con exclusión de la compensación judicial y la legal, no imputable al deudor.[197] Entiendo que cumplido los requisitos del art. 1195 y 1196 CC, entre los que se incluye el vencimiento y la exigibilidad de las deudas a compensar (art. 1196.3.º y 4.º CC) no sólo no concurre la presunción absoluta de marras, sino que, como dije, y salvo que concurra alguna circunstancia extraordinaria impositiva de un sacrificio patrimonial justificado, cabe repudiar cualquier tentación rescisoria de dicha compensación, especialmente, a la vista del contenido del art. 153 TRLC que, permite y legitima, incluso, la compensación cuyos requisitos hubieran existido con anterioridad a la declaración de concurso, aunque la resolución judicial o el acto administrativo que la declare se haya dictado con posterioridad a ella.

En este sentido se pronuncia acertadamente la Audiencia Provincial de Barcelona, sentencia de fecha 30 de marzo de 2009:

> "...El juicio sobre el perjuicio que pueda entrañar la satisfacción de un crédito por medio de la compensación no coincide con el realizado para el caso del pago, pues aunque no deja de ser una forma de extinción de una obligación de pago —a costa de un crédito a favor de la concursada (arts. 1195, 1196 y 1202 **CC**)—, tiene un tratamiento concursal especifico. Dentro del concurso, el tratamiento de estos dos modos de satisfacción de un crédito concursal no es idéntico: mientras que no cabe el pago del crédito concursal, sino es de acuerdo con las soluciones concursales (en el convenio o en la liquidación y pago) y de acuerdo con la **par condicio creditorum,** la prohibición de compensación no es absoluta. El **art. 58 LC** admite la compensación practicada con posterioridad a la declaración de concurso siempre que sus requisitos hubieren existido con anterioridad a la declaración. Por lo que, para no hacer de peor condición la compensación realizada antes del concurso, que la posterior, el juicio sobre el perjuicio debe quedar reducido en principio a la concurrencia de los requisitos de la compensación. Esto es el pago por compensación realizado durante el periodo sospechoso estará justificado, y por lo tanto no

---

[197] LINACERO DE LA FUENTE, M. "Las acciones de reintegración", pg. 125, que aplica el mismo criterio cuando el impedimento de la compensación sea el cumplimiento de una condición suspensiva. También GULLÓN BALLESTEROS, A. "La acción rescisoria", pg. 4128.

cabra apreciar perjuicio, siempre que para entonces se cumplieran los requisitos exigidos para su validez. En nuestro caso, la compensación practicada por el Banco Popular con el ingreso de aquellas seis cantidades en la cuenta de crédito abierta a nombre de la sociedad concursada no fue legal sino convencional, y se practicó al amparo del acuerdo de compensación automática contenido en la propia póliza de crédito, de forma que al tiempo que minoraban el saldo deudor del acreditado, se incrementaba el saldo crediticio disponible. En un caso muy similar al presente, en que los ingresos y la compensación se practicaron una vez declarado el concurso, como consecuencia de ingresos en la cuenta de crédito y, en concreto, de la gestión de cobro de efectos comerciales y otras operaciones, concluimos que no estaba afectada por la prohibición del **art. 58 LC** [sentencia de 21 de mayo de 2007 (RA 54/2007)]. Vale la pena traer a colación lo que entonces argumentábamos al respecto: 'No cabe comprender en la prohibición del **art. 58 LC** la compensación que tiene lugar por el tracto sucesivo de una relación contractual que sigue en vigor tras **la declaración del concurso** y cuya operativa técnica se asienta precisamente en el sistema de compensación automática por acuerdo de las partes y por la naturaleza propia de la dinámica contractual, como es el caso de la cuenta corriente de crédito en la que se reflejan las disposiciones e ingresos del acreditado. El tal supuesto, como es el presente, la compensación propia del sistema de cuenta corriente de crédito queda sustraída de la prohibición legal, porque el efecto inherente al sinalagma contractual determina que los ingresos efectuados en la cuenta compensan automáticamente el saldo deudor generado por el crédito dispuesto...'. Si a este régimen hubieran quedado afectados los ingresos posteriores a la declaración de concurso, que se compensaban automáticamente con el saldo deudor de una póliza de crédito instrumentada en la cuenta corriente en que se practicaron los ingresos, con mayor motivo y, como un efecto reflejo del art. 58 LC, hemos de considerar que la compensación automática realizada antes de la declaración de concurso, cumpliendo con todos los requisitos de validez, no puede ser objeto de una rescisión concursal aduciendo la posible vulneración de la par condicio creditorum..."

Y la sentencia de la Audiencia Provincial de León de fecha 12 de noviembre de 2010:

"...Y antes de analizar dichas circunstancias, en el presente caso, concurre otra ya mencionada en la Sentencia de Primera Instancia que condicionaría la acción ejercitada y la posibilidad de rescindir el acto de disposición y que consiste en que el mismo se hizo por compensación entre el saldo deudor de la cuenta de crédito y el saldo a favor de la concursada existente en otra cuenta corriente. Coincidiendo con los argumentos expuestos en la SAP Barcelona de 30 de marzo de 2009 resulta que el juicio sobre el perjuicio que pueda entrañar la satisfacción de un crédito por medio de la compensación no coincide con el realizado para el caso del pago, pues aunque no deja de ser una forma de extinción de una obligación de pago —a costa de un crédito a favor de la concursada (arts. 1195, 1196 y 1202 **CC**)—, tiene un tratamiento concursal específico. Dentro del concurso, el tratamiento de estos dos modos de satisfacción de un crédito concursal no es idéntico: mientras que no cabe el pago del crédito concursal, sino es de acuerdo con las soluciones concursales (en el convenio o en la liquidación y pago) y de acuerdo con la par condicio creditorum, la prohibición de compensación no es absoluta. El **art. 58 LC** admite la compensación practicada con posterioridad a la declaración de concurso siempre que sus requisitos hubieren existido con anterioridad a la declaración. Por lo que, para no hacer de peor condición la compensación realizada antes del concurso, que la posterior, el juicio sobre el perjuicio debe quedar reducido en principio a la concurrencia de los requisitos de la compensación. Esto es el pago por compensación realizado durante el periodo sospechoso estará justificado, y por lo tanto no cabe apreciar perjuicio, siempre que para entonces se cumplieran los requisitos exigidos para su validez. Resulta entonces que se considera válida la compensación practicada por el Banco, operación para la que se encontraba expresamente facultado por pacto contractual que consta en la escritura de crédito y frente a lo cual no se puede mantener la imposibilidad de compensación por estar ya la póliza de crédito resuelta y liquidado el saldo ya que no existe ningún inconveniente jurídico para dicha compensación entre deudas líquidas y vencidas. Así, por aplicación del **art. 58 LC**, consideramos que la compensación realizada antes de la declaración de concurso, cumpliendo con todos los requisitos de validez, no puede ser objeto de una rescisión concursal aduciendo la posible vulneración de la par condicio creditorum..."

Los pagos anticipados de deudas con un vencimiento posterior al concurso, efectuados con ocasión de operaciones de refinanciación o reestructuración complejas, normalmente, conformadas por diversos actos que presentan una causa común, en cuanto requieren, como señale anteriormente, el examen y ataque rescisorio conjunto de toda la operación, escapan también de las garras del art. 227 TRLC, y sin perjuicio de la rescinbilidad de dichos pagos anticipados en unión a la operación refinanciadora, pero atendiendo a la regla general rescisoria del art. 229 TRLC, y no a las presunciones de perjuicio (sentencia del Tribunal Supremo de fecha 16 de septiembre de 2010). Y obviamente, sin perder de vista la protección rescisoria reestructuradora del art. 667 TRLC.[198]

III.5.3.3. Otras cuestiones

A. El art. 227 TRLC se aparta de lo dispuesto en el art. 1292 CC. Mientras este último artículo proclama la rescindibilidad de los pagos hechos en estado de insolvencia por cuenta de obligaciones a cuyo cumplimiento no podía ser compelido el deudor al tiempo de efectuarlos, el art. 227 TRLC, como acabo de indicar, obvia los pagos anticipados de deudas vencidas con anterioridad a la declaración de concurso, excluyendo de la presunción pagos que, por su carácter anticipado, no quedaba compelido a efectuar el deudor, y que resultan igual de perjudiciales para la masa y la igualdad de trato entre acreedores que aquellos, pero sujetando su rescisión únicamente al régimen general, que exige la prueba por el del demandante del perjuicio causado a la masa activa, y no, cuanto menos, a una presunción perjudicial, iuris tantum, que se me antojaría más razonable.[199]

B. Por otro lado, me cuestiono la eventual conciliación entre el contenido del art. 227 TRLC y lo dispuesto en el art. 1129.1 CC, según el cual, la insolvencia del deudor constituye causa de vencimiento anticipado del crédito.

---

198 SANCHO GARGALLO, I. "La rescisión", pgs. 166 y 167.

199 SILVETTI, E. "Comentarios", pg. 555.
RIVERA FERNÁNDEZ, M. "Reintegración", pg. 95, considera que el art. 227 TRLC, no es más que una manifestación en sede concursal de lo establecido con carácter general en el art. 1292 CC.

En este sentido, se ha rechazado el escape de dicho pago anticipado ex art. 1129 CC, a la vista de su carácter perjudicial para los demás acreedores, y por pugnar con el principio que justifica el riguroso tratamiento que los pagos anticipados reciben en el ámbito de la acción pauliana (art. 1292 CC) y en derecho concursal precio y vigente (arts. 870 y 880.3 C.com y 227 TRLC).[200]

Sin embargo, no conviene perder de vista que en el primer supuesto, art. 227 TRLC, la declaración de concurso, y el estado de insolvencia anejo, conduce a su caracterización como un supuesto típico de fraude, ciertamente objetivizado, y de ahí la rescisión del pago anticipado. Por el contrario, en el segundo, art. 1129.1.º CC, la situación de insolvencia descrita no oculta malicia alguna, de ahí que no quepa rescindir el pago anticipado realizado al amparo de la exigencia planteada por el acreedor, con amparo en la Ley, y ante el estado de insolvencia de su deudor, deviniendo dicho pago en involuntario y forzoso para éste, y atendiendo a que solo la discriminación injustificada entre acreedores, por simple voluntad del deudor y respecto a deudas no vencidas, provoca la rescisión del pago anticipado.[201]

C. Finalmente, el vigente TRLC no concede igual trato a la extinción de obligaciones con vencimiento posterior a la declaración de concurso, y a la constitución de derechos reales de garantía a favor de tales obligaciones. En el primer caso, infectada de una presunción iuris et de iure; en el segundo, como ahora expondré, iuris tamtum.[202]

---

200 LINACERO DE LA FUENTE, M. “Las acciones de reintegración”, pg. 105-107.

201 RIVERA FERNÁNDEZ, M. “Reintegración”, pg. 96 y 97 y GARCÍA-CRUCES, J.A. “La reintegración”, pg. 5.

202 Ello a diferencia de lo que establecía el art. 880 C.Com respecto a la quiebra, que asimilaba ambas situaciones.

III.6. PRESUNCIÓN IURIS TAMTUM DE LA PERJUDICIALIDAD DEL ACTO

Como dije antes, la Ley también establece otra presunción, esta vez iuris tamtum, de perjuicio para la masa activa, aplicable a:

a) actos dispositivos realizados a título oneroso y a favor de alguna o alguna de las personas especialmente relacionadas con el concursado;

b) la constitución de garantías reales en favor de obligaciones preexistentes o de las nuevas contraídas en sustitución de aquellas; o tras la reforma de la vieja LC acometida por la Ley 38/2011;

c) pagos u otros actos de extinción de obligaciones cuyo vencimiento fuera posterior a la declaración de concurso, si contasen con garantía real.

Estas presunciones, cuyo examen acometo a continuación, aparecían en los antecedentes prelegislativos de la vieja LC 2003, tanto en el APLC como en la primera versión PLC, como presunción iuris et de iure,[203]. lo que fue criticado parcialmente, en lo referente a las garantías reales, por el Consejo Económico y Social, en su Dictamen de fecha 7 de noviembre de 2001.

En el informe de la Ponencia sobre el PLC,[204]se recogió la enmienda 619 presentada por el grupo Parlamentario de Coalición Canaria,[205], en la que se defendía que "parece exagerado no admitir prueba en contrario en actos que puedan provocar incluso un beneficio para el deudor, así una transmisión onerosa a favor de una persona relacionada a un precio superior al del mercado o una garantía que se limitará a modificar una existente en be-

---

[203] Recogida en el Boletín Oficial de las Cortes Generales (BOCG), serie A, núm. 101-1, de 23 de julio de 2002.

[204] Publicado en el BOCG, serie A, núm. 101-17, de 24 de marzo de 2003.

[205] Publicado en el BOCG serie A, núm. 101-15, de 2 de diciembre de 2002.

neficio del deudor, por ejemplo, ampliando el plazo"[206]. Ahí la permuta de la naturaleza presuntiva, transitando desde un tamiz iuris et de iure, al más benévolo y actual de iuris tamtum.

Como consecuencia de esa cualidad presuntiva de "iuris tamtum" ("salvo prueba en contrario" señala el art. 228 TRLC), el demandante soporta la acreditación que el acto perjuicioso queda comprendido en el ámbito del art. 228 TRLC, incluido, en su caso, el vínculo especialmente relacionativo con el concursado, y su realización dentro del plazo de sospecha. Probado lo anterior, aquel deviene pernicioso para la masa activa, salvo que el demandado acredite su no perjudicialidad.[207]

III.6.1. Actos a favor de personas especialmente relacionadas con el deudor

III.6.1.1. Personas especialmente relacionadas con el deudor

Los arts. 282 a 284 TRLC recogen una serie de personas que, a efectos concursales, vienen calificados de especialmente relacionados con el deudor. Estas personas son:

A. Si el concursado es persona natural (art. 282 TRLC):

  a) El cónyuge del concursado o quién lo hubiera sido dentro de los dos años anteriores a la declaración de concurso, su pareja de hecho inscrita o las personas que convivan con análoga relación de afectividad o hubieran convivido habitualmente con él dentro de los dos años anteriores a la declaración de concurso.

  b) Los ascendientes, descendientes y hermanos del concursado o de cualquiera de las personas a que se refiere el párrafo anterior.

---

206 ROMERO MATUTE, B. "El concurso de acreedores", pg. 187 y 188.

207 CRESPO AULLE, F. "Comentarios", pg. 1387; RIPOLL OLAZÁBAL, G. "Derecho Concursal", pg. 380; FERNÁNDEZ AGUADO, J.I. "Las acciones", pg. 177; SILVETTI, E. "Comentarios", pg. 555; LEÓN SANZ, F.J. "Comentario", pg. 1311; y VILA FLORENSA, M. "Comentarios", pg. 880.

c) Los cónyuges de los ascendientes, de los descendientes y de los hermanos del concursado.

d) Las personas jurídicas controladas por el concursado o por las personas mencionadas en los parrafos anteriores así como sus administradores de derecho o de hecho. Se presumirá que existe control cuando concurra alguna de las situaciones previstas en el apartado primero del artículo 42 del Código de Comercio.

e) Las personas jurídicas que formen parte del mismo grupo de empresas que las previstas en el apartado anterior.

f) Las personas jurídicas de las que las personas descritas en los aportadas anteriores sean administradoras de derecho o de hecho.

B. Si el concursado es una persona jurídica (art. 283 TRLC):

a) Los socios que conforme a la ley sean personal e ilimitadamente responsables de las deudas sociales y aquellos otros que, en el momento del nacimiento del derecho de crédito, sean titulares, directa o indirectamente, de, al menos, un cinco por ciento del capital social, si la sociedad declarada en concurso tuviera valores admitidos a negociación en el mercado secundario oficial, o un diez por ciento si no los tuviera. Cuando los socios sean personas naturales se considerarán también personas especialmente relacionadas con la persona jurídica concursada las personas que lo sean con los socios conforme a lo dispuesto en el art. 282 TRLC.

b) Los administradores, de derecho o de hecho, los liquidadores del concursado persona jurídica y los directores generales de la persona jurídica concursada con poderes generales de la empresa, así como quienes lo hubieran sido dentro de los dos años anteriores a la declaración de concurso.

c) Las sociedades que formen parte del mismo grupo que la sociedad declarada en concurso.

En este sentido, la DA 1.ª TRLC señala que a los efectos del TRLC se entenderá por grupo de sociedades el definido en el artículo 42.1 del Código de Comercio, aunque el control sobre las sociedades directa o indirectamente dependientes lo ostente una persona natural o una persona jurídica que no sea sociedad mercantil.

d) Los socios comunes de la sociedad declarada en concurso y de otra sociedad del mismo grupo, siempre que, en el momento de nacimiento del derecho de crédito, sean titulares en esa otra sociedad, directa o indirectamente, de, al menos, un cinco por ciento del capital social, si la sociedad tuviera valores admitidos a negociación en el mercado secundario oficial, o un diez por ciento si no los tuviera.

C. No tendrán la consideración de personas especialmente relacionadas con el concursado los acreedores que hayan capitalizado directa o indirectamente todo o parte de sus créditos en cumplimiento de un plan de reestructuración adoptado de conformidad con lo dispuesto en esta ley, de un acuerdo extrajudicial de pagos o de un convenio concursal, a los efectos de la calificación de los créditos que ostenten contra el concursado como consecuencia de la refinanciación otorgada en virtud de dicho acuerdo o convenio y aunque hubieran asumido cargos en la administración del deudor por razón de la capitalización. (art. 283.2 TRLC).

D. Tampoco tendrán la consideración de administradores de hecho los acreedores que hayan suscrito un convenio concursal o plan de reestructuración por las obligaciones que asuma el deudor en relación con el plan de viabilidad salvo que se probase la existencia de alguna circunstancia que pudiera justificar esta condición. (art. 283.2 TRLC).

E. Con independencia de que el concursado sea persona natural o jurídica, y salvo prueba en contrario, se presumen personas especialmente relacionadas con el concursado los cesionarios o adjudicatarios de créditos pertenecientes a cualquiera de las personas mencionadas en los arts. 282 y 283 TRLC, siempre que la adquisición se hubiere producido dentro de los dos años anteriores a la declaración de concurso (art. 284 TRLC).

Estas y solo éstas personas quedan afectadas por la referida presunción iuris tantum. El art. 228 TRLC conecta implícitamente, pero de manera directa, sus efectos presuntivos con los arts. 282 a 284 TRLC, no siendo dable atender a otros conceptos de persona vinculada o especialmente relacionada recogidos en el resto de ordenamiento jurídico. A título de ejemplo, vid. los arts. 79 Cinco a) LIVA o 18.2 TRLIS. Menos aún propagar una interpretación extensiva del citado precepto tendente a aplicar la presunción a persona distinta de las reseñadas en los arts. 282 a 284 TRLC. O a supuestos análogos, aunque no comprendidos en dichos preceptos concursales.

En esta línea, vid. la sentencia del Tribunal Supremo de fecha 2 de junio de 2015:

> "...En la demanda incidental, la administración concursal invocó, con carácter subsidiario, el art. 71.3.1.º LC según el cual el perjuicio patrimonial se presume cuando se trate de actos dispositivos a título oneroso realizados a favor de alguna de las personas especialmente relacionadas con el concursado. Sin perjuicio de que este supuesto de presunción "iuris tantum" del perjuicio ya ha sido rebatido en el motivo anterior, por haberse reconocido en la sentencia la atribución o beneficio en el patrimonio del garante, tampoco en caso de que no se hubiera acreditado, sería de aplicación este precepto, al caso enjuiciado. Siendo el concursado persona natural, las únicas personas especialmente relacionadas con ella son las mencionadas en el art. 93.1 LC. La LC incluye una relación de sujetos que se encuentran vinculados por una relación especial al deudor, sea éste una persona natural (art. 93.1 LC) o

una persona jurídica (art. 93.2 LC). La enumeración, tanto en uno u otro supuesto, es taxativa y cerrada, introduciendo presunciones iuris et de iure, de modo que cualquier sujeto incluido en la relación tendrá la consideración de persona especialmente relacionada; pero, del mismo modo, un sujeto no incluido en la relación no tendrá esta condición de persona especialmente relacionada con el deudor, pues la lista está limitada a los sujetos allí relacionados de forma inalterable, como único recurso para alcanzar un alto grado de rigor y de seguridad jurídica, evitando conceptos jurídicos indeterminados y, dado el carácter excepcional del precepto por sus consecuencias jurídicas que entraña la subordinación de los créditos, no caben interpretaciones analógicas..."

O la sentencia de la Audiencia Provincial de Barcelona, de fecha 8 de enero de 2009 (*Tol 1486459*):

"...QUINTO. En primer término, debemos admitir el desacierto de la consideración de 'socio capitalista', con referencia al Sr. Lorenzo, a la que acude la sentencia apelada para justificar, en alguna medida, la procedencia de la pretensión rescisoria. Tal calificación no es adecuada puesto que, ciertamente, el hecho de financiar a la sociedad concursada en la forma en que lo ha venido haciendo el Sr. Alejandro (que ha permitido a la sociedad la necesaria liquidez para atender pagos urgentes y convenientes para la continuidad empresarial, prestando dinero sin interés, condonando deudas y facilitando gratuitamente el uso maquinaria de su propiedad, lo que indudablemente se justifica por la relación paterno-filial entre el Sr. Alejandro y el administrador único), no le convierte en socio de hecho, o en socio capitalista, ni mucho menos (esto tampoco lo pretendió la Administración Concursal) en persona especialmente relacionada con la sociedad concursada a tenor del art. 93 LC, precepto que recoge un listado tasado y no susceptible de interpretación extensiva. No se trata aquí, en efecto, de un pago efectuado a una persona especialmente relacionada con el deudor en época próxima al concurso, a la que se favorecería injustificadamente al permitirle eludir el tratamiento subordinado de su crédito en el contexto concursal, lo que originaría un perjuicio a la masa activa en la medida en que los demás acreedores con preferencia de cobro en el seno del concurso verían disminuida la garantía patrimonial para la satisfacción de la cuota que les pudiera corresponder, y en la misma medida quedaría mermada la masa activa destinada a tal fin. Por ello, no estando condicionado el presente supuesto por el art. 93 LC, el dato del parentesco del acreedor financiero con el administrador de la sociedad deudora no es relevante a estos efectos..."

La sentencia del Juzgado de lo Mercantil núm. 3 de Pontevedra, de fecha 12 de enero de 2023, que niega la aplicación de la presunción a personas que mantuvieron vínculos profesionales o laborales con la concursada pero no afectadas por las reglas de especial relación del art. 283 TRLC:

> "...CUARTO.—Aplicación de la anterior normativa e interpretación jurisprudencial al supuesto de hecho objeto de enjuiciamiento. En lo que respecta a la primera de las motivaciones expuestas para fundar el ejercicio de esta acción por la administración concursal, la misma debe ser desestimada. Lo anterior es así por cuanto a tenor de la regulación del TRLC las codemandadas no son personas especialmente vinculadas por la concursada con quien les unió una relación de servicios en cuanto asesores fiscales y contables y/o incluso laborales de la concursada. No conviene omitir que respecto a la vinculación con la concursada o la especial relación con ella hay que acudir para su análisis a la regulación contenida en el TRLC —arts. 282 y 282— respecto a la condición de las personas especialmente relacionadas con el deudor. El presente caso, resultan de aplicación las previsiones contenidas en el art. 283 TRLC que señala:"1. Se consideran personas especialmente relacionadas con el concursado persona jurídica:1.º Los socios que conforme a la ley sean personal e ilimitadamente responsables de las deudas sociales y aquellos otros que, en el momento del nacimiento del derecho de crédito, sean titulares, directa o indirectamente, de, al menos, un cinco por ciento del capital social, si la sociedad declarada en concurso tuviera valores admitidos a negociación en el mercado secundario oficial, o un diez por ciento si no los tuviera. Cuando los sociossean personas naturales se considerarán también personas especialmente relacionadas con la persona jurídica concursada las personas que lo sean con los socios conforme a lo dispuesto en el artículo anterior.2.º Los administradores, de derecho o de hecho, los liquidadores del concursado persona jurídica y los directores generales de la persona jurídica concursada con poderes generales de la empresa, así como quienes lo hubieran sido dentro de los dos años anteriores a la declaración de concurso. 3.º Las sociedades que formen parte del mismo grupo que la sociedad declarada en concurso. 4.º Los socios comunes de la sociedad declarada en concurso y de otra sociedad del mismo grupo, siempre que, en el momento de nacimiento del derecho de crédito, sean titulares en esa otra sociedad, directa o indirectamente, de, al menos, un cinco por ciento del capital social, si la sociedad tuviera valores admitidos a negocia-

> ción en el mercado secundario oficial, o un diez por ciento si no los tuviera." Ninguno tiene encaje en ninguna de las categorías señaladas. Por lo que esta causa en la que parece fundar o sustentar el ejercicio de la acción rescisoria la AC ha de ser rechazada...".

Y la sentencia de la Audiencia Provincial de Murcia, de fecha 18 de febrero de 2024, rechaza la aplicación de la presunción del art. 228.1.º TRLC, a la interventora de las cuentas de una sociedad cooperativa, dado que no tiene encaje en las reglas de especial relación de los arts. 282 a 284 TRLC:

> "...Ciertamente la condición de interventora de las cuentas de la sociedad cooperativa la sitúa en una posición especial, pero el tenor art. 283.1.1.º (Los socios que (...) en el momento del nacimiento del derecho de crédito, sean titulares, directa o indirectamente, de, al menos, un cinco por ciento del capital social, si la sociedad declarada en concurso tuviera valores admitidos a negociación en el mercado secundario oficial, o un diez por ciento si no los tuviera (...) y 283.1.2.º ("Los administradores, de derecho o de hecho, los liquidadores del concursado persona jurídica y los directores generales de la persona jurídica concursada con poderes generales de la empresa (...) es claro y debe ser interpretado en sus propios términos. En esos cargos no incluye los interventores de cuentas de las sociedades cooperativas, sin que se puedan equiparar a los administradores, liquidadores o directores generales..."

O la sentencia de la Audiencia Provincial de Valencia de fecha 1 de diciembre de 2008, rechazadora de la aplicación del art. 228.1.º TRLC al pago de una deuda contraída por la concursada con entidad bancaria y que estaba afianzada por persona especialmente relacionada, su administrador social, y con la consiguiente liberación de éste:

> "...No se ha discutido en el proceso que el pago se realizó el día 6 de junio de 2006, que lo fue respecto de una obligación vencida el 28 de febrero anterior (folio 32), líquida y exigible, y que se hizo dentro del plazo de los dos años anteriores a la fecha de la declaración del concurso, quedando concretado el objeto de la discusión a la calificación del acto como perjudicial por razón de ser el mismo favorable a persona especialmente relacionada con la concursada, y a tal efecto, es cierto que la administradora concursal no refiere la 'especial' relación a que se refiere el artículo

> 71.3.1.º a la entidad Bancaria receptora del importe de la venta —no cuestionada— del nombre de comercial y fondo de comercio de la concursada operada en el mes de mayo de 2006, sino que entiende que el acto dispositivo fue favorable al administrador de la misma, por cuanto que ostentando éste la condición de fiador de la sociedad —junto con Doña Natalia—, se vio directamente beneficiado por el pago realizado al BANCO PASTOR S.A. en la medida en que dicho pago supuso la extinción del aval. Entendemos que la interpretación realizada por la administradora concursal a los efectos de subsumir dicho pago en el marco rescisorio de la norma de referencia es una interpretación forzada, pues el pago tiene por objeto principal la extinción de una obligación a favor de quien no ostenta la condición de persona especialmente relacionada, siendo la extinción de la fianza constituida una consecuencia de la extinción de la obligación principal de la que aquella es accesoria. Por ello, consideramos, que no cabe hacer una interpretación extensiva en los términos que propone la administración concursal, tal y como sostiene el magistrado 'a quo' en la sentencia apelada, cuyo fundamento jurídico tercero damos por íntegramente reproducido en evitación de innecesarias reiteraciones..."

Respecto a esta última sentencia, comparto la opinión de la Sala. Sin embargo, no hay que perder de vista que, según las circunstancias en que se produzca el pago liberatorio del avalista, cabe su eventual perjudicialidad aunque no resulte de aplicación lo dispuesto en el art. 228.1.º TRLC. y a la vista de lo dispuesto enla regla general del art. 229 TRLC Piénsese en la venta de determinados bienes fuera del tráfico normal de la empresa, a los solos y exclusivos efectos de atender el pago de una deuda vencida y exigible, afianzada por un socio, liberando la exigencia de un aval que, caso de ejecución y en un posterior concurso, daría lugar a un crédito subordinado. En esta línea, vid. la sentencia de la Audiencia Provincial de Barcelona de fecha 26 de abril de 2007.

La sentencia del Juzgado de lo Mercantil núm. 1 de Málaga, de fecha 20 de noviembre de 2006 aplica la presunción a quien formalmente no aparece en la sociedad pero la controla:

> "...Aún así y entendiendo que se dan los supuestos de simulación de dicho negocio también dicha actuación se encuadra de lleno en los apartados primero y segundo del artículo 71.3 por cuanto

se realiza un acto de disposición oneroso a favor de una sociedad que controla Don Evaristo y que es el administrador solidario de la concursada. Dicha actuación se pone de manifiesto en cuanto a su continuidad, aún a pesar de haber desaparecido formalmente de ella, por cuanto, conforme al documento número 15 de los aportados por la demandante, sigue actuando como representante de la sociedad demandada, hasta tal punto confundiendo las personalidades que siendo Don Evaristo el arquitecto director por el contrato celebrado con Ruiz García Sociedad de Inversiones, ante quien presenta su renuncia, aprovechando dicho escrito, no es ante esta sociedad sino ante Vaguada del Tomillar S.A. (concursada)...".

O la sentencia de la Audiencia Provincial de Pontevedra, de fecha 8 de marzo de 2012, que también extiende la presunción a quien controla la sociedad, aunque no ostenta la condición de socio al tiempo de concluirse el acto perjudicial:

"...SEXTO.— Ahora bien, el hecho de que la Administración concursal, junto con la solicitud de rescisión de los actos dispositivos de litis, pretenda también en su demanda el reconocimiento de un crédito en favor de 'Promalar S.L.', por el importe transferido, y con el carácter de subordinado, que el Juzgador de instancia reconoce en su sentencia al amparo del art. 92-5.º LC, como consecuencia de la apreciación de una situación de especial vinculación entre la concursada y la acreedora 'Promalar S.L.', que incardina en el supuesto contemplado en el art. 93-2-3.º LC (sociedades del mismo grupo) y que le da pie para presumir el requisito de perjuicio patrimonial en el ejercicio de la acción rescisoria con base en el art. 71-3-1.º LC, obliga asimismo a analizar si se puede concluir la concurrencia de tal especial vinculación. A tal efecto, a la vista de la documentación aportada a los autos, se puede desglosar la evolución de la concursada BASA y su relación con 'Promalar S.L.', del modo siguiente: Evolución accionarial y del órgano de administración de BASA. 1.— En fecha 20/12/2006, de suscripción del contrato de crédito en cuenta corriente, BASA estaba íntegramente participada por 'Conservas Peña S.A.' (socio único). 2.— En virtud de escritura pública de compraventa de acciones, de fecha 19/12/2006, entran en el accionariado de 'Conservas Peña S.A.' las siguientes tres sociedades y quedando aquélla con la siguiente composición: 'Conservas Peña S.A.' – 'Cobreiro 2004 S.L.' 34% capital social – 'Oremor Inversiones S.L.' 16% capital social – 'Arkiterra 2006 S.L.' 50% capital social. 3.— Según datos recibidos del Registro Mercantil de Pontevedra, la composición de las entidades poseedoras de las acciones de 'Conservas

Peña S.A.' es la siguiente: 'Cobreiro 2004 S.L.' Prudencio (socio y administrador único) – 'Arkiterra 2006 S.L.' Hermenegildo (socio y administrador único) – Oremor Inversiones S.L." Casimiro (socio único) Si bien a tenor de la escritura pública de compraventa de participaciones sociales, de fecha 18/11/2004, aportada como prueba en la alzada y obrante en el rollo de apelación, la composición de la entidad 'Oremor Inversiones S.L.' resulta ser la siguiente: 'Oremor Inversiones S.L.' — Prudencio 74,99% capital social – José 4,99% capital social – Raquel 4,99% capital social – Casimiro 15,03% capital social. 4.— En fecha 12/1/2007, se otorga escritura pública de elevación a público de acuerdos sociales de 'Conservas Peña S.A.' referentes a aumento de capital social, en la cifra de diez millones de euros, que es suscrito por las entidades accionistas de dicha sociedad ('Cobreiro 2004 S.L.', 'Oremor Inversiones S.L.' y 'Arkiterra 2006 S.L.'), en proporción a su participación en el capital social, por el sistema de compensación de créditos, dada la cesión parcial de crédito frente a 'Conservas Peña S.A.', por idéntica cantidad, efectuada a su favor por la entidad 'Promalar S.L.', derivado de la concesión del préstamo participativo en fecha 2/2/2006. 5.— En virtud de escritura pública, de fecha 31/8/2007, se produce la fusión, por absorción, de 'Bernardo Alfageme SAU' y 'Mariscos San Cayetano S.A.' por la entidad 'Conservas Peña S.A.', conservando la sociedad resultante la denominación social 'Bernardo Alfageme'. 6.— Según resulta de inscripciones registrales obrantes en el Registro Mercantil de Pontevedra, don Prudencio vino a ostentar la condición de administrador único de las entidades 'Conservas Peña S.A.' y BASA, y don Hermenegildo la condición de apoderado de ambas entidades. A partir del 30/3/2009, la administración de BASA se vino a confiar a un órgano de administración compuesto por las siguientes personas jurídicas ('Arkiterra 2006 S.L.', 'Cobreiro 2004 S.L.' y 'Oremor Inversiones S.L.'), permaneciendo vigente el apoderamiento a favor de don Hermenegildo conferido en fecha 21/12/2006. 7.— En fecha 3/4/2009, se otorga escritura pública de elevación a público de acuerdos sociales de la entidad BASA, sobre aumento del capital social, en la cifra de 24972780 euros, que es suscrito por la entidad 'Promalar S.L.' por el sistema de compensación de créditos, derivado de la concesión del préstamo participativo de fecha 2/2/2006. 8.— Finalmente, en virtud de otorgamiento de tres correlativas escrituras públicas de dación en pago de deuda, de fecha 9/7/2009 'Promalar S.L.' se hace con la totalidad, salvo una, de las acciones de BASA, pasando ésta a tener la siguiente composición: BASA – 'Cobreiro 2004 S.L.' 0,00003% capital social – 'Promalar S.L.' 99,99997% capital social. Operaciones negociales de 'Promalar S.L.' relacionadas con BASA. 1.— Con fecha 2/2/2006, se suscribe entre 'Promalar S.L.' y 'Conservas Peña S.A.' un préstamo participativo en cuya virtud la primera concede a la segunda un préstamo por importe de 31 millones de euros. Al día siguiente del préstamo, en virtud de escritura pública de compraventa, de fecha 3/2/2006, 'Conservas Peña S.A.' adquiere el 100% de las acciones de 'Bernardo Alfageme S.A.', por el importe de 24.200.000 euros. 2.— En fecha 14/3/2006, se suscribe un contrato de compromiso y opción entre las entidades 'Promalar S.L.', 'Conservas Peña S.A.' y 'Bernardo Alfageme S.A.', tendente a garantizar la devolución a "Promalar S.L." del préstamo participativo, en cuya virtud, y entre otros compromisos, se concede a 'Promalar S.L.' un derecho de opción de compra sobre un determinado inmueble de 'Bernardo Alfageme S.A.' y un derecho de adquisición preferente sobre todas las propiedades inmuebles de 'Bernardo Alfageme S.A.' y 'Conservas Peña S.A.' relacionadas en el documento, obligándose también 'Conservas Peña S.A.' a ceder en compraventa el 100% del capital de 'Bernardo Alfageme S.A.' así como la propiedad de las fincas sitas en Vilagarcía de Arousa para el caso del vencimiento del préstamo sin que se haya reintegrado su importe a 'Promalar S.L.'... 3.— En fecha 20/12/2006, se suscribe entre "Promalar S.L.", representada por su administrador único don Hermenegildo, y "Bernardo Alfageme S.A.", representada por su administrador único don Prudencio, un contrato de crédito en cuenta corriente, de un año de duración, prorrogable tácitamente por períodos anuales hasta un máximo de diez años, en virtud del cual 'Promalar S.L.' concede un préstamo a BASA por un importe máximo de 17 millones de euros, del que ésta podrá disponer conforme a sus solicitudes y a cambio del abono de un interés nominal anual a un tipo referencial (el euríbor a un año oficial fijado el día 1 de enero de cada año) más 1,50 puntos porcentuales. 4.— Con fecha 10/1/2007, se suscribe un documento de cesión de crédito sin constancia de contraprestación, en cuya virtud la sociedad "Promalar S.L.", como acreedora de la sociedad 'Conservas Peña S.A.' en la cuantía de 31 millones de euros más intereses, derivados del préstamo participativo de fecha 2/2/2006, acuerda ceder parcialmente dicho derecho de crédito de la siguiente forma: – A la sociedad 'Cobreiro 2004 S.L.' la suma de 3400000 euros. – A la sociedad 'Oremor Inversiones S.L.' la suma de 1600000 euros. – A la sociedad 'Arkiterra 2006 S.L.' la suma de 5000000 euros. Pues bien, aparte de la correspondencia (identidad o estrecha vinculación familiar) existente entre el administrador único de 'Promalar S.L.' (a su vez, apoderado de BASA) y el administrador único de BASA así como los socios únicos o mayoritarios de las entidades

> mercantiles componentes del accionariado de BASA, del conjunto de operaciones negociales entre ambas entidades y las que conforman el capital social de la concursada (de financiación —préstamo participativo de fecha 2/2/2006 y contrato de crédito en cuenta corriente de fecha 20/12/2006; de afectación de activos de BASA —contrato de compromiso y opción de fecha 14/3/2006; y de cesión de crédito sin contraprestación de fecha 10/1/2007, del que se dispuso para la adquisición de nuevas acciones de 'Conservas Peña S.A.', en aquel momento socio único de 'Bernardo Alfageme SAU'), al igual que de la estipulación contenida en la escritura pública de constitución del préstamo sindicado con garantía hipotecaria, de fecha 29/4/2008, de destinar BASA parte del préstamo a la cancelación de la deuda contraída con 'Promalar S.L.', pese a no ser ésta última entidad parte interviniente en el contrato, cabe colegir siquiera una situación de control de la concursada por parte de la entidad 'Promalar S.L.', al tiempo del otorgamiento de la escritura pública de préstamo sindicado y de las subsiguientes transferencias dinerarias efectuada por la primera en favor de la segunda, ulteriormente patentizada con la adquisición por 'Promalar S.L.' del 99,99997% del capital social de BASA. Siendo significativo al respecto que, en la propia escritura pública de préstamo sindicado con garantía hipotecaria, de fecha 29/4/2008, en el apartado referido al destino del préstamo, se haga constar como una de sus finalidades la de 'Financiar el crecimiento del capital circulante del PRESTATARIO'. Como quiera que parte del importe necesario a tal fin fue ya anticipado por el socio del Prestatario, la sociedad 'PROMALAR S.L.' y por las entidades financieras: BANCO POPULAR ESPAÑOL S.A., CAIXANOVA Y BANCO DE GALICIA S.A., se destinará del presente préstamo la suma necesaria para cancelar las deudas contraídas con ellos. Situación de control de la concursada por la acreedora 'Promalar S.L.' que permite concluir la especial vinculación existente entre ambas entidades a que hace referencia el art. 93-2-3.º LC (grupo de sociedades), en atención, por los demás, al contenido de la Disposición Adicional Sexta de la LC, tras la reforma operada por Ley 38/2011, de 10 de octubre, que a tal efecto remite a lo dispuesto en el art. 42-1 del Código de comercio..."

A estos efectos presuntivos especialmente relacionados, resulta inane que las sociedades del grupo consoliden cuentas anuales. Sentencia del Juzgado de lo Mercantil núm. 13 de Madrid, de fecha 17 de enero de 2024:

"...Concluyendo, tras valorar la prueba practicada de forma conjunta conforme a las reglas de la sana crítica, tengo por acreditado que Ombuds Seguridad, Ombuds Servicios, Toro Finance y Gedesco Factoring son personas especialmente vinculadas al amparo del art. 281 y 283 del TRLC y art. 42 del Coco, al estar sometidas al control directo o indirecto del fondo de inversión inglés JZI y, por extensión, del grupo de inversión americano JZ CP. El hecho de que las concursadas y codemandadas no consoliden cuentas como grupo y que, por tanto, su contabilidad haya recibido el visto bueno de las firmas auditoras, no desvirtúa la anterior conclusión pues, como he expuesto, la consolidación de cuentas es a efectos puramente contables. Para que exista "grupo" a efectos concursales es necesario que se acredite que todas ellas están sometidas al control de la misma persona, como sucede en este caso..."

Por lo tanto, y concluyendo, en el supuesto que concurra un acto a favor de persona especialmente relacionada con el concursado ex art. 282 a 284 TRLC, opera automáticamente la presunción que nos ocupa, sin que quepa reacción alguna salvo acreditar la falta de perjuicio. Algo que, ciertamente, parece difícil, aunque no muy lógico ni justificado.

III.6.1.2. Fundamento de la presunción

Los actos dispositivos realizados a título oneroso por el concursado con alguna de las personas arriba referenciadas, se presumen perjudiciales para la masa activa, salvo que el concursado o el tercero acrediten lo contrario, o que no existe la especial relación de reseñada arriba,[208]creándose un criterio de disfavor respecto a los mismos.[209]

Por así decirlo, la norma responde a una suerte de sospecha sobre este tipo de operaciones efectuadas a favor de personas es-

[208] Como recuerda LEÓN SANZ, F.J. "Comentario", pg. 1311, no se incluyen los realizados a título gratuito, por cuanto ya son objeto de presunción iuris et de iure.
También, vid. FERNÁNDEZ AGUADO, J.I. "Las acciones", pg. 177.

[209] RIVERA FERNÁNDEZ, M. "Reintegración", cit., pg. 103.

pecialmente relacionadas con el deudor,[210] presumiendo que un aparente negocio oneroso, realmente, encubre un acto malicioso o perjudicial, que no gratuito, o en el mejor de los casos, una suerte de trato de favor hacia las personas más cercanas del concursado.[211] La Ley, a la vista del ligamen existente entre dichas personas y el concursado, valora negativamente los actos celebrados entre sí en el periodo de sospecha.[212] Máxime cuando los créditos de estas personas especialmente relacionadas acaban habitualmente teñidos de subordinación en el proceso concursal.

No obstante, se antoja correcto el barnizado "iuris tamtum" de la presunción en cuestión, a la vista que, habitualmente, las aportaciones de estas personas especialmente conectadas con el deudor no solo suelen resultar beneficios para éste, sino que, en tiempos de crisis, con nulo acceso a financiación y/o recursos se cierran, estos los aportan y, en algunos casos, "salvan" a la empresa de un trágico e insolvente final.[213]

Obviamente, la inexistencia de onerosidad conlleva la inaplicación de esta presunción y el impacto directo del acto gratuito de la presunción letal de perjuicio del art. 227 TRLC.

III.6.1.3. Momento en que debe existir la vinculación

A estos efectos, y a la vista que la presunción constituye una suerte de suspicacia prejuiciosa sobre este tipo de operaciones a favor de personas especialmente vinculadas al deudor, resulta preciso que esa especial relación concurra al tiempo de la perpe-

---

210 RIBELLES ARELLANO, J.M. "Las acciones", pg. 332. GONZÁLEZ VÁZQUEZ, J.C. "Las acciones", pg. 609.

211 LEÓN SANZ, F.J. "Comentario", pg. 1311.

212 GARCÍA-CRUCES J.A. "La reintegración de la masa", pg. 360. En el mismo sentido, BUSTO LAGO, J.M. "Aproximación", pg. 71, quien entiende que tal disfavor se asienta sobre la sospecha de fraude que subyace en la norma.

213 FERNÁNDEZ AGUADO, J.I. "Las acciones", pg. 177.

tración del acto, y no en el momento de la solicitud o declaración del concurso, o del ejercicio de la acción rescisoria concursal.[214] Así lo dejó claro el Tribunal Supremo, en su sentencia de fecha 4 de marzo de 2016:

> "...Procede desestimar el motivo por las razones que exponemos a continuación. 2. Interpretación del art. 93.2.3.º LC: momento al que se refiere la condición de sociedad del mismo grupo. En atención a que el concurso de acreedores se declaró el 18 de julio de 2011, para la clasificación de los créditos regía la normativa entonces en vigor, en concreto, el art. 93.2 LC, por lo que respecta a quiénes tienen la consideración de personas especialmente relacionadas con el deudor persona jurídica, conforme a la modificación introducida por el RDL 3/2009, de 27 de marzo. En lo que ahora interesa, la redacción del art. 93.2 LC era la siguiente: «Se consideran personas especialmente relacionadas con el concursado persona jurídica: 1.º Los socios que conforme a la ley sean personal e ilimitadamente responsables de las deudas sociales y aquellos otros que, en el momento del nacimiento del derecho de crédito, sean titulares de, al menos, un 5% del capital social, si la sociedad declarada en concurso tuviera valores admitidos a negociación en mercado secundario oficial, o un 10 % si no los tuviera.» [...] 3.º Las sociedades que formen parte del mismo grupo que la sociedad declarada en concurso y sus socios, siempre que éstos reúnan las mismas condiciones que en el número 1.º de este apartado». El RDL 3/2009, de 27 de marzo, apostilló que los socios de la concursada y los de las sociedades del grupo tendrían la consideración de personas especialmente relacionadas con la sociedad concursada, siempre que fueran titulares del 5% del capital en el caso de sociedades cotizadas o del 10% en el resto, en el momento del nacimiento del derecho de crédito. La remisión, contenida en el ordinal 3.º, a que concurran las condiciones previstas en el ordinal 1.º se refiere claramente a los socios de las sociedades del mismo grupo, que al igual que si lo fueran de la sociedad concursada, debían tener como mínimo la participación del 5% o del 10%, según sea o no una sociedad cotizada, en el momento del nacimiento del crédito. La cuestión radica en si este mismo criterio se puede extender a las sociedades del mismo grupo, o

---

214 MASSAGER, J. "Aproximación", pg. 4224; RIBELLES ARELLANO, J.M. "Las acciones", pg. 333. GONZÁLEZ VÁZQUEZ, J.C. "Las acciones", pg. 611. ESPIGARES HUETE J.C. "La acción", pg. 145.

dicho de otro modo, si la condición de sociedad del mismo grupo debe concurrir en el momento de la declaración de concurso o cuando nació el crédito que se pretende subordinar. En realidad, el precepto (art. 93.2.3.º LC) no refiere esa condición del acreedor como sociedad que forma parte del mismo grupo que la sociedad concursada a un momento determinado. Por seguridad jurídica, en atención a las consecuencias negativas que puede conllevar la calificación de persona especialmente relacionada con el deudor concursado, es necesario precisar en qué momento debe darse aquella condición de sociedad del mismo grupo que la concursada. Podría pensarse que el momento relevante es la declaración de concurso, en cuanto que determina la formación de la masa pasiva con los créditos concursales en ese momento existentes (art. 49 LC), mediante su reconocimiento y clasificación. Pero frente a esta interpretación, nos parece más adecuado optar en su lugar por otra que atiende a la ratio que justifica esta condición de persona especialmente relacionada con la concursada. El art. 93 LC, que determina en qué supuestos alguien tiene la condición de persona especialmente relacionada con su deudor, es auxiliar de otros dos que acuden a esta condición con finalidades distintas. Por una parte, del art. 92.5 LC para determinar que los créditos de estas personas especialmente relacionada con el deudor, con las salvedades introducidas por la Ley 38/2011, serán subordinados. Y por otra, del art. 71.3.1.º LC, para someter a la presunción iuris tantum de perjuicio los actos de disposición a titulo oneroso realizados a favor de una persona especialmente relacionada con el concursado dos años antes de la declaración de concurso, cuando se ejercite la acción rescisoria concursal. En ambos casos, salvo que esté expresamente fijada por la Ley, la concurrencia de las circunstancias que justifican la consideración de persona especialmente relacionada con el deudor (ser una sociedad del mismo grupo que la concursada), tiene más sentido que venga referenciada al momento en que surge el acto jurídico cuya relevancia concursal se trata de precisar (la subordinación del crédito o la rescisión del acto de disposición), que al posterior de la declaración con concurso. Si se subordina un crédito de un acreedor por tratarse de una sociedad del grupo es porque tenía esa condición en el momento en que nació dicho crédito. Lo que desvaloriza el crédito (la vinculación entre ambas sociedades, acreedora y deudora) debe darse al tiempo de su nacimiento. Todavía más claro se aprecia en el caso de la presunción iuris tantum de perjuicio, a los efectos de la acción rescisoria concursal, pues la sospecha de que aquel acto encierra un perjuicio para la masa activa deriva de la vinculación entre las sociedades en el momento que se realizó el acto de disposición, no después, pues en este caso también el desvalor de la acción debe concurrir entonces. De este modo, una interpretación sistemática del art. 93.2 LC con los arts. 92.5 y 71.3.1.º LC, en cuanto que el primero es auxiliar de los otros dos, y teleológica, de la finalidad perseguida en cada caso, conduce a referir la condición de sociedad del mismo grupo que la concursada al momento en que el desvalor que encierra esta vinculación justifica la subordinación de un determinado crédito o la sospecha de perjuicio de un acto de disposición patrimonial. En el primer caso, el crédito nace en el contexto de esesta vinculación, y en el segundo, el acto de disposición se realiza también bajo este contexto de vinculación..."

Y en la sentencia del Tribunal Supremo de fecha 15 de enero de 2021:

"...2.— Respecto del momento a tener en cuenta para la subordinación de un crédito, en la sentencia 134/2016, de 4 de marzo (cuya doctrina reiteraron las sentencias 392/2017, de 21 de junio; 239/2018, de 24 de abril; y 662/2018, de 22 de noviembre) declaramos: «El art. 93 LC, que determina en qué supuestos alguien tiene la condición de persona especialmente relacionada con su deudor, es auxiliar de otros dos que acuden a esta condición con finalidades distintas. Por una parte, del art. 92.5 LC para determinar que los créditos de estas personas especialmente relacionada con el deudor, con las salvedades introducidas por la Ley 38/2011, serán subordinados. Y por otra, del art. 71.3.1.º LC, para someter a la presunción iuris tantum de perjuicio los actos de disposición a título oneroso realizados a favor de una persona especialmente relacionada con el concursado dos años antes de la declaración de concurso, cuando se ejercite la acción rescisoria concursal. »En ambos casos, salvo que esté expresamente fijada por la Ley, la concurrencia de las circunstancias que justifican la consideración de persona especialmente relacionada con el deudor [...] tiene más sentido que venga referenciada al momento en que surge el acto jurídico cuya relevancia concursal se trata de precisar (la subordinación del crédito o la rescisión del acto de disposición), que al posterior de la declaración con concurso. [...] Lo que desvaloriza el crédito debe darse al tiempo de su nacimiento. Todavía más claro se aprecia en el caso de la presunción iuris tantum de perjuicio, a los efectos de la acción rescisoria concursal, pues la sospecha de que aquel acto encierra un perjuicio para la masa activa deriva de la vinculación entre las sociedades en el momento que se realizó el acto de disposición, no después, pues en este caso también el desvalor de la acción debe concurrir entonces..."

III.6.1.4. Criterios para acreditar la ausencia de perjuicio

A la vista de ese carácter presuntivo iuris tantum, y concurriendo esa especial relación, no basta acudir al carácter oneroso del acto, pues esa onerosidad, como dije antes, permite escapar de las garras presuntivas del art. 227 TRLC pero no basta para desactivar el mecanismo presuntivo relativo del art. 228 TRLC. La fuga de esta última presunción, pasa por la acreditación por el deudor de la ausencia de perjudicialidad para la masa del acto oneroso cuestionado, exhibiendo necesariamente la equivalencia entre las prestaciones de ambas partes.

A estos efectos, y como herramientas clarificadoras de esa ausencia de perjuicio, y equivalencia de prestaciones, se ofrecen su habitualidad o ausencia de carácter extraordinario del acto, precio, contraprestación o ventaja recibida por el concursado, examinada desde la perspectiva del mercado, de la actividad de la empresa y su coyuntural conveniencia,[215] su cercanía al concurso y, especialmente, que no lesionan al conjunto de los acreedores,[216] y que el acto no supone una excepción respecto a la generalidad de estos.

En sentido análogo, vid. la sentencia de la Audiencia Provincial de Barcelona de fecha 20 de abril de 2011:

> "...Correspondía a la parte demandada demostrar la inexistencia del perjuicio, que puede resultar en atención a la concreta operación o acto dispositivo en relación con sus 'circunstancias, en particular, en este caso, si se hubiera acreditado que al tiempo de hacerse las devoluciones al socio, la sociedad no se hallaba en situación de insolvencia o no había sobreseído en el pago de sus obligaciones exigibles'. Pero esto no ha sido acreditado 'y la inexistencia de perjuicio no cabe derivarla de la correlativa disminución del pasivo al efectuar los pagos, porque en todo caso lo que se produce es una alteración de las preferencias de cobro, al favorecer al acreedor que en el concurso vería postergado su

---

215 CRESPO AULLE, F. "Comentarios", pg. 1389.

216 LEÓN SANZ, F.J. "Comentario", pg. 1312; RIBELLES ARELLANO, J.M. "Las acciones", pg. 332.

crédito hasta que cobraran los demás acreedores no subordinados, con lo que ha eludido, en perjuicio de éstos, el trato que le correspondería en el contexto concursal'..."

Todos estos criterios resultan válidos y combativos de la perjudicialidad conjeturada, aunque mantengo el necesario análisis de todos ellos, conjuntamente, y no forma aislada, y desde la perspectiva de esa equivalencia de prestaciones.

Así no se exhibe lesivo el arrendamiento por la mercantil deudora, y para el desarrollo de su actividad empresarial, de un inmueble propiedad de alguien especialmente conectado con ésta, por ejemplo, su socio mayoritario, por una renta netamente inferior a la de mercado, y con todos los gastos y tributos a cargo del arrendador, a la vista de la tradicional huida y severa restricción de ofertas de arrendamiento, cuando el pretendiente a inquilino atraviesa dificultades económicas, o se halla en la cercanía de la insolvencia, y con el consiguiente riesgo de paralización de su actividad empresarial. Idéntica conclusión alcanzo, incluso, si la renta fuera igual o levemente superior a la de mercado, si tras múltiples intentos nadie quisiera arrendarle una nave.

Pero sí se exhibe perjudicial el pago efectuado por la sociedad concursada, en época próxima a la declaración de concurso, a favor de un socio administrador, habiendo cesado la deudora en su actividad, que además cuenta con un elevado pasivo. Así vid. la sentencia de la Audiencia Provincial de Barcelona de fecha 1 de marzo de 2012:

"...En todo caso, de no admitirse la presunción de perjuicio del art. 71.2 LC, contemplamos aquí un acto de disposición dineraria realizado por la concursada en los dos años anteriores a la declaración del concurso a favor de una o dos personas especialmente relacionadas de acuerdo con el **art. 93 LC**, y este es el supuesto de hecho que el art. 71.3.1.º LC adopta como presunción de perjuicio a la masa activa, a menos que la parte demandada o favorecida demuestre que no ha existido tal perjuicio, en el sentido descrito. Tal presunción se explica concretamente en este caso porque, en principio, al efectuarse esos pagos a una persona o personas especialmente relacionadas con la concursada en época anterior, más o menos próxima, a la declaración del concurso, se les favorece injustificadamente al permitirles eludir el tratamiento subordinado de su crédito en la situación concursal, lo que origina un perjuicio a la masa activa en la medida en que los demás acreedores con preferencia de cobro en el seno del concurso ven disminuida la garantía patrimonial para la satisfacción de la cuota que les pudiera corresponder, y en la misma medida queda mermada la masa activa destinada a tal fin. Correspondía a la parte demandada demostrar la inexistencia del perjuicio, que puede resultar en atención a la concreta operación o acto dispositivo en relación con su coyuntura y circunstancias, en particular, en este caso, si se hubiera acreditado que al tiempo de hacerse las devoluciones al socio-administrador la sociedad no se hallaba en situación de insolvencia o no había sobreseído en el pago de sus obligaciones exigibles. Pero, por el contrario, lo que resulta de lo actuado es que al tiempo de devolver el alegado préstamo, en junio de 2009, la sociedad ya había cesado en su actividad y pesaba sobre ella un importante pasivo vencido y exigible, lo que justificaría la decisión, en diciembre de 2009, y tras un 'importante ajuste de plantilla', de solicitar el concurso voluntario, en el que ha sido abierta la fase de liquidación. No cabe derivar la inexistencia de perjuicio de la correlativa disminución del pasivo al efectuar los pagos, porque en todo caso lo que se produce es una alteración de las preferencias de cobro, al favorecer al acreedor que en el concurso vería postergado su crédito hasta que cobraran los demás acreedores no subordinados, con lo que ha eludido, en perjuicio de éstos, el trato que le correspondería en el contexto concursal ..."

También, sentencia de la Audiencia Provincial de Valencia de fecha 31 de octubre de 2023, que decreta el sacrificio patrimonial injustificado que conlleva un préstamo de la sociedad concursada a favor de sus socios, con un periodo de carencia y un interés bajo, y que supone la descapitalización de la concursada, que, a su vez, y al mismo tiempo, era deudora de los citados socios. Estas deudas, posteriormente, se compensan, evitando los socios la subordinación de su crédito y el pago de lo debido a la concursada:

"...La operación de préstamo, en los términos en que se produjo —y como razona y acredita la administración concursal— supuso una descapitalización de COVALEX al privar a dicha entidad de los recursos de que disponía, en favor de un tercero, con un período de carencia de tres años, y un bajo interés, en un contexto en el que la propia entidad era deudora de dos de sus socios por un importe muy próximo al que fuera objeto de préstamo. La sentencia apelada aprecia la existencia de un sacrificio injustificado consecuencia de dicha operación(vinculada a una compensación que se produce, en puridad, antes de la documentación de la cesión de los créditos de los socios a SETABENSE) y la Sala comparte dicha apreciación, sin que veamos las ventajas que detal préstamo deduce la concursada, máxime cuando SETABENSE tiene reconocido un crédito en el concurso por la diferencia entre las cantidad concurrentes de las respectivas operaciones compensadas. No podemos aceptar la tesis de COVALEX por referencia a las ventajas que tal operación representaba para la actora en tiempos de COVID en conexión con las noticias de prensa que incorpora al recurso de apelación sobre las decisiones del BCE o la baja remuneración de las cuentas corrientes por los Bancos o el cobro por la tenencia de depósitos basada en una noticia publicada en CINCO DÍAS. La concursada afirma que "sin perjuicio de que no se reportaran rendimientos del préstamo" redujo su pasivo en casi 300.000 euros, lo que no compartimos a tenor del reconocimiento de un crédito en el concurso a favor de SETABENSE por esa cantidad (290.935,16euros).3.— Más claro aun es el perjuicio que se deriva de la compensación y que aparece perfectamente descrito en el parágrafo 19 de la sentencia recurrida, cuyos argumentos compartimos y a los que nos remitimos para evitar innecesarias reiteraciones, dado que los hemos dejado transcritos en el primero de los fundamentos de esta resolución. Tal y como se desprende de dicho parágrafo, no cabe obviar que los socios de la concursada serían acreedores subordinados, con lo que mediante la adquisición de sus créditos por SETABENSE y ulterior compensación, se produce, además del perjuicio, una alteración en el orden de los pagos..."

La sentencia de la Audiencia Provincial de Madrid, de fecha 13 de diciembre de 2024, aplica la presunción y rescinde un pago debido efectuado a la socia única y administradora social de la concursada, cuando ésta se halla en insolvencia y los únicos pagos que viene realizando son los de esta administradora:

"...No se está aquí, en el caso de Rocío, en presencia de ese supuesto general de pagos, sino el especial donde la satisfacción del crédito a tenido lugar, en concreto, a favor de una persona especialmente relacionada con el deudor luego concursado, art. 283.1 TRLC, al constar aquella como administradora y socia única de la concursada. En este caso, concurre una presunción relativa de perjuicio de tal pago, como establece el art. 228.1.º TRLC. La acción se favorece por ello de una presunción legal sobre la prueba del perjuicio causado a la masa, lo que implica que deba ser la parte demandada quién, en su caso, aporte prueba para destruir la citada presunción. No es, por tanto, como sostiene la apelación de MAMÁ ESTOY BIEN SL, que la ADMINISTRACIÓN CONCURSAL de este concurso no haya probado el perjuicio, sino que la acción se basa en una presunción legal sobre la concurrencia de dicho perjuicio, y es esa parte demandada la que no ha acreditado la destrucción de tal perjuicio. Pero incluso prescindiendo del efecto de dicha presunción de perjuicio y atendiendo a la doctrina general sobre la reintegración de pagos debidos, se cumple con los requisitos para entender la presencia tanto del perjuicio directo, minusvaloración de la masa activa, como indirecto, alteración de la pars condictio. Así, el concurso de MAMÁ ESTOY BIEN SL se declaró como voluntario, a instancia del propio deudor, en auto de fecha 6 de febrero de 2017, pero con solicitud correspondiente al año 2016, registrado con n.º 849/2016. Sin que a la ADMINISTRACIÓN CONCURSAL le constase en la documentación de la sociedad deudora contrato alguno de préstamo, localizó en la contabilidad los pagos por 63.678€ a favor de Rocío, todos ellos en ese año 2016. El documento contractual de préstamo fue aportado con la contestación a la demanda incidental de este litigio, como fechado el día 1 de octubre de 2008. Durante ese ejercicio del año 2016, el único crédito que fue objeto de atención por parte de MAMÁ ESTOY BIEN SL fue precisamente el de su administradora y socia única, existiendo otros vencidos y exigibles desde años anteriores. Los ingresos obtenidos ocasionalmente por la deudora en dicho ejercicio provenían del cobro de rentas de alquiler de local, contabilizados en caja, y fueron íntegramente destinados a pagar aquella suma a Rocío…"

También resulta perjudicial la dación en pago por la que una sociedad del mismo grupo de la concursada extingue una deuda mediante la entrega a ésta de una edificación en estructura, y cuya finalización la concursada se ve imposibilitada de acometer por su situación financiera y económica. Vid. la sentencia de la Audiencia Provincial de La Coruña de fecha 17 de noviembre de 2011:

"…Y, en este caso, no nos podemos sustraer al hecho de que se trata de una dación en pago para la liquidación de un crédito de 1.524.437,39 euros, que una sociedad del mismo grupo efectúa favor de otra, perteneciente a la misma familia, a través de la cual libera una importante deuda de más de millón y medio de euros, mediante la transmisión de una edificación, tan solo construida en estructura, con respecto a la cual la situación financiera de la acreedora, en estado preconcursal, determinaba la imposibilidad de su conclusión, como así constaba a las titulares de ambas personas jurídicas: esposa e hijas del fundador y administrador de las mismas el Sr. Rómulo, con lo cual se liberaba a INVERSIONES BARBANZA S.L. de un activo de muy pocas expectativas de realización, trasmitiéndolo a una entidad en plena crisis INVERBANZA S.A., que tres meses después de dicha operación presenta **el concurso de acreedores.** Este particular juego de sociedades afines, con desplazamientos de masas patrimoniales entre ellas, goza de además de una presunción de perjuicio patrimonial, sin que la parte demandada haya explicado, al hallarse en idónea situación para hacerlo, dada la interconexión evidente entre dichas sociedades —principio de facilidad y disponibilidad probatoria del art. 217.7 **LEC**— cuál era el beneficio que podía obtener INVERBANZA S.A. a través de la transmisión a su favor de un solar con un edificio en estructura, no susceptible de ser concluido por la acreedora, en plena crisis económica particular y del sector inmobiliario, reseñando ya, en la solicitud del concurso de INVERBANZA S.A., que nos hallamos 'en un entorno en el que los expertos aseguran que el valor de los inmuebles residenciales se va a reducir entre un 30 y un 35% en los próximos 2-3 años'. Y, una cosa es lo que pueda valer algo, y otra distinta su precio en el mercado, actualmente en evidente regresión, al hallarnos ante una patente crisis económica, que especialmente incide en el sector inmobiliario, que fue el motor de un artificial crecimiento económico. No es cierto que **la administración concursal** hubiera reconocido que el valor económico de la dación en pago fuera el equivalente al crédito, pues de la completa lectura del hecho undécimo de la demanda rescisoria consta expresamente que: 'En la situación actual del mercado inmobiliario —iguales a las existentes a la fecha de la escritura impugnada— carece de muy escasas posibilidades de realización o venta por precio mínimamente cercano o aproximado al crédito contra la demandada que sustituye' (f 4 vuelto). El negocio jurídico, cuya rescisión se pretende, disminuye o dificulta la realización del crédito de la concursada, al ser sustituido por la dación en pago de un edificio inconcluso, de imposible finalización por la concursada, carente de financiación, con la imposibilidad de realización del inmueble siquiera al precio del coste de lo ejecutado, radicando en ello el perjuicio, que además se presume por mor de la normativa aplicable (art. 71.3 LC). La alegación de que la adjudicación en pago tenía por finalidad obtener financiación externa, al tratarse de un bien libre de cargas, no es otra cosa que una afirmación fáctica huérfana de la más mínima actividad probatoria que la avale, y difícilmente conciliable con la situación económica de la concursada y del sector inmobiliario..."

Y la compensación de un crédito del socio frente a la sociedad concursada, con ocasión de un aumento de capital, y a la vista que el referido crédito desaparece del pasivo a cambio de la adquisición de participaciones sociales de la deudora, sin aportar capital, beneficiándole a la vista de la especial relación de la sociedad deudora con el socio deviene su crédito en subordinado y, además, porque el aumento compensa un crédito cuyo vencimiento no consta. Así, sentencia de la Audiencia Provincial de Alicante, de fecha 3 de mayo de 2024:

"...Por ello, desde la perspectiva de la rescisión concursal, si la compensación practicada justo antes de la declaración de concurso cumple todos los requisitos legales que la hubieran hecho válida al amparo del art. 153 LC de haberse practicado después de la declaración de concurso, no podría ser objeto de rescisión concursal a no ser que concurriera alguna circunstancia extraordinaria que pusiera en evidencia la injustificación del sacrificio patrimonial que conllevaba para la masa del concurso. En este caso, como diremos, esta circunstancia radica no sólo en el marco en que se realiza la compensación (de ejecución de un acuerdo de ampliación de capital por suscripción con aportación dineraria) y en el efecto perseguido de que se extingan créditos que en el concurso hubieran merecido la consideración de créditos subordinados sino, también y sobre todo, en el hecho de que se practicó una compensación sin acreditar que se dieran los presupuestos legales, en particular, que el crédito del socio estuviera vencido y fuera exigible. Y es que desde la perspectiva teleológica del principio de igualdad de trato entre los socios y respecto de otros acreedores, el perjuicio existe también cuando se da trato preferente e injustificado por el concursado a un acreedor particular, como ocurre en el caso donde con la operación societaria descrita se posterga a otros acreedores a favor del socio Sr. Alvaro, pues se le abona un crédito que no consta vencido para reducir el impacto económico de la aportación económica que se hace en pago de la suscripción de participaciones. El hecho mismo de la transmutación del acuerdo respecto del Sr. Alvaro supone, claramente, que no puede ampararse la posición de las demandadas en la regla del art. 230.1.º LC, que salva de la rescisión "Los actos ordinarios de la actividad profesional o empresarial del deudor que hubieran sido realizados en condiciones normales". Pero es que, en todo caso, no es cierto que la operación implique una reducción del crédito sin que haya un injustificado sacrificio patrimonial. Y es que cuando la persona a la que se ha hecho el pago es alguna de las especialmente relacionadas con el concursado hay, como hemos dicho, una presunción de perjuicio patrimonial que prueba en contrario, prueba que consistiría en la justificación de por qué el pago por compensación en este caso entrañaba un sacrificio patrimonial justificado, en atención a las especiales circunstancias en que fue realizado. Y lo cierto es que en este caso las circunstancias descritas privan de justificación al sacrificio patrimonial que comporta para la masa la compensación litigiosa, que conviene reiterar, en primer lugar, a la oportunidad en la que se hace la compensación, infringiendo la finalidad del acuerdo de ampliación de capital, en segundo lugar, en la circunstancia de que el crédito que tiene el Sr. Alvaro contra la concursada desaparece del pasivo a cambio de la adquisición de participaciones sin aportar capital beneficiándole dado que la especial relación de la sociedad deudora con el socio haría que su crédito tuviera carácter subordinado y, finalmente, porque el reintegro se hace respecto de un crédito cuyo vencimiento no consta, lo que implica una objetiva reducción de los activos de la sociedad con la consiguiente pérdida del beneficio pretendido con la aportación de capitales por el acuerdo de ampliación, lo que perjudica a los demás acreedores en tanto afecta un crédito que no consta, porque el socio no lo acredita, que fuera exigible..."

O la sentencia de la Audiencia Provincial de Málaga, de fecha 17 de enero de 2024, aplicatoria de la presunción aquí comentada a un pago debido a una sociedad del mismo grupo, realizado cuando se ha producido el impago de deudas significativas a administraciones públicas, proveedores y entidades financieras, dando lugar a múltiples reclamaciones, y beneficiando a un acreedor respecto de los otros:

"...Por tanto, bien lo consideremos como un pago debido de un crédito exigible y vencido, bien lo consideremos hipotéticamente como un acto ordinario (que no lo podemos encuadrar por no ser un acto necesario para la continuidad de la actividad), los mismos en principio no son rescindibles salvo que las circunstancias concurrentes tales como la situación de la sociedad en el momento de hacerse efectivo el pago, la condición de personas y la proximidad temporal con la solicitud de concurso así lo determinen. El pago se realiza dentro del período sospechoso de dos años si bien no se realiza en un momento inmediato a la declaración del concurso. A diferencia del supuesto analizado en la sentencia de 10/12/20 no queda clara la veracidad de la deuda, pues si bien se reconocen operaciones comerciales entre las dos sociedades del grupo, la deuda de un montante elevado (más de 19 millones de euros) aflora entre abril y mayo de 2007, sin que en la memoria de 2008 se haga referencia a la misma. Pero independientemente de ello, destaca que se trata de un pago a una sociedad del mismo grupo y fundamentalmente que se realiza en un momento donde se han producido el impago de deudas significativas a administraciones públicas, proveedores y entidades financieras dando lugar a múltiples reclamaciones (así lo recoge el informe de auditoría correspondiente al año 2008 que deniega la opinión sobre las cuentas anuales de AIFOS); es decir, la concursada paga unas facturas (que como indicamos afloran en apenas mes y medio) a una sociedad de su grupo en un momento en el cual está incumpliendo significativamente el pago de otras deudas. No se trata pues de un pago realizado en condiciones normales que es el amparado en el art. 230 TRLC. En ese momento el pago realizado ataca el principio de la pars conditio al permitir que unos supuestos acreedores que son parte del mismo grupo social vean satisfechos sus créditos, perjudicando a aquéllos otros que no van a ver resarcidas sus créditos. Es este el perjuicio para la masa que se produce, pues como hemos indicado, como tal no sólo debe verse los supuestos en los cuales disminuye la masa activa, sino también cuando se altera la igualdad entre los diferentes acreedores que componen la masa pasiva cuando la situación ya es de insolvencia. Por tanto, el pago es rescindible pues ni la parte habría acreditado la ausencia de perjuicio destruyendo la presunción del artículo 228 TRLC, ni es irrescindible conforme al art. 230 pues no es un acto ordinario realizado en condiciones normales sino un pago realizado en situación de insolvencia (en la medida en que no se están cumpliendo regularmente las obligaciones conforme al art. 2.3 TRLC) que favorece a una sociedad del grupo en perjuicio del resto de acreedores…"

Y la sentencia del Juzgado de lo Mercantil núm. 1 de Alicante, de fecha 5 de abril de 2011, respecto de la aplicación de la presunción a una reducción de capital con devolución de aportaciones al socio:

"…Por ello entra en juego el art. 71.3.1 LC sin que se haya desvirtuado la presunción de perjuicio: el que el bien trasmitido o el dinero devuelto en el acto objeto de reintegración en su día fuese

> aportado en una previa ampliación de capital de PROMOTORA DE VIVIENDAS VENUS S.L. (fechada en 2005) no hace desaparecer el perjuicio para la masa activa. Entenderlo de esa manera sería tanto como conferir al socio un derecho de separación inmune al proceso concursal instrumentalizado con una reducción de capital cuando no tiene preferencia alguna sobre ese activo aportado, que desde la aportación pasa a formar parte de una masa patrimonial ajena (en este caso la de deudora después concursada). MARTINLLOR SLU y PROMOCIONES BUDAPEST S.L. realizaron una inversión en PROMOTORA DE VIVIENDAS VENUS S.L. con el riesgo que acarrea, sin que pueda verse beneficiados frente a los acreedores detrayendo antes del concurso activos con preferencia al resto de acreedores, pues ello lo ve con desvalor el legislador al ser una persona especialmente relacionada con la concursada..."

También tiene por objeto la rescisión de una reducción de capital con devolución de aportaciones, en este caso, un inmueble, la sentencia de la Audiencia Provincial de A Coruña, de fecha 8 de abril de 2024:

> "...En el supuesto enjuiciado, la operación cuya rescisión se pretende consiste en la reducción del capital social mediante la compra de participaciones al socio mayoritario para amortizarlas con la consiguiente salida del patrimonio de la concursada, de un inmueble libre de cargas, tan solo unos meses antes de la comunicación de su insolvencia y posterior declaración de concurso, que se entrega al socio mayoritario en pago de sus participaciones sociales, pretendiendo establecer una reserva societaria voluntaria en garantía de su valor, lo que determina ineludiblemente la existencia de un sacrificio patrimonial injustificado para el conjunto de los acreedores que verán afectados sus créditos en el proceso concursal por disminuir el patrimonio destinado a su satisfacción y en su igualdad de trato frente al crédito de quien debiera considerarse acreedor subordinado por ser persona especialmente relacionada con la concursada conforme a los anteriores artículos 92 y 93 LC. La sentencia recurrida indica que "Como consecuencia de las operaciones desarrolladas en las juntas de la sociedad de fechas 14 de agosto de 2014, 15 de agosto de 2014 y 20 de agosto de 2014, la sociedad reconoce adeudar al señor Adriano la cantidad de 788.155,53.-euros y, operando la reducción de capital reseñada, tras la previa adquisición de parte de las participaciones tituladas por aquél, le hace entrega de un activo inmobiliario libre de cargas (la nave industrial) valorado en el 50% del crédito que se le ha reconocido, y constituyéndose una reserva voluntaria por

idéntico importe con cargo al resto del crédito que el señor Adriano dice ostentar frente a la concursada." El informe pericial aportado por la parte demandada concluye que "el Socio Cipriano vende y transmite 194.220 participaciones por un precio de 394.077,76 €, lo que supone a razón de 2,0290 € por participación. A la vista del último balance cerrado de la Sociedad a 31/12/2013, de uno muy cercano a la transacción, el del 30/06/2014 y a la vista del balance de cierre del ejercicio en el que se realiza la transmisión, 31/12/2014 se obtienen los siguientes valores liquidativos según la contabilidad: Valores manifiestamente superiores a los 2,0290 € por participación de la operación de la transacción. (...) Concluyendo que el beneficio de EZ GARDENS, S.L.,en la operación de compra de las 194.220 participaciones con pago mediante la Nave Industrial sita en Municipio de As Pontes de García Rodríguez, Parroquia de Vilavella, referencia registral NUM000 se sitúa en beneficio operativo contable de 172.417,04 €". Y concluye que "en mi opinión, tantos los acreedores contra la masa como los acreedores concursales no estarían afectados por la venta de la nave ya que se trata de una operación de reducción de capital con amortización de participaciones propias que conlleva restitución de aportaciones a los socios "Y la resolución recurrida establece que "estas conclusiones no pueden compartirse, ya que lo cierto es que con esta operación el socio mayoritario se aseguraba la propiedad del activo más valioso de la concursada, detrayéndolo del patrimonio de la misma e incorporándolo al propio, y constituyendo, con el fin de eludir responsabilidades, una reserva, que resulta ser ficticia, por idéntico importe al valor dado al inmueble y con cargo al 50% de un derecho de crédito inexistente. La operación así desarrollada perjudica a la masa activa de la entidad en concurso y a los acreedores de la compañía, rompiendo la par conditio creditorum. La administración concursal se apoya para entenderque ello es así en la citada presunción (art. 71.3.1.º LC). De hecho, no se discute por las demandadas que concurre esta presunción. Si bien alegan que dado que se trata de una presunción iuris tamtum debe entenderse desvirtuada la presunción del perjuicio por cuanto la operación, desde el punto de vista financiero, no genera desequilibrio alguno. Una vez ejecutada, el ratio de tesorería se mantiene alrededor de 0,97, incluyendo existencias. Además, la sociedad mantiene sus fondos propios positivos en cuantía de 439.395,01 € que supone 2,26 veces el capital. Sin que se pueda entender que se perjudican a los acreedores nacidos con anterioridad al acto de reducción de capital, debidamente garantizados de sus créditos tal como se acreditará. Pues bien, estas alegaciones no pueden prosperar. No ha destruido el demandado la presunción de que se produjo un perjuicio patrimonial." La valoración de la prueba practicada en las actuaciones nos lleva a coincidir plenamente con la afirmación de la sentencia recurrida en la que se constata que los demandados no han destruido la presunción de perjuicio, sino que, por el contrario, se ha acreditado su causación. No se imputa al acuerdo de reducción del capital social la generación de un desequilibrio financiero ni patrimonial, como pretende demostrar el informe pericial, sino un claro perjuicio para la masa activa y la par conditio creditorum cuando se permite la salida de un inmueble propiedad de la sociedad con el que se debería hacer frente a los acreedores, y que se entrega al socio mayoritario a pesar de que su crédito sería, en todo caso, subordinado, alterando claramente la igualdad de trato y asegurando su cobro por una persona especialmente relacionada con la concursada frente a los acreedores con mejor derecho. En suma, las operaciones descritas en la escritura pública cuya rescisión se pretende consisten en la reducción del capital social mediante la compra de acciones al socio mayoritario para amortizarlas y en contraprestación adjudicarle un bien inmueble libre de cargas, que de otro modo hubiera estado destinado a su realización para satisfacer los créditos que forman la masa pasiva del concurso. Aunque no se ha constituido ninguna hipoteca sobre el bien transmitido, como afirma erróneamente la sentencia recurrida, sino que ha salido del patrimonio de la sociedad concursada el único bien inmueble libre de cargas en contraprestación del pago de sus participaciones, resulta evidente el perjuicio causado al reducir el valor de los bienes de la sociedad con los que satisfacer las deudas concursales y anteponer el crédito del socio mayoritario, que debería considerarse como crédito subordinado, al de todos los otros acreedores. Así lo describe certeramente la sentencia del juzgado de lo mercantil subrayando la acreditación de perjuicio: "con esta operación el socio mayoritario se aseguraba la propiedad del activo más valioso de la concursada, detrayéndolo del patrimonio de la misma e incorporándolo al propio, y constituyendo, con el fin de eludir responsabilidades, una reserva, que resulta ser ficticia, por idéntico importe al valor dado al inmueble y con cargo al 50% de un derecho de crédito inexistente. La operación así desarrollada perjudica a la masa activa de la entidad en concurso y a los acreedores de la compañía, rompiendo la par conditio creditorum. Los demandados, ahora apelantes, no han desvirtuado la presunción de perjuicio por la operación de reducción de capital con entrega al socio mayoritario de un bien inmueble en contraprestación al valor de sus participaciones sino que, por el contrario, se acredita la causación de tal perjuicio por cuanto ha salido de la masa activa

> un bien destinado a la satisfacción de los créditos de la sociedad y se ha anticipado el pago del de un acreedor subordinado injustificadamente, colocándose así en una posición de privilegio frente al resto de acreedores concurrentes...."

La sentencia del Tribunal Supremo, de fecha 17 de abril de 2015, aplica la presunción citada y rescinde un reparto de dividendos acordado por el accionista único de la compañía:

> "...En el supuesto del presente recurso, la rescisión decretada por las sentencias de instancia se funda en el art. 71.3.1.º, por ser el recurrente, socio único de la concursada, y, por tanto, persona especialmente relacionada con la misma (art. 93.2.1.º LC). Como señalan las SSTS 487/2013, de 10 de julio y la más reciente 428/2014, de 24 de julio, "... en el caso de estos pagos no ha de probarse la existencia de perjuicio para que pueda estimarse la acción de reintegración, sino que ha de probarse la ausencia de circunstancias excepcionales que determinan la existencia de tal perjuicio para que la acción sea desestimada". 3. En este contexto no es admisible que el recurrente, accionista único de la concursada, cuyo representante legal es la misma persona en ambas sociedades, de la matriz y de la filial, señale que la distribución de dividendos se acordó y ejecutó en octubre de 2008, porque los resultados de 2007 arrojaban un leve beneficio (41.361,86.-€), lo que no se compadece con que elfondo de maniobra era negativo a 31 de diciembre del mismo año 2007, y que en el ejercicio en que se acordó la distribución de dividendos, en octubre de 2008, los fondos propios de este ejercicio estuvieran por debajo del capital social, aunque fuera por recomendación efectuada por los auditores en 2009 (durante el primer trimestre), como "consecuencia del resultado de pérdidas de la mercantil en dicho ejercicio". La falta de la previsión a que está obligado todo administrador, que debe "informarse diligentemente de la marcha de la sociedad" en todo momento (art. 225.2 LSC), directamente o a través de los balances trimestrales de comprobación (art. 32.1 CdCom), por lo que tiene una información privilegiada de la situación, justifica plenamente que la sentencia no apreciara circunstancias suficientes que eximieran de rescisión el acuerdo de distribución y el pago de dividendos que a la postre supuso para la concursada la salida del activo de un crédito por importe de 1.250.000.-€. Con motivo de tal operación la recurrente y accionista única dejó de ser deudora por dicha cantidad de modo que, a la vista de la crisis manifiesta y reconocida que atravesaba el sector, Peryper se colocó en una situación tan privilegiada para ella como perjudicial para el resto

de los acreedores, alterando con ello la par conditio creditorum, todo lo cual ha quedado acreditado en la instancia y no puede ser discutido en casación. 4. Es intranscendente que el pago de los dividendos no supusiera salida de tesorería, pues el perjuicio patrimonial existe de igual forma al hacer desaparecer del balance un activo tan importante como el crédito que se canceló por vía de compensación, perjudicando la masa activa de la concursada. Lo importante, como señaló la STS núm. 428/2014, de 24 de julio, es que tanto la adopción del acuerdo de distribución de dividendos como los pagos en ejecución del mismo, son actos jurídicos distintos, razón por la cual pueden ser considerados de forma independiente y puede ser que el acuerdo de reparto de dividendos, aunque formalmente adoptado con los requisitos exigidos por el ordenamiento societario, su ejecución o los pagos que tal reconocimiento supone al accionista, "son actos jurídicos de disposición que pueden ser objeto de una acción rescisoria concursal, aunque no lo sea aquel previo acuerdo de la junta que reconoció el derecho a un concreto dividendo". En el presente caso, la compensación que supuso la ejecución del acuerdo de distribución de dividendos operó simultáneamente con la cancelación del crédito por la cantidad concurrente, por lo que alcanzando la rescisión a la Junta que adoptó el acuerdo (octubre de 2008) debe rescindirse la ejecución operada simultáneamente, por tratarse de una operación contable que iba a tener reflejo en el primer balance de situación que, en el presente caso, correspondía al de final de año. Por último, supone un contrasentido argumentativo que diga el recurrente que en el momento del acuerdo de reparto de dividendos estaban los acreedores al corriente de pago, cuando once meses más tarde presenta la solicitud de concurso voluntario. No ofrece la menor duda de que el reparto de dividendos acordado supuso un perjuicio para la masa activa, y ninguna circunstancia excepcional concurre en el presente caso que lo justifique..."

También decreta la ineficacia de un reparto de dividendos la sentencia del Juzgado de lo Mercantil núm. 1 de Tarragona, de fecha 28 de marzo de 2023, en cuanto no se aportaron los datos precisos para valorar la situación patrimonial de la compañía al tiempo de decidir sobre el reparto de dividendos, lo que impide remover la presunción de perjuicio de la operación:

"...En el supuesto de un reparto de dividendos realizado a favor de los socios de la concursada, como es el presente, la rescisión se funda en el art. 71.3.1.º, por ser los socios, personas especialmente

> relacionada con la misma (art. 93.2.1.º LC). Como señalan las SSTS de 10 de julio de 2013 y 24 de julio de 204 "... en el caso de estos pagos no ha de probarse la existencia de perjuicio para que pueda estimarse la acción de reintegración, sino que ha de probarse la ausencia de circunstancias excepcionales que determinan la existencia de tal perjuicio para que la acción sea desestimada". Es decir, como indica la STS de 1 de noviembre de 2014 que también trata esta materia, cuando la persona a la que se ha hecho el pago es alguna de las especialmente relacionadas con el concursado a las que se refiere el art. 93 de la Ley Concursal, el art. 71.3.1.º presume el perjuicio patrimonial pero permite prueba en contrario. Todo ello debe ser entendido con la numeración del vigente TRLC, art.228.1.ºPues bien, no constan datos en el presente incidente sobre cual era el patrimonio neto y el capital social a fecha de adopción de los acuerdos de reparto de dividendos, que tampoco se aportan. Únicamente se aporta el documento 1 con la demanda como medio de prueba que recoge un extracto de la cuenta de pérdidas y ganancias, del ejercicio 2019 con resultados negativo. Y, como se ha expuesto, se ha de valorar la situación patrimonial de la compañía en esos momentos. Es decir, para valorar la situación patrimonial de la compañía al tiempo de decidir sobre el reparto de dividendos, resulta necesario conocer los datos que se desprenden del balance en aquel momento, datos que no han sido aportados a este pleito. No obstante, tratándose de un reparto de dividendos a persona especialmente relacionada con el deudor, tal y como se infiere de los documentos acompañados a la demanda, rige la presunción indicada que no ha resultado desvirtuada por la parte demandada..."

La sentencia de la Audiencia Provincial de Álava de fecha 9 de febrero de 2012, aplica la presunción iuris tantum a unos pagos efectuados a personas relacionadas con el Presidente del Consejo de Administración:

> "...Por el contrario, y por las mismas razones, ha fijado otro tipo de actos en los que, si bien es necesario solo acreditar su existencia y el momento en que tuvieron lugar, permiten que el deudor, mediante la oportuna prueba en contrario, acredite que no medió perjuicio para la masa activa, se trata de presunciones iuris tantum, y se refiere a los actos realizados a título oneroso a favor de personas relacionadas directamente con el deudor. En el caso que nos ocupa son los descritos en los apartados primero y segundo del fundamento cuarto de la sentencia, facturas abonadas a Management por el Deportivo Alavés, actos que se consideran perjudiciales para la masa, viendo los acreedores disminuido el patrimonio

> disponible en el Club para abonar las deudas. Se trata de actos de disposición realizados a favor de personas relacionadas con el Presidente del Club que era quien tomaba las decisiones dentro del Consejo de Administración, giró estas facturas y las abonó a Management, cuyo Administrador Único era el propio Sr. Ezequiel. El recurrente no ha acreditado que los servicios prestados mereciesen la remuneración facturada, el Club tenía entrenadores a los que se les abonaba un salario, el asesoramiento realizado, incluido en las facturas, no respondía a una gestión real..."

Y la sentencia de la Audiencia Provincial de Murcia, de fecha 7 de septiembre de 2023, rescinde concursalmente una dación de un vehículo en pago de una deuda debida, efectuada en la proximidad de la presentación del concurso, cancelatoria de una deuda a favor de una persona especialmente relacionada con la concursada:

> "...En primer lugar, dicha parte afirma que no se ha causado perjuicio, pues la operación se realizó para afrontar el pago de una deuda líquida, vencida y exigible en favor de D. Fulgencio. Sin embargo, de acuerdo con la jurisprudencia del Tribunal Supremo, la situación de insolvencia en el momento de hacerse efectivo el pago y la proximidad con la solicitud y declaración de concurso supone una circunstancia que priva de justificación general un pago de una deuda líquida, vencida y exigible. La mera afirmación de la apelante de que no ha existido perjuicio no va acompañada de prueba alguna que permita la enervación de la presunción, debiendo por tanto ser aplicada. En segundo lugar, la parte apelante afirma que la caracterización del acreedor como «persona especialmente relacionada con la mercantil concursada» no implica la rescisión concursal de los actos y contratos realizados con el deudor a título oneroso, ya que, por el contrario, en muchas ocasiones las personas que están más cerca del deudor son las que prestan asistencia financiera en casos de dificultad. Sin embargo, resulta innegable que la legislación prevé la presunción aplicada en este caso expresamente para «personas especialmente relacionadas con el concursado», no siendo posible su enervación por la mera afirmación general de que «el apoyo financiero que aportan determinados socios, sobre todo, en empresas familiares resulta fundamental para el desarrollo de la actividad empresarial». En tercer lugar, la parte apelante afirma que «no tiene la consideración de perjudicial el pago de una deuda vencida, líquida y exigible mediante la entrega de bienes cuyo valor es valor o igual o

inferior a la deuda cancelada». En este caso el negocio realizado fue la transmisión por la concursada del vehículo BMW X3 a Don Fulgencio por importe de 6.050,00 euros, mediante dación en pago de la deuda que HERAN mantenía con él por las aportaciones realizadas en su condición de socio. Observa esta Sala que la operación no implicó la entrada de liquidez a la compañía, sino, más bien, la salida de un bien de su patrimonio en favor de una persona especialmente relacionada con la sociedad, al ostentar como socio un 33,33% del capital social. Ante este hecho la parte apelante no acredita que la operación no supuso perjuicio alguno para la masa activa. En cuarto lugar, la parte apelante alega que en la fecha de la realización de la dación en pago la mercantil no había sido declarada en concurso, por lo que tampoco se le puede aplicar a la sociedad el orden de prelación concursal en el pago de las deudas. Sin embargo, debe recordarse que la Ley Concursal dispone que «son rescindibles los actos perjudiciales para la masa activa realizados por el deudor dentro de los dos años anteriores a la fecha de la solicitud de declaración de concurso», por lo que resulta indiferente para la rescisión concursal la circunstancia alegada por el apelante. 4. En consecuencia, procede desestimar este motivo del recurso de apelación y confirmar la sentencia apelada..."

O la sentencia del Juzgado de lo Mercantil núm. 1 de Barcelona, de fecha 20 de septiembre de 2023, que decreta la rescisión concursal de la venta de tres unidades productivas a sociedades vinculadas a la concursada, que no pagan parte del precio, sin justificar las demandadas que el importe de la compraventa correspondía con el valor de mercado:

"....2.6.6.— En definitiva, fue una decisión plenamente consciente y voluntaria del órgano de administración de2015 CATE el transmitir los principales activos de la concursada a través de sociedades vinculadas, solo tres semanas después de buscar comprador en el mercado, dejando impagada parte del precio, sin prueba alguna de que el precio halle correspondencia con el valor de mercado. Con ello, pese a afirmar que se pretendía alcanzar liquidez para satisfacer la cantidad objeto de condena en el laudo, en realidad se vació el patrimonio de la concursada, y se extinguieron obligaciones garantizadas personalmente por los Sres. Onesimo-Maite, todo ello en claro perjuicio de la masa activa del concurso, que quedó injustificadamente mermada.2.6.7.— La conclusión es que las demandadas no han acreditado la inexistencia de perjuicio,

> operando la presunción, y siendo, pues, las tres compraventas reintegrables, procediendo la restitución de prestaciones a cargo de comprador y vendedor..."

Discrepo de la sentencia del Juzgado de lo Mercantil de Santander, de fecha 24 de junio de 2005, al señalar que:

> "...atendiendo a esa especial relación, comprendida en el art. 93.2.2.º de la Ley Concursal, a que el pago se verificó el día anterior al acuerdo de solicitud de concurso y se efectúo por los propios administradores para su entrega a la entidad acreedora (...) vinculada a los administradores, resulta claro la existencia de un perjuicio patrimonial para la masa activa puesto que de no haberse verificado dicho pago, su crédito se hubiese clasificado como subordinado...".

La calificación que impone la Ley de un crédito como subordinado, por sí misma, no supone perjuicio para la masa activa. El pago de un crédito revestido de subordinariedad en el posterior concurso, aparece lesivo para los acreedores, pero no perjudicial para la masa activa por ese mero hecho. Ese perjuicio conecta con las condiciones en que se realiza y no, exclusivamente, o por si sola, con una clasificación concursal del crédito.

III.6.1.5. Una reflexión crítica sobre el tratamiento concursal que se da a las personas especialmente relacionadas con el concursado

Anteriormente alabe el cambio de calificación de la presunción que nos ocupa, que se proyectaba en los antecedentes prelegislativos de la vieja LC. Sin embargo, lo anterior no me quita el regusto amargo que deja el duro y, en mi opinión, absolutamente injusto tratamiento concursal que se infringe a las personas especialmente vinculadas con el concursado.

No resulta lógico el tratamiento completo impuesto en el TRLC a esas personas, respecto de las cuales, no solo sus actos se presumen perjudiciales, sino que sus créditos, además, tienen la consideración de subordinados, con la carga negativa que conlleva dicha calificación[217]. Y la garantía que hubiese prestado el deudor a favor de esta persona especialmente relacionada extinguida ex art. 302 TRLC. Que decir del contenido del art. 224.4 TRLC, fulminador del régimen de efectos sobre los créditos pendientes de pago de la concursada tras la enajenación de la unidad productiva, en el supuesto que el adquierente sea una persona especialmente relacionada con el deudor.

Se me presenta injusto tal trato, que ha impactado y afectado muy seriamente en el sistema de préstamos y garantías entre socios, administradores y sociedad, así como entre sociedades del grupo. También al resto de operaciones y contratos entre dichas personas, en la mayoría de los casos beneficiosas y no perjudiciales para la sociedad. Eso, si no ha sido ya un torpedo en plena línea de flotación del sistema.

El legislador ha mostrado mucha cautela y prejuicios por estas operaciones vinculadas y, quizá, ha obviado que en las medianas y pequeñas empresas (¡que decir de las microempresas!), los socios y administradores y sus familiares suelen ser los primeros, y a veces únicos, que ofrecen su patrimonio y liquidez a favor de la sociedad, prestan garantías personales, o reales gravando su patrimonio, para que ésta obtenga créditos o, incluso y a diferencia de otros trabajadores de la empresa, laboran sin horario fijo y dejando de percibir sus salarios cuando aparecen tensiones de tesorería. O comprar la unidad productiva de su pequeño negocio, que a nadie interesa, y que solo el conoce, y así salvar puestos de trabajo y seguir creando riqueza pese al concurso, que no es un estigma ni un reproche, sino una obligación legal. Tanto en épocas felices como de "vacas flacas", en este último caso, en la mayoría de las

---

217 ALCOVER GARAU, G. "Comentarios", pg. 773.
Respecto de la calificación de subordinado de los créditos, FERRE FALCÓN, J. "Los créditos"; LINACERO DE LA FUENTE, M. "Las acciones de reintegración", pg. 141; ALONSO LEDESMA, C. "Delimitación de la masa pasiva", pg. 389; VICENT CHULIÁ, F. "Introducción", pg., 1109; y MONTÉS PENEDÉS, V.L. "El régimen de los créditos", pgs. 49 a 86.

ocasiones, guiados por motivos románticos como que la empresa la fundó el padre ya fallecido o que "da de comer a mucha gente del pueblo". Y tal olvido no es bueno.

A la vista de tal régimen, afortunadamente ya convenientemente matizado correctivamente por el Tribunal Supremo, en especial, en materia de rescisión concursal de refinanciaciones u operaciones intra grupo o entre partes vinculadas o especialmente relacionadas, el único consejo que ofrezco a tales personas conecta con la renuncia a efectuar operaciones como las examinadas, por lo que pueda pasar en el futuro. Si la sociedad precisa un préstamo para iniciar una actividad que puede constituir un futuro gran negocio, y el banco, con toda razón, requiere la prestación de las habituales garantías por los socios y sus cónyuges, déjenlo estar y no inicien tal actividad. No por culpa del Banco. Únicamente por lo que pueda pasar y que, desgraciadamente, en época de crisis, siempre pasa, arruinando vidas y patrimonios.

III.6.1.6. Conciliación entre la presunción muciana concursal y la presunción objeto del art. 228.1.º TRLC

No quiero finiquitar este apartado sin hacer una mención del contenido del art. 195 TRLC,[218] que establece una suerte de versión de la presunción muciana que complementa y perfecciona la reseñada en el art. 1442 CC.[219]

Conforme a lo art. 195.1 TRLC, si el concursado estuviera casado en régimen de separación de bienes, se presume en beneficio de la masa activa, salvo prueba en contrario, que el concursado

---

[218] Sobre tal presunción muciana concursal, LINACERO DE LA FUENTE, M. "Las acciones de reintegración", pg. 159 a 180, NÚÑEZ IGLESIAS, A. "Aproximación", pgs. 3567 a 3590; y "La presunción muciana", pgs. 147 a 198; y ARNAU RAVENTOS, L. "La declaración", pgs. 67 a 122. Una critica feroz y, quizás, desmesurada a la citada presunción, vid. FRADEJAS RUEDA, O.M. "Un anacronismo", pgs. 4045 a 4062.

[219] YÁNEZ VIVERO, F. "Efectos", pgs. 63 y 64 y "La discordancia", pg. 240.

había donado a su cónyuge la mitad de la contraprestación satisfecha por este durante el año anterior a la declaración de concurso para la adquisición a título oneroso de bienes o derechos.

Por otro lado, art. 195.2 TRLC, si se acreditara que la contraprestación procedía directa o indirectamente del patrimonio del concursado, se presumirá, salvo prueba en contrario, la donación de la totalidad de la contraprestación.

Las presunciones a que se refiere el art. 195 TRLC, no regirán cuando en el momento de la realización del acto los cónyuges estuvieran separados judicialmente o de hecho. (art. 195.3 TRLC).

No resulta este el lugar idóneo donde analizar el contenido del art. 195 TRLC. Aun así quiero poner de manifiesto las contradicciones entre dicho precepto y el art. 228.1.º TRLC, sólo salvables y conciliables, mediante una lectura de ambos preceptos que conecte el art. 195 TRLC, no tanto con las adquisiciones del cónyuge del concursado procedente de éste, sino las adquisiciones onerosas procedentes de tercero.

Esta afirmación se sustenta, por un lado, y primeramente, en la existencia de una solución legislativa expresa y de preferente aplicación, la del art. 228 TRLC; y por otro, segundamente, a la vista que la postura contraria supone conceder al concurso unos beneficios diferentes a los establecidos en el art. 228 TRLC para actos análogos, privando al cónyuge in bonis de la posibilidad de defenderse y acreditar la inexistencia del perjuicio.[220]

Aunque, desde luego, todos estos problemas de interpretación quedarían eliminados si la norma del art. 195 TRLC estableciese expresamente que las adquisiciones onerosas que contempla son las procedentes, exclusivamente, de tercero.[221]

---

220 YÁNEZ VIVERO, F. "Efectos", pg. 67.

221 YÁNEZ VIVERO, F. "Efectos", pg. 67 y "La discordancia", pg. 244.

III.6.2. Garantías reales a favor de obligaciones preexistes o de las nuevas contraídas en lugar de aquellas

Conforme al art. 884.4.ª del Código de Comercio, se reputaban fraudulentos e ineficaces respecto a los acreedores del quebrado los contratos celebrados por éste en los treinta días precedentes a su quiebra que se refieren a... "4.ª Hipotecas convencionales sobre obligaciones de fecha anterior que no tuvieran esa calidad o por préstamos en dinero o mercaderías cuya entrega no se verificase de presente al tiempo de otorgársela obligación ante el Notario y testigos que intervinieran en ella".

En esta línea, pero difiriendo sustancialmente del régimen anterior, el art. 228.2.º TRLC establece que salvo prueba en contrario, el perjuicio se presume cuando se trate de "la constitución de garantías reales a favor de obligaciones preexistentes o de las nuevas contraídas en sustitución de aquellas".

III.6.2.1. Fundamento de la presunción

Esta regla presuntiva queda cimentada en la violación de la paridad de trato entre acreedores que supone el otorgamiento de dichas garantías a unos acreedores y obviando a otros. En efecto, la garantía real sospechosa, amen de impactar en el valor del activo por ella atrapado, disminuyéndolo, obtiene un privilegio especial (art. 270.1.º y ss TRLC) del que carecía con anterioridad a su prestación,[222] privilegio este que, conforme señala el art. 430.1 TRLC, supone una separatio ex iure crediti en tanto en cuanto el pago de los créditos guarnecidos de privilegio especial se efectúa con cargo a los bienes y derechos afectos, y con independencia de su ejecución separada o colectiva.[223]. Y sin olvidar el régimen

---

[222] Sobre los créditos privilegiados, vid. VEIGA COPO, A.B. "Los créditos privilegiados", pgs. 117 a 174.

[223] GARCÍA-CRUCES J.A. "La reintegración", pg. 360.

especial de ejecución de garantías reales previstos en los arts. 145 y ss TRLC.[224].

Esa garantía real sospechosa, a la vista de lo expuesto y, por lo pronto, supone una infracción de la par conditio creditorum como consecuencia del extraordinaria e injusto reforzamiento del crédito dotado de esa garantía real perjudicial, y de la que antes carecía, beneficiando a su titular respecto del resto de los acreedores concursales.[225] Además, el bien o derecho sobre el que recae la garantía real, queda atado al cumplimiento de la obligación garantizada, y mermado en cuanto a su valor por este motivo, perdida valorativa esta que usualmente resplandece al tiempo de la ejecución de esa garantía.

Puede leerse en la sentencia del Tribunal Supremo de fecha 9 de abril de 2014:

> "....Uno de los casos en que el acto de disposición podría constituir un perjuicio para la masa, en cuanto que conlleva una alteración de la par condicio creditorum injustificada, es el previsto en el actual art. 71.3.2 LC ("constitución de garantías reales a favor de obligaciones preexistentes o de las nuevas contraídas en sustitución de aquellas "), en la medida en que presume el perjuicio patrimonial, salvo prueba en contrario. Se pretende evitar que el deudor favorezca injustificadamente a un acreedor en perjuicio de otros constituyendo una garantía real sobre alguno de sus bienes...."

224 LINACERO DE LA FUENTE, M. "Las acciones de reintegración", pg. 153.

225 ROMERO SANZ DE MADRID, C. "Derecho", pg. 63; RIPOLL OLAZÁBAL, G. "Derecho Concursal", pg. 380; VIGUER SOLER, P.L. "La masa", pg. 386; FERNÁNDEZ AGUADO, J.I. "Las acciones", pg. 177; VILA FLORENSA, M. "Comentarios", pg. 879; CRESPO AULLE, F. "Comentarios", pg. 1389 y 1390; LEÓN SANZ, F.J. "Comentario", pg. 1312; GARCÍA-CRUCES J.A. "La reintegración de la masa", pg. 360; RIVERA FERNÁNDEZ, M. "Reintegración", pg. 106 y 108; y LINACERO DE LA FUENTE, M. "Las acciones de reintegración", pg. 153; RIBELLES ARELLANO, J.M. "Las acciones", pg. 333. DE LAS HERAS GARCÍA, M.D. "Acciones", pg. 145. GONZÁLEZ VÁZQUEZ, J.C. "Las acciones", pg. 611.

O la sentencia del Tribunal Supremo de fecha 12 de marzo de 2015:

> "...Esta presunción se justifica por la propia naturaleza del acto que encierra un sacrificio patrimonial injustificado y beneficia a uno de los acreedores en perjuicio del resto..."

En el mismo sentido, Juzgado de lo Mercantil núm. 2 de Barcelona, sentencia de fecha 25 de febrero de 2005:

> "...Aplicado lo que antecede al supuesto enjuiciado, la constitución de hipoteca, apenas dos meses antes de la declaración del concurso, en garantía de una deuda preexistente de la concursada con Don Tomás, constituye un acto que debe presumirse perjudicial para la masa activa, de acuerdo con lo dispuesto en el artículo 71.3.º, apartado segundo; y, si bien la presunción admite prueba en contrario, la demandada no ha logrado acreditar que con ello se beneficiara a la masa. La hipoteca sujeta el bien o derecho afecto al pago del crédito hipotecario (artículo 155 de la LC) y el acreedor hipotecario goza del derecho de ejecución separada (artículos 55 y 56), con la consiguiente merma para la masa... En definitiva uno —el pago— y otra —la hipoteca— debe ser rescindidos, dada la evidente alteración del principio de la paridad o la par conditio creditorum en perjuicio del resto de acreedores..."

Vid. así mismo la sentencia del citado Juzgado de lo Mercantil núm. 2 de Barcelona, de fecha 18 de enero de 2006:

> " No sólo se produce una merma significativa e injustificada de la masa, sino que se altera el principio paritario o la llamada pars conditio creditorum..."

La sentencia de la Audiencia Provincial de La Coruña de fecha 26 de marzo de 2012:

> "...Y ello, por cuanto el hecho de conceder una garantía real para garantizar una obligación preexistente o una nueva que sustituya la anterior, debe considerarse en principio injustificado, pues además de la merma del valor para el patrimonio de la entidad concursada, que se deduce claramente de la cantidad adeudada y la reconocida en escritura pública, supone una alteración de la regla de paridad de trato en **el concurso de acreedores,** al obtenerse con aquellos actos un privilegio a favor de un acreedor en el

concurso frente a los demás acreedores con clara alteración de la 'par **condictio** creditorum'..."

O la sentencia de la Audiencia Provincial de Madrid, de fecha 20 de abril de 2012:

"...QUINTO.— Los dos tipos de supuestos que describe el artículo 71.3, 2.º de la LC constituyen hipótesis de constitución de gravámenes en garantía del buen fin de operaciones caracterizadas por el hecho de que el acreedor había consentido en el pasado en conceder crédito sin exigir de su deudor esa clase de garantía; gravámenes sobre los que, por ello mismo, planea cierta sospecha —y en ello radicaría el fundamento de la presunción— de falta de onerosidad o ausencia de sacrificio en ese acreedor, quien, disponiendo en principio de un simple derecho de crédito, se vería beneficiado, en perjuicio de los restantes acreedores, por un tratamiento privilegiado que en apariencia carece de contraprestación o cuya contraprestación no resulta diáfana. La presunción '**iuris tantum'** que contempla dicho precepto legal lo es de perjuicio en la medida en que el otorgamiento intempestivo de garantías, que no se pidieron al contraer la primitiva obligación (la preexistente o a la sustituida), supone, en un contexto de relativa proximidad al concurso, un favorecimiento de la posición de unos acreedores frente a otros, mediante la asignación de un privilegio del que podrá valerse el beneficiado, que podría llegar a eludir así el sometimiento a la '**par condicio creditorum**'...".

No comparte esta conclusión el profesor CARRASCO PERERA, quien entiende que no cabe plantear esta cuestión desde la violación de la pars conditio creditorum, o igualdad de trato de los acreedores, sino desde la perspectiva de la gratuidad de la garantía. Así, señala el autor que, si se mantuviese el primer criterio, habría que proponer la revocación de la garantía aunque el acreedor hubiere concedido al deudor un valor nuevo que no tiene porque ser necesariamente un nuevo crédito sino cualquier novación no extintiva de la obligación garantizada. Si el acreedor concede al deudor valor nuevo y este valor beneficia patrimonialmente a la masa activa, no puede, a pesar de ello, mantenerse la revocabilidad de la garantía simplemente porque altera formalmente el rango en la masa pasiva. Cierto que el valor conferido puede no ser el justo correspectivo de la garantía que se recibe.

Pero eso, concluye el profesor CARRASCO PERERA, nos remite de nuevo al terreno de la gratuidad no al de la par conditio creditorum.[226]

Dado lo excesivo de la presunción, así como el riesgo de indeseados y negativos efectos impactatorios en el tráfico financiero y empresarial, y que, conviene no olvidarlo, el acto en cuestión cabria resultar beneficioso, no solo para el deudor sino, incluso, para los acreedores, transmutó acertadamente de una proyectada presunción iuris et de iure, a la actual y vigente iuris tantum,[227] permuta que valoro positivamente, y conecto con la eventual existencia de una justificación material del acto en cuestión, y de la posible inexistencia de perjuicio a la masa activa. Tal operación, en no pocos casos, persigue y supone una solución a la situación de crisis de la empresa.[228] Más aún cuando el deudor en tanto en cuanto no resulte declarado en concurso de acreedores, no queda capado para realizar nuevos negocios, ni está sujeto a control por sus acreedores respecto a los nuevos compromisos que adquiera su deudor, incluido, eventuales acciones eluditorias y resolutorias de la insolvencia acechante, esencialmente, la refinanciación de sus deudas.

La destrucción de esta presunción de perjuicio, a cargo del deudor, conduce al examen de la equivalencia de prestaciones entre ambas partes, concretamente, que la constitución de la garantía tiene su contraprestación equivalente a favor del deudor concursado, comparación y juicio de perjuicio que requiere el examen de las circunstancias concurrentes al tiempo del otorgamiento de la garantía. Sobre la contraprestación por la prestación de garantías reales me remito a los criterios aportados en otras partes de este libro, perfectamente aquí aplicables

---

226 CARRASCO PERERA, A. "Los derechos de garantía", pg. 333.

227 Vid. PULGAR EZQUERRA, J. "El acreedor hipotecario", pgs. 1443 y 1444.

228 GARCÍA-CRUCES J.A. "La reintegración de la masa", pg. 361 y RIVERA FERNÁNDEZ, M. "Reintegración", pg. 106.

Resalto de nuevo la diferencia de trato concedido a la extinción de obligaciones con vencimiento posterior a la declaración de concurso frente a la constitución de derechos reales de garantía a favor de tales obligaciones.

III.6.2.2. Obligaciones y garantías objeto de la presunción. General

El precepto en cuestión referencia tanto las obligaciones vencidas, que se renuevan, como las no vencidas[229], así como las obligaciones anteriormente no guarnecidas de garantía real en absoluto, como aquellas inicialmente dotadas de carga real, pero posteriormente sustituida.[230]

Además, esta prejuiciosa presunción engloba tanto la garantía respondedora de deuda propia del concursado como a la de tercero, aun cuando en este último caso, si no concurre onerosidad o contraprestación en la prestación de la garantía, se me antoja más asequible la aplicación de la presunción absoluta de perjuicio del art. 227 TRLC que la que aquí examino.[231]

Pero como resulta del tenor de la norma, la regla del art. 228.2.° TRLC no incluye las garantías personales,[232] por lo que, salvo que sea de aplicación la presunción absoluta del art. 227 TRLC, o la iuris tamtum del art. 228.1.° TRLC, la rescisión concursal de garantías personales requiriere el amparo del art. 229

---

229 HERNÁNDEZ MARTÍ, J. "Efectos", pg. 303; LEÓN SANZ, F.J. "Comentario", pg. 1312; CARRASCO PERERA, A. "Los derechos de garantía", pg. 331 y BUSTO LAGO, J.M. "Aproximación", pg. 703. Contra, vid. DE LAS HERAS GARCÍA, M.D. "Acciones", pg. 145, que señala que el supuesto de superposición de garantías se refiere a deudas no vencidas y la renegociación de deuda parece referirse a deudas vencidas.

230 MASSAGER, J. "Aproximación", pgs. 4224 y 4225.

231 CARRASCO PERERA, A. "Los derechos de garantía", pg. 331.

232 LEÓN SANZ, F.J. "Comentario", pgs. 1312-1313, quien recuerda, acertadamente, que no debe identificarse con aquellos que reconocen crédito privilegiado ex art. 270 TRLC y RIVERA FERNÁNDEZ, M. "Reintegración", pg. 103.

TRLC y la prueba por el demandante de su perjudicialidad para la masa activa.[233]

III.6.2.2.1. Concepto de garantía real

Constitución de garantías reales. Obviamente este término no deviene englobatorio, exclusivamente, de garantías reales inmobiliarias[234]. Tampoco limitado a las reseñadas en el art. 270 TRLC. El concepto de garantía real referido en el art. 228.2.º TRLC, a la vista de la amplitud del término, incluye cualquier derecho real de garantía como la anticresis, la prenda, o la hipoteca. También todo negocio que confiera a una persona y sobre un bien o derecho, una facultad de ejecución separada y preferente, a todo tipo de acreedores quirográficos y frente a acreedores titulares de garantías reales posteriores.[235]

III.6.2.2.2. Supuestos específicos

Quiero poner de manifiesto, determinados supuestos discutidos

III.6.2.2.2.1. Ampliación de hipoteca

A la vista de la necesaria interpretación restrictiva de la presunción del art. 228.2.º TRLC, entiendo no incluido el supuesto de ampliación de hipoteca en tanto en cuanto la constitución garanticional no se dirija a obligaciones preexistenes, o a nuevas en sustitución de aquellas.[236] En este sentido, sentencia del Tribunal Supremo de fecha 10 de marzo de 2015:

---

233 CARRASCO PERERA, A. "Los derechos de garantía", pg. 331.

234 LEÓN SANZ, F.J. "Comentario", pg. 1312. Contra DE LAS HERAS GARCÍA, M.D. "Acciones", pg. 146 con cita de la sentencia del Juzgado de lo Mercantil núm. 1 de Murcia, de fecha 9 de julio de 2007.

235 SILVETTI, E. "Comentarios", pg. 555 y 556.

236 SILVETTI, E. "Comentarios", pg. 555 y 556. También, GARCÍA SANZ, A. "Notas", pg. 4073; que, a diferencia de la autora reseñada, incluye el

> "...La propia sentencia recurrida razona que la ampliación del préstamo hipotecario, de 11 de octubre de 2007, no se veía afectada por la presunción del art. 71.3.2.º LC, porque no se había constituido la garantía «a favor de obligaciones preexistentes o de las nuevas contraídas en sustitución de aquéllas». En realidad se trata de una garantía contextual, que amplía la garantía hipotecaria ya existente al importe de la ampliación del préstamo..."

III.6.2.2.2.2. Garantía por créditos futuros o sujetos a condición

Tampoco procede la inclusión de la garantía constituida para asegurar un crédito futuro, o sometido a condición. Item más. Si la garantía se constituyó antes del plazo de sospecha del art. 226 TRLC, no cabe el instamiento de su rescisión concursal, aunque el crédito nazca dentro del referido lapso temporal, y sin perjuicio de las otras acciones impugnatorias a que se refiere el art. 238 TRLC.[237]

III.6.2.2.2.3. Sustitución de garantías.

Por el contrario, sí impacta la presunción de marras en la llamada sustitución de garantías. Piénsese en un crédito que goza de garantía personal, posteriormente sustituida por una real, por ejemplo, una hipoteca. En este caso, se muestra indudable la conexión entre la concesión de la garantía real y una obligación preexistente, y por lo tanto, una prestación de garantía real extemporánea y plenamente incardinable en el contenido del art. 228.2.º TRLC.[238]

---

supuesto de la ampliación de hipoteca.
Sobre el acreedor hipotecario y el concurso, vid. la obra de PULGAR EZQUERRA, J. citada anteriormente.

237 CARRASCO PERERA, A. "Los derechos de garantía", pg. 334 y 335. GONZÁLEZ VÁZQUEZ, J.C. "Las acciones", pg. 614.

238 GONZÁLEZ VÁZQUEZ, J.C. "Las acciones", pg. 612.

III.6.2.2.2.4. Negocios que cumplen función de garantía

Me refiero ahora a aquellos negocios que cumplen una función de garantía real como, por ejemplo, la enajenación de inmuebles con fin de garantía o la opción de compra con función de garantía.[239]

En mi explicación, parto, por ejemplo, de la llamada venta en garantía, o típico negocio de transmisión de propiedad en garantía, a través de un medio indirecto cual es la instrumentación de una compraventa simulada, que la jurisprudencia de la Sala Primera del Tribunal Supremo, ha conocido ya en reiteradas ocasiones, siendo de citar, sin ánimo exhaustivo, las sentencias de 2 de junio de 1982, 12 y 25 de febrero y 8 de marzo de 1988, 7 de marzo de 1990, 13 de marzo de 1995 y 15 de junio de 1999, entre otras. Las líneas maestras de la configuración de esta figura jurídica pueden resumirse así:

1.° La transmisión en garantía es un negocio fiduciario, del tipo de la fiducia cum creditore. El fiduciante transmite la propiedad formal con el riesgo de que al adquirirla el fiduciario y figurar como tal frente a terceros, pueda éste vulnerar el pacto de fiducia transmitiéndola a su vez, estando los adquirentes del fiduciario —si son terceros de buena fe— protegidos en su adquisición en virtud de la eficacia

---

239 Sobre los negocios citados vid. GINÉS CASTELLET, N. "La enajenación de bienes inmuebles"; VIDAL MARTÍNEZ, J. "La venta en garantía"; SÁNCHEZ LORENZO, S. "Garantías reales"; RUBIO TORRANO, E. "El pacto", RODRÍGUEZ-ROSADO, B. "Fiducia"; RIVERA FERNÁNDEZ, M. "Comentario", pgs. 353 a 363; FINEZ RATON, J.M. "Garantías reales" pgs. 3829 a 3840; o VEIGA COPO, A.B. "Prenda de créditos", pgs. 57 a 124.
Concretamente sobre opción de compra en garantía, SANCIÑENA ASURMENDI, C., "La opción", pgs. 133 a 154. El Tribunal Supremo, ha admitido la validez de una opción de compra en garantía, en sentencias como las de fecha 13 de mayo de 1988; 20 de mayo de 1986, 2 de noviembre de 1990, o 28 de octubre de 1998, entre otras.
En el ámbito del concurso, vid. CARRASCO PERERA, A., "La transmisión", pgs. 801 a 856.

de la apariencia jurídica, que protege las adquisiciones a título oneroso y de buena fe de quien en realidad no es propietario.

2.º El fiduciante transmite al fiduciario la propiedad formal del objeto o bien sobre el que recae el pacto fiduciario, con la finalidad de apartarlo de su disponibilidad y así asegura al fiduciario que lo tendrá sujeto a la satisfacción forzosa de la obligación para cuya seguridad se estableció el negocio fiduciario.

3.º El fiduciario no se hace dueño real —propietario— del objeto transmitido, sino que ha de devolverlo al fiduciante una vez cumplidas las finalidades perseguidas con la fiducia. El pacto fiduciario lleva consigo esa retransmisión.

4.º La falta de cumplimiento por el fiduciante de la obligación garantizada no convierte al fiduciario en propietario del objeto dado en garantía; la transmisión de la propiedad con este fin no es una compraventa sujeta a la condición del pago de la obligación.

5.º El fiduciario, caso de impago de la obligación garantizada, ha de proceder contra el fiduciante como cualquier acreedor, teniendo la ventaja de que cuenta ya con un bien seguro con el que satisfacerse sobre el que le corresponde una especie de derecho de retención, pero sin que ello signifique que tiene acción real contra el mismo.

6.º La transmisión de la propiedad con fines de seguridad, o venta en garantía es un negocio jurídico en que por modo indirecto, generalmente a través de una compraventa simulada, se persigue una finalidad lícita, cual es la de asegurar el cumplimiento de una obligación, y no pueda pretenderse otra ilícita, como la de que, en caso de impago de la obligación, el fiduciario adquiera la propiedad de la cosa, pues se vulneraría la prohibición del pacto comisorio, revelándose la venta en garantía como un negocio en fraude de ley (art. 6.4.º Cód. civ.). Igualmente, en la sentencia TS de fecha de 4-12-2002: "En definitiva, en el caso de autos, se trata de venta en garantía de un préstamo, pues la 'causa fiduciae' no es propiamente la enajenación llevada a cabo, sino el afianzamiento que se pretende del débito mediante una compraventa que convierte al fiduciario en sólo propietario formal dada su posición principal de acreedor (aparente comprador), en tanto que el fiduciante es el deudor y obligado al préstamo que contrajo, actuando en el negocio como aparente vendedor, por lo que el fiduciario lo que ha de pretender es la devolución de préstamo garantizado, pero sin que acceda a su patrimonio de modo definitivo el derecho de propiedad, al no ser esa la finalidad del negocio concertado, sin perjuicio del derecho de retención que la doctrina jurisprudencial le reconoce (Sentencias de 8-3-1988, 7-3-1990, 30-1-1991, 6-7-1992, 5-7-1993, 22-2-1995, 2-12-1996, 13-5 y 4-7-1998, 15-6 y 16-11-1999)."

Estos negocios, en cuanto negocios válidos y productores de efectos obligacionales entre las partes, en especial, garantitorios reales, y de conformidad con lo por ellas querido, quedan dentro del concepto de garantía real reseñado en el art. 228.2.º TRLC, y, por lo tanto, atrapados en la presunción relativa de perjuicio que impone tal precepto.[240]

Así se ha manifestado el Juzgado de lo Mercantil de Córdoba, sentencia de fecha 25 de julio de 2005. Los hechos en que se fundamenta la sentencia son:

> "...1.— Mediante escritura pública de 4 de marzo de 2002, la hoy concursada reconoció adeudar a 'Nanta, S.A.' 3.185.673,27 euros, comprometiéndose a pagar 1.525.973,96 euros en dos años a contar desde el 4 de abril de 2002, en 24 cuotas mensuales con un 4% de interés, y 1.659.699,31 euros, en vencimientos sucesivos conforme a una tabla de amortización incorporada a la propia escritura.

---

[240] En el mismo sentido, LEÓN SANZ, F.J. "Comentario", pg. 1313. O GONZÁLEZ VÁZQUEZ, J.C. "Las acciones", pg. 614.

> Firmaron como avalistas los socios de 'Pavosol, S.L.' y sus respectiva esposas. El impago de alguno de los plazos generaría unos intereses moratorios del 15%; 2.— En dicha escritura, para garantizar el pago de la cantidad reconocida se constituyó una hipoteca voluntaria sobre dos fincas propiedad de 'Pavosol, S.L.', que incluían las instalaciones industriales de la empresa: fincas registrales números 16.419 y 13.866 del Registro de la Propiedad de Montilla. La primera respondía de un principal de 955.971,29 euros y la segunda por un principal de 2.229.971,29 euros. Se pactaron como causas de especial vencimiento la falta de pago a 'Nanta, S.A.' de cualquier otra deuda no contemplada en la escritura y el incumplimiento de las obligaciones contraídas por 'Pavosol, S.L.' con 'Agrovic Sur, S.A.' en una escritura de cesión de derechos de la misma fecha; 3.— El 31 de mayo de 2002, 'Nanta, S.A.' y 'Pavosol, S.L.' suscribieron un contrato de prestación de servicios, a resultas del cual 'Pavosol' otorgó a dos profesionales designados por 'Nanta, S.A.' poderes en los términos más amplios concedidos en derecho. El precio de los servicios era de 60.100 euros anuales. Dentro del contrato se encontraba la estipulación de que 'Nanta' desarrollaría la administración material del negocio de 'Pavosol'; 4.— El mismo 31 de mayo de 2002, los socios de 'Pavosol' concedieron a 'Nanta, S.A.' una opción de compra sobre la propiedad de sus participaciones sociales; 5.— El 30 de junio de 2003 'Pavosol' otorgó escritura de dación en pago a 'Nanta', por la que le cedía las dos fincas a que se ha hecho antes referencia, por un precio total de 1.727.270 euros. Estas fincas, junto con otra también cedida a otra sociedad del mismo grupo que Nanta, constituían los únicos inmuebles de titularidad de 'Pavosol'; El mismo 30 de junio de 2003 se formalizó un contrato de arrendamiento sobre las mismas fincas a favor de Pavosol, con una renta mensual de 2.095 euros para la granja y 6.541 euros para la incubadora. Por estos arrendamientos, Pavosol ha pagado hasta mayo de 2005 un total de 201.857,82 euros más IVA..."

A la vista de lo anterior, y estando ante un negocio traslativo en garantía de crédito, incluye tal figura dentro del concepto de garantía real a los efectos de aplicar la presunción aquí establecida. Dice el Juzgador:

> "...Es más, el hecho de que se entreguen bienes como pago aparente de una deuda, pero al mismo tiempo se arrienden al propio cedente, por un tiempo largo y una renta no demasiado elevada, y se pacte una opción de compra, aproxima mucho el acto jurídico celebrado bajo la apariencia de una dación en pago a un negocio fiduciario ('fiducia cum creditore'). Por cuanto parece que lo que se pretende

no es tanto la adquisición de unos inmuebles por 'Nanta', actividad que no se adecúa a su objeto social ni a su ramo de actividad, máxime si no va a poder disponer de ellos durante un largo periodo de tiempo, como el garantizar su crédito mediante la transferencia formal de la propiedad (titularidad fiduciaria), reteniendo el transmitente la 'propiedad material' (por todas, Sentencias del Tribunal Supremo de 4 de julio de 1998, 26 de julio de 2004 y 17 de febrero de 2005). En cuyo caso, existe unanimidad en doctrina y jurisprudencia al considerar que los negocios fiduciarios que cumplen esta finalidad (los llamados 'cum creditore') son equiparables a aquellos negocios que tienen la misma virtualidad que la constitución de una garantía real, dado que su eficacia práctica es la misma: asegurar el pago de un crédito con un bien inmueble. Y siendo así, la operación sometida a revisión por la acción de reintegración no sólo sería rescindible por la vía ya tratada del artículo 71.3.1.º, sino también por la del 71.3.2.º ('La constitución de garantías reales a favor de obligaciones preexistentes o de las nuevas contraídas en sustitución de aquéllas'), en el entendimiento de que el concepto de garantía real a que se refiere el precepto no se corresponde con un elenco tasado, ni es equivalente a los supuestos en los que se reconoce la condición de crédito privilegiado (artículo 90), sino que incluye no sólo los derechos reales de garantía, sin también cualesquiera operaciones con una finalidad de garantía real, entre las que evidentemente se encuentran los negocios fiduciarios. La propia 'Nanta, S.A.' reconoce implícitamente el carácter fiduciario de la operación al calificarla en su contestación a la demanda como 'lease-back' (hecho cuarto, parágrafo ii), pues no hay duda que el 'lease-back' o leasing de retorno es un negocio fiduciario, en cuanto que instrumento de financiación y garantía que posibilita al empresario obtener liquidez de forma inmediata, mediante el abandono provisional de la propiedad de un inmueble o bien de equipo. Precisamente, la doctrina ha advertido del riesgo de este tipo de operaciones, por cuanto pueden ser instrumentos para eludir la prohibición de pacto comisorio que proclama el artículo 1.859 del Código Civil, pues el 'lease-back' es una operación susceptible de encubrir un préstamo con transmisión fiduciaria de la propiedad como garantía, incluso de un crédito anterior concedido por un banco o entidad financiera del mismo grupo que la sociedad arrendadora, con lo que podría utilizarse para frustrar las expectativas de los terceros acreedores y alterar la par conditio creditorum, especialmente en previsión de futuras situaciones concursales —que es lo que ha sucedido en este caso— (estos problemas quedan esbozados, aunque no resueltos, en la Sentencia del Tribunal Supremo de 13 de marzo de 1995, y se estudia con más detenimiento la figura del 'lease-back' y su carácter fiduciario en las Sentencias del mismo Alto Tribunal de 22 de junio y 17 de julio de 2001 y 10 de febrero de 2005)..."

En el mismo sentido, la Audiencia Provincial de Murcia, sentencia de fecha 23 de marzo de 2009, que, ante una compraventa de inmuebles, entiende concurrente un negocio financiero y de garantía, encuadrable en la fiducia cum creditore:

"...Por otro lado las propias características y naturaleza de los contratos de compraventa y de constitución de hipoteca objeto de rescisión, detalladamente analizados en la sentencia de instancia, nos pone de manifiesto que bajo tal apariencia contractual de enajenación de bienes inmuebles, se esconde en realidad una clara operación de financiación, que no se corresponde con el objeto y tráfico propio de la concursada y tampoco con esa parcela de operaciones cotidianas necesarias e ineludibles para la vida de la empresa, al amparo de toda acción impugnatoria. Tal operación contractual encaja en el denominado negocio fiduciario en su modalidad de 'fiducia cum creditore', pues con el contrato de 12 de agosto de 2005, las partes no pretenden la adquisición de unos inmuebles por parte de 'Sun World Properties' S.L., sino la formalización de un préstamo por el importe de la cantidad fijada aparentemente como 'precio', 3.168.735,33? El fiduciario se convierte así en mero propietario formal de los bienes (aparente comprador) y el fiduciante es el obligado al préstamo que contrajo, actuando en el negocio como aparente vendedor. A su vez, sólo seis meses después, el contrato celebrado el 25 de febrero de 2006, por el que aparentemente 'ACM Investments' S.L., adquiere de 'Sun World Properties' S.L., los mismos inmuebles, se alza en un evidente contrato o pacto de retro, habitual en los negocios fiduciarios, como con pleno rigor jurídico lo califica la Juzgadora de lo mercantil, al amparo de lo previsto en el art.º 1507 del Código Civil. Es el llamado 'leasing de retorno', claro negocio fiduciario, al constituir un instrumento de financiación y garantía que permite en este caso a 'ACM' obtener liquidez de manera rápida e inmediata, mediante el abandono temporal de la propiedad de unos inmuebles. Obsérvese como en ese pacto de retro (contrato de 26 de febrero de 2006), el precio pactado es ya de 4.000.000?, que se corresponde con el pago del principal del préstamo más un interés de 831.000?, al tiempo que se constituye una hipoteca en garantía de dicho pago. El desequilibrio de las contraprestaciones no ofrece duda, sobre todo porque ese incremento del precio no se corresponde con el escaso tiempo que media entre ambos contratos y tampoco con las mejoras realizadas, abonadas precisamente por 'ACM'. ...Por otro lado y como derivación de todo lo expuesto en el precedente Fundamento de Derecho, entendemos que también concurre el requisito del perjuicio para la masa activa, como consecuencia del acto de referencia realizado por el concursado, objeto de rescisión. Con respecto a la determinación de tal presupuesto de acto perjudicial, el propio art.º 71 de la Ley Concursal, establece una serie de presunciones. Unas son 'iuris et de iure' en aquellos casos de disposición a título gratuito, y otras se califican como presunciones 'iuris tantum' en relación con determinados actos de disposición a título oneroso. En general habrá perjuicio para la masa activa siempre que se acredite por la administración concursal que en caso de no haberse realizado el acto objeto de rescisión, la composición de la masa tendría un mayor valor, es decir cuando el acto objeto de impugnación afecte al denominado 'interés del concurso'. Entre esos actos de disposición favorecidos por presunción 'iuris tantum' se encuentran, conforme al art.º 71.3.2.º, los referidos a 'la constitución de garantías reales a favor de obligaciones preexistentes o de las nuevas contraídas en sustitución de aquellas'. Y es precisamente en estos actos donde se incardina la operación objeto de rescisión llevada a cabo por la concursada y 'Sun World Properties' S.L., pues en definitiva el concepto de garantía real que menciona la norma no constituye un 'numerus clausus', sino que por el contrario goza de mayor amplitud al comprender junto a los propios derechos reales de garantía, cualquier acto u operación con una finalidad de garantía real, entre las que cabe incluir el contrato fiduciario 'cum creditore' o 'venta de garantía' (Sentencia del Tribunal Supremo de 15 de junio de 1999 y 26 de abril de 2001). Y es que como con acierto se dice en la sentencia apelada, el perjuicio para la masa activa, deriva tanto del efecto inherente a la garantía real que otorga al acreedor una posición privilegiada en el concurso frente a los demás acreedores con clara alteración de la 'par condictio creditorum', como del detrimento económico sufrido por la masa activa derivado del sobreprecio antes comentado, unido asimismo al relativo a la asunción por ACM de las obras y mejoras de los inmuebles. Es decir una clara afectación directa al denominado 'interés del concurso'..."

III.6.2.3. Garantías constituidas con relación a obligaciones preexistentes

Me ocupo de las garantías constituidas con relación a obligaciones preexistentes vencidas.

III.6.2.3.1. ¿Existe una contradicción entre los arts. 227 TRLC y 228.2.º TRLC?

El tiznado de esta presunción como "iuris tantum", ha sido objeto de crítica por la Doctrina, considerando que esa superposición de garantías sin contraprestación alguna, basada en el previo vínculo entre concursado-contratante, supone un acto gratuito al que debiera serle de aplicación la presunción iuris et de iure que antes examiné.[241]

Pero no es así. La conciliación, y aplicación de los citados preceptos, pasa por la concurrencia de contraprestación. Como dije antes, y a esos efectos distinguitorios de la onerosidad o gratuidad garantirial, cabe atender a su eventual carácter contextual.[242] Si la constitución de la garantía se ofrece simultánea al otorgamiento del crédito, o la contracción de la obligación, la garantía resulta onerosa. Por el contrario, si la garantía se otorga con posterioridad, por tal hecho cabe entenderla gratuita salvo que se acredite esa onerosidad que enlaza con el mayor valor, mejora o ventaja obtenido con la prestación de garantía. En ambos casos si la deuda es propia del garante. Si se trata de deuda ajena o de un tercero me remito a lo dicho en otro apartado de este libro.

Por lo tanto, la superposición de garantías del art. 228.2.º TRLC no resulta, necesariamente, gratuita. Depende, como dije

---

241 ALCOVER GARAU, G. "Comentarios", pg. 774 y "Aproximación", pg. 338; LÓPEZ SÁNCHEZ, M.A. "Los efectos", pg. 190; CRESPO AULLE, F. "Comentarios", pg. 1390. Incluso, PULGAR EZQUERRA, J. "El acreedor", pg. 1445, considera que una interpretación de las presunciones iuris tantum conexa con las iure et de iure, pese al tenor literal del precepto, conllevaría a considerar que el supuesto analizado supone un perjuicio patrimonial que no admite prueba en contrario.
También RIVERA FERNÁNDEZ, M. "Reintegración", pg. 103; BUSTO LAGO, J.M. "Aproximación", pgs. 701 y 702; MASSAGER, J. "Aproximación", pg. 4225; y GARCÍA SANZ, A. "Notas", pg. 4072.

242 LINACERO DE LA FUENTE, M. "Las acciones de reintegración", pg. 155 y CARRASCO PERERA, A. "Los derechos de garantía", pg. 331 y ss.

antes, del mayor valor obtenido por el concursado,[243] y, por lo tanto, resultando conciliable este precepto y el art. 227 TRLC.

III.6.2.3.2. La prestación de la garantía desde el punto de vista temporal

A efectos aplicativos presuncionales, y desde la esfera temporal, se exhibe indiferente la contracción de la obligación garantizada dentro, o extramuros, del plazo sospechoso del art. 226 TRLC. La presunción que estudió solo requiere que la obligación sea anterior a la constitución de la garantía real, y que ésta se constituya dentro del referido plazo.

De este modo, la simultaneidad en la contracción de la obligación y la constitución de la garantía real, incluso dentro del plazo de sospecha, impone la desactivación de la suposición perjudicial relativa del art. 228.2.º TRLC, y sin perjuicio de su rescisión en el caso que se probase su carácter perjudicioso para la masa activa ex art. 229 TRLC.[244]

Por el contrario, la presunción opera cuando la obligación objeto de la garantía luzca anterior al referido plazo de suspicacia, y posteriormente, dentro de ese término, deviene guarnecida de garantía real dentro de ese término.[245]

III.6.2.3.3. La promesa de constituir garantía

Cuestión compleja y de difícil resolución aquella del impacto de la presunción del art. 228.2.º TRLC sobre la promesa de constituir garantía real. Aunque pienso que no le alcanza. Me explico.

---

[243] LINACERO DE LA FUENTE, M. "Las acciones de reintegración", pg. 156 y 157.

[244] RIPOLL OLAZÁBAL, G. "Derecho Concursal", pg. 381; y CRESPO AULLE, F. "Comentarios", pg. 1390.

[245] RIPOLL OLAZÁBAL, G. "Derecho Concursal", pg. 381.

Supuesto de partida. Concesión de un préstamo con la dotación de determinados derechos reales de garantía. Sin embargo, prestamista y prestatario pactan no constituir, ab initio, las garantías reales, limitándose a fijar determinadas condiciones y parámetros, normalmente relativos a un cambio negativo en la situación patrimonial o solvencial del deudor, obligándose este a su prestación cuando devenga tan negativo escenario.

A tal efecto, y evitando tentaciones deudoras en orden a no prestar las garantías comprometidas, la escritura de préstamo fija y regula el contenido y condiciones precisas para la constitución de las garantías prometidas, otorgándose por el prestatario un poder irrevocable a favor del prestamista facilitador de la referida constitución garantial.

Esta conducta, ciertamente, cumple una finalidad evitativa de perjuicios para el deudor, avanzando un gravamen sobre sus bienes que, quizás, no resulte preciso en el futuro, aunque realmente, y a través de ella, la pretensión que se exhibe conecta más con la obtención de ahorro en gastos y costes fiscales anejos que se derivan de la constitución de unas garantías que, en ausencia de los parámetros pactados, no resultan requeribles.

Expuesto lo anterior, mantengo la exclusión de la promesa de garantía real de la órbita del art. 228.2.º TRLC, no sólo por la literalidad del precepto, de interpretación y aplicación restrictiva, sino del hecho que, en este caso, y realmente, no cabe hablar de "garantías adicionales" a la vista de su contemplación promisoria al tiempo del concierto de la obligación, quedando su constitución dilatada en el tiempo, y condicionada a que se cumpla el parámetro pactado. Y ahorrativa de costes.[246]

La promesa de constituir hipoteca, u otra garantía real, escapa de las fauces presuntivas del art. 228.2.º TRLC, siempre que así se

---

246 FUENTES DEVESA, R. "Reintegración", pg. 1265, con cita de la sentencia de la Audiencia Provincial de Murcia, de fecha 3 de septiembre de 2025..

hubiese previsto al establecer la relación jurídica de la que deriva la garantía y, una vez constituida, se corresponda, en cuanto a objeto y régimen, con lo inicialmente pactado.[247]Incluso pienso que cabe defender la irrescindibilidad de estos actos, en cuanto debidos y realizados en condiciones normales.

Pero esta postura no se ofrece unánime en la doctrina. Asi, aunque se mantiene que, estricto sensu, y en el supuesto promisorio, no cabe hablar de garantías adicionales, núcleo de la presunción estudiada en este apartado, consideran impactable por la presunción rescisoria del art. 228.2.º TRLC la constitución de la garantía real prometida dentro del periodo de sospecha del art. 226 TRLC, y sin perjuicio que a efectos desvirtuadores de perjuicio, se presente el otorgamiento de la garantía como respuesta debida a un compromiso previo, la promesa, a efectos de no incurrir en costes y gastos habitualmente significativos. O que sin tal promesa no se hubiera concedido el préstamo. Y que, estrictamente, no se tratan de derechos reales de garantía sino condicionales.[248]

Discrepo de la anterior interpretación. Por más vueltas que se le a la cuestión, si no concurren garantías adicionales, y aquí realmente no las hay, pues ya quedaron comprometidas cuando se contrajo la obligación, no cabe aplicar la presunción en cuestión. Por otro lado, los argumentos esgrimidos llevan más a considerar la promesa de garantía, no tanto impactada por la presunción en cuestión como no sujeta a rescisión por su consideración de acto debido y efectuado en condiciones normales.

También se mantiene la aplicación de la presunción iuris tamtum de marras, con independencia de que la promesa de garantía fuese genérica o perfectamente unida a la previa contracción de la obligación, atendiendo a que aquí, lo esencial no conecta con el derecho del acreedor a que se le otorgue la garantía, sino con que

---

247 MASSAGER, J. "Aproximación", pg. 4225. GONZÁLEZ VÁZQUEZ, J.C. "Las acciones", pg. 614.

248 RIVERA HERNÁNDEZ, M. "Reintegración", pgs. 109 a 111, inclusive. CHRISTIAN BERTRAM, J. "Las garantías".

el deudor o garante tenga que prestarla para recibir el crédito, a la contextualidad de la garantía respecto al crédito, no derivable de su carácter debido ni de la fecha de la obligación credictual. Así se afirma que la constitución de la garantía prometida resulta voluntaria para el acreedor desde la perspectiva que su rechazo a tal pretensión no resulta afectante al crédito ya concedido, y solo habilita el cobro por el acreedor de la deuda como consecuencia de su vencimiento anticipado o por el incumplimiento del deudor o del garante. En resumen, el acto constitutivo, aun cuando debido y causalmente conectado al préstamo, ya no se otorga para recibir el crédito.[249]

Tampoco me llena el anterior argumento, quizás excesivamente forzado, y que obvia que la concesión de la garantía prometida, y debida, cimenta, esencial e inescindiblemente, en el préstamo recibido, y la existencia de una conexión causal entre ambos que ata la concesión del préstamo a la obtención futura, si concurren los parámetros pactados, de la garantía. En cualquier caso, se me antoja ajeno a la determinación de la contextualidad de una garantía prometida en la concesión de un préstamo, un eventual incumplimiento de su obligación por el prometedor garante.

III.6.2.3.4. Otras garantías no objeto de la presunción

Por las anteriores razones, tampoco cabe mantener la aplicación presuntiva del art. 228.2.º TRLC al pacto de constituir garantías sobre determinados activos reservándose el acreedor la facultad de constituir nuevas garantías sobre otros activos cuando concurran determinadas circunstancias, hipotecas sometidas a

---

249 CARRASCO PERERA, A. "Los derechos de garantía", pg. 338 y 339. En esa línea, considera que excluida de la presunción la constitución de garantía futura a cambio de recibir créditos futuros o de poner a disposición del deudor el crédito concedido antes, pero retenido por el acreedor hasta la constitución de la garantía.

condición suspensiva[250] o hipotecas de máximo señalándose inicialmente como valor garantizado solo una parte de la obligación. También a las garantías que tenga por objeto créditos futuros del deudor, de los créditos derivados de la reventa de bienes corporales derivados de la garantía[251], etc. A todas estas garantías, no se aplica la presunción siempre que así se hubiese previsto al establecer la relación jurídica de la que deriva la garantía y esta se corresponda, en cuanto a objeto y régimen, con lo inicialmente pactado. Reitero lo dicho anteriormente.

III.6.2.3.5. Casuística judicial

La sentencia del Tribunal Supremo de fecha 9 de abril de 2014, rescinde la garantía a la vista que solo se concede un aplazamiento a largo plazo, fraccionándose su pago, de una deuda vencida y exigible, pero sin que se ampliase significativamente del dinero fresco, que se destinó a finiquitar deudas con la prestamista:

> "...La presunción es salvo prueba en contrario, ya que pudiera ser que, por las circunstancias que rodearan al negocio, éste tuviera una justificación, porque la constitución de la garantía fuera ligada a la ampliación sustancial del crédito y a la concesión de un nuevo término en caso de vencimiento del crédito preexistente, que constituirían su causa y que podrían poner en evidencia la ausencia del perjuicio. Es en este contexto que tendría sentido la cuestión suscitada por el recurrente, de que en este caso no existió perjuicio para la masa. El problema radica en que la sentencia recurrida declara probado que el importe del préstamo hipotecario fue directamente destinado a pagar deudas del prestatario con el prestamista, y no se declara acreditado que se hubiera entregado cuando menos un 25% de dinero nuevo. De hecho esta alegación ni siquiera se realizó en la contestación a la demanda, en la que

---

250 Sobre la hipoteca sujeta a condición, vid. "La 'hipoteca condicionada'", pgs. 177 a 208. Su validez fue admitida en la Resoluciones de la DGRN de fecha 30 de septiembre de 2003 (RJ 2003/8544) o la sentencia del Tribunal Supremo de fecha 25 de enero de 1991 (en "obiter dicta").

251 Ejemplos citados por CARRASCO PERERA, A. "Los derechos de garantía", pg. 321.

> tan sólo se dice que una deuda inmediatamente exigible se convirtió en una deuda a largo plazo, diez años. A la vista de los hechos probados en la instancia, en los que tan sólo queda constancia que el dinero del préstamo fue destinado a pagar deudas con el prestamista, vencidas y exigibles, y no que se hubiera concedido un 25% de dinero fresco, no puede prosperar el motivo porque la simple transformación de una deuda inmediatamente exigible en una deuda fraccionada a plazos con carácter general no impide por sí sola, sino no concurren otras circunstancias, como es la concesión de dinero fresco en una proporción significativa, que la concesión de la garantía pueda considerarse perjudicial para la masa..."

También el Tribunal Supremo, sentencia de fecha 26 de marzo de 2015, rescinde la garantía a la vista de lo escuálido de la ampliación del crédito respecto de lo adeudado, y pese a que se renovó su vencimiento por un año más, lo que no justifica el sacrificio patrimonial causado a la masa:

> "...La justificación va ligada a la ampliación significativa de crédito y/o a la modificación de la obligación, ordinariamente, mediante la concesión de un nuevo término, que prorrogue la exigibilidad de la obligación. 12. Conviene advertir que, respecto de la primera escritura de crédito hipotecario de 25 de abril de 2008, la hipoteca se constituye para garantizar las obligaciones derivadas de la línea de crédito concedida de 601.012,10 euros. En cierto modo, Eurohouse había dispuesto de esta línea de crédito, desde marzo de 2003, en que se había concedido por un plazo de un año y había sido renovada anualmente en los años siguientes. A los efectos del juego de la presunción del art. 71.3.2.º LC, las obligaciones garantizadas con la hipoteca serían las resultantes de lo realmente dispuesto del crédito concedido, al tiempo de renovarse la póliza de crédito que a partir de entonces se garantizaba con la hipoteca. De tal forma que para conocer si el otorgamiento de la garantía hipotecaria con la renovación de la póliza de crédito supuso garantizar una obligación que sustituía a otra preexistente, sería necesario conocer qué disponibilidad de crédito tenía antes de que se cancelara la que se renovaba y, consiguientemente, de cuánto se había dispuesto, que era la obligación que Eurohouse tenía, al tiempo de concederse la nueva póliza de crédito, frente al Caixabank. La ampliación de nuevo crédito sería la diferencia entre lo que ya se había dispuesto de la póliza anterior, y por lo tanto se adeudaba al banco, y la suma máxima concedida (601.012,10

> euros). Si esta diferencia fuera significativa, en ese caso, esta ampliación de crédito, unido a la concesión de un nuevo término de un año para la devolución de lo finalmente dispuesto, justificaría el sacrificio patrimonial que suponía la concesión de la garantía hipotecaria. En otro caso, habría que considerarla perjudicial para la masa del concurso, y estimar su rescisión. La prueba practicada, en concreto los extractos bancarios del movimiento de la cuenta de crédito, antes de que se renovará la póliza de crédito el 25 de abril de 2008, esta vez con garantía hipotecaria (ff. 173 y ss.), muestra que el crédito dispuesto por Eurohouse en el momento de la renovación era de 556.569,90 euros. Luego, propiamente, la ampliación de crédito respecto de lo ya dispuesto y adeudado fue de menos de 50.000 euros, en concreto, 44.442,20 euros, que es inferior al 8%. Aunque la renovación del crédito supuso la concesión de un nuevo término de un año, este respiro, ligado a la escasa ampliación del crédito, no justifican el sacrificio que conllevó la constitución de la hipoteca, razón por la cual procede confirmar la presunción de perjuicio que prevé el art. 71.3.2.º LC. Y, por lo que respecta a la escritura de 30 de abril de 2009, si partimos de la base de que la constitución de la hipoteca anterior (la de 25 de abril de 2008) era perjudicial para la masa, y que se renovaba el crédito concedido de 601.012,10 euros, del que ya se había dispuesto casi en su totalidad, no habría tampoco en esta segunda escritura una ampliación significativa del crédito que justificara el sacrificio que suponía la constitución de la garantía hipotecaria para cubrir la totalidad de las obligaciones derivadas de la póliza de crédito…"

Por el contrario, el Alto Tribunal, en su sentencia de fecha 23 de febrero de 2015, niega la concurrencia de perjuicio a la vista de la entrada significativa de dinero fresco, la ampliación del crédito disponible y la prórroga de la póliza de crédito preexistente:

> "…El art. 71.3.2.º presume, salvo prueba en contrario, el prejuicio en el caso de la concesión de garantías para asegurar la devolución de una obligación preexistente que no gozaba de esta garantía. Y extiende la presunción a los casos en que la garantía real se constituye a favor de una nueva obligación que sustituye a otras anteriores que tampoco gozaban de esta garantía. 9. A la vista de lo anterior, en este caso hemos de analizar si este último supuesto es equivalente al que concurre en el presente caso en que la garantía hipotecaria se constituye para asegurar la devolución de un préstamo que se otorga en ese momento, cuyo importe de 500.000 euros, se destina, descontada la comisión de 2.000

euros, a reducir el saldo deudor de la concursada en la póliza de crédito que tenía concertada con la misma entidad de crédito prestamista. En concreto, si el saldo deudor de la póliza de crédito en ese momento era de 694.878,99 euros, al ingresarse aquel importe del préstamo (498.000 euros), quedó reducido a 196.878,99 euros. En la medida en que las obligaciones derivadas de la póliza de crédito no gozaban de garantía real, con esta operación la Caja Rural se asegura con una garantía real por lo menos la obligación de devolución del préstamo. Visto desde esta perspectiva, que es la que enfoca la administración concursal y los dos tribunales de instancia, podría concluirse que estábamos ante un supuesto en que la obligación garantizada sustituía a otra preexistente que no gozaba de tal garantía. Esto hubiera sido así si a continuación se hubiera cancelado la póliza de crédito, pero ello no fue así, pues se prorrogó por un año. Tiene razón el recurrente cuando advierte que al aplicarse el importe del préstamo a la cuenta en la que se instrumentó la póliza de crédito, que otorgaba un máximo de disposición de 700.000 euros, y al renovarse esta póliza un año más, se amplió de hecho la disponibilidad de crédito que hasta entonces tenía la concursada, precisamente en el importe del préstamo menos la comisión, y durante un año más. Lo que hemos de valorar es si la ampliación del crédito en 498.000 euros y la modificación de los términos de la póliza de crédito al prorrogarse por un nuevo año, justificaban que las obligaciones derivadas del contrato de préstamo a favor de Caja Rural cuando más tarde, al cabo de un año, se declarara el concurso, estuvieran garantizadas por hipoteca. Debemos concluir que sí, porque se cumplen dos circunstancias que ordinariamente deben valorarse en estos casos para juzgar sobre el perjuicio en los supuestos del art. 71.3.2.º LC: se ha producido una aportación significativa de dinero nuevo, 500.000 euros (menos 2.000 retenidos por comisión), al ampliarse el crédito disponible en ese momento en esa suma (498.000 euros); y se ha prorrogado un año más la póliza de crédito anterior. Si, además, advertimos que la garantía real tan sólo cubre la obligación de devolución del dinero nuevo otorgado, debemos concluir que, pese al espejismo de perjuicio para la masa activa, en realidad no lo hay, de tal forma que, aunque opere la presunción del art. 71.3.2.º LC, se ha acreditado que en este caso, por la aportación significativa de crédito y la prórroga de la póliza de crédito, no concurría perjuicio para la masa activa..."

Y también la sentencia del Tribunal Supremo de fecha 24 de junio de 2015, rechaza la existencia de un sacrificio injustificado a la vista que en contraprestación a la garantía, en este caso prendaria, se procedió a una ampliación significativa del crédito y una nueva prórroga de un año para la devolución de lo dispuesto:

> "...sobre esta base, se ha precisado que en la valoración del perjuicio que irroga la constitución de la nueva garantía, como fundamento último de la aplicación del artículo 71 LC, debe tenerse en cuenta, entre otros extremos, si dicha garantía se ha constituido en un contexto determinado por una aportación significativa del crédito y por una prórroga de la póliza del crédito, pues de ser así, no concurriría perjuicio para la masa activa. Esto es lo que sucede en el presente caso, en donde se observa tanto una clara aportación significativa del crédito, como la concesión de un nuevo término para la devolución de lo finalmente dispuesto. En efecto, si tenemos en cuenta la cantidad que ya se había dispuesto de la póliza anterior y, por lo tanto, se adeudaba a la entidad bancaria, (742.608,89 ?), y el nuevo importe concedido (pasó de 1.000.000 millón de euros a 2.500.000 euros), la diferencia es reveladora de la significativa ampliación del crédito realizada. Además, dicha operación de ampliación de la póliza de crédito también supuso la concesión de una nueva prórroga del vencimiento del crédito garantizado, con el aplazamiento de la deuda por un año. Todo ello, contando con el beneficio que dicha ampliación del crédito representó a la entidad deudora (Ocioland, S.L), pues permitió su continuidad empresarial durante casi dos años más, permitiendo el pago a otros acreedores hasta prácticamente la totalidad del importe máximo concedido (2.491.331,16 euros). Por lo que debe concluirse que, pese a la presunción del artículo 73.3.2.º LC, en el presente caso se ha acreditado que la constitución de la garantía de prenda no derivó perjuicio para la masa activa,...."

La sentencia del Juzgado de lo Mercantil núm. 2 de Murcia, de fecha 7 de octubre de 2024, discutiblemente en mi opinión, aplica la presunción que aquí analizo y rescinde concursalmente la garantía prestada por la concursada a petición del acreedor, en el marco de una operación de escisión acogida a la vieja LME, y a efectos que no se opusiera a tal modificación estructural:

> "...4.-Partiendo de las anteriores conclusiones, y analizando la concreta operación consistente en la constitución de garantía hipotecaria en favor de CAIXABANK, no cabe duda de que se integra con claridad en la presunción de perjuicio del artículo 228 TRLC, pues se constituye garantía real en favor de obligaciones preexistentes no garantizadas, convirtiéndose el crédito ordinario

que CAIXABANK hubiera tenido en el concurso en un crédito con privilegio especial, pasando a ostentar CAIXABANK, a diferencia del resto de acreedores que se encontraban en la misma situación inicial, el derecho al pago de su crédito de modo preferente con el precio de la venta del bien hipotecado. Y frente a esta presunción cabe prueba en contrario del perjuicio. Pero la hoy demandada no propone ninguna prueba en este sentido, sino que limita su oposición a alegar que ejercitó un derecho en el marco de una operación de modificación estructural. Y, como ya se ha dicho, no entiendo que deba estimarse esa causa de oposición. Afirma la demandada que la modificación estructural no habría prosperado en caso de no ofrecer garantías al acreedor CAIXABANK, y que, por tanto, existe al menos una esencial conexión entre la operación realizada y la prosperabilidad de la modificación estructural. Pero ello no es cierto pues, como se desprende de la lectura del transcrito artículo 44, la modificación estructural podría haber continuado su curso, sin perjuicio del derecho de CAIXABANK a la interposición de demanda ante el Juzgado de lo Mercantil solicitando la prestación de garantía. Considera este juzgador que esa demanda debiera haberse resuelto por el juez de lo mercantil, que habría analizado, entre otras cuestiones, si la concesión de esta garantía a CAIXABANK suponía un perjuicio para el resto de acreedores, que en la misma situación no veían garantizados sus créditos. Y este análisis, al que no se llegó por la voluntaria concesión de garantías de la entidad ahora concursada, que probablemente vio peligrar la modificación estructural, es el que se hace en la presente sentencia. En este sentido vemos que en la escritura de escisión parcial de 7 de octubre de 2022 la hoy concursada consideró que el crédito de CAIXABANK disponía de garantía suficiente, a pesar de lo cual, entendemos que solo para que prosperase la modificación estructural, ofreció garantías hipotecarias adicionales. Por otro lado, en el presente caso la parte demandada no realiza alegación ni practica prueba alguna sobre la ausencia de perjuicio. Así, conforme a la doctrina judicial existente, cabría oposición a la rescisión acreditando, por ejemplo, que la operación, mediante la entrada de nuevos fondos o la existencia de quitas o esperas, hubiera permitido la continuidad de la actividad empresarial o el pago de créditos y la generación de activos, pero nada se dice, y nada aprecia sobre esto por este juzgador, en una operación que solo supuso la concesión de garantía sobre un crédito preexistente no garantizado. Y todo ello teniendo en cuenta, además, el dato significativo de la proximidad entre la concesión de garantías y la comunicación de la insolvencia. Así, la garantía hipotecaria se constituye el 6 de febrero de 2023 y en fecha 31 de julio de 2023 se presentó en este juzgado comunicación de negociaciones por parte de AMG, y en fecha 29 de febrero de 2024 solicitud de concurso. En suma, no se aprecia la existencia de un beneficio patrimonial directo o indirecto que excluya el perjuicio patrimonial para el concurso que, conforme a la normativa indicada, se presume en el caso de autos…."

La sentencia del Juzgado de lo Mercantil núm. 11 de Barcelona, de fecha 19 de abril de 2021, reputa perjudicial la concesión de la hipoteca a la vista de la falta de prueba en contrario de las demandadas, y la ausencia de una expectativa razonable de viabilidad de la empresa, la cercanía de la declaración del concurso, así como por su difícil situación patrimonial y financiera:

"…Descartada que la causa de constitución de la hipoteca fuese la mera liberalidad, deberá analizarse bajo el régimen de la presunción iuris tantum del art. 228.1.º y 2.º TRLC, si la contraprestación o ventaja es de tal entidad que justifica el sacrifico patrimonial que supuso la prestación de la garantía. De este modo, se invierte la carga de la prueba del perjuicio y deberá ser la parte demandada la que pruebe la ausencia de perjuicio. Así, la demandada deberá probar que el sacrificio patrimonial que conllevó la constitución de la garantía estaba justificado. La parte demandada no ha logrado acreditar que la constitución de la garantía no ocasiono perjuicio para la masa del concurso. En efecto, la prueba obrante en autos acredita que no existía una expectativa razonable de viabilidad y que el concurso se declaró con fecha de 8 de noviembre de 2018, lo que lleva a esta juzgadora a apreciar que el sacrificio patrimonial que supuso la constitución de la garantía para el resto de los acreedores no estaba justificado. Del informe pericial acompañado por la actora y elaborado por DUFF& PHELPS, se desprende que el patrimonio neto contable de WORLD es negativo en cada uno de los ejercicios del 2014 a 2018. La actividad desarrollada por WORLD no generó recursos financieros suficientes en 2016 y 2017 (importes negativos de –205.086 euros y –140.594 euros). El propio perito de ACTIVA reconoce en su informe (página 16) que se generaron pérdidas significativas en los ejercicios 2017 y, especialmente, en el ejercicio de 2018 y que el resultado de explotación de WORDL en 2017 y en 2018 fue negativo (–255.356 en 2017 y –2.008.125 en 2018) Además, existe una salvedad por sobrevaloración y por incobrables de 1,3 millones. La demandada sostiene que esos 1,3 millones no aparecían en el año 2016, pero lo cierto es que como explicó, D. Luciano —perito de la actora—

en el acto del juicio, en las cuentas del año 2018 el deudor hizo lo que el auditor le estaba diciendo desde 2014, deteriorar los créditos y por un importe de 1,3 millones. La demandada también sostiene que lo que beneficiaba a WORDL beneficiaba también a INVERSIONES, por cuanto los acreedores son los mismos. Sin embargo, los textos definitivos obrantes en autos acreditan que la deuda propia de inversiones asciende a un millón de euros aproximadamente (por deuda propia o avales que nada tiene que ver con WORDL), lo que representa el 18% del pasivo ordinario..."

Sobre esta presunción, también reseño la sentencia de la Audiencia Provincial de Barcelona de fecha 11 de junio de 2007:

"...TERCERO.— Entrando por tanto en la cuestión de fondo, y abordando en primer lugar la escritura de reconocimiento de deuda y constitución de hipoteca de julio de 2004, compartimos los argumentos de la sentencia recurrida. La primera cuestión que aflora al examinar el negocio jurídico realizado es determinar si realmente existe la deuda que MEMORIAL decía tener con su socia MIRTRA 2005, sobre todo porque meses más tarde se vuelve a hacer una cesión de nuevas deudas de la primera con la segunda, esta vez por un importe superior a los 930.000 euros. El Sr. Augusto asumió voluntariamente la deuda reseñada de julio y, ya en octubre y como administrador y socio único, con su esposa, de MEMORIAL, reconoció y pagó la segunda. Sin embargo, y como bien señala el Magistrado a quo, la asunción voluntaria por el deudor concursado de una deuda que le era ajena es un hecho objetivamente perjudicial para la masa activa y apara el resto de sus acreedores, que ha sido demostrado por quien ejercitaba la acción rescisoria, según el artículo 71.4 de la LC. A ello cabe añadir que esta asunción de deuda fue acompañada por la constitución de una hipoteca, para el pago de la misma, que gravó una finca propiedad de los concursados, por lo que es incardinable en el artículo 71 de la LC, que después de indicar que, en efecto, declarado el concurso 'serán rescindibles los actos perjudiciales para la masa activa realizados por el deudor dentro de los dos años anteriores a la fecha de la declaración, aunque no hubiere existido intención fraudulenta', especifica en su tercer apartado que '(s)alvo prueba en contrario, el perjuicio patrimonial se presume cuando se trate de los siguientes actos: (...) 2.º La constitución de garantías reales a favor de obligaciones preexistentes o de las nuevas contraídas en sustitución de aquéllas.' En contra de lo que mantiene el recurso, para el cual la deuda era anterior al 22 de julio de 2004 pero no era del Sr. Augusto, sino de MEMORIAL, por lo que para el concursado la obligación que se garantizaba no era preexistente, sino que se generaba en ese mismo momento, no es un requisito sustancial de esta presunción iuris tantum que las obligaciones preexistentes sean las anteriores originarias del concursado, pues no se aprecia razón por la que una obligación que preexistía, esto es, se había generado con anterioridad, y que el concursado adquiere derivativamente para, a continuación, gravar su patrimonio con una garantía real que asegure su pago, deba ser excluida de la presunción de perjuicio que establece la norma. Que esta asunción de deuda ajena y posterior constitución de garantía real sobre el patrimonio del concursado es presuntivamente perjudicial para la masa no admite demasiadas dudas, partiendo de un concepto amplio de perjuicio, sancionado jurisprudencial y doctrinalmente, que escapa a una lectura restrictiva que ciña el concepto a la reducción del patrimonio del concursado, para acoger también aquellos casos en los que el acto impugnado impide, disminuye o dificulta la satisfacción colectiva del resto de los acreedores, alterándose injustificadamente las preferencias de cobro. Habiendo acreditado la demandante que el negocio jurídico celebrado se incardina en este precepto (sin perjuicio, como hemos dicho, de que la asunción de una deuda ajena antes del concurso puede ser esgrimida igualmente como perjuicio por el artículo 71.4 LC) y que está comprendido en los límites temporales del artículo 71.1, correspondía a los demandados acreditar que no existió perjuicio para la masa, lo que éstos han quedado lejos de hacer. El recurso, pues, debe decaer en este punto..."

Y la sentencia del Juzgado de lo Mercantil núm. 1 de Bilbao, de fecha 3 de octubre de 2007:

"...SEGUNDO.— Presunción legal de perjuicio. La administración concursal se sustenta en el art. 71.3.2.º LC para justificar su petición de que la hipoteca constituida sobre la maquinaria de la concursada sea rescindida. El precepto esencial en esta materia es el art. 71.1 LC, que permite la rescisión de los actos perjudiciales para la masa activa realizados por el deudor dentro de los dos años anteriores a la fecha de la declaración de concurso, aunque no hubiera existido intención fraudulenta. En este caso el requisito temporal se atiende, pues la hipoteca se constituye semanas antes de que se declare el concurso. No consta intención fraudulenta, pues lo que se negocia es un aplazamiento constituyendo una garantía real sobre un bien productivo que tenía algún valor. El art. 71.3.2.º de la Ley Concursal, citado por la administración Concursal, permite la rescisión ante la constitución de garantías reales a favor de obligaciones preexistentes o nuevas contraídas en sustitución de aquellas. La propia escritura de constitución de la hipoteca señala como la deuda que se garantiza, 78.597,15 euros, corresponde al periodo noviembre dos mil tres a marzo dos mil cuatro. Al ir a constituir la hipoteca en abril de dos mil cinco se reconoce que se ha obtenido un aplazamiento por resolución de la Dirección Provincial de Bizkaia de la TGSS de veintidós de octubre de dos mil cuatro, y que lo garantizado es esa deuda, 78.597,15 euros, y los intereses que menciona. Es decir, la misma deuda que preexistía. Estamos, en consecuencia, ante un caso claramente subsumible en las previsiones del art. 71.3.2.º LC, pues se constituye una garantía, la hipoteca sobre la maquinaria, para asegurar el cumplimiento de una obligación que ya existía previamente al momento en que se otorga. Este mismo juzgado dijo en su sentencia de 9 de septiembre de 2005, JUR 2005\210276, que 'ha sucedido, en consecuencia, lo que el legislador previene el art. 71 de la Ley Concursal, esto es, que un acreedor obtiene, dentro del periodo sospechoso, una garantía añadida sobre una deuda aparentemente nueva, pero que en realidad es anterior, mejorando de forma obvia su condición y posición frente a los demás acreedores de la concursada'. Esa conclusión debe reiterarse en este caso. En efecto, el art. 71.3 presume el perjuicio patrimonial salvo prueba en contrario. La TGSS considera que la hay en tanto que con su actuación contribuyó a favorecer la continuidad empresarial, pues de no haberse obtenido el aplazamiento y garantía, hubiera ejecutado el patrimonio de la hoy concursada. Seguramente haya ocurrido así, como acontece, en general, con cuantos conceden crédito o aplazan el exigible a cambio de la constitución de garantías. Pero tan legítima finalidad no impide apreciar que sí se produjo perjuicio patrimonial. Por un lado, porque se ha favorecido a un acreedor en perjuicio de los demás, al mejorar su posición pues con la hipoteca el crédito se califica como privilegiado, conforme al art. 90.1.1.º LC. Por otro, porque un bien de algún valor, la maquinaria hipotecada, fue gravado para garantizar una deuda que preexistía al momento de constituir la hipoteca. Es decir, se disminuye la posibilidad de obtener crédito porque ya no puede ofrecerse como garantía todo el valor de la maquinaria hipotecada, que ha de responder primero de la garantía que ha logrado la TGSS. TERCERO.— Las alegadas exclusiones a la posibilidad de rescisión. Añade la TGSS para justificar su oposición que tanto el apartado 4 como el 5 del art. 71 le amparan. Sin embargo no es aplicable el art. 71.4 LC puesto que dispone una norma que sólo rige "cuando no se trate de actos comprendidos en los dos supuestos del apartado anterior". Es decir, el art. 71-4 LC opera si los

> actos dispositivos se realizan a favor de personas no especialmente relacionadas con el concursado, si las garantías reales no se constituyen a favor de obligaciones preexistentes o nuevas contraídas en sustitución de las primeras, o en otros casos no previstos en la norma. En nuestro caso nos encontramos con un supuesto claramente identificado en el art. 71.3-2 LC, porque se constituye una garantía añadida que trata de asegurar una deuda que ya existía y que no contaba con ese plus de seguridad para el acreedor que supone la hipoteca, por lo que, sencillamente, no puede operar la previsión del art. 71.4 LC. En segundo lugar opone la TGSS que el art. 71.5 LC es de aplicación en tanto que dispone que no pueden ser rescindidos los actos 'comprendidos en el ámbito de las leyes especiales reguladoras de los sistemas de pagos y compensación y liquidación de valores e instrumentos derivados'. En ese precepto no se incluyen, en consecuencia, las leyes especiales de la seguridad social y en particular su Reglamento de Recaudación ejecutiva, como se afirma en la vista. El precepto alude a los sistemas de compensación bancaria, que por razones de seguridad jurídica y económica han de ser irrevocables, como exige tanto la normativa comunitaria (Directiva 98/26/CE de 19 de mayo, de 1998, sobre firmeza de la liquidación de los sistemas de pago y liquidación de valores), como la nacional, contenida en la Ley 41/1999, de 12 de noviembre, sobre sistemas de pagos y liquidación de valores por las que se adapta esa directiva a nuestro ordenamiento interno, con sus reformas de los años 2000, 2004 y 2005, como por cierto reitera la DA 2.ª 2.g) LC. Esas previsiones y la referencia del art. 71.5 a leyes especiales no permiten incluir a la normativa especial de la Seguridad Social, que no es la mencionada por el precepto. No está por lo tanto abrigada la operación de constitución de garantía hipotecaria por la excepción y no cabe excusar la rescisión pretendida, cuyos requisitos concurren, en esa norma....".

O la sentencia del Juzgado de lo Mercantil núm. 2 de Barcelona, de fecha 18 de enero de 2006:

> "...Es incuestionable, por otro lado, que nos hallamos ante la constitución de una garantía real a favor de una obligación preexistente, que permite presumir que el acto fue perjudicial para la masa (artículo 71.2.º, apartado tercero). En efecto, el concursado Don José María, en representación de MEMORIAL TRANSPORT S.L., reconoce adeudar 620.800 euros a MIRTRA 2005 S.L., entidad que, a su vez, participaba en el capital de MEMORIAL TRANSPORT S.L. y que era propiedad de Don Luis Ángel y su familia. Éste, en el momento en que se firmó el contrato, estaba

unido sentimentalmente a la hija del concursado Doña Natalia. El crédito de MIRTRA 2005 S.L., de existir, hubiera merecido la consideración de subordinado, de conformidad con lo dispuesto en los artículo 92 y 93.2.º de la Ley Concursal. Don José María asume personalmente la deuda y grava, en perjuicio de la masa, su patrimonio. Sabido es que con la asunción no se extingue la primitiva obligación; simplemente se modifica (artículo 1.203 del Código Civil). En definitiva, una deuda preexistente contraída con una entidad declarada en concurso en este mismo procedimiento, se ve favorecida con una garantía real que perjudica al conjunto de acreedores de los concursados. No sólo se produce una merma significativa e injustificada de la masa, sino que se altera el principio paritario o la llamada pars conditio creditorum. La garantía se constituye sin contraprestación alguna para el deudor y favorece a una persona especialmente relacionada con éste. En consecuencia, sin más innecesarias consideraciones, debe ordenarse la rescisión del acto impugnado por la administración concursal, restaurándose la situación inmediatamente anterior a la del acto rescindido, esto es, el crédito de MIRTRA 2005 S.L. lo será con MEMORIAL TRANSPORT S.L. y con la calificación de ordinario —no se advierte mala fe en el acreedor y a fecha de hoy no se mantiene la especial relación de éste con los concursados—, debiendo cancelarse la hipoteca..."

La sentencia del mismo Juzgado de los Mercantil núm. 2 de Madrid de fecha 2 de diciembre de 2009:

"...En todo caso se ha de indicar, a mayor abundamiento, que en presencia de obligaciones que se encontraban vencidas a principios de 2008 y que BBVA pudo libremente someter a ejecución singular si lo hubiera deseado, la operación consistente en el otorgamiento de un préstamo —esta vez con garantía hipotecaria— tendente a cancelar las deudas preexistentes no puede considerarse como una operación presidida por la mala fe de la que habla el Art. 73-3 de la Ley Concursal, especialmente si se tiene en cuenta que la exigencia de mayores garantías por parte de la entidad bancaria se produce en un periodo caracterizado —según resulta notorio— por una profunda crisis del mercado inmobiliario. De hecho, no es ya que no se aprecie mala fe sino que, de no ser por el allanamiento de BBVA a la pretensión rescisoria de la hipoteca, resultaría francamente cuestionable que la constitución de dicha garantía represente verdaderamente un acto 'perjudicial para la masa activa' de los previstos en el Art. 71-3,2.º de la Ley Concursal. Téngase en cuenta que, según resulta generalmente admitido, la presunción '**iuris tantum'** que dicho precepto contempla es una presunción de perjuicio en la medida en que —por referencia al apartado 2 del mismo precepto— comporta una presunción de gratuidad. Sin embargo, en una operación como la ahora analizada no nos encontramos ante una hipoteca constituida gratuitamente, es decir, en garantía de obligaciones preexistentes aún no vencidas, sino que estamos ante un negocio oneroso en aquella medida en que el deudor obtiene, a cambio de la constitución del derecho real, una contraprestación clara que se corresponde con un correlativo sacrificio para el acreedor: el aplazamiento de la deuda y la evitación de una ejecución singular inmediata — las obligaciones se encontraban vencidas— con la consiguiente ventaja representada por la posibilidad de remontar la situación económica adversa por la que atravesaba, y ello por más que finalmente, casi cuatro meses mas tarde de la formalización de la operación, dicha entidad no lograse tal objetivo y presentase su solicitud de concurso voluntario. Y en tal sentido apunta la reciente Sentencia de la Sección 15.ª (Especializada en materia mercantil) de la Audiencia Provincial de Barcelona de 6 de febrero de 2009. De ahí que, como se ha indicado y sin que ello implique valorar la cuestión en profundidad a falta de un análisis más afinado de la misma (téngase en cuenta que ese análisis no resulta preciso en vista del allanamiento de la demandada a la pretensión rescisoria), resulte dudoso incluso que la hipoteca constituida onerosamente en provecho de la prestataria tuviera carácter perjudicial para la masa activa..."

O la sentencia de la Audiencia Provincial de Madrid, de fecha 20 de abril de 2012:

"...CUARTO.— Establecido cuanto antecede, obligado resulta destacar que, en el empeño de desvirtuar la presunción '**iuris tantum'** del artículo 71.3 de la **LC** en que se ha fundado la sentencia apelada, la apelante ha tratado de sustentar la inexistencia del perjuicio patrimonial legalmente presunto en el hecho de que la concursada garante pertenece al mismo grupo empresarial que la prestataria. Pero lo ha hecho de manera inespecífica, aludiendo únicamente a las sinergias y principios de actuación unitaria que ordinariamente caracterizan a la actuación de los grupos para concluir, en definitiva, con una pura abstracción: que los dos préstamos que integraron la operación sindicada en su conjunto '...supusieron el reforzamiento del grupo como tal.'. Ahora bien, aun suponiendo que dicha reflexión fuese acertada y que, por lo tanto, pudiéramos concluir que el grupo como tal resultase reforzado, lo que cabría preguntarse es qué clase de impacto positivo tuvo ese refuerzo grupal para los acreedores de una específica sociedad: FRUTAS FRANCH S.A. El argumento del interés grupal, si no va acompañado de un concienzudo estudio capaz de poner de relieve que la operación cuestionada resultó además provechosa para la mercantil concursada, carece por completo de interés en el ámbito concursal. Pues, si evidente resulta que el concepto de 'grupo' tiene una proyección eminentemente contable (artículo 43 y siguientes del C. de Comercio) y está desprovisto de aptitud para diluir la personalidad jurídica independiente de las sociedades que en él se integran, lo relevante no es tanto el dato puramente formal de la personalidad jurídica que aquellas conservan cuanto las consecuencias prácticas que del principio de la personalidad derivan: al tratarse de entes independientes, su actividad en el tráfico mercantil es generadora de círculos de acreedores incomunicables, cada uno de ellos dotado de particulares intereses en la preservación del patrimonio de la respectiva sociedad que les resulta deudora. Intereses que, desde luego, no sólo no son en modo alguno identificables con los del grupo de empresas sino que en muchos casos pueden ser frontalmente contrarios a ellos, pues no es en modo alguno infrecuente observar cómo determinados resultados que desde una perspectiva global son provechosos para el interés grupal (que no es otro que el interés del empresario singular o colectivo que subyace al grupo) se logran precisamente a costa de sacrificar los intereses objetivos de una o varias de las sociedades consorciadas. Buena prueba de que no debemos perder esa perspectiva la constituye que la noción de grupo en el ámbito de lo concursal no ha rebasado la trascendencia estrictamente procesal (se prevé la posibilidad de instar conjuntamente la declaración de concurso de varios deudores que perteneciesen al mismo grupo —artículo 3.5 de la LC, que pasa al artículo 25 con la reforma legal por Ley 38/2011— o de acumular los concursos declarados de varias sociedades pertenecientes a un mismo grupo —artículo 25 de la LC, que pasa al artículo 25 bis con la referida modificación legislativa), sin que ello pueda dar lugar a la consolidación de los tratamientos concursales concernientes a las respectivas masas activas y pasivas de las entidades concursadas, lo que sólo excepcionalmente, y ello tras la reforma por Ley 38/2011, se prevé expresamente para el caso específico de confusión patrimonial que contempla el párrafo segundo del nuevo artículo 25 ter, frente a la previsión de su párrafo primero que postula como regla general precisamente la no consolidación de tales masas. Siendo ello así, es patente que, para desvirtuar la presunción que sobre ellas gravita (artículo 71.3 de la LC), incumbía a las apelantes acreditar (artículo 217.6 de la LEC) en qué concreta medida o de qué modo específico la hipoteca constituida por FRUTAS FRANCH S.A. resultó no perjudicial para su específico círculo de acreedores, propósito que no se logra mediante apreciaciones de tipo abstracto, como lo es la consideración genérica de que aquello que fuera bueno para la matriz lo debería ser necesariamente también para sus filiales, lo que, por cuanto acabamos de razonar, no puede considerarse una conclusión que deba estimarse obvia ni susceptible de ser acogida acríticamente y sin reservas. Es más, precisamente en el ámbito de lo concursal se contemplan con especial desconfianza las operaciones favorecedoras de una persona que tenga una especial relación con el concursado, lo cual es apreciable cuando de un grupo de sociedades se trata (artículo 93.2 de la LC), lo que incluso ha llevado al extremo de prever una presunción de perjuicio en los casos de actos dispositivos a título oneroso realizados entre quiénes se hayan inmersos en ese tipo de vinculaciones (artículo 71.3.1.º); es por ello que lo anteriormente argumentado cobra, si cabe, en el aspecto conceptual, mayor justificación."

Y la sentencia de la Audiencia Provincial de Barcelona de fecha 6 de abril de 2011:

"...Lo que no se acepta en la sentencia apelada, y tal decisión y valoración de la prueba practicada por la Juzgadora de Primera Instancia la estimamos acertada, dadas las circunstancias concurrentes. Así, la mayor parte de las deudas no habían vencido cuando se otorga la escritura de fecha 7 de agosto de 2008 de reconocimiento de deuda, sólo 2.602.175,20 euros de 10.200.859,31 euros; y frente a tal importe de deuda se constituyen garantías reales por un importe de 13.777.293 euros; el aplazamiento del pago de parte de las deudas, en mínima cuantía frente al total, fue el de un año aproximadamente, manteniéndose los vencimientos de las deudas que estaban pactadas con posterioridad al 12 de octubre de 2008, no tratándose pues de un aplazamiento a largo plazo como se alega; y por otra parte, no era la única mercantil que suministraba materia prima a 'Ferralla Lois, S.L.', pudiendo en todo caso haber acudido a otras formas de refinanciación de la deuda sin necesidad de constituir garantías reales sobre su propio patrimonio, dada su precaria situación económica existente en esos momentos..."

III.6.2.4. Garantías constituidas a favor "de las nuevas contraídas en sustitución de aquellas"

Alude el art. 228.2.º TRLC a "las nuevas contraídas en sustitución de aquellas". Desde luego no parece un ejemplo de claridad y precisión en la redacción de normas. Mas bien una suerte de trabalenguas, mostrándoseme esquiva la determinación de si esta reseña refiere a garantías u obligaciones, cuestión que resuelvo conectándola a las segundas, y entiendo que la presunción ataca la constitución de garantías a favor de las nuevas obligaciones contraídas en sustitución de las anteriores obligaciones. Ciertamente, el tenor literal del precepto resulta manifiestamente mejorable.

El supuesto que contempla la norma conecta con la renegociación o refinanciación de deudas, en principio, negocio oneroso consistente, dicho sea, esqueléticamente hablando, en la inexigencia por la parte acreedora de una deuda vencida a cambio de un nuevo préstamo, cancelatorio del anterior, pero esta vez reforzado con una garantía real o personal. Aunque, ciertamente, las situaciones refinanciadoras se antojan diversísimas a la vista de las circunstancias concurrentes.

Obviamente, esta presunción no impacta en acuerdo de refinanciación comprendido en un plan de reestructuración de los del arts. 614 y ss TRLC, objeto de un régimen protectorio rescisorio regulado en los arts. 667 y 668 TRLC, y que antes examiné, quedando la rescindibilidad de la refinanciación sujeta a tales especiales normas.

Además, conviene recordar una vez más que aquellas operaciones conformadas por varios actos o negocios vinculados y entremezclados que respondan, realmente, a una única operación compleja, incluso inescindible, legal o por voluntad de las partes, no solo el ataque rescisorio precisa ser dirigido contra todos ellos entendidos como un único auto, sino que la apreciación del perjuicio también requiere atender al conjunto de la operación y no de forma fraccionada respecto de cada uno de los negocios que la componen, no resultando admisible a las presunciones de los arts. 227 y 228 TRLC TRLC, y quedando atado a la regla general del art. 229 TRLC.

En principio, esa refinanciación luce claramente favorable para el acreedor si, a cambio de cancelar una deuda ordinaria y reciente, obtiene una primera hipoteca sobre bienes que cubren en exceso el importe renegociado, Y nítidamente favorable para el deudor en cuanto detengatoria del inicio de una rápida ejecución sobre bienes libres de éste, novándose cómodamente su plazo por una segunda hipoteca sobre el mismo bien.[252] Y supuestos intermedios entre los expuestos, numerosos y variados, entendiéndose por el legislador que esa refinanciación, normalmente resulta favorable para el acreedor, y por tal razón aparece tiznada de presunción iuris tantum.[253]

Sin embargo, pienso que la renegociación o refinanciación de deudas no implica, necesariamente, la existencia de perjuicio para la masa activa. Tampoco que salvaguarde o favorezca a determinados acreedores,[254] obviando el eventual, y no tan infrecuente, carácter beneficioso para el deudor e, incluso los acreedores restantes.

Un perenne marchamo perjudicial concursal cosido a las operaciones de refinanciación de deuda, conlleva un riesgo cierto de desaparición de empresas viables, atravesadores de crisis financieras, superables, con mayor o menor dificultad y riesgo, con el apoyo refinanciador de sus acreedores, en esencia, entidades de crédito, que habitualmente desparecen y se quitan de en medio al olor de una eventual rescindibilidad de la operación refinancia-

252 ALCOVER GARAU, G. "Aproximación", pg. 338 y 339; y "Comentarios", pg. 774. También LÓPEZ SÁNCHEZ, M.A., "Los efectos", pg. 191; y LINACERO DE LA FUENTE, M. "Las acciones de reintegración", pg. 158.

253 ALCOVER GARAU, G. "Aproximación", pg. 338 y 339, y ROMERO SANZ DE MADRID, C. "Derecho", pg. 163. RIVERA FERNÁNDEZ, M. "Reintegración", pg. 103, recordando que tal préstamo pude ser, incluso, beneficioso al conseguir el reflotamiento de la empresa.

254 VIGUER SOLER, P.L. "La masa" pg. 386; y SILVETTI, E. "Comentarios", pg. 556.

dora.[255] Esa refinanción, insultada y reputada de perjudicial, remedia, en no pocas ocasiones, la crisis de la empresa y, por ende, los problemas de sus acreedores.[256]

A efectos de desactivar la perjudicialidad de la refinanciación deudora, y a la vista de los variados supuestos planteables, que, obviamente, dificultan en la práctica tal examen acreditatorio, en este caso, a cargo del deudor, cabe analizar, desde esa perspectiva deudora, el rango de la garantía y los bienes sobre los que ésta recae y, respecto al acreedor, la calidad de la deuda refinanciada y su posibilidad de cobro.[257] También las condiciones de la deuda originaria y la nueva. Lo significativo del crédito recibido en relación al valor de las garantías aportadas. O la conveniencia del negocio para la viabilidad y continuidad de la empresa, obviamente, examinada al momento de la refinanciación y no del concurso. O la proximidad temporal de la refinanciación a la declaración de concurso[258]. También, ahora desde la perspectiva del acreedor, atendiendo al eventual deterioro o desvalor de las garantías en su día constituidas a su favor y después permutadas en la refinanciación sospechosa.

El examen de todas estas circunstancias y condicionantes, de forma conjunta y, desde luego, atendiendo al negocio refinanciador en su integridad, entendido como un todo, permite concluir sobre esa eventual falta de perjucio del acto renegociador sospechoso.

Queda imantada por la presunción del art. 228.2.° TRLC la concesión de un crédito, cuyo importe cancela uno previo, aunque realmente en este caso no concurra novación obligacional alguna, pero sólo en cuanto el titular del crédito extinguido sea el mismo acreedor, o que en el momento de la concesión del nuevo

---

255 CRESPO AULLE, F. "Comentarios", pg. 1893.

256 PULGAR EZQUERRA, J. "El acreedor", pg. 1445.

257 ALCOVER GARAU, G. "Aproximación", pg. 338-339.

258 ROMERO SANZ DE MADRID, C. "Derecho", pg. 163; y SANCHO GARGALLO, I. "Reintegración", pg. 163.

préstamo conste o resulte su destino a la extinción, total o parcial, de deudas preexistentes del deudor Mantener lo contrario, implica que el nuevo acreedor queda vinculado, injustamente, a una presunción, cuya aplicación escapa a su control y conocimiento y que depende de actuaciones posteriores del deudor, a las que resulta ajeno[259]. Y no parece justo.

Finalmente, uno de los supuestos que pueden darse con bastante frecuencia es aquel en que la nueva obligación objeto de la garantía, no sustituya a la vencida totalmente, sino de forma parcial. Piénsese en el préstamo hipotecario que se obtiene para cancelar uno anterior y conseguir mayor dinero. En este caso, y a la vista de la indivisibilidad de la garantía real, entiendo que la presunción de perjudicialidad abarca a la garantía en su integridad[260].

Expuesto todo lo anterior, variadas son las resoluciones recaídas con relación a operaciones de refinanciación y la presunción iuris tantum que nos ocupa.

La sentencia del Tribunal Supremo, de 16 de septiembre de 2010, que entiende perjudicial la operación a la vista de lo gravoso de las nuevas condiciones y la conversión de un crédito concursal en privilegiado especial como consecuencia de la constitución de la hipoteca:

> "...al ampliarse la hipoteca convirtiendo un crédito ordinario en privilegiado y las condiciones más onerosas o gravosas de la nueva operación crediticia. En cuanto a la alegación de inexistencia de insolvencia de los Srs. Luis Pedro-Carla en abril de 2003, cuando tuvo lugar la operación, resulta inconsistente porque incurre en supuesto de la cuestión al contradecir una apreciación fáctica de la resolución recurrida no previamente."

En sentido contrario, sentencia del Tribunal Supremo, de fecha 3 de junio de 2015, que niega tal perjuicio a la vista de la

---

259 GONZÁLEZ VÁZQUEZ, J.C. "Las acciones", pg. 613.
260 RIPOLL OLAZÁBAL, G. "Derecho Concursal", pg. 381.

existencia de un beneficio directo para la sociedad al obtener un nuevo aplazamiento, que le ha permitido seguir con su actividad social y, una ventaja patrimonial indirecta para fiadores que pueden seguir percibiendo las retribuciones antes expresadas en el seno de una empresa familiar, que siguen controlando y participando en la conducta comercial y contractual de la misma:

> "...3. En el presente caso, ante la eventualidad de que el supuesto pudiera acomodarse en la presunción iuris tantum que prevé el art. 71.3.2.º LC al prestarse la garantía en un crédito en sustitución de otro despojado de la misma, ha quedado acreditado y no refutado por la administración concursal: 1.º) que los consortes Eulalia Cesar son los únicos accionistas de la sociedad Agroquijada, S.L. de carácter familiar; 2.º) que, conjuntamente con su hijo Ernesto, son ejecutivos y administradores de la sociedad prestataria; 3.º) que como administradores, de acuerdo con los datos de la memoria acompañada como documento n.º 1, en el escrito de contestación de la demanda integrante de las cuentas anuales de Agroquijada, S.L., aquéllos tenían asignada una retribución anual de 223.918,98.-? y como personal de alta dirección, tampoco objetado por la administración concursal, la cuantía de 181.590,89.-?; 4.º) que la cantidad prestada se destinó a pagar íntegramente un préstamo que vencía el mismo día que, de no ser así, el Banco podía ejecutar inmediatamente, malbaratando los rendimientos con los que se alimenta la economía familiar. Por tanto, en el presente supuesto, concurre la existencia de un beneficio directo para la sociedad al obtener un nuevo aplazamiento, que le ha permitido seguir con su actividad social y, una ventaja patrimonial indirecta para fiadores que pueden seguir percibiendo las retribuciones antes expresadas en el seno de una empresa familiar, que siguen controlando y participando en la conducta comercial y contractual de la misma. Esta ventaja o beneficio patrimonial es tan relevante que deja sin efecto la producción de perjuicio..."

Y la sentencia del Tribunal Supremo de fecha 15 de febrero de 2017, que entendiendo que la refinanciación estaba amparada en la DA 4.ª LC, y, por lo tanto, no rescindible, mantiene en cualquier caso su no perjudicialidad a la vista de lo significativo del crédito concedido, muy superior al valor de la garantía prestada, y lo profundo de las modificaciones contractuales acordadas, que aliviaron la situación de la deudora:

"...Así es por lo que veremos a continuación. El acuerdo concedía una ampliación significativa del crédito, mediante la concesión de una línea de crédito y otra de descuento que pretendía garantizar la actividad ordinaria de la empresa. Además contenía una relevante modificación de las obligaciones, que debió suponer un alivio para la compañía: de un total de aproximadamente 20 millones de euros, se convino una quita algo inferior a 5 millones, aun contando con la quita no verificada; cesó la ejecución de algunos de los créditos que por entonces habían sido impagados; se redujo el interés a un 6%, frente al existente que variaba del 16 al 18%; la concesión de los avales que necesitaba la concursada frente a las autoridades públicas; y la ampliación del plazo de la obligación de restitución a 25 años. Estas condiciones se adecuaban a las exigidas por el apartado 1 de la DA4.ª LC entonces vigente, y resulta razonable el juicio de verificación que lleva a cabo la Audiencia de que, conforme al informe del experto independiente, en estas condiciones el plan de viabilidad era equilibrado, basado en parámetros conservadores y racionales. Sin que debamos guiarnos por el sesgo retrospectivo que proporciona el resultado final, la frustración de la finalidad perseguida con la refinanciación. El enjuiciamiento no puede ser ex post facto, en función de los resultados, sino que debe realizarse de acuerdo con la información de que se disponía entonces, cuando se adoptó el acuerdo, bajo parámetros de razonabilidad y de manera objetiva. Por otra parte, las garantías otorgadas, en concreto la hipoteca sobre la totalidad de la maquinaria, resulta proporcionada «conforme a las condiciones normales de mercado en el momento de la firma del acuerdo», si tenemos en cuenta que el resto de los bienes estaban ya gravados y que el valor de la garantía, según la sentencia recurrida, era de aproximadamente 1 millón de euros. A la postre, lo relevante es el valor de la garantía, no que con carácter general se manifieste que la hipoteca se constituye para garantizar la totalidad del préstamo. En relación con la significativa ampliación del crédito que es muy superior al valor de la garantía, esta debe considerarse proporcionada..."

También resulta de interés la Sentencia de la Audiencia Provincial de Barcelona de fecha 6 de febrero de 2009 que considera no perjudicial para la masa una refinanciación consistente en un préstamo hipotecario cuyo destino, dos tercios, es la cancelación de uno anterior que estaba impagado y no gozaba de garantía real, y el tercio restante es nueva aportación de liquidez. Por otro lado, el plazo de devolución pasa de inmediatamente exigible a un año:

> "...En este caso, debemos valorar si estaba o no justificado el sacrificio patrimonial que comporta la concesión de una garantía real, pues contrariamente a lo argumentado por el Banco, constituye una merma del valor del bien en la medida en que se afecta al cumplimiento de una obligación, lo que se manifiesta sobre todo a la hora de enajenar o gravar nuevamente el bien. El mero hecho de conceder una garantía real, en este caso una hipoteca, para garantizar una obligación preexistente o una nueva que sustituya a otra anterior, debe considerarse injustificado pues además de la merma de valor que supone para el patrimonio del concursado, en relación con el posterior concurso de acreedores, supone una alteración injustificada de la **par condicio creditorum,** al conceder a un acreedor el derecho a satisfacerse su crédito con lo obtenido de la realización del bien gravado y, ordinariamente, al margen del concurso o, cuando menos, con preferencia al resto de los acreedores. Ahora bien, en el presente caso concurren una serie de circunstancias que deben ser valoradas: primero, que la hipoteca no se constituye enteramente para garantizar una obligación preexistente —en este caso una nueva que sustituye a otra anterior—, sino que algo menos de dos terceras partes, aproximadamente, del crédito garantizado con la hipoteca se destina a cancelar otra deuda anterior, vencida y exigible, y algo más de una tercera parte es una ampliación de crédito; y, segundo, que respecto del crédito preexistente, se transforma una deuda inmediatamente exigible, que por estar en cuenta corriente genera elevados intereses de descubierto, en una deuda a largo plazo, un año, a un interés menor que el propio del descubierto. Ambas circunstancias, en el contexto en que se renegoció la deuda, en octubre de 2005, seis meses antes de que se instara **el concurso de acreedores,** justifican el acto de disposición que supone la constitución de la hipoteca, lo que excluye el perjuicio..."

No parece en principio perjudicial para la masa aquel préstamo por el que se renueva uno preexistente sin imponer condiciones más gravosas al deudor. Acertadamente así lo expone la sentencia de la Audiencia Provincial de Madrid, de fecha 10 de octubre de 2011:

> "...Es pues, una cuestión de delimitación del objeto de la litis lo que nos impide entrar en un debate que la parte demandante no

ha considerado oportuno introducir y que la demandada solamente ha introducido en concepto de defensa virtual, es decir, en concepto de defensa frente a un argumento que nunca se ha esgrimido en su contra: el del carácter perjudicial de la constitución del gravamen hipotecario. Porque innecesario resulta reiterar aquí la necesidad de discernir los aspectos reales de los obligacionales: lo único que el Art. 71-3,2.ª considera perjudicial, siempre salvo prueba en contrario, es la constitución de garantías reales para aseguramiento de obligaciones que anteriormente carecían de ellas o para aseguramiento de las obligaciones nuevas que vengan a sustituir a las antiguas en las operaciones de renovación. Y es que solo esas garantías reales, en tanto en cuanto convierten en privilegiado al acreedor que sin ellas sería ordinario, son capaces de alterar la 'par conditio creditorum'. En cambio, ya hemos señalado anteriormente que el simple préstamo renovador del preexistente, siempre que no comporte condiciones más gravosas y abstracción hecha del gravamen real superpuesto, nunca podría representar otra cosa, en el mejor de los casos para la tesis de la parte demandante, que un acto de carácter neutro que no comporta para la entidad prestamista la menor ventaja o preeminencia con respecto al resto de los acreedores concursales ..."

La sentencia de la Audiencia Provincial de Barcelona de fecha 13 de diciembre de 2011, entiende no perjudicial la constitución de una hipoteca en garantía de un préstamo que se destina al pago de uno anterior vencido y exigible, que contaba ya con garantía real, acordándose la devolución del nuevo préstamo en el plazo de diez años:

"...El presente sería un supuesto de constitución de garantías reales no ya a favor de una deuda preexistente, sino de una nueva obligación (la derivada de un préstamo por importe de 290.000 €) que se contrae en sustitución de otra anterior o, lo que viene a ser lo mismo, para destinarla al pago o cancelación de otra obligación anterior o preexistente, vencida y exigible. Pero sería un supuesto de hecho muy particularizado si se admite que la obligación anterior o preexistente ya contaba con una garantía real. En tal caso no puede decirse que concurra el fundamento de la presunción que establece el precepto, cual es la alteración de la *par conditio creditorum* al favorecer injustificadamente a un acreedor privilegiando su crédito con una garantía real con la que antes no contaba. Se ha de aceptar que si la obligación preexistente, que se sustituye o cancela por la nueva, estaba igualmente garantizada con una hipoteca, no hay en principio trato de favor injustificado al acreedor beneficiario de la nueva garantía, máxime cuando la obligación anterior ya vencida, que se cancela, se sustituye por una nueva a largo plazo (aquí 10 años), lo que redundará en beneficio de la continuación de la actividad empresarial, teniendo en cuenta también que, en este caso, las líneas de financiación se mantuvieron vigentes. **3.** La AC alega en el recurso que, al gravar con una segunda hipoteca las fincas que ya estaban hipotecadas, el valor de éstas disminuye y en esa medida merma las expectativas de cobro de los demás acreedores en el concurso. En este caso, el exceso del valor de tasación en la primera hipoteca respecto de las responsabilidades garantizadas queda ahora absorbido con la segunda hipoteca, lo que implica un perjuicio para la masa activa. Siendo esto cierto, no lo es necesariamente el perjuicio a la masa ni la alteración de la *par conditio creditorum*. Debe tenerse presente que si las primeras hipotecas se mantienen vigentes tras el pago de la deuda vencida de 281.810 €, es porque los contratos de financiación de cuyos saldos deudores responden las fincas también se han mantenido vigentes, y de hecho han generado otros saldos deudores que han sido reconocidos en el concurso, es decir, la financiación ha continuado, con el consiguiente riesgo para el banco. Con el préstamo y la segunda hipoteca, si es que la deuda vencida que se canceló con el capital prestado ya estaba cubierta por una primera hipoteca, se habría ampliado la extensión de la garantía, habida cuenta de las hipotecas prioritarias, para cubrir la refinanciación y permitir así la continuación de la actividad empresarial, lo que no puede decirse que haya supuesto una alteración de la *par conditio creditorum*. CEP hubiera podido ejecutar la primera hipoteca y no conceder más financiación; en su lugar, concedió una refinanciación con garantía real, que hubo de absorber el diferencial entre la tasación y las primeras responsabilidades. **4.** Frente al argumento de que las fincas ya estaban hipotecadas, alega la AC que en la primera escritura de 17 de marzo de 2009, en garantía del 'contrato multipóliza', se hipotecó sólo la finca 2.830/N (el local), pero con el préstamo de 31 de julio de 2009 se hipotecó también el piso entresuelo (finca 2.842/N) para responder de 165.000 € de principal más intereses, costas y gastos. Esta finca —prosigue la AC— no se gravó en la escritura de 17 de marzo de 2009, de modo que es una hipoteca nueva, en garantía de un préstamo que se destina a cancelar obligaciones vencidas que no gozaban de garantía hipotecaria anterior. Hay que dejar constancia de que el piso entresuelo, finca 2.842/N, fue hipotecado (primera hipoteca) en la segunda escritura de 17 de marzo de 2009 (n.º de protocolo 275) en garantía de las obligaciones derivadas de un contrato de cuenta de crédito hasta el límite de 200.000 €. Lo que seguramente quiere significar la AC, y no lo hace con suficiente claridad, es que la deuda que se canceló (los 281.810 €), generada por el anticipo de facturas por operaciones extranjeras, no estaba cubierta por la garantía real sobre dicha finca 2.842/N, ya que aquella financiación tan sólo quedaba amparada por el 'contrato multipóliza', que se garantizó con la hipoteca sobre el local (finca 2.830/N), y no por el crédito en cuenta corriente. De este modo, la segunda hipoteca (en garantía de una nueva obligación que viene a sustituir a la preexistente) se habría extendido a una finca más, que antes no estaba hipotecada para responder de la deuda cancelada. Ante todo se trata de una cuestión nueva, que se introdujo en el acto de la vista de la primera instancia, y se reproduce en el recurso. Es un argumento de hecho que intenta rebatir la defensa que aventuró la parte demandada en su contestación sobre la ausencia de perjuicio presumible al amparo del art. 71.3.2.º LC, en un intento de cubrir todos los posibles planteamientos que podrían derivarse de la genérica argumentación de la demanda, pero, obviamente, la demandada no pudo contrarrestar adecuadamente en su contestación la apreciación de un posible perjuicio a la masa generado por el hecho de que la deuda cancelada estaba cubierta tan sólo por la hipoteca de una finca y la nueva obligación contraída para refinanciarla queda cubierta por dos fincas. Este planteamiento lleva implícita la discusión acerca del alcance de la cobertura real con que contaba la obligación cancelada, y este debate no se suscitó en la demanda, ni siquiera en el escrito de modificación del objeto del proceso. Por ello, para no menoscabar el derecho de defensa por razón de alegaciones relevantes que no se expresaban en la demanda, y que debieron explicitarse en ella para subsumir el supuesto de hecho en la presunción del art. 71.3.2.º LC, no deberían ser tenidas en cuenta. Pero, en cualquier caso, la AC parece admitir que la obligación cancelada estaba cubierta, en efecto, con la hipoteca sobre el local de la planta baja (finca 2.830/N) al quedar amparada por el 'contrato multipóliza' de fecha 17 de marzo de 2009 (la AC no alega lo contrario, y así se deduce de los argumentos del recurso). En esta primera hipoteca la citada finca, valorada y tasada en 607.032 €, responde hasta un máximo de 535.500 € (que incluye 450.000 € de principal, y el resto por intereses, costas y gastos). La otra finca, n.º 2.842/N, valorada y tasada en 487.113 €, responde hasta un máximo de 222.000 € (de los 200.000 € corresponden al principal). En la segunda hipoteca se distribuye la responsabilidad hipotecaria entre las dos fincas de la siguiente manera (ya quedó expuesto con anterioridad): a) la finca n.º 2.830/N (local) responde de 125.000 € de principal, más intereses, gastos y costas; y b) la finca 2.842/N (piso entresuelo) responde de 165.000 € de principal más intereses, gastos y costas. Es decir, al mantenerse vigentes las primeras hipotecas, pues las líneas de crédito continuaron operativas, la nueva garantía se extiende a otra finca para cubrir el exceso que quedaría sin cobertura real por superar el valor de tasación de la primera finca, el local. Así, la extensión del gravamen a otra finca, se justifica por la necesidad de distribuir la responsabilidad en atención a las cantidades cubiertas con la primera hipoteca y la tasación de la finca. Pero con ello no se altera el rango del acreedor, que ya gozaba de privilegio especial por la deuda cancelada; y al distribuirse de esa manera la responsabilidad hipotecaria entre dos fincas, aunque el gravamen se extienda a otra, ningún beneficio o privilegio adicional obtiene CEP, sino únicamente la cobertura real de la nueva obligación en toda su magnitud, con la que ya contaba con anterioridad..."

También es de reseñar la sentencia de la Audiencia Provincial de Madrid, de fecha 20 de abril de 2012, que entiende claramente perjudicial la concesión de una hipoteca en garantía de una obligación nueva que no gozaba de garantía real, apenas cuatro meses antes de la declaración del concurso del deudor:

"...Puede suceder, sin embargo, que la constitución de un gravamen hipotecario en garantía de la obligación nueva que viene a sustituir a la primitiva que no se encontraba especialmente garantizada no constituya un simple favorecimiento a determinado acreedor en aquellos casos en los que, encontrándose vencida y en situación de mora la obligación antigua objeto de sustitución, el otorgamiento de nuevo plazo (y eventualmente de otras condiciones ventajosas) al deudor por medio de la constitución de la obligación nueva que viene a remplazarla implique para el acreedor un verdadero sacrificio, el cual aspiraría a ser compensado mediante la constitución de la garantía de la que carecía la obligación preexistente. En otras palabras, en tales casos podríamos encontrarnos ante un negocio con el que el deudor obtuviese, a cambio de la constitución del derecho real, una contraprestación clara que se correspondiese con un correlativo sacrificio para el acreedor: la abstención de éste en el ejercicio de su legítimo derecho a iniciar de inmediato una ejecución singular. Ahora bien, no basta con afirmar, en abstracto, la existencia de esa posibilidad teórica sino que, para comprobar si la presunción legal ha de considerarse o no desvirtuada, se hace indispensable descender al examen de las particularidades del caso que concretamente examinamos. Y es que, si bien es cierto que la ley proyecta la presunción de perjuicio indiferenciadamente sobre todo el periodo de dos años anteriores a la declaración de concurso, no podemos obviar la consideración de que se trata de un lapso de tiempo ciertamente extenso que exige focalizar la atención sobre la concreta fase del mismo en la que se celebra el negocio —constitución del gravamen— presuntivamente perjudicial, y ello con un claro objetivo: discriminar los supuestos en los que el acreedor ha asumido un sacrificio real de aquellos otros en los que sólo asume un sacrificio aparente. Pues innecesario resulta aclarar que no es lo mismo que ese negocio se celebre al inicio del periodo, supuesto este en el que el acreedor cuenta con un margen de dos años dentro del cual podría verosímilmente iniciar una ejecución singular y ultimar la vía de apremio sobre los bienes del deudor, que constituir el gravamen al final del plazo cuando esa posibilidad deviene ilusoria y a lo más que podría aspirar el acreedor que se convirtiera en ejecutante sería a obtener una anotación preventiva de embargo que, una vez declarado el concurso, quedaría jurídicamente diluida dentro de la masa pasiva al perder su titular toda preferencia sobre el bien embargado. Sólo en el primer caso podría afirmarse con cierta seguridad que, al disponer de la posibilidad real de apremiar los bienes del deudor, el acreedor realizaría objetivamente un sacrificio económico al renunciar a hacerlo. En cambio, en el segundo caso el sacrificio sería sólo imaginario porque, aun cuando se hubiera negado al otorgamiento de nuevo plazo para el pago de la deuda vencida, el acreedor quedaría, en todo caso, integrado en la masa del concurso sin el menor privilegio. En otras palabras, carecería objetivamente de aquel poder cuya renuncia pudiera conceptuarse como sacrificio patrimonial, con lo que el aplazamiento de la deuda no comportaría para el deudor —ni, consiguientemente, para su círculo de acreedores— una ventaja susceptible de ser compensada mediante la constitución del gravamen, lo que significaría, en definitiva, que ese gravamen no estaría llamado a compensar o retribuir cosa alguna. En el supuesto que ahora nos ocupa, no es fácil deducir qué parte del total de lo refinanciado correspondía a deuda vencida y en situación de descubierto, circunstancia que proyecta cierta oscuridad sobre la controversia al dificultar la apreciación de la existencia —y eventualmente de la magnitud— del sacrificio que se habría llevado a cabo en la preservación de la posición acreedora. Ahora bien, dicho esto, lo que consideramos verdaderamente relevante es que, de acuerdo con las máximas ordinarias de la experiencia, podemos afirmar con un grado de seguridad más que razonable que el periodo de algo más de cuatro meses que median entre el otorgamiento de la hipoteca y la

> declaración de concurso habría sido manifiestamente insuficiente para que la entidad apelante pudiera haber consumado el apremio sobre bienes de FRUTAS FRANCH S.A. y haberse hecho pago con su producto, y ello con anterioridad a la declaración concursal, de aquella parte de la posición deudora que se encontrase vencida en la época de referencia (fracción de cuya cuantía —se insiste— carecemos de un conocimiento cabal). En dicho trance, una hipotética negativa de la apelante al aplazamiento de la deuda no hubiera representado mejora alguna en su posición acreedora: habría obtenido, a lo sumo, anotaciones de embargo y habría avanzado en ciertos trámites, pero todo ello quedaría difuminado —ya se ha dicho— en la fecha de declaración de concurso, momento en el que, por virtud de lo dispuesto en el artículo 55.2 **de la Ley Concursal,** se desvanecería cualquier preferencia alcanzada merced a dichos avances, de tal suerte que sus créditos quedarían homologados dentro del concurso para pasar a recibir el tratamiento concursal, carente del menor privilegio, que les correspondiera. Contrariamente, un aplazamiento de la deuda, con la consiguiente renuncia temporal a emprender acciones ejecutivas, no comportaba para dicha entidad el menor sacrificio en vista de la inminencia del concurso, pero, a cambio de esa formal renuncia, obtenía una garantía anteriormente inexistente que le situaba en una posición de privilegio frente a los restantes acreedores..."

O la sentencia del Juzgado de lo Mercantil núm. 3 de Pontevedra, de fecha 31 de enero de 2012 (*Tol 2499245*):

> "...Nótese que no resulta de aplicación —DT 1.ª—, en este punto, la reforma operada por ley 38/11, donde en un supuesto idéntico al que nos encontramos, convierte la presunción en **iuris tantum;** así, el artículo 71.2 LC, en redacción operada por ley 38/11, dispone que 'El perjuicio patrimonial se presume, sin admitir prueba en contrario, cuando se trate de actos de disposición a título gratuito, salvo las liberalidades de uso, y de pagos u otros actos de extinción de obligaciones cuyo vencimiento fuere posterior a **la declaración del concurso,**excepto si contasen con garantía real, en cuyo caso se aplicará lo previsto en el apartado siguiente'; y ese apartado, el 3 del artículo 71 establece que 'Salvo prueba en contrario, el perjuicio patrimonial se presume cuando se trate de los siguientes actos... Los pagos u otros actos de extinción de obligaciones que contasen con garantía real y cuyo vencimiento fuere posterior a **la declaración del concurso**'. Aunque el fundamento del cambio normativo está claro —pues, como afirma la mejor doctrina, la infracción del principio de paridad que se produce

por la salida del acreedor de la masa concursal es menor, al contar simultáneamente con un derecho especial para cobrarse con cargo al bien afecto en caso de concurso—, sólo puede entenderse como una opción legislativa dirigida a posibilitar la defensa de la inexistencia de perjuicio por parte de los acreedores profesionales, normalmente los únicos que están en condiciones de exigir tales condiciones en la refinanciación, sin que pueda interpretarse en términos retrospectivos o, de alguna forma, configuradores de una interpretación auténtica respecto a la norma anterior, cuya claridad no deja lugar a dudas..."

Examinado la presente presunción, hemos de traer a colación la sentencia del Juzgado de lo Mercantil núm.1 de Bilbao de 9 de septiembre de 2005, que aplica la presunción objeto de estudio y acertadamente, acuerda la rescisión de la póliza reseñada. Los hechos base de la sentencia son los siguientes:

"...1.— El veinticuatro de mayo de dos mil dos BANCO concedió a EMPRESA S.A. un crédito en cuenta corriente hasta un límite de diez millones quinientos mil euros, en póliza número XXXXXX intervenida por Notario. 2.— El mismo día firmaron las partes un contrato privado en el que se constituía a favor de BANCO por EMPRESA una prenda sin desplazamiento de la posesión, sobre cabezas de ganado de su propiedad, que no fue formalizado en escritura pública ni se inscribe en el Registro de Bienes Muebles, y que garantiza once millones quinientos cincuenta mil euros, saldo deudor máximo de la cuenta que se garantiza, y dos millones de euros que se presupuestan para costas y gastos. 3.— El día veinticuatro de mayo de dos mil cuatro se otorgó escritura pública ante el notario, en el que se elevaba a tal el documento privado antes mencionado, se extendía la garantía pignoraticia a cualquier otra cantidad que por cualquier concepto se adeudara a BANCO, y participaban en tal operación otras empresas del grupo acreditado, aunque tampoco se inscribió en el Registro de Bienes Muebles. 4.— Como la razón de que no se inscribiera la garantía pignoraticia fue la falta de abono del Impuesto sobre Transmisiones Patrimoniales y Actos Jurídicos Documentados, que correspondía atender a EMPRESA y las demás empresas del grupo, el doce de julio de dos mil cuatro se otorgó nueva escritura pública en la que se anulaba y resolvía la escritura de veinticuatro de mayo, sustituyéndose por nueva póliza de crédito n.º xxxxxxxxxx en la que se recogía expresamente la prenda sin remisión a otros documentos respecto a 6.250 vacas diferentes de las recogidas en el contrato privado de dos mil dos, que garantizaban once millones quinientos mil euros de principal, tres millones cuatrocientos sesenta y cinco mil de intereses y otros dos millones para costas y gastos, inscribiéndose el veintitrés de julio de dos mil cuatro en el Registro de Bienes Muebles de León. 5.— El 27 de septiembre de 2004, se acordó la declaración de concurso de EMPRESA S.A..."

A la vista de los citados hechos, señala el Juzgador:

"...Desde tal perspectiva debe analizarse la pretensión de la administración concursal. En dos mil dos tan solo ... se beneficia del crédito y recoge en un documento privado la constitución de una prenda sobre un importante número de reses de su propiedad, documento que ni es elevado a escritura pública ni intervenido por fedatario público ni inscrito en el Registro de la Propiedad Mobiliaria. Sin embargo dos años después varias empresas del grupo, y no sólo ..., elevan a escritura pública tal previsión, dejan luego sin efecto aquélla y otorgan una nueva póliza de crédito en la que se incorpora la previsión de garantía pignoraticia sobre unas vacas distintas, ya que los crotales son diferentes, por unas cantidades diversas, en tanto que el primer contrato de crédito es por diez millones y medio de euros y el que ahora se pretende rescindir es de once millones y medio.

Ello permite aplicar la previsión del art. 71.3.2.º de la Ley Concursal, pues se han constituido garantías reales a favor de obligaciones preexistentes, o nuevas contraídas en sustitución de aquellas. El perjuicio patrimonial se presume, salvo prueba en contrario (art. 71.3), puesto que lo que ha sucedido es que pocos meses antes de la declaración de concurso, cuando una de las empresas del grupo entra en suspensión de pagos, el ... logra situarse en una situación ventajosa respecto del resto de acreedores de ... Lo consigue puesto que hasta el año dos mil cuatro no tenía una garantía de prenda sin desplazamiento constituida conforme a la ley, y a partir de entonces sí. Logra además ampliar el objeto de garantía, por un lado porque el crédito que se cubre como principal pasa de diez millones y medio de euros a once millones y medio, y por otro porque aunque inicialmente se limitaba a dicho crédito ahora se extienden a cualquier otra que se adeude a la mencionada entidad bancaria. Y por último, porque extiende la responsabilidad personal que en principio se refería exclusivamente a ... a otras empresas del grupo. Es decir, se ha otorgado una garantía real a un crédito existente con anterioridad a la concesión de la garantía, pues aunque ciertamente el banco podía compeler a ... a elevar

> a público el contrato en que se constituye la prenda, no lo hizo, cualquiera fuera la razón y aunque fuese por conveniencia de la hoy concursada. Lo que se ha conseguido, a partir de julio de dos mil cuatro, es cambiar la naturaleza del crédito de la entidad bancaria, que ha pasado de ser exclusivamente ordinario a ser privilegiado, en evidente perjuicio del resto de los acreedores. Por otro lado no ha habido prueba en contrario de que no haya perjuicio de acreedores. Sin duda no es necesario demostrar fraude, pues en tal sentido la nueva Ley Concursal ha moderado y racionalizado las previsiones de la normativa anterior. Pero sí ha existido perjuicio y las pruebas presentadas por el Banco no desvirtúan tal presunción, pues se sostienen exclusivamente en que convino a la acreditada que no se constituyera la garantía, conveniencia que seguro fue cierta, pero fue admitida y consentida por la hoy demandada, que pudo exigir que se cumplieran las previsiones de la LHMPSDP, solicitando la elevación a pública de la póliza o su intervención por fedatario, y no lo hizo. Ha sucedido, en consecuencia, lo que el legislador previene el art. 71 de la Ley Concursal, esto es, que un acreedor obtiene, dentro del periodo sospechoso, una garantía añadida sobre una deuda aparentemente nueva, pero que en realidad es anterior, mejorando de forma obvia su condición y posición frente a los demás acreedores de la concursada…"

También traemos a colación la sentencia del citado Juzgado de lo Mercantil núm. 1 de Bilbao, fechada el 29 de diciembre de 2005. Los hechos probados en tal sentencia son los siguientes:

> "…PRIMERO.— El ocho de abril de dos mil dos Banco Popular Español, S.A., concedió a Energía Viva, S.A., (Enervisa), un crédito en cuenta corriente hasta un límite de tres millones de euros, en póliza número… intervenida por el Notario de Bilbao D. Ramón Múgica Alcorta, con vencimiento en dos años. SEGUNDO.— Como anexo de dicha póliza se constituye por Enervisa a favor del Banco Popular Español, S.A., una prenda sin desplazamiento de la posesión, sobre cabezas de ganado de su propiedad, que garantiza las disposiciones de dicho crédito hasta tres millones de euros, sus intereses ordinarios de una anualidad calculados al tipo del 9,25% anual, intereses de mora de dos anualidades al 19% y un 20% de tal cantidad para eventuales costas, garantía que se inscribe en el Registro de Bienes Muebles de Toledo. TERCERO.— El día once de julio de dos mil dos, Enervisa y el Banco Popular Español, S.A., convienen una póliza de crédito de hasta 900.000 euros, para operaciones de comercio exterior, núm. 05-11-95, destinada a financiar importaciones de ganado vacuno, intervenida

> por el notario de Bilbao D. Luis Fernández de Trocóniz, que una vez adquirido se pignoraba en la forma que disponía el anexo de la póliza... citada en los dos ordinales anteriores. CUARTO.— El once de octubre de dos mil dos, seis de marzo, veintisiete de mayo y dos de julio de dos mil tres y diecinueve de enero de dos mil cuatro se otorgan nuevos anexos a la póliza núm. ... sustituyendo en cada caso las vacas que habían sido sacrificadas por otras nuevamente adquiridas que eran pignoradas en garantía de ese crédito. QUINTO.— El veinticuatro de mayo de dos mil cuatro se suscribe una nueva póliza de crédito núm. ..., entre el Banco Popular Español, S.A., y Enervisa, a la que se suman también otras empresas del mismo grupo, entre las que se encuentran Complejo Cárnico Picos de Europa, S.A., y Raciones Naturales, S.A., por valor de 3.500.000 euros, cargándose a la cuenta las cantidades procedentes del crédito en cuenta corriente de la póliza número ..., suscrita el once de abril de dos mil dos y la póliza de crédito para operaciones de comercio exterior, núm. 0511-95, de once de julio de dos mil dos, por lo que fueron cancelados ya que al tiempo el Banco dispuso a su favor de la cantidad de 170.725,55 euros que existían en la cuenta corriente ..., de la que era titular Enervisa, por lo que los nuevos acreditados, Enervisa y Campo Noble, S.L., Complejo Cárnico Picos de Europa, S.A., y Raciones Naturales, S.A., no recibieron por esta operación ninguna cantidad. SEXTO.— Esta última póliza de crédito fue garantizada mediante un anexo de la misma fecha exclusivamente otorgado por Enervisa mediante la constitución de prenda sin desplazamiento de la posesión que afectaba a 7.362 cabezas de ganado vacuno, que responderían de 3.500.000 euros de principal, interés de mora de dos anualidades al 7,5% anual y otro 20% para costas y gastos. SÉPTIMO.— El mismo día también se acordó la concesión por el Banco Popular Español, S.A., y el Banco Urquijo S.A., a Raciones Naturales, S.A., de un crédito con garantía hipotecaria por valor de 1.500.000 euros en tres tramos..."

Ante la alegación por el demandado que nos hallamos ante una operación de reestructuración global de la deuda del grupo concursado, el Juzgador señala:

> "...Puede que eso fuera así, como se dice en la hipoteca o en el doc. núm. 6 de la contestación, que sin embargo es tan sólo una propuesta, y no un contrato vinculante, pero tal circunstancia no oscurece que la concreción que pueda realizarse al plasmarse jurídicamente no puede inventar obligaciones que graven patrimonio de otras sociedades del grupo que no recibieron contraprestación

de ninguna clase. No nos encontramos ante una simple intervención como fiador o avalista, sino en calidad de auténticos deudores de las sociedades afectadas, de manera que parece claro que la masa activa de otras dos sociedades del grupo, Raciones Naturales, SAU, en liquidación y Complejo Cárnico Picos de Europa, S.A., se ha visto perjudicada. En cuanto a la cláusula 16.2 del anexo a la póliza de veinticuatro de mayo de dos mil cuatro, no justifica el llamamiento a las demás sociedades del grupo. Al margen de si materializó o no la cesión, la propia previsión contractual carece de fundamento, pues si alguien se obliga lo es a cambio de algo, y no había razón para hacerlo, salvo ofrecer mayores garantías al banco, garantía que tendrían que formalizarse a través de cualquiera de las figuras admitidas en el ordenamiento jurídico. Además, se aprecia que la cancelación de los dos créditos anteriores disminuyó el patrimonio de Enervisa. Esta sociedad respondía, hasta que se firma la póliza de mayo de dos mil cuatro, de una póliza de tres millones de euros con garantía hipotecaria y otra de 900.000 euros, de los que sólo había dispuesto 659.557,40 euros, con simple garantía personal. Tras aquella operación resulta que desaparecen los anteriores y mantiene un crédito de tres millones quinientos mil euros, que en su totalidad garantiza con prenda. En definitiva, tras la operación se amplía la garantía pignoraticia en medio millón de euros. Sostiene el banco que lo sucedido es que el primer crédito de tres millones de euros produjo intereses al 19% anual, que justifica la nueva cantidad concedida, y que el crédito para la importación no había sido liquidado. Pero la documentación que aporta no refleja tales cantidades, sino las que señala la administración concursal, como se ha indicado al fundamentar la conclusión alcanzada respecto del quinto hecho probado. En consecuencia, la operación realizada en mayo de dos mil cuatro sirve para cancelar los dos créditos anteriores, obliga a la sociedad a una cantidad superior, supone la disposición en efectivo de una cuenta a favor del banco, y además viene acompañada del mantenimiento de la garantía pignoraticia. Por ello se constata también el perjuicio de la masa activa, pues el patrimonio de Enervisa se grava en mayor medida de lo que lo estaba hasta ese momento. Sin duda el Banco Popular Español, S.A., podría haber ejecutado la prenda que se había constituido en dos mil dos, como alega. Pero también es cierto que aquella garantía afectaba a un crédito inferior, tres millones frente a tres y medio, tan sólo se refería al crédito de tres millones y no al de los otros 900.000 euros, obtuvo un pago en efectivo de Enervisa en lugar de realizar una entrega por su parte y además la garantía personal se extendió a otras tres empresas del grupo, hasta entonces no obligadas. En

> consecuencia aunque sin duda facilitó la continuidad de la sociedad en crisis, también se benefició de tal ampliación de garantías, aunque luego ese acto haya resultado estar incluido en el período de dos años inmediatamente anterior a la declaración de concurso. Concurre la circunstancia a la que alude el art. 71 LC, al verse perjudicada la masa activa de Enervisa y otras empresas del grupo, y constituirse una garantía añadida sobre los quinientos mil euros por encima de los tres millones que hasta mayo de dos mil cuatro carecían de garantía y que luego son asegurados con la prenda de 6.000 cabezas de ganado vacuno..."

O la sentencia del Juzgado de lo Mercantil núm. 4 de Barcelona, de fecha 18 de diciembre de 2006:

> "...8. Del documento numero 3 aportado con la contestación a la demanda de Caixa de Cataluña y del interrogatorio de la administración concursal resulta acreditado que el día 28 de noviembre de 2003 el Grupo Friguls, representado en este punto por su sociedad principal José Friguls Clariana S.A., tenía que Caixa de Cataluña tres operaciones por las que se le había concedido un crédito total de 970.380 euros. 9. En esa fecha se concluyen cuatro operaciones: a) un préstamo por importe de 1.200.000 euros a favor de José Friguls Clariana S.A.; b) se abre una línea de crédito para operaciones de comercio exterior por un importe máximo de 950.000 euros; c) se abre otros dos líneas de créditos, también con garantía hipotecaria, de 300.000 euros cada una de ellas. El total del crédito concedido en ese momento fue de 2.750.000 euros con garantía hipotecara. 10. De la declaración del testigo D. Domingo, se desprende que el importe de 1.200.000 euros del préstamo y el importe de 300.000 euros de una de las línea de crédito se destinó a pagar proveedores, cuyas deudas estaban vencidas en el momento en que se suscriben los contrato (minutos 34-36). El dinero obtenido mediante esas dos operaciones, una de préstamo y otra de crédito, por importe total de 1.500.000 euros fue pagar las deudas vencidas con los proveedores. La Caixa de Cataluña puso precisamente como condición para conceder estos prestamos que el Sr. Domingo comprobara los pagos, por lo tanto tenía pleno conocimiento del destinos del dinero prestado. 11. En este caso, por una parte, y hasta el importe de 970.380 euros, importe del crédito concedido por Caixa de Cataluña al grupo concursado en el momento en que se otorgan las garantía, lo que hace la Caixa de Cataluña, es sustituir una pólizas que carecía de garantía hipotecaria por otras que sí se preveía esa garantía. 12. Por otra parte, 1.500.000 euros se destinan a pagar obligaciones preexistentes,

deudas que son sustituidas por el préstamo de 1.200.000 euros y la línea de creadito hasta 300.000 euros ambas con garantía hipotecaria, de esta forma lo que se hace es sustituir unas deudas vencidas a favor de proveedores, que no tenía garantía hipotecaria, por otras deudas que si lo tienen, lo que supone un perjuicio objetivo para la masa activa del concurso. El art. 71 LC ya citado permite presumir el perjuicio patrimonial para la masa activa cuando las garantías reales se constituyen para garantizar obligaciones que vengan a sustituir deudas preexistentes. En este caso, tal y como reconoció el testigo de Caixa de Cataluña es indudable que ese fue el destino del 1.500.000 euros prestados, pagar obligaciones vencidas de proveedores, pero esas deudas resulta sustituidas por la operaciones de créditos con garantía hipotecaria, por lo que hay que presumir que esa constitución es perjuicio para el concurso. El citado art. 71 LC no requiere para que la operación sea rescindible que las obligaciones correspondan al mismo acreedor, por lo que es posible aplicar este precepto a aquellos casos en los que se esta financiando deuda vencida, lo que hace que debe de ser la entidad de crédito la que pruebe que esa operación era beneficiosa para la sociedad en ese momento, es decir, que la sociedad era viable refinanciando de esa forma la deuda. Hay que señalar que el perjuicio al que se refiere al ley concursal es un perjuicio objetivo para la masa activa, que no requiere que el nuevo acreedor sea consciente del mismo, tal y como dice el precepto, sin necesidad de que conste intención fraudulenta. 13. En este caso, si sumamos la cantidad correspondiente al crédito de la propia Caixa de Cataluña, 970.380 euros, al 1.500.000 euros correspondiente a las deudas vencidas de proveedores, veremos que la diferencia con los 2.750.00 euros del total de las operaciones garantizadas es de 279.620 euros. Esta última cantidad es la que teóricamente no correspondía a deudas preexistentes, pero esa suma resulta insignificante en relación con el total de la garantía concedida para justificar la operación..."

La sentencia de la Audiencia Provincial de Lugo de 1 de junio de 2012, entiende perjudicial una hipoteca destinada a refinanciar deudas de sociedades que forman parte del grupo de la concursada e inyección de liquidez, dado el escaso liquido obtenido y el plazo de devolución del préstamo:

"...En tal sentido, segundo lugar, sostiene el apelante la inexistencia de perjuicio y que la hipoteca suscrita tenía la finalidad de refinanciar deudas anteriores de las sociedades que forman el grupo y la inyección de liquidez. Respecto a este último punto, el informe pericial del perito Sr. Gumersindo es taxativo al señalar que si a la cancelación anticipada de la deuda preexistente se le añade la comisión de apertura, el líquido obtenido es inferior a 11.000 euros y ello y el aplazamiento de cinco años está lejos de excluir el perjuicio que se le irroga a la concursada con la hipoteca de bienes por importe de 400.000 euros, hipotecándose bienes pertenecientes directamente a la concursada, el hecho de que otras sociedades puedan obtener un beneficio no empece a lo expuesto si tenemos en cuenta lo expuesto anteriormente respecto a la inexistencia de grupo y a la falta de prueba consistente respecto a la consideración de la existencia de una sociedad matriz y otras filiales. Por tanto, el perjuicios es evidente y el beneficio en perjuicio de los acreedores de la concursada obtenido por la entidad bancaria apelante es obvio, contraviniendo lo dispuesto en el artículo 71 y siguientes **de la Ley Concursal**..."

O la sentencia de la Audiencia Provincial de Badajoz de fecha 24 de noviembre de 2011, que entiende no perjudicial la refinanciación con garantía real destinada en gran medida a satisfacer una deuda vencida y exigible que generaba importantes intereses moratorios y a atender una cuota vencida de otro préstamo, cuyo impago hubiera permitido a la entidad de crédito resolver anticipadamente el mismo:

"...Ha de partirse afirmando que el supuesto de hecho planteado en la demanda es sustancialmente diferente al expuesto en la apelación y que ahora coincide con el relato descrito en la Sentencia, según los términos acreditados por los efectuados en la contestación y dicha variación se produce respecto a un dato esencial para este caso cual es el de que el importe del préstamo hipotecario litigioso fue destinado, en gran medida, a satisfacer una deuda ya vencida y exigible que generaba importante intereses moratorios, así como una cuota ya vencida de otro préstamo. Es claro que la hipoteca constituida lo fue como dice expresamente la escritura de constitución con la finalidad de 'reconversión de deudas' y como ha acreditado la parte demandada (documentos n.º 12 a 14 de la contestación) se destinó principalmente a la cancelación de un préstamo (2124) que ya estaba vencido y era exigible y que generaba importantes intereses de demora, muy superiores a los establecidos en la hipoteca, así como también a la cancelación de otra cuota vencida e impagada de otro préstamo (6781), cuyo impago hubiera podido resolver anticipadamente éste y a su amortización parcial (con vencimiento a seis meses vista) y que generaba intereses ordinarios similares al préstamo hipotecario (aunque, los de demora eran ciertamente muy superiores). Resulta difícil dar un concepto de perjuicio patrimonial (exigido por el art. 71.1 LC), al existir el riesgo de que un criterio de interpretación excesivamente laxo convierta en rescindibles todos los actos realizados por el deudor en los dos años anteriores a **la declaración del concurso,** con el consiguiente riesgo para el valor esencial de la seguridad jurídica. Y ello aunque la jurisprudencia mercantil se está decantando por el concepto amplio de perjuicio, comprensivo no sólo de aquellos actos que suponen una minoración de la masa activa sin contraprestación de ninguna clase, sino también de los actos que perjudican la masa activa al tiempo que minoran el pasivo si ello supone una alteración del principio general de la par **conditio.** En tal sentido, la SAP Barcelona de 6 de febrero de 2009 afirma que el juicio sobre el perjuicio exige que haya existido un autentico sacrificio patrimonial, que no se da en todos los actos de disposición patrimonial, por ejemplo cuando el negocio es oneroso y la prestación realizada por el deudor tiene su justificación en una contraprestación de valor patrimonial equivalente. Además, es preciso que dicho sacrificio carezca de justificación. En esa última resolución se analizan posibles causas de justificación en el otorgamiento de una hipoteca constituida para garantizar, siquiera en parte, una obligación preexistente y concretamente se valora el hecho de que se transforma una deuda inmediatamente exigible, que por estar en cuenta corriente genera elevados intereses de descubierto, en una deuda a largo plazo (en nuestro caso, 20 años a un interés menor que el propio del descubierto)..."

La sentencia del Juzgado de lo Mercantil núm. 3 de Pontevedra de fecha 10 de noviembre de 2011, entiende que el sacrificio patrimonial es justificado en el supuesto de hipoteca en garantía de un préstamo con el que se atiende deuda vencida y que generaba intereses moratorios, que se transforma en deuda a largo plazo y se inyecta liquidez a la deudora:

"...TERCERO.— El primero de los puntos que ha de determinarse es si concurre la presunción *iuris tantum* de perjuicio que el actor considera existente sobre la base del artículo 71.3.2 LC, que dispone que 'Salvo prueba en contrario, el perjuicio patrimonial se presume cuando se trate de los siguientes actos: La constitución de garantías reales a favor de obligaciones preexistentes o de las nuevas contraídas en sustitución de aquéllas' Muy lejos de las tesis de la actora, que consideró en su informe oral que los únicos acuerdos de refinanciación irrescindibles son los explícitamente celebrados al amparo de la anterior DA 4.ª introducida por RDL 3/09 —hoy ubicados, con la reforma operada por ley 38/11, en el artículo 71 LC— es comúnmente aceptada la definición de perjuicio que instauró la SAP Barcelona, sección 15.ª de 6-2-09 como *'sacrificio patrimonial no justificado'*; esa falta de justificación es la que hace presumir el perjuicio; presunción que, al ser iuris tantum, admite prueba en contrario; la prueba ha de ceñirse, precisamente, a la justificación del sacrificio. Son acuerdos de refinanciación denominados atípicos —por no estar expresamente contemplados por la norma—, cuya bondad o perjuicio para la masa sólo pueden examinarse en el caso concreto. ¿En qué basa dicha sentencia, y las demás que con posterioridad se pronuncian sobre el tema siguiendo su senda, la justificación del sacrificio? En algo exactamente igual a lo aquí acontecido, una vez más si se observan las cosas con desprejuicio: se pasan deudas de corto a largo a plazo, y se inyecta dinero nuevo: 'En este caso, debemos valorar si estaba o no justificado el sacrificio patrimonial que comporta la concesión de una garantía real, pues contrariamente a lo argumentado por el Banco, constituye una menea del valor del bien en la medida en que se afecta al cumplimiento de una obligación, lo que se manifiesta sobre todo a la hora de enajenar o gravar nuevamente el bien. El mero hecho de conceder una garantía real, en este caso una hipoteca, para garantizar una obligación preexistente o una nueva que sustituya a otra anterior, debe considerarse injustificado pues además de la merma de valor que supone para el patrimonio del concursado, en relación con el posterior concurso de acreedores, supone unte alteración injustificada de la par condicio creditorum, al conceder a un acreedor el derecho a satisfacerse su crédito con lo obtenido de la realización del bien gravado y, ordinariamente, al margen del concurso o, cuando menos, con preferencia al resto de los acreedores. *Ahora bien, en el presente caso concurren una serie de circunstancias que deber ser valoradas: primero, que la hipoteca no se constituye enteramente para garantizar una obligación preexistente —en este caso una nueva que sustituye a otra anterior—, sino que algo menos de dos terceras partes aproximadamente del crédito garantizado con la hipoteca se destina a cancelar otra deuda anterior, vencida y exigible, y algo más de una tercera parte es una ampliación de crédito: y, segundo, que respecto del crédito preexistente, se transforma una deuda inmediatamente exigible, que por estar en cuenta corriente genera elevados intereses al descubierto en una deuda a largo plazo, un año, a un interés menor que el propio del descubierto. Atabas circunstancias, en el contexto en que se renegoció la deuda, en octubre de 2005, seis meses antes de que se instara el concurso de acreedores, justifican el acto de disposición que supone la constitución de la hipoteca, lo que excluye el perjuicio'* La comparación con nuestro caso es evidente; el préstamo se destina al pago —no se olvide— de deuda vencida y exigible en una parte muy importante; de no haberse acometido la reestructuración del pasivo, se hubieran generado importantes cantidades adicionales en concepto de intereses y costas si las entidades bancarias acreedoras hubieran iniciado los procedimientos para su exacción forzosa; aunque se trate de 'dinero viejo', no se observa que la alternativa a la reestructuración de la deuda a cambio de garantías reales fuera mucho más halagüeña; y hay una cantidad ingente de dinero nuevo o 'fresh Money'; del primero de los préstamos sindicados, de 35 millones el propio perito de la demandante reconoce que sólo 19 se dedican a refinanciar, siendo los 16 restantes dinero nuevo, debiendo destacarse el expreso reconocimiento del perito propuesto por la parte demandante Sr. Dimas —documento 5 de la demanda, cuyo informe tiene como principal objeto justificar la realización de las devoluciones a Promalar— de ese porcentaje de dinero nuevo del total, incluido, a preguntas de Banco Popular, un millón de euros concedidos por la demora en el cobro de determinadas cantidades del préstamo sindicado. El demandante realiza un juicio de valor basado en la *simetría* de las situaciones: si la demanda de retroacción de la AC prosperó, ¿por qué no va a hacerlo la interpuesta por Uwais Ingeniería si los presupuestos son los mismos? Pues bien, la situación no puede ser más rotundamente asimétrica, a poco objetivo que se muestre cualquier observador no parcial en la operación —y el demandante es profundamente parcial, no sólo como factótum de las operaciones de reestructuración que acometió, sino hasta el punto de que ni un solo acreedor de los 586 que constan en los textos definitivos ha estimado pertinente atacar tal operación de refinanciación—. Ya decíamos en la sentencia de la acción rescisoria interpuesta por la Administración concursal de fecha 28-1-11 que no cabía desconocer que 'no puede equipararse la situación de los acreedores profesionales —cuyo objeto social es, esencialmente, prestar dinero a cambio de un precio y de una garantía de devolución del mismo, lo que permite en el marco de su actividad ordinaria actos de refinanciación y constante novación de las obligaciones contraídas con sus clientes— con la de un financiador no profesional, dedicado a la promoción inmobiliaria, y plenamente inserto, a través de participaciones recíprocas que terminaron por la plena adquisición accionarial de BASA, con una explícita vinculación familiar entre todas ellas. De esta suerte, si el concursado hubiera acreditado que las disposiciones del préstamo le hubieran permitido saldar obligaciones contraídas con otros acreedores diversos —fundamentalmente comerciales—, poco importaría que el grueso de la financiación pasara a reducir el importe del negocio familiar; de la misma manera, si los pagos se hubieran realizado fuera del periodo sospechoso —el de los dos años anteriores a la declaración de concurso—, el legislador hace abstracción de su destinatario y lo considera un modo lícito de extinción de obligaciones singulares por parte del deudor, con las salvedades propias de las acciones rescisorias del artículo 71.6'. Dichas consideraciones son absolutamente obviadas por el demandante, en su legítimo derecho de estar disconforme con las mismas, pero ninguno de los argumentos expuestos en contra son mínimamente atendibles; la igualdad de trato sólo puede producirse ante situaciones iguales, y no cuando la desigualdad es nítida. En suma, se pretende equiparar la actuación de un consorcio de bancos —que realiza ambas operaciones de préstamo, no se olvide, a instancias del concursado— con la restitución de una importante cantidad de dichos préstamos a saldar favor de persona especialmente relacionada con el mismo; se pretende, con la rescisión, desnaturalizar el préstamo mercantil hasta hacerlo prácticamente gratuito, pues no puede olvidarse que los acreedores profesionales no prestan sólo a cambio de los intereses pactados, sino a cambio de tener garantías suficientes de recuperación; y se pretende atacar una operación que no se hace irrescindible por nueve días: la situación de la empresa era crítica pero el intento del concursado era reflotarla reestructurando su pasivo anterior acosta de gravar valiosos activos hasta entonces libres, fuente de financiación *propia* de la empresa y hasta entonces no utilizada; y el concurso tarda dos años en sobrevenir, lo que no puede ser equiparado a, en antesala concursal perfectamente conocida y aun propiciada por la entidad bancaria, reforzar las garantías con el único fin de procurarse una mejor calificación del crédito en el concurso, supuesto clásico y común de rescisión de garantías reales. Por último, se prescinde de un elemento crucial: el proceso de compra y definitiva adquisición de BASA por parte de Promalar fue una operación empresarial arriesgada; lo saben los testigos y peritos que depusieron en el acto de la vista, y lo sabe el administrador del demandante, que conocían perfectamente que su situación financiera era deficiente y generaba pérdidas todos los años; contó con recursos cuasi propios —financiación por Promalar— y con recursos ajenos —financiación bancaria—, pero en todo caso la gestión de la empresa ha sido exclusivamente propia desde diciembre de 2007: pretender achacar de forma exclusiva a una insuficiente dotación de financiación-valorada por todos

> los testigos y peritos en 55 millones de euros frente a los 44 realmente obtenidos-todos los males de la empresa y la caída en concurso de acreedores, es eludir, acríticamente, las propias responsabilidades en la gestión empresarial, empezando por el uso del dinero nuevo para financiar circulante y tesorería, y acometer un plan industrial que permitiera reflotar la actividad. CUARTO— En el caso concreto, al margen de las consideraciones generales arriba expuestas, respecto a la finca 6229/bis del registro de la propiedad n.º3 de Vigo, la garantía se constituyó únicamente a favor del 30% del importe del préstamo sindicado —10.500.000 euros en total—, teniendo en cuenta, además, que la tasación realizada a 6 de marzo de 2008 valoraba la finca en 49.835.888,72 euros, por lo que la detracción de valor del bien era mínima, y permitía a cualquier acreedor rehipotecar la finca con garantías; en el caso de Caixanova, además, el dinero prestado se destinó al pago de créditos que a su vez contaban con garantía hipotecaria; aunque ésta se ampliase y se contragarantizase —supuesto no examinable a efectos de la demanda rescisión por falta de legitimación—, la noción de perjuicio como desvalor o envilecimiento de la finca por la vía del gravamen es realmente exiguo en medida proporcional a su valor; y si de lo que se trata es comparar las posibilidades de exigir garantías reales de los acreedores profesionales frente a proveedores, trabajadores u otros acreedores no financieros, tal comparación siempre resultará odiosa a favor de los primeros, sin que ello los deslegitime para actuar en el mercado, por constituir la formalización del crédito en las condiciones menos riesgosas posibles parte importante de su objeto social; esto, que resulta de evidencia, parece que ha de ser explicado a la vista de las tesis de la actora..."

La sentencia del Juzgado de lo Mercantil núm. 1 de Valencia, de fecha 14 de julio de 2010, también resulta interesante y, acertadamente, entiende perjudicial la constitución de un préstamo hipotecario que se destina a novar deudas preexistentes que no gozaban de tal garantía real y se atienden deudas de una tercera sociedad. También se pignora títulos valores de la concursada y se suscriben obligaciones subordinadas de la acreedora que igualmente se pignoran. Y se otorgan hipotecas de máximo para garantizar líneas de avales que carecían de garantía real:

> "...La constitución de préstamo con garantía hipotecaria por importe de 751.000.— euros, con el que se novan deudas preexistentes no garantizadas con hipoteca, y con su producto se atienden, al menos

parcialmente, deudas de tercera entidad. Se pignoran títulos valores de la concursada y se opera la suscripción de obligaciones subordinadas de Bancada por importe de 16.000.— euros, que igualmente se pignoran. Sendas hipotecas de máximo para garantizar líneas de avales que carecían ex ante de garantía real. Y el gravamen se constituye sobre bienes inmuebles que en algunos casos se encontraban libres de cargas. Así, al interrogante del eventual perjuicio para la masa activa la respuesta debe resultar positiva en la consideración del tipo de interés aplicable en las operaciones contratadas, el gravamen de bienes de la masa activa de la ahora concursada que se encontraban libres de cargas así como el destino de (parcialmente al menos) numerario obtenido para la atención de obligaciones de terceros. Correlativamente, es claro que no resulta que de modo sobrevenido resultara que tales garantías recabadas inicialmente ya no cubrieren el riesgo. En esta ultima hipótesis, **a contrario sensu,** es claro que no hablaríamos de la misma situación en la medida en que en buena praxis bancaria, de no cubrirse el desvalor de las garantías se operaria el cierre de la cuenta. Pero tal no es el caso y ninguna prueba sobre el particular, es claro, se ha venido a aportar. Así las cosas, resulta claro que el planteamiento que se enuncia viene a conformar posición de agravio para el resto de acreedores en la medida en que la entidad financiera, en cuanto que titular de garantías hipotecarias y prendaria, titula privilegio especial..."

Esta sentencia del Juzgado de lo Mercantil núm. 1 de Valencia, además, aporta un criterio que pienso debe valorarse, junto al resto de circunstancias concurrentes, a la hora de determinar si el sacrificio patrimonial es justificado: el eventual deterioro o desvalor de las garantías en su día constituidas y que se permutan en la refinanciación sospechosa.

Finalmente, vid. la sentencia de la Audiencia Provincial de Vizcaya de fecha 30 de julio de 2010, que entiende no perjudicial la hipoteca constituida en garantía de un crédito en cuenta corriente que se destina en un 25% a atender deudas de la concursada con la entidad de crédito y el restante 75% a pagar deudas que no tienen nada que ver con el Banco. Todo ello año y medio antes del concurso:

"...al efecto de la decisión respecto a la acción resolutoria ejercitada debe determinarse si en el caso el perjuicio que comporta para la masa activa la constitución de una garantía real en cuanto que atribuye al crédito del acreedor beneficiario de la garantía el carácter privilegiado con la inexorable disminución del valor la masa patrimonial de la ulteriormente declarada en concurso, tiene contrapartida en una contraprestación a cargo del acreedor cuyo crédito se garantiza con el acto impugnado. Pues bien, es indiscutido que la cooperativa Umaran, representada por D. Gian Franco Ghiro Alonso, constituyó una hipoteca a favor del Banco Vasconía en escritura n.º 2384 del Protocolo, de fecha 25 noviembre de 2005, ante el Notario de Galdacano, D. Cesar García Morales, sobre la finca n.º 20.587 del Registro de la Propiedad n.º 4 de Bilbao, en garantía de un crédito en cuenta corriente con un límite de 625.000 euros, a devolver el veinticinco de noviembre del año siguiente, con un interés nominal del 3,50% sobre los saldos deudores de la cuenta y que del importe del crédito, del que dispuso la Concursada en su totalidad, la suma de 168.422,43 euros se aplicó al pago de débitos anteriores de la cooperativa con Banco Vasconía (cuenta de crédito y descubierto en cuenta corriente) y 106.426,05 euros al importe de un efecto con cargo a Infroman cuya devolución solicitó la concursada antes de la fecha y el resto, 350.136,31 euros, se aplicó por la concursada a la realización de diversos pagos de obligaciones ajenas al Banco Vasconía, entre otros el IVA de la finca que se gravó con la hipoteca. Y desde que se concertó el nuevo crédito y se constituyó la hipoteca hasta la declaración de concurso transcurrió año y medio (15 mayo 2007). Así, la obligación preexistente a la constitución de la hipoteca era de importe notablemente inferior a la que se garantizó con la hipoteca pues la suma de la parte del nuevo crédito que se destino al pago de los débitos por diversos conceptos con el Banco Vasconía no llegaba a la mitad del importe total del nuevo crédito y por otra parte el débito preexistente con Banco Vasconía resultó beneficiado con la concertación del nuevo contrato de crédito en cuenta corriente pues su exigibilidad se aplazó un año y quedo sujeto al interés mas ventajoso establecido en el nuevo contrato de crédito. En tales circunstancias, la constitución de la hipoteca en garantía de una operación que posibilitó a la deudora mejorar las condiciones del débito preexistente y continuar su actividad durante más de un año en el que tal vez podría haberse modificado la trayectoria del negocio, dieciocho meses antes de la declaración de concurso, se considera justificada. Y en este sentido se considera oportuno indicar que la SAP de Barcelona, Sección Decimoquinta, de fecha 6 Febr. 2009, en un supuesto semejante al de autos, en el que la diferencia entre el crédito destinado a cancelar la obligación anterior y la de nueva constitución garantizada con hipoteca era inferior a la de autos — las dos terceras partes del crédito garantizado con hipoteca se destinaron a cancelar la deuda anterior y el lapso entre la concertación del negocio y **la declaración del concurso** fue menor ¿seis meses— considero justificado el acto de disposición que supone la constitución del concurso y excluido el perjuicio..."

III.6.3. Extinción de obligaciones con vencimiento posterior al concurso que gozan de garantía real

Tradicionalmente, los pagos u otros actos de extinción de obligaciones que contasen con garantía real y cuyo vencimiento fuere posterior a la declaración del concurso estaban sometidos a la presunción absoluta de perjuicio, iuris et de iure, contenida en el viejo art. 71.2 TRLC (actual art. 227 TRLC) y que anteriormente analicé.

Como manifesté durante la vigencia del viejo art. 72.1 TRLC, y respecto a su aplicación, se me antojaba una incongruencia que fuese indiferente que la obligación con vencimiento posterior a la declaración del concurso fuese objeto o no de una garantía real. A la vista de lo dispuesto en el art. 71.2 LC, operaba la presunción iuris et de iure y se reputaba tal pago como perjudicial, sin que cupiera reacción alguna aunque no atentaba contra la par conditio creditorum, ya rota por la prestación de la garantía, ni afectaba al dividendo de los acreedores, y el acreedor pagado, en virtud de los viejos arts. 56 y 155 LC tenía derecho preferente de cobro cuando se ejecutara la garantía en el concurso.[261]

Por ello, tras la reforma concursal llevada a cabo por la Ley 38/2011, se incorporó un nuevo apartado 3.º al art. 71.3 LC, los actos extintivos dotados de garantía real precedente se excluyen de la presunción iuris et de iure anteriormente citada y quedan sometidos a una presunción iuris tantum de perjuicio ex art. 71.3.3.º LC. Tal presunción se ha trasladado al vigente art. 228.3.º TRLC

Se ha manifestado que la razón de este cambio radica en la intención del legislador de permitir acreditar que un negocio extintivo obligacional no resultó perjudicial, sino que contribuyó a

---

261 CARRASCO PERERA, A. "Los derechos de garantía", pg. 342.

conseguir la viabilidad de la empresa[262]. O que en la presunción del art. 228.3.° TRLC, rezuma un apoyamiento o protección a favor de operaciones de refinanciación bancaria, habitualmente concesión de crédito a efectos de cancelar deuda no vencida que gozaba de garantía real[263]. Sin dejar de ser cierto lo anterior, entiendo que el cambio conecta con la especial situación y tratamiento otorgado a estos créditos extinguidos, y por ende, a su titular en el posterior procedimiento concursal.

Me explico. Ciertamente, el vencimiento del crédito con garantía real extinguido resulta posterior a la declaración concursal. Pero igual de cierto resulta ser el privilegio especial con el que queda guarnecido en el concurso de acreedores a la vista del art. 270 y ss TRLC, habilitatorio de su pago con cargo del bien o derecho afecto en virtud del privilegio especial (art. 430.1 TRLC). Esta especial y gratificante situación de los créditos dotados de garantía real en el posterior concurso de acreedores permite y aconseja atemperar la presunción de perjuicio del referido acto extintivo, presumiéndose salvo prueba en contrario, más acorde con el sistema particular de pago de los acreedores privilegiados especiales (art. 430 TRLC).[264]

En esta línea, vid. la sentencia del Juzgado de lo Mercantil núm. 3 de Pontevedra de fecha 31 de enero de 2012:

> "...Nótese que no resulta de aplicación — DT 1.ª—, en este punto, la reforma operada por ley 38/11, donde en un supuesto idéntico al que nos encontramos, convierte la presunción en **iuris tantum;** así, el artículo 71.2 LC, en redacción operada por ley 38/11, dispone que 'El perjuicio patrimonial se presume, sin admitir prueba en contrario, cuando se trate de actos de disposición a título gratuito, salvo las liberalidades de uso, y de pagos u otros actos de extinción de obligaciones cuyo vencimiento fuere posterior a **la declaración del concurso,**excepto si contasen con garantía real, en cuyo caso se aplicará lo previsto en el apartado siguiente'; y ese apartado, el 3

---

262 DE LAS HERAS GARCÍA, M.D. "Acciones", pg. 145.

263 GONZÁLEZ VÁZQUEZ, J.C. "Las acciones", pg. 615.

264 ARIAS VARONA, F.J. "La delimitación", pg. 376.

> del artículo 71 establece que 'Salvo prueba en contrario, el perjuicio patrimonial se presume cuando se trate de los siguientes actos... Los pagos u otros actos de extinción de obligaciones que contasen con garantía real y cuyo vencimiento fuere posterior a **la declaración del concurso**'. Aunque el fundamento del cambio normativo está claro —pues, como afirma la mejor doctrina, la infracción del principio de paridad que se produce por la salida del acreedor de la masa concursal es menor, al contar simultáneamente con un derecho especial para cobrarse con cargo al bien afecto en caso de concurso—, sólo puede entenderse como una opción legislativa dirigida a posibilitar la defensa de la inexistencia de perjuicio por parte de los acreedores profesionales, normalmente los únicos que están en condiciones de exigir tales condiciones en la refinanciación, sin que pueda interpretarse en términos retrospectivos o, de alguna forma, configuradores de una interpretación auténtica respecto a la norma anterior, cuya claridad no deja lugar a dudas..."

A la vista de la ratio de la norma, el concepto de "garantía real" queda aquí anudado con aquellas susceptibles de obtener un privilegio especial en el posterior concurso (art. 270.1 TRLC),[265] no impregnando a aquellos pagos u otros actos extintivos de deudas que venciesen con posterioridad a la declaración de concurso y que fueren dotados de garantía personal. El art. 228.3.º TRLC alude, en exclusiva, a las garantías reales, y no a las personales, abocando a estos actos extintivos a su afectación en sede de la presunción absoluta del art. 227 TRLC.

III.7. LOS ACTOS DEL DEUDOR, ADEMAS DE PERJUDICIALES PARA LA MASA ACTIVA, DEBEN HABERSE REALIZADO DENTRO DEL PERIODO SOSPECHOSO

III.7.1. General

Finalmente, el último requisito posibilitarorio del ejercicio de la acción rescisoria, de carácter temporal, precisa:

---

[265] ARIAS VARONA, F.J. "La delimitación", pg. 377.

a) Regla general: Que los actos perjudiciales para la masa activa hayan tenido lugar dentro de los dos años anteriores a la solicitud de concurso, así como los realizados desde esa fecha a la declaración del concurso. (art. 226.1 TRLC).

b) Regla especial, conectada a la preconcursalidad fallida, o dentro de los dos años anteriores, ya no a la solicitud de concurso, sino a la fecha de la comunicación de la existencia de negociaciones con los acreedores o la intención de iniciarlas para alcanzar un plan de reestructuración, comunicación recogida en los art. 585 y ss TRLC, así como los realizados desde esa fecha a la de la declaración de concurso, igualmente aunque no hubiere existido intención fraudulenta, siempre que concurran las dos siguientes condiciones:

   a) Que no se hubiera aprobado un plan de reestructuración o que, aun aprobado, no hubiera sido homologado por el juez.

   b) Que el concurso se declare dentro del año siguiente a la finalización de los efectos de esa comunicación o de la prórroga que hubiera sido concedida.

Pero esto no siempre fue así. El primitivo articulo 71.1 LC aludía a los actos realizados por el deudor "dentro de los dos años anteriores a la fecha de declaración", plazo bianual y cómputo mantenido posteriormente en el inicial art. 226 TRLC. No es hasta que se promulga la Ley 16/2022 cuando se altera no sólo el plazo bianual reseñado que, indirectamente, se amplía, como el computo del mismo. Luego me detengo en el análisis de ello.

El art. 226 TRLC, como su precedente, art. 71.1 LC, abandona el tenebroso y tsunaminico sistema que regía en la quiebra, según el cual el Juez fijaba la fecha de la retroacción con la calidad de por ahora y sin perjuicio de tercero, arrasando y llevándose por delante todo lo que quedaba comprendido dentro de este lapso temporal. Ahora se opta por la fijación en la Ley de un plazo rescisorio objetivo, opción que conecta con la conveniencia que los actos afectados por la acción rescisoria concursal guarden una relación de proximidad temporal con la declaración del concurso, y con la constatación formal de la insolvencia del deudor, que constituye presupuesto objetivo de tal acción.[266] Ello sin perjuicio que a los efectos que nos ocupa, sea indiferente si el deudor, al tiempo de realizar el acto, resultaba solvente.[267] O el tipo o clase de acto objeto de impugnación.

Huelga decirlo, la acción rescisoria impacta en actos deudores realizados dentro del periodo de sospecha señalado, no contra los realizados con posterioridad a la declaración de concurso. Así lo recuerda el Juzgado de lo Mercantil núm. 1 de Bilbao, sentencia de fecha 18 de octubre de 2007:

> "...Aclarado en consecuencia que uno de los créditos que pretende compensar la firma de abogados tiene naturaleza ordinaria y el otro contra la masa, procede analizar si concurren los requisitos para instar la rescisión. El art. 71.1 LC permite el ejercicio de estas acciones cuando se trate de actos perjudiciales para la masa activa realizados por el deudor dentro de los dos años anteriores a la fecha de declaración del concurso. Ese requisito temporal no se cumple en ningún caso, porque la compensación prohibida en el art. 58 LC se efectúa después de la declaración de concurso. La rescisión lo que pretende es dejar sin efecto los actos perjudiciales para la masa anteriores a la declaración de concurso. Los ulteriores pueden, sin duda alguna, ser perseguidos, pero no a través del incidente que se ha promovido, sino mediante la reclamación oportuna, extrajudicial y si es preciso, judicial..."

Este veto, hasta la aprobación del inicial TRLC y su posterior reforma a través de la Ley 16/2022, alcanzaba, incluso, a la impugnación rescisoria de actos perjudiciales llevados a cabo por el deudor tras la aprobación de un convenio, posteriormente incumplido, aperturándose la fase de liquidación. Dado que no nos encontrábamos ante actos del deudor realizados dentro de los dos años anteriores a la declaración de concurso, el ejercicio

---

266 LÓPEZ SÁNCHEZ, M.A, "Los efectos", pg. 187.

267 LEÓN SANZ, F.J. "Comentario", pg. 1306.

de la acción rescisoria concursal quedaba total y absolutamente vedado.[268]

Puede leerse en la sentencia de la Audiencia Provincial de Castellón de fecha 7 de marzo de 2012:

> "...A mayor abundamiento, varios de los cargos discutidos se ubican con posterioridad a la declaración de concurso, lo que determina igualmente la inaplicabilidad del régimen de la rescisión concursal, dado que no tienen lugar durante el periodo contemplado legalmente como sospechoso, debiendo combatirse conforme a la normativa común o, en su caso, la específica reguladora de las actuaciones de todos los implicados en el concurso tras su declaración..."

La anterior conclusión no implicaba que resultaran inatacables estos actos posteriores, ya no a la declaración del concurso, sino a la aprobación del convenio posteriormente incumplido. Al contrario, cabía su combatimiento, pero no mediante la acción rescisoria concursal, sino, en el último supuesto, actos en la fase de cumplimiento de convenio, ejercitando cualquiera de las otras acciones de impugnación contempladas en nuestro ordenamiento jurídico, especialmente, la rescisión por fraude de acreedores o la acción de simulación. Y en el primer supuesto, actos efectuados tras la declaración del concurso, si se hubiera realizado con infracción del régimen de intervención o suspensión de facultades, a través del régimen anulatorio previsto actualmente en el art. 109 TRLC.[269]

En esta línea, vid. la sentencia de la Audiencia Provincial de Barcelona, de fecha 26 de enero de 2010:

> "...Por esta razón estos tres pagos no deberían haber sido objeto de rescisión concursal, pues no se trata de actos de disposición realizados dos años antes del concurso, sino después. Serían, en su caso, de actos anulables, que debían haberse impugnado a

---

268 En similar sentido, DE LAS HERAS GARCÍA, M.D. "Acciones", pg. 143 o SANCHO GARGALLO, I. "Las acciones", pg. 1151 y 1152.

269 FUENTES DEVESA, R. "Reintegración", pg. 1257.

través de otra acción distinta, que responde a otros presupuestos diferentes, porque si para la rescisión concursal del **art. 71 LC** es necesario que se trate de actos de disposición realizados dos años antes a la declaración de concurso y que sean perjudiciales para la masa activa, para la anulación del art. 40.7 LC se precisa que los actos de disposición hayan sido realizados con posterioridad a la declaración de concurso y que lo hayan sido sin la autorización de **la administración concursal** (en un caso como el presente en que tan sólo existía una intervención de las facultades patrimoniales del deudor concursado). La disparidad de presupuestos para el ejercicio de una y otra acción da lugar a que la **causa petendi** para obtener la condena a la restitución de estas cantidades sea distinta, sin que pueda ser aplicada una no invocada en vez de otra sí aducida, al amparo del aforismo **iura novit curia,** ya que es algo más que aplicar la norma jurídica correcta, se trata de considerar ejercitada una acción diferente a la realmente instada por la administración concursal..."

La situación cambia respecto a la impugnación de actos posteriores a la aprobación del convenio posteriormente incumplido. A la vista del inicial art. 405.2 TRLC, según el cual, desde que alcance firmeza la declaración de incumplimiento convenial, resultaban anulables los actos realizados durante el periodo de cumplimiento del convenio que supusieran contravención del propio convenio, o alteración de la igualdad de trato de los acreedores que se encuentren en igualdad de circunstancias. Además, eran rescindibles los actos perjudiciales para la masa activa realizados por el deudor durante esa fase si acreditara la concurrencia de fraude.

De esta manera, se abría con el inicial art. 405.2 TRLC la resecabilidad de los actos del deudor, pero no bastaba que fueren perjudiciales para la masa activa. Además, requería la presencia de ese estigma fraudulento.

Finalmente, el vigente art. 405.2 TRLC, abdica de la anterior pretensión fraudulenta, y ya permite declarar la rescinbilidad de los actos perjudiciales para la masa activa acometidos por el deudor durante el periodo de cumplimiento de convenio, contactándola, directamente, con los arts. 226 TRLC y el régimen rescisorio concursal en el concurso de acreedores. Así, puede leerse en el citado precepto que “serán rescindibles conforme a lo establecido en el capítulo IV del título IV del libro primero los actos perjudiciales para la masa activa realizados por el deudor durante los dos años anteriores a la solicitud de declaración de incumplimiento del convenio o, en caso de imposibilidad de cumplimiento, de la solicitud de apertura de la fase de liquidación de la masa activas”. Mas adelante vuelvo sobre ello.

El establecimiento de ese plazo fijo a que refiere el art. 226 TRLC, desde el inicial art. 71.1 LC, ha sido objeto de crítica[270] y apoyo[271] por parte de nuestra doctrina. Las alternativas clásicas, postulan tres posibilidades: a) la determinación del plazo rescisorio por el Juez sin límite legal; b) la determinación judicial con límite legal, y c) la fijación legal del plazo[272]. Ninguna de ellas, en principio, se me muestra indeseable.

---

270 LÓPEZ SÁNCHEZ, M.A, “Los efectos”, pg. 187; AA.VV. “Guía práctica”, pg. 274. También SILVETTI, E. “Comentarios”, pg. 557, que quiere ver una suerte de reacción ante los temores que plantea una actuación excesiva del Juez a la hora de fijar el plazo y critica la rigidez del sistema adoptado. Como señala VILA FLORENSA, M. “Comentarios”, pg. 875, parece más una intención del legislador de acabar con los problemas que acarreaba la fijación por el Juez de la fecha de la retroacción de la quiebra, y la provisionalidad de tal fijación.
En la misma línea, CARRASCO PERERA, A. “Los derechos de garantía”, pg. 313, aun cuando considera que la predeterminación del plazo facilita la construcción y comprensión del entero sistema de revocatoria, pero peca de rigidez y falta de matices necesarios. En el mismo sentido, LINACERO DE LA FUENTE, M. “Las acciones de reintegración”, pg. 64;

271 A favor del plazo establecido en la LC, GARCÍA SANZ, A. “Notas”, pg. 4069 y MARTÍN REYES, M.A “La impugnación”, pg. 4182; ESCRIBANO GAMIR, R.C. “Las acciones impugnatorias”, pg. 284 ESPIGARES HUETE, J.C “La acción”, pgs. 77 a 83 y HERRADOR MUÑOZ, A. “Algunos aspectos”, pgs. 171 y 172

272 LINACERO DE LA FUENTE, M. “Las acciones”, pg. 61. Vid. la obra citada, pg. 65, sobre las soluciones alcanzadas en derecho comparado, que incorporan distintos plazos según los tipos de negocio jurídico y el conocimiento de la situación de insolvencia del deudor.

En efecto. Inicialmente cabe mantener la conveniencia que el Juez del concurso determine la fecha rescisoria como límite temporal para la reintegración de la masa activa. No es una opción, en sí misma, indeseable.

Sin embargo, nunca me ha resultado atractiva esta opción a la vista de la amarga experiencia previa de la retroacción de la quiebra, y las dificultades y problemas que siempre suscitó la fijación por el juez de la fecha de retroacción, teñidas en su aplicación de situaciones injustas y, a veces, cuasi arbitrarias, que llevo al Tribunal Supremo a matizar y pulir esa abrasiva retroacción. Por otro lado, y a la vista del amplio volumen de trabajo y tareas que recaen sobre el Juez y la oficina judicial, y los raquíticos medios con que cuentan en tal tarea, recursos ahora tuneados, que no mejorados, a través de la Ley Orgánica 1/2025, no encuentro lógico endosarles una cuestión tan sensible y de contenido fáctico como la fijación de un periodo sospechoso rescisorial. Finalmente, requerimientos tendentes a esquivar arbitrariedades en la fijación del plazo, y dotacionales de seguridad jurídica, y especialmente, las expectativas de terceros confiados en la regularidad de los actos, me permiten declinar esta opción, e inclinarme por ese plazo predeterminado.[273]

Como señala el Tribunal Supremo, sentencia de fecha 23 de mayo de 2007:

> "...Los inconvenientes para la seguridad jurídica que se derivan de aquellos sistemas de reintegración de la masa de la quiebra que se sirven de la sanción de nulidad absoluta, para aplicarla a todos los actos de administración y dominio realizados por el quebrado con posterioridad a la fecha en que se retrotraen los efectos de aquella,

---

[273] GARCÍA-CRUCES J.A. "La reintegración", pg. 354 y 355. GONZÁLEZ VÁZQUEZ, J.C "Las acciones", 593, quien destaca que un plazo fijo encierra cierta dosis de arbitrariedad aun cuando considera que es necesario de su establecimiento en aras a a garantizar una cierta seguridad jurídica, aunque defiende ampliar el plazo a cuatro años, conectándolo con el criterio de la insolvencia al tiempo de realizarse el acto.

como el sancionado por artículo 878,2 del Código de Comercio, y que han sido puestos de manifiesto por la Exposición de Motivos de la Ley 22/2003, de 9 de julio, Concursal, que califica de 'perturbador' al citado sistema, siendo sustituido en su artículo 71 por unas específicas acciones de reintegración destinadas a rescindir los actos perjudiciales para la masa activa..."

La segunda opción apuntada, más flexible que la primeramente expuesta, transita por la fijación legal de un plazo de sospecha rescisoria, pero habilitando al Juez del Concurso a efectos del señalamiento de un fecha rescisoria anterior a la resultante de aplicar la regla legal, obviamente, previa justificación expresa y de acuerdo con las circunstancias concurrentes.[274]

También descarto la anterior alternativa, que estimo generadora de los reseñados problemas y distorsiones conectados a la fijación judicial de la fecha de la retroacción de la quiebra, reiterando aquí lo expuesto al respecto con anterioridad.[275]

Por lo tanto, la fijación un plazo de sospecha rescisoria, inamovible por el juez, y establecido por la Ley, como acontece en los apartados 1 y 2 del art. 226 TRLC, se me ofrece como el más optimo y conveniente a la vista de los intereses concurrentes.

Sin embargo, cabe esgrimir que un plazo determinado resulta desmesurado para actos perjudiciales a título oneroso, pero pírrico respecto a actos gratuitos. O reprocharle, desde un punto de vista subjetivo, la falta de atención a la persona del concursado, o de la contraparte del acto reputado perjudicial. O que impacta por igual tanto a quienes ignoraban la situación de insolvencia como aquellos que la conocían, o contribuyeron a ella. O a negocios jurídicos distintos. O que prescinda de la actitud del deudor.[276]

---

274 GARCÍA-CRUCES GONZÁLEZ, J.A. "La reintegración de la masa activa", pg. 4. GARCÍA-CRUCES J.A. "La reintegración de la masa", pg. 355.

275 RIVERA FERNÁNDEZ, M. "Reintegración", pg. 90.

276 CARRASCO PERERA, A. "Los Derechos de garantía", pg. 313. VILA FLORENSA, M. "Comentarios", pg. 875, LÓPEZ SÁNCHEZ, M.A., "Los

Cierto. Pero atender a situaciones desiguales, cuya relación, por cierto, se me antoja interminable, y el establecimiento de un plazo ad hoc para cada una de ellas, supone un absoluto menoscabo del principio de seguridad jurídica. Y crear términos de sospecha distinto ante situaciones y circunstancias distintas, pero todas ellas legítimas. Piénsese en un plazo fijado para actos onerosos, que habría que subdividir fijando otros según la actitud de deudor. Y a su vez, distinguir en atención a la persona del acreedor Así sucesivamente. No parece lógico.

Aun así, un plazo de sospecha rescisorio predeterminado, resulta alentatorio de conductas fraudulentas y estratégicas, en orden a la elusión la espada rescisoria concursal, y estructuradas a la vista del conocimiento por el deudor del periodo sospechoso conectado al ejercicio de potenciales acciones rescisorias.[277]

Incluso, bajo la vigencia del art. 71 LC, o del inicial art. 226 TRLC, se llamaba la atención sobre la conveniencia que el cómputo del plazo de dos años se realizase no desde la declaración del concurso, sino desde su solicitud como voluntario o necesario, a la vista de ese potencial uso fraudulento de los mecanismos opositivos del concurso necesario para excluir determinados negocios del límite predefinido de dos años[278]. O simplemente que la de-

efectos", pg. 187; ROMERO SANZ DE MADRID, C. "Derecho", pg. 161; SILVETTI, E. "Comentarios", pg. 558. DÍAZ MARTÍNEZ, M. "Presente y futuro", pg. 1819; MORILLAS JARILLO, M.J. "La reforma" pg. 30; MARTÍNEZ GUTIÉRREZ, A. "Luces y sombras", pg. 3.; BUSTO LAGO, J.M. "Aproximación", pg. 687.
Distinción que si se hace en derecho comparado, vid. LINACERO DE LA FUENTE, M. "Las acciones de reintegración", pg. 65.

277 GONZÁLEZ CANO, M.I. "El nuevo tratamiento", pg. 425; SILVETTI, E. "Comentario", pg. 558; RIVERA FERNÁNDEZ, M. "Reintegración", pg. 90 y CORDÓN MORENO, F. "El proceso", pg. 141.

278 RIVERA FERNÁNDEZ, M. "Reintegración", pg. 90. GIL RODRÍGUEZ, J. "De los efectos", pg. 856.

mora en la declaración del concurso perjudicara, o impidiese, el ejercicio de eventuales acciones rescisorias.[279]

Siempre consideré cierto el riesgo de fraude. Sin embargo, opino que un plazo de dos años como el que contemplaban tales artículos resultaba suficientemente amplio para convertir en improbable la ejecución por parte del deudor de actuaciones fraudulentas o perjudiciales para la masa activa y estrategias para escapar a del remedio rescisorio concursal salvando el plazo de sospecha La experiencia profesional me ha enseñado que, dos años antes de la declaración del concurso, el deudor realmente trabaja en intentar salvar la situación de su empresa, pues aún cuenta con un margen de reacción, y no tanto en la distracción de su patrimonio, eludiendo la rescisión concursal tras salvar el periodo de sospecha. Además, la rescisión concursal no gira sobre el fraude sino en torno al perjuicio, y los actos potencialmente rescindibles, en principio, son válidos, y no nulos o anulables, pretendiéndose con la rescisión concursal que devengan declarados ineficaces, y por no realizados, procediendo la devolución de las cosas con sus frutos y del precio con sus intereses.

Por otro lado, se antojan residuales y patológicas aquellas insolventes situaciones dilatadas y mantenidas más alla del periodo de sospecha, para al final desembocar en un procedimiento concursal eluditivo de la rescisión concursal de determinados actos. Me parece un riesgo más teórico que real.

Y respecto al cómputo del plazo desde la declaración de concurso, los plazos resultan lo suficientemente breves para no ser significativos o tendentes a su utilización fraudulenta. En efecto, y respecto al concurso necesario, dice el art. 14.1 TRLC que el mismo día de su presentación o, si no fuera posible, el siguiente hábil la solicitud de concurso necesario será repartida y remitida a la oficina judicial que corresponda. Y ese mismo día, o el siguiente hábil al de reparto, el juez examinará la solicitud y si es completa,

---

279 RIBELLES ARELLANO, J.M. "Las acciones", pg. 326.

proveerá conforme a los arts. 14.2.1.º o 14.2.2.º TRLC. Si resultada tarada por defectos dará un único plazo de justificación o subsanación, que no podrá exceder de tres días (arts. 17 y 11 TRLC), de tal forma que, si el defecto es subsanado, procederá conforme a lo establecido en el art. 14.1 TRLC. En otro caso, dictará auto declarando no haber lugar a la admisión de la solicitud. Esto es, los trámites iniciatorios del expediente no se exhiben breves, sino brevísimos.

Otro tanto cabe decir de la sustanciación del expediente hasta la declaración necesaria del concurso. Si la solicitud la presenta el deudor, el Juez dicta, sin más trámite, auto declarando el concurso. Y si procede de otro legitimado, el Juez promulga auto de declaración de concurso, in audita pars, el primer día hábil siguiente (art. 14.2.1.º TRLC). Caso contrario, se emplaza al deudor a efectos que, en el plazo de cinco días, comparezca y, en su caso, formule oposición a la solicitud declaratoria concursal necesaria (art. 14.2.2.º TR LC). En ausencia de oposición, o situación asimilada a esa ausencia, procede el dictado judicial del auto de declaración de concurso (art. 19 TRLC). Por el contrario, concurriendo reacción opositora, el Letrado de la Administración de Justicia cita a las partes a una vista que se celebrará dentro de los diez días siguientes a la oposición (art. 21 TRLC), declarándose el concurso caso de incomparecencia deudora (art. 22.1 TRLC) En caso contrario, desarrollo de la vista, y en su caso, practica de las pruebas, de forma inmediata las que sean posible. Las restantes, en el más breve plazo posible, que nunca será superior a diez días. Dentro de los tres días siguientes a aquel en que se hubieren practicado las pruebas o hubiese finalizado el plazo para su práctica, el Juez dictará el auto declarando el concurso o desestimando la solicitud (art. 24.1 TRLC).

Qué decir del concurso voluntario. La solicitud de concurso presentada por el deudor será repartida y remitida a la oficina judicial que corresponda el mismo día de la presentación o el siguiente día hábil. En el mismo día o, si no fuera posible, en el siguiente día hábil al del reparto, el juez competente examinará la solicitud (art. 10.1 TRLC). De esta forma, si el juez se considera competente y si de la documentación aportada, apreciada en conjunto, resulta que concurren los presupuestos subjetivo y objetivo para la declaración, el juez declarará el concurso de acreedores el primer día hábil siguiente (art. 10.2 TRLC).

Por el contrario, si el juez estimara que la solicitud de declaración de concurso presentada por el deudor o la documentación que la acompaña adolecen de algún defecto material o procesal o que la documentación es insuficiente, señalará al solicitante un único plazo de justificación o de subsanación que no podrá exceder de tres días (art. 11.1 TRLC). Si el deudor no procede dentro de plazo a la justificación o a la subsanación requerida, el juez dictará auto inadmitiendo a trámite la solicitud (art. 11.2 TRLC). Una vez justificado o subsanado el defecto o la insuficiencia dentro de ese plazo, el juez en el mismo día o, si no fuera posible, en el siguiente hábil dictará auto declarando el concurso o desestimando la solicitud (art. 11.3 TRLC).

Plazos breves, y céleres, incluso, en algún caso, cuasi eyaculatorios precoces en la declaración del concurso, y pienso, carentes de suficiente significatividad temporal a efectos de una utilización torticera o abusiva en orden a eludir la eventual rescindibilidad de determinados actos por haberse evitado el periodo de sospecha.

Por otro lado, el citado planteamiento obvia que solicitud de concurso no implica, imperativamente, declaración de concurso. El expediente se tramita, y a la vista de su contenido, las alegaciones, documentos y prueba practicada, el Juez decreta el concurso, o fulmina la solicitud. Por ello, se exhibe carente de sentido una pretensión iniciatoria computual del periodo de sospecha desconectado de la declaración de concurso, más aún, a la vista que la existencia y el ejercicio de la rescisión concursal enraíza en la declaración del concurso, y subsiste mientras no fenezca el procedimiento concursal y sus efectos.

Aun así, esa brevedad de plazos, brevísima a veces, reñida con la trascendencia y complejidad que conlleva la declaración concursal, así como sus impactantes efectos sobre deudor y terceros, en esencia, los acreedores, ciertamente requeritoria de sosiego y tiempo en la toma de la decisión declaratoria, unido a la tradicional escualidad y racanería dotacional de medios a los órganos jurisdiccionales patrios, aparecen sistemática e involuntariamente inobservados, en ciertas ocasiones, con desmesura, originando el consiguiente retraso o demora en la declaración concursal. Por eso, de manera infundada en mi opinión, se interpretaba la norma, muy minoritariamente, cierto es, pretendiendo arrastrar el computo del plazo a la solicitud de concurso, y no a la declaración de éste. Esta controversia, la recoge la sentencia de la Audiencia Provincial de Córdoba, sentencia de fecha 27 de enero de 2021:

> "....Con carácter general, el plazo de dos años del actual art. 226 del Texto Refundido de la LC (antiguo 71.1. LC), viene referido a la declaración de concurso y no a la solicitud "Declarado el concurso, serán rescindibles los actos perjudiciales para la masa activa, realizados por el deudor dentro de los dos años anteriores a la fecha de la declaración, aunque no hubiere existido intención fraudulenta". 2 JURISPRUDENCIA En un asunto similar al de autos, en el que se discutía si el periodo de dos años debe computarse tomando en consideración el auto de declaración de concurso o el de la solicitud, se ha pronunciado la sentencia de 5.07.2.018 dictada por la Sección n.º 4 de Murcia, (Rollo 520/2.018): "Lo que es objeto de controversia es el cómputo del periodo sospechoso del art 71LC, sobre el que nos pronunciamos en nuestra sentencia de 28 de abril de 2016, invocada por la apelada, en los términos siguientes: "La Ley Concursal actual no anuda la ineficacia a la nulidad, como acontecía en el derecho derogado (art. 878. II CCo) sino que opta por acciones rescisorias especiales cuyos elementos esenciales son la existencia de perjuicio para la masa y su realización en el periodo sospechoso de dos años anteriores a la declaración del concurso. Con esa fijación temporal se busca otorgar seguridad, respondiendo la ineficacia funcional a presupuestos distintos al sistema de retroacción de la quiebra, ya que no presupone —como sí lo hacia el CCo— que los actos impugnados se hayan realizado en situación de insolvencia [...] como regla general, y en sintonía con la SAP La Coruña (Sección 4) de 20 de mayo de 2015 y SAP Valencia (Sección 9) de 22 de diciembre de 2014, debemos descartar que pueda tomarse como fecha la de la solicitud de concurso necesario en lugar de la declaración del concurso (como sí hace, por el contrario la SAP de Zaragoza, de

29 de mayo de 2015), por varias razones: i) de orden gramatical: la ley es clara al indicar al indicar como fecha de referencia la del auto de declaración del concurso, sin distinguir entre voluntario o necesario; y este último, aún sin incidencia alguna, implica necesariamente el transcurso de un tiempo entre la solicitud y la declaración impuesto por el emplazamiento al deudor, que en caso de oposición, normalmente será de varios meses ii) por especialidad: aun cuando según el artículo 410 LEC todos los efectos procesales de la litispendencia se producen desde la presentación de la demanda, si luego es admitida, lo cierto es que en caso de concurso contamos con una norma especial en el art 21.2LC según el cual el auto de declaración de concurso "producirá sus efectos de inmediato", que impide retrotraer sus efectos y tener como fecha la de presentación de la solitud iii) de orden sistemático: cuando la LC ha querido otorgar eficacia a la solicitud de concurso lo ha hecho expresamente (art 5bis.4 o art 64.10LC), de manera que no cabe aquí trasladar una eficacia a la solicitud q que no tiene, lo cual corrobora lo anterior". Esta exégesis es la que consideramos se deduce de la jurisprudencia del TS. En primer lugar, por cuanto la STS de 12 de noviembre de 2014 descarta que el plazo del art 71 LC tenga naturaleza estrictamente procesal (siendo una cuestión sustantiva la interpretación de cuando ha de fijarse el dies a quo en supuestos de acumulación de procesos), de manera que es cuestionable la aplicación del art 410LEC. Y en segundo lugar, por haber descartado la anticipación de efectos a la solicitud de concurso en la STS 11 de diciembre de 2013, con rechazo del art. 410 LEC aplicado por la sentencia de la Audiencia Provincial, ya que "(c)omo acertadamente señala el recurrente no cabe acudir a la LEC como norma supletoria cuando la Ley Concursal hace referencia expresa del momento en que deben entenderse y extenderse los efectos del concurso, que no es otro que el previsto en el art. 21.2, cuando establece: "el auto (de declaración de concurso) producirá sus efectos inmediatos, abrirá la fase común de tramitación del concurso que comprenderá las actuaciones previstas, en los cuatro primeros títulos de esta Ley, y será ejecutivo aunque no sea firme". Sentencia recaída en una acción del art 1597CC, pero cuya ratio es aquí trasladable". En la citada resolución se hace además alusión a la posición mantenida por la generilidad de los comentaristas del texto legal, con mención expresa a los manifestado por D. Gaspar, quien pone de relieve que entre la solicitud y la declaración siempre hay una demora lógica, pero no por ello debe modificarse el punto de referencia para el cómputo hacia atrás del plazo de dos años, de manera que si se realizó en un periodo de tiempo superior a los dos años antes de la fecha de declaración

> de concurso, deberá ejercitar otra acción, como la pauliana. A juicio de este Tribunal, ésta interpretación se desprende también de la posibilidad de ejercicio de otras acciones de impugnación de las garantías constituidas por el deudor, no necesariamente dentro de los dos años anteriores a la declaración de concurso (en relación a la acción rescisoria), que procedan conforme a Derecho, de acuerdo con las normas de legitimación y procedimiento que para aquéllas contiene la propia Ley Concursal (actual art. 71.7, en relación al 72, de la Ley Concursal), conforme a lo declarado en STS de 30.04.2.014 núm. 100 /2.014..."

Y aquí conecta una de las modificaciones introducidas en el art. 226 TRLC por la Ley 16/2022, concretamente, desdoblando su contenido, y estableciendo dos apartados. En el primero de ellos, tosca y torpemente desde un punto de vista de su redacción, y con una finalidad finiquitatoria del eventual riesgo que esa dilatación del procedimiento declaratorio del concurso cape e impida la rescisión concursal de un acto perjudicial como consecuencia de haber salvado el referido plazo de suspicacia, el art. 226.1 TRLC, primer plazo, anticipa el inicio del cómputo de plazo sospechoso de dos años, deslizándolo a la solicitud del concurso, de tal manera que procede la rescisión concursal de actos perjudiciales para la masa activa dos años anteriores a la fecha de la referida solicitud de concurso o, mejor dicho, de la fecha de presentación en el Juzgado de la solicitud concursal.[280]

Pero ello, no implica que desaparezca del periodo sospechoso el parámetro de la declaración del concurso toda vez que el art. 226.1 TRLC, establece otro termino de recelo perjudicial, segundo plazo, de carácter determinable, y no determinado, y distinto e independiente del anterior, pero coordinado con el mismo, que principia con la solicitud del concurso y termina con su declaración, de tal forma que también cabe la recisión de aquellos actos perjudiciales llevados a cabo en el citado lapso temporal, termino esté conectado también con el distinto régimen al que quedan

---

280 FUENTES DEVESA, R. "Reintegración", pg. 1255. SANCHO GARGALLO, I. "La rescisión", pgs. 130 y 131.

sujetos los actos patrimoniales del deudor con anterioridad y posterioridad a la declaración del concurso, no afectados por las limitaciones del art. 106 TRLC), tras la solicitud concursal y hasta la declaración, no siéndole de aplicación la ineficacia estructural del art. 109 TRLC pero si la ineficacia rescisoria del art. 226 TRLC.[281]

Así, la actual redacción del art. 226.1 TRLC finiquita cualquier actuación fraudulenta tendente a eludir el rayo rescisorio mediante la dilación del proceso declaratorio concursal en conexión con el juego del plazo de sospecha.[282] Incluso, cauteriza el mero riesgo que este retraso, sin maldad o intervención deudora, o de tercero, permita el escape de actos potencialmente rescindibles. Tanto en el supuesto de concurso voluntario o necesario. Aunque estimo que mientras el plazo de dos años computable desde la solicitud de concurso, se antoja pensado para ambos concursos, el segundo, aunque también aplicable a ambos, resulta más próximo al concurso necesario, instado por tercero legitimado al efecto, toda vez que la practica enseña que una vez solicitado el propio concurso, el deudor suele abstenerse de realizar acto alguno y, en todo caso, limitándose a aquellos ordinarios e imprescindibles para la actividad de la empresa, o meramente conservativos de ésta o de la masa activa. Por el contrario, ese otro deudor, acongojado y apretado por una solicitud de concurso inesperada y no querida, aparece como más proclive a una dilatación de la declaración de concurso y a la realización, mientras se sustancia el procedimiento, de conductas y actuaciones susceptibles de su posterior reputación como perjudiciales para la masa activa.

Aun así, y desde la perspectiva de la fijación del plazo de sospecha atado a la declaración de concurso, también ha existido otro resquicio inspirador de conductas fraudulentas en orden a evitar el impacto rescisorio concursal, conectado, esta vez, a los institutos preconcursales y, en esencia, a la comunicación de negociaciones regulada inicialmente en el art. 5.3 LC, posteriormente, art. 5 bis

---

281 SANCHO GARGALLO, I. "La rescisión", pg. 131.

282 SANCHO GARGALLO, I. "La rescisión", pgs. 130 y 131.

LC, ya vigente el inicial TRLC, en los arts. 583 y ss TRLC y, en la actualidad y tras la reforma de la Ley 16/2022, en los arts. 585 y ss TRLC. La llamada comunicación preconcursal o de preconcurso.

En efecto, dentro de esos usos, llamémosles atípicos o anormales, del mecanismo de comunicación de apertura de negociaciones, ya desde la promulgación del art. 5.3 LC, esta noticia negociadora preconcursal venía siendo empleada con una finalidad dilatoria de la entrada en concurso, y, a menudo, de forma consciente y deliberada, en conexión con una pretensión salvatoria del plazo de sospecha rescisoria, retrasando la declaración del concurso hasta que determinado acto escapase del referido límite temporal y, de esta manera, quedara resguardado de una eventual rescisión concursal.[283] Aunque, este efecto derivado de la sustanciación de la citada comunicación y el retardo que conlleva en la declaración de concurso, también surgía involuntariamente, de una simple pretensión retrasadora del concurso o, incluso, de una comunicación presentada de buena fe, y con ánimo negociador.

Este riesgo resultaba cierto, máxime cuando la prórroga del concurso podía alcanzar hasta los seis meses, y poco cabía hacer para evitarlo, y sin perjuicio del eventual ejercicio de las otras acciones impugnatorias a que se refiere el actual art. 238 TRLC. El libramiento de la comunicación preconcursal, en sí misma, y en cuanto acto del deudor, no resultaba impugnable vía rescisoria concursal ex art. 226 TRLC, en tanto en cuanto no recaía sobre bienes o derechos del patrimonio del deudor, ni presentaba un contenido patrimonial. Ciertamente, se podría atender a un control judicial ex post, tras la declaración de concurso, de un mal uso comunicatorio, pero, incluso aun cuando no concurrieran los presupuestos comunicatorios, lo cierto es que la declaración del concurso habría tenido lugar con posterioridad al vencimiento

283 Así lo manifesté ya en AZNAR GINER, E. "La comunicación del artículo 5 bis", pág. 105 y 106.
En el mismo sentido, MUÑOZ PAREDES, A. "Protocolo", pág. 813 y 814.

del plazo de dos años, y por tanto, el acto (por ejemplo, una hipoteca) sería inatacable ex art. 226 TRLC.[284]

Quizás este problema, como otros que planteaba el art. 5.3 LC, continuaron planteándose tras la derogación de aquel y la aprobación del art. 5 bis LC, y el inicial art. 583 y ss TRLC, y como señaló MUÑOZ PAREDES respecto al cómputo del periodo sospechoso en la calificación, art. 164.1 LC, en la actualidad 442 TRLC,[285] se resolvería retrotrayendo la declaración del concurso y sus efectos, a la fecha en que se presentó la comunicación aquí estudiada.

Y en esta línea se expresaba la regulación del acuerdo extrajudicial de pagos que, a efectos de la acción rescisoria concursal y el computo del plazo a que se refería inicialmente el art. 226 TRLC, en sede del posterior concurso consecutivo, partía no de la declaración del concurso del deudor, tampoco de la comunicación de apertura de negociaciones formalizada por el notario, Cámara Oficial de Comercio o el Registrador, sino, directamente, de la solicitud formulada por el deudor a efectos de designación de mediador concursal (art. 697.3 TRLC).

De esta forma, se impedía de raíz, el uso de la comunicación del art. 583 TRLC, y de la figura del acuerdo extrajudicial de pago con fines fraudulentos o indeseables a efectos rescisorios. Lo que resulta llamativo es que el legislador previera solución al problema planteado respecto a tales acuerdos, y obviase la propuesta anticipada de convenio. O en el supuesto de acuerdo de refinanciación, cuyo fracaso o declaración de nulidad desembocará en un concurso consecutivo ex 697 TRLC, el referido plazo se computará desde la declaración concursal del deudor. Misma situación, mismo problema y distinta solución. Incongruente.

Sin embargo, la situación cambia tras el actual y vigente art. 226.2 TRLC, según el cual, y sentando una regla conectada exclusivamente con el ámbito preconcursal, reputa igualmente rescin-

---

284 ASENSI, A. "Efectos", pág. 378.

285 MUÑOZ PAREDES, A. "Protocolo", pág. 813 y 814.

dibles los actos perjudiciales para la masa activa realizados por el deudor dentro de los dos años anteriores a la fecha de la comunicación de la existencia de negociaciones con los acreedores, o la intención de iniciarlas, para alcanzar un plan de reestructuración, así como los realizados desde esa fecha a la de la declaración de concurso, siempre que concurran las dos siguientes condiciones:

1.º Que no se hubiera aprobado un plan de reestructuración o que, aun aprobado, no hubiera sido homologado por el juez.

2.º Que el concurso se declare dentro del año siguiente a la finalización de los efectos de esa comunicación o de la prórroga que hubiera sido concedida.

El establecimiento de estas dos circunstancias conecta y limita la aplicación de esta regla especifica a negociaciones reestructuratorias fallidas, que no llegan a buen puerto, en conexión con la situación de insolvencia del deudor.[286] Y permite de manera objetiva, apreciar y, fulminar, cualquier resquicio habilitador de un uso fraudulento de la comunicación de apertura de negociaciones, tendente a la dilatación del proceso de declaración del concurso, y a la distracción de determinados actos el deudor de las garras rescisorias de los arts. 226 y ss TRLC.

Por el contrario, en el supuesto que la negociación restructuradora resulte exitosa, que lo será a estos efectos cuando no le impacte ninguno de los dos supuestos reseñados en el art. 226.2 TRLC, en este caso resulta de aplicación el periodo general de sospecha establecido en el apartado 226.1 TRLC.[287]

Concluyendo. El Juez carece de facultad apreciatoria o fijatoria del periodo sospecho[288], habiéndose adoptado un criterio inicialmente rígido, ahora más flexible, pero simple,[289] contemplativo de una regla general, y una especial, evitativas del escape, fraudu-

---

286 ARIAS VARONA, F.J. "De la retroacción", pg. 1312.
287 ARIAS VARONA, F.J. "De la retroacción", pg. 1312.
288 LEÓN SANZ, F.J. "El sistema", pg. 260.
289 LEÓN SANZ, F.J. "Comentario", pg. 1306.

lento o no, de actos perjudiciales para la masa activa como consecuencia de una declaración tardía del concurso, en el supuesto de la regla especial, por la comunicación preconcursal maliciosa del art. 585 TRLC, y que resultan de fácil aplicación, en beneficio de seguridad jurídica, aun creando, quizás, o no resolviendo, situaciones injustas que se darían igualmente cualesquiera que fuera el sistema que se adoptase.

De este modo, si el acto en cuestión se llevó a cabo por el deudor extramuros del ámbito temporal anteriormente expuesto, por muy groseramente perjudicial que resulte para la masa activa, escapa de la rescisión concursal, y queda vetado el ejercicio de la acción rescisoria del art. 226 TRLC.[290]

En cualquier caso, y como solución a esas situaciones injustas, queda el recurso que ofrece el art. 238 TRLC y "las otras acciones de impugnación" como arma atacatoria de aquellos actos no comprendidos en dicho lapso temporal, eso si, siempre que concurran los requisitos para el ejercicio de estas acciones[291]. O, incluso, la jurisdicción penal si el acto encierra algún ilícito de este tipo, proceso penal que no impacta suspensoriamente en el procedimiento concursal (art. 519 TRLC).

III.7.2. Computo del plazo

El plazo de sospecha no se exhibe procesal sino material, y su computo, por lo tanto, deviene de fecha a fecha (art. 5 CC).[292] No se trata de un término de caducidad al amparo de lo dispuesto

---

290 LEÓN SANZ, F.J. "El sistema", pg. 260 y "Comentario", pg. 1306, resaltando que el Juez no tiene facultad alguna para apreciar esta circunstancia.
También FERNÁNDEZ AGUADO, J.I. "Las acciones", pg. 175, que avisa de la posibilidad de actuaciones fraudulentas preparatorias.

291 SILVETTI, E. "Comentarios", pg. 557 o HERRADOR MUÑOZ, A. "Algunos aspectos", pg. 172.

292 HERNÁNDEZ MARTÍ, J. "Efectos", pg. 304.

en el art. 1299 CC. Menos aún queda comprimido en ese periodo de suspicacia, el ejercicio de la acción rescisoria concursal. La regla de los apartados 1 y 2 del art. 226 TRLC acota un espacio temporal a efectos de delimitar y señalar, prima facie, aquellos actos sospechosos y susceptibles de rescisión, pero no requiere el ejercicio de la acción en dicho lapso de tiempo, ejercicio que, en cualquier caso, resulta imposible como consecuencia de la ausente declaración concursal del deudor que, como dije, constituye un presupuesto ineludible para el advenimiento de la acción rescisoria concursal que nace con la declaración del concurso y fenece a su conclusión.

A efectos computables, resulta determinante no tanto la eventual oponibilidad del acto frente a terceros, como el cumplimiento en la celebración de todos los requisitos y formalidades legalmente establecidos para que surta efectos[293]. Piénsese, a título de ejemplo, en la inscripción registral de la hipoteca, dotada de efectos constitutivos. O en la compraventa de participaciones sociales, requeritoria de su constancia en documento público ex art. 106 TRLSC. En los citados casos, no principiara el cómputo del plazo de sospecha hasta la referida inscripción registral, o el otorgamiento del título público de compraventa de las participaciones sociales.

En este sentido, vid. la sentencia del Juzgado de la Mercantil núm. 1 de Bilbao de fecha de 9 de septiembre de 2005, antes citada. En ella, se ataca una garantía pignoraticia que, dice el banco, se constituyó fuera del plazo de sospecha, aunque no se inscribió. Dice el Juzgado:

> "...Esgrimiendo el art. 71.1 de la LC la administración concursal, que en su informe calificó el crédito del Banco Urquijo S.A. como privilegiado, pretende que se rescinda la póliza de doce de julio de dos mil cuatro suscrita entre aquél y algunas de las empresas concursadas, por considerar que la constitución de la garantía pignoraticia no se produjo en mayo de dos mil dos, de manera que

293 SILVETTI, E. "Comentarios", cit., pg. 555.

aunque no haya habido fraude de acreedores, se ha constituido una garantía en perjuicio del resto de aquellos dentro del periodo al que se refiere el mencionado precepto, es decir, en los dos años anteriores a la declaración del concurso. Opina por el contrario la entidad crediticia que la prenda estaba ya constituida en mayo de dos mil dos, y en cuanto el concurso se declaró en septiembre de dos mil cuatro, no puede ser rescindida y su crédito debe mantenerse como indicaba la administración concursal en su informe. Tiene razón el banco cuando indica que el art. 1.865, del Código Civil (CCv) al regular la prenda no exige forma especial, máxime si lo relacionamos con el art. 1.280 que dispone cuando los contratos deben constar en escritura pública, omisión que ni siquiera afecta a su validez si reúnen las condiciones esenciales para su validez. Pero hay que destacar que sin embargo el art. 1.865 establece que no surte efecto la prenda frente a tercero si no consta por instrumento público la certeza de la fecha, y en un procedimiento concursal el resto de acreedores tienen tal cualidad respecto a quienes constituyeron la garantía. Hay que añadir, que el art. 3 de la Ley de 16 de diciembre de 1954, sobre Hipoteca Mobiliaria y Prenda sin desplazamiento de la posesión (LHMPSDP), dice que la prenda sin desplazamiento se constituirá en escritura pública o póliza intervenida, y que habrá de inscribirse en el Registro de Prenda sin desplazamiento para que los efectos de la ley aparezcan. Más tarde el art. 57 de la misma ley dispone el contenido de la escritura o póliza. Como nos hallamos en ese caso será bueno recordar que la jurisprudencia ha indicado en relación a la prenda sin desplazamiento de la posesión que es 'requisito básico y fundamental en coherencia con el carácter constitutivo de la prenda mobiliaria —exigencia claramente establecida por el art. 3 de su Ley específica de 16-12-1954—, la inscripción en el Registro de su escritura constitutiva, es evidente, pues, que no es posible entender en esa fecha, la preferencia emanada de lo dispuesto en el art. 1922 párr. 2.º del CC, porque —se repite— entonces, no existía tal crédito pignoraticio al no haberse producido el nacimiento de la prenda en cuestión' (STS 3 de febrero 1993, RJ 1993/800). Esas previsiones legales y doctrina legal lo que suponen, pese a los argumentos del demandado, es que las partes podían compelerse recíprocamente a otorgar la escritura correspondiente, pero que la prenda no estaba válidamente constituida, no 'había nacido' como dice el Tribunal Supremo, porque aunque fuera por conveniencia de la entidad hoy concursada, que no quería o podía abonar las obligaciones fiscales procedentes, conveniencia que toleró el acreedor, no se había constituido con la solemnidad exigida legalmente la garantía. No puede discutirse la existencia del crédito,

> que nadie ha puesto en cuestión. Lo que es discutible es que pueda ser más que ordinario, al faltar la forma contractual que exigía la LHMPSDP, pues en casos semejantes se ha discutido el carácter privilegiado del crédito (SAP Córdoba 21 de diciembre 1994, RF AC 1994/2222)..."

También la sentencia del Juzgado de lo Mercantil núm. 4 de Barcelona de fecha 18 de diciembre de 2006:

> "...La mencionada hipoteca se constituyó mediante escritura publica de fecha 19 de junio de 2003 que se inscribió en el Registro el día 5 de agosto de 2003sin embargo, el asiento de presentación en el Registro es de fecha 20 de junio de 2003, pues bien, el art. 24 de la Ley Hipotecaria dice que 'se considera como fecha de la inscripción para todos los efectos que ésta deba producir, la fecha del asiento de presentación que deberá constar en la inscripción misma'. En consecuencia, si la fecha que hay que tener presente es la fecha del asiento de presentación, el 20 de junio de 2003, tal y como se hace constar en la propia inscripción y resulta de los documentos 1 y 2 aportados con la contestación a la demanda, la hipoteca se constituyó antes de los dos años anteriores a la declaración de concurso, 15 de julio de 2005, por lo que procede desestimar la demanda en este punto..."

Interesantísima y acertada la sentencia del Juzgado de lo Mercantil núm. 17 de Madrid, de fecha 11 de septiembre de 2023, que a efectos de cómputo del plazo del art. 226 TRLC y con ocasión de la impugnación rescisoria de un acuerdo de reparto de dividendos, obvia la alegación relativa a que debe principiarse con el depósito de las cuentas anuales, y la reseña del reparto en las mismas, y atiende al momento de su aprobación por la Junta General, dado que fue debidamente contabilizado y cumplida la normativa societaria requerible para la adopción del citado acuerdo:

> "...La fundamentación de la AC y del acreedor se basa en el presupuesto de que la operación que se pretende rescindir, es decir, el reparto de dividendos, fue acordado el día 31 de diciembre de 2019, en documento privado, y no es hasta la presentación de las cuentas anuales del ejercicio 2019, presentadas en 2020, cuando públicamente y frente a terceros fue o pudo ser conocida la operación. Por tanto, se ha producido una disparidad entre la realización del acto y su publicidad frente a terceros. Precisamente el

acreedor Jesús Miguel, que ya mantenía un proceso judicial frente a la concursada y su administrador desde 2016, no pudo conocer el referido reparto, sino en el momento de depósito y publicidad de las cuentas anuales del ejercicio 2019. A pesar de ello, esta juzgadora no puede compartir la interpretación extensiva que la AC y el acreedor realizan respecto de la determinación del dies a quo a efectos de computar el periodo temporal de dos años. El art. 226 LSC es claro en sus términos; el acto cuya rescisión se pide ha debido "realizarse" en los dos años anteriores a la presentación de la solicitud. Desde un punto de vista literal, se omite cualquier precisión a la efectividad u oponibilidad frente a terceros. El régimen normativo de la acción rescisoria engloba a cualesquiera actos u operaciones en los que haya intervenido la mercantil, al margen de su publicidad, efectividad y oponibilidad. El reparto de dividendos fue acordado en los términos legalmente exigibles por medio de un acuerdo del socio y administrador único....El reparto de dividendos debe ser necesariamente acordado por la junta general o decisión del socio único, —art. 15 LSC— como es el presente caso, pero este negocio jurídico a efectos probatorios y de acreditación de su existencia frente a terceros debe ser realizado con todas las garantías legalmente exigibles; el documento núm.6 refleja que el socio y administrador único aprobó "repartir 3.086.419,75 euros en concepto de reservas". En las cuentas anuales de 2019 se refleja que en el ejercicio 2018 existía unas reservas de 9.431.292,07 euros y en 2019 unas reservas de 6.344.872,32 euros. ...Por lo tanto, el reparto de dividendos fue contabilizado debidamente tras su aprobación; en las cuentas del ejercicio 2019, presentadas y depositadas con posterioridad, es decir en el ejercicio 2020, como legalmente corresponde, no puede ser interpretado como realizado en ese momento. Por cuanto fue a través de la decisión del socio y administrador único cuando se produce su realización, cuestión distinta es su publicidad y oponibilidad. ... Se debe recordar que la acción rescisoria se rige por los preceptos especiales que se contienen en el TRLC que consignan su régimen jurídico; es decir, cuenta con su propia normativa y no es admisible acudir interesada e innecesariamente a un precepto genérico del Código Civil para interpretar el art. 226 TRLC. El art. 1227 CC tiene por objeto proteger el ejercicio de las acciones respecto de terceros que conocieran el negocio jurídico impugnado con posterioridad a su realización. Se trata de un precepto genérico de protección de los derechos y acciones que pudieran corresponder a terceros afectados por un negocio jurídico..."

Item más. Dado que la fecha de la conclusión del acto sospechoso se exhibe esencial en orden a su rescisión concursal, el momento en que se proceda a su ejecución carece de relevancia alguna. A sensu contrario, resulta viable la impugnación rescisoria de actos de ejecución realizados dentro del plazo sospechoso, aun cuando su fundamento, o negocio principal, fuere celebrado con anterioridad a dicha fecha y por tanto, inatacable.[294]

Finalmente y respecto a aquellas operaciones complejas conformadas por varios actos o negocios vinculados y entremezclados que respondan, realmente, a una única operación compleja, incluso inescindible, legal o por voluntad de las partes, el cómputo del referido plazo comienza al tiempo de concluirse el último de dichos actos o negocios.

---

[294] LEÓN SANZ, F.J. "El sistema", pg. 259 y "Comentario", pg. 1306. Igualmente, SILVETTI, E. "Comentarios", pg. 555, que señala que hay que atender a la perfección del negocio y no a su ejecución. O GONZÁLEZ VÁZQUEZ, J.C. "Las acciones", pg. 593.

IV. Legitimación y procedimiento

Los arts. 231 a 233 TRLC señalan quienes quedan legitimados para el ejercicio de la acción rescisoria y para ser demandado. Y el art. 234 TRLC expone el cauce procedimental sustanciatorio de la acción rescisoria concursal. Estas pautas legitimatorias y procedimentales también resultan de aplicación a las otras acciones de reintegración referidas en el art. 238 TRLC, en cuanto en su apartado segundo establece su ejercicio ante el Juez del Concurso siendo de aplicación las mismas normas de legitimación, procedimiento y apelación establecido para las acciones rescisorias concursales.

IV.1. LEGITIMACIÓN

En el régimen rescisorio concursal, la legitimación activa, con carácter principal, corresponde a la Administración Concursal y, con carácter subsidiario, y dándose determinados requisitos, a los acreedores.

Ellos y solo ellos detentan legitimación para ejercitar la acción rescisoria concursal. Y con el respectivo caácter principal o subsidiario., Nadie más. Ni el concursado, que, en ningún caso, ostenta legitimación activa para interponer la acción rescisoria. Tampoco un tercero que no ostente la condición de acreedor. Ni el Ministerio Fiscal.

Aunque parezca innecesario, lo recuerda la Audiencia Provincial de Murcia, sentencia de fecha 22 de marzo de 2012 (*Tol 2507110*):

"...Pretende la representación de la apelante que se aplique el **artículo 72 de la Ley Concursal** con carácter analógico y se atribuya legitimación a la concursada para el ejercicio de la acción de reintegración, en relación con lo dispuesto en el artículo 96 respecto a la impugnación del inventario y de la **lista de acreedores;** pretensión absolutamente improsperable al ser clara la disposición contenida en el artículo 72-1: La legitimación activa para el ejercicio de las acciones rescisorias y demás de impugnación corresponderá a **la administración concursal.** Los acreedores que hayan instado por escrito de la administración concursal el ejercicio de alguna acción, señalando el acto concreto que se trate de rescindir o impugnar y el fundamento para ello, estarán legitimados para ejercitarla si la administración concursal no lo hiciere dentro de los dos meses siguientes al requerimiento. Es evidente que la pretensión de la apelante va contra lo dispuesto en el artículo 72-1 de la Ley Concursal, por lo que no procede hacer la interpretación extensiva y contra legem que solicita Promociones Framadal, S.L. En relación con la cuestión de fondo, las novaciones del crédito hipotecario otorgado por Caja de Ahorros de Murcia han tenido un destino directo a favor de la concursada, quien no puede ahora ir contra sus propios actos. En este sentido, se debe tener en cuenta, como manifiestan los Administradores Concursales de Promociones Framadal S.L., que durante la tramitación del procedimiento concursal se han producido multitud de ventas de viviendas, subrogándose los compradores en la hipoteca de Caja Murcia o cancelándola, lo que implica que se han validado las escrituras de novación, puesto que las escrituras de compraventa han sido otorgadas con la intervención de los administradores legales de la concursada, de la Administración Concursal y de Caja Murcia, dando por buenas todas las escrituras de novación o modificación anteriores...."

O la Audiencia Provincial de Madrid, sentencia de fecha 14 de febrero de 2025, referida a una acción anulatoria de una garantía hipotecaria, incluida en las otras acciones del art. 238.2 TRLC, pero aplicable también a la acción rescisoria concursal:

"...Ante los términos así planteados del litigio, en efecto se está ante una pretensión específica sobre validez de actos jurídicos de la concursada, deducida en el seno del procedimiento concursal frente a un tercero distinto del deudor. Ello se acomoda perfectamente a la estructura de las acciones de reintegración de los arts. 226 y ss. TRLC, ya sea por el presupuesto propio concursal, el perjuicio para la masa, art. 226.1 TRLC, ya lo sea con base en otras causas jurídicas generales de invalidez de actos o negocios jurídicos, art. 238.2 TRLC. Calificada así la acción entablada, conforme a su contenido y ante el órgano que se deduce, ha de concluirse que le resulta aplicable el régimen legal de este tipo de acciones, entre el que se encuentra la legitimación activa restringida para su ejercicio, a favor de la administración concursal, arts. 231 TRLC en relac. con el art. 238.2 TRLC. Ello lleva a concluir la falta de legitimación de URBE BÁSICA SL para la pretensión ejercitada respecto de la nulidad de la garantía hipotecaria, de lo que se hace depender, a su vez, la clasificación concursal del crédito de CAIXABANK SA, con fundamento tanto en las normas de rescate bancario como en la de falta de causa contractual o simulación. De hecho, la vía para que URBE BÁSICAS SL, en su calidad de deudor concursado aquí, atacase la validez de la citada garantía, como pretensión de una demanda, sería dirigir esa acción contra el demandado, pero bajo los requisitos específicos de competencia objetiva y autorización de la administración concursal, art. 119 TRLC, en el procedimiento declarativo correspondiente. Al no poder aquí, intramuros del concurso de acreedores y conforme a sus normas rectoras, por aquella falta de legitimación, declararse la nulidad de la garantía hipotecaria...."

IV.1.1. Legitimación activa: legitimación principal y subsidiaria

El art. 231 TRLC, por lo tanto, fija la legitimación para el ejercicio de la acción rescisoria.

La Ley, siguiendo lo dispuesto en el art. 10 LEC,[295] atribuye la legitimación activa para ejercitar la acción rescisoria, con carácter principal, a la administración concursal y, subsidiariamente y cumpliendo determinados requisitos, a los acreedores.

IV.1.1.1. Legitimación principal

La legitimación activa principal para el ejercicio de las acciones rescisorias recae, no en los acreedores ni el concursado, sino en la administración concursal (art. 231 TRLC),[296] en cuanto órgano

---

295 AA.VV. "Guía práctica", pg. 277.

296 También llamada legitimación primaria por LEÓN SANZ, F.J. "Comentario", pg. 1324. U ordinaria por SANCHO GARGALLO, I. "Las accio-

del concurso.[297] Desde la aceptación del cargo por la Administración concursal cabe interponerse por ésta la acción rescisoria del art. 226 TRLC.[298]

La administración concursal aquí actuara asistida de letrado (art. 511 TRLC), aunque cuando el nombrado administrador concursal, o, en su caso y si hubiere sido designado, el auxiliar delegado, detenten la condición de letrado, la dirección técnica del incidente rescisorio, y los eventuales recursos, queda comprendida en las funciones de la administración concursal, o del auxiliar delegado. Pero pienso que no siempre resulta necesario que sea así, pues una rescisión compleja y embarrada, quizás aconseje la contratación de un letrado experto en la materia.[299] Aunque en

nes", pg. 1226.

297 FERNÁNDEZ AGUADO, J.I. "Las acciones", pgs. 180 y 181; y LEÓN SANZ, F.J. "El sistema", pg. 281 y "Comentario", pg. 1324, quien acertadamente, señala que la norma deriva, del art. 10 LEC y se trata de un supuesto de legitimación indirecta.
En el mismo sentido, SILVETTI, E. "Comentarios", pg. 559, manifiesta que, por mandato LC, se otorga legitimación a sujetos que no son titulares del derecho subjetivo privado en que la acción se fundamenta.
La consecuencia de esa legitimación indirecta, se puede ver más claro al interponerse la acción pauliana: ya no podrá ser ejercitada por los acreedores exclusivamente. Ahora, en primer lugar y en el concurso, deberá ejercitarla la administración concursal.
Con relación a la citada legitimación principal, MARTÍN REYES, M.A. "La impugnación", pg. 4185, quien recuerda que la Administración concursal no es representante de los acreedores ni del concursado.
Nos remitimos a la exposición de CRESPO AULLE, F. "Comentarios", pg. 1405, respecto a que, bajo el anterior régimen de retroacción, la legitimación activa recaía en los síndicos: arts., 1218.1 LEC 1881 (concurso de acreedores), así como los arts. 1366, 1367 y 1369 LEC 1881 y 1073.5.º CC 1829 (quiebra). En el mismo sentido, GARCÍA SANZ, A. "Notas", pg. 4075.

298 VILA FLORENSA, M. "Comentarios", pg. 882; y GARCÍA SANZ, A. "Notas", pg. 4075.

299 FERNÁNDEZ AGUADO, J.I. "Las acciones", pg. 181; VILA FLORENSA, M. "Comentarios", pg. 882; y LEÓN SANZ, F.J. "Comentario", pg. 1324.

este caso, sus honorarios resultan a cargo de la administración concursal, o el auxiliar delegado, y nunca de la masa.

En el supuesto de Administración Concursal no integrada por abogado, y huérfano el concurso de auxiliar delegado que ostente esta letrada condición, procede la encomienda de tal asistencia a un letrado en ejercicio mediante la oportuna contratación, resultando los honorarios del designado a cargo de la masa (art. 242.1.6.º TRLC).

La legitimación rescisoria de la Administración Concursal conecta con una actuación de ésta en interés de la masa, y por ende, de la colectividad de acreedores, y no en interés del concursado ni de los acreedores individualmente considerados,[300] todo ello por así resultar de la Ley, y no de una cesión de derechos por parte de los acreedores.[301] En fin, la administración concursal actúa en asunción de la representación de los intereses patrimoniales del concurso y los acreedores.[302] En este sentido, sentencia del Tribunal Supremo de fecha 26 de mayo de 2020:

---

300 MARTÍNEZ MUÑOZ, M y DELCLAUX ARANA, L. "La acción", pg. 526.

301 CRESPO AULLE, F. "Comentarios", pg. 1406, resaltando el autor la existencia de intereses contrapuestos entre la masa activa y el deudor, como resulta del hecho de que el deudor intervenga en el proceso y se defienda de manera independiente y separada. Es más, continúa el autor manifestando la existencia de una conexión justificadora de la legitimación exclusiva de la administración y los efectos de las acciones rescisorias concursales. Dice el autor: "la acción rescisoria provoca el efecto de la reintegración de la masa activa de los bienes y derechos que indebidamente (en cuanto perjudiciales) salieron del patrimonio del concursado, masa activa en la que están interesados todos los acreedores reconocidos como tales en el concurso, pues por aplicación de la regla de la par conditio creditorum el éxito de la reintegración de la masa del objeto o de su valoración y en su caso, con la indemnización de los daños y perjuicios que procedan ha de beneficiar a todos ellos. Esto es lo que explica que la Ley haya transferido la legitimación individual de cada acreedor a la administración concursal, único órgano idóneo para la defensa de los intereses colectivos." CRESPO AULLE, F. "Comentarios", pgs. 1406 y 1407.

302 SANCHO GARGALLO, I. "Las acciones", pg. 1228.

"...En el caso de la rescisión concursal, la legitimación originaria de la administración concursal se justifica porque con la declaración de concurso, asume la representación de los intereses patrimoniales del concurso y de los acreedores..."

Esta imposición legitimatoria se extiende también a las otras acciones de impugnación de actos del deudor a que se refiere el art. 238 TRLC, toda vez que en su apartado 2, y para el ejercicio de estas otras acciones, ordena la aplicación de las mismas normas de legitimación establecidas para la rescisión concursal.[303]

La legitimación de la Administración Concursal, y el ejercicio por ésta de la acción rescisoria concursal, no precisa de acuerdo con los acreedores. Menos aún de autorización o consentimiento del Juez del concurso.[304]. A la hora de entablar la batalla rescisoria, la Administración Concursal actúa con absoluta independencia y autonomía, de tal forma que por muy temerario que se muestre el ejercicio de la acción, o su falta de ejercicio, nada cabe serle opuesto, en cuanto goza de discrecionalidad en orden a la decisión rescisoria, posponiéndose el examen de esa actuación concursal boludeadora y pasiva, indiligente, incluso, temeraria, en el ejercicio de la acción, con posterioridad, y en el trámite de separación del cargo (art. 100, en especial apartado 2, TRLC), o de exigencia de responsabilidad (arts. 94 y ss TRLC).[305]

---

303 El PLC (art. 70), de manera errónea, se refería exclusivamente a la acción rescisoria y no a "las demás de impugnación". Tal situación fue solucionada mediante la enmienda número 620 al art. 71 PLC promovida por el Grupo Coalición Canaria.

304 LEÓN SANZ, F.J. "Comentario", pg. 1324; VILA FLORENSA, M. "Comentarios", pg. 882; y CRESPO AULLE, F. "Comentarios", pg. 1407, quien, con relación al derogado régimen de la quiebra, resalta la autorización de los comisarios que requerían los síndicos. Vid. arts. 1369 y 1370 LEC 1881; 1091 C.Com 1829 y 1041 C.Com.
Vid. también, MASSAGER, J. "Aproximación", pg. 4229.

305 Sobre la discrecionalidad de la administración concursal a la hora de decidir sobre el ejercicio de la acción rescisoria, SILVETTI, E. "Comentarios", pg. 559.

Sin perjuicio de lo expuesto, la mera falta de ejercicio de la acción rescisoria concursal no impone, per se, responsabilidad a la administración concursal, precisando tener en cuenta al efecto la actitud y comportamiento de los acreedores y, en especial, el eventual requerimiento ejercitatorio subsidiariamente que le hubiese sido formulado por aquellos, aunque un eventual silencio acreedor tampoco se me antoja del todo exoneratorio. Pero si el ejercicio de la acción por los acreedores subsidiariamente.

El examen de la responsabilidad de la Administración concursal, en orden al ejercicio de la acción rescisoria concursal, conecta no con el mero resultado final del procedimiento rescisorio, triunfador u objeto de fracaso, sino con las claras o escasísimas, expectativas de éxito y viabilidad del pleito, y, desde el punto de vista económico, lo conveniente e interesante para el concurso. Así, si no se ejercita la acción, y su viabilidad se presentaba evidente y clara, y era conveniente e interesante económicamente para el concurso, o si se ejercita temerariamente, o con escasísimas posibilidades de éxito, o con un resultado inane para el concurso, la responsabilidad del administrador concursal cabría proclamarse siempre que se den los presupuestos y requisitos del art. 94 y ss TRLC. Fuera de ello no parece que el ejercicio de la acción rescisoria concursal, o su falta, no parece que acarree responsabilidad para la administración concursal.

Sobre esta cuestión, vid la sentencia del Tribunal Supremo, de fecha 11 de noviembre de 2013:

> "...Es cierto que el hecho de que no exista un deber específico para el administrador concursal de ejercitar una acción de reintegración y que, de no hacerlo, el art. 72 LC legitime de forma subsidiario a cualquier acreedor para ejercitarla, no exime de responsabilidad al administrador concursal por no haberla ejercitado si se justifica que un administrador diligente hubiera debido ejercitarla, en atención a unas claras expectativas de éxito y a que compensaba económicamente su ejercicio. Pero no es éste el presente caso, en que los actos objeto de impugnación quedaban fuera del periodo sospecho de los dos años anteriores a la declaración de concurso, y por ello no podían ser impugnados por medio de la acción rescisoria concursal (art. 71.1 LC). Los pagos se realizaron

> antes del día 1 de octubre de 2003 y el concurso de acreedores fue declarado, según refiere como acreditado el tribunal de instancia, el día 25 de septiembre de 2006. En esas circunstancias, aunque genéricamente podrían ejercitarse otras acciones de reintegración al amparo del art. 71.7 LC, que el demandante y recurrente no acierta a indicar, no se aprecia que la omisión del administrador concursal haya constituido una negligencia merecedora de la responsabilidad pretendida..."

Y esa legitimación principal le asiste con independencia que el concurso haya sido declarado como voluntario o necesario.[306] O aunque el régimen de las facultades patrimoniales del deudor luzca tocado de intervención o suspensión facultatoria del deudor (art. 106 TRLC).

Por lo tanto, la decisión de ejercitar la acción rescisoria concursal recae sobre la Administración Concursal, habitualísimamente integrada por un solo miembro, sobre quien pecha la adopción de las decisiones rescisorias oportunas. En el supuesto más residual de administración concursal dual (art. 58 TRLC), integrada por dos miembros, y salvo que el juez la atribuya individualmente a uno de ellos (art. 81.2 TRLC), esa decisión la toman mancomunadamente ambos administradores (art. 81.1 TRLC) y queda consignada por escrito firmado por ambos a la vista que excede de trámite o gestión ordinaria (art. 81.3 TRLC), escrito éste cuya falta de constancia no perjudica la acción rescisoria instada. Dicha formalidad carece de carácter constitutivo del acuerdo, y cumple una función meramente probatoria,[307], bastando a este efecto acreditatario, por ejemplo, la firma de la demanda rescisoria por ambos administradores concursales.

Por otro lado, la eventual disconformidad entre los administradores duales en torno al ejercicio de la acción rescisoria concursal, no veta ni impide tal entablamiento accional, sino que lo direcciona y remite a la decisión resolutoria de la discrepancia

---

306 LEÓN SANZ, F.J. "Comentario", pg. 1324.

307 En el mismo sentido, SILVETTI, E. "Comentarios", pg. 559.

que adopte el Juez del concurso (art. 81.1 TRLC),[308] por lo que, en puridad, ya no cabe hablar de acuerdo de los administradores concursales sino de decisión del Juez sustitutoria de la decisión de aquellos,[309] y sin prejuzgar la resolución final del incidente rescisorio. Realmente el juez, como consecuencia de la discrepancia existente en la administración concursal, decide sobre el ejercicio de la acción por ésta, y no sobre la pretensión rescisoria, y como consecuencia de la resolución por su parte de la discrepancia reseñada, no queda inhabilitado para resolver en su día sobre la rescisión.[310]

La acreditación procesal de la legitimación pienso que no requiere la aportación a la demanda de testimonio del auto de nombramiento de la Administración Concursal, bastando su designación y constancia en el concurso (art. 539.1 TRLC). También, si no obra en las actuaciones concursales, y a efectos prácticos, parece conveniente acompañar a la demanda rescisoria o impugnatoria, copia del acta o del escrito en la que los dos administradores concursales adoptan mancomunadamente la decisión o, en su caso, el auto del Juez resolviendo a favor al ejercicio de la acción.[311]A falta del escrito y como dije anteriormente, resulta válida la firma de la demanda por la Administración Concursal a efectos de probar la existencia de la decisión.

IV.1.1.2. Legitimación subsidiaria

Junto a la anterior, la Ley, art. 232.1 TRLC, establece otro supuesto de legitimación activa, aunque dotada de una carácter sub-

308 En este mismo sentido, VILA FLORENSA, M. "Comentarios", pg. 882; LEÓN SANZ, F.J. "Comentario", pg. 1324, y MASSAGER, J. "Aproximación", pg. 4229.

309 RIPOLL OLAZÁBAL, G. "Derecho Concursal", pgs. 386 y 387.

310 LEÓN SANZ, F.J. "Comentario", pg. 1324.

311 RIPOLL OLAZÁBAL, G. "Derecho Concursal", pgs. 386 y 387.

sidiario,[312] según el cual, los acreedores que hayan instado por escrito de la administración concursal el ejercicio de alguna acción rescisoria, identificando el acto concreto que se trate de rescindir o impugnar y el fundamento de la rescisión, quedan legitimados para ejercitarla si la administración concursal no lo hiciere dentro de los dos meses siguientes al requerimiento.[313]

La anterior previsión, de obvia naturaleza absolutamente excepcional según señala acertadamente el Tribunal Supremo en su sentencia de fecha 18 de abril de 2013, constituye una medida promovitoria y facilitadora del reintegro de la masa activa, facilitando el ejercicio por los acreedores de la acción rescisoria concursal, y confiriéndoles también a ellos el poder de decisión respecto al combate rescisorio, aunque sea impregnado de subsidiaridad.[314] Por así decirlo, y aunque parezca un juego de palabras, los acreedores sustituyen a esa Administración Concursal insensible y pasiva ante un potencial acto rescindible, administración que, en virtud de la legitimación principal, a su vez había sustituido a aquellos en orden a dicha rescisión.[315]

Ese engarce entre la legitimación de la administración concursal, y la subsidiaria acreedora, conecta con la conveniente búsqueda de un equilibrio entre la máxima protección de los acreedo-

---

312 Para ESCRIBANO GAMIR, R.C. "La reintegración", pg. 4039, la legitimación subsidiaria de los acreedores también debe de considerarse un supuesto de legitimación indirecta con fundamento en el art. 10 LEC.

313 Supone un cambio respecto al régimen quebrero anterior, en el que los acreedores no podían ejercitar acciones sino que, ante la inactividad del síndico, debían acudir al comisario y, en su caso, si éste no actuaba, al Juez de la quiebra.

314 ESCRIBANO GAMIR, R.C. "La reintegración", pg. 4039.

315 LEÓN SANZ, F.J. "El sistema", pg. 281; y "Comentario", pg. 1324.
El otorgamiento de legitimación subsidiaria a los acreedores, ha sido criticado por SILVETTI, E. "Comentarios", pg. 561; y BELTRÁN SÁNCHEZ, E. "Algunas consideraciones", pg. 174, entendiendo que complica y dificulta el normal desenvolvimiento del procedimiento concursal.

res, y el normal y mejor desenvolvimiento del concurso. Además, aunque el acreedor se presenta como el mayor interesado en el ejercicio de la acción rescisoria, le resulta problemático el acceso a la información precisa y detectaroria del acto sospechoso que permita perpetrar su rescisión.[316]

No obstante, el carácter subsidiario de la legitimación de los acreedores resulta indudable. El ejercicio de la acción por estos queda atado a la inactividad previa de la Administración Concursal, normalmente, conectada a una ausencia de iniciativa rescisoria, pero también a la abierta negativa a tal actuación como consecuencia de una falta de fondos en la masa, o lo incierto del potencial reintegro de la masa ante la imposibilidad de acometer la restitución de prestaciones que ordena el art. 235.2 TRLC, o a la vista que el resultado de la rescisión sea de nimio alcance. O, simplemente, como consecuencia de una discrepancia sobre la viabilidad de la acción rescisoria cuyo ejercicio pretenden los acreedores.[317]

Esta legitimación subsidiaria precisa que los acreedores insten de la administración concursal el ejercicio de la acción rescisoria. No basta, por lo tanto, con una mera comunicación alegatoria, genérica o difusa, de determinadas conductas sospechosas o reprobables. Tampoco a acotarla a la denuncia de actos potencialmente rescindibles. Ni ceñirse a manifestar la mera voluntad de rescindir determinados actos. La legitimación subsidiaria precisa que el acreedor que la ostenta requiera del órgano concursal que, en cuanto legitimado principal, ejercite la acción rescisoria concursal contra determinado acto del deudor perjudicial para la masa activa.

Evidentemente, no resulta preciso un requerimiento formulado por todos los acreedores, bastando con que lo otorgue uno o

---

316 ARIAS VARONA, F.J. "La delimitación", pg. 379.
317 HERNÁNDEZ MARTÍ, J. "Efectos", pg. 305.

varios de ellos.[318] Esta legitimación se reconoce individualmente a todos y cada uno de los acreedores,[319], y prescindiendo de la naturaleza del crédito (laboral, mercantil, etc.), o su carácter concursal o contra la masa. O la clasificación reconocida en el concurso, disfrutando de esta legitimación, incluso, los titulares de créditos subordinados. Pienso evidente que todos estos acreedores concursales, o contra la masa, detentan y exhiben un indudable interés en la conservación y reintegración de la masa, en cuanto esta, en el primer supuesto, constituye garantía del cobro de sus créditos, y en el segundo, se satisface su crédito con cargo a la misma.

Esa solicitud instatoria precisa de una formulación por escrito, pero no demanda la comparecencia acreedora en el procedimiento concursal a estos efectos requeritorios.[320] La referencia a "requerimiento" efectuada en el art. 232.1 TRLC no conecta necesariamente con el practicado conforme a la legislación notarial (arts 202 a 206 RN) o la remisión notarial de documentos y comunicaciones (art. 201 RN),[321] aunque resultan válidos y admisibles a este fin. También el envío de un fax, burofax, carta certificada, con o sin acuse de recibo, o certificación de contenido, telegrama o cualquier otro tipo de comunicación escrita, incluido el telemático y el correo electrónico, dirigidos a la dirección postal o electrónica, o a ambas, facilitada por la Administración Concursal al aceptar el cargo. Conforme establece el art. 67.2 TRLC, las referidas señas tienen por objeto la comunicación de créditos, así como cualquier otra notificación. Por tal razón, pienso no acep-

---

318 HERNÁNDEZ MARTÍ, J. "Efectos", pg. 305; y VILA FLORENSA, M. "Comentarios", pg. 882. Ello pese a que el art. 72.2 LC, literalmente, se refiera a "acreedores".

319 LEÓN SANZ, F.J. "El sistema", pg. 281 y "Comentario", pg. 1324.

320 ALCOVER GARAU, G. "Comentarios", pg. 779; y SILVETTI, E. "Comentarios", pg. 560.
Contra, considerando que es preciso realizar el requerimiento en el seno del proceso, vid. FERNÁNDEZ AGUADO, J.I. "Las acciones", pg. 181; y GARCÍA SANZ, A. "Notas", pg. 4076.

321 LEÓN SANZ, F.J. "Comentario", pg. 1324.

table cursar el requerimiento a través del Juzgado conocedor del concurso, escrito que procede ser devuelto al acreedor requirente para que lo remita, a su elección, a cualquiera de las direcciones expuestas.

Pero ese carácter de presupuesto necesario legitimador que reviste el requerimiento,[322] aconseja su práctica fehaciente a efectos de la mejor constancia, no sólo de su contenido, sino también de la fecha requisitorias,[323] que, no cabe olvidar, inicia el cómputo del plazo de dos meses antes visto.[324]

Además, ese requerimiento escrito, como dije, huye de lo genérico, y demanda, y precisa, necesariamente, puntualizar y concretar la acción a ejercitar, la rescisoria concursal, y/o cualquiera de las otras de reintegración de actos deudores (art. 238 TRLC), el acto objeto de ataque, y el fundamento impugnatorio,[325]admitiéndose la emisión de un solo requerimiento escrito, acumulatorio de todos los actos cuya rescisión se insta por acreedor, y sin que resulte necesario, por lo tanto, una comunicación requeritoria por acto. Pero nada obsta lo contrario.

Finalmente, la activación legitimadora subsidiaria del acreedor también conecta con lo temporal, y precisa el transcurso de un plazo de dos meses desde el requerimiento sin que la Administración Concursal hubiere ejercitado la acción.[326]

Ese plazo bimensual conecta con un silencio, omisión o inacción de la administración concursal ante un potencial acto rescindible apuntado por el acreedor, y tiende a que el órgano concursal valore, en un plazo razonable, la oportunidad de ejercitar

---

322 LEÓN SANZ, F.J. "El sistema", pg. 282 y "Comentario", pg. 1324.

323 LEÓN SANZ, F.J. "El sistema", pg. 282 y "Comentario", pg. 1324.

324 SILVETTI, E. "Comentarios", pg. 560.

325 Como señala, GARCÍA-CRUCES J.A., "La reintegración de la masa", pg. 363, el citado contenido debe entenderse como mínimo.

326 VIGUER SOLER, P.L. "La masa", pg. 388; GULLÓN BALLESTEROS, A. "La acción", pg. 4131 y MARTÍN REYES, M.A. "La impugnación" pg. 4186.

esta acción en interés de la masa. Desde esta perspectiva, cabría entender que un rechazo expreso a su ejercicio con anterioridad a la práctica del requerimiento legitimador subsidiario, resultaría indicativo que tal ponderación ya se habría producido, deviniendo innecesario y prescindible el transcurso del plazo de dos meses para impetrar judicialmente la rescisión.[327]

Sin embargo, esta apresurada conclusión no rezuma del art. 232.2 TRLC. Más bien lo contrario, como resulta de la referencia que efectúa a que "no lo hiciere" en el referido lapso temporal. Por otro lado, es dable que esa Administración concursal, inicialmente renuente y escéptica ante el eventual ejercicio de la acción rescisoria, desestimándolo, permute de opinión, y a la vista del requerimiento acreedor formulado, esencialmente su fundamento, y tras la maduración de la decisión a tomar, opte por el entablamiento rescisorio primeramente desechado. Todo lo anterior, permite concluir que la obtención de esa legitimación subsidiaria requiere agotar el referido plazo, incluso, aun cuando se ha ya rechazado expresamente el ejercicio de la acción propuesta por los acreedores."[328]

Cumplidos todos y cada uno de los presupuestos que acabo de exponer, el acreedor, o acreedores requirentes, y no otros, detentan la legitimación precisa y podrán, esto es, facultativamente, batallar rescisoriamente contra el acto acusado de perjudicialidad.[329] Pero el mero hecho de haber cursado el requerimiento rescisorio no obliga ni impone una obligación acreedora en orden a ejercitar la acción rescisoria concursal. Constituye una mera facultad, que, según le interese, empleara o no. El requerimiento cursado por varios acreedores conjuntamente, tampoco les impone impetrar el pleito rescisorio igualmente de forma conjunta por

327 ESPIGARES HUETE, J.C. "La acción", pg. 207.

328 GARCÍA-CRUCES J.A. "La reintegración de la masa", pg. 364.

329 RIPOLL OLAZÁBAL, G. "Derecho Concursal", pg. 387; y. FERNÁNDEZ AGUADO, J.I. "Las acciones", pg. 181.

todos los acreedores requirentes.[330] Basta la actuación de uno, o alguno de ellos, siempre que previamente hubiesen dirigido el requerimiento escrito arriba reseñado y acrediten el cumplimiento de los requisitos requeridos por la norma.[331] A sensu contrario, los acreedores que no hubiesen instado por escrito el ejercicio de la acción rescisoria, aunque sí lo hayan verificado otros, no podrán impetrar ese pleito, y sin perjuicio que participen como terceros en el eventual procedimiento incidental rescisorio que inicien los requirentes.

En fin. Tampoco cabe descartar que, finalmente, ninguno de esos impetrantes acreedores demande de manera subsidiaria, dado que, como luego expongo, ese acreedor litiga a su costa e interés no propio sino del concurso, y, quizás, su inicial instigamiento requeritorio cimente más en una voluntad de mera puesta de manifiesto ante la administración concursal de ese perjudicioso acto, para que ésta intervenga rescisorialmente, que con un anhelo real litigatorio. Esos acreedores abdicatorios del ejercicio de la acción, no vienen compelidos a comunicar a la administración concursal su cambio de parecer.[332]

Obviamente, el acreedor demandante acompañara el requerimiento antes reseñado a la oportuna demanda incidental

Por otro lado, y a la hora demandatoria, el acreedor queda atado por el contenido de su requerimiento, y no puede dirigir la acción contra actos o personas distintos de los por éste comunicados. Tampoco variar la fundamentación expuesta en su requerimiento. Así lo recuerda acertadamente la Audiencia Provincial de Salamanca en su sentencia de fecha 10 de noviembre de 2011:

> "...Dicho lo cual, no puede perderse de vista que el acreedor ejercita una acción en principio colectiva, sujeta a determinados

---

330 HERNÁNDEZ MARTÍ, J. "Efectos", pg. 305.

331 MARTÍN REYES, M.A. "La impugnación", pg. 4186. MASSAGER, J. "Aproximación", pg. 4230.

332 LEÓN SANZ, F.J. "El sistema", pg. 282.

requisitos. Como este mismo juzgado ha manifestado en reciente auto de fecha 21-10-11, 'Por principio habremos de partir de que el artículo 72 LC establece una legitimación restringida para el ejercicio de las acciones rescisorias concursales. Corresponde su ejercicio a la Administración Concursal, mientras que la legitimación de los acreedores sobreviene sólo en el caso de que, requerida ésta para el ejercicio de una determinada acción de reintegración, señalando el acto concreto que se trate de rescindir o impugnar y el fundamento para ello, no lo hiciere en el plazo de los dos meses siguientes a su requerimiento. Las exigencias, por tanto, para que los acreedores estén investidos de una legitimación que originariamente no les corresponde, son múltiples, como es obvio, en la medida que se configura por la **ley concursal** una acción colectiva y en beneficio de la masa, y no de intereses particulares de determinados interesados: la primera es una exigencia de requerimiento previo... La segunda, un determinado transcurso temporal desde dicho requerimiento hasta su ejercicio... La tercera, identificación del acto concreto que se trate de rescindir y el fundamento para ello. Con dicha identificación se pretende, como es obvio, un análisis riguroso por parte de la administración concursal de costes, beneficios y viabilidad de las pretensiones' Lo dicho tiene interés en la medida en que, como pone de manifiesto la Administración Concursal, y se revela del somero examen de los documentos 14 a, b, c y d de la demanda, los términos en los que fue requerida para el ejercicio original y primario de la acción de reintegración, que son exactamente aquellos en los que sobrevendrá una legitimación primariamente oculta o expectante, no son enteramente coincidentes con el resultado final que consta en la demanda; y no lo son, muy singularmente, con la posición que ocupa el IGAPE como codemandado; nunca, en el requerimiento formalizado a la Administración Concursal para que ejercitase la acción rescisoria, hubo una solicitud de atacar las contragarantías prestadas por el IGAPE; y ello sí supone fraude procesal: la Administración Concursal únicamente debió evaluar, en el plazo de dos meses, el requerimiento en sus propios términos, que no son diferentes de los dispuestos por el artículo 72 LC: acto a impugnar y fundamento para ello; no se permite al acreedor que pretende la legitimación subsidiaria separarse, en ningún caso, ni de los hechos ni de los fundamentos puestos de manifiesto; y mucho menos, extensivamente, configurando pasivamente la relación jurídico procesal incidental con un demandado a quien ni se tuvo en cuenta en el requerimiento originario. El punto IV del suplico —en relación a la ineficacia por rescisión de las escrituras de contragarantías de fechas 29-4-08 y 3-4-09— ha de ser fulminantemente

> cribado del objeto del proceso por no ostentar el IGAPE legitimación pasiva para soportar una acción no requerida previamente a la Administración Concursal, ni Uwais Ingeniería legitimación activa para interponerla."

Además, cumplidos los presupuestos del art. 232 TRLC, aquí no concurre un plazo preclusivo para el ejercicio subsidiario de la acción distinto del general para la administración concursal.[333] Del mismo modo, la recepción del escrito y el transcurso del plazo de dos meses reseñado no impide que la Administración Concursal ejercite la acción rescisoria. Incluso, en el supuesto que hubiere sido ya interpuesta por los acreedores requirentes en tiempo y forma, en cuyo caso, y ejercitada con posterioridad también la acción por la administración concursal, procede la acumulación de oficio de los procedimientos por el Juez del Concurso (art. 232.2 TRLC).

La demanda interpuesta por los acreedores legitimados subsidiariamente ex art. 232 TRLC, requiere de su notificación a la administración concursal (art. 232.1 TRLC). Esta notificación, que responde a cuestiones de necesaria coordinación y toma de conocimiento de la acción ejercitada,[334] no cumple una finalidad autorizatoria del ejercicio rescisorial subsidiario. Tampoco constituye una suerte de segunda oportunidad de demandar concedida a la administración concursal. O, menos aún, permisoria y habilitadora de una eventual ocupación por esta de la posición procesal de los acreedores demandantes, desplazándoles y sacándoles del procedimiento.[335]

Los acreedores legitimados subsidiariamente ejercitan la acción rescisoria en interés del concurso y no en interés propio (art. 232.3 TRLC). Los gastos y costas de los legitimados subsi-

---

333 LEÓN SANZ, F.J. "Comentario", pg. 1324.

334 VIGUER SOLER, P.L. "La masa", pg. 388 y GARCÍA-CRUCES J.A. "La reintegración de la masa", pg. 363. También, vid. FERNÁNDEZ AGUADO, J.I. "Las acciones", pg. 183.

335 GULLÓN BALLESTEROS, A. "La acción", pg. 4132.

diarios se rigen por lo previsto en el art. 232.3 TRLC, de tal forma que si la demanda sobreviene desestimada, los gastos y costas incurridos carecen de la cualidad de créditos contra la masa, ni corren por cuenta de ésta, por lo que, en principio, ninguna reclamación asiste al acreedor vencido por estos conceptos. Por el contrario si resultare, total o parcialmente, estimada, y una vez la oportuna sentencia devenga firme, los legitimados subsidiarios victoriosos gozan del derecho a reembolsarse, con cargo a la masa, de tales costas o gastos, pero no ilimitadamente, sino con el tope cuantitativo de lo obtenido por la sentencia, lo cual parece lógico a la vista que la masa activa resulta beneficiada con la estimación, total o parcial, de la demanda, siendo ésta por ello la compelida a soportar el coste del procedimiento hasta el límite reseñado.

La cantidad reembolsable aparece bendecida de la consideración de crédito contra la masa (art. 232.3 TRLC), tratándose de un crédito posterior al concurso que se origina como consecuencia del procedimiento insolvencial y en su interés.[336] Aunque, ciertamente, resulta problemático cuantificar este crédito contra la masa, desde la perspectiva de ese límite de reembolso, en el supuesto que proceda la restitución de prestaciones ordenada por el art. 235.2 TRLC. También en supuestos como la cancelación rescisoria de una garantía. Por ello, conecto la referencia a "lo obtenido" con el real beneficio económico logrado gracias a la rescisión concursal, total o parcialmente, triunfadora.[337]

En cualquier caso, ese derecho de reembolso me parece un escuálido y raquítico premio para quien, a su riesgo y ventura, en interés del concurso, y no en el propio, y asumiendo personalmente gastos, y el peligro impositivo de costas procesales, impugna un acto que, finalmente y merced a su actuación, resulta perjudicial y rescindido, y devuelto a la masa activa.

---

336 GARCÍA-CRUCES J.A., "La reintegración de la masa", pg. 364.

337 RIPOLL OLAZÁBAL, G. "Derecho Concursal", pg. 387.

Quizás aquí radique la causa por la que los acreedores del concursado ejercen en contadísimas ocasiones la legitimación subsidiaria del art. 232 TRLC. Y cuando lo hacen, guiados por una voluntad de acoquinar y asustar a la concursada. Convendría prever en la Ley algún tipo de preferencia en el cobro que supere la mera consideración de crédito contra la masa.[338] O una mejora del crédito concursal reconocido en el concurso a favor del acreedor demandante triunfador, reconociéndole algún privilegio, como acontece en el concurso necesario ex art. 280.7.º TRLC.

IV.1.2. Legitimación pasiva

La demanda de rescisión impacta pasivamente en el deudor y quienes hayan sido parte en el acto impugnado (art. 233.1 TRLC), lo que constituye un supuesto de litisconsorcio pasivo necesario,[339] cuya inobservancia conlleva una indebida constitución de la relación jurídico procesal.[340] A título de ejemplo, en supuesto de la rescisión concursal de la compraventa de un inmueble, resulta obligatorio traer al juicio como demandados al concursado y al comprador del inmueble.

La eventual intervención o suspensión de las facultades patrimoniales del concursado, no tara ni resulta impeditiva de su personación y defensa separada de la administración concursal en los juicios rescisorios promovidos por ésta o, subsidiariamente, los acreedores.[341]

La propia naturaleza rescisoria de la acción del art. 226 TRLC, requiere impepinablemente la llamada al proceso rescisorio del

---

338 GONZÁLEZ VÁZQUEZ, J.C. "Las acciones", pg. 634.

339 AA.VV. "Guía práctica", pg. 279; GARCÍA SANZ, A. "Notas", pg. 4077, GULLÓN BALLESTEROS, A. "La acción", pg. 4131; y GARCÍA-CRUCES GONZÁLEZ, J.A. "La reintegración", pg. 364.

340 VIGUER SOLER, P.L. "La masa", pg. 388.

341 FERNÁNDEZ AGUADO, J.I. "Las acciones", pg. 183; y CRESPO AULLE, F. "Comentarios", pg. 1405.

concursado, cuyo acto perjudicial para la masa se pretende rescindir, y declarar ineficaz, por el eventual interés por su parte en el mantenimiento de su efectividad,[342]oponiéndose a la demanda o, por el contrario, apoyando la fulminación rescisoria, allanándose a esta, aquietamiento que no precisa de consentimiento de la administración concursal (art. 121 TRLC).[343]. O, simplemente, manteniéndose pasivo y en rebeldía. Que es lo que usualmente acontece.

Obviamente, la actuación y manifestaciones del concursado en el proceso rescisorio, influye en una eventual y posterior calificación del concurso como culpable.[344] Pero no condiciona, dificulta o impide el ejercicio de la acción rescisoria concursal la circunstancia que el acto sospechoso también quede atrapado en las redes calificatorias vestido de salida fraudulenta de activos (art. 443.2.º TRLC), o simulación patrimonial (art. 443.3.º TRLC).[345] Y viceversa. Así resulta de la sentencia del Tribunal Supremo, de fecha 24 de octubre de 2017:

> "....En nada empece a lo anterior que no se ejercitara la acción rescisoria concursal para dejar sin efecto las operaciones mencionadas, pues junto a los instrumentos que prevé la Ley Concursal en el art. 71, también puede accionarse frente a la salida indebida de patrimonio o la simulación patrimonial por la vía de la calificación concursal..."

Cuestión distinta resulta la eventual solución de los efectos perjudiciales a través de la sección de calificación, que convierte en inane y prescindible el posterior ejercicio de la acción rescisoria concursal.

Hecha la anterior precisión, continuo con mi exposición, y también queda impactado legitimatoriamente pasiva la persona en cuyo favor se ha realizado el acto, concepto éste más amplio

---

342 CRESPO AULLE, F. "Comentarios", pg. 1410 y 1411; y LEÓN SANZ, F.J. "Comentario", pg. 1325

343 LEÓN SANZ, F.J. "El sistema", pg. 282 y "Comentario", pg. 1325.

344 LEÓN SANZ, F.J. "El sistema", pg. 282 y "Comentario", pg. 1325.

345 MARTÍNEZ MUÑOZ, M y DELCLAUX ARANA, L. "La acción", pg. 519.

que el de parte de un contrato, dado que cabe la rescisión de actos no revestidos de esa cualidad contractual.[346]

Por lo tanto, la condición de legitimado pasivamente atrapa a la contraparte del negocio, pero no, por ejemplo, frente a quienes adquieren los bienes en una ejecución hipotecaria.

La demanda se podrá dirigir contra los sucesores jurídicos en el supuesto que se pretenda impugnar la eficacia de los actos en que se funde su derecho (art. 233 TRLC)[347]. Si se planteara un supuesto de conflicto de intereses en la posición del administrador concursal, procede su examen por el Juez del Concurso y resolución por el cauce separatorio de los arts. 100 y 101 TRLC.[348]

Además, en el supuesto que el bien que se pretenda reintegrar hubiere sido transmitido a un tercero, la demanda también tendrá en su punto de mira a este tercero si el actor pretende desvirtuar la presunción de buena fe del subadquirente, o atacar la irreivindicabilidad de que goce o la protección derivada de la publicidad registral (art. 233.2 TRLC). La ausencia de un impacto demandatorio dirigido contra el subadquirente, no permite oponer la excepción de litis consorcio pasivo necesario,[349]y conlleva la consolidación de la posición jurídica del subadquirente, quedando vetado al juez como consecuencia de esa pasividad demandatoria cualquier pronunciamiento en torno a la ineficacia de la transmisión a favor del subadquirente, y sin perjuicio de la prosecución del pleito concursal frente al deudor y el adquiren-

---

346 LEÓN SANZ, F.J. "El sistema", pg. 282 y "Comentario", pg. 1325.

347 LEÓN SANZ, F.J. "El sistema", pg. 282 y "Comentario", pg. 1325.

348 LEÓN SANZ, F.J. "El sistema", pg. 282 y "Comentario", pg. 1325.

349 VIGUER SOLER, P.L. "La masa", pg. 389; GARCÍA-CRUCES J.A. "La reintegración de la masa", pg. 365; CRESPO AULLE, F. "Comentarios", pg. 1411; GARCÍA SANZ, A. "Notas", pg. 4077; GULLÓN BALLESTEROS, A. "La acción", pg. 4131; y MASSAGER, J. "Aproximación", pg. 4231, quien señala que, con el reconocimiento de legitimación al subadquirente, se pone fin a la polémica surgida con la extrema interpretación que el Tribunal Supremo había consolidado del art. 878 II C.Com.

te.[350] La llamada de la contraparte y los subadquirentes conecta con elementales principios de orden procesal y constitucional, y la eventual afectacion por la sentencia que se dicte en el proceso rescisorio.[351]

Resulta interesante la sentencia del Tribunal Supremo de fecha 15 de septiembre de 2015. La parte actora suplica la rescisión de la enajenación de un terrero, y la cancelación de unas hipotecas concertadas con posterioridad por el adquirente de la finca y un tercero, una entidad de crédito. El Alto Tribunal, a la vista que no fue demandado expresamente el banco, y, por tanto, vetada su intervención a efectos de defender la ausencia de perjuicio para la masa activa de las operaciones reseñadas, o buscar cobijo en el art. 34 LH y su consideración de tercero de buena fe protegido registralmente, decreta la nulidad de la sentencia de instancia, y la retroacción de actuaciones para proceder al emplazamiento del banco a efectos que conteste a la demanda. Dice la sentencia en cuestión:

> "Con carácter general, la Ley de Enjuiciamiento Civil en el art. 5.2 prescribe que las pretensiones de la demanda se formulen ante el Tribunal competente y frente a los sujetos a quienes haya de afectar la decisión pretendida. Y el art. 12.2 LEC señala que, cuando el objeto del juicio deba hacerse valer frente a varios sujetos conjuntamente, todos ellos habrán de ser demandados. Específicamente, en el marco concursal, el art. 72.2 LC (actualmente renumerado con el apartado 3) establece que: "las demandas de rescisión deberán dirigirse contra el deudor y contra quienes hayan sido parte en el acto impugnado. Si el bien que se pretenda reintegrar hubiera sido transmitido a un tercero, la demanda también deberá dirigirse contra éste cuando el actor pretenda desvirtuar la presunción de buena fe del adquirente o atacar la irreivindicabilidad de que goce o la protección derivada de la publicidad registral". En la demanda, la administración concursal describe tres opera-

350 AA.VV. "Guía práctica", pg. 279; GARCÍA SANZ, A. "Notas", pg. 4077; GARCÍA-CRUCES J.A. "La reintegración de la masa", pg. 366 y MARTÍN REYES, M.A. "La impugnación", pg. 4186 y 4187.

351 ESCRIBANO GAMIR, R.C. "La reintegración", pg. 4040 y GORDILLO CAÑAS, A. "Par conditio", pg. 5.

> ciones concertadas entre el Banco de Santander y el nuevo titular de la finca cuya reintegración a la masa se pretende, realizadas con posterioridad a su transmisión, y pide la cancelación de las mismas como consecuencia de la rescisión de la compraventa. Es claro que la demanda debió dirigirse también frente al Banco de Santander, titular de los gravámenes que se pretenden cancelar como consecuencia de la rescisión de la compraventa. Al no haberse demandado de forma expresa al Banco, se está infringiendo directamente el art. 72.2 LC.. 2. Se trata de dar la oportunidad al Banco de Santander, como parte demandada, para que pueda demostrar que las tres operaciones realizadas en septiembre de 2009, descritas minuciosamente por la administración concursal en la demanda rectora, no han ocasionado perjuicio a la masa activa, o que, habiéndolo ocasionado, es un tercero hipotecario de buena fe protegido por el art. 34 LH, y todo ello con la finalidad de poder determinar el alcance de los efectos de la sentencia rescisoria (art. 73.2 LC). Al no tener el Banco esta oportunidad, porque la demandada no se dirigió contra él, como era preceptivo, hay que declarar la nulidad de la sentencia y retrotraer las actuaciones, hasta su emplazamiento, para que conteste la demanda."

Los gastos incurridos por los demandados como consecuencia de la demanda rescisoria no aparecen teñidos de crédito contra la masa, con la excepción de los relativos a la concursada. Pero sí la condena en costas impuestas al demandante, en el supuesto que su acción fuera desestimada (art. 242.1.7.º TRLC).[352]

IV.1.3. Intervención de terceros

Igualmente, y conforme establece el art. 534.2 TRLC, cualquier persona comparecida en el concurso queda facultado para intervenir, con plena autonomía, en el incidente concursal que se inicie con el ejercicio de la acción rescisoria, conforme al régimen de la LEC, coadyuvando con la parte que la hubiera promovido, o con la contraria, y sin necesidad especial pronunciamiento del Tribunal, ni audiencia de las partes cuando se trate de aquellas

---

[352] FERNÁNDEZ AGUADO, J.I. "Las acciones", pg. 183. También lo entiende así RIPOLL OLAZÁBAL, G. "Derecho Concursal", pg. 388.

que ostenten la condición de parte en el concurso, o se trate de acreedores incluidos en la oportuna lista.

Tras la admisión de la demanda rescisoria, procede su notificación a las personas comparecidas en el concurso, cuya facultativa intervención resulta posterior a la citada comunicación, y sin que implique retroacción alguna de actuaciones.[353]

Esta intervención viene tiznada de un carácter adhesivo y principal, y no resulta propiamente litisconsorcial sino simple, en cuanto habilita la entrada en el incidente de titulares de otras relaciones jurídicas afectadas por lo que pueda resolverse. En este sentido, sentencia del Tribunal Supremo de fecha 7 de diciembre de 2017:

> "...TERCERO.— El art. 13 LEC permite, con carácter general y mientras esté pendiente un proceso, la intervención en el mismo de quien acredite un interés directo y legítimo en su resultado. A su vez, el art. 193.2 LC permite la intervención de un tercero en un incidente concursal, como coadyuvante del demandante o del demandado. Se trata de una intervención adhesiva y principal, puesto que no se admite la introducción de una pretensión contradictoria con la que es objeto del incidente concursal. En el caso concreto de las acciones de reintegración, esta intervención adhesiva no es propiamente litisconsorcial, sino simple, ya que se permite la entrada en el incidente de titulares de otras relaciones jurídicas afectadas por lo que pueda resolverse. El antes citado art. 193.2 LC permite la intervención adhesiva de cualquiera que ya estuviera personado en el concurso, lo que, de acuerdo con el art. 184.4 LC, presupone un interés legítimo en el mismo..."

Esta habilitación interventora en el incidente rescisorio, una vez ejercitada la acción, queda sometida a determinadas condiciones como la indisponibilidad del derecho subjetivo que se hace valer en el proceso, y confiere a ese tercero la condición de parte, a todos los efectos, tanto respecto de las facultades para intervenir en el proceso, como del alcance y eficacia de cosa juzgada de la sentencia con la que concluya, y de las costas, incluido el acceso

---

353 CRESPO AULLE, F. "Comentarios", pg. 1412.

a los recursos previstos en la ley contra las resoluciones que recaigan en dicho incidente, al margen de la administración concursal, o los acreedores subsidiarios.

Así lo expone nuestro Tribunal Supremo, en su sentencia de fecha 7 de diciembre de 2017, anulatoria de una sentencia, con la consiguiente devolución a la Audiencia Provincial a efectos que interpusiere recurso de apelación un tercero interviniente en el incidente reintegrador al que se le privó el acceso apelativo:

> "...Como se afirma en la doctrina, aunque la LC restringe la legitimación de los interesados para promover las acciones de reintegración, una vez ejercitada la acción nada impide que tales interesados puedan intervenir en el incidente, si bien con algún condicionamiento. Así, de la misma manera que en otros supuestos la legitimación para promover está restringida (por ejemplo, la calificación concursal), cualquierinteresado podría intervenir en el incidente, coadyuvando con la parte actora o con la demandada, con la limitación derivada de la indisponibilidad del derecho subjetivo que se hace valer en el procedimiento, cuya disponibilidad corresponde exclusivamente a su titular. Así, en el ya mencionado ámbito de la calificación concursal, la sentencia 10/2015, de 3 de febrero, tras interpretar los arts. 168, 169 y 170 LC, en el sentido de atribuir en exclusiva a la administración concursal y al Ministerio Fiscal la facultad de postular una determinada calificación, reconoce a los acreedores y demás interesados en la calificación «la posibilidad de intervenir como coadyuvantes de la concreta petición de calificación formulada porla administración concursal y/o el ministerio fiscal, y para apelar(art. 172.bis 4 LC)». 3.— De acuerdo con lo expuesto, la intervención del tercero en el incidente de reintegración le confiere la condición de parte, a todos los efectos, tanto respecto de las facultades para intervenir en el proceso, como del alcance y eficacia de cosa juzgada de la sentencia con la que concluya, y de las costas. Conforme al art. 13.3 LEC, el tercero interviniente podrá ejercitar las facultades procesales propias del actor o del demandado con el que coadyuve, en función del momento procesal en que se produzca la intervención. Si es coadyuvante de la parte actora, no puede ampliar la demanda ni variar el objeto procesal introducido por la administración concursal; en el acto de la vista, puede proponer prueba diferente y formular alegaciones al margen del actor. Si es coadyuvante de la parte demandada, podrá oponerse por razones coincidentes o diferentes a las realizadas por los demandados principales; igual-

> mente, podrá proponer prueba y realizar alegaciones en el acto de la vista al margen de tales demandados principales. Y en lo que atañe directamente al objeto de este recurso, tanto cuando coadyuve con la parte actora, como cuando lo haga con la demandada, el interviniente podrá recurrir las resoluciones que estime que le son perjudiciales, al margen de la parte principal. Así se desprende sin género de duda del art. 13.3, in fine, LEC, cuando dice: «El interviniente podrá, asimismo, utilizar los recursos que procedan contra las resoluciones que estime perjudiciales a su interés, aunque las consienta su litisconsorte». 4.— En consecuencia, una interpretación de los arts. 72.1 y 193 LC, complementada por el art. 13.3 LEC, dado que la Disposición Final Quinta LC establece que «En lo no previsto en esta Ley será de aplicación lo dispuesto en la Ley de Enjuiciamiento Civil», permite considerar que el acreedor coadyuvante de la administración concursal en un incidente de reintegración de la masa puede utilizar los recursos previstos en la ley contra las resoluciones que recaigan en dicho incidente, al margen de la administración concursal. CUARTO.— Estimación del recurso extraordinario por infracción procesal. Devolución de las actuaciones a la Audiencia Provincial 1.— Lo expuesto conlleva la estimación del recurso extraordinario por infracción procesal y de conformidad con lo previsto en la regla 6.ª de la Disposición Final 16.ª LEC, no procede ya el examen y resolución del recurso de casación. Tampoco procede pronunciamiento alguno respecto al documento aportado conforme al art. 271 LEC (sentencia de calificación), puesto que tendría relevancia, en su caso, respecto del fondo del asunto, que no ha sido objeto de tratamiento. 2.— A su vez, en cumplimiento de lo ordenado en el último párrafo del art. 476.2 LEC, debe anularse la sentencia recurrida y devolver las actuaciones a la Audiencia Provincial, a fin de que, una vez reconocida la legitimación de Caixabank para interponer el recurso de apelación, lo resuelva en cuanto al fondo..."

Normalmente, el uso de esta herramienta se lleva a cabo por la Administración Concursal y acreedores. Aunque también pienso permisible la actuación interventora del subadquirente no demandado. Ciertamente, el juego del art. 534.2 TRLC ofrece situaciones diversas. Piénsese en una comparecencia de la Administración Concursal apoyadora de la demanda acreedora rescisoria, u opositoria si entiende que el mantenimiento del acto impugnado resulta beneficioso para el interés del concurso. También en acreedores no demandantes, unos a favor y otros en contra de la estimación de la demanda de la administración concursal, o la formulada por otro acreedor al amparo de lo dispuesto en el art. 232 TRLC.

Este cúmulo de intervenciones parece entorpecedor de la tramitación del proceso concursal y, especialmente, el incidente rescisorio. Incluso, no cabe descartar un empleo anormal y dilatorio de estas intervenciones. Atento habrá de estar el Juez al respecto, y quizá una imposición de costas procesales, o la multa por temeridad, constituyan remedios paliativos de tentaciones obstaculizadoras o actuaciones temerarias.

IV.2. PROCEDIMIENTO

La sustanciación procedimental de la acción rescisoria concursal, cuyo conocimiento recae en el Juez del Concurso, conduce inexorablemente al incidente concursal (art. 234 TRLC), regulado en los arts. 532 y ss TRLC. El concursado y los acreedores, preceptivamente, precisan la representación de Procurador y asistidos de letrado (art. 510 y 512 TRLC), sin perjuicio de lo establecido para la representación y defensa de las administraciones públicas y de los trabajadores en el art. 513 TRLC. La administración concursada precisa únicamente de asistencia letrada (art. 511 TRLC).[354]

El objeto del proceso persigue declaración judicial de ineficacia de los actos realizados por el deudor que sean perjudiciales para la masa activa, en los términos de los arts. 226 y ss TRLC, en esencia, art. 235 TRLC.[355]

Obviamente, repele y rechazo la utilización de cualquier otro incidente concursal distinto del rescisorio, por ejemplo, el referido a la impugnación de la lista de acreedores o del inventario

354 RIPOLL OLAZÁBAL, G. "Derecho Concursal", pg. 390

355 CRESPO AULLE, F. "Comentarios", pg. 1412, partiendo del fundamento de la acción rescisoria: el perjuicio que el acto dispositivo del deudor ha causado a la masa activa.

(art. 297 y ss TRLC), a efectos de obtener resultados propios de la rescisión concursal. Piénsese en la impugnación de la esa lista de acreedores como consecuencia del reconocimiento como privilegiado especial de un crédito dotado de garantía real, y cuyo fundamento impugnatorio reside en el perjuicio para la masa del otorgamiento de la garantía real con anterioridad a la declaración de concurso. En esta situación, no cabe aludir a economías procesales, y procede, en primer lugar, entablar la acción rescisoria concursal y, estimada esta, y al amparo de los arts. 308.3.º TRLC y 311.1 TRLC, modificar la lista definitiva de acreedores, en concreto, la clase del crédito, cuya garantía real, y privilegio especial, se ha esfumado rescisoriamente.

Así, sentencia del Tribunal Supremo de fecha 26 de mayo de 2020, cuya doctrina también recoge la Audiencia Provincial de Madrid, sentencia de fecha 14 de diciembre de 2025, o el Juzgado de lo Mercantil num. 3 de Oviedo, sede en Gijón, de fecha 9 de noviembre de 2010. Señala el Alto Tribunal:

> "...Por lo tanto, en principio, cabe impugnar la clasificación hecha por la administración concursal en la lista de acreedores de un crédito con privilegio especial, en este caso un crédito garantizado con prenda. Las razones de la improcedencia de esta clasificación serían muy variadas, por ejemplo porque no existe o subsiste la prenda, lo que requiere ineludiblemente revisar el título en virtud del cual fue reconocido. Ahora bien, cuando la impugnación de la clasificación de ese crédito con privilegio especial tiene como presupuesto la previa impugnación de la constitución de la garantía real, realizada antes de la declaración de concurso, en cuanto constituye una acción de reintegración cuyo ejercicio expresamente prevé el art. 71.6 LC, en relación con el art. 72.1 LC, no puede eludirse la aplicación de estas previsiones legales, que constituyen a estos efectos una ley especial. De otro modo, estaríamos amparando un fraude de ley procesal: para evitar la aplicación de unas normas que, en atención a una determinada razón de ser, restringen la legitimación para el ejercicio de la acción de impugnación (nulidad de una prenda constituida por el concursado antes del concurso), se acude al subterfugio de la impugnación de la lista de acreedores (en concreto, de la clasificación del crédito del acreedor pignoraticio como crédito con privilegio especial) para justificar la legitimación para ejercitar la acción de

nulidad de la constitución de la prenda, de la que en realidad se carece. En realidad, en un supuesto como el presente, la propia ley concursal ha previsto que pueda alterarse la lista de acreedores como consecuencia de la estimación de una acción de reintegración, al admitir en el apartado 3 del art. 97 LC que, a parte de los supuestos que se enuncian, pueda haber otros, previstos en la ley de modificación de la lista de acreedores. Uno de ellos es la acción de reintegración, pues la rescisión o impugnación de un acto de disposición puede conllevar una alteración de los créditos o de su reconocimiento. Este sería el presente caso, pues si se hubiera ejercitado la acción de nulidad de la constitución de prenda por el cauce adecuado de las acciones de impugnación/reintegración y, consiguientemente, a instancia de quien estuviera legitimado para ello, y esta acción hubiera prosperado, el efecto de la nulidad supone dejar sin efecto la garantía real, lo que determina el cambio o modificación de la clasificación de ese crédito en garantía del cual se había constituido la prenda que pierde la condición de privilegiado especial. 3. Conviene advertir que lo anterior es compatible con que existan otros medios o acciones dentro del concurso que conlleven un efecto restitutorio a favor de la masa: por ejemplo, una acción social de responsabilidad o, como consecuencia de la calificación culpable del concurso, la condena a restituir o indemnizar daños y perjuicios prevista en el art. 172.2.3.º LC. Estas acciones, aunque tengan un efecto restitutorio a favor de la masa, no son acciones propiamente impugnatorias de reintegración, a las que se refiere el ara las que se refiere el art. 71.6 LC, y pueden hacerse valer por su cauce propio, y con el régimen de legitimación previsto para ellas. 4. En nuestro caso, no estamos ante una acción propia que conlleva un efecto restitutorio o compensatorio (acción social de responsabilidad o la condena a restituir o indemnizar del art. 172.2.3.º LC), sino ante una acción que persigue directamente la ineficacia de un acto de disposición del deudor realizado antes del concurso, sin perjuicio de que, como efecto reflejo, conlleve la modificación de la clasificación de créditos. No cabe hablar tanto de una acción propia de impugnación de la lista de acreedores que conlleva la nulidad de la constitución de un derecho real de prenda; como de una acción de nulidad de la constitución de la prenda, en cuanto acto de disposición del deudor concursado anterior a la declaración de concurso, que tendrá un reflejo en la clasificación del crédito que se pretendía garantizar con la prenda. 5. En consecuencia, se estima el recurso extraordinario por infracción procesal, se deja sin efecto la sentencia de apelación y, al resolver ese recurso, por los razonamientos expuestos se aprecia

> la falta de legitimación de la administración concursal de Trimtor para instar la nulidad de la prenda. ..."

Y la sentencia citada del Juzgado de lo Mercantil núm. 3 de Oviedo, sede en Gijón, de fecha 9 de noviembre de 2020:

> "...En apoyo de su tesis, la parte actora considera que el inventario no es un instrumento válido para lograr la ineficacia o rescisión de un negocio jurídico, que, de considerarlo nulo o ineficaz la Administración Concursal, debería haber acudido a la acción rescisoria concursal del artículo 71 y siguientes de la Ley Concursal o a la revocatoria o pauliana del artículo 1299 del Código Civil, lo que no es posible por la preclusión del plazo legalmente previsto para ello en ambos casos, afirmando la existencia de abuso de derecho y fraude procesal en la actuación desarrollada por la Administración Concursal... Por tanto, dado que el inventario no cumple la finalidad de determinar con exactitud la masa activa, como sí ocurre con la lista de acreedores respecto de la masa pasiva, sino que su finalidad es informar a los acreedores a efectos de alcanzar una solución convencional o de orientar la liquidación, la inclusión de un crédito en el inventario es compatible con un posible litigio sobre dichos derechos en un juicio declarativo dentro del concurso o incluso fuera de él. En este sentido, tal compatibilidad no avala sin más que el inventario sea el cauce procedimental adecuado para negar eficacia a un negocio jurídico, pues tal cauce, con el carácter de imprescindible para determinar la incorrección del negocio jurídico de cancelación de los préstamos mediante las sucesivas ampliaciones de capital, con aportación de bienes y suscripción de participaciones sociales por los socios, debiera serlo el del ejercicio por la Administración Concursal, en interés de la masa activa y pasiva, de la acción correspondiente, a través del incidente concursal oportuno, y no la impugnación de tal cancelación mediante su expresión en el inventario, incluyendo un crédito por más de 30 millones de euros, de los cuales considera de dudoso o imposible cobro casi 12, acción que, dado el transcurso del tiempo desde la ratificación y convalidación de los referidos acuerdos societarios, producida en fecha 11 de Diciembre de 2013, estaría claramente prescrita...."

Pero tampoco resulta admisible acudir a la rescisión concursal con la finalidad de modificar la clasificación de créditos reconocidos en el concurso no afectados por la sentencia rescisoria. En este sentido, se manifiestan las sentencias del Juzgado de lo Mercantil núm. 13 de Madrid, de fecha 17 de enero de 2024, y de la Audiencia Provincial de Madrid, de 23 de noviembre de 2018:

> "...Por el contrario, procede desestimar las dos pretensiones que efectúa la administración concursal en su suplico, consistentes en que se reclasifiquen los créditos que figuran en el informe a favor de Toro y del Grupo Gedesco pasando de ser calificados como créditos ordinarios a subordinados. La razón de ser es que quedan fuera del perímetro de afectación de esta acción rescisoria y, como tal, no es un efecto propio derivado de la misma conforme al art. 235 del TRLC. Así, tal como señala la AP de Madrid, sección 28, en su sentencia de 23 de noviembre de 2018, la administración concursal no puede modificar de motu proprio la clasificación de un crédito no impugnado, por muy errónea que haya sido esa clasificación, ni, por esta misma razón, puede aprovechar una acción rescisoria concursal a tal fin, cuando son créditos, repito, que no guardan relación con los actos y contratos cuya rescisión se pretende..."

Tampoco condiciona, dificulta o impide el ejercicio de la acción rescisoria concursal la circunstancia que el acto sospechoso también quede atrapado en las red calificatoria culpable, vestidos de salida fraudulenta de activos (art. 443.2.º TRLC), o simulación patrimonial (art. 443.3.º TRLC), y con la consiguientes consecuencias restitutorias (art. 455.2.4.º TRLC) o indemnizatorias (art. 455.2.5.º TRLC). O que impacte sobre tal sospechoso acto del deudor la acción social de responsabilidad. Y viceversa.

Aunque estas acciones calificatoria y responsabilitatoria social presentan un evidente tiznado restitutorio de la masa activa del concurso, ciertamente carecen del carácter propiamente impugnatorio y revocatorio de la acción rescisoria concursal o de las otras acciones a que se refiere el art. 238 TRLC. Por este motivo, todas ellas resultan compatibles y ejercitables por su cauce propio, y con el régimen de legitimación previsto para cada una.

Así resulta de la sentencia del Tribunal Supremo, de fecha 24 de octubre de 2017:

> "....En nada empece a lo anterior que no se ejercitara la acción rescisoria concursal para dejar sin efecto las operaciones mencio-

nadas, pues junto a los instrumentos que prevé la Ley Concursal en el art. 71, también puede accionarse frente a la salida indebida de patrimonio o la simulación patrimonial por la vía de la calificación concursal..."

Y la antes citada sentencia del Tribunal Supremo de fecha 26 de mayo de 2021:

"...Conviene advertir que lo anterior es compatible con que existan otros medios o acciones dentro del concurso que conlleven un efecto restitutorio a favor de la masa: por ejemplo, una acción social de responsabilidad o, como consecuencia de la calificación culpable del concurso, la condena a restituir o indemnizar daños y perjuicios prevista en el art. 172.2.3.º LC. Estas acciones, aunque tengan un efecto restitutorio a favor de la masa, no son acciones propiamente impugnatorias de reintegración, a las que se refiere el ara las que se refiere el art. 71.6 LC, y pueden hacerse valer por su cauce propio, y con el régimen de legitimación previsto para ellas..."

O la sentencia de la Audiencia Provincial de Madrid, de fecha 31 de enero de 2025:

"...7.— En nada empece a lo anterior que no se ejercitara la acción rescisoria concursal para dejar sin efecto las operaciones mencionadas, pues junto a los instrumentos que prevé la Ley Concursal en el art. 71, también puede accionarse frente a la salida indebida de patrimonio o la simulación patrimonial por la vía de la calificación concursal. Tanto las acciones rescisorias como cualquier otra actuación —en este caso el acuerdo transaccional para levantar la carga hipotecaria—, o la ausencia de las mismas, no afecta a la calificación que resulte procedente..."

Cuestión distinta es que el eventual resteño o reparación de los efectos perjudiciales, por ejemplo, a través de la sección de calificación, convierte en inane y prescindible el posterior ejercicio de la acción rescisoria concursal. En similares términos, vid la sentencia del Tribunal Supremo de fecha 14 de septiembre de 2021:

"...4.— En este caso, la conducta que determinó la declaración de complicidad fue la colaboración en la salida de bienes del patrimonio de la empresa deudora. La parte más sustancial del perjuicio ocasionado por esa operación fue ya restañada mediante

> la acción de rescisión concursal ejercitada por la administración concursal, que finalizó con la sentencia 160/2016, de 10 de junio, de la Sección 8.ª de la Audiencia Provincial de Alicante, por la que se ordenó la reintegración al patrimonio de la concursada de las fincas registrales núm. NUM000 y NUM001 del Registro de la Propiedad de Ibi..."

En concursos internacionales, la Jurisdicción del Juez se extiende únicamente al conocimiento de aquellas acciones que tengan su fundamento jurídico en la legislación concursal y tengan relación inmediata con el concurso, no procediendo el ejercido de la acción rescisoria al amparo del TRLC cuando el beneficiado por el acto perjudicial para la masa activa pruebe que dicho acto está sujeto a la ley de otro Estado que no permite en ningún caso su impugnación. (art. 730 LC).

IV.2.1. Demanda

IV.2.1.1. Interposición

La demanda resulta susceptible de interposición desde el dictado del auto de declaración de concurso reseñado en el art. 28 TRLC, aunque no haya adquirido firmeza, y, siempre que la Administración Concursal esté en el ejercicio del cargo, lo que requiere su expresa aceptación (arts. 66 y 67 TRLC).[356]

La interposición de recurso apelativo contra el auto de declaración del concurso no tara una eventual interposición de demanda rescisoria, dado que la citada resolución declarativa produce de inmediato los efectos establecidos en esta Ley, y tendrá fuerza ejecutiva, aunque no sea firme (art. 32 TRLC), y el recurso reseñado carece de efectos suspensivos (art. 25.1 TRLC). Lo expuesto, sin perjuicio que el Juez, excepcionalmente, acuerde tal suspensión (art. 25.1 TRLC), que resulta capadora de cual-

---

[356] En el mismo sentido, FERNÁNDEZ AGUADO, J.I. "Las acciones", pg. 182.

quier pretensión iniciatoria de la rescisión hasta que se resuelva el recurso.[357]

La estimación del recurso de apelación, y la consiguiente desaparición de la situación concursal, impacta obviamente en la acción ejercitada, no solo en la legitimación activa, que también,[358] y resulta letal y abortativa de plano de la acción de marras. La declaración de concurso del deudor constituye uno de los presupuestos precisos no sólo para su ejercicio sino también para su nacimiento, por lo que, si aquella decae, la acción rescisoria ya ejercitada fenece fulminantemente. Esta situación se hará valer por el demandado, quizás por el cauce incidental, aunque se me antoja más acertado acudir al art. 22 LEC, y la carencia sobrevenida del objeto del proceso.[359]

Por otro lado, el ejercicio de la rescisoria concursal no requiere esperar a la emisión del informe de la administración concursal a que se refieren los arts. 290 y ss TRLC.[360] En este sentido, el art. 293 TRLC ordena acompañar al referido informe diversos documentos, uno de ellos, el inventario de la masa activa, junto con la relación de los litigios en tramitación y la de las acciones de reintegración a ejercitar a juicio de la administración concursal (art. 293.1.1.º y 202.1 TRLC). En dicha relación procede informar sobre la viabilidad, riesgos, costes y las posibilidades de financiación de las correspondientes actuaciones judiciales (art. 202.2 TRLC).

Aun cuando el tenor literal de los arts. 202.1 TRLC y 293.1.1.º TRLC refieren acciones de reintegración que "debieran pro-

---

357 RIPOLL OLAZÁBAL, G. "Derecho Concursal", pg. 388 y 389.

358 RIPOLL OLAZÁBAL, G. "Derecho Concursal", pg. 389.

359 RIPOLL OLAZÁBAL, G. "Derecho Concursal", pg. 389.

360 Contra. VIGUER SOLER, P.L. "La masa", pg. 388; ESPIGARES HUETE, J.C. "La acción", pg. 51 y MASSAGER, J. "Aproximación", pg. 4230. También LÓPEZ SÁNCHEZ, M.A, "Los efectos", pg. 192, quien entiende que para que se puedan ejercitar las acciones rescisorias por la administración concursal, ésta debe estar constituida y en funcionamiento y debe acompañar el inventario referenciado.

moverse" o "a ejercitar", esto es, a futuro, con posterioridad a la emisión del informe provisional de la administración concursal, entiendo no prohibido el ejercicio de la acción rescisoria concursal previamente a la referida presentación. Nada se opone a ello, aunque, ciertamente, la práctica habitual conecta con dicha espera dado que hasta tal momento informatorio, la administración concursal no suele contar con la información precisa, ya no para detectar el acto perjudicial, o entablar la batalla rescisoria, sino simplemente para evaluar su viabilidad.[361]

No obstante, las circunstancias concurrentes, en no pocas ocasiones, aconsejan y compelen a un ejercicio célere de la acción rescisoria concursal, con una finalidad evitativa de riesgos y dificultades que impidan o lastren el procedimiento rescisorio,[362]aunque no por una eventual prescripción o caducidad de la acción, dado que tales instituciones extintivas no impactan sobre la acción que estudio, cuyo ejercicio nace y muere con el procedimiento concursal. Vuelvo a ello más adelante.

Por otro lado, la inclusión en el inventario de la concreta acción rescisoria, no constituye presupuesto o requisito para su existencia, ni cercena su ejercicio.[363] La mera inclusión en el inventario de una acción rescisoria cuyo ejercicio se proyecta por la Administración Concursal, no implica ni impone su necesario y posterior ejercicio, a la vista de la eventual concurrencia de circunstancias conocidas o analizadas posteriormente que lo des-

---

361 RIPOLL OLAZÁBAL, G. "Derecho Concursal", pg. 389;, VILA FLORENSA, M. "Comentarios", pg. 184; ALCOVER GARAU, G. "Comentarios", pg. 780; y LEÓN SANZ, F.J. "Comentario", pg. 1326.

362 LEÓN SANZ, F.J. "Comentario", pg. 1326.

363 CRESPO AULLE, F. "Comentarios", pg. 1408, recordando que lo mismo sucedía, bajo el régimen derogado de la quiebra, con relación a los estados de la quiebra y la acción impugnatoria derivada de la retroacción (art. 1368 LEC 1881).

LEÓN SANZ, F.J. "El sistema", pg. 283 y "Comentario", pg. 1326. También DE LAS HERAS GARCÍA, M.D. "Acciones", pg. 151.

aconsejen o imposibiliten.[364]Por tal razón, una ausencia de reseña en el inventario no conlleva defecto o impedimento alguno para su impetración. El carácter informativo y dinámico, cambiante, del inventario también coadyuva en el mantenimiento de la anterior conclusión.

Así, vid. las sentencias del Tribunal Supremo de fecha 4 de noviembre y 17 de enero de 2024, referidas a la reapertura del concurso para el ejercicio de acciones de reintegración (art. 505.2 TRLC), pero cuyas enseñanzas aquí también resultan esgrimibles:

> "...En segundo lugar, el hecho de que la acción de reintegración que ahora se ejercita frente a la venta del (automóvil) Mazda no se hubiera indicado en el inventario que se adjuntaba junto con el informe (art. 82.4 LC), ni se hubiera tenido en consideración cuando se informó más tarde, para justificar la conclusión del concurso por insuficiencia de masa activa, que no existían acciones viables de reintegración de la masa activa (art. 176 bis.3 LC), no tiene un efecto preclusivo respecto de su eventual ejercicio en caso de reapertura del concurso..."

En el mismo sentido se manifiesta la sentencia de la Audiencia Provincial de Valencia de fecha 10 de abril de 2012 (*Tol 2579144*):

> "...La entidad apelante sostiene que no cabe la modificación de la calificación del crédito una vez se ha producido la aprobación del Convenio de Acreedores, razón por la que —con base a los argumentos que expresa en su extenso escrito de apelación— considera que no debió prosperar la acción ejercitada por la Administración concursal ni cabía privar a su representada del privilegio resultante de la pignoración de créditos convenida con la concursada con ocasión de la suscripción del préstamo suscrito en fecha 30 de enero de 2008. No podemos perder de vista —como ya se ha expuesto a lo largo de esta resolución— que la acción que se ejercita por la administración concursal se fundamenta en el artículo 71 de la Ley Concursal, y en relación con la acción rescisoria concursal —que tiene por objeto rescindir los actos perjudiciales para la masa activa, realizados por el deudor dentro de los dos años anteriores a la declaración de concurso con la finalidad de

---

[364] ESPIGARES HUETE, J.C. "La acción", pg. 56 y 57. Contra HERRERO PEREZAGUA, J.F. "La reintegración", pg. 170.

garantizar los derechos de los acreedores afectados por el concurso—, la Sección 15.ª de la Audiencia Provincial de Barcelona tiene declarado que tal acción '*nace con el concurso y se extingue ordinariamente con su terminación, si no lo ha hecho antes con la aprobación del convenio y la cesación de todos los efectos de la declaración de concurso* (art. 133.2 LC), *podrá ejercitarse mientras tanto sin estar sujeta a otro plazo específico, como pueden estarlo las acciones de reintegración extraconcursales.*' (SAP Barcelona 2 de mayo de 2006, Roj: SAP B 15007/2006; Pte. Sr. Sancho Gargallo). Dice la Audiencia (en la resolución citada): '*Aunque, en principio, la acción nace como consecuencia de la declaración de concurso, y, en concreto, por los efectos que produce para los actos comprendidos en el periodo sospechoso* (arts. 71 y ss. LC), *en la práctica habrá que esperar al nombramiento de los administradores concursales, legitimados originariamente para ejercitarla, y más en concreto a que este órgano concursal quede válidamente constituido, [...]. Dentro del concurso, puede ejercitarse en cualquier fase, antes de su conclusión y no necesariamente durante la fase común.*' En el mismo sentido se pronuncia la Audiencia Provincial de Oviedo en Sentencias de 2 de julio de 2010 (Roj: SAP O 1725/2010 y Roj: SAP O 1724/2010; Pte. Sr. Antón Guijarro) cuando dice: '*Hemos de tener presente asimismo que el ejercicio de las acciones de reintegración resulta viable cualquiera que sea la fase en que el proceso concursal se encuentre, desde el momento de la declaración judicial del concurso hasta el de su conclusión, [...]. En cualquier caso, lo relevante a los fines que aquí se debaten es que no existe ningún condicionante de orden temporal ni supeditación a ninguna fase procesal para su planteamiento...*'".

La sentencia de la Audiencia Provincial de Pontevedra de fecha 22 de julio de 2009 (*Tol 1631049*):

"...En opinión de la codemandada, la administración concursal no estaría legitimada para el ejercicio de la acción al haber infringido lo dispuesto en los arts. 74, 82.4, 83, 84.8, 85.1, 95 y 97. Con ello, viene a decirse, se habría producido una suerte de preclusión de la acción rescisoria, al no anunciarse su ejercicio en el informe por parte de la administración concursal. La Sala no comparte este razonamiento. No es cierto que el art. 97 cierre el paso a cualquier acción que pretenda la alteración del informe. Una cosa es la pretensión de modificación del informe o del inventario, por el cauce previsto en el art. 96, —que habrá de tener por objeto bien la solicitud de inclusión o de exclusión de bienes o de sus avalúos, bien la inclusión o exclusión de créditos, la alteración de

> su cuantía o de su calificación—, y otra bien diferente es la acción de rescisión concursal, que tiene el objeto específico previsto en el art. 71. La acción rescisoria concursal nace con la declaración de concurso y finaliza con su conclusión, por lo que, cabalmente, ni siquiera habría de quedar sujeta al plazo de caducidad cuatrienal de las acciones rescisorias comunes. Es cierto que la ley dicta normas tendentes a asegurar que los administradores concursales, — legitimados primarios para el ejercicio de la acción rescisoria —, cumplan fielmente con su obligación de rescindir los actos perjudiciales para la masa realizados en los dos años anteriores a la declaración de concurso, estableciendo, entre otras cosas, la obligación de incluir en el inventario, —art. 82.4—, una previsión de las posibles acciones de reintegración de la masa, pero en ningún lugar establece que tales acciones deban ser ejercitadas en el plazo de diez días señalado para las pretensiones de impugnación del inventario y de la lista. La cuestión, por su claridad, no merece mayor razonamiento. De igual modo, la Sala comparte la desestimación en la resolución combatida de la excepción de falta de litisconsorcio pasivo necesario. La litis se encuentra correctamente delimitada en su aspecto subjetivo, sin que el pronunciamiento que aquí se adopte afecte de modo directo a los intereses del IGAPE o de la TGSS. Con ello queda expedito el camino para entrar a conocer sobre el fondo de las cuestiones planteadas..."

O la sentencia de la Audiencia Provincial de Lugo de 1 de junio de 2012:

> "...En tercer lugar, finalmente, se sigue manteniendo la doctrina de los actos propios pero como bien se señala en la sentencia recurrida **la Administración concursal** no está vinculada por actos propios anteriores que hubiera efectuado la concursada y el hecho de que en el informe de aquella no se hable de acciones rescisorias en modo alguno puede coartar a la misma para un ejercicio o planteamiento de las mismas en beneficio de la masa..."

Tampoco queda lastrada la acción rescisoria proyectada frente una garantía hipotecaria como consecuencia del reconocimiento en la lista de acreedores del crédito guarnecido con la hipoteca como privilegiado especial ex art. 270 TRLC, y sin perjuicio que la posterior rescisión de la garantía conlleve la modificación de la lista definitiva de acreedores (art. 308.3.º TRLC). Ni, siguiendo con el ejemplo anterior, por la previa sustanciación de un incidente concursal impugnatorio de la lista de acreedores que tenga por objeto esa calificación del crédito como privilegiado especial, con resultado confirmatorio, y sin que concurra en este caso la excepción de cosa juzgada por la ausencia de identidad objetiva entre ambos procedimientos, o causa de pedir. Así vid. la referida sentencia de la Audiencia Provincial de Valencia de fecha 10 de abril de 2012:

> "...1.1. En el escrito de contestación a la demanda incidental se alegó la excepción de cosa Juzgada respecto de la pretensión principal —que ha sido desestimada y respecto de la que ahora constituye el objeto de la apelación lo que invocó (folio 129, punto 3) fue la preclusión de la alegación de la ineficacia de la prenda, por entender que la administración concursal tuvo ocasión de alegarlo en el incidente seguido bajo el número 125/2009, sin que entonces lo hiciese. La recurrente, en el primero de los motivos de su recurso de apelación —folios 310 y siguientes de las actuaciones— extiende la excepción invocada en su día a la pretensión subsidiaria acogida en la sentencia al argumentar que 'no resulta posible discutir de nuevo la eficacia de la garantía pignoraticia otorgada por NOU TEMPLE a favor de la CAM y por tanto la calificación del crédito, por cuanto el juicio relativo a la eficacia de la garantía y su consecuente calificación ya fue efectuado por la Administración Concursal cuando confeccionó la lista de acreedores, juicio que mantuvo en el referido incidente n.º 125/2009, ...' Y añade a lo anterior las oportunas reflexiones de concurrencia de los presupuestos para acoger la cosa Juzgada, con cita de los artículos 222 y 400 de la LEC y examen de la identidad subjetiva, de la causa petendi y objetiva, para concluir que la pretensión subsidiaria se ha visto afectada no sólo por el efecto preclusivo inicialmente invocado, sino también por los efectos de la cosa juzgada consecuencia del incidente concursal 125/2009. La extensión de los efectos de la cosa juzgada a la pretensión subsidiaria representa una alteración de las iniciales alegaciones efectuadas en la instancia. 5.1.2. A mayor abundamiento, no concurren los presupuestos para que la excepción pueda ser acogida, pues el incidente concursal 125/2009 (en el que recayó Sentencia de 29 de mayo de 2009, al folio 200 y los siguientes de las actuaciones) y el incidente de que trae causa la apelación no tienen el mismo objeto. En aquel se ventilaba el reconocimiento y calificación de créditos titulados por la CAJA DE AHORROS DEL MEDITERRÁNEO —no exclusivamente el préstamo garantizado por la prenda litigiosa— por diferentes cantidades y calificaciones (Fundamento

Jurídico Segundo de aquella resolución, folio 201 de las actuaciones), mientras que aquí lo que se examina es la eficacia de la garantía accesoria al préstamo. No concurre, por tanto, la identidad objetiva necesaria para la apreciación de la cosa Juzgada, que fue correctamente rechazada por el magistrado 'a quo' en la Sentencia objeto de la presente revisión..."

Con relación a los acreedores, como dije antes, el ejercicio subsidiario requiere cumplir los requisitos antes señalados, y que sus créditos, concursales o contra la masa, consten reconocidos por la Administración Concursal, y figuren como consecuencia de ello en la lista de acreedores aneja al informe de la administración concursal (art. 293.1.2.° TRLC), y/o en los textos definitivos (art. 308 TRLC).

IV.2.1.2. Forma de la demanda

La demanda rescisoria reviste la forma prevista en la LEC para el juicio ordinario, lo que conduce al art. 399 LEC. Entiendo perfectamente admisible la acumulación y ejercicio en dicha demanda, y junto a la acción rescisoria concursal, de cualquiera de las otras acciones de impugnación aludidas en el art. 238 TRLC. Y también cualesquiera otras acciones que sean base o precisas para el ejercicio de la acción rescisoria concursal. A esta acumulación resulta de aplicación lo previsto en los arts. 71 a 73 LEC.

Dado que conforme establece el art. 540.2 TRLC el juez dicta sentencia sin citación a las partes para la vista y sin más trámites cuando no se haya presentado escrito de contestación a la demanda, o no exista discusión sobre los hechos, o estos no sean relevantes a juicio del juez y no se hayan admitido medios de prueba; cuando la única prueba que resulte admitida sea la de documentos, y estos ya se hubieran aportado al proceso sin resultar impugnados; y cuando solo se hayan aportado informes periciales y las partes no soliciten ni el juez considere necesaria la presencia de los peritos en la vista para la ratificación de su informe, entiendo que si fuera de interés de la actora la celebración de tal vista en el incidente rescisorio, debe pedirlo expresamente en la demanda, anunciando igualmente los medios de prueba de los que pretende valerse (art. 539.1 TRLC).

IV.2.1.3. Admisión de la demanda. Acumulación de otras demandas contra el mismo acto

Salvo que al amparo del art. 536.2 TRLC, el Juez entienda que la cuestión planteada se le exhibe impertinente o carece de entidad necesaria para tramitarla por la vía incidental, resolviendo, en tal caso, mediante auto, su inadmisión y, si procediera, acordando que se dé a la cuestión planteada la tramitación que corresponda, procede el dictado de providencia admisoria a trámite del incidente y acordando se emplace a las demás partes personadas, con entrega de copia de la demanda o demandas, para que en el plazo común de diez días contesten en la forma prevenida en la Ley 1/2000, de 7 de enero, de Enjuiciamiento Civil, para el juicio ordinario (art. 536.3 TRLC).

En el supuesto de interposición de varias demandas sobre un mismo acto se aplican las normas sobre acumulación previstas en la LEC. No obstante, según ordena el art. 536 TRLC, cuando en un incidente rescisorio se acumulen demandas cuyos pedimentos no resulten coincidentes, las partes que intervengan tendrán que contestar a las demandas a cuyas pretensiones se opongan, si el momento de su intervención lo permitiese, y expresar con claridad y precisión la tutela concreta que soliciten. De no hacerlo así, el juez rechazará de plano su intervención, sin que contra esta resolución quepa recurso alguno.

IV.2.1.4. Efectos de la admisión de la demanda. No suspensión del proceso concursal

La admisión de la demanda, y, por tanto, la incoación del incidente rescisorio, no conlleva la suspensión de la tramitación del concurso (art. 533.1 TRLC). No obstante lo reseñado, el Juez, una vez incoado un incidente, podrá acordar, de oficio o a instancia de parte, la suspensión de aquellas actuaciones que estime puedan verse afectadas por la resolución que se dicte (art. 533.2 TRLC).

IV.2.2. Contestación a la demanda

Admitida a trámite la demanda, procede su contestación por los demandados, esto es, el concursado, la contraparte y, en su caso, el subadquirente, en el plazo común de diez días, previo su emplazamiento con entrega de copia de la demanda, y en la forma prevista en la LEC (art. 536 TRLC).

Si en la contestación se plantean cuestiones procesales o se suscitan por el demandante a la vista de este escrito en el plazo de cinco días desde que se le hubiera dado traslado de este, el juez las resolverá dictando la resolución que proceda conforme a lo dispuesto en la LEC, para la resolución escrita de este tipo de cuestiones conforme a lo previsto en la audiencia previa del juicio ordinario.

Reiterar lo dicho anteriormente al analizar la demanda rescisoria, sobre la citación de las partes a la vista y la proposición de prueba, también aplicable al escrito de contestación a aquella.

IV.2.3. Tramitación del incidente por los trámites previstos para los juicios verbales

El juez dictará sentencia sin citación a las partes para la vista, y sin más trámites, cuando no se haya presentado escrito de contestación a la demanda, o no exista discusión sobre los hechos, o estos no sean relevantes a juicio del juez y no se hayan admitido medios de prueba (art. 540.2.1.º TRLC). También en el supuesto que la única prueba que resulte admitida sea la de documentos, y estos ya se hubieran aportado al proceso sin resultar impugnados. Y cuando solo se hayan aportado informes periciales y las partes no soliciten ni el juez considere necesaria la presencia de los peritos en la vista para la ratificación de su informe (art. 540.2.3.º TRLC).

En caso de que proceda la celebración de vista, esta se desarrolla en la forma prevista en LEC para los juicios verbales. Tras la práctica de la prueba, se otorga a las partes un trámite oral de conclusiones (art. 540.3 TRLC).

IV.2.4. Medidas cautelares

El demandante, Administración Concursal, o acreedor legitimado subsidiariamente, queda facultado para requerir del juez la adopción de medidas cautelares asegurativas de la posterior sentencia rescisoria, que recaiga en el expediente rescisorio, y en concreto, su efectividad.

Pero no cabe la adopción de oficio, por el juez del concurso, de dichas medidas asegurativas, precisándose al efecto la previa, necesaria e imperativa excitación judicial por parte legitimada, normalmente mediante un otrosí en la propia demanda incidental, expositorio de la concreta cautela peticionada y su fundamento, así como de la concurrencia de los requisitos y presupuestos legalmente exigidos al efecto.

En la adopción de las medidas cautelares, impactan las normas previstas en la LEC, concretamente el contenido de los arts. 721 y ss. LEC, siendo presupuestos para la adopción de las medidas cautelares a) la apariencia de buen derecho, o "fumus boni iuris"; b) el peligro en mora (periculum in mora) y c) el ofrecimiento de la caución.

Respecto a las concretas medidas adoptables por el Juez vid. los arts. 726 y 727 LEC.

El ofrecimiento de caución se presenta indudablemente requerible de la demandante, incluso la Administración Concursal. Quizás cabría proclamar la exclusión de esta última del requerimiento caucional, a la vista de su actuación en interés del conjunto de los acreedores, así como consecuencia que ese daño que se ocasionare al demandado por la adopción de la medida, queda cubierto y protegido por su consideración de crédito contra la masa.[365]

Sin embargo, esta exclusión no resulta de la Ley y la consideración del crédito contra la masa de los perjuicios irrogados, ni constituye una garantía, ni asegura el cobro de los daños irrogados. Maxime a la vista de la escuálida masa que se exhibe habitualmente en los concursos. Por ello la exigencia caucionatoria resulta predicable

---

365 RIBELLES ARELLANO, J.M. "Las acciones", pg. 348.

tanto de la Administración Concursal como de los acreedores, y, en el primer caso, se constituye con cargo a la masa activa, y en el segundo, lo soporta el propio acreedor sin perjuicio que se resarza de los costes de la medida en los términos del art. 232.3 TRLC.[366]

IV.2.5. Sentencia y recursos contra la misma.

Contra la sentencia, cabe recurso de apelación, con tramitación y resolución con carácter preferente (art. 237 TRLC). Y casación en los términos del art. 550 TRLC. En cuando devenga firme, la sentencia produce efectos de cosa juzgada.

IV.2.6. Costas

Las costas del incidente, art. 234 TRLC, se rigen por lo dispuesto con carácter general en la LEC, sin perjuicio de lo reseñado en el art. 232.3 TRLC respecto de los gastos y costas de los legitimados subsidiarios.

Caso de imposición de costas a favor de la concursada, las mismas acrecen la masa activa del concurso, sin que tenga derecho a costas, en ningún caso, la Administración Concursal a la vista que su retribución incluye el ejercicio e intervención en incidentes rescisorios como el que nos ocupa y, caso de percepción de las costas, se daría un evidente enriquecimiento injusto. Cuestión distinta resulta el derecho de la Administración Concursal a percibir la retribución complementaria del 1% del incremento neto del valor de lo obtenido con el ejercicio de las acciones de reintegración de la masa (art. 11 Real Decreto 1860/2004, de 6 de septiembre, que establece el arancel de honorarios de la administración concursal).

Por el contrario, si las costas se imponen a la concursada o a la administración concursal, se impone su pago con cargo a la masa y, por tanto, con la consideración de crédito contra la masa (art.

---

366 ESPIGARES HUETE, J.C. "La acción", pg. 210.

242.1.6.º TRLC), abonable conforme a lo establecido en los arts. 242 y ss TRLC.

Entiendo que el allanamiento de la concursada no conlleva la imposición de las costas procesales ex art. 394 y 395.1 LEC.

Habitualmente la cuestión objeto del procedimiento presenta perfiles complejos, poliédricos o dudosos, de hecho, o de derecho, por lo que parece razonable atemperar en estas dudosas situaciones la imposición de costas procesales a la parte vencida, siendo quizás más razonable que, en este caso, cada parte soporte sus costas y, las comunes, por mitad. Especialmente, cuando no existan previos pronunciamientos judiciales que traten la cuestión objeto de debate y/o no existe mala fe en la parte vencida.

Dice la sentencia del Juzgado de lo Mercantil núm. 1 de Málaga de fecha 6 de febrero de 2009:

> "...No obstante lo anterior y dada la situación concursal y de los límites temporales de las operaciones referidas no procede imposición de costas a los efectos de las dudas de hecho que se gestan en función de las complejidades de este tipo de operaciones y de los momentos en que se producen..."

En esta línea, vid. la sentencia del Juzgado de lo Mercantil núm. 1 de Bilbao, de fecha 29 de diciembre de 2005:

> "...En aplicación de las previsiones del art. 395.1 LEC, respecto a las sociedades que se allanaron, y del art. 394 de la LECiv, no se hará condena en costas. a los allanados, por disposición del citado precepto. En cuanto a quien se opuso, por existir serias dudas, tanto de hecho como derecho, respecto a la cuestión controvertida. En cuanto a las de hecho, en tanto que es difícil deslindar, aunque se haya intentado en esta resolución, cual fue la auténtica intención de las partes al suscribir la póliza de crédito en mayo de dos mil cuatro. De derecho, pues podría haberse interpretado también que fue la intervención de los bancos Urquijo y Popular la que posibilitó la continuidad empresarial en unos momentos de dificultad en los que se apostó por su pervivencia. Todo ello determina que cada parte deba atender las costas causadas a su instancia y las comunes, si las hubiere, por mitad..."

En la misma línea, valorando las dudas de derecho en la cuestión objeto de debate y, además, la ausencia de mala fe, vid. sentencia del Juzgado de lo Mercantil núm. 2 de Barcelona, de fecha 18 de enero de 2006:

> "...Que en cuanto a las costas, dadas las dudas de derecho que suscita la cuestión y que, en definitiva, no se advierte mala fe ni temeridad en la parte demandada, no es procedente hacer pronunciamiento alguno, abonando cada parte las causadas a su instancia..."

La sentencia del Juzgado de lo Mercantil núm. 1 de Oviedo de fecha 26 de junio de 2006 que acude a la duda de derecho y la ausencia de previos pronunciamientos judiciales sobre la cuestión debatida:

> "...CUARTO: De conformidad con lo dispuesto en el art. 196-2 LC en relación con el art. 394 LEC y habida cuenta de las razonables dudas jurídicas que presenta la cuestión planteada y la ausencia de previos pronunciamientos en esta sede, es por lo que no procede realizar expresa imposición de las costas causadas..."

O la sentencia del Juzgado de lo Mercantil núm. 1 de La Coruña de fecha 9 de diciembre de 2009:

> "...DUODÉCIMO.— Aun cuando la demanda debe ser sustancialmente estimada —salvo en el particular relativo a los gastos de la cancelación de las hipotecas objeto de la rescisión— no procede hacer especial imposición de las costas de esta instancia a ninguna de las partes en consideración a las dudas de derecho que el caso plantea y que han quedado reflejadas en los fundamentos de derecho (**artículo 394 de la LEC**)..."

No obstante lo anterior, y a la vista de la espléndida, robusta y minuciosa doctrina jurisprudencial sobre la rescisión concursal sentada por la Sala de lo Civil del Tribunal Supremo, resolutiva y clarificadora de un buen número de cuestiones y aspectos de la rescisión concursal, acompañada a su vez de resoluciones de las Audiencias Provinciales y Juzgados de lo Mercantil, parece que esas cuestiones dudosas, de hecho o de derecho, aquilitadoras de la imposición de costas, ha quedado reducida a la mínima expresión, y concentrada en las de hecho.

IV.2.7. Aprobación de convenio, o conclusión del concurso, durante la tramitación del incidente concursal rescisorio

Como dije anteriormente, y para su nacimiento, la acción rescisoria concursal precisa de la declaración concursal del deudor (art. 28 TRLC), y, aún más, de la necesaria aceptación del cargo por la Administración Concursal. Hasta tal momento la referida acción no resulta ejercitable. Incluso, aunque la pretensión rescisoria parta del acreedor, dado de ese carácter subsidiario de su legitimación y del preciso e ineludible requerimiento previo al órgano concursal en orden a que evalué durante dos meses entablar la rescisión concursal, lo que precisa, a su vez, de la previa declaración concursal y aceptación del cargo reseñadas.

Antes de la reforma concursal llevada a cabo por la Ley 38/2011, y a la vista del contenido del art. 133.2 II LC, la aprobación de un convenio concursal sugería la finalización del proceso rescisorio salvo que el pacto convenial previera expresamente su continuación, reconociéndosele en ese acto legitimación continuativa a la administración concursal.

Tras la meritada reforma concursal, y la redacción que fue dada al art. 133.2 II LC, y el actual art. 394.1 TRLC, la cuestión queda suficientemente aclarada y ahora, expresamente, se reconoce la legitimación de la Administración Concursal para continuar los incidentes en curso, incluso el rescisorio concursal, con facultades para solicitar la ejecución provisional o definitiva de la sentencia que se dice en tal incidente. Aunque tampoco veo inconveniente en que en el convenio se pacte otras cuestiones sobre procedimientos rescisorios en curso, incluido, su terminación anticipada vía transacción judicial o desistimiento.

Por lo tanto, la aprobación del convenio concursal, en modo alguno implica ya la finalización del incidente rescisorio. Pero el art. 394.1 TRLC no permite el ejercicio de la acción rescisoria concursal una vez aprobado el convenio. La habilitación legal conecta únicamente con la "continuación" de los incidentes rescisorios en curso al tiempo de la citada aprobación, y la "ejecución" de las sentencias que recaigan en su seno. El ejercicio de la acción rescisoria concursal precisa de su previsión en el correspondiente convenio, y la autorización a la administración concursal a esos efectos ejercitorios (art. 322 TRLC). Otra excepción a la anterior regla prohibitiva, la constituye el convenio de contenido alternativo que incluya, como una de esas alternativas, la cesión a uno o a varios acreedores o clases de acreedores de las acciones de reintegración de la masa activa (art. 330 TRLC).

Por último, la conclusión del concurso por pago a todos los acreedores conlleva la fulminación del incidente rescisorio, entiendo por vía de la herramienta del art. 22 LEC. La renuncia o desistimiento, también conduce a la finalización del proceso rescisorio. Pero ese allanamiento no puede perjudicar al codemandado no allanado. Así, sentencia del Juzgado de lo Mercantil núm. 10 de Barcelona, de fecha 15 de septiembre de 2023:

> "...TERCERO.— ALLANAMIENTO DE LAS CODEMANDADAS. El artículo 21.1 de la LEC señala que "cuando el demandado se allane a todas las pretensiones del actor, el tribunal dictará sentencia condenatoria de acuerdo con lo solicitado por éste, pero si el allanamiento se hiciera en fraude de ley o supusiera renuncia contra el interés general o perjuicio de tercero, se dictará auto rechazándolo y seguirá el proceso adelante" En este caso considero que el allanamiento de las codemandadas ESTAMPACIONES METÁLICAS JOM,S.L. y RECOTEC es inadmisible al perjudicar a tercero, en este caso a INCOMANSA. El allanamiento de un codemandado no puede hacerse en perjuicio del codemandado que viene obligado al pago en virtud de los hechos se pretenden reconocer...

En el supuesto de transacción, esta terminación queda condicionada al contenido transaccional y su impacto en la acción rescisoria en curso.[367]

---

367 RIPOLL OLAZÁBAL, G. "Derecho Concursal", pg. 390.

V. ¿Prescripción (caducidad) de la accion? Tiempo de ejercicio de la acción rescisoria concursal. Conclusión del concurso. Reapertura

El TRLC guarda silencio sobre cualquier eventual plazo de prescripción, o caducatorio, de la acción rescisoria concursal.

En un primer examen de la cuestión, quizás apresurado, la naturaleza rescisoria de la acción concursal objeto de este estudio, conecta con la aplicación, por analogía, del plazo de cuatro años previsto en el art. 1299 CC,[368] computándose no tanto desde la realización del acto en perjuicio de la masa activa, sino desde el momento en que pudo ejercitarse, y, a más a más, desde la aceptación del cargo por la administración concursal.[369] El plazo, realmente, y este caso, no se exhibiría como de prescripción sino de caducidad.[370]

---

368 ROMERO SANZ DE MADRID, C. "Derecho", pg. 172; ALCOVER GARAU, G. "Comentarios", pg. 778 y GARCÍA SANZ, A. "Notas", pg. 4075. A favor de la aplicación del plazo de cuatro años, pero discrepando del dies a quo para su cómputo, que fija en el momento en que la acción pudo ejercitarse, vid. GULLÓN BALLESTEROS, A. "La acción", pg. 4132, y GONZÁLEZ VÁZQUEZ, J.C. "Las acciones", pg. 637 y 638.

369 A favor de la aplicación del plazo de cuatro años, pero discrepando del dies a quo para su cómputo, que fija en el momento en que la acción pudo ejercitarse, vid. GULLÓN BALLESTEROS, A. "La acción", pg. 4132, y GONZÁLEZ VÁZQUEZ, J.C. "Las acciones", pg. 637 y 638.

370 ALCOVER GARAU, G. "Comentarios", pg. 778 y GARCÍA SANZ, A. "Notas", pg. 4075 y GULLÓN BALLESTEROS, A. "La acción", pg. 4132.

No obstante, en la acción rescisoria concursal no concurren las necesidades dotacionales de seguridad jurídica propia de institutos como la prescripción o la caducidad. En este caso, ello se cumple con la limitación del ejercicio de la acción, desde la declaración del concurso y hasta su conclusión, o la aprobación del convenio concursal, con las excepciones reseñadas a lo largo de este libro.[371] Por ello, la rescisión concursal no queda sujeta a plazo alguno, de caducidad o prescripción, quedando acotado su ejercicio por el citado lapso temporal.[372]

Así vid las sentencias del Tribunal Supremo, de fecha 12 de diciembre de 2013, o de 8 y 9 de abril de 2014, ambas refiriéndose al art. 878 II C.Com, pero aplicable a la acción rescisoria concursal. También la sentencia del Alto Tribunal de fecha 26 de mayo de 2020. Puede leerse en la de fecha 12 de diciembre de 2013:

> "La Ley Concursal deroga el sistema de reintegración previsto en el Código de Comercio para la quiebra, y en concreto la retroacción del art. 878.II CCom, e idea una acción de reintegración propiamente concursal, que nace y se extingue con el concurso de acreedores, de naturaleza rescisoria, que funda la ineficacia de los actos de disposición realizados por el deudor concursado dentro de los dos años anteriores a la declaración de concurso, en el perjuicio para la masa activa (art. 71.1 LC)... La concepción de la ineficacia del art. 878.II CCom como una rescisión basada en el perjuicio para la masa de la quiebra, se acomoda mejor al espíritu y finalidad de la actual rescisión concursal. Pero la naturaleza rescisoria de esta acción no significa que deba aplicarse el régimen de caducidad prevista para la acción pauliana en el art. 1299 CC Al igual

---

Contra entendiendo erróneamente que el plazo es de prescripción y, más erróneamente aun, que la notificación de los acreedores instando de la administración concursal el ejercicio de la acción rescisoria surte efectos interruptorios de la prescripción, vid. VILA FLORENSA, M. "Comentarios", pg. 883.

371 SANCHO GARGALLO, I. "La rescisión", pg. 404. FUENTES DEVESA, R. "Reintegración", pg. 1254.

372 RIBELLES ARELLANO, J.M. "Las acciones", pg. 326. ESPIGARES HUETE, J.C. "La acción", pgs. 61 a 63. SANCHO GARGALLO, I. "La rescisión", pg. 404. VILLORIA, I. "Masa activa", pg. 433.

que ocurre con la acción rescisoria concursal que, como ya hemos expuesto, es una acción concursal que nace y se extingue con el concurso, en nuestro caso la acción basada en la retroacción es también una acción concursal que nace con la quiebra, en concreto con la determinación del periodo de retroacción, y se extingue con la terminación de la quiebra, en la medida en que no cabe concluir la quiebra mientras esté pendiente el ejercicio de aquellas acciones. La seguridad jurídica que se persigue con la prescripción y la caducidad, en el caso de la acción basada en la retroacción de la quiebra se satisface porque sólo puede ejercitarse abierta la quiebra y mientras no se termine el procedimiento."

Esta doctrina del Alto Tribunal resulta seguida prácticamente de manera unánime por los órganos jurisdiccionales mercantiles. A título de ejemplo, sentencias de la Audiencia Provincial de Badajoz, de fecha 8 de mayo de 2023, de la Audiencia Provincial Murcia, de fecha 25 de febrero de 2016, de la Audiencia Provincial de Madrid, de fecha 1 de marzo de 2013, o del Jugado de lo Mercantil núm. 16 de Madrid, de fecha 17 de enero de 2024, en la que puede leerse:

"....La rescisoria concursal es una acción que nace con la decla ración de concurso (más concretamente, cuando la AC acepta el cargo) y muere cuando se acuerda su conclusión o, de modo precipitado, cuando se dicta sentencia aprobatoria del convenio. Por tanto, mientras que el concurso esté "vivo" y en trámite al no haber concluido (o no se haya dictado sentencia aprobatoria del convenio) la administración concursal está perfectamente legitimada para ejercitar dicha acción al amparo del art. 231 del TRLC, ..."

O la sentencia de la Audiencia Provincial de Madrid, de fecha 30 de junio de 2023:

"...la acción rescisoria concursal que nace con el concurso, y se extingue ordinariamente con su terminación, puede extinguirse antes con la aprobación del convenio y la cesación de todos los efectos de la declaración de concurso (art. 133.2 LC) y en tal sentido se hace la acotación en la sentencia de la Audiencia Provincial de Barcelona de 2 de mayo de 2006 referida en tales resoluciones. Y la acción aquí planteada tampoco se encuentra comprendida en lo previsto en el artículo 133.3 de la LC en cuento dispone "No obstante su cese, los administradores concursales conservarán plena legitimación para continuar los incidentes en curso, pudiendo

> solicitar la ejecución de las sentencias y autos que se dicten en ellos, hasta que sean firmes, así como para actuar en la sección sexta hasta que recaiga sentencia firme..."

De este modo, y como dije anteriormente, la acción rescisoria de marras precisa para su nacimiento, de la declaración concursal del deudor (art. 28 TRLC), y, aún más, de la necesaria aceptación del cargo por la Administración Concursal (arts. 66 y 67 TRLC), porque hasta la asunción de esta condición por la nominada, carece de legitimación y, además, difícilmente le resulta posible conocer el acto perjudicial y sus circunstancias. Tampoco cabe el ejercicio de la reseñada acción concursal por el acreedor nada más dictarse el auto de declaración del concurso, y aunque sepa de la existencia del acto sospechoso antes de esta declaración, a la vista que su legitimación al efecto descansa sobre el cumplimiento de determinados requisitos, entre ellos, el requerimiento bimensual a la administración concursal a que se refiere el art. 232.1 TRLC y a efectos que esta interponga la acción rescisoria concursal, lo cual, como dije, no resulta posible si no ha aceptado el cargo.

En fin, se antoja como lo más habitual en orden a la impetración accional señalada, esperar a la previa emisión del informe provisional (art. 290 TRLC), junto a un inventario comprensivo, entre otros, de las acciones de reintegración a ejercitar (art. 293.1.1.º TRLC), pero no encuentro inconveniente en ejercitarlas antes y sin que la falta de constancia de estas acciones en el inventario lastre e impida su ejercicio. Vuelvo a lo que dije antes al respecto.

El termino para el eventual ejercicio de la acción rescisoria concursal finaliza con la conclusión del concurso y, con excepciones, tras la aprobación de un convenio concursal.

Aprobación de un convenio concursal como finiquitador del ejercicio, en curso o no, de la acción rescisoria concursal. Como dije antes, el actual art. 394.1 TRLC, ya reconoce la legitimación de la Administración Concursal para continuar el incidente rescisorio concursal, con facultades para solicitar la ejecución provisional o definitiva de la sentencia que se dice en tal incidente, pero no veo inconveniente en que en el convenio otras cuestiones sobre procedimientos rescisorios en curso, incluido, su terminación anticipada vía transacción judicial, o desistimiento.

Sin embargo, el art. 394.1 TRLC no permite el ejercicio de la acción rescisoria concursal una vez aprobado el convenio. La habilitación legal conecta únicamente con la "continuación" de los incidentes rescisorios en curso al tiempo de la citada aprobación, y la "ejecución" de las sentencias que recaigan en su seno. El ejercicio de la acción rescisoria concursal una vez aprobado el convenio, y levantados los efectos del concurso, incluido el cese de la administración concursal, precisa de su previsión convenial, y la autorización a la administración concursal a esos efectos ejercitorios (art. 322 TRLC). Otra excepción a la anterior regla prohibitiva la constituye el convenio de contenido alternativo que incluya, como una de esas alternativas, la cesión a uno o a varios acreedores o clases de acreedores de las acciones de reintegración de la masa activa (art. 330 TRLC).

Recordando la imposibilidad de ejercitar la acción rescisoria concursal una vez aprobado el convenio, vid. las sentencias de la Audiencia Provincial de Valencia, de fecha 20 de abril de 2021, o de Castellón, de fecha 26 de julio de 2010:

> "...SEGUNDO.— No procede la estimación del recurso. No puede admitirse el criterio de la parte recurrente que entiende que el límite temporal de la presentación de su demanda en ejercicio de la acción rescisoria concursal seria la firmeza de la resolución que acuerda la conclusión del concurso por cualquiera de las causas previstas en el articulo 176 de la **LC**, puesto que estimamos que no cabe ejercitar dicha acción cuando existe ya un convenio judicialmente aprobado, lo que comporta que han cesado todos los efectos de **la declaración del concurso** quedando sustituidos por los que, en su caso, se establezcan en el propio convenio y que cesan en su cargo los administradores concursales (articulo 133.2 LC). La perfección y eficacia inmediata del convenio provoca la extinción de los efectos del concurso que regula el titulo III de la LC y dentro de este titulo se regulan las acciones rescisorias y de reintegración que no parece lógico que se puedan ejercitar desconociendo las

bases negociales de un convenio que prevé la satisfacción de los créditos con las quitas y esperas establecidas conforme a la masa activa existente y los frutos del ejercicio de la actividad empresarial de la concursada. En este sentido cabe citar la Sentencia de fecha 2 de mayo de 2006 de la A.P. de Barcelona, Sección 15, en la que se señala que 'En atención a que la acción rescisoria concursal nace con el concurso y se extingue ordinariamente con su terminación, si no lo ha hecho antes con la aprobación del convenio y la cesación de todos los efectos de **la declaración del concurso** (art. 133.2 LC), podrá ejercitarse mientras tanto sin estar sujeta a otro plazo especifico, como puede estarlo las acciones de reintegración extraconcursales'. Por tanto, entendemos que es correcta la decisión de inadmitir a tramite la demanda cuando se ha presentado con posterioridad al momento en que se ha aprobado judicialmente el convenio, mediante sentencia de fecha 10 de noviembre de 2009, no siendo necesario tampoco que la sentencia de aprobación sea firme ya que **la eficacia del convenio** se produce con su aprobación conforme a lo dispuesto en el articulo 133.1 de la LC, que establece: 'El convenio adquirirá plena eficacia desde la fecha de la sentencia de su aprobación, salvo que recurrida esta, quede afectado por las consecuencias del acuerdo de suspensión que, en su caso, adopte el juez conforme a lo dispuesto en el apartado 5 del articulo 197'. Este es el límite temporal para el ejercicio de la acción rescisoria concursal, el dictado de la resolución judicial, sin necesidad de esperar a la firmeza de la sentencia, como parece sugerir la parte recurrente, siendo irrelevante el que aun pudiera ser recurrida al tiempo de presentación de la demanda como se dice en el recurso, debiendo señalar que en todo caso las alegaciones que efectúa la parte sobre la fecha en que la Sentencia de aprobación del convenio fue notificada a las partes no pueden ser tenidas en consideración dado que se hacen por primera vez en el recurso y no tenemos constancia alguna de este dato en la pieza del incidente concursal..."

O la sentencia de la Audiencia Provincial de Madrid, de fecha 30 de junio de 2023:

"...El art. 71.1 LC (en la actualidad el art. 226 TRLC), declara rescindibles los actos perjudiciales para la masa activa, realizados por el deudor dentro de los dos años anteriores a la declaración de concurso. Con ello la Ley establece una acción, de naturaleza rescisoria, que nace con el concurso y tiene su justificación en atención al mismo, como uno de los efectos de su declaración que sólo puede ejercitarse durante su vigencia y tiene su justificación en la necesidad de garantizar los derechos de los acreedores afectados por el concurso. En concreto, pretende preservar la integridad del patrimonio, que debe garantizar la satisfacción de los créditos, así como salvaguardar la "par condicio creditorum", para evitar una discriminación arbitraria de los acreedores a quienes se debe pagar. Por la propia configuración de la acción rescisoria concursal, sólo pueda dirigirse contra actos de disposición de la deudora concursada realizados dos años antes de la declaración, operando este plazo limitado de tiempo como garantía de seguridad jurídica, sin que tal periodo sospechoso deba confundirse con los plazos de caducidad o prescripción, pues en el primer caso el plazo es uno de los requisitos para el nacimiento dela acción, mientras que en el segundo caso el plazo comienza con el nacimiento de la acción y condiciona temporalmente su ejercicio. La acción rescisoria nace como consecuencia de la declaración de concurso y, en concreto, por los efectos que produce para los actos comprendidos en el periodo sospechoso, aunque en la práctica habrá que esperar al nombramiento de los administradores concursales, legitimados originariamente para ejercitarla, y será a partir de su aceptación cuando puedan conocer la existencia del acto perjudicial e instar su ineficacia. Lo que sucede en el presente caso es que nos encontramos ante el ejercicio de una acción rescisoria que no se dirige frente a un acto realizado en el período sospechoso, como requiere la acción rescisoria concursal, sino frente a un acuerdo de 6 de octubre de 2009 una vez declarado el concurso de TREMON por auto de 4 de diciembre de 2008 por lo que la acción ejercitada no encaja en lo previsto legalmente. Además, asiste razón a la recurrente en relación con la falta de legitimación de la administración concursal en tanto que la demanda se formula con fecha de 10 de julio de 2014, más de dos años después de que se aprobara el Convenio (mediante sentencia de 18 de junio de 2012, rectificada parcialmente mediante auto de27 de junio de 2012), y por tanto, cuando ya habían cesado los efectos del concurso y, en particular, cuando la propia administración concursal había cesado en sus funciones..."

El posterior incumplimiento, o la imposibilidad de cumplimiento, del convenio, y consiguiente apertura de la liquidación (arts. 409.1.5.° y 407 TRLC) conlleva la reapertura del término para ejercitar la acción rescisoria concursal hasta que concluya el concurso y respecto a los actos del deudor acometidos en el lapso de sospecha del art. 226 TRLC.

Y ahora, ya cabe interponer también la acción rescisoria concursal contra los actos del deudor acometidos durante la fase de cumplimiento del convenio. Bajo el reinado de la difunta LC, en especial, su art. 147 LC, resultaba vedado el ejercicio de la acción rescisoria concursal contra dichos actos, y sin perjuicio del eventual ejercicio de las acciones impugnatorias, rescisorias y revocatorias ordinarias o comunes.

Así lo interpretó acertada y claramente nuestro Tribunal Supremo, sentencia de fecha 23 de marzo de 2017:

> "...1.—El art. 142.2 de la Ley Concursal impone al deudor concursado la obligación de pedir la liquidación cuando, durante la vigencia del convenio, conozca la imposibilidad de cumplir los pagos comprometidos y las obligaciones contraídas con posterioridad a la aprobación de aquél. Presentada la solicitud, el juez debe dictar auto abriendo la fase de liquidación. En tal caso, conforme a lo previsto en el segundo párrafo del art. 145.1 de la Ley Concursal, el juez del concurso repondrá en su cargo a los administradores que cesaron por la aprobación del convenio o nombrará otros. Asimismo, el art. 147 de la Ley Concursal prevé que durante la fase de liquidación seguirán aplicándose las normas contenidas en el título III de esta Ley en cuanto no se opongan a las específicas del presente capítulo. Entre estas normas están las del capítulo IV, «de los efectos sobre los actos perjudiciales para la masa activa», arts. 71 a 73, que regulan las acciones de reintegración. Estas acciones son tanto la acción rescisoria concursal de los cinco primeros apartados del art. 71 como «otras acciones de impugnación de actos del deudor que procedan conforme a Derecho», esto es, las que proceden con carácter general en una situación no concursal, tal como prevé el vigente apartado 6 de dicho artículo. Para el ejercicio de todas estas acciones, la legitimación viene regulada en el art. 72, y corresponde a los administradores concursales, con carácter principal, y a los acreedores que hayan instado por escrito de la administración concursal el ejercicio de alguna acción, con carácter subsidiario para el caso de que la administración concursal no la ejercite. Por último, los efectos de la rescisión concursal son los previstos en el art. 73 de la Ley Concursal (resumidamente, la ineficacia del acto, la restitución de las prestaciones objeto de aquel, con sus frutos e intereses, y la consideración como crédito contra la masa de la prestación que resulte a favor de un demandado, salvo que se aprecie su mala fe, en cuyo caso tendrá la consideración de crédito subordinado). 2.— No puede considerarse

que exista una laguna legal en cuanto a la posibilidad de impugnación de los actos perjudiciales para la masa realizados en el periodo comprendido entre la aprobación del convenio y la apertura de la fase de liquidación por imposibilidad de cumplimiento. La remisión que el art. 147 de la Ley Concursal hace al título en que se regulan los efectos del concurso sobre los actos perjudiciales para la masa activa permite que una vez abierta la fase de liquidación, los administradores concursales ejerciten algunas de las acciones previstas en el art. 71 de la Ley Concursal, esto es, la acción rescisoria concursal, la acción rescisoria ordinaria (acción pauliana) o alguna otra acción dirigida a declarar la ineficacia del acto. Pero el ejercicio de estas acciones debe acomodarse a sus respectivos pre supuestos y requisitos. En el caso de la acción rescisoria concursal, conforme al art. 71.1 LC, solo puede instarse respecto de actos de disposición anteriores a la declaración del concurso. Mientras que el resto de las acciones no tienen esta limitación temporal, aunque sí otras derivadas de los plazos de caducidad y prescripción para su ejercicio. 3.—Teniendo en cuenta lo anterior, la administración concursal pudo ejercitar la acción rescisoria ordinaria si consideró que el reconocimiento de deuda con constitución de garantía real mobiliaria, en favor de un concreto acreedor concursal y en perjuicio del resto de los acreedores concursales, constituía un acto perjudicial para la masa realizado en fraude de acreedores. O pudo ejercitar una acción de nulidad por ilicitud de la causa si consideró que ambas partes habían realizado el negocio de disposición con el común propósito de defraudar a los acreedores y sustraer del alcance de estos una parte sustancial de los bienes con los que debía cumplirse el convenio o, de abrirse la fase de liquidación, servir para satisfacer sus créditos. Pero no puede estimarse una acción rescisoria concursal como la ejercitada en este caso, que requiere que el acto impugnado haya sido realizado en los dos años anteriores a la declaración del concurso, porque no se cumple dicho requisito, puesto que el acto impugnado se realizó con posterioridad a la declaración de concurso, una vez aprobado el convenio y antes de la apertura de la fase de liquidación por imposibilidad de cumplimiento del convenio. 4.— Que la Ley Concursal no prevea el ejercicio de la acción rescisoria concursal para los actos realizados en la fase de cumplimiento de convenio en caso de posterior apertura de la fase de liquidación (a solicitud del propio deudor que no puede cumplir el convenio, art. 142.2 de la Ley Concursal, o porque algún acreedor solicite la declaración de incumplimiento y así se declare por el juez del concurso, art. 140 de la Ley Concursal) se explica porque los medios ordinarios previstos en la legislación con carácter general, a los que hace referencia el art. 71.6 de la Ley Concursal, son suficientes para proteger la integridad de la masa activa y la par condicio creditorum en esta situación y obtener la ineficacia de los actos de disposición realizados en fraude de los acreedores y que, además, pueden impedir el cumplimiento del propio convenio y la satisfacción de los créditos de los acreedores en la fase de liquidación que se abra. 5.— En efecto, la doctrina que se ha ocupado de esta cuestión ha puesto de relieve que los pagos anticipados realizados en fase de cumplimiento de convenio pueden ser impugnados al amparo del art. 1292 del Código Civil. En los negocios a título gratuito realizados en esta situación, el fraude se presumiría por aplicación de lo dispuesto en el art. 1297 del Código Civil. Respecto de otros actos de disposición, la insolvencia del deudor que resulta de la existencia de un concurso justifica el cumplimiento del requisito del carácter subsidiario de la acción rescisoria (art. 1294 del Código Civil) y permite tener en consideración la alteración injustificada de la par condicio creditorum como justificación de la rescisión, por aplicación de la doctrina de la sentencia de esta sala 855/2007, de 24 de julio, aplicada a sensu contrario. Por último, en los casos más graves, cuando el acto de disposición haya respondido al propósito común de defraudar a los acreedores, puede fundar un acción de nulidad contractual por ilicitud de la causa (sentencia 575/2015, de 3 de noviembre). Y si el negocio de disposición por el que el bien ha salido de la masa activa es en realidad una simulación para impedir que con ese bien pueda cumplirse el convenio o satisfacer los créditos cuando se abra la fase de liquidación por incumplimiento del convenio, también puede ejercitarse la correspondiente acción de nulidad absoluta (sentencia 265/2013, de 24 de abril) 6.— En estos casos, cuando se abre la fase de liquidación, es lógico que la legitimación para el ejercicio de estas acciones se rija por lo previsto en el art. 72 de la Ley Concursal, puesto que lo obtenido debe servir para integrar la masa activa, en beneficio de todos los acreedores, y porque los acreedores defraudados con los actos de disposición impugnados son todos los acreedores concursales afectados por el convenio finalmente incumplido y, en su caso, los titulares de créditos surgidos durante la vigencia del convenio, que tienen la consideración de créditos contra la masa tras la reforma del art. 84 de la Ley Concursal operada por la Ley 38/2011, de 10 de octubre. 7.— En conclusión, ni por vía interpretativa ni por vía analógica puede aceptarse que quepa ejercitar la acción rescisoria concursal frente a actos realizados en un momento temporal distinto del expresamente previsto en el art. 71.1 de la Ley Concursal y, en concreto, que pueda ejercitarse cuando se abre la fase de liquidación por incumplimiento del convenio..."

Todo ello sin perjuicio del ejercicio de las acciones de impugnación previstas en el régimen general o común, o en su caso del tratamiento y efectos que resultasen procedentes en la sección de calificación. Asi, vid sentencia de la Audiencia Provincial de Barcelona, de fecha 2 de julio de 2014 y la del Juzgado de lo Mercantil num. 1 de Tarragona, de fecha 24 de Julio de 2023, en la que puede leerse:

"...la apertura de la liquidación por incumplimiento del convenio no es jurídica o técnicamente una "nueva declaración de concurso", sino un supuesto de apertura de la liquidación, de un concurso que ya fue declarado y que no concluyó con la aprobación del convenio, por más que desde ese momento cesen —temporalmente— los efectos del concurso y el deudor pueda desenvolverse sin limitaciones, a salvo las que le imponga el convenio. Con respecto a los actos realizados por el deudor en el período comprendido entre la aprobación del convenio y la apertura de la liquidación, no hay propiamente una laguna legal que deba ser integrada mediante la aplicación analógica (art. 4.1 CC) del art. 71.1 LC. Tales actos podrán ser objeto de las acciones de impugnación previstas en el régimen general o común, a las que expresamente alude el apartado 7 del art. 71, o en su caso del tratamiento y efectos que resulten procedentes en la sección de calificación".2.4. Aunque se trata de una cuestión dudosa sobre la que existen resoluciones judiciales con un criterio contrario al expuesto, se considera acertado el expuesto por la sentencia citada, de manera que no cabe dar entrada aquí al régimen de presunciones del art. 71 apartados 2 a 5, sino que se ha de acudir, como se pretende subsidiariamente, al régimen jurídico de la impugnación de actos del deudor por la vía de los arts. 1.111 y1.290 del Código Civil que acogen la llamada acción pauliana. ..."

La situación cambia a la vista del vigente en el art. 405.2 TRLC que permite el ejercicio de la acción rescisoria concursal contra los actos del concursado perpetrados durante el periodo de cumplimiento de convenio. Concretamente, puede leerse en dicho precepto:

"2. Serán rescindibles conforme a lo establecido en el capítulo IV del título IV del libro primero los actos perjudiciales para la masa

> activa realizados por el deudor durante los dos años anteriores a la solicitud de declaración de incumplimiento del convenio o, en caso de imposibilidad de cumplimiento, de la solicitud de apertura de la fase de liquidación de la masa activa."

Esta medida rescisoria coincide con otra anulatoria, con efectos propios de los arts. 1303 y ss CC, y desplegable cuando concurra una declaración judicial de incumplimiento de convenio, que tiene en su punto de mira los actos realizados en tal periodo de aquellos actos que contravengan el convenio, o altere la igualdad de trato entre acreedores que se encuentren en igual situación.

Dicho lo anterior, aperturada la liquidación de la concursada como consecuencia de la imposibilidad de cumplimiento, o declaración judicial incumplimiento, del convenio, la administración concursal, y subsidiariamente los acreedores quedan habilitados para ejercitar la acción rescisorio concursal contra los actos perjudiciales a los que se refiere el art. 226 TRLC:

A. Por un lado, contra aquellos actos comprendidos en el lapso temporal de los apartados 1 y 2 del citado art. 226 TRLC, obviamente, en aquellos supuestos en que no resultó ejercitada durante la tramitación del concurso y;

B. Por otro, y ahora también frente aquellos otros actos del deudor, igualmente perjudiciales para la masa, acometidos por el concursado durante la fase de cumplimiento del convenio, con apoyo y en los términos del citado art. 405.2 TRLC.

Aunque aquí, supuesto rescisorio del art. 405.2 TRLC, el plazo de sospecha conecta, en el primer caso, declaración judicial de incumplimiento de convenio, con los actos realizados durante los dos años anteriores a la solicitud de la declaración de incumplimiento, y en el segundo, imposibilidad de cumplimiento, con estos actos realizados en ese bianual plazo desde la solicitud de apertura liquidatoria. Y obviamente, con el requerimiento necesario que el acto del deudor sospechoso y cuestionado fuere perpetrado durante el cumplimiento del convenio. Lo contrario nos llevara situaciones ciertamente grotescas, por ejemplo, si el incumplimiento del convenio se declara poco tiempo después de su aprobación, por ejemplo seis meses, el plazo de dos años alcanzaría a actos anteriores a la aprobación del convenio, contra los que no cabía rescisión concursal por venir acometidos con posterioridad a la declaración de concurso y durante su sustanciación, y que quedaban sujetos únicamente a la acción anulatoria del art. 109 TRLC.

Como dije antes, la conclusión del procedimiento concursal (arts. 465 y ss TRLC), resulta lesiva y defuncionatoria en orden a la impetración de la acción rescisoria concursal. Por ello, el supuesto conclusorio por insuficiencia de masa (art. 465.7.º TRLC), requiere la ausencia de actos perjudiciales para la masa activa (art. 473.2.1.º TRLC), y la inexistencia de incidentes rescisorios en tramitación al tiempo de solicitar tal conclusión del concurso (art. 474 TRLC).[373] Y la declaración y conclusión del concurso como sin masa (arts. 37 bis y ss TRLC), también precisa una carencia de indicios suficientes de realización por el deudor de actos perjudiciales para la masa activa rescindibles de conformidad con lo dispuesto en el TRLC (art. 37 Ter.1.1.º TRLC). En fin, la conclusión del concurso pasa por la precisa ausencia de acciones de reintegración en curso o pendientes de ejecución en el procedimiento concursal.

Sin embargo, no cabe perder de vista lo dispuesto para la reapertura del concurso concluido por deudor persona jurídica. Así, el art. 505.2 TRLC conecta la solicitud de reapertura con la falta de satisfacción de los intereses de los acreedores,[374] pues solo procede en supuesto de liquidación incompleta o si se hubiera declarado la insuficiencia de masa, declarado expresarse las concretas acciones de reintegración que deban ejercitarse o, en su caso, exponerse aquellos hechos relevantes que pudieran conducir a la calificación de concurso como culpable, salvo que, en el concurso concluido, ya se hubiera calificado el concurso como culpable.

---

373 SANCHO GARGALLO, I. "La rescisión", pg. 407.

374 MARTÍNEZ MUÑOZ, M y DELCLAUX ARANA, L. "La acción", pg. 532.

De esta forma, y durante el año siguiente a la conclusión del concurso por liquidación o insuficiencia de masa activa, cualquier acreedor queda legitimado para instar la resurrección del concurso de acreedores, a efectos calificatorios o rescisorios concursales, precisando para ello, en este último caso, la indicación acreedora de las concretas acciones de reintegración a ejercitar.

Esta concreción repulsa lo abstracto y genérico, y requiere el enfoque preciso y quirúrgico de la "concreta" acción ejercitable, tanto la del art. 226 TRLC como las otras de impugnación referidas en el art. 238 TRLC, y que, obviamente, no lo fue en el proceso ahora reabierto, cabiendo su ejercicio tanto contra actos del deudor perpetrados en el lapso temporal de los apartados 1 y 2 del art. 226 TRLC como durante el periodo de cumplimiento del convenio (art. 405.2 TRLC). O antes de la declaración del concurso en el supuesto de las aludidas en el citado art. 238 TRLC.

A estos efectos, se antoja indiferente que dichas armas reintegradoras resultaren conocidas al tiempo de la conclusión del concurso o resulten de nueva noticia.[375]. O que se hubieran incluido en el inventario acompañado al informe de la administración concursal (arts. 202 y 293.1.1.° TRLC). O desechado su ejercicio en el informe conclusiorio por insuficiencia sobrevenida de masa (art. 473.2.1.° TRLC). El hecho que ese acreedor quede facultado para instar la reapertura del concurso no supone que detente, en exclusiva, la legitimación para ejercitar la acción de reintegración, que continúa sometida, incluso aquí, al régimen legitimatorio de los arts. 231 y 232 TRLC.

Así, sentencias del Tribunal Supremo de fecha 4 de noviembre y 17 de enero de 2024:

> "...Lo que ahora se cuestiona es en qué medida acciones de reintegración que pudieron haber sido ejercitadas antes de la conclusión del concurso y no lo fueron, pueden ejercitarse más tarde, con ocasión de la reapertura del concurso... En primer lugar, debe

375 MARTÍNEZ MUÑOZ, M y DELCLAUX ARANA, L. "La acción", pg. 535.

quedar claro que las acciones de reintegración, en principio y bajo la normativa aplicable (la originaria Ley Concursal de 2003), afectan a los actos de disposición realizados por el deudor concursado antes de la declaración de su concurso. De tal forma que las acciones de reintegración, cuya pretensión de ser ejercitadas podría justificar que un acreedor pidiera la reapertura del concurso, debían serlo respecto de actos de disposición realizados antes de la declaración de concurso. En segundo lugar, el hecho de que la acción de reintegración que ahora se ejercita frente a la venta del (automóvil) Mazda no se hubiera indicado en el inventario que se adjuntaba junto con el informe (art. 82.4 LC), ni se hubiera tenido en consideración cuando se informó más tarde, para justificar la conclusión del concurso por insuficiencia de masa activa, que no existían acciones viables de reintegración de la masa activa (art. 176 bis.3 LC), no tiene un efecto preclusivo respecto de su eventual ejercicio en caso de reapertura del concurso. En tercer lugar, debe advertirse que quien insta la reapertura del concurso para que se ejerciten unas determinadas acciones de reintegración es un acreedor, no la administración concursal, sin perjuicio de que quien, una vez producida la reapertura, ejercita la acción de reintegración sea la administración concursal, que es quien goza de legitimación originaria para hacerlo. Del mismo modo que, conforme al art. 72.2 LC, antes de la conclusión del concurso, la administración concursal, después de no haber tenido la iniciativa de ejercitar una determinada acción de reintegración, hubiera podido instarla una vez que un acreedor se lo hubiera indicado expresamente, y ante la eventualidad de que de no hacerlo estaría legitimado para interponer la demanda ese acreedor; también ahora, reabierto el concurso por el trámite del art. 179.3 LC, a instancia de un acreedor para que se ejerciten unas determinadas acciones de reintegración, el administrador concursal está legitimado para formular las demandas, y no deja de estarlo por el hecho de que en otro tiempo, pudiendo ejercitar esas determinadas acciones, no lo hubiera hecho..."

VI. Cesión de las acciones

Acabo de explicar que la Ley no permite la conclusión del concurso si existen actos perjudiciales para la masa, o incidentes rescisorios sustanciándose al tiempo de instarse la conclusión del concurso, con las salvedades del art. 474 TRLC. Esta exigencia presenta una finalidad incrementadora de la masa activa, pero supone, ciertamente, dilatar el proceso concursal liquidatorio, retardando su conclusión.

En esa línea, la cesión de las acciones de reintegración se me antoja una inteligente fórmula para, una vez aperturada la fase de liquidación, no demorar el concurso y proceder a la cesión de las acciones rescisorias a cambio de una contraprestación económica razonable para la masa activa, evitando esperar al fin del incidente de reintegración.[376] Especialmente, esa cesión parece conveniente cuando aparezca en el horizonte una eventual carencia de masa por la concursada para afrontar la recíproca y simultanea restitución de prestaciones impuesta como efecto de la rescisión por el art. 236.1 TRLC

Ciertamente, y como dije anteriormente, la cesión de las acciones de reintegración, en sede convenial, se cobija en el contenido del art. 330 TRLC y la figura del convenio alternativo que incluya, como una de esas alternativas, la cesión a uno o a varios acreedores o clases de acreedores de las acciones de reintegración de la masa activa.

Fuera de ello, la cesión de las acciones de reintegración conecta, de forma ciertamente borrascosa, con lo dispuesto en el art. 474 TRLC, según el cual, "la administración concursal no podrá

---

376 VILA FLORENSA, M. "Comentarios", pg. 892.

solicitar la conclusión del concurso por insuficiencia sobrevenida de la masa activa mientras esté en tramitación incidente de rescisión de cualquier acto del deudor perjudicial para la masa activa o de exigencia de responsabilidad de terceros o se encuentre en tramitación la sección de calificación, salvo que las correspondientes acciones ya ejercitadas hubiesen sido objeto de cesión o fuese manifiesto que lo que se obtuviera de ellas no sería suficiente para la satisfacción de los créditos contra la masa."

De esta anormal manera, y a través de una norma limitativa de la solicitud de conclusión concursal por insuficiencia de la masa activa posterior al auto de declaración de concurso, dota de carta de naturaleza a la cesión de la acción rescisoria concursal, efectuable no solo durante la fase de liquidación sino también en la común, aunque, impepinablemente, requiere de su ejercicio con carácter previo al acto cesional. La referencia que se efectúa en el art. 474 TRLC a "acciones ejercitadas" y a la "tramitación de incidente de rescisión", limita la herramienta cedente solo a aquella acción rescisoria concursal ya ejercitada y mientras no haya recaído, en el incidente, sentencia firme resolutoria de la pretensión rescisoria.[377]

La administración concursal queda legitimada a efectos de acometer la cesión de la acción, sin necesidad de solicitar autorización judicial al respecto, a la vista que la intervención del juez en el incidente rescisorio conecta con el dictado de la sentencia, pero no con la cesión a tercero de la acción ejercitada en su seno. Obviamente no precisa del consentimiento del deudor ni de la parte demandada en el procedimiento incidental.[378] Tampoco el permiso de los acreedores subsidiarios, porque, realmente, esta legitimación en orden a la cesión de la acción rescisoria concursal, pienso que sólo asiste a la administración concursal, incluso en el supuesto que la acción haya sido ejercitada por un acreedor subsidiario, y a la vista que la actuación de éste se realiza en interés

---

377 SANCHO GARGALLO, I. "La rescisión", pgs. 422 y 425.

378 SANCHO GARGALLO, I. "La rescisión, pg. 425.

del concurso, y no propio, no siendo titular en ningún caso de la acción, y que la sustitución del art. 232.2 TRLC queda acotada al mero ejercicio de la acción pero no a la disponibilidad de la masa activa, inclusiva de la acción potencialmente cedible, cuya competencia recae en la administración concursal.[379]

379 Contra SANCHO GARGALLO, I. "La rescisión, pgs. 425 y 426 que residencia tal facultad en ese acreedor, previo requerimiento a la administración concursal para que pueda personarse en autos y continuar como parte interviniente en el incidente de reintegración.

VII. Efectos de la acción rescisoria concursal frente a la contraparte del concursado y terceros

Examen de los efectos de la sentencia que recaiga en el incidente rescisorio. Este régimen, a diferencia de lo que acontece con la legitimación, procedimiento y apelación (art. 238.2 TRLC), se exhibe exclusivo de la acción rescisoria concursal, y no de aplicación a las "otras acciones de impugnación" del art. 238 TRLC, regidas cada una de ellas, efectualmente hablando, por las respectivas normas de derecho común que le resulten aplicables.[380]

VII.1. EFECTOS EN RELACIÓN CON EL ADQUIRENTE DIRECTO

VII.1.1. Adquirente de buena fe

A la vista del art. 1295 CC, la rescisión del acto obliga a la devolución de las cosas objeto del contrato con sus frutos, y del precio con sus intereses. Y en congruencia con un efecto "ex nunc" previsto con carácter general en nuestro ordenamiento, el art. 235.1 TRLC, con relación a la acción rescisoria concursal, señala que "la sentencia que estime la acción declarará la ineficacia del acto impugnado y condenará a la restitución de las prestaciones objeto de aquel, con sus frutos e intereses."[381] Estos efectos restitutorios, dimanantes, de la Ley no precisan para su producción de petición

---

380 MASSAGER, J. "Aproximación", pg. 4232.

381 SANCHO GARGALLO, I. "Reintegración", pg. 1143, y GONZÁLEZ VÁZQUEZ, J.C. "Las acciones", pg. 642.
Contra, reconociéndole un efecto ex tunc, HERNÁNDEZ MARTÍ, J. "Efectos", pg. 306; RIPOLL OLAZÁBAL, G. "Derecho Concursal", pg. 391; y MASSAGER, J. "Aproximación", pg. 4234. También sobre el

de parte (sentencia Audiencia Provincial de Murcia, de fecha 28 de enero de 2016).[382]

El acto impugnado, en principio, válido, y reunidor de sus elementos esenciales, amén de no contrario a una norma prohibitiva o imperativa, y no nulo ni anulable, deviene ineficaz, y por no realizado, aunque los efectos de dicha ineficacia no quedan retrotraídos al momento de la conclusión del acto apestado de rescinbilidad, sino que se despliegan desde la declaración judicial reintegradora (sentencia del Tribunal Supremo de fecha 26 de marzo de 2015).[383] Como puede leerse en la sentencia de las Audiencia Provincial de Barcelona, de fecha 2 de febrero de 2007:

> "...La rescisión responde mejor a la naturaleza jurídica de los actos o negocios realizados por el deudor un tiempo antes de la declaración de concurso (dos años), que en el momento de realizarse son válidos, por reunir los elementos esenciales del contrato (art. 1261 CC), no ser contrarios a una norma imperativa o prohibitiva (art. 6.3 CC), ni estar afectados por un vicio de anulabilidad (arts. 1300 y ss. CC). No adolecen de ninguna ineficacia estructural. En todo caso, si son susceptibles de rescisión es en atención al perjuicio posterior para los acreedores, que una vez declarado el concurso verán disminuidas la garantía de cobro por la aminoración del patrimonio del deudor como consecuencia de aquél acto. Se trata, pues, de una ineficacia funcional. La naturaleza rescisoria se plasma no solo en el fundamento de la ineficacia, sino también, y de forma consiguiente, en sus efectos, que serán los propios de las acciones rescisorias: la recíproca restitución de las prestaciones, con sus frutos e intereses, y la no afectación a los terceros de buena fe. Y esta naturaleza común a la acción rescisoria por fraude de acreedores permite integrar las lagunas de la regulación concursal con la prevista en los arts. 1291 y ss. CC..."

O la sentencia del Juzgado de lo Mercantil núm.1 de Alicante de fecha 25 de abril de 2012 (*Tol 2526209*):

---

efecto ex tunc ROMERO SANZ DE MADRID, C. "Derecho", pg. 168; y CRESPO AULLE, F. "Comentarios", pg. 1420.

382 FUENTES DEVESA, R. "Reintegración", pg. 1269.

383 FUENTES DEVESA, R. "Reintegración", pg. 1268.

> "...En consecuencia, procede declarar la ineficacia del acuerdo social impugnado de 3 de octubre de 2008, y por ende, la reintegración del importe del dividendo satisfecho —1.250.000 €— que en su día sale del patrimonio de BALPERIA, pues existe esta salida tanto si se entrega al socio dinero o bienes como si se aplica a compensar deudas del socio para con la sociedad, que es el supuesto de autos, sin que se reponga la situación al momento de realización del acto impugnado, pues la ineficacia se cataloga por la doctrina como **ex nunc** (como el art. 1295 CC), y opera desde la declaración judicial, ya que no olvidemos que hasta entonces el acto es válido y despliega sus efectos, ya que no se impugna por ausencia de validez estructural sino porque deviene ineficaz funcionalmente por causa sobrevenida..."

Todo ello guarnecido con la práctica de los asientos registrales correspondientes, y la realización de los actos y formalidades precisas a efectos que la ineficacia del acto rescindido despliegue plenamente sus efectos.

Pero no alcanza a otros actos o contratos conexos o relacionados con el acto rescindido si, a su vez, no fueron rescindidos y declarados ineficaces junto con aquel. Así, sentencia del Tribunal Supremo de fecha 12 de abril de 2012:

> "...Los efectos de la rescisión no se extienden a otros actos o contratos que, aunque estén relacionadas, no se declaran rescindidas, pero es que, además, la recurrente no reconvino y no está legitimada para interesar la rescisión de la compraventa de rama de actividad entre la concursada y un tercero que no fue suplicada por la administración concursal..."

Esa ineficacia no cabe entenderla como una suerte de sanción civil, sino el mero resultado de los efectos propio de las acciones rescisorias y, en este caso, la necesidad de reparar el perjuicio ocasionado a la masa por la perpetración del acto rescisoriamente fulminado. En este sentido, sentencia del Tribunal Supremo de fecha 4 de septiembre de 2014:

> "...En el caso enjuiciado la ineficacia de la prenda como consecuencia del ejercicio de la acción rescisoria concursal no es una sanción civil, sino el resultado de los efectos propios de aquella ya

> que la finalidad que se persigue es la reparación de un perjuicio ocasionado a los acreedores, concurriendo un perjuicio "para la masa", atendido que el otorgamiento de las garantías financieras (prenda) ha sido realizado perjudicando injustificadamente las expectativas de cobro de los acreedores que por entonces tuviera el deudor, ahora concursado...."

Tampoco cabe confundir esta ineficacia con la propia del art. 109 TRLC que, a diferencia de la rescisoria concursal, pivotatoria sobre el perjuicio causado a la masa activa por el acto del deudor, cimenta en su lugar sobre la infracción de las restricciones o limitaciones de las facultades patrimoniales del deudor en la realización del acto. Así, sentencia del Tribunal Supremo de fecha 7 de noviembre de 2017:

> "...Como la sentencia de instancia es confusa, pues hace referencia al art. 71 LC, resulta necesario distinguir la ineficacia derivada de la infracción de las limitaciones a las facultades de disposición patrimonial tras la declaración de concurso (arts. 40 y 43 LC), de la ineficacia perseguida con la acción rescisoria concursal (art. 71 LC). La primera afecta a los actos de disposición o gravamen realizados por el deudor concursado después de la declaración de concurso, mientras que la segunda, la acción rescisoria concursal, afecta a los actos de disposición del deudor concursado realizados dentro de los dos años previos a la declaración de concurso. El fundamento de la ineficacia en el primer caso radica en la infracción de las restricciones o prohibiciones de disponer (en sentido amplio), mientras que el fundamento de la ineficacia en la rescisión concursal es distinto, se encuentra en el perjuicio que para la masa activa genera el acto de disposición objeto de rescisión..."

Pero esa ineficacia ex nunc resulta relevante también en orden al ejercicio de la acción de responsabilidad por deudas del art. 367 TRLC. Así lo señala la Audiencia Provincial de Zaragoza, sentencia de fecha 8 de noviembre de 2023:

> "...En el presente caso, se discutió por la demandada la fecha del nacimiento de la deuda, mantuvo que, en cuanto que se ejercitaba una acción de ineficacia de un negocio jurídico, sus efectos se producían ex tunc, o desde la celebración del acto nulo —2012— y, por tanto, a dicha fecha, la demandada no era administradora de la entidad que recibió el pago. Por su parte, la actora mantuvo que

la doctrina más reputada y la jurisprudencia habían optado por considerar la acción con efectos ex nunc, esto es, tan solo desde que el tribunal lo declaraba en la sentencia que acogía la acción rescisoria, lo que determinaba que la demandada al tiempo de tal hecho era responsable de la deuda declarada en ella...Que la demandada no hubiera contraído obligaciones contractuales, no le libera de otras que se adquirieron por ministerio de la ley, con carácter ex nunc, desde la fecha de la sentencia que las establecía, como es el caso."

Entrando ya en harina, en el supuesto de contratos con obligaciones reciprocas, y como efecto legal derivado de la rescisión concursal, la sentencia condena a la restitución de las prestaciones objeto de aquel, que ya se hubieran realizado, con sus frutos e intereses (art. 235.2 TRLC). A este respecto, señala el Tribunal Supremo, sentencia de fecha 4 de noviembre de 2016, lo siguiente:

"...i) Está claro que cuando el acto objeto de impugnación es un contrato con obligaciones recíprocas, la rescisión concursal conllevara la condena de las partes a la restitución de las prestaciones, con sus frutos e intereses. ...La condena a la restitución de prestaciones es consiguiente a la rescisión, sin que la demandada, contraparte en el negocio objeto de rescisión, para que se cumpla con la previsión del art. 73.3 LC tenga que solicitarlo en su contestación. La condena a la restitución recíproca de prestaciones y el derecho de la contraparte a que se le restituya su prestación es un efecto legal consiguiente a la rescisión del contrato bilateral..."Por lo tanto, y sin perjuicio de lo que diré más adelante, y lo relativo a la buena o mala fe del adquirente[384], en el supuesto de la compraventa de inmueble, la cosa entregada vuelve al patrimonio

---

[384] HERNÁNDEZ MARTÍ, J. "Efectos", cit., pg. 306.
Como vemos, la LC equipara al adquirente de buena o mala fe, tratándoles con el mismo rigor (vid. SILVETTI, E. "Comentarios", pg. 570) y CRESPO AULLE, F. "Comentarios", pg. 1421. Especialmente ha sido criticada tal situación por GORDILLO CAÑAS, A. "Par conditio", pg. 425, quien pone de manifiesto la desprotección del adquirente directo de buena fe, forzado a la restitución de prestaciones con el concursado, a diferencia de lo que ocurre con los subadquirentes. También del mismo autor, vid. "Protección", pgs. 4111 y ss.; y CRESPO AULLE, F. "Comentarios", pg. 1427.

> del concursado, con la restitución simultánea al comprador de la prestación que efectuó, el precio de la compraventa, que exhibe una consideración de crédito contra la masa (art. 236.1 TRLC).

Aquí se pretende que las partes, salvo que medie mala fe en la demandada, vuelvan a la situación patrimonial anterior a la rescisión, obviamente, sin causar la depuración de la contraparte.[385]

Pero, lógicamente, y en la recisión de contratos con obligaciones reciprocas, junto a la citada respuesta restitutoria, cabe otra liquidatoria conectada a aquellas relaciones contractuales duraderas en el tiempo (contratos de arrendamiento, suministros, etc) que, total o parcialmente, se han consumado y que, por tal motivo, únicamente permiten soluciones liquidatorias de la citada relación contractual al tiempo de acordarse su recisión concursal. Sentencia del Tribunal Supremo de fecha 12 de abril de 2012:

> "... En contra de lo pretendido en el recurso, no siempre la rescisión comporta restitución de prestaciones, sino tan solo en aquellos casos en los que la liquidación de la situación resultante de la rescisión así lo exija a fin de mantener el equilibrio de prestaciones, pero no en aquellos en los que la reintegración se sustenta en la ausencia de contrapartida o en la falta de equilibrio determinante del perjuicio. 3) Como hemos apuntado en el anterior apartado 29 de esta sentencia, caben respuestas liquidatorias y no restitutorias de la relación contractual, afirmando la sentencia 681/1998, de 10 de julio que "si, en principio y por regla general, los efectos de la resolución contractual se producen «ex tunc», colocando a los intervinientes en la misma situación en que se hallarían si el contrato no se hubiese celebrado, lo que lleva consigo la obligación de restituir cada parte lo que haya recibido de la otra por razón del vínculo obligacional, sin perjuicio del derecho de terceros adquirientes de buena fe, esa eficacia retroactiva no puede aplicarse respecto a relaciones duraderas que, en todo o en parte, han sido consumadas, cual sucede en contratos como los de arrendamiento, de agencia o de comisión mercantil, en que la

Lo cierto es que en nuestra opinión, la posición de este adquirente de buena fe es cuanto menos trágica, pese al cambio producido y que recupera lo por el entregado.

385 FUENTES DEVESA, R. "Reintegración", pg. 1270.

> resolución del vínculo contractual opera «ex nunc», produciéndose, por tanto, únicamente efectos liquidatorios de la situación existente al tiempo de la resolución contractual"

Por el contrario, la rescisión impactatoria en un acto unilateral, comporta la restitución a la masa activa de la prestación objeto de aquel, y la inclusión en la lista de acreedores del crédito concursal con la cuantía y clasificación que corresponda (arts. 235.3 TRLC y 236.2 TRLC).

Y la ineficacia de un acto a título gratuito, limita la restitución, en exclusiva, a la contraparte del concursado.[386]

La rescisión de un pago, conlleva la restitución de las cantidades percibidas del concursado, junto a sus intereses, reconociéndose en la lista de acreedores, un crédito por el importe de la devolución, con carácter concursal y la clasificación que proceda conforme al TRLC. Pero no la rescisión del acto o contrato del que deviene el pago rescindido. Vid. Sentencia del Tribunal Supremo de fecha 26 de octubre de 2012:

> "...Si se hubiera rescindido en contrato bilateral, en ese caso, su ineficacia sobrevenida hubiera llevado consigo este efecto de restitución de ambas prestaciones, pero la rescisión de un acto de disposición unilateral, como es el pago, no conlleva la ineficacia del negocio del que nace la obligación de pago que se pretende satisfacer con el acto impugnado. De ahí que la rescisión afecte tan sólo al pago, surgiendo para el receptor del dinero pagado la obligación de restituirlo, con los intereses, sin que pierda su derecho de crédito, que por ser anterior a la apertura del concurso tiene la consideración de concursal y deberá ser objeto de reconocimiento por el cauce pertinente..."

Esa incorporación al concurso del referido crédito a favor de la contraparte, corresponde a la Administración Concursal, y me-

---

[386] Lo recuerda ALCOVER GARAU, G. "Comentarios", pg. 782, GARCÍA SANZ, A. "Notas", pg. 4079 y FERNÁNDEZ AGUADO, J.I. "Las acciones", pg. 184, señalando éste que, si no es posible la restitución in natura, se acudirá a la restitución por equivalencia, indemnizando el valor de lo obligado a restituir.

diante su reconocimiento e incorporación a la lista de definitiva acreedores, modificándola con apoyo en lo dispuesto en el art. 308.3.º TRLC, que habilita tal alteración cuando se dicten resoluciones judiciales en el concurso de las que resulte la existencia, la modificación del importe, o de la clase del crédito, o la extinción de un crédito concursal, lo que acontece con la sentencia resolutoria del incidente rescisorio concursal. Además, art. 311.1 TRLC, esa incorporación e inclusión a la lista de acreedores definitiva, modificándola, impone inmediatez a la administración concursal en esta tarea, que la acomete tan pronto tenga noticia de la sentencia rescisoria. Estos créditos concursales rescisorios quedan impactados por las quitas, esperas, etc, contenidas en el eventual convenio que se apruebe, o ya estuviere aprobado, así como, en su caso, por el proceso de liquidación del concursado, como otro acreedor concursal más. En este sentido, sentencia del Tribunal Supremo de fecha 1 de abril de 2025:

> "...En el art. 308, ordinal 3.º, aparece como un supuesto en que se puede modificar la lista definitiva de créditos: «El texto definitivo de la lista de acreedores podrá modificarse en los casos siguientes: [...] »3.º Cuando se dicten resoluciones judiciales en el concurso de las que resulte la existencia, la modificación del importe o de la clase del crédito o la extinción de un crédito concursal». Y después el art. 311 TRLC distingue este caso del resto, al permitir su reconocimiento inmediato: «1. Cuando la modificación de la lista definitiva sea consecuencia de una resolución judicial dictada en el concurso, la administración concursal modificará el texto definitivo de la lista de acreedores en cuanto tenga constancia de la misma. »2. En los demás casos, la modificación del texto definitivo de la lista de acreedores deberá solicitarse antes de que recaiga resolución por la que se apruebe el convenio o se presente en el juzgado el informe final de liquidación o la comunicación de insuficiencia de la masa activa para atender los créditos contra la masa. »A tal efecto los acreedores dirigirán a la administración concursal una solicitud con justificación de la modificación pretendida, así como de la concurrencia de alguna de las circunstancias previstas en este capítulo». Hay que entender que esa modificación inmediata de la lista de acreedores conlleva, en un supuesto como el presente en que se ha aprobado un convenio de acreedores y se está en el periodo de cumplimiento, que el acreedor tenga derecho al cobro de su crédito (ordinario),

> bajo la novación introducida por el convenio, por los importes ya vencidos hasta entonces. De este modo, también estos créditos de inclusión inmediata en la lista de acreedores como consecuencia de haber sido reconocidos o declarados mediante una resolución judicial dentro del concurso, en este caso en un incidente de rescisión concursal, no sólo se verán afectados por la novación introducida en el convenio (art. 136 LC), sino que podrán cobrar junto con el resto de los créditos ordinarios conforme a lo previsto en el art. 134 LC. De tal forma que estos créditos no se ven afectados por la limitación que establecimos en la sentencia 652/2016, de 4 de noviembre, que sí se aplica al resto de los créditos que hubieran aparecido con posterioridad a la aprobación de la lista de acreedores y, siendo susceptibles de ser introducidos mediante la modificación de la lista (en la actualidad, conforme a lo prescrito en el art. 308 TRLC), se hubiera solicitado la modificación antes de que recaiga la resolución que aprueba el convenio. Esto es, los créditos a los que se refiere el art. 311.2 TRLC, que se corresponde con el art. 97 bis LC. ..."

Dación en pago. La contraparte restituye el bien que recibió en pago de la deuda y el crédito extinguido por la dación se reconoce en la lista de acreedores, igualmente, como crédito concursal, con la clasificación que corresponda. Así, Tribunal Supremo, sentencias de fecha 2 de julio de 2013 o 9 de abril de 2014:

> "...La dación en pago supone un concierto de voluntades entre deudor y acreedor por el que éste consiente recibir, con carácter solutorio, un aliud pro alio (una cosa por otra), con el efecto de extinguir la obligación originaria. Negocio que, como ha recordado esta Sala, es complejo, pues participa de las características del pago o cumplimiento de una obligación, de la compraventa y de la novación por cambio de objeto que, con efectos solutorios, extingue la primitiva obligación. En el presente caso, la resolución de la dación en pago (que no se ha discutido) hace ineficaz los efectos solutorios del pago de una obligación preexistente. La restitución impone "que el bien retorne a la masa "y" que el [acreedor] vuelva a ser titular de un crédito... por el importe que ostentaba con anterioridad a la dación CIA en pago, como crédito concursal "(SSTS núm. 393/2013, de 2 de julio, y las anteriores de 28 de febrero de 2013 y, de 11 y 12 de marzo de 2013, entre otras muchas). Por tanto, el recurso se estima, y declaramos que, rescindida la operación de dación en pago, el crédito que ostenta ARGAL, S.A. es concursal ordinario..."

Sobre los efectos de la rescisión de una garantía, vid la interesantísima sentencia del Tribunal Supremo de fecha 4 de noviembre de 2016:

> "...Si el acto objeto de impugnación es la constitución de una o varias garantías reales, y la impugnación no afecta al nacimiento de la obligación garantizada, la rescisión provoca la ineficacia de la garantía, siempre que con ello se resarza el perjuicio ocasionado a la masa. «(C)uando el acto rescindido es un acto dispositivo a título gratuito o una garantía constituida en perjuicio de la masa, la sentencia que acuerda la rescisión no provoca tales efectos restitutorios recíprocos, sino tan solo la ineficacia del acto rescindido y la devolución a la masa del concurso de lo que salió del patrimonio del deudor en virtud del acto gratuito rescindido o, tratándose de una garantía, su extinción» (STS 100/2014, de 30 de abril). Por otra parte, «en los casos en que la finca hipoteca hubiera sido enajenada antes de la declaración de concurso, y por ello o no pudiera ya ser cancelada la hipoteca o con dicha cancelación no se reparaba el perjuicio ocasionado en su día, al tiempo de constituir la garantía para la deudora hipotecante y luego concursada, en ese caso, el efecto de la rescisión no puede ser su cancelación, pues con ello no se satisface el interés de la masa con la rescisión concursal en la medida en que el bien gravado no forma parte de la masa activa. Tampoco procede en estos casos, como pide la demanda, la declaración retroactiva de nulidad de todos los asientos posteriores a la constitución de la hipoteca objeto de rescisión, ni tampoco la nulidad de la ejecución hipotecaria, en la medida en que la rescisión es una ineficacia funcional y no opera ex tunc. »No siendo posible la cancelación de la hipoteca, como efecto consiguiente a la rescisión, la beneficiaria de la garantía debería restituir a la masa el importe de la deuda de la concursada que se cubrió con la constitución 4 de la garantía, siempre que no conste que el valor de la garantía era inferior (en atención al valor de realización del bien en ese momento). Ese sería, de forma orientativa, el desvalor sufrido por el bien hipotecado, cuando se realizó el acto objeto de rescisión, que es la constitución de la hipoteca, y que debió ponerse de manifiesto al tiempo de enajenarse el bien hipotecado (...), cuyo valor se vio minorado por la deuda garantizada» (STS 143/2015, de 26 de marzo)..."

La batalla rescisoria dirigida, exclusivamente, frente a una garantía real o personal, y con olvido de la obligación, o contrato, cuyo cumplimiento queda amparado por éstas, no provoca la restitución de prestaciones, sino la extinción de garantía, quedado la deuda subsistente, aunque, en el supuesto de garantía real, con la pérdida del privilegio especial que, eventualmente, le hubiere reconocido la administración concursal. Sobre los efectos de la rescisión de la garantía real vuelvo más adelante.

La prestación de la garantía contextualmente a la obligación garantizada no impone que la intentona rescisoria concursal de la primera se dirija también contra la obligación de marras. Así lo recuerda la sentencia de la Audiencia Provincial de Jaén de fecha 23 de noviembre de 2010:

> "...Y en cuanto a la rescisión de la garantía sin rescindir la obligación principal, también quedó resuelta en el Fundamento de Derecho Cuarto de la sentencia apelada. Al respecto entiende la recurrente que no puede procederse a resolver la garantía sin resolver igualmente el **contrato de préstamo** principal, porque el acreedor consintió el mismo por existir dicha prenda, y sin ésta, se anula el consentimiento del acreedor. Teniendo en cuenta que el perjuicio acreditado recae sobre la garantía, ningún inconveniente existe para mantener el contrato principal y rescindir el que causa dicho perjuicio, máxime teniendo en cuenta que el efecto que se produce con la rescisión es la reintegración de lo entregado por el concursado y la aparición de un crédito contra la masa a favor del tercero. Ambas (la garantía y la obligación principal) no son indisolubles en contra de lo que alega la apelante, aceptando esta Sala los razonamientos jurídicos que al respecto expone el Juzgador **a quo.** Así, la rescisión supone que el que contrató con el deudor concursado aparece como acreedor de la masa (crédito contra la masa), y para ello el artículo 73.2 **L.C.** dispone que deberá satisfacerse simultáneamente a la reintegración de los bienes y derechos objeto del acto rescindido salvo que se aprecie y declare la mala fe del acreedor en cuyo caso la ley sanciona el crédito con la consideración de subordinado. Debe entenderse que la pignoración era una obligación independiente, aunque evidentemente subordinada a la obligación principal, el préstamo. Y en este sentido podemos citar la Resolución de la Dirección General de Registros y Notariado de 30 de septiembre de 2009 en relación al contrato de fianza, en la que se indica que: 'A la hora de precisar la naturaleza de la fianza debe distinguirse entre la obligación del fiador y la obligación principal garantizada. Frente a posiciones ya abandonadas que defendían la existencia de un vínculo obligatorio único con dos deudores, uno principal y otro subordinado, es

> indudable que la fianza constituye una obligación independiente, como lo evidencia su función económico social que, centrada en el aseguramiento del interés del acreedor para el caso de que la obligación principal no sea cumplida en los términos pactados, determina una causa peculiar de garantía, en todo caso diferente de la propia de la obligación principal asegurada. Consecuencia necesaria de lo anterior es la lateralidad del régimen de la obligación del fiador respecto de la obligación del deudor principal, que se traduce no sólo en la posibilidad de que su contenido sea distinto, sino también en que su existencia, y su posibilidad de modificación y extinción sean independiente, aunque siempre esté subordinada a la obligación principal como consecuencia de su naturaleza accesoria'. Por tanto, siendo independientes la garantía por pignoración y el préstamo constituido, ningún inconveniente existía para declarar la rescisión de aquélla por perjuicio. De ahí la cita que al respecto efectúa el Juzgador de instancia de los artículos 1155, 1190 y 1193 del Código..."

Al hilo de lo anterior, y como dije, la rescisión de un contrato bilateral trae consigo la restitución de las prestaciones de las partes. Pero el ataque rescisorio únicamente dirigido contra un pago de ese contrato no conlleva la ineficacia del negocio del que nace la obligación de pago, sino solo la obligación del perceptor de restituir lo pagado, junto al interés legal, y sin perder o lisiar su crédito, que deviene concursal con la clasificación que le corresponda. Así sentencias del Tribunal Supremo de fecha 3 de octubre de 2021, 26 de abril de 1012, o 9 de abril de 2014:

> "....La STS de 3 de octubre de 2012, RC 672/2010, no aplicó el art. 73.3 LC a un supuesto de pago unilateral por el deudor antes del concurso, por lo que, en el supuesto planteado ahora en el recurso, se podría estar en línea con lo defendido por la parte recurrente. La argumentación de la STS fue la siguiente: "si se hubiera rescindido el contrato bilateral, en ese caso, su ineficacia sobrevenida hubiera llevado consigo este efecto de restitución de ambas prestaciones, pero la rescisión de un acto de disposición unilateral, como es el pago, no conlleva la ineficacia del negocio del que nace la obligación de pago que se pretende satisfacer con el acto impugnado. De ahí que la rescisión afecte tan sólo al pago, surgiendo para el receptor del dinero pagado la obligación de restituirlo, con los intereses, sin que pierda su derecho de crédito, por ser anterior a la apertura del concurso tiene la consideración

> de concursal y deberá ser objeto de reconocimiento por el cauce pertinente..."

O la sentencia del Alto Tribunal de fecha 4 de noviembre de 2016:

> "....Cuando lo que se impugna es un acto unilateral, como puede ser el pago, es jurisprudencia que la rescisión no conlleva la ineficacia del negocio del que nace la obligación que se pretende satisfacer con el pago, sino tan sólo la ineficacia del pago y la obligación de restituir a la masa la suma percibida, sin perjuicio de que, si el pago era debido, renazca aquel crédito cuyo impago se impugna, que deberá ser objeto de reconocimiento como crédito concursal..."

La rescisión de un acuerdo societario aprobatorio de la distribución de un dividendo, o de una reducción de capital con devolución de aportaciones, conlleva la ineficacia del acuerdo, y la restitución a la sociedad del dividendo repartido, o las aportaciones en su día devolucionadas como consecuencia del acuerdo de reducción de capital, más los correspondientes intereses legales, sin que proceda el reconocimiento en la lista de acreedores de crédito alguno a favor del socio restituyente de lo percibido, Y en el supuesto de la rescisión del acuerdo de reparto de dividendos sin que sea de aplicación lo previsto en el art. 278 LSC que condiciona la restitución por los socios de lo percibido a que se acredite su conocimiento de la irregularidad del reparto o que, a la vista de las circunstancias, no podía conocerlo. La acción rescisoria se constituye como propia y ajena a la del art. 278 LSC, fundada en el perjuicio, y prescindiendo de cualquier ánimo o elemento subjetivo. Así, sentencia del Tribunal Supremo de fecha 24 de julio de 2014:

> "...El efecto de esta rescisión es que los socios pierden el derecho a percibir el dividendo, si es que no les fue distribuido antes de la declaración de concurso. Si para entonces ya les hubiera sido repartido, en ese caso, deberán restituirlo a la masa, sin necesidad de que se acrediten las circunstancias subjetivas mencionadas en el art. 217 TRLSA, que se corresponde con el actual art. 278 LSC. Este precepto, prevé, para el caso en que se ejercite una acción de restitución de dividendos fuera del concurso, que "cualquier distribución de dividendos (...) que contravenga lo establecido en la Ley deberá ser restituida por los accionistasque los hubieren percibido,

> con el interés legal correspondiente, cuando la sociedad pruebe que los perceptores conocían la irregularidad de la distribución o que, habida cuenta de las circunstancias, no podían ignorarla ". Esta exigencia legal no debe operar en el caso de la acción rescisoria concursal, pues se trata de una acción propia, que se funda en el elemento objetivo del perjuicio, de tal forma que el art. 71.1 LC excluye expresamente cualquier elemento subjetivo. Por eso, en nuestro caso, los tribunales de instancia han aplicado correctamente esta doctrina: como una vez que se declara la rescisión del acuerdo de reparto de dividendos, los pagos realizados resultan injustificados, procede la condena a su restitución, y las compensaciones realizadas, en la medida en que la sociedad no debía adeudar las sumas compensadas, se dejan sin efecto..."

A similar conclusión llego en el supuesto de reducción de capital por devolución de aportaciones, en conexión con la dotación de una reserva con cargo a beneficios, o reservas libres, por el importe de lo restituido (art. 332 TRLC), y a efectos de excluir la responsabilidad del socio a que se refiere el art. 331 TRLC. Obviamente ese escape responsabilitatorio ni frena ni impide el ejercicio de la acción rescisoria concursal que, reitero, se constituye como propia y ajena a la citada responsabilidad rescisoria, no afectándole, por lo tanto, cualquier actuación eluditiva de esa responsabilidad que, además, es distinta y ajena a la rescisión concursal. Incluso, entiendo rescindible la dotación de dicha reserva en cuanto perjudicial para la masa activa como consecuencia de la liberación de un obligado solidario junto a la concursada al pago de las deudas sociales contraídas con anterioridad a la fecha en que la reducción fuera oponible a terceros (art. 331.1 TRLC).

Al hilo de lo expuesto, y como dije arriba, también cabe impetrar únicamente la rescisión del pago societario en cuestión, y no la del acuerdo social distributivo o reductor que lo originó. Por ejemplo, el pago del dividendo acordado por la Junta General. En este caso, la rescisión tiene por objeto solo el pago y cimenta sólo en la perjudicialidad del pago, y nunca en la del acuerdo social, que escapa y queda a salvo de la rescisión concursal, convirtiendo ese pago en debido en tanto en cuanto se ajuste a los términos del acuerdo del que trae causa. Por ello, la ineficacia del pago comparta como efecto la restitución de las cantidades percibidas del concursado, junto a sus intereses, reconociéndose en la lista de acreedores, un crédito a favor del socio por el importe de la devolución, con carácter concursal y la clasificación que proceda conforme al TRLC, y sin que implique la perdida de la condición de socio ni proceda la devolución de aportaciones sociales efectuadas desde la constitución de la sociedad por el socio. Y quedando el acuerdo societario ajeno e inmune a la rescisión concursal del pago. Apuntada la escopeta rescisoria, exclusivamente, hacia un pago derivado de un acuerdo societario, pero no respecto a este, el perjuicio de tal acuerdo social aparece inane y no viene al caso ni importa a este efecto. Asi vid sentencia del Tribunal Supremo de fecha 24 de julio de 2014:

> "...El efecto de la rescisión de los pagos de los dividendos es pues la restitución de lo cobrado. Ni en este caso, ni tampoco cuando lo que se rescinde es el acuerdo por el que nace el derecho de crédito al dividendo, el efecto de la rescisión conlleva, como pretende el recurrente, la devolución de las aportaciones de los socios, pues no guardan entre sí la relación de reciprocidad que justificaría, a la luz del art. 73.1 LC, el efecto de la recíproca restitución de prestaciones..."

Aquellos actos unidos o vinculados de forma inseparable, y conformatorios de un único conjunto negocial, requieren y precisan de una declaración judicial de ineficacia abarcatoria de todos ellos, en conjunto.

Recapitulando. En el supuesto de contratos con obligaciones reciprocas, la sentencia condena a la restitución de las prestaciones objeto de aquel, y que ya se hubieran realizado, con sus frutos e intereses. Y en un acto unilateral, conecta con la efectuada por el concursado, y la inclusión en la lista de acreedores del crédito concursal con la cuantía y clasificación que corresponda.

Ahora bien, esta restitución del bien por la contraparte, en el mismo estado en que lo recibió, y aun cuando continuase en su poder, resulta en ocasiones, y no pocas, de imposible cumplimiento. Piénsese en el solar transmitido por la concursada y que el adquirente gravó con una hipoteca. En este caso, y ante la falta de identidad material y jurídica, cabe rechazar esa restitución e imponer a cambio el abono de una indemnización sustitutoria de la referida entrega. Aunque bien pensado, y como alternativa a esos imposibles retornos de activos, se me antojan plausibles soluciones como la eventual reintegración parcial del bien in natura, junto a una compensación a favor de la masa por la pérdida de valor como consecuencia del gravamen, el levantamiento del gravamen a cuenta y cargo de la contraparte y posterior restitución del bien. La elección de la solución conectara obviamente con las circunstancias restitutorias concurrentes.

Y esa valoración conecta no tanto con el momento rescisorio sino con la salida de los bienes del patrimonio del concursado. Vid. sentencia del Tribunal Supremo de fecha 19 de julio de 2018:

> "...De acuerdo con las reglas legales extraídas de la interpretación del art. 878.II Ccom a la luz del actual art. 73.2 LC, el valor de las fincas, los bienes objeto de restitución, debe venir referido al tiempo en que salieron del patrimonio de los quebrados. De tal forma que el valor de tasación previsto en la escritura de hipoteca, referido al momento de la constitución de la hipoteca, no tiene por qué coincidir con el valor que ..."

Nada dice el TRLC sobre las mejoras, deterioros y gastos de los bienes objeto de restitución como consecuencia de la rescisión concursal triunfante. Este silencio impone acudir a lo dispuesto con carácter general en nuestro Código Civil.[387]

Gastos del acto o negocio rescindido. Cabría pensar que impacta sobre la contraparte el resarcimiento a la masa de los gastos del acto o negocio devenido ineficaz, y que soportó el concursado.[388] Pero no acabo de ver la anterior conclusión, a la vista

---

387 SILVETTI, E. "Comentarios", pgs. 569 y 570.
Por su parte, GULLÓN BALLESTEROS, A. "La acción", pg. 4132, se decanta por la aplicación de lo dispuesto en el art. 1303 CC respecto de la nulidad.

388 RIBELLES ARELLANO, J.M. "Las acciones", pg. 338. DE LAS HERAS GARCÍA, M.D. "Las acciones", pg. 153.

que la rescisión concursal, y la ineficacia que comporta, prescinde no solo del fraude, sino también de la eventual insolvencia del deudor al tiempo de acometer el acto rescindido, acto este, lícito y válido, y no nulo o anulable. Y en estas circunstancias, no me resulta cómodo la imposición de dicha carga, por cierto, no prevista el TRLC. Ademas la anterior solución pugna con el contenido de los arts. 453 y 454 CC que, unido a mi anterior razonamiento, me permiten concluir en el sentido que salvo que concurra mala fe en su actuación, la contraparte goza derecho a desquitarse con cargo a la masa activa de los gastos que le irrogó el acto perjudicioso e ineficaz[389]

En este sentido, vid. la sentencia del Juzgado de lo Mercantil núm. 1 de La Coruña de fecha 9 de diciembre de 2009 (*Tol 2062772*):

> "...Excluida la necesidad de restitución que sea efecto de la rescisión, ésta debe materializarse con la cancelación de las inscripciones correspondientes a las hipotecas constituidas sobre los inmuebles propiedad de INALCUBA S.L., SONSANZ 1 Y SONSAZ 2. No resuelve la LC, sin embargo, la cuestión relativa a los gastos que la cancelación comporte, que algunas resoluciones judiciales imponen al acreedor beneficiado cuando ha actuado de mala fe. La aplicación analógica del criterio del apartado 3 del artículo 73, — a tenor del cual el derecho a la prestación que resulte a favor de cualquiera de los demandados como consecuencia de la rescisión tendrá la consideración de crédito contra la masa, que habrá de satisfacerse simultáneamente a la reintegración de los bienes y derechos objeto del acto rescindido, salvo que la sentencia apreciare mala fe en el acreedor, en cuyo caso se considerará crédito concursal subordinado— permite concluir que, puesto que no se hace en esta sentencia declaración positiva de mala fe en la actuación de las entidades financieras a cuyo favor se otorgaron las garantías, los gastos de cancelación de las hipotecas deben ser satisfechos con cargo a la masa activa de cada una de las sociedades hipotecantes, sin que sea procedente imponerlos a las entidades financieras demandadas..."

---

389 ARIAS VARONA, F.J. "La delimitación", pg. 384.

Y las mejoras que se hubieran producido en los bienes y derechos restituidos también resultan por cuenta de la masa activa, y a favor de la contraparte (ex art. 456 CC).[390]

Como ya adelante, el derecho a la prestación que, en su caso, resulte a favor de cualquiera de los demandados como consecuencia de la rescisión de un contrato con obligaciones recíprocas tendrá la consideración de crédito contra la masa, que habrá de satisfacerse simultáneamente a la reintegración de los bienes y derechos objeto del acto rescindido (art. 236.1 TRLC).

De esta forma, ese derecho a favor del demandado queda revestido de crédito contra la masa, pero de los más bonitos y salerosos de entre los de su clase, a la vista que su pago no sufre las reglas y limitaciones pagatorias de los arts. 244 y ss TRLC, ni tampoco las especiales y recortatorias previstas para el supuesto de insuficiencia de masa activa en los arts. 250 y ss TRLC.[391] El pago de ese crédito, si o si, y salvo que concurra mala fe, se efectúa simultáneamente a la reintegración de los bienes y derechos objeto del acto rescindido.[392] E, inmediatamente, y sin necesidad de esperar a la aprobación del convenio, o la apertura de la liquidación del deudor.

Pero esa inmediatez no conecta con la firmeza de la sentencia sino con la restitución de los bienes o derechos, cabiendo no activar esta última hasta que la masa activa resulte capaz de atender ese crédito masa. Porque sin tal pago, y además simultaneo, no

---

390 LEÓN SANZ, F.J. "Comentario", pg. 1332.

391 ROMERO SANZ DE MADRID, C. "Derecho", pg. 169; VILA FLORENSA, M. "Comentarios", pg. 887; MARTÍN REYES, M.A. "La impugnación", pg. 4188; y GARCÍA-CRUCES GONZÁLEZ, J.A. "La reintegración", pg. 24 y SILVETTI, E. "Comentarios", pg. 575.

392 FERNÁNDEZ AGUADO, J.I. "Las acciones", pg. 185; LEÓN SANZ, F.J. "Comentario", pg. 1333; GARCÍA SANZ, A. "Notas", pg. 4079; ALCOVER GARAU, G. "Comentarios", pg. 782; GULLÓN BALLESTEROS, A. "La acción", pg. 4133; MARTÍN REYES, M.A. "La impugnación", pg. 4188 y ROMERO MATUTE, B. "Duplicidad", pg. 4381.

cabe pedir la reintegración de bienes y derechos rescindidos. Así lo exige su consideración de obligación reciproca y de cumplimiento simultáneo.[393]

Puede leerse en las sentencias del Tribunal Supremo de fecha 30 de marzo de 2017 y 7 de diciembre de 2012:

> "...Esta referencia a la consideración de crédito contra la masa es para diferenciarlo de los créditos concursales y, por lo tanto, para legitimar la obligación impuesta a continuación de que la restitución sea simultánea, y para que, en el hipotético caso en que la contraparte hubiera restituido la prestación por ella recibida sin obtener a cambio la suya, se le permita reclamar su satisfacción inmediatamente, y, en cualquier caso, con la preferencia respecto de los créditos concursales derivada de lo dispuesto por los arts. 48.3 y 154 LC..."

Por ello, una carencia de masa en el concurso, no transitoria sino definitiva, para acometer la restitución, libera a la parte demandada de su obligación reintegradora del bien o derecho en cuestión a la masa activa del concurso[394] A efectos cauterizadores de esa eventual inefectividad de la sentencia rescisoria por insuficiencia de masa para la restitución, se me antoja admisible acudir al remedio enajenatorio del derecho a la restitución a favor del concursado, y que sea ese tercero quien, por ejemplo en una compraventa de inmueble rescindida, restituya al adquirente el precio de la misma y reciba de éste el inmueble objeto de rescisión.[395]

La contraparte, como dije, detenta un derecho de crédito contra la masa (art. 236 TRLC), cuya satisfacción resulta simultánea a la entrega del bien, o en determinados supuestos, a la entrega

---

393 MARTÍN REYES, M.A. "La impugnación", pg. 4188 y 4189; VIGUER SOLER, P.L. "La masa", pg. 393, ALCOVER GARAU, G. "Comentarios", pg. 782, ESCRIBANO GAMIR, R.C. "La reintegración", pg. 4043, valorando muy positivamente el régimen establecido en el art. 73.3 LC.

394 HERNÁNDEZ MARTÍ, J. "Efectos", pg. 306; ALCOVER GARAU, G. "Comentarios", pg. 782; y GARCÍA SANZ, A. "Notas", pg. 4079.

395 RIBELLES ARELLANO, J.M. "Las acciones", pg. 341.

de dinero por la demandada.[396] Y aquí me planteo la eventual compensación entre ambos saldos. Una lectura rígida del art. 153 TRLC, invita a rechazar tal posibilidad a la vista que el apartado primero de dicha norma requiere que los requisitos compensatorios concurran antes de la declaración concurso. Pero la finalidad de esa prohibición conecta con evitar alteraciones de la pars conditio creditorum, y de la masa pasiva, a través de la compensación. Y aquí el crédito compensable participa de una naturaleza de contra la masa y, con ello, no afectado por la referida prohibición compensatoria. Pero la concurrencia de mala fe en la contraparte, y la consiguiente subordinación, resulta lesiva para esa compensación en cuanto claramente ataca y afecta a acreedores concursales preferentes.[397]

Realmente, el régimen expuesto supone una sustancial y positiva alteración del carácter de tal crédito reintegrador como crédito contra la masa.[398]

Junto a lo que entregó al deudor concursado, y como dije, la contraparte resulta acreedora del resarcimiento y recuperación de los gastos necesarios que haya tenido que soportar, y quedando habilitada para retener los de lujo, siempre que se puedan separar sin daño para la cosa (art. 454 CC).[399]. Respecto a los demás gastos útiles que haya realizado, le serán satisfechos o entregados en la suma correspondiente al aumento de valor a que haya dado lugar (art. 453 CC).[400]

Si el bien a restituir por la concursada ya no se halla en la masa activa del concurso, pero existe masa, esta ausencia no implica

396 VILA FLORENSA, M. "Comentarios", pg. 890; y GARCÍA SANZ, A. "Notas", pg. 4081.

397 GULLÓN BALLESTEROS, A. "La acción", cit., pg. 4134.

398 GARCÍA-CRUCES J.A. "La reintegración de la masa", pg. 366 y367.

399 GARCÍA SANZ, A. "Notas", pg. 4079; y MASSAGER, J. "Aproximación", pg. 4235.

400 LEÓN SANZ, F.J. "Comentario", pg. 1332 y 1333; GARCÍA SANZ, A. "Notas", pg. 4079, MASSAGER, J. "Aproximación", pg. 4235.

que la contraparte no quede obligado a devolver la prestación: la restituirá y deberá recibir del concursado, simultáneamente, el valor correspondiente a la suya.

Pero al demandado no le asiste el derecho a obtener una compensación como consecuencia del incremento de valor sufrido por el bien o derecho obligado a restituir. A la vista del contenido del art. 236 TRLC aquel no recibe nada por el citado incremento de valor. Se ha mantenido por autorizadas voces, la conveniencia que, junto al precio e intereses, le fuere restituida la diferencia entre el valor de mercado o real del bien al realizarse el contrato rescindo y el que resulte en el momento de la restitución de prestaciones.[401]. Sin embargo, esta propuesta, quizás rezumante de cierta justicia, carece de fundamento legal y la entiendo y expongo como una razonable propuesta de lege ferenda.

Tampoco cabe defender un enriquecimiento injusto a favor de la concursada por la restitución de unas fincas libres de cargas y gravámenes, cuando, simultáneamente a la compraventa y con cargo al precio, se canceló la hipoteca que gravaba las fincas. Así lo señala el Tribunal Supremo, sentencia de fecha 7 de diciembre de 2012:

> "...Por otra parte, no existe el enriquecimiento injusto invocado por la Audiencia para no subordinar una parte del crédito, pues con la restitución de las fincas libre de cargas no se ha producido ningún beneficio injustificado para la masa, ya que, en la práctica, las fincas se vendieron libre de cargas, porque el precio que tuvo que pagar la compradora, que es el crédito que tiene derecho que se le restituya, incluía una parte que fue destinada a la cancelación del crédito hipotecario...."

Ni cabe pretender como efecto de la rescisión, la imposición de la abstención realizatoria de conductas procesales en otro procedimiento judicial ajeno y distinto del rescisorio. Así, sentencia del Juzgado de lo Mercantil núm. 1 de Madrid, de fecha 3 de octubre de 2023:

---

[401] MARTÍN REYES, M.A. "La impugnación", pg. 4189 y 4190.

> "...Apuntaremos, en aras de la exhaustividad, que conforme a lo dispuesto en el artículo 73.1 LC la sentencia que estime la rescisión únicamente declarará la ineficacia del acto impugnado y condenará a la restitución de las prestaciones objeto de aquel, con sus frutos e intereses. En ningún caso cabe, sin embargo, que en una hipotética sentencia dictada a resultas del ejercicio de una acción de reintegración se condene a ninguna persona a abstenerse de realizar actuaciones procesales en un procedimiento que se tramita ante otro Juzgado..."

Todo lo anterior condiciona el ejercicio de la acción rescisoria por la administración concursal, y así, en el supuesto que la diferencia económica entre ambas prestaciones aparece como de escasa relevancia, entiendo que la administración concursal, en la mayoría de los supuestos, valorará como no conveniente el ejercicio de la acción rescisoria y lo desestimará.[402] Máxime a la vista de los costes y riesgos del ejercicio de la acción. Que decir si quien acciona la rescisión concursal resulta ser un acreedor subsidiario. Aunque ciertamente, y en no pocos casos, estos acreedores utilizan sus facultades concursales (solicitud de concurso necesario, calificación concursal, recisiones etc) no tanto con el fin previsto en la norma, que también, como con una finalidad acongojatoria y sirlera, querellística catalana, pero en concursal, no solo contra la concursada sino, incluso, terceros, y tendente a obtener de quien sea lo que se le adeuda.

VII.1.2. Adquirente que actúo de mala fe

Por el contrario, la apreciación en la sentencia rescisoria de mala fe en la contraparte, requeritoria de una excepcionalidad en su aplicación, y que precisa de una previa excitación judicial por la actora en la demanda rescisoria,[403]desactiva esa reintegración simultánea, postergándose la restitución de la prestación del ad-

---

402 GARCÍA SANZ, A. "Notas", pg. 4079.

403 RIPOLL OLAZÁBAL, G. "Derecho Concursal", pg. 393. Como señala GULLÓN BALLESTEROS, A. "La acción", pg. 4133, ningún precepto obliga a que el Juez del concurso determine si ha existido mala fe.

quirente que, ahora y por esa mala fe, queda revestida de la condición de crédito concursal y con la consideración de subordinado. Esta clasificación también recae sobre el crédito del acreedor de mala fe en caso de rescisión de acto unilateral (art. 281.1.6.º TRLC y 237.3 TRLC).

La mala fe conecta con el acto o contrato realizado aunque, ciertamente, impacta en la parte demandada, concretamente, en el crédito que ostenta frente al deudor, y en el sentido no de fulminarlo y extinguirlo, sino de trevestirlo de crédito concursal, en vez de contra la masa, y clasificarlo como subordinado.[404] Y dentro de esta categoría de crédito, ocupa el penúltimo lugar de entre los que la componen (art. 281.1.6.º TRLC), y su pago se posterga, siendo igualmente el penúltimo en cobrar a la vista que los créditos subordinados se saldan concursalmente en el orden establecido en la Ley, y en su caso a prorrata dentro de cada número (art. 435.2 TRLC). Solo quedan peor tratados los créditos derivados de los contratos con obligaciones recíprocas, a cargo de la contraparte del concursado, o del acreedor, en caso de rehabilitación de contratos de financiación o de adquisición de bienes con precio aplazado, cuando el juez constate, previo informe de la administración concursal, que el acreedor obstaculiza de forma reiterada el cumplimiento del contrato en perjuicio del interés del concurso (art. 281.1.7.º TRLC). Será el penúltimo de los últimos en cobrar y, por tanto y normalmente, no cobrará.

Puede leerse en las sentencias del Tribunal Supremo de fecha 30 de marzo de 2017 y 7 de diciembre de 2012:

> "...Excepcionalmente, para el caso en que la contraparte hubiere actuado de mala fe, el art. 73.3 LC prevé la transformación de su crédito en concursal, y, dentro de éstos, en crédito subordinado (art. 92.6.º LC), con la consiguiente postergación en el cobro, caso de liquidación, y el régimen de participación y vinculación, en caso de convenio. Si es un crédito concursal, entonces cesa el derecho a ser cobrado simultáneamente a la entrega de su prestación..."

---

404 GARCÍA-CRUCES J.A. "La reintegración de la masa", pg. 371.

En el supuesto de persona especialmente relacionada con el deudor cabría pensar que resulta innecesario el examen de la concurrencia de esa mala fe, dado que tanto si se declara esta como si no, aparece un crédito subordinado, por aplicación de lo dispuesto en el art. 236 TRLC, o por lo dispuesto en el art. 281.1.5.º TRLC y la subordinación de los créditos a favor de personas especialmente relacionadas. Sin embargo, no es así, a la vista que tal diferenciación sí que puede tener trascendencia, al menos teóricamente, dado que los créditos subordinados, a la vista del art, 435.2 TRLC, son pagados por el orden establecido en el TRLC, y dichos supuestos no comparten el mismo orden, sino que la subordinación por persona especialmente relacionada (art. 281.1.5.º TRLC) resulta preferente en tal cobro a la subordinación por mala fe rescisoria (art. 281.1.7.º TRLC). Y la apreciación de la mala fe degrada y baja de categoría pagatoria al crédito subordinado de esa especial persona. Cuestión distinta es que el pago concursal de los créditos subordinados en el concurso aparece como absolutísimamente residual, y casi de ciencia ficción.

Además, los arts. 454 y 457 CC imponen requerir de esta contraparte de mala fe, el reintegro no sólo los frutos recibidos sino los que debió de recibir, y que soporte los riesgos de pérdida, o deterioro de la cosa en los términos del poseedor de mala fe.[405] Y a la vista del art. 455 CC sólo se le abonan los gastos necesarios en que hubiere incurrido para la conservación de la cosa.[406] Pero no le asiste el derecho a recibir intereses en el supuesto que la restitución de prestaciones llevase aparejada la devolución de dinero a favor de la contraparte de mala fe. Finalmente, queda compelido a indemnizar la totalidad de los daños y perjuicios causados a la masa activa (art. 235.5 TRLC), incluido el pago los gastos de ocasionados por los actos o negocios rescindidos.

---

405 LEÓN SANZ, F.J. "Comentario", pg. 1332.

406 GARCÍA SANZ, A. "Notas", pg. 4079; y MASSAGER, J. "Aproximación", pg. 4235.

En el mismo sentido, sentencia del Juzgado de lo Mercantil núm. 1 de Oviedo, de fecha 26 de septiembre de 2007:

> "...tampoco parece dudoso que a la restitución de las prestaciones deba sumarse la práctica de aquellos asientos registrales que cancelan los anteriormente practicados en ejecución del 'acto impugnado', cuyos gastos deben de correr de HUEVOS LEÓN-ASTURIAS, como parte contratante favorecida por la operación y en quien concurre mala fe. En cuanto al crédito subordinado que ha de reconocerse a la demandada como consecuencia de la rescisión operada, es discutible su alcance cuantitativo. El art. 73.1 puede dar a entender que la restitución a favor del contratante de mala fe ha de comprender los frutos e intereses, en este caso concretados en los intereses legales de los 42.000 € en que se concertó la compraventa. Mas tal conclusión debe descartarse, no sólo porque carece de sentido reconocer derecho al percibo de intereses a aquel a quien se reputa un actuar fraudulento, sino también porque el art. 455 Cc únicamente le concede el derecho a ser reintegrado de los gastos necesarios hechos para la conservación de la cosa, en cuanto han comportado un beneficio para un tercero, en este caso la masa activa del concurso, gastos que en todo caso han de merecer la clasificación de crédito subordinado por imperativo del art. 73.3..."

Un trato francamente severo y penoso para quien actúa de mala fe, cuyo régimen, a la vista de lo expuesto, y los arts. 235 y 236 TRLC, queda absolutamente impregnado de una evidente naturaleza sancionadora,[407] resultando incompatible las consecuencias jurídicas contenidas en el art. 455.2.5.º TRLC, respecto del cómplice, y el art. 235.5 TRLC, respecto a la actuación de mala fe del demandado.[408]

La apreciación de mala fe en la acreedora hipotecaria tras acordarse la rescisión concursal de un préstamo hipotecario, cancela la garantía real y excepcionando la regla de la simultaneidad en la restitución de las prestaciones, su crédito carece de la condición de contra la masa, y por esa mala fe, deviene en concursal subordinado.

---

[407] ESCRIBANO GAMIR, R.C. "La reintegración", pg. 4044

[408] GULLÓN BALLESTEROS, A. "La acción...", cit., pg. 4133.

Pero en sentido contrario, la rescisión solo de la garantía, y no del préstamo sobre el que aquella recaía, y la declaración de mala fe de la contraparte, no conlleva en ningún caso la subordinación del crédito guarnecido con la garantía esfumada rescisoriamente. Así, sentencia del Tribunal Supremo de fecha 30 de marzo de 2017.

Concurrencia de mala fe en la parte demandada. Una primera aproximación a la cuestión parece conectarla con la concurrencia de un "consilium fraudis", requeritorio no solo del conocimiento de la insolvencia del deudor, y la perjudicialidad del acto rescindido, sino también de un elemento volitivo, un ánimo de querer, de ejecutar el acto, y querer dichos efectos nocivos para la masa y el resto de acreedores.[409]

Así se manifiesta, la sentencia del Juzgado de lo Mercantil núm. 2 de Barcelona de fecha 13 de octubre de 2006:

> "...La mera existencia de una acto susceptible de ser sometido a las acciones de reintegración de la masa activa, conforme al art. 71 LC, **no implica por sí la existencia de mala fe** concurrente a tal acto, ya que el fundamento de las acciones rescisorias es, como se expuso, puramente objetivo. Dicha mala fe, según el art. 73 LC, supone un plus de desvalor subjetivo del acto jurídico rescindido, que acarrea consecuencias jurídicas más gravosas que la mera obligación de restituir, general de la reintegración. No obstante, no se fija en la LC qué debe entenderse por tal mala fe, ni siquiera se anuda esa calificación a los actos realizados entre personas especialmente relacionadas. Atendiendo, por tanto, a criterios fijados por la jurisprudencia sobre la acción rescisoria del Derecho civil, arts. 1.291 y ss. CC, dada su evidente analogía con la acción rescisoria concursal, puede entenderse esa mala fe como equivalente al ánimo fraudulento o intención defraudadora de los derechos de los acreedores, ya actuales ya potenciales. Esto es, se requiere en el consilium fraudis, como elemento cognitivo, un conocimiento directo por los intervinientes en el acto de obrar en fraude de derechos ajenos legítimamente tutelados, y la directa voluntad de ejecutar el acto con tal intención, como elemento volitivo, sin que para ello sea exigible la directa intención de dañar, sino que basta con la previsión de disminuir la posibilidad de cumplimiento de la

[409] RIBELLES ARELLANO, J.M. "Las acciones", pg. 341 y 342.

propia obligación, todo ello según SsTS de 20 de octubre de 2005, FJ 4.º, Pte. Sr. Seijas Quintana, s. 14 de noviembre de 2005, FJ 2.º, Pte. Almagro Nosete, s. 25 de noviembre de 2005, FJ 3.º, Pte. Auger Liñán, o s. 1 de marzo de 2006, FJ 1.º y 3.º, Pte. Sr. Xiol Ríos..."

En esta misma línea, vid. la sentencia de la Audiencia Provincial de Alicante, de fecha 10 de junio de 2008:[410]

---

[410] La sentencia citada estima que no concurre, consilium fraudis argumentando que "...SEGUNDO.— Pues bien, y partiendo de dicho concepto resulta que en el caso no existe prueba de mala fe. Ni el precio de adquisición ni el resto de circunstancias avalan esta tesis. En efecto, afirma la administración concursal que el precio de adquisición está por debajo del valor de mercado. Para ello, no sólo se desdice (como pone de manifiesto el apelado) respecto del criterio sostenido en la demanda incidental, sino que desprecia sin argumentos, el valor probatorio de la tasación atendida por el Juez de lo Mercantil, tasación que confiere a la finca un valor de 1.819.700 euros, acudiendo el recurrente para construir el argumento, no solo a los tratos preliminares al negocio de transmisión —cuyo valor jurídico no se alcanza— sin valorar sus circunstancias sino, especialmente, a una serie de elementos accesorios a la propiedad transmitida que, sin razón objetiva (prueba) alguna, son calificados como "costosas instalaciones", obviando además las circunstancias urbanísticas que afectaban al terreno, apreciadas también por el Juez, para desconsiderar el dato del precio como indicio de mala fe al entender ajustado al mercado el precio fijado por las partes. Se aduce en segundo lugar, tras apuntar genéricamente sobre el conocimiento de la adquirente de que la operación perjudicaba a los acreedores y de la crítica situación financiera por la que pasaba la concursada, que en absoluto se prueba ni directa ni indiciariamente, que la forma de pago demuestra que el precio pagado fue sólo de 300.000 euros ya que con el resto se retenía el precio de las garantías reales o gravámenes de esta naturaleza, que pesaban sobre la finca, si bien, y dado que se trataba de préstamos hipotecarios, no había obligación de amortización inmediata, por lo que, a parte de unos embargos por importe superior a los 370.000 euros, el resto podía ser abonado a los vencimientos de los plazos de los créditos garantizados. El argumento resulta insostenible. Negar el valor económico sobre el precio fijado del importe de los gravámenes en atención al pacto sobre la forma de satisfacción de los mismos, resulta inaceptable a efectos del pago en relación al valor de la cosa. Es claro que el precio se desembolsa en su integridad en el modo

que las partes pactan con perfecta armonía entre el precio pactado y la forma de pago ya que, o se retiene el importe de los gravámenes por el comprador o se extinguen por el vendedor con el importe percibido. Como resulta del propio sistema de venta judicial —art. 666 y concordantes LEC— el valor del bien es el resultado de su valor autónomo menos las cargas y gravámenes del bien. Este es el parámetro utilizado por las partes en la forma de pago y, con ser perfectamente lícito, no es factible deducir indicio alguno de fraude. El tercero de los argumentos de la recurrente es que existe una discrepancia sobre el pago del IVA en relación a una cuantía de 210.000 euros que concluye, es demostrativa de que en realidad dicha cuantía es un pago en 'negro' que per se es demostrativo de connivencia o consilium fraudis Siendo evidente que la entrega de dinero no declarado o manifestado no constituye sino formas de elusión de impuestos y tributos y no estadios de fraude de acreedores, en el caso resulta ser que hay constancia del pago, que está documentado. Ignoramos a partir de tal dato, porqué vía alcanzan los recurrentes la conclusión de que hay un pago en dinero no declarado y que siendo así, hay indicios de fraude a acreedores distintos a la hacienda pública. Respecto del hecho de que los pagarés se efectuaran a nombre del letrado D. J.I., no podemos menos que estar de acuerdo con la Sentencia sobre la irrelevancia del dato. Pretender que con ello se dificulta la persecución por parte de otros acreedores, resulta no sólo alegación no probada sino irrelevante respecto del comprador que cumple con su obligación, librando los documentos oportunos en el modo previsto o solicitado por el vendedor. La obligación es de pago, y la preocupación del adquirente es la constancia del pago. Por lo demás, existe una contradicción in natura con el hecho de que el pago efectivo supone un importe mínimo en relación con el valor total de la operación por razón de los gravámenes de la cosa. Dicho de otro modo, si hay ocultación, lo será del vendedor respecto de sus acreedores y no del comprador frente a aquellos si no hay prueba directa o bastante que así lo acredite y, desde luego, el dato del destinatario del precio, un letrado que actúa en nombre de su cliente, no es en absoluto, dato cierto de fraude. En conclusión, y aun cuando fuera hecho reconocible para los adquirentes la situación de crisis de la vendedora al tiempo en que se producía la transmisión, a deducir de la existencia de las cargas y gravámenes del bien adquirido, en absoluto tal dato nos lleva a la conclusión de que la adquisición del inmueble a precio de mercado tuviera intención de perjudicar a terceros acreedores o que al menos,

"...En relación a esta cuestión, hemos dicho en nuestra Sentencia de fecha de 9 de abril de 2008 que la mala fe que se requiere para agravar las consecuencias de la estimación de una acción rescisoria frente a los terceros condenados a la restitución de las prestaciones objeto del acto impugnado (condenándole a indemnizar daños y perjuicios en caso de no poder restituir la prestación in natura y calificando el derecho de crédito que dimane de la prestación a que se tenga derecho como crédito concursal subordinado —art. 73-2-3 LC—) se debe construir, partiendo de la objetividad con que se construye y fundamenta el sistema rescisorio concursal —art. 71-1 in fine LC—, a partir del artículo 1298 Código Civil y, por tanto, adicionando un particular dolo a la conducta negocial del tercero con ocasión del acto declarado ineficaz, ello en el sentido de entender que hay mala fe solo cuando la intervención en el negocio rescindido se ha producido conociendo que se está participando en un acto destinado a causar perjuicio a los acreedores de la contraparte en el negocio. Dicho de otro modo, resulta insuficiente para apreciar mala fe que el tercero simplemente participe en el negocio conociendo la situación de crisis que padece la otra parte. Es necesario que además sepa que el negocio lo realiza aquél con intención de perjudicar a sus acreedores, esto es, de que lo que se quiere es sustraer bienes en perjuicio de acreedores. Hay pues mala fe en el tercero partícipe en el acto que se declara ineficaz en virtud de una acción rescisoria concursal cuando la parte —de ordinario, el adquirente—, conoce y, conociendo, colabora con el deudor, en la finalidad defraudatoria seguida por éste. Hay mala fe cuando existe un consilium fraudis..."

La sentencia del Juzgado de lo Mercantil núm. 1 de Málaga, de fecha 12 de octubre de 2007, o de fecha 18 de diciembre de 2008, señalando esta última que:

"...QUINTO: Hemos determinado en el cuerpo de la fundamentación jurídica la existencia de un concilum fraudis y por tanto de la mala fe determinada en el pago realizado y obtenido en función de los argumentos fácticos referidos y la secuencia de actos

---

que conociera que aquella, la vendedora, actuaba con esa intención. No consta ni disimulo ni engaño, sin que por tanto, pueda derivarse de una operación de esta índole, connivencia con el vendedor a causar perjuicio a terceros acreedores. Procede en consecuencia desestimar el recurso de apelación y confirmar la sentencia de instancia..."

> temporales que determinan la intención fraudulenta con conocimiento (scientia fraudis) de la operación realizada al margen del proceso concursal en tramitación..."

Y la sentencia del Juzgado de lo Mercantil núm. 1 de Oviedo, de fecha 26 de septiembre de 2007:

> "...En el presente caso la desproporción entre el precio de venta y el fijado pericialmente y que este juzgador considera ajustado, desproporción apreciable hasta por un profano en la materia, como demuestra el hecho reconocido de que desde hace dos años (recordemos que la vista tuvo lugar el 18-6-2007, lo que nos situaría en junio de 2005, esto es, un mes después de la venta) se tiene a la venta en 60.000 €, 18.000 € más de los abonados, y la cercanía con la solicitud de concurso, que tuvo lugar el 12 de agosto de 2005, permiten concluir una intención fraudulenta en el actuar de la demandada, que se aprovecha de que el concursado, acuciado por sus deudas, malbarata su patrimonio, con claro perjuicio de la pars conditio creditorum..."

También es de citar la sentencia del Juzgado de lo Mercantil núm. 5 de Madrid, de fecha 29 de julio de 2009:

> "...Ya hemos indicado que el allanamiento ha sido parcial y que solo se extiende a la ineficacia de la constitución de la hipoteca, pero no a la concurrencia de mala fe, lo que exige, para que puedan entrar en juego las consecuencias que atribuye el **art. 73 de la LC**, que la parte que la invoca la pruebe, y ello porque la buena fe se presume Se entiende por mala fe en la parte contratante, según doctrina autorizada, el conocimiento de la situación económica del deudor en conexión con la proximidad de declaración del prestatario en concurso de acreedores; es decir, para que entre en juego se requiere que se acredite por el impugnante del acto que la contraparte conocía la situación económica de la deudora, que el acto se realiza en perjuicio de los acreedores (sustrayendo bienes de la masa activa o alterándola regla de la igualdad de trato) y además que exista una proximidad temporal con la declaración de concurso. Se entiende que el tercero conoce la situación económica difícil por la que atraviesa la actora, que probablemente desembocará en insolvencia y para garantizarse un privilegio en el futurible concurso exige el establecimiento de una garantía o realiza un acto que de ordinario y en condiciones normales a lo mejor no hubiera exigido o realizado; de esta forma la proximidad a **la declaración del concurso** agrava esa posible presencia de mala fe,

mientras que si ha transcurrido mucho tiempo (dentro claro de los 2 años anteriores) esa conducta reprochable se difumina, ya que en esos casos es más difícil presuponer que la deudora va a acabar en concurso. Pero en todo caso para apreciar la mala fe es necesario acudir al caso concreto y examinar las particularidades de la operación. En este punto son ilustrativas las consideraciones de la SAP Alicante, sección 8.ª, de 9 de abril de 2008 que establece: 'Ciertamente, la mala fe no se presume y por tanto, quien ejercita la acción de rescisión, debe probarla, teniendo en cuenta que la mala fe (como la buena fe), es un concepto jurídico que se apoya en una conducta que ha de ser deducida de los hechos (Sentencias de 22-10-1991, 12-3-1992, 9-10-1993, 8-6-1994 y 10 de julio de 2001). Por tanto, resulta preciso determinar qué se entiende por mala fe en el específico perímetro de las acciones rescisorias concursales porque, en función de la noción que tengamos de ella, el reproche será más o menos extenso. Pues bien, entiende el Tribunal que la mala fe que se requiere para agravar las consecuencias de la estimación de una acción rescisoria frente a los terceros condenados a la restitución de las prestaciones objeto del acto impugnado (condenándole a indemnizar daños y perjuicios en caso de no poder restituir la prestación in natura y calificando el derecho de crédito que dimane de la prestación a que se tenga derecho como crédito concursal subordinado — art. 73-2-3 LC—) se debe construir, partiendo de la objetividad con que se construye y fundamenta el sistema rescisorio concursal —art. 71-1 in fine LC—, a partir del **artículo 1298 Código Civil** y, por tanto, adicionando un particular **dolo** a la conducta negocial del tercero con ocasión del acto declarado ineficaz, ello en el sentido de entender que hay mala fe solo cuando la intervención en el negocio rescindido se ha producido conociendo que se está participando en un acto destinado a causar perjuicio a los acreedores de la contraparte en el negocio. Dicho de otro modo, resulta insuficiente para apreciar mala fe que el tercero simplemente participe en el negocio conociendo la situación de crisis que padece la otra parte. Es necesario que además sepa que el negocio lo realiza aquél con intención de perjudicar a sus acreedores, esto es, de que lo que se quiere es sustraer bienes en perjuicio de acreedores. Hay pues mala fe en el tercero partícipe en el acto que se declara ineficaz en virtud de una acción rescisoria concursal cuando la parte —de ordinario, el adquirente—, conoce y, conociendo, colabora con el deudor, en la finalidad defraudatoria seguida por éste. Hay mala fe cuando existe un **consilium fraudis.** Pues bien, y partiendo de dicho concepto resulta que en el caso no existe prueba de mala fe ya que en realidad toda la argumentación de la resolución de instancia se sustenta sobre la relación familiar, que conforma la presunción de perjuicio —art. 71-3— pero no de fraude — art. 71-1—, con lo que no basta per se, para construir la mala fe, tanto más cuando no hay prueba que con la compraventa la vendedora quedara en situación de insolvencia, estando documentado al contrario que son operaciones posteriores las que completan el vaciado del patrimonio de la Sra. Asunción. Y desde luego no hay prueba alguna, salvo la que quisiéramos presumir a partir de la relación familiar, de que los adquirentes tomaran parte, conociendo, en una operación global y estratégica de la vendedora destinada a perjudicar a sus acreedores. En conclusión, no cabe negar, porque es hecho reconocido, que los adquirentes conocían la situación de crisis en que se producía la transmisión, por bajo precio, de los inmuebles, pero en absoluto puede afirmarse que su actuación lo fuera con intención de perjudicar a los acreedores o que al menos, conocieran que aquella actuaba con esa intención. Incluso las circunstancias concurrentes, esto es, el que fueran ocupantes ya antiguos de la vivienda, que era su domicilio habitual, permite concluir que la adquisición era para ellos un medio de adquirir propiedad a buen precio en atención a las necesidades del vendedor, al que se le paga, como consta acreditado, sin que en ello hubiera disimulo o engaño, y sin que, por tanto, pueda derivarse de una operación de esta índole, connivencia con el vendedor a causar perjuicio a terceros acreedores que, objetivamente sin embargo, acabaron viéndose perjudicados tal y como hemos comentado a la hora de apreciar la concurrencia del elemento objeto de la acción rescisoria concursal En este sentido es necesario analizar si ha concurrido la conducta de la mala fe en los intervinientes, y para ello debemos examinar si CAJA DE AHORROS DE CASTILLA LA MANCHA conocía la situación económica de la concursada, en aquel entonces deudora, en relación con la proximidad temporal, y si además conocía que el acto se hizo para perjudicar a los acreedores. Ya hemos visto que la constitución de las hipotecas se produjo el día 26 de julio de 2006. No consta que la Caja conociera la situación económica de la deudora, pero se entiende que a la vista de las garantías exigidas, y del equipo de riesgos de operaciones que tienen, se hizo un estudio de la viabilidad de la operación, por lo que conocimiento de la situación económica tenían. Sin embargo ese conocimiento ha de ponerse en relación con la proximidad de **la declaración del concurso,** debiendo recordarse que la lejanía dentro del periodo de los 2 años anteriores difumina la posible mala fe. Así si la declaración de concurso se produjo el día 22 de enero de 2008, el plazo de dos años anteriores sería el 22 de enero de 2006, es decir, había transcurrido un año y 6 meses entre la constitución de la hipoteca y la declaración de concurso. No consta, por otro lado, que la entidad deudora constituyera las hipotecas con intención de defraudar a los acreedores, prueba por otro lado de difícil consecución, pero tampoco existen indicios que nos puedan llevar a esa conclusión. Si se hubiera acreditado que en el momento de la constitución de la garantía se conocía que la situación económica de la deudora eras difícil y que su concurso iba a ser inminente, y era conocida por la prestataria, se podría entender que concurría la mala fe, pero esos extremos no han sido acreditados. En consecuencia, a la vista de las circunstancias concurrentes, y debido al periodo de tiempo transcurrido entre la constitución de la garantía y la hipoteca no es posible apreciar mala fe...'"

Sin embargo, pienso que esa mala fe no requiere la presencia de esa intención o voluntad consciente, maliciosa y dañina por parte del demandado, bastando al efecto que el demandado tuviera conocimiento, o debiera conocer, la situación de insolvencia del deudor, en conexión con la perjudicialidad del acto objeto de rescisión al tiempo de realizarse el mismo, y, además, la presencia de una conducta repulsiva éticamente en el tráfico jurídico.[411]

En el mismo sentido, vid. las sentencias del Tribunal Supremo de fecha 30 de marzo de 2017, 7 de diciembre de 2021, o de 27 de octubre y 16 de septiembre de 2010 (*Tol 1981027*):

"Aparte de ello, incluso deteniendo la atención en el examen de la concurrencia o no de la mala fe, debe decirse: a) que la apreciación de la situación fáctica de la que se deriva la significación jurídica al respecto no es cuestionable en casación, en cuyo recurso no cabe traer a colación la hipotética infracción de precep-

---

[411] ROMERO SANZ DE MADRID, C. "Derecho", pg. 169; FERNÁNDEZ AGUADO, J.I. "Las acciones", pg. 194; ALCOVER GARAU, G. "Comentarios", pg. 783; VILA FLORENSA, M. "Comentarios", pg. 888; LEÓN SANZ, F.J. "Comentario", pg. 1333 y GARCÍA SANZ, A. "Notas", pg. 4080. DE LAS HERAS GARCÍA, M.D. "Las acciones", pg. 153.
Contra, limitando el concepto de mala fe al conocimiento del carácter perjudicial del acto para la masa activa y no a las dificultades económicas o la situación de insolvencia, MASSAGER, J. "Aproximación", pg. 4235.

tos procesales como los invocados en el motivo; y, b) que carece de sustento la alegación del motivo relativa a una supuesta falta de base fáctica en la sentencia recurrida para apreciar la mala fe, pues, entre otras alusiones, en el fto. de d.º quinto, B, ap. 4) se hace referencia a que La Caixa actuó a sabiendas de la delicadísima situación financiera de los concursados individuales y de la entidad concursada, y en el mismo fto., ap. 10, se afirma que La Caixa conocía sobradamente al contratar la insolvencia de los concursados; y si bien es cierto que para declarar la existencia de mala fe ex art. 73.3 LC no se estima suficiente el mero conocimiento de una situación de insolvencia, sin embargo, en el caso, dadas las demás circunstancias concurrentes en la operación, ya aludidas, cabe considerar justificada la apreciación de la resolución recurrida. La mala fe expresada, no requiere la intención de dañar, pues basta la conciencia de que se afecta negativamente — perjuicio— a los demás acreedores, de modo que al agravar o endurecer la situación económica del deudor, se debilita notoriamente la efectividad frente al mismo de los derechos ajenos. Este aspecto subjetivo se complementa con el aspecto objetivo, valorativo de la conducta del acreedor, consistente en que ésta sea merecedora de la repulsa ética en el tráfico jurídico..."

O la sentencia del Alto Tribunal de fecha 7 de diciembre de 2012:

"...La mala fe va referida a la realización del negocio. Es un concepto jurídico que supone ausencia de buena fe y se apoya en una conducta que debe ser deducida de hechos concluyentes para su apreciación. El art. 73.3 LC cuando se refiere a la mala fe en la contraparte del concursado ha querido exigir algo más que el mero conocimiento de la situación de insolvencia o de proximidad a la insolvencia del deudor, así como de los efectos perjudiciales que la transmisión podía ocasionar a los acreedores. Así lo ha entendido esta Sala cuando afirma que la mala fe esta compuesta por dos aspectos, uno subjetivo y otro objetivo. El subjetivo "no requiere la intención de dañar", sino "la conciencia de que se afecta negativamente —perjuicio— a los demás acreedores, de modo que al agravar o endurecer la situación económica del deudor, se debilita notoriamente la efectividad frente al mismo de los derechos ajenos", y "se complementa con el aspecto objetivo, valorativo de la conducta del acreedor, consistente en que ésta sea merecedora de la repulsa ética en el tráfico jurídico..."

Y la sentencia también del Tribunal Supremo, de fecha 5 de abril de 2016:

> "...El art. 73.3 LC cuando se refiere a la mala fe en la contraparte del concursado ha querido exigir algo más que el mero conocimiento de la situación de insolvencia o de proximidad a la insolvencia del deudor, así como de los efectos perjudiciales que la transmisión podía ocasionar a los acreedores... El subjetivo no requiere la intención de dañar, sino la conciencia de que se afecta negativamente —perjuicio— a los demás acreedores, de modo que al agravar o endurecer la situación económica del deudor, se debilita notoriamente la efectividad frente al mismo de los derechos ajenos, y se complementa con el aspecto objetivo, valorativo de la conducta del acreedor, consistente en que ésta sea merecedora de la repulsa ética en el tráfico jurídico..."

La sentencia del Juzgado de lo Mercantil núm. 3 de Barcelona, de fecha 25 de febrero de 2005:

> "...No consta que la adjudicataria tuviera conocimiento de la situación de insolvencia y de la inminencia del concurso. La operación que se impugna, en situaciones extraconcursales, no merecería reproche alguno; se trataría, en definitiva, de un recurso lícito al que acude quien quiere percibir su crédito..."

También la sentencia del Juzgado de lo Mercantil de Córdoba de fecha 25 de julio de 2005:

> "...ha de considerarse que existe mala fe si se prueba que quien contrató con el concursado sabía o debía saber (dicho negativamente, no podía ignorar) cuando realizó tal contratación que el negocio era perjudicial y que se realizó cuando el deudor estaba en una situación económica comprometida, por lo que lo que estaba haciendo la contraparte era avenirse a realizar un acto perjudicial para los acreedores..."

O la sentencia de la Audiencia Provincial de Salamanca, de fecha 1 de julio de 2011:

> "...En definitiva, concurren en el presente caso los dos requisitos que deben darse para que pueda apreciarse la mala fe del acreedor cuyo negocio jurídico se rescinde, a saber: – la conciencia del perjuicio, es decir, de que se afecta negativamente a los demás acreedores, de modo que al agravar o endurecer la situación económica del deudor, se debilita notoriamente la efectividad frente al mismo de los derechos ajenos, pues en el presente caso mediante el negocio que se rescinde se redujo prácticamente a la

quinta parte el valor del activo del deudor concursado, en favor de uno solo de sus acreedores y, por consiguiente, en perjuicio del resto de los mismos y del trato igual conforme a la Ley a que éstos tienen derecho; – y el aspecto objetivo, valorativo de la conducta del acreedor, consistente en que ésta sea merecedora de la repulsa ética en el 'tráfico jurídico', como así sucede en el presente caso, donde apenas unos meses antes de **la declaración del concurso,** un acreedor recibe casi cuatro quintas partes del activo del deudor para hacerse cobro de su crédito lo que, a la postre, hace ilusorias las funciones que inmediatamente después debía cumplir **la Administración Concursal** dirigidas esencialmente al pago de los créditos del deudor con todo su patrimonio universal y con respeto del esencial principio de la 'pars conditio creditorum', en contra, pues, de los más elementales principios de igualdad y de proporcionalidad entre crédito y deuda, esenciales desde el punto de vista ético en todo tráfico mercantil..."

La sentencia del Juzgado de lo Mercantil núm. 5 de Madrid de fecha 7 de octubre de 2010:

"...Pues bien, entiende el Tribunal que la mala fe que se requiere para agravar las consecuencias de la estimación de una acción rescisoria frente a los terceros condenados a la restitución de las prestaciones objeto del acto impugnado (condenándole a indemnizar daños y perjuicios en caso de no poder restituir la prestación in natura y calificando el derecho de crédito que dimane de la prestación a que se tenga derecho como crédito concursal subordinado —art. 73-2-3 LC—) se debe construir, partiendo de la objetividad con que se construye y fundamenta el sistema rescisorio concursal —art. 71-1 in fine LC—, a partir del **artículo 1298 Código Civil** y, por tanto, adicionando un particular dolo a la conducta negocial del tercero con ocasión del acto declarado ineficaz, ello en el sentido de entender que hay mala fe solo cuando la intervención en el negocio rescindido se ha producido conociendo que se está participando en un acto destinado a causar perjuicio a los acreedores de la contraparte en el negocio. Dicho de otro modo, resulta insuficiente para apreciar mala fe que el tercero simplemente participe en el negocio conociendo la situación de crisis que padece la otra parte. Es necesario que además sepa que el negocio lo realiza aquél con intención de perjudicar a sus acreedores, esto es, de que lo que se quiere es sustraer bienes en perjuicio de acreedores..."

La sentencia del Juzgado de lo Mercantil núm. 1 de Valencia, de fecha 14 de julio de 2010:

> "...Pues bien, y con ello se entra ya a considerar el supuesto de los efectos de la reintegración que se opera ex articulo 73 LC, es claro que la mala fe no se presume, pero no lo es menos en atención a los antecedentes que se acaban de enunciar, y que dan razón bastante de la falta de causa económica que motive de suyo el proceder de BLAYA BETON en 31 de marzo de 2009, no puede desconocerse que precisamente el acreedor bancario es de ordinario el mejor informado acerca de la situación patrimonial y financiera de sus clientes. Y en esta inteligencia, por ende, procede operar la novación de crédito en concursal, y con la clasificación de subordinado. Piénsese además, finalmente, que en planteamiento diverso, la reintegración que se opera carecería de sustantividad y efecto practico alguno, y tal no es admisible..."

La sentencia de la Audiencia Provincial de Asturias, de fecha 4 de marzo de 2009:

> "...Si bien es cierto que, como dice la apelante, la buena fe se presume, tal presunción queda vencida en el presente caso, pues partiendo de que lo que debe valorarse es que quien contrató con el concursado debía conocer la difícil situación económica de éste y que el negocio era perjudicial, existen datos suficientes que aparecen probados en la sentencia, tales como la importante diferencia que existe entre el precio real del inmueble y el que efectivamente se pagó, el hecho de que tal operación se realizase el 12 de mayo de 2005, tan solo tres meses antes de que el concursado presentase su solicitud de concurso voluntario (según la sentencia el 12 de agosto de 2005) y por último que en la misma fecha de la compraventa del inmueble, ante el mismo Notario y con número correlativo de protocolo, como señala la Administración concursal, por parte de HUEVOS LEÓN-ASTURIAS S.L. procedió a cancelar la deuda que por importe de 28.370,32 tenía la entidad Distribuciones Cárnicas Rojo S. L. de la que el concursado era administrador único y poseía el 97,50% del capital social, datos todos ellos que evidencian que la situación ya debía de ser conocida por la entidad compradora del inmueble..."

Y la sentencia de la Audiencia Provincial de Granada, de fecha 4 de abril de 2011:

> "...Pese a considerar —en vía de hipótesis— que existiera la deuda, la misma debería calificarse como subordinada, por mala fe de la Sra. África, perfectamente consciente de que con esa venta se sustraía un activo de la futura concursada (**art. 73 LC**), con quiebra

lógica de los derechos de los acreedores, ya que la mala fe a que se refiere el precepto citado, solo requiere la conciencia de que se afecta negativamente a los demás acreedores, de modo que conociendo la esposa del apoderado de la entidad, antes y después administrador, ya la imposibilidad de hacer frente a los pagos a los acreedores (baste con citar el de Viajes Ecomar), al tiempo de la dación en pago, sabiendo además, como reconoció en el acto del juicio, que en otro caso nada iba a recuperar, y por tanto que tampoco podrían hacerlo otros acreedores, debe estimarse concurrente la mala fe a que se refiere el apartado tercero del articulo 73 LC, concurrente también de modo objetivo, cuando la conducta del acreedor, es merecedora de la repulsa ética en el tráfico jurídico, sin olvidar en este punto, que el negocio además implicaba un pago de sumas, claramente no adeudadas en su totalidad (Viajes Ecomar), y realizado, sin prueba suficiente de la deuda respecto del resto, a favor la esposa de persona especialmente relacionada con la concursada. Por ello, necesariamente, debemos también confirmar la mala fe apreciada en la resolución recurrida, y en definitiva, desestimar el recurso interpuesto..."

Por ello, cuando el demandado aparece como una persona especialmente relacionada con el deudor (art. 280 y ss TRLC), pienso bastante complicado mantener un desconocimiento de la situación de insolvencia de este último, y de la perjudicialidad del acto impugnado. En esta línea, sentencia del Juzgado de lo Mercantil núm. 1 de Barcelona, de fecha 20 de septiembre de 2023:

"...Alega, adicionalmente, la administración concursal que el acto fue llevado a cabo con mala fe por parte de las adquirentes, quienes no solo conocían la situación patrimonial de la compañía, sino que (al ser administradas por la Sra. Maite) coadyuvaban en el propósito de eludir el pago de determinados créditos en beneficio de la extinción de deudas garantizadas con su propio aval). 2.7.2.— En cuanto al concepto de mala fe, la SAP Barcelona, Sección 15.ª, de 9 de julio de 2010, argumenta que el carácter sancionador de esta norma que va más allá de los efectos restitutivos equitativos inherentes a la rescisión de un negocio jurídico, conduce a exigir un pequeño plus respecto al consilium fraudis objetivado como mero conocimiento en la contraparte de las circunstancias a las que se eleva a cabo el negocio impugnado algo más que el mero conocimiento de la situación de insolvencia o de proximidad a la insolvencia(en este sentido, véase SANCHO GARGALLO, I., La rescisión concursal, página 319).2.7.3.— Respecto a la mala fe de

> las adquirentes, partiendo del hecho esencial de que se trata de tres sociedades constituidas por la esposa del entonces administrador de la compañía Sr. Onesimo, y que, por tanto, conocían la situación contextual en la que se perfeccionan las ventas, siendo claramente representativo el ánimo defraudatorio de los derechos de los acreedores, desviando activos a las sociedades vinculadas a través de compraventas en las que, o bien no se pagaba el precio, o bien se destinaba a extinguir obligaciones en beneficio de aquéllos, sin que haya quedado probado, que, en las circunstancias fácticas en las que se consumaron las compraventas, el precio obtenido fuera de mercado o beneficioso para la masa, es claro que concurre, procediendo, pues, la subordinación del crédito que a modo de contraprestación debe ser reconocido en el concurso de acreedores en favor de las adquirentes de la operación. ...2.7.3.— Obviamente, la inexistencia de indicios de criminalidad no es óbice para apreciar mala fe en el procedimiento mercantil, en particular a la vista de los múltiples hechos que contextualizan cómo se gestaron las transmisiones y que dichas circunstancias eran plenamente conocidas por los Sres. Onesimo-Maite,que diseñaron una operación marco de transmisión de los activos de la concursada ..."

Esa mala fe precisa de previa petición por la parte demandante, y su apreciación por el Juez en su sentencia, caso a caso, y a la vista de las concretas circunstancias concurrentes, pechando sobre el demandante, administración concursal o acreedor subsidiario, la carga de la prueba de esa conducta de mala fe acometida por el demandado.[412] Vid. la sentencia del Juzgado de lo Mercantil núm. 3 de Barcelona, de fecha 25 de febrero de 2005 (*Tol 737094*)

> "...La administración concursal no ha logrado acreditar connivencia del deudor con la demandada ni justifica porqué el crédito debe ser calificado como subordinado..."

Y esa discrecionalidad judicial en orden a apreciar la mala fe, no permite atemperar las consecuencias de declaración, por ejemplo, subordinando una parte del crédito del deudor, y manteniendo en la restante la condición y beneficios de crédito contra la masa, y de restitución simultánea. Aquí solo cabe contemplar y

---

412 CRESPO AULLE, F. "Comentarios", pg. 1411.

atender a la mala fe, sin apoyarse en otros criterios o circunstancias distintas de esa mala fe, de tal manera que una vez estimada su presencia, queda tiznado de subordinación el crédito del demandado en toda su integridad. Así lo declara el Tribunal Supremo, sentencia de fecha 7 de diciembre de 2012:

> "...En principio, una vez apreciada la mala fe de la contraparte, debe operar la sanción que supone la subordinación de su crédito, sin que pueda mitigarse este efecto aplicándolo sólo a una parte del crédito. Desde esta perspectiva, no cabe distinguir, como hace la Audiencia, entre una parte del crédito que corresponde a la compradora Cris-Copa, S.L. por la devolución del precio abonado con la compraventa de las 25 naves industriales (1.800.000 euros) y otra (2.400.000 euros), para aplicar a la primera la sanción de subordinación y mantener respecto de la segunda su carácter de crédito contra la masa. La discrecionalidad judicial alcanza a la apreciación de la mala fe en la conducta de quien contrató con la concursada, pero no permite mitigar el rigor de la sanción de subordinación, pues la dicción del art. 73.3 LC no lo admite, ya que se refiere a la totalidad del crédito afectado por derecho a la restitución, sin que pueda valorarse otra circunstancia o criterio que no sea la mala fe..."

Pero el resto de los créditos de los que sea titular ese malicioso acreedor, y que no devengan o resulten impactados por la rescisión concursal decretadora de la mala fe, conservan su natural condición de crédito masa o concursal, con la clasificación que le hubiere reconocido la administración concursal, y no devienen infectados por la subordinación rescisoria concursal.

Resumiendo. La declaración de mala fe en el actuar del demandado, solo compete al Juez del Concurso, en su sentencia rescisoria, a instancia de la parte demandante, y atendiendo a las circunstancias concurrentes, cuya prueba corresponde a dicha parte actora. Pero nunca de oficio. Lo recuerda la Audiencia Provincial de Asturias de fecha 2 de julio de 2010:

> "...Distinta suerte debe correr sin embargo el recurso en el extremo referido a la infracción del principio de justicia rogada al haber acogido de oficio el juzgador de primera instancia la existencia de mala fe en el actuar de la codemandada El Arbeyal, calificando

en consecuencia como crédito concursal subordinado el que a esta última le corresponde frente a la concursada en aplicación de lo dispuesto en el art. 73-3 LC. Ya entendamos que la mala fe de que trata la norma equivale al mero conocimiento por parte del tercero acerca de que la situación de insolvencia que aqueja a la persona con quien está contratando, o ya exijamos un elemento añadido que pueda venir dado por el ánimo de defraudar el derecho de los demás acreedores o incluso un concreto ánimo de sustraer determinados bienes o derechos de la masa en perjuicio del resto de aquéllos, lo bien cierto es que la regla general en nuestro ordenamiento jurídico, como es sobradamente conocido, es la presunción de la buena fe, esto es, que se ha respetado el estándar jurídico entendido como conducta socialmente exigible conforme al imperativo ético dado. Es por ello que el pronunciamiento judicial que declare la existencia de mala fe en cualquiera de los intervinientes en un negocio jurídico deberá obedecer necesariamente a la previa rogación por la parte legitimada que actúe una pretensión en tales términos y a la demostración que consiga realizar en el proceso..."

Además, y una vez recaída sentencia firme, no procede solicitar la declaración de mala fe en otro procedimiento distinto del rescisorio. O su declaración unilateral, extraprocesalmente, por la administración concursal. Ni buscar el apoyamiento de un nuevo y posterior incidente o procedimiento judicial, con una finalidad completativa de los efectos de la previa rescisión acordada judicialmente, en la que no se decretó la mala fe por no haberla instado la parte actora. Vid. Sentencia de la Audiencia Provincial de Alicante de fecha 24 de enero de 2008:

"...SEGUNDO.— En la segunda alegación del recurso de apelación se denuncia la errónea interpretación y aplicación de los artículos 222 y 400 de la Ley de Enjuiciamiento Civil no debiendo estimarse la concurrencia de cosa juzgada pues considera que la Sentencia recaída en el anterior incidente concursal de reintegración número 850/05 no impide ni excluye el examen de las pretensiones segunda y tercera de la súplica de la demanda que principia el presente Incidente. Acerca de la extensión objetiva de la cosa juzgada, los artículos 222 y 400 de la Ley de Enjuiciamiento Civil vienen a recoger la doctrina jurisprudencial sobre las cuestiones deducibles y así la STS de 21 de julio de 2006 declara: 'El núcleo central, en lo que coinciden ambos puntos de vista, se encuentra, según una autorizada opinión que tiene fuertes apoyos en la jurisprudencia, 'en la declaración contenida en la parte dispositiva de la sentencia al resolver (para conceder o denegar) la concreta tutela jurídica pedida', de modo que puede decirse que 'permanece inmutable con vinculación para los Jueces de futuros procesos la concreta cuestión sustantiva sometida a litigio y decidida definitivamente por el órgano jurisdiccional', con la doble eficacia de excluir un nuevo proceso (función negativa) o de obligar al Juez del segundo proceso a resolver conforme a lo que ha sido juzgado (función positiva)'. El problema no consiste en comprender bajo el efecto de la cosa juzgada las cuestiones deducidas, lo que claramente se admite por todos, sino que gira en torno a la extensión de la cosa juzgada a cuestiones deducibles, y en concreto a las llamadas cuestiones lógicas o prejudiciales, lo que también se admite (Sentencias de 28 de febrero de 1991, 22 de marzo de 1985, 6 de junio de 1998) siempre que se entienda como deducible una cuestión que haya podido ser planteada dentro del límite temporal del período de alegaciones y que, además, pueda encuadrarse dentro de los límites objetivos que enmarquen la causa de pedir de la acción efectivamente ejercitada (Sentencias de 20 de marzo de 1998, 11 de octubre de 1991, 12 de mayo de 1992, 11 de octubre de 1993, etc.) y, más precisamente, 'cuestiones que son presupuesto o pre-juicio de la resolución final' (Sentencias de 15 de julio y 27 de noviembre de 1992, 26 de enero de 1990, 21 de julio de 1988, entre otras), según la apreciación que cabe hacer mediante una interpretación de la parte dispositiva a través de los hechos y fundamentos de derecho que le sirven de apoyo (Sentencias de 23 de noviembre de 1983, 17 de julio de 1986, 30 de diciembre de 1986, 20 de mayo de 1982, etc.). En el proceso anterior ya se dedujo entre las mismas partes la acción rescisoria interesando la ineficacia de la hipoteca que gravaba la finca de titularidad de la concursada al haberse constituido en el período sospechoso para garantizar deudas que sustituían a obligaciones preexistentes y en la Sentencia que puso fin a ese procedimiento se declararon los efectos de la acción rescisoria que, atendiendo a la especial naturaleza del acto rescindible (constitución de hipoteca) y a la concreta petición del actor, los limitó a la liberación del inmueble gravado y a la modificación de la categoría del crédito de los acreedores, de acreedores con privilegio especial a acreedores ordinarios. Si ello es así, ya no puede aprovecharse un ulterior incidente concursal para completar los efectos de la rescisión interesando la restitución a la masa activa del valor del bien que se encuentra en poder de un tercero pues se trata de un efecto que pudo perfectamente solicitar en el incidente anterior pues ya tenía constancia el actor de esa circunstancia. Tampoco puede modificar la calificación del crédito de los acreedores hipotecarios pasando a solicitar su calificación como acreedores subordinados apreciando de manera sobrevenida su mala fe pues, de un lado, contradice abiertamente la calificación contenida en la Sentencia dictada en el incidente anterior y, de otro lado, introduce un hecho nuevo que ya se conocía antes y que pudo alegarse anteriormente. La condena a la restitución a la masa del valor del bien y la declaración de los antiguos acreedores hipotecarios como acreedores subordinados pueden ser pretensiones nuevas y distintas de las articuladas en el incidente anterior pero están fundadas en hechos ya conocidos (finca en poder de un tercero después de la ejecución hipotecaria y supuesta connivencia entre las entidades financieras y la deudora para asegurar el cobro del crédito de aquéllas) que podían haberse alegado en el incidente anterior. Consecuentemente, se rechazan las alegaciones segunda y cuarta del recurso de apelación pues en esta última se interesa la declaración de mala fe en las entidades financieras, alegación que no procede examinar una vez confirmada la concurrencia de la excepción de cosa juzgada..."

Dejo aquí la sentencia del Tribunal Supremo, de fecha de 5 de abril de 2016, declaratoria de mala fe en la actuación del demandado:

"...En el proceso del que proviene este recurso, como ya se ha expuesto, se planteó una controversia entre dos versiones muy distintas del negocio cuya rescisión se solicitó en la demanda. Mientras que CIB alegó que se había tratado de una refinanciación a través de una operación puente, la administración concursal demandante mantuvo que se trató de una operación orquestada por los dos consejeros delegados de Socotherm España (que aportaron, a través de una sociedad, 500.000 euros a CIB, que cedió parte del crédito a dicha sociedad de la que eran titulares los citados consejeros delegados), confabulados con CIB, para forzar a la matriz a venderles la sociedad, mediante la constitución de una hipoteca sobre la totalidad de los inmuebles e instalaciones de Socotherm España en garantía de un préstamo por una cantidad que era insuficiente para solucionar los problemas de liquidez de esta entidad pero que por la brevedad del plazo de devolución, nueve meses, dicha entidad no podría devolver por lo que CIB podía iniciar la ejecución hipotecaria sobre todo este patrimonio inmobiliario de Socotherm España. Los tribunales de instancia, al valorar las alegaciones de las partes y las pruebas practicadas a su instancia, admitieron como cierta la tesis sostenida por la administración concursal. 4.— Sentado lo anterior, los datos relativos al conocimiento de la situación comprometida de la deudora, o que CIB no era una entidad financiera, no pueden tomarse como datos aislados puesto que, por sí solos, no son determinantes de la existencia de mala fe en la prestamista. Se trata de dos aspectos que, junto con los demás a que se ha hecho referencia, configuran una situación en la que concurren los dos elementos necesarios para que pueda apreciarse mala fe, el elemento subjetivo, consistente en la conciencia de que se está agravando la situación económica del deudor y, con ello, se está afectando negativamente a los demás acreedores y debilitando notoriamente la efectividad frente al deudor de los derechos ajenos de esos otros acreedores, y el aspecto objetivo, valorativo de la conducta del acreedor, consistente en que esta sea merecedora de la repulsa ética en el tráfico jurídico..."

Y la sentencia del Juzgado de lo Mercantil núm. 13 de Madrid, de fecha 17 de enero de 2024:

"...Efectivamente, de la prueba practicada se infiere la mala fe en el actuar no sólo por parte de las concursadas sino también, de las dos codemandadas, no sólo por haber tratado de ocultar sus vinculaciones societarias para eludir así las consecuencias concursales de una eventual subordinación de los créditos, como así sucedió, sino porque suscribieron todo un elenco de contratos ambiguos y de dudosa finalidad, en beneficio de Gedesco y de Toro para que éstas pudieran recuperar sus créditos al margen del concurso bajo un halo de aparente legalidad. A ello hay que añadir las maniobras contables efectuadas por las concursadas una vez ya solicitado el concurso. Así, según reconocieron los testigos, ya solicitado el concurso, representantes de JZI en España se personaron en las oficinas de Ombuds y dieron orden de anular el saldo deudor existente con Toro y con Gedesco y de compensarlo con la partida de clientes, convirtiendo así deuda que, en sede concursal, sería incobrable por deuda cobrable y, además, de deudores solventes, en perjuicio de la masa activa y en detrimento de los demás acreedores..."

VII.1.3. Cuestiones dudosas

Como ya he adelantado, la regulación de los efectos de la rescisión concursal presenta determinadas lagunas. Alguna, v. gr. régimen de las mejoras y gastos, las acabo de examinar. Otras, paso a plantearlas a continuación:

VII.1.3.1. Obligaciones de hacer o no hacer ejecutadas con anterioridad a la restitución.

Una lectura literal de los arts. 1295 CC y 236 TRLC puede conducir a la equivocada conclusión de entender inviable la rescisión concursal como consecuencia de la imposible restitución simultánea. Sin embargo, y con fundamento en la permanencia del daño, el perjuicio de la masa activa y la falta de reciprocidad entre las prestaciones, cabe defender como solución en este caso una restitución por equivalente, consistente en el pago de la diferencia entre el valor de la prestación de hacer o no hacer ejecutada y la contraprestación satisfecha, a cargo de quien fue parte del concursado.[413]

VII.1.3.2. Pagos anticipados en virtud de un contrato de préstamo o crédito.

La estimación de la rescisión concursal, nunca implica la restauración de la relación contractual extinguida mediante el acto rescindido, sino que, por un lado, la contraparte pondrá a disposición del concursado los importes recibidos anticipadamente, junto a los intereses correspondientes, que no serán las contractuales sino los legales y el concursado deberá satisfacer el importe de la obligación en los términos pactados, teniendo en cuenta lo dispuesto en los arts. 152 y ss TRLC y 156 y ss TRLC.[414]

VII.1.3.4. Rescisión de una garantía real

Evidentemente y salvo que hubiese sido constituida la misma a título oneroso, no habrá restitución de prestaciones, pues como recuerda el Profesor CARRASCO PERERA "la garantía revocada se extingue, no se recupera". Evidentemente, habrá un beneficio para la masa activa, que se encuentra con el bien liberado. Y otro

---

413 MASSAGER, J. "Aproximación", pg. 4234.

414 MASSAGER, J. "Aproximación", pg. 4234.

eventual: mejorar la posición los acreedores con garantía real posteriores.

Pero la rescisión de la garantía real sobre un bien que carecía de ella, decretada una vez se ha producido la ejecución judicial y el bien adjudicado a tercero, requiere e impone el abono por el demandado del valor de del bien al tiempo que salieron del patrimonio deudor, y el crédito de aquel reconocido en el concurso, pero no contra la masa sino con el carácter de concursal. Vid sentencia del Tribunal Supremo de fecha 8 de abril de 2014:

> "...Conviene advertir que no nos encontramos propiamente en este caso, sino en el de la constitución de una garantía real a favor de una obligación nueva contraída en sustitución de otra anterior, que carecía de esta garantía, respecto del que la rescisión o ineficacia conlleva dejar sin efecto la garantía y, si esta ya ha sido ejecutada y los bienes han sido adjudicados a un tercero, que no fue parte en el acto impugnado, entonces el banco debe abonar el valor de los bienes al tiempo en que salieron del patrimonio del concursado, sin que el crédito garantizado pase a tener la condición de crédito contra la masa, sino que, en la medida en que se constituyó en sustitución de otro anterior, tendrá la consideración de concursal...."

Si la finca sobre la que recae la garantía hipotecaria a cancelar se enajenó por la deudora con anterioridad a la declaración del concurso, obviamente, tal cancelación deviene inane en orden al perjuicio causado a la masa y su reparación. Sin que proceda la nulidad de los asientos posteriores a la constitución de la garantía real, el beneficiario de la garantía queda compelido a restituir a la masa el importe de la deuda de la concursada que se cubrió con la constitución de la garantía, siempre que no conste que el valor de la garantía era inferior. Así, vid. sentencias del Tribunal Supremo de fecha 18 de julio de 2018 o 26 de marzo de 2015:

> "...Ahora bien, en los casos en que la finca hipoteca hubiera sido enajenada antes de la declaración de concurso, y por ello o no pudiera ya ser cancelada la hipoteca o con dicha cancelación no se reparaba el perjuicio ocasionado en su día, al tiempo de constituir la garantía para la deudora hipotecante y luego concursada, en ese caso, el efecto de la rescisión no puede ser su cancelación,

> pues con ello no se satisface el interés de la masa con la rescisión concursal en la medida en que el bien gravado no forma parte de la masa activa. Tampoco procede en estos casos, como pide la demanda, la declaración retroactiva de nulidad de todos los asientos posteriores a la constitución de la hipoteca objeto de rescisión, ni tampoco la nulidad de la ejecución hipotecaria, en la medida en que la rescisión es una ineficacia funcional y no opera ex tunc. No siendo posible la cancelación de la hipoteca, como efecto consiguiente a la rescisión, la beneficiaria de la garantía debería restituir a la masa el importe de la deuda de la concursada que se cubrió con la constitución de la garantía, siempre que no conste que el valor de la garantía era inferior (en atención al valor de realización del bien en ese momento). Ese sería, de forma orientativa, el desvalor sufrido por el bien hipotecado, cuando se realizó el acto objeto de rescisión, que es la constitución de la hipoteca, y que debió ponerse de manifiesto al tiempo de enajenarse el bien hipotecado (6 de octubre de 2009), cuyo valor se vio minorado por la deuda garantizada. En este caso, ya hemos declarado acreditado que el importe del crédito dispuesto al tiempo de la renovación del crédito el 25 de abril de 2008, con la garantía hipotecaria objeto de rescisión, era de 556.569,90 euros. Como no consta que al tiempo de realizar la garantía el banco no obtuviera un valor inferior, valoramos el perjuicio ocasionado con el acto rescindido en esta suma de 556.569,90 euros, a los efectos de condenar al banco a su reintegración a la masa del concurso, al no satisfacerse el interés de la rescisión con la cancelación de la garantía por las razones indicadas (la finca se había enajenado antes de la declaración de concurso, y más tarde Caixabank ejecutó la garantía)..."

Por otro lado, traemos a colación la opinión de CARRASCO PERERA, según la cual, en el supuesto de préstamo o crédito con garantía real, la revocación de dicha garantía modifica las condiciones de concesión del crédito e implica, por tanto, un incumplimiento por el concursado. Ello provocando un vencimiento anticipado de la deuda, al amparo del art. 1129.3 CC o, normalmente, del propio clausulado del contrato, y procediendo la reintegración del crédito vencido al acreedor o la ejecución de la garantía por éste[415].

---

[415] Así lo defiende y manifiesta CARRASCO PERERA.

En este sentido, parece decantarse también la sentencia del Juzgado de lo Mercantil núm. 2 de Barcelona, de fecha 1 de febrero de 2012:

> "...En cuanto lugar y por último, por cuanto la rescisión produce como efecto la recíproca restitución de las prestaciones (artículo 73.1.º de la LC), lo que implica restaurar la situación inmediatamente anterior al acto impugnado (sentencia del TS de 17 de junio de 1986). Pues bien, en los supuestos de las llamadas garantías contextuales, como la que nos ocupa, sólo se repone la situación anterior si, además de rescindirse la garantía, se restituye al acreedor el crédito dispuesto. El efecto que se pretende con la demanda — la cancelación de la garantía, subsistiendo el crédito— produciría una situación de hecho inédita, que nunca se habría dado y que nunca habría consentido la entidad de crédito. Por todo ello, la demanda debe desestimarse íntegramente..."

No es esta la opinión de GARCÍA-CRUCES, que comparto, quien señala que la declaración judicial de la ineficacia de la garantía prestada, dado su carácter perjudicial para la masa activa, no supone incumplimiento alguno del deudor del crédito que luego se decidió garantizado. Recuérdese que la extinción de la garantía no es automática, sino que se reserva para los supuestos en que su constitución tiene carácter perjudicial. En estos supuestos, el crédito garantizado queda incólume y, de acuerdo con el contrato del que deriva, el mismo resultará exigible frente al deudor y ahora frente al concursado. Pero no más. La rescisión de la garantía no puede justificar que ese crédito derive de la resolución del contrato, ni —por supuesto— que su exigibilidad encierre la realización del derecho de restitución que advierte el art. 235 TRLC. No conviene olvidar, que —de acuerdo con el supuesto de hecho que encierra la presunción acogida en el art. 235 TRLC— el crédito que se concediera no es la prestación que justifica la constitución de la garantía sino que ésta es una medida de aseguramiento de aquel. El acreedor no ha realizado una particular prestación que venga a justificar la constitución de la garantía, sino que la misma vino a constituirse tras la concesión del crédito y dentro del periodo de sospecha que señala el art. 226 TRLC, bien de forma directa, bien mediante la asunción de una nueva obligación que sustituye la anterior y que es garantizada, por lo que en ningún caso puede afirmarse que la concesión de crédito se justificará en la constitución de la garantía. La razón es obvia, pues tanto en uno como en otro caso ya se había concedido crédito sin necesidad de que la garantía quede constituida.[416]

Por esta última posición se decanta mayoritariamente la Jurisprudencia. Así es de reseñar la sentencia del Tribunal Supremo de fecha 30 de abril de 2014:

> "...2.— El art. 73.1 de la Ley Concursal prevé que «la sentencia que estime la acción declarará la ineficacia del acto impugnado y condenará a la restitución de las prestaciones objeto de aquél, con sus frutos e intereses». Este precepto legal, al fijar los efectos de la rescisión concursal, toma la parte por el todo pues prevé con carácter general una eficacia restitutoria que solo puede ser predicada de las obligaciones recíprocas. De ahí que cuando el acto rescindido es un acto dispositivo a título gratuito o una garantía constituida en perjuicio de la masa, la sentencia que acuerda la rescisión no provoca tales efectos restitutorios recíprocos, sino tan solo la ineficacia del acto rescindido y la devolución a la masa del concurso de lo que salió del patrimonio del deudor en virtud del acto gratuito rescindido o, tratándose de una garantía, su extinción. ..."

También en el supuesto de garantía prestada a favor de tercero. La garantía queda rescindida y permanece incólume el préstamo entre el acreedor y ese tercero ajeno a la concursada, sin perjuicio de las consecuencias que se deriven de la rescisión de la garantía real en virtud de dicha relación obligacional y contractual prestataria. Así vid de nuevo la sentencia del Tribunal Supremo, de 30 de abril de 2014:

> "...3.— Tratándose de una garantía real, una hipoteca, constituida a favor de un tercero, el efecto de la sentencia rescisoria es la extinción de la garantía y la cancelación de la inscripción registral de dicha hipoteca, sin que ello afecte a la vigencia y eficacia del préstamo en relación al cual se prestó la garantía. No puede aceptarse que la garantía cuya rescisión se solicita y el negocio ju-

---

416 GARCÍA-CRUCES J.A. "La reintegración de la masa", pgs. 370 y 371.

rídico garantizado son inescindibles, como alega la recurrente. Al igual que sucede cuando se rescinde una garantía real constituida para garantizar una obligación preexistente, en el caso de garantía a favor de tercero, el préstamo, que ha sido concertado entre el acreedor y un tercero ajeno a la concursada, queda incólume, sin perjuicio de que el prestamista pueda exigir al prestatario las consecuencias que se deriven de la rescisión de la garantía real. Esta solución de la escisión no es excepcional en el régimen de reintegración del concurso, puesto que la rescisión de un acto de disposición unilateral, como el pago o la compensación, no conlleva la rescisión del negocio del que nace la obligación de pago que se pretende satisfacer con el acto impugnado, por lo que la rescisión afecta exclusivamente al pago o a la compensación, surgiendo para el acreedor beneficiado por el pago o la compensación la obligación de restituir la cantidad cobrada o compensada, sin que pierda su derecho de crédito, que deberá ser reconocido como crédito concursal. El préstamo respecto del que se ha constituido la garantía real por quien después es declarado en concurso, es un negocio jurídico celebrado entre un tercero y el acreedor beneficiado por la garantía, que no resulta afectado por la declaración de concurso del garante. 4.— Por otra parte, no puede accederse a la pretensión de la recurrente en el sentido de que la masa del concurso restituya al acreedor el importe del préstamo garantizado con la hipoteca, puesto que el origen del crédito garantizado no se halla en el acto rescindido, y el concursado no era el obligado a devolver tal préstamo, por lo que la rescisión no justifica el nacimiento de una deuda restitutoria en el concurso del garante. Además, acordar tal restitución como efecto de la rescisión puede suponer incluso un empeoramiento de la condición del garante respecto de la situación anterior a la rescisión que pugna con la naturaleza y finalidad del régimen de reintegración del concurso. 5.— Los argumentos que se oponen a que, a efectos del ejercicio de la acción rescisoria concursal, pueda escindirse la garantía del negocio respecto del que se constituye, afirmando que se afecta a la base del negocio puesto que se alteran los presupuestos sobre los que el acreedor prestó el consentimiento, ya que no habría otorgado crédito sin obtener la garantía, no son relevantes en una situación como la concursal, en la que las soluciones a adoptar son diferentes de las que procederían si no se hubiera declarado el concurso, pues se alteran gravemente las relaciones jurídicas que afectan al concursado, y sus acreedores resultarán por lo general perjudicados de un modo o de otro. Cuando se produce el concurso del hipotecante no deudor, su insolvencia pone en evidencia lo injustificado de la concesión de la garantía sobre deuda

> ajena, e impone que para reintegrar la masa, la rescisión del acto de constitución de la hipoteca no afecte a la vigencia del crédito garantizado. Además, otro tanto podría afirmarse de los acreedores que ven afectado severamente su derecho de crédito como consecuencia de la declaración del concurso, que son la mayoría, cuando no la totalidad, de los acreedores concursales, que lógicamente tampoco habrían prestado su consentimiento a la celebración del negocio si hubieran sabido que el deudor sería declarado en concurso. 6.— El perjuicio para la masa, porque el patrimonio del deudor sufrió un sacrificio patrimonial injustificado en los dos años anteriores a la fecha de la declaración del concurso o se afectó injustificadamente la par condicio creditorum, se erige en un criterio fundamental para privar de eficacia a negocios jurídicos y actos que de otro modo serían plenamente eficaces, en aras del interés del concurso. El acreedor que ve rescindida su garantía habrá de satisfacer su interés al margen del concurso, adoptando frente a su deudor las medidas que sean pertinentes con base en la obligación principal, desprovista de la garantía rescindida. Ello le supone un sacrificio evidente, pero la declaración de concurso conlleva sacrificios a los acreedores del concursado y, en general, a quienes ostentan frente a él algún derecho...."

O la del Juzgado de lo Mercantil núm. 5 de Madrid, de fecha 29 de julio de 2009:

> "...La restitución recíproca de prestaciones plantea problema cuando lo que se rescinde es una hipoteca, es decir, un derecho de garantía real. En este sentido, debe señalarse que no se ha producido la rescisión del préstamo, sino de la garantía, y por ello no existe prestación recíproca que devolverse, sino solo la restitución. La consecuencia que conlleva la rescisión e ineficacia de la garantía (derecho real), es que ésta desaparece permaneciendo el derecho de crédito, sin que se pueda invocar la consideración de crédito contra la masa del art. 73.3 de la ley, y ello porque como hemos visto en la constitución del derecho real no hay reciprocidad de obligaciones (la constitución de la hipoteca no las conlleva), por lo que al producirse la rescisión de la garantía no hay prestaciones recíprocas que devolverse. La ineficacia conlleva dejar a los contratantes en la situación anterior al acto rescindido, y la situación anterior era la de acreedor ordinario, porque no había privilegio alguno..."

La sentencia de la Audiencia Provincial de Alicante de fecha 24 de enero de 2008, citada por la anteriormente transcrita:

"...En la tercera alegación del recurso de apelación se cuestiona el obiter dictum contenido en la Sentencia recurrida acerca de las dudas que revela sobre la aplicación del artículo 73 a las garantías reales. Simplemente, lo que se pone de manifiesto es que el artículo 73 de la Ley Concursal parte de la hipótesis de que el acto rescindible es un contrato bilateral o sinalagmático por lo que deberá producirse la recíproca restitución de prestaciones entre las partes una vez declarada la ineficacia del contrato rescindible. Por el contrario, cuando se trata de un derecho real de garantía, al no existir un contrato con prestaciones recíprocas, la ineficacia del acto rescindible se concretará en la extinción del derecho real de garantía manteniendo el acreedor la titularidad de su derecho de crédito, ahora ya sin ninguna garantía. Por otro lado, las dos Sentencias (por cierto, dictadas por Juzgados de lo Mercantil, no por las Audiencias Provinciales como se dice en el recurso) que invoca el apelante no hacen referencia al mismo supuesto de hecho que estamos enjuiciando pues en ambos consta el pago de cantidades por parte de la concursada..."

O la sentencia de la Audiencia Provincial de Madrid, de fecha 20 de abril de 2012:

"...NOVENO.— Finalmente, insiste la recurrente en la inescindibilidad de la operación llevada a cabo (préstamos con garantía hipotecaria) entendiendo que no es jurídicamente posible el ejercicio de la acción rescisoria contra uno solo de los elementos (la hipoteca) y no contra el otro (el préstamo). Este planteamiento soslaya, a juicio de este tribunal, el carácter mixto de operaciones como la examinada donde al componente estrictamente obligacional (préstamo) se superpone, a modo de derecho accesorio de garantía, un componente real (hipoteca). La idea de perjuicio patrimonial se concentra en la garantía y no en el negocio obligacional, y de ahí que la eventual sentencia que acoja la acción rescisoria únicamente debiera comportar, en principio, que las primitivas posiciones acreedoras derivadas del préstamo queden subsistentes aunque desprovistas de la garantía sobreañadida (en tal sentido, el Prof. GIL RODRÍGUEZ, en 'Comentarios a la Ley Concursal', Ed. TECNOS, pg. 899, coordinada por el Prof. BERCOVITZ RODRÍGUEZ-CANO). En efecto, el apartado 3 del artículo 71, tantas veces invocado a lo largo de la presente resolución, configura una presunción 'iuris tantum' de perjuicio indicando que '...Salvo prueba en contrario, el perjuicio patrimonial se presume cuando se trate de los siguientes actos:. 2.º La constitución de garantías reales a favor de obligaciones preexistentes o de las nuevas contraídas en sustitución de aquéllas...', y si algo evidencia la literalidad del precepto es que la presunción de perjuicio se encuentra referida exclusivamente a la constitución de la garantía real, sin que se proyecte —por obvias razones— sobre las obligaciones resultantes de la renovación de las preexistentes ni sobre la cancelación de éstas que se produce merced a la sustitución de la que son objeto por parte de las obligaciones nuevas. Debe indicarse, por un lado, que, al esgrimir este argumento, la apelante actúa en contra de la 'Cláusula 21.ª' del contrato que firmó, a través de la cual consintió en estatuir un férreo principio de 'separabilidad' mediante el cual estipulaba, sin excepción ni temperamento alguno, que la eventual ineficacia de cualquiera de sus pactos no contaminaría a los demás. Pero, con independencia de ello, la apelante invoca reiteradamente el carácter unitario de la economía del contrato — con la consiguiente 'inseparabilidad' de la hipoteca— sin pormenorizar de qué modo considera que esa economía se pueda ver alterada por la rescisión del gravamen. Porque, más allá de la lógica pérdida del privilegio que ese gravamen pudiera reportarle en el concurso, lo que es consustancial al éxito de una acción como la ejercitada en el incidente, no vemos en qué pueda diferenciarse el resultado de una eventual rescisión acumulada del propio préstamo garantizado (que generaría la obligación a cargo de la concursada de devolver el capital prestado) con el mantenimiento de la vigencia de ese mismo préstamo (que produciría igual efecto al integrarse el crédito de las prestamistas en la masa pasiva del concurso y ser sometido al tratamiento concursal correspondiente). Debemos intuir, ya que nada concreto se nos indica, que la preferencia mostrada por la apelante hacia la primera de esas dos soluciones obedecería a la aspiración de obtener para su crédito el tratamiento de crédito contra la masa que el artículo 73.3 de la Ley Concursal dispensa al derecho de cada contratante a obtener la restitución de lo entregado. Pero de ese modo soslaya que dicha norma está concebida para regular las consecuencias de la rescisión de obligaciones que tengan carácter recíproco, de manera que no podría aplicarse al propio capital del préstamo garantizado con la hipoteca rescindida como no fuera contrariando frontalmente el sentido y la lógica de las acciones de reintegración, pues, de aceptarse esa solución, el éxito de la acción rescisoria haría al acreedor frente al que la misma ha prosperado de mejor condición (crédito contra la masa) que la que tenía antes de su ejercicio (crédito dotado de privilegio especial). Debe aclararse al respecto que desde la promulgación de la Ley Concursal la redacción del **artículo 73 de la Ley Concursal** ha sido objeto de críticas en el terreno doctrinal porque, al señalar su apartado 1 que la sentencia que estime la acción de reintegración condenará a la restitución de las prestaciones objeto de acto impugnado, la norma toma la parte por el todo, centrando su disciplina en el ámbito de la rescisión de contratos con obligaciones recíprocas y dejando fuera del mismo otros supuestos distintos de rescisión (v. gr., la rescisión de garantías reales). El apartado 3 del citado precepto establece que 'El derecho a la prestación que resulte a favor de cualquiera de los demandados como consecuencia de la rescisión tendrá la consideración de crédito contra la masa, que habrá de satisfacerse simultáneamente a la reintegración de los bienes y derechos objeto del acto rescindido, salvo que la sentencia apreciare mala fe en el acreedor, en cuyo caso se considerará crédito concursal subordinado'. Pues bien, lo primero que se advierte tras su simple lectura es que dicho precepto no resulta aplicable al supuesto ahora examinado en ninguna de sus dos vertientes: ni para considerar el crédito como contra la masa en la hipótesis ordinaria de ausencia de mala fe en el acreedor, ni para subordinarlo en caso de mala fe. En efecto, la norma, concebida para los casos en que la prestación resultante a favor del demandado sea la contrapartida de un acto de reintegración que este último debe de llevar a cabo en provecho de la masa, se aviene mal con una hipótesis como la contemplada por el ya examinado artículo 71.3.2.º (rescisión de garantías reales). Precisamente por ello, la aplicabilidad del precepto, en cuanto conceptúa el derecho del demandado como crédito contra la masa, se encuentra expresamente supeditada a que ese derecho haya nacido '...como consecuencia de la rescisión', lo que es tanto como decir que, de no ser por la rescisión operada, tal derecho no habría nacido. Pues bien, en un caso como el ahora examinado el derecho de las apelantes al cobro de las sumas prestadas no nace de la presente rescisión sino de la relación obligacional subyacente respecto de la cual el derecho real de hipoteca no fue otra cosa que una garantía superpuesta de carácter accesorio. En otras palabras: el derecho de la prestamista a recobrar la cantidad prestada hubiera existido aun cuando la obligación no se hubiera garantizado mediante hipoteca, por lo que huelga indicar que la rescisión de la hipoteca ni altera aquel derecho ni hace que nazca '**ex novo**' un derecho que no existiera con anterioridad a esa misma rescisión. En tal sentido, se ha puesto de relieve en la doctrina que la rescisión no hace nacer derecho alguno de prestación a favor del acreedor que sobrevenidamente recibió una garantía real, porque sus posiciones acreedoras traían causa de un negocio anterior a la rescisión y la sentencia que acoge la rescisión no viene a operar sobre el negocio jurídico 'in totum', puesto que el perjuicio y el consiguiente reproche se concentran en la garantía y no en el negocio obligacional, y de ahí que la sentencia de rescisión únicamente comporte que aquellas primitivas situaciones de crédito, que quedan subsistentes, se declaren desprovistas de la garantía sobreañadida, (en tal sentido, el Prof. GIL RODRÍGUEZ, en 'Comentarios a la Ley Concursal', Ed. TECNOS, pg. 899, coordinada por el Prof. BERCOVITZ RODRÍGUEZ-CANO). En el mismo sentido, señala CURIEL LORENTE (en 'La reintegración en **el concurso de acreedores**', Ed. Aranzadi, 2009, pg. 214, obra dirigida por el Prof. GARCÍA CRUCES) que los efectos de la sentencia estimatoria no pueden consistir, sin más, en una recíproca restitución de prestaciones por no haber nada que restituir, de manera que, como quiera que el crédito no es originado por la rescisión, conservará su propio título y, extinguida la garantía, su condición de ordinario. Y, comentando el Anteproyecto de Ley Concursal de 1983, el Prof. MASSAGUER indicaba ya en 1986 que los efectos de la sentencia que acoge la impugnación de la constitución o ampliación de gravámenes por deudas preexistentes no vencidas no pueden materializarse en devolución alguna y solamente se traducirán en una cancelación de la inscripción que se hubiera practicado ('**La reintegración de la masa** en los procedimientos concursales', Ed. Bosch, 1986, pg. 148, MASSAGUER FUENTES)..."

Y la sentencia del Juzgado de lo Mercantil núm. 3 de Pontevedra de fecha 31 de enero de 2012:

"...Rescisión de la garantía anexa al negocio jurídico ineficaz: la cuestión resulta problemática al no ser aplicable el artículo 73 a la constitución de garantías reales. El tema se ha abordado, entre otros, por el JM 2 de Madrid, en sentencia de 2-12-09: 'Debe indicarse al respecto que desde la promulgación **de la Ley Concursal** la redacción del precepto en cuestión ha sido objeto de críticas en el terreno doctrinal porque, al señalar su apartado 1 que la sentencia que estime la acción de reintegración condenará a la restitución de las prestaciones objeto de acto impugnado, la norma toma la parte por el todo, centrando su disciplina en el ámbito de la rescisión de contratos con obligaciones recíprocas y dejando fuera del mismo otros supuestos distintos de rescisión (v. gr., la rescisión de garantías reales). Viene al caso el apartado 3 del citado art. 73 a cuyo tenor 'El derecho a la prestación que resulte a favor de cualquiera de los demandados como consecuencia de la rescisión tendrá la consideración de crédito contra la masa, que habrá de satisfacerse simultáneamente a la reintegración de los bienes y derechos objeto del acto rescindido, salvo que la sentencia apreciare mala fe en el acreedor, en cuyo caso se considerará crédito concursal subordinado.' Pues bien, lo primero que se advierte tras su simple lectura es que dicho precepto no resulta aplicable al supuesto ahora examinado en ninguna de sus dos vertientes: ni para considerar el crédito como crédito contra la masa en la hipótesis ordinaria de ausencia de mala fe en el acreedor, ni para subordinarlo en caso de mala fe. En efecto, la norma, concebida para los casos en que la prestación resultante a favor del demandado sea la contrapartida de un acto de reintegración que este último debe de llevar a cabo en provecho de la masa, se aviene mal con una hipótesis como la contemplada por el ya examinado art. 71-3,2.º (rescisión de garantías reales). Precisamente por ello, la aplicabilidad del precepto, en cuanto conceptúa el derecho del demandado como crédito contra la masa, se encuentra expresamente supeditada a que ese derecho haya nacido 'como consecuencia de la rescisión', lo que es tanto como decir que, de no ser por la rescisión operada, tal derecho no habría nacido. Pues bien, en un caso como el ahora examinado el derecho de BBVA al cobro de las sumas prestadas a ORPLACO no nace de la presente rescisión sino que nace de la relación obligacional subyacente respecto de la cual el derecho real de hipoteca no fue otra cosa que una garantía superpuesta de carácter accesorio. En otras palabras: el derecho de la prestamista a recobrar la cantidad prestada hubiera existido aun cuando la obligación no se hubiera garantizado mediante hipoteca, por lo que huelga indicar que la rescisión de la hipoteca ni altera aquél derecho ni hace que nazca **'ex novo'** un derecho que no existiera con anterioridad a esa misma rescisión. En tal sentido, se ha puesto de relieve en la doctrina quela rescisión no hace nacer derecho alguno de prestación a favor del acreedor que sobrevenidamente recibió una garantía real, porque sus posiciones acreedoras traían causa de un negocio anterior a la rescisión y la sentencia que acoge la rescisión no viene a operar sobre el negocio jurídico 'in totum' puesto que el perjuicio y el consiguiente reproche se concentran en la garantía y no en el negocio obligacional, y de ahí que la sentencia de rescisión únicamente comporte que aquellas primitivas situaciones de crédito, que quedan subsistentes, se declaren desprovistas de la garantía sobreañadida (en tal sentido, el Prof. GIL RODRÍGUEZ, en 'Comentarios a la **Ley Concursal**', Ed. TECNOS, pg. 899, coordinada por el Prof. BERCOVITZ RODRÍGUEZ-CANO). En el mismo sentido, señala CURIEL LORENTE (en 'La reintegración en **el concurso de acreedores**', Ed. Aranzadi, 2009, pg. 214, obra dirigida por el Prof. GARCÍA CRUCES) que los efectos de la sentencia estimatoria no pueden consistir, sin más, en una recíproca restitución de prestaciones por no haber nada que restituir, de manera que — añade más adelante— como el crédito no es originado por la rescisión, conservará su propio título y, extinguida la garantía, su condición de ordinario. Y, comentando el Anteproyecto de **Ley Concursal** de 1983, el Prof. MASSAGUER indicaba ya en 1986 que los efectos de la sentencia que acoge la impugnación de la constitución o ampliación de gravámenes por deudas preexistentes no vencidas no pueden materializarse en devolución alguna y solamente se traducirán en una cancelación de la inscripción que se hubiera practicado ('**La reintegración de la masa** en los procedimientos concursales', Ed. Bosch, 1986, pg. 148, MASSAGUER FUENTES). Por lo demás, esa conclusión vendría avalada también, mediante criterios de interpretación sistemática, a través de un argumento de reducción al absurdo: si el art. 155-2 **de la Ley Concursal** confiere a la Administración Concursal la potestad de decidir la cancelación con cargo a la masa de los créditos hipotecarios (y demás créditos dotados de privilegio especial), entonces ¿qué sentido tendría acudir a una enojoso litigio como el presente para la obtención de una pronunciamiento rescisorio que comportase la obligación de pagar el crédito garantizado con cargo a la masa si ese mismo resultado pragmático puede obtenerse directamente y por un simple acto de voluntad de la Administración Concursal ? Inaplicable, pues, el art. 73-3 por no adecuarse el supuesto examinado a las características conceptuales de la hipótesis que el mismo define, y, no existiendo por tanto base alguna para conceptuar el derecho subsistente de BBVA como un crédito contra la masa ni para subordinarlo en aplicación de la citada norma, es patente que ese derecho de naturaleza personal, una vez desprovisto de la garantía hipotecaria, habrá de recibir el tratamiento propio de un crédito ordinario en cuanto al capital prestado y, en su caso, subordinado en la parte correspondiente a intereses u otros conceptos eventualmente incardinables en el **art. 92 de la Ley Concursal** '...'"

La rescisión de una garantía real no afecta al procedimiento de ejecución llevado a cabo correctamente. Razona la anterior afirmación, la sentencia de la Audiencia provincial de Alicante, de fecha 24 de enero de 2008 (*Tol 1275254*):

"...PRIMERO.— En la primera alegación del recurso se denuncia la errónea interpretación y aplicación de los artículos 71, 72 y 73 de la Ley Concursal pues, una vez declarada la ineficacia de la hipoteca constituida a favor del BBVA, ningún inconveniente debe existir para declarar la nulidad del procedimiento de ejecución hipotecaria numero 1075/04 seguido en el Juzgado de Primera Instancia número 1 de Elche, que tiene como título de ejecución la escritura de constitución de hipoteca declarada ineficaz en el incidente de reintegración anterior número 850/05. Hemos de confirmar el pronunciamiento desestimatorio de la pretensión de nulidad del procedimiento de ejecución hipotecaria en atención a las razones siguientes: En primer lugar, entre los efectos previstos en el artículo 73 de la Ley Concursal para la rescisión no está contemplada la declaración nulidad de todos los actos subsiguientes a acto que se declara ineficaz. Esa consecuencia era la propia del sistema de retroacción absoluta previsto en el ya derogado párrafo segundo del artículo 878 del Código de comercio, calificado por la Exposición de Motivos como 'perturbador'. En segundo lugar, parece desprenderse del artículo 73.2 de la Ley Concursal el principio de que los actos posteriores al declarado ineficaz que se hubieran realizado de buena fe y sin ninguna irregularidad quedan definitivamente consolidados y no podrán quedar afectados por la rescisión del acto considerado como perjudicial para la masa activa. En nuestro caso, el procedimiento de ejecución hipotecaria se promovió en atención a un título (escritura de constitución de la hipoteca) que en aquella fecha era plenamente válido y en el procedimiento de ejecución, culminado con el Auto de adjudicación de fecha 27 de junio de 2005 y pago al acreedor hipotecario (anterior a la iniciación del anterior incidente de rescisión), no se observa ninguna irregularidad formal pues existe conformidad entre las partes acerca de la competencia objetiva del Juzgado de Primera Instancia número 1 de Elche para continuar la ejecución del bien propiedad de la concursada al concurrir la excepción prevista en el artículo 56.2 de la Ley Concursal. En tercer lugar, la seguridad jurídica, principio informador de nuestro Ordenamiento Jurídico según el artículo 9.3 de nuestra Constitución, se vería gravemente afectado si una vez consumado todo el procedimiento de ejecución hipotecaria se dejara sin efecto, máxime cuando, en nuestro caso, la Administración Concursal pudo ejercitar la acción de reintegración antes de culminar ese procedimiento de ejecución pues llegó a personarse el día señalado para la subasta en el Juzgado de Primera Instancia número 1 de Elche solicitando su suspensión, petición que fue rechazada..."

VII.1.3.5. Garantías extinguidas como consecuencia de su sustitución por otra garantía posteriormente rescindida

Una cuestión que se plantea con relativa frecuencia y que expongo con un ejemplo. Deuda de una sociedad contraída con una entidad de crédito y que goza de una reserva de dominio, pactándose la refinanciación de la deuda, dotándole de una hipoteca, previa extinción de la reserva de dominio. Posteriormente, y una vez declarado el concurso, la hipoteca resulta rescindida. ¿Qué sucede con la reserva de dominio que se extinguió para constituir la hipoteca?

Se ha manifestado por autorizada doctrina que la ineficacia y rescisión de la hipoteca en cuestión ex art. 226 y ss TRLC produce un retorno a la situación anterior, de tal manera que resurgen las garantías de las que disfrutaba el acreedor y que se extinguieron a efectos de constituir la hipoteca. En nuestro ejemplo, la reserva de dominio.[417]

Esta es la opinión también de nuestro Tribunal Supremo, sentencia de fecha 4 de noviembre de 2016 que entiende que aquí no estamos ante un acto estrictamente unilateral, por lo que los efectos de la rescisión alcanzan del mismo modo la hipoteca como a la reserva de dominio, cancelándose la primera y reponiéndose la segunda:

> "...El propio tribunal de instancia, al razonar la existencia del perjuicio, admite que existió una novación de los originarios contratos de financiación y que por ello se convino también la sustitución de las originarias garantías, las reservas de dominio, por otras garantías más consistentes, en concreto, las hipotecas inmobiliarias cuya rescisión se pide. De tal forma que resulta lógico que si el acto de disposición objeto de rescisión consiste en la sustitución de una originaria garantía, que se califica de más débil, por otra, que se considera más consistente, el efecto de la rescisión previsto en el art. 73 LC no sea la mera cancelación de las hipotecas, sino que también alcance a la rehabilitación de la reserva de dominio. Sin perjuicio de que la imposibilidad de restituir estas reservas de dominio sobre los vehículos pueda transformarse en una restitución por equivalencia, mediante el pago del importe de aquellas garantías (las reservas de dominio) al tiempo en que se dejaron sin efecto como consecuencia de la constitución de las hipotecas, el 29 de diciembre de 2003. Es cierto que, en otras ocasiones, hemos declarado que el efecto consiguiente a la rescisión de una hipoteca es, ordinariamente, su cancelación (STS 100/2014, de 30 de abril), en la medida en que se trata de un acto unilateral. Pero este no es el caso, ya que en el presente la constitución de las hipotecas por el posteriormente declarado en concurso estaba

---

417 GARCÍA-CRUCES, J.A. "Dación", pgs. 1189 a 1192.

ligada a que la financiadora levantara las garantías de las reservas de dominio. No estamos ante un acto estrictamente unilateral, por lo que la rescisión alcanza del mismo modo a la constitución de las hipotecas que a la reposición de las reservas de dominio. 4. Como ya hemos razonado en el apartado anterior, se trata de un efecto legal consiguiente a la petición de rescisión del acto objeto de impugnación, razón por la cual debería haberse acordado en la sentencia de primera instancia al estimarse la acción rescisoria. Por ello, la demandada estaba legitimada para recurrir la sentencia de primera instancia por una aplicación indebida de los efectos de la rescisión y el tribunal de apelación debió haber admitido este extremo de la apelación. En consecuencia, estimamos el recurso de casación y modificamos la sentencia de apelación, en el sentido de estimar en parte el recurso de apelación y acordamos como efecto consiguiente a la rescisión de las escrituras de constitución de las hipotecas inmobiliarias, la restitución de las garantías originarias, las reservas de dominio sobre los vehículos..."

En similar sentido, sentencia de la Audiencia Provincial de Valencia, de fecha 16 de noviembre de 2023:

"....La sentencia dictada por el Juzgado de lo Mercantil de 30-11-2020, efectivamente, no rescinde el contrato de préstamo hipotecario de 12-12-2014, sino el pago para cancelar el préstamo por la concursada a Bankinter, efectuada en 25-1-2019; no elimina tal carga hipotecaria (de hecho, sigue latente registralmente) sino rescinde el pago, que expresamente declara ineficaz, con reintegro de tal importe a la masa activa y a su vez con reconocimiento de crédito a favor de Bankinter. Es decir, tal rescisión dada su propia naturaleza y efectos específicos en materia concursal (artículo 73, Fundamento Quinto de la sentencia del Juzgado de lo Mercantil,) de "restitución de las prestaciones objeto del acto" repone la situación contractual a la existente al momento previo del pago y, por tanto, con mantenimiento de plena virtualidad de la garantía real, cual es la hipoteca de las fincas..."

Sin embargo no comparto la anterior conclusión. El pago de una obligación afianzada supone la extinción, no sólo de tal obligación, sino también de la garantía. El tenor literal del art. 1847 CC es concluyente al establecer que la obligación del fiador se extingue al mismo tiempo que la del deudor. Por ello, extinguida la obligación principal, por pago, dación etc., automáticamente se extingue la accesoria, esto es, la garantía, sin que la posterior rescisión pueda suponer una suerte de resurrección no contemplada en la norma. Pero, ciertamente, no es esta la jurisprudencia del Tribunal Supremo ni la opinión de la mayor parte de la doctrina y la jurisprudencia.

VII.1.3.6. Bienes reintegrados que devienen no necesarios para pagar a los acreedores concursales

Piénsese en la venta de unas parcelas que son objeto de rescisión, devueltas al patrimonio del concursado y que, posteriormente, enajenada una de ellas, se obtiene líquido suficiente para satisfacer íntegramente a todos los acreedores. Entiendo que el resto de las parcelas volverán al poder de la contraparte del deudor en el negocio rescindido, pues, como consecuencia de la naturaleza de la acción aquí analizada, el acto es ineficaz frente a los acreedores del deudor, o mejor dicho, la masa del concurso, pero son válidos respecto a éste. Ello con la consiguiente restitución de lo previamente restituido como consecuencia de la rescisión concursal parcialmente ahora innecesaria.

VII.2. EFECTOS EN RELACIÓN CON LOS SUBADQUIRENTES

Conforme establece el art. 235.4 TRLC si los bienes y derechos salidos del patrimonio del deudor no pudieran reintegrarse a la masa activa por pertenecer a tercero no demandado o que, conforme a la sentencia, hubiera procedido de buena fe o gozase de irreivindicabilidad o de protección registral, se condenará a quien hubiera sido parte en el acto rescindido a entregar el valor que tuvieran cuando salieron del patrimonio del deudor concursado, más el interés legal.

La norma reseñada, con relación a los terceros, entendidos como adquirentes de segundo o ulterior grado,[418] prohíbe la res-

---

[418] HERNÁNDEZ MARTÍ, J. "Efectos", pg. 307.

cisión del acto o negocio sospechoso y la consiguiente restitución de la prestación efectuada por el concursado, en el supuesto que a) aquel no hubiese demandado junto al concursado y el adquirente directo; b) hubiere procedido de buena fe; o b) gozase de irrevindicabilidad y protección registral[419].

VII.2.1. El subadquirente no fue demandado

Entrando en el análisis del primer supuesto de imposibilidad de restitución de prestación, que el tercero no hubiese sido demandado, la consecuencia es evidente por elementales razones de tutela judicial efectiva, en orden a evitar indefensión.[420] Si no se le demanda, su adquisición se consolida y deviene inatacable.

VII.2.2. El subadquirente no actuó de mala fe

La mala fe del subadquirente, en su caso, se aprecia en la sentencia que se dicte en el proceso rescisorio, y requiere previa petición actora de su declaración, y dirigida al Juez del Concurso en su demanda rescisoria.

A diferencia de lo dispuesto en el art. 1295 CC, en el que la mala fe se articula como forma de enervar la protección posesoria o registral, en la norma del art. 235.4 TRLC, esa ausencia de mala fe reconocida en la sentencia, queda configurada como una causa de protección adicional a la irreivindicabilidad o protección registral.[421]

Aquí mala fe conecta con el conocimiento que el negocio celebrado entre la contraparte era perjudicial para la masa activa y fue realizado en una situación económica insolvencial comprometi-

---

419 Contra, GARCÍA-CRUCES J.A. "La reintegración de la masa", pg. 372.

420 HERNÁNDEZ MARTÍ, J. "Efectos", pg. 307, lo hace extensivo al art. 1295 CC, pese al silencio de tal precepto.

421 HERNÁNDEZ MARTÍ, J. "Efectos", pg. 307.

da.[422] La prueba de esa actuación de mala fe pecha exclusivamente sobre la parte demandante.

Pese a lo dispuesto en el art. 1295 CC y la interpretación del citado precepto por parte de la doctrina, en el sentido que el tercer adquirente, a más de actuar de buena fe, lo debe ser exclusivamente a título oneroso, a la vista de lo señalado en el art. 235.4 TRLC, entendemos que, respecto de la acción rescisoria concursal, se muestra indiferente que lo sea a tal título o a título gratuito.[423]

VII.2.3. El subadquirente goza de irrevindicabilidad o protección registral

Finalmente, el art. 235.4 TRLC, veta la rescisión concursal cuando ese tercero goza de irrevindicabilidad, o de protección registral. Este supuesto, fundado en la buena fe,[424] y, especialmente, la apariencia posesoria o registral, ha sido objeto de tutela desde siempre permitiendo que, bajo determinadas condiciones, el titular pueda hacer valer su derecho aun cuando el título de quien transmitió el derecho no fue válido.

El art. 235.4 TRLC contiene una remisión a los principios aplicables, según los regímenes legales a que quedan sometidos los bienes, que protegen a los subadquirentes.[425], y no introduce ninguna modificación en el régimen de protección de las adquisiciones realizadas por los subadquirentes[426]. Y así tengo que traer a colación lo señalado en el art. 85 C.Com respecto a quien adquiere mercaderías en establecimiento abierto al público, que sean

---

422 ROMERO SANZ DE MADRID, C. "Derecho", pg. 165 y 166; ALCOVER GARAU, G. "Comentarios", pg. 783, y FERNÁNDEZ AGUADO, J.I. "Las acciones", pg. 186.

423 RIPOLL OLAZÁBAL, G. "Derecho Concursal", pg. 395 y 396.

424 HERNÁNDEZ MARTÍ, J. "Efectos", pg. 307.

425 MASSAGER, J. "Aproximación", pg. 4234.

426 Exposición motivos LC, apartado III. MASSAGER, J. "Aproximación", pg. 4234.

propias del establecimiento; la irreivindicabilidad de los efectos al portador y de los títulos cambiarios recogida en los arts. 545 C.Com y 19 y 20 LCCH, así como el contenido del art. 464 CC, respecto de los bienes muebles. En el tráfico inmobiliario, vid. los arts. 32, 34 y 37 LH.

VII.3. EFECTOS DE LA RESCISIÓN SI INTERVIENE SUBADQUIRENTE

VII.3.1. No es posible la rescisión

VII.3.1.1. No mediando mala fe del adquirente directo

El art. 1298 CC, señala que cuando el adquirente del bien objeto de rescisión actuó de buena fe, la acción deviene inoperante.[427] Por el contrario, en la rescisión concursal, y no mediando mala fe, procede el pago por el adquirente directo, del importe correspondiente al valor que tuvieran las cosas recibidas al momento de su salida del patrimonio del deudor concursado, más el interés legal (art. 235.4 TRLC), pago éste que presenta un cariz eminentemente indemnizatorio. De esta forma, y en sede concursal, queda degradado el efecto rescisorio propio de la acción por esa imposibilidad de restitución, y se sustituye por un pago equivalente al referido valor del bien o derecho, regla ésta, por cierto, no susceptible de extensión a otros supuestos distintos.[428]

Ese valor, que no resulta preciso que coincida con lo pagado por la contraparte al deudor-concursado, aunque podría coincidir, conecta con el llamado valor de mercado del bien al tiempo de efectuarse el acto sospechoso, y a la vista de sus circunstancias y estado en ese momento celebratorio, y no en el momento decretatorio de la rescisión.[429] Cualquier incremento de valor origi-

---

427 ALCOVER GARAU, G. "Comentarios", pg. 784.

428 MASSAGER, J. "Aproximación", pg. 4234.

429 MASSAGER, J. "Aproximación", pg. 4235.

nado en este espacio de tiempo, no impone al adquirente directo el pago de esa diferencia o incremento de valor, esa mayor diferencia[430]. Ello puede ocasionar actuaciones tendentes a encubrir, un enriquecimiento injusto de la contraparte, si el valor del bien acreció desde su adquisición del concursado hasta su entrega al tercero.[431]

Sobre la compensación de estos saldos, me remito a lo dicho anteriormente respecto a la compensación entre deudor y contraparte como consecuencia de la restitución simultanea de prestaciones.

VII.3.1.2. Mediando mala fe del adquirente directo

En este caso, el adquirente directo queda compelido a indemnizar[432] la totalidad de los daños y perjuicios causados a la masa activa como consecuencia del acto objeto de rescisión, incluyendo, a título de ejemplo, el lucro cesante o el mayor valor del bien que debió ser restituido al momento del reintegro.[433] Y el eventual crédito a su favor, queda manchado de concursalidad subordinatoria en los términos que anteriormente expliqué.

VII.3.2. Resulta posible la rescisión

En el supuesto que el subadquirente no se encontrase en ninguna de las situaciones reseñadas y, por lo tanto, resultase posible

---

430 ALCOVER GARAU, G. "Comentarios", pg. 784.

431 ESCRIBANO GAMIR, R.C. "La reintegración", pg. 4043, quien considera que la Ley ha optado por un criterio compensatorio al exigir el pago de interés legal.

432 Resalta acertadamente ESCRIBANO GAMIR, R.C. "La reintegración", pg. 4033, la función sancionatoria de la mala fe del precepto. La autora destaca, igualmente, lo severo de la sanción a diferencia de lo dispuesto en el art. 1298 CC que, junto a la mala fe, añade la exigencia de que el acto se haya hecho en fraude de acreedores.

433 MARTÍN REYES, M.A. "La impugnación", pg. 4188 y 4189.

la restitución, procede la devolución del bien o derecho a la masa activa del concurso, con la simultanea restitución de la prestación que no habrá de satisfacerse simultáneamente a la reintegración de los bienes y derechos objeto del acto rescindido, toda vez que, por lógica, el subadquirente habrá actuado de mala fe, por lo que su crédito tendrá la consideración concursal de subordinado.

Recordar que la sentencia acordando la reintegración accederá a los registros públicos correspondientes, en los que figuren inscritos los bienes y derechos afectados, perjudicando, en este caso, a cualquier titular registral.

VIII. El ejercicio de las demás acciones de reintegración

Conforme establece el art. 238 TRLC, declarado el concurso, también podrán impugnarse mediante el ejercicio de cualesquiera otras acciones que procedan conforme al derecho general los actos del deudor anteriores a la fecha de la declaración.

Por lo tanto, declarado el concurso, cabe la impugnación de actos del deudor, anteriores a tal declaración, las correspondientes acciones de nulidad, anulabilidad, declarativa, restitutoria, subrogatoria o rescisoria por lesión. Esta impugnación del art. 238 TRLC, que cabe acumularse a la rescisión concursal, en lo relativo a los actos del deudor objeto de impacto, prescinde del periodo de sospecha a que se refiere el art. 226 TRLC, aunque si soporta el impacto prescritorio o de caducidad que le fuera aplicable según la acción ejercitable.

Por ejemplo, el acreedor podrá ejercitar la acción pauliana común prevista en el art. 1111 CC[434], impugnar la división de la cosa común en fraude conforme al art. 403 CC, impugnar la partición de la herencia al amparo del art. 1083 CCC; impugnar la liquidación de la sociedad de gananciales con arreglo al art. 1402 CC; impugnar donaciones por mor del art. 643 CC, así como obtener la declaración de ineficacia de las capitulaciones matrimoniales ex art. 1317 CC. También deberá hacerse valer en el incidente las presunciones recogidas en el art. 195 TRLC.[435]

---

434 Bajo el anterior régimen concursal, recordar la sentencia del Tribunal Supremo de fecha 30 de enero de 2004, que acepta el ejercicio de la acción pauliana frente al deudor que se halla incurso en procedimiento de suspensión de pagos.

435 YÁNEZ VIVERO, F. "Efectos", pg. 62.

Como dije arriba, el presente trabajo tiene por objeto el examen de la acción rescisoria concursal. No obstante, no quiero dejar de poner de manifiesto nuevamente que el ejercicio de estas otras acciones, requiere cumplir los presupuestos y requerimientos fijados en la Ley para cada una de ellas. Y los efectos de su estimación, son los propios de cada una de tales acciones, y no los establecidos en los arts. 235 y 236 TRLC. Por el contrario, la competencia para conocer de ellas (el Juez del concurso), la legitimación el procedimiento para su tramitación, y la apelación aparecen comunes a esas otras acciones de impugnación y a la rescisoria concursal (art. 238.2 TRLC).[436] Aunque el fundamento de la legitimación principal conferida a la Administración Concursal varía según se trate de acciones impugnatorias que fuera del concurso hubieran estado legitimados los acreedores para interponer (la nulidad o la acción pauliana), o aquellas cuya legitimación fuera del concurso está reconocida exclusivamente al deudor concursado (rescisión por lesión o algunos supuestos de anulabilidad). En el primer supuesto, cabe ubicarlo en la asunción por el órgano concursal de la representación de los intereses patrimoniales del concurso y de los acreedores. En el segundo, conecta con la protección del interés concursal.

Sobre la legitimación principal de la administración concursal en orden al ejercicio de tales acciones vid. la sentencia de fecha 26 de mayo de 2020:

> "...En el caso del resto de las acciones impugnatorias, esto es, aquellas que, como la que es objeto de este pleito, no han nacido con el concurso y también podrían haberse ejercitado de no haberse declarado el concurso del disponente, es preciso hacer, como se ha hecho en la doctrina, alguna matización: i) respecto de las acciones impugnatorias que fuera del concurso hubieran

---

436 RIVERA FERNÁNDEZ M. "Reintegración", pg. 131. GARCÍA-CRUCES J.A. "La reintegración de la masa", pg. 362, sitúa lo anterior es la necesidad de coordinar entre esas acciones y la rescisoria concursal, a la vista de la incidencia que el ejercicio de las primeras puede tener en el concurso.

> estado legitimados los acreedores para interponer (la nulidad o la acción pauliana), "la legitimación originaria de la administración concursal para ejercitar estas acciones impugnatorias dentro del concurso tendría el mismo fundamento antes expuesto para la rescisión concursal: la asunción por parte de la administración concursal de la representación de los intereses patrimoniales del concurso y de los acreedores"; y ii) respecto de las acciones impugnatorias cuya legitimación fuera del concurso está reconocida exclusivamente al deudor concursado (rescisión por lesión o algunos supuestos de anulabilidad), después del concurso la legitimación activa se atribuye de forma originaria a la administración concursal "para garantizar la protección del interés colectivo de los acreedores"..."

Dejo aquí la sentencia del Tribunal Supremo de fecha 18 de abril de 2013 relativa al ejercicio de una acción pauliana contra la transacción y el pago de una deuda ajena, en situación de insolvencia del pagador, que días después presento su concurso, y cuando el pagador tenía deudas muy superiores a la cantidad pagada y que realmente no debía:

> "...10. Desde la perspectiva resaltada por la citada Sentencia 510/2012 de 7 de septiembre, que articula y diseña la acción pauliana "en torno a la protección institucional del derecho de crédito, bajo el fundamento primario que otorga la responsabilidad patrimonial de nuestro artículo 1911 del Código Civil ", en el presente caso concurren los requisitos necesarios para su apreciación. Como recuerda la Sentencia 749/2006, de 17 de julio, "el acto o contrato que permite el ejercicio de la acción pauliana o rescisoria debe perjudicar al acreedor, minorando la solvencia del deudor, de modo que aquél no pueda cobrar lo que éste le debe, en definitiva". El acto de disposición objeto de impugnación es la entrega, por la concursada, de 162.723,27 euros para satisfacer una deuda ajena, que si bien era muy superior, el destinatario del pago convino en tenerla por extinguida mediante este pago. El pago se hizo unos días antes de que el pagador solicitara el concurso de acreedores, cuando tenía deudas muy superiores a la cantidad pagada. Lo anterior pone en evidencia que cuando se hizo el pago, el pagador ya estaba en situación de insolvencia, y este acto de disposición supuso la distracción del importe satisfecho de la masa activa del concurso de acreedores, con el consiguiente perjuicio a los acreedores de quien paga, porque disminuye la garantía patrimonial del cobro de sus créditos. El perjuicio para los acreedores

viene determinado porque la Sra Manuela pagó una deuda ajena, justo un momento anterior a que fuera declarada en concurso de acreedores, por lo tanto cuando se encontraba en estado de insolvencia, y este acto disposición supuso la frustración de la garantía patrimonial que respecto de la cantidad abonada tenían los acreedores de la Sra. Manuela, al tiempo de realizarse el acto de disposición. En definitiva: los créditos perjudicados son anteriores al acto de disposición y por cuantía superior a la suma distraída; el acto de disposición, desde la perspectiva de los créditos pendiente de pago, resulta injustificado, pues se trata del pago de una deuda ajena, no debida; al tiempo de realizarse, la Sra Manuela se encontraba en situación de insolvencia, pues, a continuación se declaró en concurso de acreedores; y los anteriores hechos denotan que eran consciente o debía serlo del perjuicio que para sus acreedores depararía el pago realizado de una deuda ajena. La rescisión del acuerdo transaccional supone dejar sin efecto el pago y condenar a su destinataria, Metrega, S.A., a su restitución, junto con los intereses generados desde la reclamación judicial, tal y como fue solicitado en la demanda..."

IX. La acción rescisoria concursal y el procedimiento especial para microempresas

La Ley 16/2022, de 5 de septiembre, (LRTRLC, en adelante), formuló una radical y ambiciosa reforma del Real Decreto Legislativo 1/2020 de 5 de mayo, aprobatorio del TRLC), e introdujo un cambio de paradigma en el ámbito de la insolvencia, y una firme y decidida apuesta por la preconcursalidad, y consiguiente deprecio de lo concursal, como manera de afrontar la insolvencia de las empresas.

La sustanciación de tal norma hasta su aprobación resultó francamente lamentable, deviniendo en una astracanada vergonzante e impropia del sigo XXI, con momentos sonrojantemente surrealistas, que pervirtió y violentó el inicial anteproyecto legislativo, del que cabía cuestionar, y yo cuestioné, numerosos aspectos, pero desde luego redactado por técnicos, con un sentido, compartible o no, y siempre mejorable, deviniendo en una norma de ínfima calidad, lastimosa desde una perspectiva semántica y de su sintaxis, y contradictoria en sus regulaciones, con el consiguiente embarrado de su entendimiento. Todo ello por culpa de una tramitación apresurada, revuelta, y siempre urgente, a golpe de presión, especialmente de los gremios profesionales, y partiendo de una inicial cerrazón a cualquier pretensión u opción contraria a la misma, por muy razonable que fuera, y que cuando se aceptó, lo fue a regañadientes, a medias, de mala manera, torpemente redactada y lo más importante, sin la debida coordinación y conciliación del cambio introducido con respecto al resto del contenido de la proyectada norma.

El culmen de este surrealismo insolvencial, absolutamente murakamiano, resultó ser la introducción, a través del libro III TRLC, y en nuestro ordenamiento jurídico de la insolvencia, de una figura novedosa, el procedimiento especial para microempresas, no prevista en la Directiva (UE) del Parlamento europeo y del Consejo, de 20 de junio de 2019, sobre reestructuración e insolvencia,[437] y pensada y diseñada para un empresario ínfimo y escuálido en cuanto a su actividad empresarial, o profesional, y deudas, así como a la vista de sus recursos y patrimonio, aquí nominado microempresario (art. 685 TRLC), y a quien se le ofrece el acceso a este procedimiento como único remedio a la insolvencia que le afecta, actual o inminente, o en grado de probabilidad (art. 686.1 TRLC).

Este proceso fue diseñado con una absoluta ignorancia de la realidad de la insolvencia, de forma más teórica que práctica, casi ingenua e infantil, y desconociendo, además, la idiosincrasia pícara y lazarillesca tormesiana del empresariado patrio, y de manera ajena a éste. El estropicio se acabó de "arreglar", dicho con sarcasmo, tras una tramitación de la figura tumultuosa, lamentable e infame.

El procedimiento microempresarial se ofrece como una suerte de lamentable y ruinoso espectáculo, con una sistema de formularios normalizados absolutamente desastroso, y fallón hasta la sociedad, lento y relentizador del procedimiento, incluso de su mero inicio, del que todos los operadores jurídicos huyen y reniegan; donde, pese a al tenor literal de la norma, y debido a lo pueril e infantil de sus recetas, brilla por su ausencia cualquier pretensión de continuidad de la empresa en favor de su liquidación, y con unos deudores empleadores del procedimiento para escaquearse de sus acreedores y responsabilidades. Y una plataforma electrónica de liquidación que ha resultado ser un absoluto

437 Directiva (UE) del Parlamento europeo y del Consejo, de 20 de junio de 2019, sobre marcos de reestructuración preventiva, exoneración de deudas e inhabilitaciones, y sobre medidas para alimentar la eficiencia de los procedimientos de reestructuración, insolvencia y exoneración de deudas.

fiasco, y que obliga a acudir a los que saben de liquidaciones de activos: las empresas y plataformas especializadas en ello.

Pero aquí está el rutilante procedimiento especial para microempresas que, obviamente, ni se trata de un procedimiento concursal (libro I TRLC), ni tampoco preconcursal (libro II TRLC), aunque el común denominador de todos ellos resulte ser su carácter de instrumento tratador de la insolvencia, siéndole aplicable a los citados microempresarios aspectos del citado derecho concursal y preconcursal, especialmente en cuanto a su aplicación supletoria (art. 689 TRLC), y aun cuando el procedimiento microempresarial resulta totalmente ajeno y distinto del concurso de acreedores y los planes de reestructuración.[438]

Este proceso microempresarial emerge como único y exclusivo y de aplicación obligatoria para tal clase de livianos deudores, del cual no podrán abdicar ni huir, tramitándose, la vista del art. 585.5 TRLC, como proceso de continuación (arts. 697 y ss TRLC), régimen éste de ínfima y residual aplicación, con pretendida semejanza a los planes de reestructuración del libro II TRLC, aunque con evidente diferencias entre ambos[439], o, luctuosamente, a través de un procedimiento de liquidación (arts. 705 y ss TRLC) aprovechado en demasía como instrumento y maquillaje encubridor de desastres económicos y financieros. Estos dos itinerarios, pese a contar con unas reglas comunes o aplicables a ambos, se exhiben y ofrecen como alternativos para el deudor, aunque el fracaso del primero sea por no aprobarse u homologarse el plan de continuación, sea por su incumplimiento, conlleva la apertura del segundo, con la consiguiente liquidación del deudor (art. 705.1 TRLC).

Este proceso insolvencial de microempresarios, con independencia de su cauce continuativo o liquidatorio, se configura con una pretensión de simpleza y agilidad procedimental, simplificán-

---

438 Sobre los principios informadores del procedimiento especial para microempresas vid. FERRANDIZ AVENDAÑO, P.J."Los principios".

439 RECAMAN GRAÑA, E. "Comentario", pg. 1694.

dose hasta la escualitud, e impulsado, como regla general, por el propio deudor, pero también por los acreedores, en base a formularios normalizados y plataformas, en ambos casos, francamente mejorables, y abaratándolo con extremo ahorro de tramites, tiempos, costes, e intervinientes en el proceso microempresario.

Y en con relación a este último aspecto, expulsando del procedimiento especial para microempresas a los profesionales tradicionalmente intervinientes en el ámbito de la insolvencia, salvo aquellos cuya actuación resulte conveniente, y siempre que alguien "pague la fiesta", instando su designación y haciéndose cargo de sus honorarios[440], pues, lamentablemente, se presume y acepta, como irremediable, el impago de su retribución al profesional, justificándose así su exclusión del proceso microempresarial. Esta repulsa profesional ya ha sido parcialmente corregida a través de la LO 1/2025, modificatoria del art. 713.5 TRLC.

Dentro de la regulación del citado procedimiento especial, coexisten nomas aplicables únicamente al camino de continuación, otras exclusivas del liquidatorio, y otras, aplicables o comunes, a ambos. Una de estas últimas, art. 695 TRLC, incluido en el Título I ("reglas comunes"), Capítulo IV, denominado "acciones para incrementar el patrimonio a disposición de los acreedores", resulta habilitadora del ejercicio de acciones rescisorias frente a actos del deudor. Señala el art. 695 TRLC:

> 1. Desde la comunicación de la apertura del procedimiento especial y durante los treinta días hábiles siguientes, los acreedores y los socios personalmente responsables de las deudas del deudor podrán comunicar cualquier información que pueda resultar relevante a los efectos del posible ejercicio de acciones rescisorias contra actos realizados por el deudor, de acuerdo con las reglas de la sección 1.ª del capítulo IV del título IV del libro primero.
>
> 2. Los acreedores y los socios personalmente responsables de las deudas del deudor comunicarán la información mediante formulario normalizado.

---

440 En similar sentido, RECAMAN GRAÑA, E. "Comentario", pg. 1695.

> 3. Dentro de los cuarenta y cinco días siguientes a la comunicación de la apertura del procedimiento especial, los acreedores cuyos créditos representen al menos el veinte por ciento del pasivo total podrán solicitar el nombramiento de un experto en la reestructuración o un administrador concursal a los efectos del ejercicio de acciones rescisorias. Los acreedores que representen un porcentaje del pasivo mayor al que ha solicitado el nombramiento pueden oponerse al mismo, salvo que los solicitantes asuman íntegramente la retribución del experto en la reestructuración o del administrador concursal.
>
> 4. Si ya hubiera un experto en la reestructuración o un administrador concursal en el procedimiento especial, acreedores que representen al menos el diez por ciento del pasivo total podrán solicitar del mismo el ejercicio de la acción rescisoria. En caso de negativa del experto en la reestructuración o del administrador concursal, o en caso de falta de respuesta dentro de los quince días hábiles siguientes, los acreedores solicitantes tendrán legitimación subsidiaria para entablar la acción rescisoria. Los acreedores litigarán a su costa en interés del procedimiento especial, según el régimen jurídico previsto para la legitimación activa subsidiaria de acreedores en el libro primero.
>
> 5. Esta acción no suspenderá el normal desarrollo procesal del procedimiento especial.
>
> 6. La acción rescisoria solo podrá ser presentada en caso de insolvencia actual del deudor.
>
> 7. La acción rescisoria puede ser objeto de cesión a un tercero y, en caso de procedimiento especial de continuación, su ejercicio puede incluirse en el plan de continuación.

Estas acciones incrementadoras del patrimonio conectan, exclusivamente, con la genuina acción rescisoria concursal de los arts. 226 y ss TRLC, pero no con las otras acciones de reintegración del art. 238 TRLC. Ciertamente la referencia efectuada en el art. 695.1 TRLC a "acciones rescisorias", en plural, abona una precipitada interpretación abarcatoria, tanto de una como las otras. Sin embargo, la concreta referencia efectuada en el art. 695.1 TRLC al ejercicio de acciones rescisorias conforme a las normas "de la sección 1.ª del capítulo IV del título IV del libro primero", cuyo objeto exclusivo es la acción rescisoria concursal del art. 226 TRLC, y omitiendo cualquier mención a la sección 2.ª, del citado capítulo y titulo, atada a las otras acciones de impugnación del art. 238 TRLC, permite concluir que solo cabe ejercitar en el procedimiento especial para microempresas, sea en el itinerario de continuación como en el liquidativo, la acción rescisoria concursal de los arts. 226 y ss TRLC,[441] obviamente, acomodándolas a los principios de este procedimiento especial y las reglas que integran el libro III del TRLC (art. 689.1 TRLC).

> Pero ese espejo regulador de la rescisión del Libro I TRLC en el procedimiento especial para microempresas no surge absoluto. Por lo pronto, el posible ejercicio de las acciones rescisorias, que nace y muere con el citado procedimiento, y sin perjuicio de la cesión de las acciones a un tercero o, en caso de procedimiento especial de continuación, de su ejercicio incluido en el plan de continuación, requiere impepinablemente la insolvencia actual del deudor (art. 695.6 TRLC), quedando, por lo tanto, expulsado del régimen rescisorio microempresarial, aquellos procedimientos especiales aperturados como consecuencia de la insolvencia inminente, o de la probabilidad de insolvencia del deudor, aunque, cierto es, ésta no habilita para la presentación del concurso de acreedores (art. 5 y 584.2 TRLC), y la insolvencia inminente no permite instar el concurso necesario (art. 5 TRLC). Esta insolvencia actual deberá ser comprobada tanto por el profesional, experto en reestructuraciones, o administrador concursal, en orden al ejercicio de la acción rescisoria, como el Juez a la hora de la admisión de la demanda rescisorio y, en todo caso, de su estimación.[442]

También observo variaciones respecto a la legitimación activa para el ejercicio de las acciones rescisorias. Como señalé en otro apartado de este libro, la legitimación para interponer las acciones de reintegración en el Libro I TRLC corresponde, con carácter principal, a la administración concursal y, con carácter subisidiario, a los acreedores (arts. 231 y 232 TRLC). Y que uno de los pronunciamientos ineludibles en la declaración del concurso, es la designación de un administrador concursal (art. 28.1.3.º TRLC), que surge como órgano ineludible y central del concurso de acreedores.

La rescisión microempresarial presenta un esquema legitimatorio aparentemente similar al previsto para el ejercicio de las ac-

---

441 Contra, SANJUAN Y MUÑOZ, E. "Comentario", pg. 238.

442 RECAMAN GRAÑA, E. "Comentario", pg. 1614

ciones de reintegración en el Libro I TRLC. Aquí, la legitimación se reserva al experto en la reestructuración o administrador concursal (art. 695.3 TRLC) y, caso de pasividad, o rechazo al ejercicio rescisorio, quedan habilitados determinados acreedores (art. 695.4 TRLC). Sin embargo, ese esquema quiebra respecto al del Libro I TRLC en cuanto la intervención en el procedimiento especial de microempresas de estos profesionales, no viene impuesta por Ley, en todo caso y todos los procedimientos microempresariales sino que, salvo que el juez ejercite la facultad designatoria y condicionada que le confiere el art. 713.5 TRLC, su aparición requiere de una previa solicitud designatoria formulada, según el casos, por deudor o determinados acreedores (arts. 695 TRLC, 704 TRLC, y 713 TRLC) y que conecta con el ejercicio de determinadas funciones principales, entre las que se encuentra, el ejercicio de acciones rescisorias contra actos del deudor, y que permiten, tras la designación, el ejercicio de otras funciones secundarias y subyugadas a esa previa designación.

Tras aperturarse el procedimiento especial para microempresas, una eventual designación profesional, sea de un experto en reestructuraciones, sea el de un administrador concursal, choca con principios básicos del sistema microempresarial ya reseñados como el de agilizar el procedimiento, tanto en plazos como en trámites, y abaratar económicamente el mismo, entre otras herramientas y con la excusa que nunca cobran sus honorarios, prescindiendo de la intervención de profesionales. Ante tal disyuntiva, y a la vista de la importancia de las funciones principales, que rezuma de su previsión, tanto en el itinerario especial de continuación (arts. 704.1 y 2 TRLC y 695.3 y 4 y 696 TRLC) como en el liquidatorio (arts. 713.1 TRLC y los citados 695.3 y 4 y 696 TRLC), el legislador que ab initio entiende no precisa ni necesaria la presencia del experto en la reestructuración, o de un administrador concursal, permite y no impide el nombramiento del profesional, por el Juez, pero necesariamente para el ejercicio de cualquiera de las citadas funciones principales, y siempre que lo solicite un legitimado al efecto, deudor o acreedores, y se den determinadas circunstancias.

Además, en este caso concurre otra diferencia adicional respecto al régimen de reintegración del Libro I TRLC. En efecto, designada la administración concursal en el concurso de acreedores, ésta, desde la aceptación del cargo, cuenta con absoluta autonomía a efectos de interponer la acción de reintegración, y sin perjuicio que devenga separado del cargo (art. 100 y 101 TRLC) o se le exija responsabilidad por la concursada o los acreedores (art. 94 y ss TRLC). En el proceso microempresarial no acontece así, pues el experto en la reestructuración, o, el administrador concursal, incluso, aunque éste ya estuviese designado en el procedimiento, queda capado en su actuación rescisoria, haciéndole depender, si no estuviere nominado ya, de la previa solicitud designatoria de los acreedores y, en ambos casos, de la rogación por estos del ejercicio de determinada acción rescisoria.

Así, y como resumen, la rescisión microempresarial se ejecuta en tres actos. El primero, prescindible y voluntario como a continuación expongo, pasa por la comunicación al procedimiento de hechos y circunstancias alumbradores de actos rescindibles. El segundo, por la petición de la designación y nombramiento judicial de un profesional para que ejercite la acción rescisoria señalada por los acreedores contra un determinado acto del deudor, aunque, alternativamente, si ya estuviera designado ese profesional, la petición ira dirigida a éste y girará, en exclusiva, a la impetración de la citada acción. Estas dos fases principian con la citada comunicación de la apertura del procedimiento (art. 692 bis TRLC), en la que debe hacerse constar tales facultades acreedoras (auto del Juzgado de lo Mercantil núm. 5 de Madrid, de fecha 12 de abril de 2023) Y el restante acto, consistente en el ejercicio de la acción por el profesional y, en defecto de ejercicio, y si lo estiman oportuno, por determinados acreedores. Veámoslo.

Primer paso. A la vista del art. 695.1 TRLC, desde la comunicación de la apertura del procedimiento especial y durante los treinta días hábiles siguientes, los acreedores y los socios personalmente responsables de las deudas del deudor podrán comunicar cualquier información que pueda resultar relevante a los efectos del posible ejercicio de acciones rescisorias contra actos realizados por el deudor.

Esta facultad informativa no exige concreción y detalle en orden al acto rescindible y la acción a ejercitar, pero excluye lo genérico y confuso, y requiere cierta explicitud en cuanto a los hechos y circunstancias de las que pudiera derivar ese potencial y posible ejercicio de acciones rescisorias. Nada más. Solo comunicar hechos que pueden tener relevancia en orden a la rescisión de actos del deudor para así incrementar el patrimonio a disposición de los acreedores,[443] función alumbradora informativa ésta confiada tanto a los acreedores, en su condición de máximos interesados en el reintegro de la masa pues, se supone, constituye la garantía de sus créditos y, en caso de liquidación, de donde cobraran, como a los socios personalmente responsables de las deudoras del deudor, en este caso, a la vista que ese eventual reintegro de la masa resulta paliativo de esa responsabilidad deudora.

En fin, esta comunicación solo cumple una finalidad informativa y de traída al procedimiento,[444] de hechos e informaciones con incidencia en actos potencialmente rescindibles a los ojos de los acreedores, tomando en consideración las reglas y supuestos generales de rescisión,[445] y en conexión con la eventual construcción de una mayoría acreedora para peticionar el nombramiento, según el caso, de un administrador concursal o de un experto en la restructuración, para el ejercicio de la acción rescisoria frente a un concreto acto del deudor. O si ese profesional ya estuviese nombrado, con la finalidad que éste proceda a ese ejercicio accional rescisorio. Y en defecto de ejercicio, acometiéndolo si es de su interés los acreedores promotores de la rescisión.

Por ello, esta información rescisoria se vierte en el procedimiento mediante un formulario normalizado (art. 695.2 TRLC). No se

---

443 SANJUAN Y MUÑOZ, E. "Comentario", pg. 238.
444 RECAMAN GRAÑA, E. "Comentario", pg. 1611.
445 SANJUAN Y MUÑOZ, E. "Comentario", pg. 239.

comunica individualmente a los acreedores o al socio responsable. Pero ese avituallamiento informativo rescisorio al procedimiento también permite el acceso a ese acervo por parte del deudor, lo que puede acarrear por parte de este, conductas defensivas y maliciosas ante ese eventual tornado rescisorio que se le avecina. Aunque cierto es que esa actuación investigadora del acreedor, sabiendo que llegara a conocimiento del deudor, puede presentar esa finalidad acongojatoria, querellística catalana, y tendente a enseñar la patita rescisoria de lo que viene, y con ello invitar y excitar al deudor en el pago, por este o quien sea, de lo que le es adeudado.

Concluyendo, a través del mecanismo del art. 695.1 TRLC, el legislador deja en mano del activismo de los acreedores y los socios personalmente responsables de las deudas del deudor, la averiguación y comunicación al procedimiento de cualquier información relativa al ejercicio de tales acciones rescisorias para recuperar activos salidos del patrimonio deudor. Aunque lo cierto es que por mucho que los citados pretendan averiguar e indagar sobre actos del deudor rescindibles, el acceso a la información les resulta fuertemente limitado, y habitualmente, incompleto y sesgado, y normalmente vinculado a la propia experiencia y conocimiento personal de la información rescisoria suministrada, sin que la herramienta del art. 695.1 TRLC le conceda facultades averiguativas invasoras en el deudor y su documentación etc.

Por otro lado, esta comunicación informativa, que se exhibe facultativa ("podrán" señala el art. 695.1 TRLC) para los acreedores y socios responsables antes señalados, y que no precisan, a estos efectos comunicatorios, de ningún requisito adicional, cuantitativo o cualitativo, distinto de ostentar dicha condición acreedora o societaria, precisa de su formulación dentro del plazo de treinta días hábiles a contar desde la comunicación electrónica del procedimiento especial para microempresas y la publicación en el Registro Público Concursal a que se refieren el art. 692 bis TRLC. En el primer caso, dirigida, entre otros, a los acreedores incluidos en su solicitud de cuya dirección electrónica tenga constancia, permitiéndoles el acceso a toda la documentación presentada en el Tribunal (art. 692 bis 1 TRLC). El supuesto de apertura a solicitud de los acreedores, la publicación en el Registro público concursal surtirá los efectos de notificación respecto del deudor y demás acreedores de cuya dirección electrónica no se tenga constancia (art. 692 bis 3 TRLC).

De esta forma, con la referida noticia electrónica principia el plazo reseñado en el párrafo precedente a efectos de. la comunicación informativa de marras. Pero ello parece que solo conecta con los acreedores incluidos en su solicitud, y de cuya dirección electrónica tenga constancia. La duda surge respecto a los acreedores no compilados en la solicitud, o, aun recogidos, carentes de dirección electrónica conocida. O los socios personalmente responsables de las deudas del microempresario que, salvo que el procedimiento haya sido declarado a instancia acreedora, no reciben la citada comunicación (art. 692 bis 1 TRLC). O aquellos no reconocidos en el procedimiento microempresarial pero si posteriormente (art. 706 TRLC). Aquí, pese a lo tosco de la redacción del referido art. 692 bis TRLC, se me antoja que en estos supuestos el plazo comunicatorio comienza con la referida publicación en el Registro Público Concursal. Cualquier otra interpretación conduce al sinsentido de impedir que jamás principie el plazo para dichos acreedores y socios, con la consiguiente imposibilidad de cursar una comunicación de hechos rescisorios para la que están expresamente habilitados en el art. 695.1 TRLC.[446]

Finalmente, la comunicación informativa de marras no constituye presupuesto necesario para requerir la designación de profesional y el ejercicio por este, sino estuviese ya designado, de la acción rescisoria ex arts. 695.3 y 4 TRLC, como tampoco obliga a formular el requerimiento mencionado a los acreedores que hubieren comunicado hechos rescisorios. Incluso, cabe formular tal requerimiento rescisorio sin que nadie haya comunicado nada al procedimiento, u obviando y apartándose, total o parcialmente, de la información

---

446 Acertadísimamente, RECAMAN GRAÑA, E. "Comentario", pgs. 1611 y 1612.

aportada ex art. 695.1 TRLC por el requirente o un tercer acreedor o socio. Así resulta de una lectura conjunta de los apartados 1, 3 y 4 del art. 695 TRLC, de la que se desprende la autonomía entre ambos tramites, susceptibles de solapamiento en cuanto principian a la vez, y de la ausencia de conexión o sometimiento del segundo al primero, así como de la falta de referencia a un ejercicio de las acciones resultantes necesariamente atado a los hechos comunicados.

Segundo acto. De conformidad con lo dispuesto en el art. 695.3 TRLC, cabe solicitar del Tribunal el nombramiento de un experto en la reestructuración, o un administrador concursal, a los efectos del ejercicio de acciones rescisorias, y a instancia de acreedor, o acreedores, que representen, individual o conjuntamente, al menos, el veinte por ciento del pasivo total del deudor, careciendo este deudor, obviamente, y al igual que ocurre en la reintegración de la masa del Libro I TRLC, de legitimación al efecto. Tampoco la ostentan, a diferencia de lo que acontece con la comunicación informativa antes analizada, los socios personalmente responsables de las deudas sociales. Lo cual no parece que tenga mucho sentido. Ni cabe su designación de oficio por el Tribunal, incluso, a través de la facultad designatoria del Juez recogida en el art. 713.5 TRLC. Ello a la vista del marcado y evidente carácter rogado acreedor, no solo de la designación profesional como del ejercicio de la acción rescisoria, como del señalamiento del acto del deudor objeto perjudicial y objeto del ataque rescisorio peticionado. En este requerimiento designador, que no precisa justificación acreedora del ejercicio de esta facultad, sí que resulta preciso concretar la acción a ejercitar, su fundamento, y demás circunstancias relevantes para la impetración rescisoria, hayan o no sido comunicadas al procedimiento ex art. 695.1 TRLC.

Aquí ya no pinta nada los socios personalmente responsables de las deudas del microempresario.

Ese colectivo acreedor, por lo tanto, puede, si lo estima oportuno, requerir la designación de un profesional, experto reestructuración o administrador concursal, que asuma la función de ejercicio de una concreta acción rescisoria contra el acto del deudor (art. 695.3 TRLC). Pero, obviamente, no le asiste la opción de pedir el nombramiento de uno u otro profesional. La referencia que se efectúa en el art. 695.3 TRLC a que a efectos del ejercicio de acciones rescisorias los acreedores pueden instar "el nombramiento de un experto en reestructuración o un administrador concursal", no permite defender una facultad electiva entre ambos profesionales a favor del acreedor o acreedores pedigüeños de la designación, sino que dependiendo del itinerario tratador de la insolvencia escogido en el procedimiento especial para microempresas, proceso de continuación o de liquidación, quedan habilitados para formular, en el primer caso, una petición designatoria de un experto en reestructuración, y en el segundo, cauce liquidatorio, un administrador concursal.[447] Como dije antes, la norma del art. 695 TRLC resulta de aplicación a ambos itinerarios, continuativo o liquidacional, del procedimiento especial para microempresas.

Por cierto, la elección de los nombres de los profesionales en el Libro III TRLC es para que legislador se lo haga ver. Por un lado, el nombre escogido para el profesional microempresarial y continúatico, "experto en la reestructuración", ya llama la atención a la vista nada tiene que reestructurar, y las funciones que permiten su designación e intervención son las propias de la administración concursal del Libro TRLC I y prácticamente análogas a las del profesional microempresarial liquidativo, que, pese a ello, no se llama "experto en la reestructuración", sino "administrador concursal". Parejas funciones y distinta denominación. No tiene mucho sentido la verdad, salvo diferenciar radicalmente la senda continuadora de la liquidativa. O quizás tal diferente nombre viene dado por la voluntad legislativa de conectar el plan de continuación, siempre positivo y tendente a la continuidad y mantenimiento de la empresa viable, a otra figura happy, frendly y positiva de la insolvencia como el experto en reestructuraciones y los planes de reestructuración del libro II TRLC, y atar lo luctuoso y liquidativo a ese "administrador concursal" tradicional e injustamente denostado y

447 RECAMAN GRAÑA, E. "Comentario", pgs. 1613 y 1614.

humillado por todos y, por lo que se ve, culpable de todos los males que azotan los concursos de acreedores. Váyase usted a saber. Quizá lo lógico hubiera sido nominar a todos bajo una misma denominación, simplemente experto, como acontece con el profesional a que se refiere el art. 714 TRLC, cuya función, pese a ser desplegada en la secuencia liquidativa, no se asigna al administrador concursal sino al llamado simplemente "experto", función valorativa esta, por cierto, también presente con un contenido similar en el proceso de continuación (art. 698 bis 5 TRLC), y asignada no a un "experto" sino al "experto en la reestructuración". Todo un auténtico galimatías carente de sentido. Pero en el ámbito de la insolvencia, y especialmente, en el del procedimiento especial para microempresas, la lógica, ciertamente, brilla por su ausencia.

La petición designatoria, como dije, debe cursarse dentro del plazo de los cuarenta y cinco días siguientes a la comunicación de apertura del procedimiento especial (arts. 692 bis TRLC), y no desde la resolución judicial acordando la apertura (art. 692 TRLC), sin que se haga mención aquí, a diferencia de lo que acontece con el plazo comunicatorio del art. 695.1 TRLC, del carácter hábil del citado término. Ciertamente, el computo de los plazos en el procedimiento especial para microempresas aparece ciertamente borrascoso y embarrado a la vista que, en el libro III TRLC, surgen plazos hábiles (ej: arts. 695.1 TRLC, 706.1 TRLC o 717.1 TRLC), plazos naturales (ej: art. 609 TRLC o 716.1 TRLC), y otros como el del art. 695.3 TRLC, en el que la norma elude mención alguna sobre su carácter, hábil o natural.

Un lamentable ejemplo de asistemática y falta de coherencia al regular los plazos en el procedimiento especial de microempresas, cada uno de su padre y de su madre, careciendo de sentido, en mi opinión, la referida distinción que, sinceramente, no sé a qué obedece. La solución quizás parta de la indudable consideración del procedimiento especial para microempresas como un procedimiento jurisdiccional del orden civil, desjudicializado al extremo, pero proceso jurisdiccional, y su conexión con lo previsto en los arts. 182 a 185 LOPJ y 130 a 136 LEC, para el computo de los plazos procesales en tal orden. Y aquellos referidos como naturales en la norma, amparando su computo, recurriendo a lo dispuesto en el art. 5 CC. Por lo tanto, el plazo, dado su carácter procesal, computara a la vista de las normas previstas en la LEC (arts. 130 a 136), sin que sea susceptible de prorroga o suspensión alguna.

Frente a esta pretensión nominatoria acreedora también cabe una respuesta opositora a ese nombramiento a favor, no del deudor, sino de acreedores que representen un porcentaje del pasivo mayor que el que representan los solicitantes, el que sea, pero siempre superior que el de los solicitantes, y que no requiere motivación alguna, en cuyo caso, queda automáticamente desactivada la solicitud de nombramiento del profesional rescindidor, ello con la única excepción de que los solicitantes hayan asumido en su petición el pago íntegro de la retribución expertual, en cuyo caso, no cabra oposición alguna a la solicitud (art. 695.3 TRLC).[448]

La activación de la palanca opositora aborta cualquier pretensión rescisoria del acto sospechoso, por muy perjudicial, evidente, y lesivo que resulte éste para la masa del procedimiento.

Obviamente, si el porcentaje solicitador del nombramiento resulta superior al cincuenta por ciento del total pasivo, no cabrá oposición alguna, pues el quorum batallador siempre será inferior al requeridor del nombramiento y procederá el mismo sin que estos asuman íntegramente la retribución del experto.[449] La oposición, al igual que la petición de designación de profesional, como dije, no requiere de justificación o motivación alguna.

El nombramiento del profesional rescisorio sigue el cauce, según el caso, de los arts. 704 o 713 TRLC.

Por el contrario, en el supuesto que ya hubiese profesional designado, que solo puede serlo ex arts. 704 o 713 TRLC, y en congruencia con la pretensión abaratatoria economical y de mínima

---

448 FERNANDEZ GONZALEZ, V. "El procedimiento", pg. 538.

449 NIETO DELGADO, C. "El experto", pg. 330

intervención de profesionales en el procedimiento especial de microempresas, ya no procede solicitar ni verificar nombramiento alguno, sino que, a la vista del art. 695.4 TRLC, el previamente nominado asumirá el ejercicio de tales acciones rescisorias, ejercicio que debe serle requerido expresamente por esa comunidad acreedora, señalando el acto a rescindir.

Tercer acto. Ejercicio de la acción rescisoria. Una vez designado el experto, procede la interposición por este de la acción rescisoria contra el concreto acto del deudor requerido por los acreedores promovitorios de esa rescisión microempresarial, y no otro. En el ejercicio de esa potestad rescisoria, el profesional podrá servirse, o no, de lo vertido al procedimiento como consecuencia de la comunicación informativa del art. 695.1 TRLC o de cualquier otra que le sea suministrada u obtenga del deudor, o cualquier tercero.

La duda que se me plantea es si ese ejercicio de acciones rescisorias deviene imperativo para el profesional. En el supuesto de que ya hubiere siso designado previamente, parece que no, pues el art 695.4 TRLC, y en ausencia de tal ejercicio, por negativa o silencio dentro de los quince días hábiles siguientes al requerimiento rescisorio, permite que lo acometan los acreedores solicitantes, en cuanto legitimados activamente subsidiarios, pero a su costa y en interés del concurso, según el régimen jurídico previsto en el art. 232 TRLC, lo que permite mantener la libertad del experto reestructurador en orden al no ejercicio de las acciones caso que éste dude de su viabilidad, falta de fundamento, o entienda que el deudor no se halla en situación de insolvencia actual, que constituye presupuesto del ejercicio de tales acciones rescisorias (art. 695.6 TRLC).[450]

La cuestión se torna más turbia en el supuesto de designación de un experto o administrador concursal para ejercitar las referidas acciones. Ciertamente, el tenor del art. 695.3 TRLC y la ata-

450 SANJUAN Y MUÑOZ, E. "Comentario", pg. 239 y RECAMAN GRAÑA, E. "Comentario", pg. 1615.

dura del nombramiento al "ejercicio de acciones rescisorias" que se efectúa en el citado precepto, así como la falta de referencia alguna a la parálisis ejercitadora del experto y la entrada en acción subsidiaria en tal caso de los acreedores solicitantes, permiten, inicialmente, mantener que la designación, en este caso, lo es para el necesario e inevitable ejercicio de la acción rescisoria, quedando compelido y atado el experto a ello.

Sin embargo, no cabe olvidar que el procedimiento especial para microempresas, en materia de acciones rescisorias, y a diferencia del concurso de acreedores, como dije antes, parte de una patente ausencia de información al efecto derivada de la inexistencia ab inito de una administración concursal en su seno y difícilmente subsanable o completable mediante el mecanismo del art. 695.1 TRLC. Por otro lado, no cabe olvidar que el profesional, pese al silencio de la Ley, debe actuar diligentemente y con imparcialidad e independencia frente al deudor y los acreedores, arts. 80 y 680 TRLC en conexión con el art. 689 TRLC, por lo que, a la vista de todo ello, se me exhibe carente de sentido el ejercicio por el profesional designado de una acción rescisoria que, a la vista de la información con la que cuenta, se exhibe inviable, o no suficientemente fundada, o respecto de la cual no concurre el presupuesto de la insolvencia actual del deudor que permite su ejercicio (art. 695.6 TRLC), so pena de menoscabar los citados principios rectores de su actuación, en especial, la diligencia que debe serle exigida. Amén de resultar contrario al interés del procedimiento y de la masa activa, esencialmente, desde la perspectiva de gastos y costas procesales.

Por todo ello, entiendo procedente una interpretación conjunta e integradora de los apartados 3 y 4 del art. 695 TRLC en orden a la libertad ejercitadora de las acciones en cuestión a favor del profesional rescisorio en los términos expuestos anteriormente y sin perjuicio siempre de la legitimación subsidiaria de los acreedores solicitantes.[451]

---

[451] RECAMAN GRAÑA, E. "Comentario", pg. 1615. Contra, SANJUAN Y MUÑOZ, E. "Comentario", pg. 239.

De esta manera, en ambos supuestos, cabe el ejercicio de la acción rescisoria por el profesional. En caso de negativa, o falta de respuesta dentro de los quince días hábiles siguientes, los acreedores solicitantes tendrán legitimación subsidiaria para entablar la acción rescisoria. Los acreedores litigarán a su costa y en interés del procedimiento especial, según el régimen jurídico previsto para la legitimación activa subsidiaria de acreedores en el libro primero (art. 232 TRLC).

A efectos de cuantificar la retribución por el ejercicio de la acción, y ante el silencio de la Ley, resulta de aplicación lo previsto en los arts. 704.7 TRLC, respecto al experto en reestructuraciones, o 713.4 TRLC, dirigido al administrador concursal.[452]

Los efectos de la rescisión conectan con lo regulado en el art. 235 TRLC.[453]

El ejercicio de la acción rescisoria no suspende el desarrollo del procedimiento especial para microempresas (art. 695.5 TRLC), sin perjuicio de lo dispuesto en el art. 719.1 TRLC, según el cual, si estuviera en tramitación la calificación, o una acción rescisoria o de responsabilidad, el informe final se presentará dentro de los quince días hábiles siguientes a la notificación de la última de las sentencias.[454]

Finalmente, y de manera análoga a lo que acontece con la reintegración en el concurso de acreedores (arts. 330 y 474 TRLC), y con la misma finalidad aceleratoria y terminadora, cuanto antes, del procedimiento, las acciones rescisorias podrán ser objeto de cesión a tercero, e incluso, en caso de procedimiento especial de continuación, su ejercicio puede incluirse en el plan de continuación. En el primer supuesto, no se exige que las acciones cedidas estén ejercitadas. En el segundo si.[455]

---

452 RECAMAN GRAÑA, E. "Comentario", pg. 1613.
453 RECAMAN GRAÑA, E. "Comentario", pg. 1616.
454 SANJUAN Y MUÑOZ, E. "Comentario", pg. 239.
455 SANJUAN Y MUÑOZ, E. "Comentario", pg. 240.

X. *Bibliografía*

AA.VV. "Guía práctica de aplicación de la Ley Concursal", coordinados por MAGRO SERVET, V., Madrid 2004.

ALBALADEJO GARCÍA, M. "La donación por méritos", en RDP, marzo-abril 2004.

ALCOVER GARAU, G. "Aproximación al régimen jurídico de la reintegración concursal" en Derecho Concursal. Estudio sistemático de la Ley 22/2003, y de la Ley 8/003, para la Reforma Concursal, AA.VV. coordinados por GARCÍA VILLAVERDE, R., ALONSO UREBA, A., y PULGAR EZQUERRA, J., Madrid 2003.

ALCOVER GARAU, G. "Comentarios a la legislación concursal", AA.VV., dirigidos por PULGAR EZQUERRA, J., ALONSO LEDESMA, C., ALONSO UREBA, A. y ALCOVER GARAU, G., Tomo I, Madrid 2004.

ALONSO LEDESMA C. "Delimitación de la masa pasiva: los créditos y su graduación", en "Derecho Concursal. Estudio sistemático de la Ley 22/2003, y de la Ley 8/003, para la Reforma Concursal", AA.VV. coordinados por GARCÍA VILLAVERDE, R., ALONSO UREBA, A., y PULGAR EZQUERRA, J., Madrid 2003.

AÑOVEROS TRIAS DE BES, X. "El derecho concursal en las ordenanzas de Bilbao", en "Estudios sobre la Ley Concursal. Libro homenaje a Manuel Olivencia", AA.VV., Madrid, 2004, pgs. 55 a 78.

ARIAS VARONA, F.J. "La delimitación de la masa activa en el concurso", en "El Concurso de Acreedores. Adaptado a la Ley 38/2011, de 10 de octubre, de reforma de la Ley Concursal", AA.VV.. Las Rozas, 2012.

ARIAS VARONA, F.J. "De la reintegración de la masa activa", en "Comentario a la Ley Concursal", 3.º Edición. Tomo I. Las Rozas 2023.

ARRIBAS HERNÁNDEZ, A. "Derecho Concursal. El concurso tras la reforma operada por la Ley 38/2011". Madrid, 2012.

ARNAU RAVENTOS, L. "La declaración de concurso de persona casada y la composición de la masa activa. Estudio de los artículos 77, 78 y 79 de la Ley 22/2003. de 9 de julio, Concursal", Barcelona 2006.

ÁVILA DE LA TORRE, A. "La extinción de las garantías de las personas especialmente relacionadas con el concursado", en Anuario de Derecho Concursal, núm. 7, año 2006.

AZNAR GINER, E. "Experto en la reestructuración y procedimiento especial para microempresas", en "La insolvencia de empresas y particulares tras dos años de reforma concursal de la Ley 16/2022". AA.VV. Valencia 2024.

AZNAR GINER, E. "La acción rescisoria concursal", 3.º edición, Valencia 2013.

AZNAR GINER, E. "La comunicación preconcursal de apertura de negociaciones, planes de reestructuración, insolvencia y concurso de acreedores". Valencia, 2022.

BLANCO GÓMEZ, J.J. "Cuestiones puntuales de la nueva reforma concursal: la declaración de concurso y su incidencia en la actividad productiva del deudor y su capacidad de obrar patrimonial", en "Libro Homenaje al profesor Manuel Albaladejo García", AAVV., Tomo I, Murcia 2004.

BELTRÁN SÁNCHEZ, E. "Algunas consideraciones sobre la composición del patrimonio concursal", en "Estudios sobre el Anteproyecto de Ley Concursal de 2001", AA.VV., Madrid 2002.

BETANCOURT, F. "El Concurso de acreedores en el derecho romano clásico", en "Estudios sobre la Ley Concursal. Libro homenaje a Manuel Olivencia", AA.VV., Madrid, 2004.

BUSTO LAGO, J.M. "Aproximación a las acciones de reintegración en la ley 22/2003, de 9 de julio, Concursal", en "Libro Homenaje al profesor Manuel Albaladejo García", AA.VV., Tomo I, Murcia 2004.

BUIL ALDANA, I. "Articulo 667. Protección frente a acciones rescisorias." En "Comentario a la Ley Concursal", Tomo II. Las Rozas 2023.

BUIL ALDANA, I. "Articulo 668. Financiación de personas especialmente relacionadas con el deudor." En "Comentario a la Ley Concursal", Tomo II. Las Rozas 2023.

CASTRO DE LUNA, M.J. "Articulo 94. Presupuesto de la responsabilidad" en "Comentario al Texto Refundido de la Ley Concursal", AA.VV, Cizur Menor 2021.

CRESPO AULLE, F. "Comentarios a la legislación concursal", AA.VV. dirigidos por SÁNCHEZ-CALERO, J. y GUILARTE GUTIÉRREZ, V, Tomo II, Valladolid 2004.

CARRASCO PERERA, A. "Los derechos de garantía en la Ley Concursal", Madrid 2004.

CARRASCO PERERA, A., "La transmisión fiduciaria del dominio en el concurso de acreedores, en 'Libro Homenaje al profesor Manuel Albaladejo García', AAVV., Tomo I, Murcia 2004.

CORDÓN MORENO, F. "El proceso concursal", Pamplona, 2003

CORDONES RAMÍREZ, M. "Apuntes históricos sobre la evolución del sistema de quiebra de los comerciantes (especial referencia a las ordenanzas consulares de Málaga: un precedente olvidado en la historia del derecho concursal español)", en "Estudios sobre la Ley Concursal. Libro homenaje a Manuel Olivencia.", AA.VV., Madrid, 2004.

CHISTIAN BERTARM, J. "Las garantías de obligaciones preexistentes y la presunción del at. 71 de la Ley Concursal", Diario La Ley, núm. 68, 23 de julio de 2004.

DE LA RUA NAVARRO, J. "El alcance del pronunciamiento sobre la protección rescisoria del auto de homologación cuando el plan de restructuración contiene modificaciones estructurales, nueva financiación y financiación interina", en Anuario de Derecho Concursal, num. 65, año 2025.

DE LAS HERAS GARCÍA, M.D. "Acciones rescisorias", en "La reforma de la Ley Concursal analizada por especialistas", AA.VV. coordinados por MARTIN MOLINA, P.B., GONZÁLEZ BILBAO, E., y DEL CARRE DÍAZ-GALVEZ, J.M., Madrid 2012.

DE ÁNGEL YÁGÜEZ, R. y HERNÁNDEZ MENDIVIL, J. "Comentario a la Disposición adicional cuarta. Acuerdos de refinanciación" en "Tratado Práctico Concursal", Tomo IV, AA.VV., Cizur Menor 2009.

DÍEZ-PICAZO L. "Fundamentos de derecho civil patrimonial", Vol. II, Madrid 1996.

DÍEZ-PICAZO, L. "Algunas acotaciones civilistas al Proyecto de Ley Concursal", en "Estudios sobre la Ley Concursal. Libro homenaje a Manuel Olivencia.", AA.VV., Madrid, 2004.

DÍEZ-PICAZO, L. y GULLÓN BALLESTEROS, A. "Sistema de derecho civil", Tomo I, Madrid 1992.

EMBID IRUJO, J.M., "Sobre el concepto y significado del grupo de sociedades en la Ley Concursal", en Revista de Derecho Concursal y Paraconcursal, núm. 4, 2006.

EMBID IRUJO, J.M. "Grupo de sociedades y derecho concursal", en "Estudios sobre la Ley Concursal. Libro homenaje a Manuel Olivencia.", AA.VV., Madrid, 2004.

ESCRIBANO GAMIR, R.C. "La reintegración de la masa activa del concurso", en la obra colectiva "Estudios sobre la Ley Concursal. Libro homenaje a Manuel Olivencia", AA.VV., Tomo 4, Madrid 2004.

ESCRIBANO GAMIR, R.C. "Las acciones impugnatorias en la quiebra, en el marco del sistema concursal: derecho vigente y reforma", Monografía Revista de Derecho Privado, núm. 6, Pamplona, 2002.

ESPIGARES HUETE, J.C. "La acción rescisoria concursal", Cizur Menor 2011.

ETXARANDIO HERRERA, E.J. "Manual de Derecho Concursal", Las Rozas, 2009.

FERNÁNDEZ AGUADO, J.I. "Las acciones revocatorias" en "La reforma de la legislación concursal", AA.VV. coordinados por DE MARTÍN MUÑOZ, A.J., Madrid 2004.

FERNÁNDEZ-NOVOA, C. "El anteproyecto de la ley de Concurso de acreedores de 1959", en "Estudios sobre la Ley Concursal. Libro homenaje a Manuel Olivencia", AA.VV., Madrid, 2004.

FERNÁNDEZ SEIJO, J.M. "Acuerdos de refinanciación y rescisoria concursal", en "La reintegración en el concurso de acreedores", AA.VV. dirigidos por GARCÍA-CRUCES GONZÁLEZ, J.A.

FERNÁNDEZ TORRES, I. "Algunas consideraciones en torno a la refinanciación de deuda y la posibilidad de no presentar la declaración del concurso. (A propósito del auto del Juzgado de Primera Instancia núm. 9 y Mercantil de Córdoba de 10 de septiembre de 2009)", en Revista de Derecho Concursal y paraconcursal. Anales de Doctrina, Praxis, Jurisprudencia y Legislación, núm. 10/2009.

FERRE FALCÓN, J. "Los créditos subordinados", Cizur Menor, 2006.

FERRE FALCÓN, J. "El grupo de sociedades y la declaración de concurso en la nueva normativa concursal", en "Estudios sobre la Ley Concursal. Libro homenaje a Manuel Olivencia", AA.VV., Madrid, 2004.

FERREIRO BAAMONDE, X. "Declaración del concurso", en PÉREZ-CRUZ MARTÍN, "Estudios de derecho concursal", AA.VV., Santiago de Compostela 2005.

FÍNEZ RATÓN, J.M. "Garantías reales: Imperatividad de las normas de ejecución versus pacto comisorio", en "Estudios jurídicos en homenaje al Profesor Luis Diez Picazo", AA.VV., Tomo III, Madrid 2004.

FRADEJAS RUEDA, O.M. "Un anacronismo en la modernización de nuestro derecho concursal: la presunción muciana del art. 78.1 de la Ley Concursal", en la obra colectiva "Estudios sobre la Ley Concursal. Libro homenaje a Manuel Olivencia", AA.VV., Tomo 4, Madrid 2004.

FUENTES DEVESA, R. "Reintegración de la masa activa", en "Derecho concursal y preconcursal", Tomo I, AA.VV, Valencia 2022.

GARCÍA-CRUCES GONZÁLEZ, J.A. "La reintegración de la masa activa en la Ley Concursal (I)", en Actualidad Jurídica Aranzadi día 11 de septiembre de 2003, año XIII, núm. 590.

GARCÍA-CRUCES GONZÁLEZ, J.A. "La reintegración de la masa activa en la Ley Concursal (II)", en Actualidad Jurídica Aranzadi día 18 de septiembre de 2003, año XIII, núm. 591.

GARCÍA-CRUCES J.A. "De la retroacción de la quiebra a la rescisión de los actos perjudiciales para la masa activa", en Anuario de Derecho Concursal, núm. 2, 2004.

GARCÍA-CRUCES, J.A. "Dación en pago y reintegración concursal", en "Estudios jurídicos en homenaje a Vicente L. Montes Penedés", AA.VV. coordinados por BLASCO F., CLEMENTE, M., ORDUÑA, J., PRATS, L., y VERDERA, R. Tomo I, Valencia 2012.

GARCÍA-CRUCES, J.A. "Presupuestos y finalidad de la acción de reintegración en el concurso de acreedores. La noción de perjuicio.", en "La reintegración en el concurso de acreedores", AA.VV, Cizur Menor.

GARCIA VICENTE, J.R. "Artículo 226. Acciones rescisorias de los actos del deudor", en "Comentario al Texto Refundido de la Ley Concursal", AA. VV, Cizur Menor 2021.

GARCÍA-CRUCES GONZÁLEZ, J.A. y LÓPEZ SÁNCHEZ, J. "La reforma de la Ley Concursal. Una primera lectura del Real Decreto-Ley 3/2009", Cizur Menor, 2009.

GARCÍA MARRERO, J. "Los acuerdos de refinanciación", en "Tratado Judicial de la Insolvencia", AA.VV. dirigidos por PRENDES CARRIL, P. y MUÑOZ PAREDES A., Tomo I, Cizur Menor, 2012.

GARCÍA SANZ, A. "Notas sobre el sistema de reintegración de la masa en la nueva Ley Concursal" en la obra colectiva "Estudios sobre la Ley Concursal. Libro homenaje a Manuel Olivencia", AA.VV., Tomo 4, Madrid 2004.

GARCÍA VICENTE, J.R. "Los efectos del concurso sobre la cesión 'pro solvendo' de créditos futuros (notas a la STS 27 de julio de 2003)", en "Libro Homenaje al profesor Manuel Albaladejo García", AA.VV., Tomo I, Murcia 2004.

GARCIMARTIN ALFEREZ, F. "Las acciones rescisorias en la propuesta de nueva Directiva de armonización del Derecho concursal", en Revista General de Insolvencias & Reestructuraciones, num. 12, año 2024.

GARRIDO ESPÁ, L y GIMÉNEZ BAYÓN-COBOS, R. "Los efectos de la declaración de concurso sobre los actos perjudiciales para la masa", en "Proceso Concursal: Crisis de las empresas promotoras y constructoras", AA.VV. coordinados por GONZÁLEZ NAVARRO, B.A., Valladolid 2009.

GIL RODRÍGUEZ, J. "De los efectos sobre los actos perjudiciales para la masa activa", en "Comentarios a la Ley Concursal", AA.VV. coordinados por BERCOVITZ RODRÍGUEZ-CANO, R. Madrid 2004.

GINÉS CASTELLET, N. "La enajenación de bienes inmuebles con fin de garantía" Madrid 2004.

GONZÁLEZ CANO, M.I. "El nuevo tratamiento procesal de la insolvencia y la fase común del proceso concursal", Valencia 2006.

GONZÁLEZ NAVARRO, B.A. "La rescisión de las garantías hipotecarias de los acreedores profesionales (art. 10 LMH)", en Anuario de Derecho Concursal, núm. 22, año 2011-1.

GONZÁLEZ VÁZQUEZ, J.C. "Las acciones de reintegración", en "Tratado práctico del derecho concursal y su reforma", en AA.VV. dirigidos por MARTÍNEZ SANZ, F. y coordinados por PUETZ, A. Madrid 2012.

GONZALEZ VAZQUEZ, J.C. "Sobre la rescindibilidad de los pagos efectuados con las líneas ICO-Covid y el perjuicio para la masa", en Almacen de derecho (www.almacendederecho.org), Agosto 2023.

GORDILLO CAÑAS, A. "Par conditio creditorum y protección del tráfico. Un apunte en el paso de la retroacción de la quiebra a su supresión en la Ley Concursal", en Actualidad Civil, núm. 17, año 2003.

GORDILLO CAÑAS, A. "Protección del tráfico inmobiliario y par conditio creditorum (de la desmesurada retroacción de la quiebra a la malograda normalización registral del concurso)", en la obra colectiva "Estudios sobre la Ley Concursal. Libro homenaje a Manuel Olivencia", Tomo 4, Madrid 2004.

GUILARTE MARTÍN-CALERO, C. "Refinanciación de deuda y perjuicio patrimonial (apunte crítico de la Sentencia del Juzgado de lo Mercantil núm. 1 de Madrid de 21 de mayo de 2007)", en Revista de Derecho Concursal y paraconcursal. Anales de Doctrina, Praxis, Jurisprudencia y Legislación, núm. 10/2009.

GULLÓN BALLESTEROS, A. "La acción rescisoria concursal", en la obra colectiva "Estudios sobre la Ley Concursal. Libro homenaje a Manuel Olivencia", AA.VV., Madrid 2004

HERRADOR PÉREZAGUA, J.F. "Legitimación y procedimiento en las acciones de reintegración", en "La reintegración en el concurso de acreedores", AA.VV, Cizur Menor.

HERNÁNDEZ MARTÍ, J. "Efectos de la declaración del concurso: efecto sobre los actos perjudiciales para la masa" en "Concurso e insolvencia punible", AA.VV. coordinados por HERNÁNDEZ MARTÍ, J., Valencia 2004.

HERNÁNDEZ MARTÍ, J. "Presupuesto objetivo del concurso y fundamento de la solicitud". Valencia 2009.

HERNÁNDEZ RODRÍGUEZ, M.M. y ORELLANA CANO, N. "Deber de solicitar la declaración del concurso (art. 5)", en PRENDES CARRRIL, "Tratado Práctico Concursal", AA.VV., Tomo I, Cizur Menor, 2009.

HERRADOR MUÑOZ, A. "Algunos aspectos del funcionamiento de las acciones de reintegración en la nueva Ley Concursal", en Revista de Derecho Concursal y Paraconcursal, núm. 3, 2005.

LASARTE, C. "Principios de derecho civil", Madrid 2003, Tomo III.

LEÓN SANZ, F.J. "El sistema de reintegración concursal", en Revista del Poder Judicial, monográfico sobre La Ley Concursal, XV III, número especial, 2004.

LEÓN SANZ, F.J. "Comentario de la Ley Concursal", AA.VV., dirigidos por ROJO, A. y BELTRÁN SÁNCHEZ, E. y coordinados por CAMPUZANO, A.B., Tomo I, Madrid 2004.

LEÓN SANZ, F.J. "Las acciones de reintegración y el contrato de factoring", en la obra colectiva "Estudios sobre la Ley Concursal. Libro homenaje a Manuel Olivencia", AA.VV., Tomo 4, Madrid 2004.

LÓPEZ SÁNCHEZ, M.A. "Los efectos de la declaración del concurso", en "La Ley Concursal y los aspectos sociales", AA.VV. dirigidos por RÍOS SALMERON B., y SEMPERE NAVARRO A.V., Murcia 2004.

MARTÍN REYES, M.A. "La impugnación de los actos perjudiciales para la masa activa. Breves apuntes sobre una reforma esperada", en la obra colectiva "Estudios sobre la Ley Concursal. Libro homenaje a Manuel Olivencia", Tomo 4, Madrid 2004.

MARTÍN REYES, M.A. "El perjuicio como fundamento de la acción rescisoria concursal", en Revista de derecho Concursal y Paraconcursal, núm. 12/2010.

MARTÍNEZ GUTIÉRREZ, A. "Luces y sombras del sistema de reintegración de la masa activa contenido en la Ley Concursal", en Actualidad Jurídica Aranzadi, núm. 607, 15 de enero de 2004.

MARTÍNEZ MUÑOZ, M. y DELCLAUX ARANA, L. "La acción de reintegración en el Texto Refundido de la Ley Concursal", en "La insolvencia de empresas y particulares tras dos años de reforma concursal de la Ley 16/2022". AA.VV. Valencia 2024.

MARTÍNEZ MUÑOZ, M. "Entre la extrañeza y la imposibilidad en el ejercicio de la acción de reintegración en el concurso reabierto (comentario a la STS 56/2024, de 17 de enero)", en Anuario de Derecho Concursal, num. 63, 2024.

MASSAGER, J. "Aproximación al régimen de los efectos del concurso sobre los actos perjudiciales para la masa", en la obra colectiva "Estudios sobre la Ley Concursal. Libro homenaje a Manuel Olivencia", AA.VV., Tomo 4, Madrid 2004.

MASSAGUER FUENTES, J. "La reintegración de la masa en los procedimientos concursales", Madrid, 1986.

MIQUEL, J. "La determinación temporal relevante de pertenencia de una sociedad al mismo grupo que la concursada a efectos de considerar el crédito como subordinado", en Anuario de Derecho Concursal, núm. 7, año 2006, pgs. 557 a 562.

MONTÉS PENEDÉS, V.L. "El régimen de los créditos subordinados en la Ley Concursal", en Anuario de Derecho Concursal, 1, 2004.

MONTÓN REDONDO, A. y MONTÓN GARCÍA, M. "El nuevo proceso concursal", Valencia 2005.

MORALEJO, I. "Las garantías reales y las acciones de reintegración concursal (I)" en Anuario de Derecho Concursal, núm. 17, mayo-agosto 2009.

MORENO QUESADA B. "Comentario al art. 1292 del Código Civil" en Comentarios al Código Civil y Compilaciones Forales, AA.VV. dirigidos por ALBALADEJO, M. y DIAZ-ALABART, S., Tomo XVII, vol. 2, Madrid 1995.

MORILLAS JARILLO, M.J. "La reforma del derecho concursal español: el proyecto de la Ley Concursal de 5 de julio de 2002" en Derecho de los Negocios, núm. 149, febrero de 2003.

NIETO DELGADO, C. "El experto en la reestructuración", en "Nuevo Marco jurídico de la reestructuración de empresas en España", AA.VV, Cizur Menor 2022.

NÚÑEZ IGLESIAS, A. "Aproximación a la nueva presunción muciana de la Ley Concursal", en "Libro Homenaje al profesor Manuel Albaladejo García", AA.VV., Tomo I, Murcia 2004.

NÚÑEZ IGLESIAS, A. "La presunción muciana concursal", en Anuario de Derecho Concursal, núm. 5, 2005.

PARRA LUCAN, M.A. "La compatibilidad de la rescisión concursal con otras acciones de impugnación de actos y contratos, en Anuario de Derecho Concursal, num. 19, 2010.

PERDICES HUETOS, A.B., "Fianza y concurso. Las garantías personales en la Ley Concursal", Cizur Menor 2005.

PEREZ BENITEZ, J.J. "La rescisión de las modificaciones estructurales tras el Real decreto-Ley 5/2023", en Revista General de Insolvencias & Reestructuraciones, núm.. 13, año 2024.

PIÑEL LÓPEZ, E. "Los requisitos de las refinanciaciones para su protección frente a las acciones rescisorias concursales" en Revista de Derecho Concursal y Paraconcursal, núm. 11/2009.

PRIETO GARCÍA-NIETO, I. "Legislación concursal", 2.ª edición, Pamplona 2009.

PULGAR EZQUERRA, J. "El acreedor hipotecario en la nueva legislación concursal", en Revista de Derecho Mercantil, núm. 250, octubre-diciembre 2003.

PULGAR EZQUERRA, J. "La declaración del concurso de acreedores", Madrid 2005.

PULGAR EZQUERRA, J. "Refinanciaciones de deuda y concurso de acreedores: la ausencia de 'escudos protectores' y el fraude del art. 10 de la Ley del Mercado Hipotecario", Diario La Ley, ejemplar del día 9 de junio de 2008 (núm. 6963).

PULGAR EZQUERRA, J. "Rescisión concursal y refinanciaciones bancarias", Diario La Ley, ejemplar del día 21 de enero de 2009 (núm. 7097).

PULGAR EZQUERRA, J. "Estrategias preconcursales y refinanciaciones de deuda: escudos protectores en el marco del RDL 3/2009", en "Implicaciones financieras de la Ley Concursal", AA.VV. dirigidos por ALONSO UREBA, A., y PULGAR EZQUERRA, J., Madrid 2009.

PULGAR EZQUERRA, J. "El concurso de acreedores. La declaración.", Madrid 2009.

PULGAR EZQUERRA, J. "Preconcursalidad y acuerdos de refinanciación". Las Rozas 2012.

RIBELLES ARELLANO, J.M. "Las acciones de reintegración", en "Derecho Concursal", AA.VV. coordinados por NIETO DELGADO, C. Valencia 2012.

RIPOLL OLAZÁBAL, G. "Derecho Concursal práctico. Comentarios a la Nueva Ley Concursal", AA.VV. coordinados por FERNÁNDEZ-BALLESTEROS, M.A., Madrid 2004.

RIVERA FERNÁNDEZ, M. "Reintegración y concurso de acreedores", Madrid, 2005.

RIVERA FERNÁNDEZ, M. "Comentario a la STS 3 diciembre 1996: Venta en garantía. Retracto arrendaticio Urbano", CCJC, núm. 43, enero-marzo 1997.

RODRÍGUEZ ACHUTEGUI, E. "Las presunciones absolutas de perjuicio para la masa activa", en "La reintegración en el concurso de acreedores", AA. VV. dirigidos por GARCÍA-CRUCES GONZÁLEZ, J.A. Cizur Menor 2009.

QUINTANA CARLO, I. "Las exclusiones legales de rescisión de los actos perjudiciales para la masa activa" en "La reintegración en el concurso de acreedores", AA.VV. dirigidos por GARCÍA-CRUCES GONZÁLEZ, J.A. Cizur Menor 2009.

RODRÍGUEZ-ROSADO, B. "Fiducia y pacto de retro en garantía", Madrid 1998.

ROMERO MATUTE, B. "Duplicidad de sistemas de reintegración de la masa activa en las operaciones de cesión de créditos", en la obra colectiva "Estudios sobre la Ley Concursal. Libro homenaje a Manuel Olivencia", Tomo 4, Madrid 2004.

ROMERO MATUTE, B. "El concurso de acreedores y la cesión de créditos", Cizur Menor, 2005.

ROMERO SANZ DE MADRID, C. "Derecho concursal", Madrid 2005.

RUBIO TORRANO, E. "El pacto de retroventa", Madrid 1990.

SANCIÑENA ASURMENDI, C., "La opción de compra", Madrid 2003.

SÁNCHEZ-CALERO GUILARTE, J. "Algunas cuestiones concursales relativas a los grupos de sociedades", en Anuario de Derecho Concursal, núm. 5, 2005.

SÁNCHEZ ALVAREZ, M.M. "El concepto de grupo en la Ley Concursal", en "Estudios sobre la Ley Concursal. Libro homenaje a Manuel Olivencia", AA.VV., Madrid, 2004.

SANCHO GARGALLO, I. "Reintegración de la masa del concurso: aspectos sustantivos de la acción rescisoria concursal" en Revista Jurídica de Cataluña, número 4 (monográfico) año 2004.

SANCHO GARGALLO, I. "Las acciones de reintegración" en "Tratado Judicial de la Insolvencia", AA.VV. dirigidos por PRENDES CARRIL, P. y MUÑOZ PAREDES, A. Tomo I, Cizur Menor, 2012.

SANCHO GARGALLO, I "La rescisión concursal", 2.ª edición, Valencia 2023.

SANCHO GARGALLO, I. "La impugnación u oposición previa a la homologación del plan de reestructuración y la protección frente a la rescisión concursal", en "Nuevo Marco jurídico de la reestructuración de empresas en España", AA.VV, Cizur Menor 2022.

SÁNCHEZ LORENZO, S. "Garantías reales en el comercio internacional (reserva de dominio, venta en garantía y leasing)", Madrid 1993.

SANJUAN Y MUÑOZ, E. "Artículo 695. Acciones rescisorias", en Comentarios al articulado del Libro Tercero del Texto Refundido de la Ley Concursal", AA.VV, Las Rozas 2023.

SILVETTI, E. "Comentarios a la Ley Concursal", AA.VV. dirigidos por CORDÓN MORENO, F., Madrid 2004.

VALPUESTA GASTAMIZA, E. "Disposición adicional 4.ª Acuerdos de refinanciación", en "Comentarios a la Ley Concursal", AA.VV. dirigidos por CORDON MORENO, F., Tomo 2, 2.ª edición, Cizur Menor 2010.

VÁZQUEZ LEPINETTE, T. "La financiación de los concesionarios de obras públicas mediante la titulización y el nuevo derecho concursal", en Revista de Derecho Bancario y Bursátil, núm. 95, Año XXIII, julio septiembre 2004.

VEIGA COPO, A.B. "Los créditos privilegiados en la nueva Ley Concursal", en Revista de Derecho Bancario y Bursátil, núm. 93, Año XXIII, enero-marzo 2004.

VEIGA COPO, A.B. "Prenda de créditos y negocio fiduciario —venta en garantía—", en Revista de Derecho Bancario y Bursátil, núm. 89, enero-marzo 2003.

VICENT CHULIÁ, F. "Introducción al derecho mercantil", Valencia, 2003.

VIDAL MARTÍNEZ, J. "La venta en garantía en el derecho civil común español. Estudio jurisprudencial y ensayo de construcción doctrinal", Madrid 1990.

VIGUER SOLER, P.L. "La masa activa: determinación y acciones de reintegración" en "La nueva Ley Concursal", AA.VV., Cuadernos de Derecho Judicial, Madrid 2004.

VILA FLORENSA, M. "Comentarios a la Ley Concursal", AA.VV., coordinados por SAGREARA TIZÓN, J.M.; SALA REIXACHS, A. y FERRER BARRIENDOS, A., Tomo II, Madrid 2004.

VILATA MENADAS, S. "Introducción al derecho concursal", Valencia, 2009.

VILLANUEVA GARCIA-POMAREDA, B. "La legitimación y las costas de la acción de reintegración", en Anuario de Derecho Concursal, núm. 27, 2012.

VILLORIA RIVERA, I. "Acción rescisoria concursal" en Memento concursal 2025, AA.VV, Madrid 2024.

VILLORIA RIVERA, I. "Rescisión concursal de pagos efectuados con fondos procedentes de financiaciones con garantía del ICO. Comentario a las sentencias del Juzgado Mercantil N.º 1 de Pontevedra de 1, 2 y 3 de Julio de 2023", en Revista General de Insolvencias & Reestructuraciones, num. 11, año 2023.

YÁNEZ VIVERO, F. "Efectos de la nueva Ley concursal en la 'rescisión' de contratos realizados entre el concursado y las personas relacionadas con él", en El consultor Inmobiliario, año 6, enero 2005.

YÁNEZ VIVERO, F. "La discordancia entre la presunción de donaciones del cónyuge concursado y el sistema de reintegración de la masa activa", en Anuario de Derecho Concursal, núm. 4, 2005.

XI. Formularios

1. DEMANDA EJERCITANDO LA ACCIÓN RESCISORIA CONCURSAL POR LA ADMINISTRACIÓN CONCURSAL CONTRA ACTO A TÍTULO GRATUITO CONSISTENTE EN DONACIÓN

AL TRIBUNAL DE INSTANCIA DE...
SECCIÓN DE LO MERCANTIL NUM...

Don..., único integrante de la administración concursal del concurso voluntario de la compañía... S.A., que se sigue bajo el número de autos..., ante este Tribunal comparezco en los citados autos bajo la dirección letrada de Don..., abogado del Ilustre Colegio de... (número de incorporación...), y como mejor proceda en derecho DIGO:

Que por medio del presente escrito y en la condición que ostentamos, se promueve DEMANDA DE INCIDENTE CONCURSAL en ejercicio de la acción rescisoria concursal prevista en el art. 226 TRLC contra el concursado, la sociedad... S.A. y Don..., con domicilio en..., calle..., núm. ... y piso..., la cual se basa en los siguientes

HECHOS

PRIMERO.— En el presente procedimiento número de autos..., se sigue expediente de concurso de acreedores de la compañía... La declaración de concurso voluntario de la expresada sociedad, fue solicitada el ... y acordada por este Tribunal mediante auto de fecha... de... de dos mil...

La administración concursal está integrada por un miembro, siendo nombrado para tal cargo por el Tribunal, mediante la citada resolución de fecha... de... de dos mil..., el aquí compareciente Don..., quien aceptó el cargo con fecha...

Acreditando lo anterior, se acompañan como DOCUMENTOS..., testimonio del auto de este Tribunal declarando el concurso de...

S.A. y por el que se me designa como único miembro de la administración concursal, así como el acta de nuestra aceptación.

SEGUNDO.— Que en virtud de escritura otorgada el día... de... de dos mil..., ante el notario de..., Don..., la aquí concursada, ... S.A., donó a Don..., el siguiente inmueble... Inscrito en el Registro de la Propiedad de... al tomo..., libro..., folio..., hoja..., número..., inscripción...

Acreditando lo anterior, se acompaña como DOCUMENTOS... y... copia autorizada de la escritura de donación reseñada y certificación del Ilmo. Sr. Registrador de la Propiedad núm. ... de... correspondiente al inmueble antes reseñado.

Se hace constar que la citada donación fue realizada dentro de los dos años anteriores a la solicitud de declaración de concurso de... S.A.

TERCERO.— Que el acto anteriormente reseñado era perjudicial para la masa activa al ser un acto de disposición a título gratuito, presumiéndose el perjuicio sin admitir prueba en contrario.

A los anteriores hechos, se aducen los siguientes:

FUNDAMENTOS DE DERECHO

DE ORDEN PROCESAL

I.— Es competente este órgano jurisdiccional para conocer de esta demanda incidental, desde un punto de vista objetivo y territorial, tal y como resulta del art. 44 y 45 TRLC.

II.— La presente demanda se sustanciara por los trámites previstos para el incidente concursal, a la vista de los arts. 234 y 532 y ss. TRLC.

FONDO DEL ASUNTO

I.— La legitimación activa la administración concursal para interponer la presente demanda, resulta del art. 231 TRLC

II.— La legitimación pasiva de... S.A. y Don... resulta, respectivamente, de su condición de concursado y de contraparte del acto impugnado. Ello de conformidad con lo dispuesto en el art. 233.1 TRLC.

III.— Art. 226 TRLC al establecer que "1. Son rescindibles los actos perjudiciales para la masa activa realizados por el deudor dentro de los dos años anteriores a la fecha de la solicitud de declaración de concurso, así como los realizados desde esa fecha a la de la declaración, aunque no hubiere existido intención fraudulenta. 2. Son igualmente rescindibles los actos perjudiciales para la masa activa realizados por el deudor dentro de los dos años anteriores a la fecha de la comunicación de la existencia de negociaciones con los acreedores o la intención de iniciarlas, para alcanzar un plan de reestructuración, así como los realizados desde esa fecha a la de la declaración de concurso, aunque no hubiere existido intención fraudulenta, siempre que concurran las dos siguientes condiciones: 1.º Que no se hubiera aprobado un plan de reestructuración o que, aun aprobado, no hubiera sido homologado por el juez. 2.º Que el concurso se declare dentro del año siguiente a la finalización de los efectos de esa comunicación o de la prórroga que hubiera sido concedida.

IV.— Art. 227 TRLC, según el cual, el perjuicio patrimonial se presume, sin admitir prueba en contrario, cuando se trate de actos de disposición a título gratuito, salvo las liberalidades de uso, y de pagos u otros actos de extinción de obligaciones cuyo vencimiento fuere posterior a la declaración del concurso, excepto si contasen con garantía real.

V.— Art. 235 TRLC sobre los efectos de la rescisión.

VI.— Art. 236 TRLC sobre el régimen del derecho a la contraprestación.

VII.— Art. 394 LEC sobre la imposición de costas procesales a los demandados.

En virtud de lo expuesto,

SUPLICO AL TRIBUNAL que tenga por presentado este escrito, junto a los documentos a él unidos, se sirva admitirlo y tener por promovido por la administración concursal del concurso voluntario de la compañía... S.A. tramitado ante este Tribunal bajo los autos núm. ..., DEMANDA DE INCIDENTE CONCURSAL en ejercicio de acción rescisoria concursal prevista en el art. 226 TRLC contra la concursada, ... S.A., y Don..., se sirva admitir el incidente y se acuerde emplazar a las demás partes personadas y notificarles la presente para su contestación, en la forma legalmente prevenida y dentro del plazo común de diez días, si fuera de su interés, y previos los oportunos trámites legales, incluido el recibimiento del incidente a prueba y la celebración de vista que desde este momento solicito, se sirva dictar sentencia por la que:

1.— Se declare que la donación del inmueble..., inscrito en el Registro de la Propiedad de... al tomo..., libro..., folio..., hoja..., número..., inscripción..., llevada a cabo por... S.A. a favor de Don..., mediante escritura otorgada el día... ante el notario de..., Don..., es perjudicial para la masa activa del concurso de la predicha sociedad, procediendo su rescisión.

2.— Se declare la ineficacia de la donación reseñada en el número 1 precedente.

3.— Se condene a Don... a reintegrar el citado inmueble a la masa activa junto a sus frutos.

4.— Se ordene la realización cuantos actos y formalidades fueren precisas a efectos de que la extinción del acto rescindido surta plenos efectos, y especialmente, la práctica de los anotaciones e inscripciones precisas en la hoja registral de la finca antes reseñada.

5.— Se imponga las costas procesales a los aquí demandados.

Es Justicia que se Suplica en..., hoy día... de... de dos mil...

OTROSÍ DIGO: Se solicita de este Tribunal la celebración de vista en el presente incidente de conformidad con lo dispuesto en el art. 540 TRLC.

En su virtud,

SUPLICO AL TRIBUNAL que tenga por efectuada la anterior manifestación, se sirva admitirla, y acordar en el sentido anteriormente expuesto, citando a las partes para la oportuna vista.

Es Justicia que nuevamente se SUPLICA en el lugar y fecha reseñados "ut supra".

OTROSÍ DIGO: Que interesa a esta parte el recibimiento del pleito a prueba y en este sentido, esta parte manifiesta los medios de prueba de los que intenta valerse en el presente incidente:...

En su virtud,

SUPLICO AL TRIBUNAL que tenga por efectuada la anterior manifestación, se sirva admitirla, y tener por manifestados los medios de prueba de los que intenta valerse esta parte, y previos los oportunos trámites, declare los mismos pertinentes, acordando cuanto proceda en derecho para su práctica.

Es Justicia que nuevamente se SUPLICA en el lugar y fecha reseñados "ut supra".

2. DEMANDA EJERCITANDO LA ACCIÓN RESCISORIA POR LA ADMINISTRACIÓN CONCURSAL CONTRA ACTO A TÍTULO GRATUITO CONSISTENTE EN UNA

AL TRIBUNAL DE INSTANCIA DE...
SECCION DE LO MERCANTIL NUM....

Don..., administrador concursal del concurso voluntario de la compañía... S.L. que se sigue bajo el número de autos..., ante este Tribunal comparezco en los citados autos, y como mejor proceda en derecho DIGO:

Que por medio del presente escrito y en la condición que ostentamos, promovemos DEMANDA DE INCIDENTE CONCURSAL en ejercicio de la acción rescisoria concursal prevista en el art. 226 TRLC contra el concursado, la sociedad... S.A., y Don..., con domicilio en..., calle..., núm. ... y piso... la cual se basa en los siguientes

HECHOS

PRIMERO.— En el presente procedimiento número de autos..., se sigue expediente de concurso de acreedores de la compañía... La declaración de concurso voluntario de la expresada sociedad, fue solicitada el ... y acordada por este Tribunal mediante auto de fecha... de... de dos mil...

La administración concursal está integrada por quien suscribe, que fue nombrado para tal cargo por el Tribunal, mediante la citada resolución de fecha... de... de dos mil..., aceptando el cargo con fecha...

Acreditando lo anterior, se acompañan como DOCUMENTOS..., testimonio del auto de este Tribunal declarando de concurso de... S.L. y del acta de aceptación del cargo por esta administración concursal...

SEGUNDO.— Que en virtud de escritura de compraventa otorgada el día... de... de dos mil... ante el notario de..., Don..., la aquí concursada, ... S.A., transmitió a Don..., el siguiente inmueble... Inscrito en el Registro de la Propiedad de... al tomo..., libro..., folio..., hoja..., número..., inscripción...

Acreditando lo anterior, se acompaña como DOCUMENTOS... copia autorizada de la escritura de compraventa reseñada y certificación literal del Registro de la Propiedad de... relativa a la citada finca registral...

Como puede observarse en dicha escritura, el precio de la compraventa fue fijado en la suma de...euros, de la cual, ...euros, fueron satisfechos simultáneamente al otorgamiento de la escritura de compraventa. La restante cantidad de...euros debía ser pagada el día..., mediante cheque bancario o efectivo metálico.

TERCERO.— Que en fecha... de... de dos mil..., esto es, dentro de los dos años anteriores a la solicitud de declaración de concurso de... S.A. y mediante escritura otorgada ante el notario de..., Don..., el concursado condonó la citada deuda a Don..., sin que mediase contraprestación alguna a favor de la sociedad concursada.

Se acredita lo anterior acompañando como DOCUMENTO... copia de la expresada escritura de condonación.

CUARTO.— Que el acto anteriormente reseñado era perjudicial para la masa activa al ser un acto de disposición a título gratuito, presumiéndose el perjuicio sin admitir prueba en contrario.

A los anteriores hechos, se aducen los siguientes:

FUNDAMENTOS DE DERECHO

DE ORDEN PROCESAL

I.— Es competente este órgano jurisdiccional para conocer de esta demanda incidental, desde un punto de vista objetivo y territorial, a la vista del art. 44 y 45 TRLC.

II.— La presente demanda se sustanciara por los trámites previstos para el incidente concursal, tal y como resulta de los arts. 234 y 532 y ss. TRLC.

FONDO DEL ASUNTO

I.— La legitimación activa la administración concursal para interponer la presente demanda, resulta del art. 231 TRLC

II.— La legitimación pasiva de... S.A. y Don... resulta, respectivamente, de su condición de concursado y de contraparte del acto impugnado. Ello de conformidad con lo dispuesto en el art. 233.1 TRLC.

III.— Art. 226 TRLC al establecer que "1. Son rescindibles los actos perjudiciales para la masa activa realizados por el deudor dentro de los dos años anteriores a la fecha de la solicitud de declaración de concurso, así como los realizados desde esa fecha a la de la declaración, aunque no hubiere existido intención fraudulenta. 2. Son igualmente rescindibles los actos perjudiciales para la masa activa realizados por el deudor dentro de los dos años anteriores a la fecha de la comunicación de la existencia de negociaciones con los acreedores o la intención de iniciarlas, para alcanzar un plan de reestructuración, así como los realizados desde esa fecha a la de la declaración de concurso, aunque no hubiere existido intención fraudulenta, siempre que concurran las dos siguientes condiciones: 1.º Que no se hubiera aprobado un plan de reestructuración o que, aun aprobado, no hubiera sido homologado por el juez. 2.º Que el concurso se declare dentro del año siguiente a la finalización de los efectos de esa comunicación o de la prórroga que hubiera sido concedida."

IV.— Art. 227 TRLC, según el cual, el perjuicio patrimonial se presume, sin admitir prueba en contrario, cuando se trate de actos de disposición a título gratuito, salvo las liberalidades de uso, y de pagos u otros actos de extinción de obligaciones cuyo vencimiento fuere posterior a la declaración del concurso, excepto si contasen con garantía real.

V.— Art. 235 TRLC sobre los efectos de la rescisión.

VI.— Art. 236 TRLC sobre el régimen del derecho a la contraprestación.

VII.— Art. 394 LEC sobre la imposición de costas procesales a los demandados.

En virtud de lo expuesto,

SUPLICO AL TRIBUNAL que tenga por presentado este escrito, junto a los documentos a él unidos, se sirva admitirlo y tener por promovido por la administración concursal del concurso voluntario de la compañía... S.A. tramitado bajo los autos núm. ..., DEMAN-

DA DE INCIDENTE CONCURSAL en ejercicio de acción rescisoria prevista en el art. 226 TRLC contra la concursada, ... S.A., y Don..., se sirva admitir el incidente y se acuerde emplazar a las demás partes personadas y notificarles la presente para su contestación, en la forma prevenida legalmente y dentro del plazo común de diez días, si fuera de su interés, y previos los oportunos trámites legales, incluido el recibimiento del pleito a prueba que desde este momento solicito, se sirva dictar sentencia por la que:

1.— Se declare que la condonación de la deuda llevada a cabo por... S.A. a favor de Don..., mediante escritura otorgada el día... ante el notario de..., Don..., es perjudicial para la masa activa del concurso de la predicha sociedad, procediendo su rescisión.

2.— Se declare la ineficacia de la condonación de deuda reseñada en el número 1 precedente.

3.— Condene a Don... a reintegrar a la masa activa la citada suma de... euros, más sus correspondientes intereses.

4.— Se ordene la realización cuantos actos y formalidades fueren precisas a efectos de que la extinción del acto rescindido surta plenos efectos y/o los que fueren consecuencia de tal rescisión.

5.— Se imponga las costas procesales a los aquí demandados.

Es Justicia que se Suplica en..., hoy día... de... de dos mil...

OTROSÍ DIGO: Se solicita de este Tribunal la celebración de vista en el presente incidente de conformidad con lo dispuesto en el art. 540 TRLC.

En su virtud,

SUPLICO AL TRIBUNAL que tenga por efectuada la anterior manifestación, se sirva admitirla, y acordar en el sentido anteriormente expuesto, citando a las partes para la oportuna vista.

Es Justicia que nuevamente se SUPLICA en el lugar y fecha reseñados "ut supra".

OTROSÍ DIGO: Que interesa a esta parte el recibimiento del pleito a prueba y en este sentido, esta parte manifiesta los medios de prueba de los que intenta valerse en el presente incidente:...

En su virtud,

SUPLICO AL TRIBUNAL que tenga por efectuada la anterior manifestación, se sirva admitirla, y tener por manifestados los medios de prueba de los que intenta valerse esta parte, y previos los oportunos trámites, declare los mismos pertinentes, acordando cuanto proceda en derecho para su práctica.

Es Justicia que nuevamente se SUPLICA en el lugar y fecha reseñados "ut supra".

3. DEMANDA EJERCITANDO LA ACCIÓN RESCISORIA POR LA ADMINISTRACIÓN CONCURSAL CONTRA DACIÓN EN PAGO QUE EXTINGUE OBLIGACIÓN CUYO VENCIMIENTO ERA POSTERIOR A LA DECLARACIÓN DEL CONCURSO

AL TRIBUNAL DE INSTANCIA DE...
SECCION DE LO MERCANTIL NUM....

Don..., administrador concursal del concurso voluntario de la compañía... S.L. que se sigue bajo el número de autos..., ante este Tribunal comparezco en los citados autos, y como mejor proceda en derecho DIGO:

Que por medio del presente escrito y en la condición que ostentamos, promovemos DEMANDA DE INCIDENTE CONCURSAL en ejercicio de la acción rescisoria concursal prevista en el art. 226 TRLC contra el concursado, la sociedad... S.A., y Don..., con domicilio en..., calle..., núm. ... y piso..., la cual se basa en los siguientes:

HECHOS

PRIMERO.— En el presente procedimiento número de autos..., se sigue expediente de concurso de acreedores de la compañía... La declaración de concurso voluntario de la expresada sociedad, fue solicitada el ... y acordada por este Tribunal mediante auto de fecha... de... de dos mil...

La administración concursal está integrada por quien suscribe, que fue nombrado para tal cargo por el Tribunal, mediante la citada resolución de fecha... de... de dos mil..., aceptando el cargo con fecha...

Acreditando lo anterior, se acompañan como DOCUMENTOS..., testimonio del auto de este Tribunal declarando el concurso de... S.L. y del acta de aceptación del cargo por esta administración concursal...

SEGUNDO.— Que en virtud de escritura de compraventa otorgada el día... de... de dos mil... ante el notario de..., Don..., el demandado Don... transmitió a la aquí concursada, ... S.A., el siguiente inmueble... Inscrito en el Registro de la Propiedad de... al tomo..., libro..., folio..., hoja..., número..., inscripción...

Acreditando lo anterior, se acompañan como DOCUMENTOS..., copia de la escritura de compraventa reseñada y certificación del Ilmo. Sr. Registrador de la Propiedad de..., relativa a la finca registral...

Como puede observarse, el precio de la citada compraventa fue fijado en la suma de...euros, de la cual, ...euros, fueron satisfechos simultáneamente al otorgamiento de la escritura de compraventa. La restante cantidad de...euros, debía ser pagada por... S.A. el día..., mediante cheque bancario o efectivo metálico.

Por su importancia, se hace constar que el plazo de pago antes reseñado, vencía con posterioridad al..., día en que por este Tribunal se declaró el concurso voluntario de... S.A.

Igualmente se hace constar que el citado crédito no contaba con garantía real alguna.

TERCERO.— Que en fecha... de... de dos mil..., esto es, dentro de los dos años anteriores a la solicitud de declaración del concurso de... S.A., esta compañía y Don... otorgaron ante el notario Don..., escritura de dación en pago, por la que se extinguía la deuda reseñada en el hecho precedente, mediante la entrega a Don..., en pago de la misma, del siguiente bien... Ello aun cuando la citada deuda no estaba vencida.

Se acredita lo anterior acompañando como DOCUMENTO... la escritura de dación en pago otorgada por... S.A. y Don..., ante el notario Don..., el día...

CUARTO.— Que el acto anteriormente reseñado era perjudicial para la masa activa al ser un acto de extinción de obligaciones cuyo vencimiento era posterior a la declaración del concurso, presumiéndose el perjuicio sin que se admita prueba en contra, al ser un acto de extinción de obligaciones cuyo vencimiento era posterior a la declaración del concurso y no contar el crédito en cuestión con garantía real alguna.

A los anteriores hechos, se aducen los siguientes:

FUNDAMENTOS DE DERECHO

DE ORDEN PROCESAL

I.— Es competente este órgano jurisdiccional para conocer de esta demanda incidental, desde un punto de vista objetivo y territorial, a la vista del art. 44 y 45 TRLC.

II.— La presente demanda se sustanciará por los trámites previstos para el incidente concursal, tal y como resulta de los arts. 234 y 532 y ss. TRLC.

FONDO DEL ASUNTO

I.— La legitimación activa la administración concursal para interponer la presente demanda, resulta del art. 231 TRLC

II.— La legitimación pasiva de... S.A. y Don... resulta, respectivamente, de su condición de concursado y de contraparte del acto impugnado. Ello de conformidad con lo dispuesto en el art. 233.1 TRLC.

III.— Art. 226 TRLC al establecer que "1. Son rescindibles los actos perjudiciales para la masa activa realizados por el deudor dentro de los dos años anteriores a la fecha de la solicitud de declaración de concurso, así como los realizados desde esa fecha a la de la declaración, aunque no hubiere existido intención fraudulenta. 2. Son igualmente rescindibles los actos perjudiciales para la masa activa realizados por el deudor dentro de los dos años anteriores a la fecha de la comunicación de la existencia de negociaciones con los acreedores o la intención de iniciarlas, para alcanzar un plan de reestructuración, así como los realizados desde esa fecha a la de la declaración de concurso, aunque no hubiere existido intención fraudulenta, siempre que concurran las dos siguientes condiciones: 1.º Que no se hubiera aprobado un plan de reestructuración o que, aun aprobado, no hubiera sido homologado por el juez. 2.º Que el concurso se declare dentro del año siguiente a la finalización de los efectos de esa comunicación o de la prórroga que hubiera sido concedida."

IV.— Art. 227 TRLC, según el cual, el perjuicio patrimonial se presume, sin admitir prueba en contrario, cuando se trate de actos de disposición a título gratuito, salvo las liberalidades de uso, y de pagos u otros actos de extinción de obligaciones cuyo vencimiento fuere posterior a la declaración del concurso, excepto si contasen con garantía real.

V.— Art. 235 TRLC sobre los efectos de la rescisión.

VI.— Art. 236 TRLC sobre el régimen del derecho a la contraprestación.

VII.— Art. 394 LEC sobre la imposición de costas procesales a los demandados.

En virtud de lo expuesto,

SUPLICO AL TRIBUNAL que tenga por presentado este escrito, junto a los documentos a él unidos, se sirva admitirlo y tener por promovido por la administración concursal del concurso voluntario de la compañía... S.A. tramitado bajo los autos núm. ..., DEMANDA DE INCIDENTE CONCURSAL en ejercicio de acción rescisoria concursal prevista en el art. 226 TRLC contra la concursada, ... S.A., y Don..., se sirva admitir el incidente y se acuerde emplazar a las demás partes personadas y notificarles la presente para su contestación, en la forma prevenida legalmente y dentro del plazo común de diez días, si fuera de su interés, y previos los oportunos trámites legales, incluido el recibimiento del incidente a prueba que desde este momento solicito, se sirva dictar sentencia por la que:

1.— Se declare que la dación en pago reseñada en el hecho..., llevada a cabo por la aquí concursada... S.A. a favor de Don..., mediante escritura otorgada el día... ante el notario Don..., por la que se extinguió la deuda contraída por la primera ante Don..., por importe de...euros, es perjudicial para la masa activa del concurso de la predicha sociedad, procediendo su rescisión.

2.— Se declare la ineficacia de la dación en pago reseñada en el número 1 precedente

3.— Se condene a Don... a reintegrar a la masa activa los bienes recibidos en pago de la citada deuda consistentes en..., más sus correspondientes frutos.

4.— Se ordene la realización cuantos actos y formalidades fueren precisas a efectos de que la extinción del acto rescindido surta plenos efectos. También los que fueren consecuencia de tal rescisión.

5.— Se impongan las costas procesales a los aquí demandados.

Es Justicia que se Suplica en..., hoy día... de... de dos mil...

OTROSÍ DIGO: Se solicita de este Tribunal la celebración de vista en el presente incidente de conformidad con lo dispuesto en el art. 540 TRLC.

En su virtud,

SUPLICO AL TRIBUNAL que tenga por efectuada la anterior manifestación, se sirva admitirla, y acordar en el sentido anteriormente expuesto, citando a las partes para la oportuna vista.

Es Justicia que nuevamente se SUPLICA en el lugar y fecha reseñados "ut supra".

OTROSÍ DIGO: Que interesa a esta parte el recibimiento del pleito a prueba y en este sentido, esta parte manifiesta los medios de prueba de los que intenta valerse en el presente incidente:...

En su virtud,

SUPLICO AL TRIBUNAL que tenga por efectuada la anterior manifestación, se sirva admitirla, y tener por manifestados los medios de prueba de los que intenta valerse esta parte, y previos los oportunos trámites, declare los mismos pertinentes, acordando cuanto proceda en derecho para su práctica.

Es Justicia que nuevamente se SUPLICA en el lugar y fecha reseñados "ut supra".

4. DEMANDA EJERCITANDO LA ACCIÓN RESCISORIA CONCURSAL POR LA ADMINISTRACIÓN CONCURSAL CONTRA UN PAGO DE OBLIGACIÓN CUYO VENCIMIENTO ERA POSTERIOR A LA DECLARACIÓN DEL CONCURSO

AL TRIBUNAL DE INSTANCIA DE...
SECCION DE LO MERCANTIL NUM....

Don..., administrador concursal del concurso voluntario de la compañía... S.L. que se sigue bajo el número de autos..., ante este Tribunal comparezco en los citados autos, y como mejor proceda en derecho DIGO:

Que por medio del presente escrito y en la condición que ostentamos, promovemos DEMANDA DE INCIDENTE CONCURSAL en ejercicio de la acción rescisoria concursal prevista en el art. 226 TRLC contra el concursado, la sociedad... S.A., y Don..., con domicilio en..., calle..., núm. ... y piso..., la cual se basa en los siguientes:

HECHOS

PRIMERO.— En el presente procedimiento número de autos..., se sigue expediente de concurso contra la compañía... La declaración de concurso voluntario de la expresada sociedad, fue acordada por este Tribunal mediante auto de fecha... de... de dos mil...

La administración concursal está integrada por quien suscribe, que fue nombrado para tal cargo por el Tribunal, mediante la citada resolución de fecha... de... de dos mil..., aceptando el cargo con fecha...

Acreditando lo anterior, se acompañan como DOCUMENTOS..., testimonio del auto de este Tribunal declarando de concurso de... S.L. y del acta de aceptación del cargo por esta administración concursal...

SEGUNDO.— Que en virtud de escritura de compraventa otorgada el día... de... de dos mil... ante el notario de..., Don..., el aquí demandado Don..., transmitió a la aquí concursada, ... S.A., el siguiente inmueble... Inscrito en el Registro de la Propiedad de... al tomo..., libro..., folio..., hoja..., número..., inscripción...

Acreditando lo anterior, se acompañan como DOCUMENTOS..., copia de la escritura de compraventa reseñada y certificación del Ilmo. Sr. Registrador de la Propiedad de... relativa a la expresada finca.

Como puede observarse, el precio de la citada compraventa fue fijado en la suma de...euros, de la cual, ...euros, fueron satisfechos simultáneamente al otorgamiento de la escritura de compraventa. La restante cantidad de...euros, debía ser pagada por... S.A. el día..., mediante cheque bancario o efectivo metálico.

Por su importancia, se hace constar que el plazo de pago antes reseñado, vencía con posterioridad al..., día en que por este Tribunal se declaró el concurso voluntario de... S.A.

Igualmente se hace constar que el citado crédito no contaba con garantía real alguna.

TERCERO.— Que en fecha... de... de dos mil..., esto es, dentro de los dos años anteriores a tal declaración, ... S.A. pagó a Don..., mediante cheque bancario..., la deuda reseñada en el hecho precedente. Ello, aun cuando la misma no estaba vencida.

Se acredita lo anterior acompañando como DOCUMENTOS... copia del cheque bancario reseñado, certificación de la entidad emisora del efecto, el banco... y la carta de pago otorgada por Don..., ante el notario Don..., el día...

CUARTO.— Que el acto anteriormente reseñado era perjudicial para la masa activa al ser un acto de extinción de obligaciones cuyo vencimiento era posterior a la declaración del concurso, presumiéndose el perjuicio sin que quepa prueba en contra, al ser un acto de extinción de obligaciones cuyo vencimiento era posterior a la declaración del concurso y no contar el crédito en cuestión con garantía real alguna.

A los anteriores hechos, se aducen los siguientes:

FUNDAMENTOS DE DERECHO

DE ORDEN PROCESAL

I.— Es competente este órgano jurisdiccional para conocer de esta demanda incidental, desde un punto de vista objetivo y territorial, a la vista del art. 44 y 45 TRLC.

II.— La presente demanda se sustanciara por los trámites previstos para el incidente concursal, tal y como resulta de los arts. 234 y 532 y ss. TRLC.

FONDO DEL ASUNTO

I.— La legitimación activa la administración concursal para interponer la presente demanda, resulta del art. 231 TRLC

II.— La legitimación pasiva de... S.A. y Don... resulta, respectivamente, de su condición de concursado y de contraparte del acto impugnado. Ello de conformidad con lo dispuesto en el art. 233.1 TRLC.

III.—Art. 226 TRLC al establecer que "1. Son rescindibles los actos perjudiciales para la masa activa realizados por el deudor dentro de los dos años anteriores a la fecha de la solicitud de declaración de concurso, así como los realizados desde esa fecha a la de la declaración, aunque no hubiere existido intención fraudulenta. 2. Son igualmente rescindibles los actos perjudiciales para la masa activa realizados por el deudor dentro de los dos años anteriores a la fecha de la comunicación de la existencia de negociaciones con los acreedores o la intención de iniciarlas, para alcanzar un plan de reestructuración, así como los realizados desde esa fecha a la de la declaración de concurso, aunque no hubiere existido intención fraudulenta, siempre que concurran las dos siguientes condiciones: 1.º Que no se hubiera aprobado un plan de reestructuración o que, aun aprobado, no hubiera sido homologado por el juez. 2.º Que el concurso se declare dentro del año siguiente a la finalización de los efectos de esa comunicación o de la prórroga que hubiera sido concedida."

IV.—Art. 227 TRLC, según el cual, el perjuicio patrimonial se presume, sin admitir prueba en contrario, cuando se trate de actos de disposición a título gratuito, salvo las liberalidades de uso, y de pagos u otros actos de extinción de obligaciones cuyo vencimiento fuere posterior a la declaración del concurso, excepto si contasen con garantía real.

V.— Art. 235 TRLC sobre los efectos de la rescisión.

VI.— Art. 236 TRLC sobre el régimen del derecho a la contraprestación.

VII.— Art. 394 LEC sobre la imposición de costas procesales a los demandados.

En virtud de lo expuesto,

SUPLICO AL TRIBUNAL que tenga por presentado este escrito, junto a los documentos a él unidos, se sirva admitirlo y tener por promovido por la administración concursal del concurso voluntario de la compañía... S.A. tramitado bajo los autos núm. ..., DEMANDA DE INCIDENTE CONCURSAL en ejercicio de acción rescisoria concursal prevista en el art. 226 TRLC contra la concursada, ... S.A., y Don..., se sirva admitir el incidente y se acuerde emplazar a las demás partes personadas y notificarles la presente para su contestación, en la forma prevenida legalmente y dentro del plazo común de diez días, si fuera de su interés, y previos los oportunos trámites legales, incluido el recibimiento del incidente a prueba que desde este momento solicito, se sirva dictar sentencia por la que:

1.— Se declare que el pago de la deuda reseñada en el hecho... de esta demanda, por la aquí concursada... S.A. a Don..., por importe de...euros, es perjudicial para la masa activa del concurso de la predicha sociedad, procediendo su rescisión.

2.— Se declare la ineficacia del pago de deuda reseñado en el número 1 precedente.

3.— Se condene a Don... a reintegrar a la masa activa la citada suma de...euros, más sus correspondientes intereses.

4.— Se ordene la realización cuantos actos y formalidades fueren precisas a efectos de que la extinción del acto rescindido surta plenos efectos. También aquellos que fueren consecuencia de tal rescisión.

5.— Se imponga las costas procesales a los aquí demandados.

Es Justicia que se Suplica en...

OTROSÍ DIGO: Se solicita de este Tribunal la celebración de vista en el presente incidente de conformidad con lo dispuesto en el art. 540 TRLC.

En su virtud,

SUPLICO AL TRIBUNAL que tenga por efectuada la anterior manifestación, se sirva admitirla, y acordar en el sentido anteriormente expuesto, citando a las partes para la oportuna vista.

Es Justicia que nuevamente se SUPLICA en el lugar y fecha reseñados "ut supra".

OTROSÍ DIGO: Que interesa a esta parte el recibimiento del pleito a prueba y en este sentido, esta parte manifiesta los medios de prueba de los que intenta valerse en el presente incidente:...

En su virtud,

SUPLICO AL TRIBUNAL que tenga por efectuada la anterior manifestación, se sirva admitirla, y tener por manifestados los medios de prueba de los que intenta valerse esta parte, y previos los oportunos trámites, declare los mismos pertinentes, acordando cuanto proceda en derecho para su práctica.

Es Justicia que nuevamente se SUPLICA en el lugar y fecha reseñados "ut supra".

5. DEMANDA EJERCITANDO LA ACCIÓN RESCISORIA CONCURSAL POR ACREEDOR CONTRA ACTO ONEROSO A FAVOR DE PERSONA ESPECIALMENTE RELACIONADA CON EL CONCURSADO

AL TRIBUNAL DE INSTANCIA DE...
SECCION DE LO MERCANTIL NUM....

Don..., Procurador de los Tribunales y de Don ..., cuya representación acredito con el poder otorgado apud acta...., comparezco ante este Tribunal autos de concurso voluntario de ... SL, numero ...,, y como mejor proceda en derecho DIGO:

Que por medio del presente escrito y en la representación que ostento, promuevo DEMANDA DE INCIDENTE CONCURSAL en ejercicio de la acción rescisoria prevista en el art. 226 TRLC contra el concursado, la sociedad... S.L. y Don..., con domicilio en..., calle..., núm. ... y piso... la cual se basa en los siguientes:

HECHOS

PRIMERO.— En el presente procedimiento número dc autos..., se sigue expediente de concurso de la compañía... S.L. La declaración de concurso voluntario de la expresada sociedad, fue solicitada el ... y acordada por este Tribunal mediante auto de fecha... de... de dos mil...

La administración concursal está integrada por quien suscribe, que fue nombrado para tal cargo por el Tribunal mediante la citada resolución de fecha... de... de dos mil..., aceptando el cargo con fecha...

Acreditando lo anterior, se acompañan como DOCUMENTOS..., testimonio del auto declarando el concurso de... S.L. y del acta de aceptación del cargo por esta administración concursal...

SEGUNDO.— Que el aquí codemandado, Don... es desde el día... y en la actualidad, socio de la compañía... S.L. Concretamente, es titular de... participaciones sociales, número... a..., ambos inclusive, de...euros de valor nominal, que le pertenecen por asunción y desembolso de las mismas con ocasión del aumento de capital de la sociedad, acordado por la Junta General de la sociedad el día... y que fue elevado a público mediante escritura autorizada el día... por el notario, Don... Las citadas participaciones sociales, en su conjunto, suponen más del diez por ciento del capital social de... S.L. Concretamente, el... por ciento.

Igualmente, desde dicha fecha y en la actualidad, es administrador solidario de la citada compañía.

Así resulta de la certificación del Registro Mercantil de la provincia de... y de la copia de la escritura de aumento de capital antes reseñado, DOCUMENTOS que se acompañan a este escrito señalados de número...

A efectos probatorios se designan los archivos del citado notario Don... y el libro registro de socios de la concursada.

TERCERO.— Que en fecha..., ... S.L. vendió a Don... el siguiente inmueble... El precio de la compraventa, según resulta de la escritura otorgada el día... de... de dos mil..., ante el notario de..., Don..., se fijo en la suma de...euros, cuyo pago se aplazó a... años, a razón de...euros cada año, sin que se prestase por Don... garantía alguna.

Acreditando lo anterior, se acompaña como DOCUMENTOS... y... copia autorizada de la escritura de compraventa reseñada y certificación del Ilmo. Sr. Registrador de la Propiedad núm. ... de..., correspondiente al inmueble antes reseñado.

Se hace constar que la citada compraventa fue realizada dentro de los dos años anteriores a la solicitud de declaración de concurso de... S.L.

CUARTO.— Que mi mandante es acreedor de... S.L., siendo titular de un crédito que ha sido reconocido en el concurso de referencia, figurando esta parte, por ello, en la lista de acreedores que se acompaña al informe formulado el día... de... de dos mil... por la Administración concursal. Testimonio del mismo se acompaña como DOCUMENTO...

QUINTO.— Que siendo perjudicial la citada compraventa para la masa activa esta parte, al amparo de lo establecido en el art. 232.1 TRLC, requirió a dicha administración concursal mediante escrito de fecha... (remitido por conducto notarial y que se acompaña a este escrito como DOCUMENTO...), a efectos de que ejercitara la correspondiente acción rescisoria concursal contra dicho acto. Desde que se notificó tal requerimiento, han transcurrido más de dos meses sin que se haya ejercitado la expresada acción.

SEXTO.— Que conforme establece el art. 228.1.º TRLC y salvo prueba en contrario, se presume el perjuicio patrimonial de la citada compraventa. En cualquier caso, tal perjuicio es evidente a la vista de..., tal y como resulta de... (DOCUMENTOS que se acompañan señalados de número...).

A los anteriores hechos, se aducen los siguientes:

FUNDAMENTOS DE DERECHO

DE ORDEN PROCESAL

I.— Es competente este órgano jurisdiccional para conocer de esta demanda incidental, desde un punto de vista objetivo y territorial, a la vista del art. 44 y 45 TRLC.

II.— La presente demanda se sustanciara por los trámites previstos para el incidente concursal, tal y como resulta de los arts. 234 y 532 y ss. TRLC.

FONDO DEL ASUNTO

I.— La legitimación activa de mi mandante, en su condición de acreedor de... S.L. y para interponer la presente demanda, resulta del art. 232 TRLC

II.— La legitimación pasiva de... S.A. y Don... resulta, respectivamente, de su condición de concursado y de contraparte del acto impugnado. Así resulta del art. 233.1 TRLC.

III.— Art. 226 TRLC al establecer que "1. Son rescindibles los actos perjudiciales para la masa activa realizados por el deudor dentro de los dos años anteriores a la fecha de la solicitud de declaración de concurso, así como los realizados desde esa fecha a la de la declaración, aunque no hubiere existido intención fraudulenta. 2. Son igualmente rescindibles los actos perjudiciales para la masa activa realizados por el deudor dentro de los dos años anteriores a la fecha de la comunicación de la existencia de negociaciones con los acreedores o la intención de iniciarlas, para alcanzar un plan de reestructuración, así como los realizados desde esa fecha a la de la declaración de concurso, aunque no hubiere existido intención fraudulenta, siempre que concurran las dos siguientes condiciones: 1.º Que no se hubiera aprobado un plan de reestructuración o que, aun aprobado, no hubiera sido homologado por el juez. 2.º Que el concurso se declare dentro del año siguiente a la finalización de los efectos de esa comunicación o de la prórroga que hubiera sido concedida."

IV.— Art. 228 TRLC, según el cual, salvo prueba en contrario, el perjuicio patrimonial se presume cuando se trate de los siguientes actos: ...1.º Los actos de disposición a título oneroso realizados a favor de alguna de las personas especialmente relacionadas con el concursado.

Y al hilo de lo anterior, art. 283 TRLC sobre a quien se considera personas especialmente relacionadas con el concursado persona jurídica.

V.— Art. 235 TRLC sobre los efectos de la rescisión.

VI.— Art. 236 TRLC sobre el régimen del derecho a la contraprestación.

VII.— Art. 394 LEC sobre la imposición de costas procesales a los demandados.

En virtud de lo expuesto,

SUPLICO AL TRIBUNAL que tenga por presentado este escrito, junto a los documentos a él unidos, se sirva admitirlo y tener por promovido en nombre y representación de mi mandante, Don ..., DEMANDA DE INCIDENTE CONCURSAL en ejercicio de acción rescisoria concursal prevista en el art. 226 TRLC contra la concursada, ... S.L., y Don..., se sirva admitir el incidente y se acuerde emplazar a las demás partes personadas y notificarles la presente para su contestación, en la forma prevenida legalmente y dentro del plazo común de diez días, si fuera de su interés, y previos los oportunos trámites legales, incluido el recibimiento del pleito a prueba que desde este momento solicito, se sirva dictar sentencia por la que:

1.— Se declare que la compraventa del inmueble..., inscrito en el Registro de la Propiedad de... al tomo..., libro..., folio..., hoja..., número..., inscripción..., llevada a cabo por... S.A. a favor de Don..., mediante escritura otorgada el día... ante el notario de..., Don..., es perjudicial para la masa activa del concurso de la predicha sociedad, procediendo su rescisión.

2.— Se declare la ineficacia de la compraventa reseñada en el número 1 precedente.

3.— Se condene a Don... a reintegrar el citado inmueble a la masa activa junto a sus frutos, teniendo el crédito a favor de Don... originado como consecuencia de tal reintegración la consideración de subordinado.

4.— Se ordene la realización cuantos actos y formalidades fueren precisas a efectos de que la extinción del acto rescindido surta plenos efectos, y especialmente, la práctica de los anotaciones e inscripciones precisas en la hoja registral de la finca antes reseñada. También aquellos que fueren consecuencia de la rescisión acordada.

5.— Se imponga las costas procesales a los aquí demandados.

Es Justicia que se Suplica en..., hoy día... de... de dos mil...

OTROSÍ DIGO: Se solicita de este Tribunal que, a los efectos legales oportunos, se sirva notificar la presente demanda a la administración concursal.

En su virtud,

SUPLICO AL TRIBUNAL que tenga por efectuada la anterior manifestación, se sirva admitirla, y acordar en el sentido anteriormente expuesto.

Es Justicia que nuevamente se SUPLICA en el lugar y fecha reseñados "ut supra".

OTROSÍ DIGO: Se solicita de este Tribunal la celebración de vista en el presente incidente de conformidad con lo dispuesto en el art. 540 TRLC.

En su virtud,

SUPLICO AL TRIBUNAL que tenga por efectuada la anterior manifestación, se sirva admitirla, y acordar en el sentido anteriormente expuesto, citando a las partes para la oportuna vista.

Es Justicia que nuevamente se SUPLICA en el lugar y fecha reseñados "ut supra".

OTROSÍ DIGO: Que interesa a esta parte el recibimiento del pleito a prueba y en este sentido, esta parte manifiesta los medios de prueba de los que intenta valerse en el presente incidente:...

En su virtud,

SUPLICO AL TRIBUNAL que tenga por efectuada la anterior manifestación, se sirva admitirla, y tener por manifestados los medios de prueba de los que intenta valerse esta parte, y previos los oportunos trámites, declare los mismos pertinentes, acordando cuanto proceda en derecho para su práctica.

Es Justicia que nuevamente se SUPLICA en el lugar y fecha reseñados "ut supra".

6. DEMANDA EJERCITANDO LA ACCIÓN RESCISORIA CONCURSAL POR LA ADMINISTRACIÓN CONCURSAL CONTRA GARANTÍA REAL A FAVOR DE OBLIGACIÓN PREEXISTENTE

AL TRIBUNAL DE INSTANCIA DE...
SECCION DE LO MERCANTIL NUM....

Don..., administrador concursal del concurso voluntario de la compañía... S.L. que se sigue bajo el número de autos..., ante este Tribunal comparezco en los citados autos, y como mejor proceda en derecho DIGO:

Que por medio del presente escrito y en la condición que ostentamos, promovemos DEMANDA DE INCIDENTE CONCURSAL en ejercicio de la acción rescisoria concursal prevista en el art. 226 TRLC contra el concursado, la sociedad... S.L., y... S.A., con domicilio en..., calle..., núm. ... y piso... la cual se basa en los siguientes:

HECHOS

PRIMERO.— En el presente procedimiento número de autos..., se sigue expediente de concurso de la compañía... S.L. La declaración de concurso voluntario de la expresada sociedad, fue solicitada el ... y acordada por este Tribunal mediante auto de fecha... de... de dos mil...

La administración concursal está integrada por quien suscribe, que fue nombrado para tal cargo mediante la citada resolución de fecha... de... de dos mil..., aceptando el cargo con fecha...

Acreditando lo anterior, se acompañan como DOCUMENTOS..., testimonio del auto declarando el concurso de... S.L. y la del acta de aceptación del cargo de administradores concursales.

SEGUNDO.— Que en fecha... de... de dos mil..., la compañía... S.A. transmitió a la aquí concursada... S.L. la siguiente mercancía:...

Las condiciones de la citada compraventa eran:...

Se acompaña como DOCUMENTOS..., copia del pedido, la factura de venta y el albarán de entrega de la mercancía.

TERCERO.— Que en fecha..., y como consecuencia de tal venta, ... S.L. adeudaba a... S.A., la suma de...euros, que debía pagar el...

Varios meses después, concretamente, el... de... de..., y mediante escritura otorgada ante el notario de..., Don..., la concursada, ... S.L., reconoció adeudar a... S.A., la citada suma de...euros, y se obligó a pagar la misma el día... En garantía de tal deuda, constituyo hipoteca sobre el siguiente bien inmueble:..., que se inscribió en el Registro de la Propiedad de..., el día..., al folio..., libro, ..., finca..., inscripción...

Acreditando lo anterior, se acompaña como DOCUMENTOS... y... copia autorizada de la escritura de reconocimiento de deuda y constitución de hipoteca y certificación del Ilmo. Sr. Registrador de la Propiedad núm. ... de..., correspondiente al inmueble antes reseñado.

Se hace constar que la citada hipoteca se constituyó dentro de los dos años anteriores a la solicitud de declaración de concurso de... S.L. Concretamente, ... antes de tal solicitud.

CUARTO.— Que conforme establece el art. 228.2.º TRLC y salvo prueba en contrario, se presume el perjuicio patrimonial de la citada garantía real. En cualquier caso, tal perjuicio es evidente a la vista de..., tal y como resulta de... (DOCUMENTOS que se acompañan señalados de número...).

A los anteriores hechos, se aducen los siguientes:

FUNDAMENTOS DE DERECHO

DE ORDEN PROCESAL

I.— Es competente este órgano jurisdiccional para conocer de esta demanda incidental, desde un punto de vista objetivo y territorial, a la vista del art. 44 y 45 TRLC.

II.— La presente demanda se sustanciará por los trámites previstos para el incidente concursal, tal y como resulta de los arts. 234 y 532 y ss. TRLC.

FONDO DEL ASUNTO

I.— La legitimación activa de la administración concursal para interponer la presente demanda, resulta del art. 231 TRLC.

II.— La legitimación pasiva de... S.L. y... S.A. resulta, respectivamente, de su condición de concursado y de contraparte del acto impugnado. Así resulta del art. 233.1 TRLC.

III.—Art. 226 TRLC al establecer que "1. Son rescindibles los actos perjudiciales para la masa activa realizados por el deudor dentro de los dos años anteriores a la fecha de la solicitud de declaración de concurso, así como los realizados desde esa fecha a la de la declaración, aunque no hubiere existido intención fraudulenta. 2. Son igualmente rescindibles los actos perjudiciales para la masa activa realizados por el deudor dentro de los dos años anteriores a la fecha de la comunicación de la existencia de negociaciones con los acreedores o la intención de iniciarlas, para alcanzar un plan de reestructuración, así como los realizados desde esa fecha a la de la declaración de concurso, aunque no hubiere existido intención fraudulenta, siempre que concurran las dos siguientes condiciones: 1.º Que no se hubiera aprobado un plan de reestructuración o que, aun aprobado, no hubiera sido homologado por el juez. 2.º Que el concurso se declare dentro del año siguiente a la finalización de los efectos de esa comunicación o de la prórroga que hubiera sido concedida."

IV.— Art. 228 TRLC, según el cual, salvo prueba en contrario, el perjuicio patrimonial se presume cuando se trate de los siguientes actos:... 2.º Los actos de constitución de garantías reales a favor de obligaciones preexistentes o de las nuevas contraídas en sustitución de aquellas.

V.— Art. 235 TRLC sobre los efectos de la rescisión.

VI.— Art. 236 TRLC sobre el régimen del derecho a la contraprestación.

VII.— Art. 394 LEC sobre la imposición de costas procesales a los demandados.

En virtud de lo expuesto,

SUPLICO AL TRIBUNAL que tenga por presentado este escrito, junto a los documentos a él unidos, se sirva admitirlo y tener por promovido por la administración concursal del concurso voluntario de la compañía... S.L. tramitado bajo los autos núm. ..., DEMANDA DE INCIDENTE CONCURSAL en ejercicio de acción rescisoria prevista en el art. 226 TRLC contra la concursada, ... S.L. y la compañía... S.A., se sirva admitir el incidente y se acuerde emplazar a las demás partes personadas y notificarles la presente para su contestación, en la forma prevenida legalmente y dentro del plazo común de diez días, si fuera de su interés, y previos los oportunos trámites legales, incluido su el recibimiento del pleito a prueba que desde este momento solicito, se sirva dictar sentencia por la que:

1.— Se declare que la hipoteca sobre el inmueble:..., inscrito en el Registro de la Propiedad de... al tomo..., libro..., folio..., hoja..., número..., inscripción..., constituida por... S.L. a favor de... S.A. y en garantía de la deuda reseñada en el hecho... de esta demanda, mediante escritura otorgada el día... ante el notario de..., Don..., es perjudicial para la masa activa del concurso de la predicha sociedad, procediendo su rescisión.

2.— Se declare la ineficacia de la garantía real reseñada en el número 1 precedente.

3.— Se ordene la realización cuantos actos y formalidades fueren precisas a efectos de que la extinción del acto rescindido surta plenos efectos, y especialmente, la práctica de los anotaciones e inscripciones precisas en la hoja registral de la finca antes reseñada. También aquellos que fueren consecuencia de la rescisión acordada.

4.— Se imponga las costas procesales a los aquí demandados.

Es Justicia que se Suplica en..., hoy día... de... de dos mil...

OTROSÍ DIGO: Se solicita de este Tribunal la celebración de vista en el presente incidente de conformidad con lo dispuesto en el art. 540 TRLC.

En su virtud,

SUPLICO AL TRIBUNAL que tenga por efectuada la anterior manifestación, se sirva admitirla, y acordar en el sentido anteriormente expuesto, citando a las partes para la oportuna vista.

Es Justicia que nuevamente se SUPLICA en el lugar y fecha reseñados “ut supra”.

OTROSÍ DIGO: Que interesa a esta parte el recibimiento del pleito a prueba y en este sentido, esta parte manifiesta los medios de prueba de los que intenta valerse en el presente incidente:...

En su virtud,

SUPLICO AL TRIBUNAL que tenga por efectuada la anterior manifestación, se sirva admitirla, y tener por manifestados los medios de prueba de los que intenta valerse esta parte, y previos los oportunos trámites, declare los mismos pertinentes, acordando cuanto proceda en derecho para su práctica.

Es Justicia que nuevamente se SUPLICA en el lugar y fecha reseñados "ut supra".

7. DEMANDA EJERCITANDO LA ACCIÓN RESCISORIA CONCURSAL POR ADMINISTRACIÓN CONCURSAL CONTRA LA CONSTITUCIÓN DE GARANTÍAS REALES A FAVOR DE OBLIGACIONES CONTRAÍDAS EN SUSTITUCIÓN DE PREEXISTENTES

AL TRIBUNAL DE INSTANCIA DE...
SECCION DE LO MERCANTIL NUM....

Don..., administrador concursal del concurso voluntario de la compañía... S.L. que se sigue bajo el número de autos..., ante este Tribunal comparezco en los citados autos, y como mejor proceda en derecho DIGO:

Que por medio del presente escrito y en la condición que ostentamos, promovemos DEMANDA DE INCIDENTE CONCURSAL en ejercicio de la acción rescisoria concursal prevista en el art. 226 TRLC contra el concursado, la sociedad... S.L., y el Banco... S.A., con domicilio en..., calle..., núm. ... y piso... la cual se basa en los siguientes:

HECHOS

PRIMERO.— En el presente procedimiento número de autos..., se sigue expediente de concurso de la compañía... S.L. La declaración de concurso voluntario de la expresada sociedad, fue solicitada el ... y acordada mediante auto de fecha... de... de dos mil...

La administración concursal está integrada por quien suscribe, que fue nombrado para tal cargo mediante la citada resolución de fecha... de... de dos mil..., aceptando el cargo con fecha...

Acreditando lo anterior, se acompañan como DOCUMENTOS..., testimonio del auto declarando el concurso de... S.L. y del acta de aceptación del cargo de administrador concursal.

SEGUNDO.— Que en fecha... de... de dos mil..., la aquí concursada... y Banco... S.A. concertaron, mediante póliza intervenida ante el notario de..., Don..., contrato de préstamo en los siguientes términos y condiciones:..., que venció el día...

Acreditando lo anterior, se acompaña como DOCUMENTO..., la citada póliza.

TERCERO.— Que en fecha..., el citado... concedió a la concursada nuevo préstamo por importe de...euros, con el cual, canceló el reseñado en el hecho precedente, quedando un remanente para la empresa de...euros.

Ese mismo día, y mediante escritura otorgada ante el notario de..., Don..., la concursada, ... S.L., constituyó a favor del Banco... y en garantía del nuevo préstamo, prenda sin desplazamiento sobre... y en las siguientes condiciones... La citada prenda fue inscrita el día... en...

Acreditando lo anterior, se acompaña como DOCUMENTOS... y... copia autorizada de la escritura de constitución de la prenda sin desplazamiento arriba reseñada y certificación del Ilmo. Sr. Registrador...

Se hace constar que la citada prenda se constituyó dentro de los dos años anteriores a la solicitud de concurso de... S.L. Concretamente, ... antes de tal solicitud.

CUARTO.— Que conforme establece el art. 228.2.º TRLC y salvo prueba en contrario, se presume el perjuicio patrimonial de la citada garantía real. En cualquier caso, tal perjuicio es evidente a la vista de..., tal y como resulta de... (DOCUMENTOS que se acompañan señalados de número...).

A los anteriores hechos, se aducen los siguientes:

FUNDAMENTOS DE DERECHO

DE ORDEN PROCESAL

I.— Es competente este órgano jurisdiccional para conocer de esta demanda incidental, desde un punto de vista objetivo y territorial, a la vista del art. 44 y 45 TRLC.

II.— La presente demanda se sustanciará por los trámites previstos para el incidente concursal, tal y como resulta de los arts. 234 y 532 y ss. TRLC.

FONDO DEL ASUNTO

I.— La legitimación activa de la administración concursal para interponer la presente demanda, resulta del art. 231 TRLC.

II.— La legitimación pasiva de… S.L. y… S.A. resulta, respectivamente, de su condición de concursado y de contraparte del acto impugnado. Así resulta del art. 233.1 TRLC.

III.— Art. 226 TRLC al establecer que “1. Son rescindibles los actos perjudiciales para la masa activa realizados por el deudor dentro de los dos años anteriores a la fecha de la solicitud de declaración de concurso, así como los realizados desde esa fecha a la de la declaración, aunque no hubiere existido intención fraudulenta. 2. Son igualmente rescindibles los actos perjudiciales para la masa activa realizados por el deudor dentro de los dos años anteriores a la fecha de la comunicación de la existencia de negociaciones con los acreedores o la intención de iniciarlas, para alcanzar un plan de reestructuración, así como los realizados desde esa fecha a la de la declaración de concurso, aunque no hubiere existido intención fraudulenta, siempre que concurran las dos siguientes condiciones: 1.º Que no se hubiera aprobado un plan de reestructuración o que, aun aprobado, no hubiera sido homologado por el juez. 2.º Que el concurso se declare dentro del año siguiente a la finalización de los efectos de esa comunicación o de la prórroga que hubiera sido concedida.”

IV.— Art. 228 TRLC, según el cual, salvo prueba en contrario, el perjuicio patrimonial se presume cuando se trate de los siguientes actos:… 2.º Los actos de constitución de garantías reales a favor de obligaciones preexistentes o de las nuevas contraídas en sustitución de aquellas.

V.— Art. 235 TRLC sobre los efectos de la rescisión.

VI.— Art. 236 TRLC sobre el régimen del derecho a la contraprestación.

VII.— Art. 394 LEC sobre la imposición de costas procesales a los demandados.

En virtud de lo expuesto,

SUPLICO AL TRIBUNAL que tenga por presentado este escrito, junto a los documentos a él unidos, se sirva admitirlo y tener por promovido por la administración concursal del concurso voluntario de la compañía… S.A. tramitado bajo los autos núm. …, DEMANDA DE INCIDENTE CONCURSAL en ejercicio de acción rescisoria concursal prevista en el art. 226 TRLC contra la concursada, ... S.L., y Banco... S.A., se sirva admitir el incidente y se acuerde emplazar a las demás partes personadas y notificarles la presente para su contestación, en la forma prevenida legalmente y dentro del plazo común de diez días, si fuera de su interés, y previos los oportunos trámites legales, incluido el recibimiento del pleito a prueba que desde este momento solicito, se sirva dictar sentencia por la que:

1.— Se declare que la prenda sin desplazamiento sobre... constituida el día... ante el notario de..., Don... (número... de su protocolo), e inscrita el día... en... es perjudicial para la masa activa del concurso de la predicha sociedad, procediendo su rescisión.

2.— Se declare la ineficacia de la garantía real reseñada en el número 1 precedente.

3.— Se ordene la realización cuantos actos y formalidades fueren precisas a efectos de que la extinción del acto rescindido surta plenos efectos, y especialmente, la práctica de los anotaciones e inscripciones precisas en la hoja registral antes reseñada. También aquellos que fueren consecuencia de la rescisión acordada.

4.— Se imponga las costas procesales a los aquí demandados.

Es Justicia que se Suplica en..., hoy día... de... de dos mil...

OTROSÍ DIGO: Se solicita la celebración de vista en el presente incidente de conformidad con lo dispuesto en el art. 540 TRLC.

En su virtud,

SUPLICO AL TRIBUNAL que tenga por efectuada la anterior manifestación, se sirva admitirla, y acordar en el sentido anteriormente expuesto, citando a las partes para la oportuna vista.

Es Justicia que nuevamente se SUPLICA en el lugar y fecha reseñados “ut supra”.

OTROSÍ DIGO: Que interesa a esta parte el recibimiento del pleito a prueba y en este sentido, esta parte manifiesta los medios de prueba de los que intenta valerse en el presente incidente:...

En su virtud,

SUPLICO AL TRIBUNAL que tenga por efectuada la anterior manifestación, se sirva admitirla, y tener por manifestados los medios de prueba de los que intenta valerse esta parte, y previos los oportunos trámites, declare los mismos pertinentes, acordando cuanto proceda en derecho para su práctica.

Es Justicia que nuevamente se SUPLICA en el lugar y fecha reseñados “ut supra”.

8. DEMANDA EJERCITANDO LA ACCIÓN RESCISORIA CONCURSAL POR ADMINISTRACIÓN CONCURSAL CONTRA LA CONSTITUCIÓN DE GARANTÍAS REALES A FAVOR DE OBLIGACIONES CONTRAÍDAS EN SUSTITUCIÓN DE PREEXISTENTES. PLAN DE REESTRUCTURACION

AL TRIBUNAL DE INSTANCIA DE...
SECCION DE LO MERCANTIL NUM....

Don..., administrador concursal del concurso voluntario de la compañía... S.L. que se sigue bajo el número de autos..., ante este Tribunal comparezco en los citados autos, y como mejor proceda en derecho DIGO:

Que por medio del presente escrito y en la condición que ostentamos, promovemos DEMANDA DE INCIDENTE CONCURSAL en ejercicio de la acción rescisoria concursal prevista en el art. 226 TRLC contra el concursado, la sociedad... S.L., y el Banco... S.A., con domicilio en..., calle..., núm. ... y piso... la cual se basa en los siguientes:

HECHOS

PRIMERO.— En el presente procedimiento número de autos..., se sigue expediente de concurso contra la compañía... S.L. La declaración de concurso voluntario de la expresada sociedad fue acordada mediante auto de fecha... de... de dos mil...

La administración concursal está integrada por quien suscribe, que fue nombrado para tal cargo en la citada resolución de fecha... de... de dos mil..., aceptando el cargo con fecha...

Acreditando lo anterior, se acompañan como DOCUMENTOS..., testimonio del auto declarando el concurso de... S.L. y del acta de aceptación del cargo de administrador concursal.

SEGUNDO.— Que la aquí concursada... y Banco... S.A., en fecha... de... de... concertaron, mediante póliza intervenida ante el notario de..., Don..., contrato de préstamo en los siguientes términos y condiciones:...

Acreditando lo anterior, se acompaña como DOCUMENTO..., la citada póliza.

TERCERO.— Que la aquí concursada... y Banco... S.A. acordaron dentro de un plan de restructuración de fecha ..., refinanciar la citada deuda y en fecha... de... de... y se otorgó escritura notarial en la que... concedió a la concursada nuevo préstamo por importe de...euros, con el cual, canceló el reseñado en el hecho precedente, quedando un remanente para la empresa de...euros, Por su parte, ... S.L., constituyó a favor del Banco... y en garantía del nuevo préstamo, prenda sin desplazamiento sobre... y en las siguientes condiciones... La citada prenda fue inscrita el día... en...

Acreditando lo anterior, se acompaña como DOCUMENTOS... y... copia autorizada de la escritura de préstamo y constitución de la prenda sin desplazamiento arriba reseñada y certificación del Ilmo. Sr. Registrador...

Se hace constar que la citada prenda se constituyó dentro de los dos años anteriores a la solicitud de concurso de... S.L a que se refiere el art. 226 TRLC. Concretamente, ... antes de tal solicitud. También que el citado el plan de reestructuración del que es origen el referido préstamo y prenda, no se ajusta a las previsiones de los arts. 614 y ss. Tampoco ha sido objeto de homologación ex arts. 635 y ss. TRLC. Ni se formulo la comunicación a que hace referencia el art. 585 y ss TRLC.

CUARTO.— Que conforme establece el art. 228.2.º TRLC y salvo prueba en contrario, se presume el perjuicio patrimonial de la citada garantía real. En cualquier caso, tal perjuicio es evidente a la vista de..., tal y como resulta de... (DOCUMENTOS que se acompañan señalados de número...).

A los anteriores hechos, se aducen los siguientes:

FUNDAMENTOS DE DERECHO

DE ORDEN PROCESAL

I.— Es competente este órgano jurisdiccional para conocer de esta demanda incidental, desde un punto de vista objetivo y territorial, a la vista del art. 44 y 45 TRLC.

II.— La presente demanda se sustanciará por los trámites previstos para el incidente concursal, tal y como resulta de los arts. 234 y 532 y ss. TRLC.

FONDO DEL ASUNTO

I.— La legitimación activa de la administración concursal para interponer la presente demanda, resulta del art. 231 TRLC.

II.— La legitimación pasiva de… S.L. y… S.A. resulta, respectivamente, de su condición de concursado y de contraparte del acto impugnado. Así resulta del art. 233.1 TRLC.

III.— Art. 226 TRLC al establecer que "1. Son rescindibles los actos perjudiciales para la masa activa realizados por el deudor dentro de los dos años anteriores a la fecha de la solicitud de declaración de concurso, así como los realizados desde esa fecha a la de la declaración, aunque no hubiere existido intención fraudulenta. 2. Son igualmente rescindibles los actos perjudiciales para la masa activa realizados por el deudor dentro de los dos años anteriores a la fecha de la comunicación de la existencia de negociaciones con los acreedores o la intención de iniciarlas, para alcanzar un plan de reestructuración, así como los realizados desde esa fecha a la de la declaración de concurso, aunque no hubiere existido intención fraudulenta, siempre que concurran las dos siguientes condiciones: 1.º Que no se hubiera aprobado un plan de reestructuración o que, aun aprobado, no hubiera sido homologado por el juez. 2.º Que el concurso se declare dentro del año siguiente a la finalización de los efectos de esa comunicación o de la prórroga que hubiera sido concedida."

IV.— Art. 228 TRLC, según el cual, salvo prueba en contrario, el perjuicio patrimonial se presume cuando se trate de los siguientes actos:… 2.º Los actos de constitución de garantías reales a favor de obligaciones preexistentes o de las nuevas contraídas en sustitución de aquellas.

V.— Arts. 614 y ss. TRLC sobre los planes de reestructuración.

Y arts. 635 y s. TRLC sobre la homologación de planes de reestructuración y las consecuencias de la omisión homologatoria en sede de rescisión concursal de los arts. 226 y ss. TRLC.

V.— Art. 235 TRLC sobre los efectos de la rescisión.

VI.— Art. 236 TRLC sobre el régimen del derecho a la contraprestación.

VII.— Art. 394 LEC sobre la imposición de costas procesales a los demandados.

En virtud de lo expuesto,

SUPLICO AL TRIBUNAL que tenga por presentado este escrito, junto a los documentos a él unidos, se sirva admitirlo y tener por promovido por la administración concursal del concurso voluntario de la compañía... S.A. tramitado bajo los autos núm. ..., DEMANDA DE INCIDENTE CONCURSAL en ejercicio de acción rescisoria concursal prevista en el art. 226 TRLC contra la concursada, ... S.L., y Banco... S.A., se sirva admitir el incidente y se acuerde emplazar a las demás partes personadas y notificarles la presente para su contestación, en la forma prevenida legalmente y dentro del plazo común de diez días, si fuera de su interés, y previos los oportunos trámites legales, incluido el recibimiento del pleito a prueba que desde este momento solicito, se sirva dictar sentencia por la que:

1.— Se declare que la prenda sin desplazamiento sobre... constituida el día... ante el notario de..., Don... (número... de su protocolo), e inscrita el día... en... es perjudicial para la masa activa del concurso de la predicha sociedad, procediendo su rescisión.

2.— Se declare la ineficacia de la garantía real reseñada en el número 1 precedente.

3.— Se ordene la realización cuantos actos y formalidades fueren precisas a efectos de que la extinción del acto rescindido surta plenos efectos, y especialmente, la práctica de los anotaciones e inscripciones precisas en la hoja registral antes reseñada. También aquellos que fueren consecuencia de la rescisión acordada.

4.— Se imponga las costas procesales a los aquí demandados.

Es Justicia que se Suplica en..., hoy día... de... de dos mil...

OTROSÍ DIGO: Se solicita la celebración de vista en el presente incidente de conformidad con lo dispuesto en el art. 540 TRLC.

En su virtud,

SUPLICO AL TRIBUNAL que tenga por efectuada la anterior manifestación, se sirva admitirla, y acordar en el sentido anteriormente expuesto, citando a las partes para la oportuna vista.

Es Justicia que nuevamente se SUPLICA en el lugar y fecha reseñados "ut supra".

OTROSÍ DIGO: Que interesa a esta parte el recibimiento del pleito a prueba y en este sentido, esta parte manifiesta los medios de prueba de los que intenta valerse en el presente incidente:...

En su virtud,

SUPLICO AL TRIBUNAL que tenga por efectuada la anterior manifestación, se sirva admitirla, y tener por manifestados los medios de prueba de los que intenta valerse esta parte, y previos los oportunos trámites, declare los mismos pertinentes, acordando cuanto proceda en derecho para su práctica.

Es Justicia que nuevamente se SUPLICA en el lugar y fecha reseñados "ut supra".

9. DEMANDA EJERCITANDO LA ACCIÓN RESCISORIA CONCURSAL POR LA ADMINISTRACIÓN CONCURSAL CONTRA UN PAGO DE OBLIGACIÓN CON GARANTÍA REAL CUYO VENCIMIENTO ERA POSTERIOR A LA DECLARACIÓN DEL CONCURSO

AL TRIBUNAL DE INSTANCIA DE...
SECCION DE LO MERCANTIL NUM....

Don..., administrador concursal del concurso voluntario de la compañía... S.L. que se sigue bajo el número de autos..., ante este Tribunal comparezco en los citados autos, y como mejor proceda en derecho DIGO:

Que por medio del presente escrito y en la condición que ostentamos, promovemos DEMANDA DE INCIDENTE CONCURSAL en ejercicio de la acción rescisoria concursal prevista en el art. 226 TRLC contra el concursado, la sociedad... S.A., y Don..., con domicilio en..., calle..., núm. ... y piso..., la cual se basa en los siguientes:

HECHOS

PRIMERO.— En el presente procedimiento número de autos..., se sigue expediente de concurso contra la compañía... La declaración de concurso voluntario de la expresada sociedad, fue solicitada el ... y acordada por este Tribunal mediante auto de fecha... de... de dos mil...

La administración concursal está integrada por quien suscribe, que fue nombrado para tal cargo en la citada resolución de fecha... de... de dos mil..., aceptando el cargo con fecha...

Acreditando lo anterior, se acompañan como DOCUMENTOS..., testimonio del auto declarando el concurso de... S.L. y del acta de aceptación del cargo por esta administración concursal.

SEGUNDO.— Que en virtud de escritura de compraventa otorgada el día... de... de dos mil... ante el notario de..., Don..., el aquí demandado Don..., transmitió a la aquí concursada, ... S.A., el siguiente inmueble... Inscrito en el Registro de la Propiedad de... al tomo..., libro..., folio..., hoja..., número..., inscripción...

Acreditando lo anterior, se acompañan como DOCUMENTOS…, copia de la escritura de compraventa reseñada y certificación del Ilmo. Sr. Registrador de la Propiedad de… relativa a la expresada finca.

Como puede observarse, el precio de la citada compraventa fue fijado en la suma de…euros, de la cual, …euros, fueron satisfechos simultáneamente al otorgamiento de la escritura de compraventa. La restante cantidad de…euros, debía ser pagada por… S.A. el día…, mediante cheque bancario o efectivo metálico.

Por su importancia, se hace constar que el plazo de pago antes reseñado, vencía con posterioridad al…, día en que por este Tribunal se declaró el concurso voluntario de… S.A.

Igualmente se hace constar que el citado crédito contaba con garantía real hipotecaria tal y como resulta de la citada información registral y escritura notarial de fecha…

TERCERO.— Que en fecha… de… de dos mil…, esto es, dentro de los dos años anteriores a tal declaración, … S.A. pagó a Don…, mediante cheque bancario…, la deuda reseñada en el hecho precedente. Ello, aun cuando la misma no estaba vencida.

Se acredita lo anterior acompañando como DOCUMENTOS… copia del cheque bancario reseñado, certificación de la entidad emisora del efecto, el banco… y la carta de pago otorgada por Don…, ante el notario Don…, el día…

CUARTO.— Que el acto anteriormente reseñado era perjudicial para la masa activa al ser un acto de extinción de obligaciones cuyo vencimiento era posterior a la declaración del concurso. Al contar el crédito en cuestión con garantía real se presume, en cualquier caso, el perjuicio, presunción esta iuris tantum.

A los anteriores hechos, se aducen los siguientes:

FUNDAMENTOS DE DERECHO

DE ORDEN PROCESAL

I.— Es competente este órgano jurisdiccional para conocer de esta demanda incidental, desde un punto de vista objetivo y territorial, a la vista del art. 44 y 45 TRLC.

II.— La presente demanda se sustanciará por los trámites previstos para el incidente concursal, tal y como resulta de los arts. 234 y 532 y ss. TRLC.

FONDO DEL ASUNTO

I.— La legitimación activa de la administración concursal para interponer la presente demanda, resulta del art. 231 TRLC.

II.— La legitimación pasiva de... S.L. y... S.A. resulta, respectivamente, de su condición de concursado y de contraparte del acto impugnado. Así resulta del art. 233.1 TRLC.

III.— Art. 226 TRLC al establecer que "1. Son rescindibles los actos perjudiciales para la masa activa realizados por el deudor dentro de los dos años anteriores a la fecha de la solicitud de declaración de concurso, así como los realizados desde esa fecha a la de la declaración, aunque no hubiere existido intención fraudulenta. 2. Son igualmente rescindibles los actos perjudiciales para la masa activa realizados por el deudor dentro de los dos años anteriores a la fecha de la comunicación de la existencia de negociaciones con los acreedores o la intención de iniciarlas, para alcanzar un plan de reestructuración, así como los realizados desde esa fecha a la de la declaración de concurso, aunque no hubiere existido intención fraudulenta, siempre que concurran las dos siguientes condiciones: 1.º Que no se hubiera aprobado un plan de reestructuración o que, aun aprobado, no hubiera sido homologado por el juez. 2.º Que el concurso se declare dentro del año siguiente a la finalización de los efectos de esa comunicación o de la prórroga que hubiera sido concedida."

IV.— Art. 228 TRLC, según el cual, salvo prueba en contrario, el perjuicio patrimonial se presume cuando se trate de los siguientes actos:... 3.º Los pagos u otros actos de extinción de obligaciones cuyo vencimiento fuere posterior a la declaración del concurso si contasen con garantía real.

V.— Art. 235 TRLC sobre los efectos de la rescisión.

VI.— Art. 236 TRLC sobre el régimen del derecho a la contraprestación.

VII.— Art. 394 LEC sobre la imposición de costas procesales a los demandados.

En virtud de lo expuesto,

SUPLICO AL TRIBUNAL que tenga por presentado este escrito, junto a los documentos a él unidos, se sirva admitirlo y tener por promovido por la administración concursal del concurso voluntario de la compañía... S.A. tramitado bajo los autos núm. ..., DEMANDA DE INCIDENTE CONCURSAL en ejercicio de acción rescisoria concursal prevista en el art. 226 TRLC contra la concursada, ... S.A., y Don..., se sirva admitir el incidente y se acuerde emplazar a las demás partes personadas y notificarles la presente para su contestación, en la forma prevenida legalmente y dentro del plazo común de diez días, si fuera de su interés, y previos los oportunos trámites legales, incluido el recibimiento del incidente a prueba que desde este momento solicito, se sirva dictar sentencia por la que:

1.— Se declare que el pago de la deuda reseñada en el hecho... de esta demanda, por la aquí concursada... S.A. a Don..., por importe de...euros, es perjudicial para la masa activa del concurso de la predicha sociedad, procediendo su rescisión.

2.— Se declare la ineficacia del pago de deuda reseñado en el número 1 precedente.

3.— Se condene a Don... a reintegrar a la masa activa la citada suma de...euros, más sus correspondientes intereses.

4.— Se ordene la realización cuantos actos y formalidades fueren precisas a efectos de que la extinción del acto rescindido surta plenos efectos. También aquellos que fueren consecuencia de tal rescisión.

5.— Se imponga las costas procesales a los aquí demandados.

Es Justicia que se Suplica en...

OTROSÍ DIGO: Se solicita la celebración de vista en el presente incidente de conformidad con lo dispuesto en el art. 540 TRLC.

En su virtud,

SUPLICO AL TRIBUNAL que tenga por efectuada la anterior manifestación, se sirva admitirla, y acordar en el sentido anteriormente expuesto, citando a las partes para la oportuna vista.

Es Justicia que nuevamente se SUPLICA en el lugar y fecha reseñados "ut supra".

OTROSÍ DIGO: Que interesa a esta parte el recibimiento del pleito a prueba y en este sentido, esta parte manifiesta los medios de prueba de los que intenta valerse en el presente incidente:...

En su virtud,

SUPLICO AL TRIBUNAL que tenga por efectuada la anterior manifestación, se sirva admitirla, y tener por manifestados los medios de prueba de los que intenta valerse esta parte, y previos los oportunos trámites, declare los mismos pertinentes, acordando cuanto proceda en derecho para su práctica.

Es Justicia que nuevamente se SUPLICA en el lugar y fecha reseñados "ut supra".

10. DEMANDA EJERCITANDO LA ACCIÓN RESCISORIA CONCURSAL POR LA ADMINISTRACIÓN CONCURSAL CONTRA ACTO PERJUDICIAL PARA LA MASA ACTIVA

AL TRIBUNAL DE INSTANCIA DE...
SECCION DE LO MERCANTIL NUM....

Don..., administrador concursal del concurso voluntario de la compañía... S.L. que se sigue bajo el número de autos..., ante este Tribunal comparezco en los citados autos, y como mejor proceda en derecho DIGO:

Que por medio del presente escrito y en la condición que ostentamos, promovemos DEMANDA DE INCIDENTE CONCURSAL en ejercicio de la acción rescisoria prevista en el art. 226 TRLC contra el concursado, la sociedad... S.L. y Don..., con domicilio en..., calle..., núm. ... y piso... la cual se basa en los siguientes

HECHOS

PRIMERO.— En el presente procedimiento número de autos..., se sigue expediente de concurso de la compañía... S.L. La declaración de concurso voluntario de la expresada sociedad, fue solicitada el ... y acordada por este Tribunal mediante auto de fecha... de... de dos mil...

La administración concursal está integrada por quien suscribe, que fue nombrado para tal cargo en la citada resolución de fecha... de... de dos mil..., aceptando el cargo con fecha...

Acreditando lo anterior, se acompañan como DOCUMENTOS..., testimonio del auto declarando el concurso de... S.L. y la aceptación.

SEGUNDO.— Que en fecha..., ... S.L. vendió a Don..., el siguiente inmueble... El precio de la compraventa, según resulta de la escritura otorgada el día... de... de dos mil..., ante el notario de..., Don..., se fijó en la suma de...euros, cuyo pago se aplazó a... años, sin que se prestase por Don... garantía alguna.

Acreditando lo anterior, se acompaña como DOCUMENTOS... y... copia autorizada de la escritura de compraventa reseñada y certificación del Ilmo. Sr. Registrador de la Propiedad núm. ... de..., correspondiente al inmueble antes reseñado.

Se hace constar que la citada compraventa fue realizada dentro de los dos años anteriores a la solicitud de concurso de... S.L.

TERCERO.— El carácter perjudicial del acto es evidente a la vista que el precio pagado por el inmueble reseñado, era netamente inferior al de mercado al tiempo de la compraventa, provocándose con ello una disminución del patrimonio del deudor concursado, en perjuicio de la masa activa.

Se acredita lo anterior con los siguientes informes periciales, que se acompañan como DOCUMENTOS...:

A) Informe de fecha..., emitido por Don..., arquitecto superior.

B) Informe de fecha..., emitido por Don..., Economista y Auditor de Cuentas (ROAC...).

C) Informe de fecha..., emitido por Don..., Agente de la Propiedad Inmobiliaria (API...).

A los anteriores hechos, se aducen los siguientes:

FUNDAMENTOS DE DERECHO

DE ORDEN PROCESAL

I.— Es competente este órgano jurisdiccional para conocer de esta demanda incidental, desde un punto de vista objetivo y territorial, a la vista del art. 44 y 45 TRLC.

II.— La presente demanda se sustanciará por los trámites previstos para el incidente concursal, tal y como resulta de los arts. 234 y 532 y ss. TRLC.

FONDO DEL ASUNTO

I.— La legitimación activa de la administración concursal para interponer la presente demanda, resulta del art. 231 TRLC.

II.— La legitimación pasiva de... S.L. y... S.A. resulta, respectivamente, de su condición de concursado y de contraparte del acto impugnado. Así resulta del art. 233.1 TRLC.

III.— Art. 226 TRLC al establecer que "1. Son rescindibles los actos perjudiciales para la masa activa realizados por el deudor dentro de los dos años anteriores a la fecha de la solicitud de declaración de concurso, así como los realizados desde esa fecha a la de la declaración, aunque no hubiere existido intención fraudulenta. 2. Son igualmente rescindibles los actos perjudiciales para la masa activa realizados por el deudor dentro de los dos años anteriores a la fecha de la comunicación de la existencia de negociaciones con los acreedores o la intención de iniciarlas, para alcanzar un plan de reestructuración, así como los realizados desde esa fecha a la de la declaración de concurso, aunque no hubiere existido intención fraudulenta, siempre que concurran las dos siguientes condiciones: 1.º Que no se hubiera aprobado un plan de reestructuración o que, aun aprobado, no hubiera sido homologado por el juez. 2.º Que el concurso se declare dentro del año siguiente a la finalización de los efectos de esa comunicación o de la prórroga que hubiera sido concedida.".

IV.— Art. 229 TRLC, según el cual, cuando se trate de actos no comprendidos en el artículo anterior, el perjuicio patrimonial para la masa activa deberá ser probado por quien ejercite la acción rescisoria.

V.— Art. 235 TRLC sobre los efectos de la rescisión.

VI.— Art. 236 TRLC sobre el régimen del derecho a la contraprestación.

VII.— Art. 394 LEC sobre la imposición de costas procesales a los demandados.

En virtud de lo expuesto,

SUPLICO AL TRIBUNAL que tenga por presentado este escrito, junto a los documentos a él unidos, se sirva admitirlo y tener por promovido en nombre y representación de Don...,, integrante de la administración concursal del concurso voluntario de la compañía... S.L. tramitado ante este Tribunal bajo los autos núm. ..., DEMANDA DE INCIDENTE CONCURSAL en ejercicio de acción rescisoria concursal prevista en el art. 226 TRLC contra la concursada, ... S.L., y Don..., se sirva admitir el incidente y se acuerde emplazar a las demás partes personadas y notificarles la presente para su contestación, en la forma prevenida legalmente y dentro del plazo común de diez días, si fuera de su interés, y previos los oportunos trámites legales, incluido el recibimiento del pleito a prueba que desde este momento solicito, se sirva dictar sentencia por la que:

1.— Se declare que la compraventa del inmueble..., inscrito en el Registro de la Propiedad de... al tomo..., libro..., folio..., hoja..., número..., inscripción..., llevada a cabo por... S.L. a favor de Don..., mediante escritura otorgada el día... ante el notario de..., Don..., es perjudicial para la masa activa del concurso de la predicha sociedad, procediendo su rescisión.

2.— Se declare la ineficacia de la compraventa reseñada en el número 1 precedente.

3.— Se condene a Don... a reintegrar el citado inmueble a la masa activa junto a sus frutos, recibiendo simultáneamente Don... la suma de...euros pagada como precio de la compraventa.

4.— Se ordene la realización de cuantos actos y formalidades fueren precisas a efectos de que la extinción del acto rescindido surta plenos efectos, y especialmente, la práctica de los anotaciones e inscripciones precisas en la hoja registral de la finca antes reseñada. También aquellos que fueren consecuencia de la rescisión acordada.

5.— Se imponga las costas procesales a los aquí demandados.

Es Justicia que se Suplica en..., hoy día... de... de dos mil...

OTROSÍ DIGO: Se solicita la celebración de vista en el presente incidente de conformidad con lo dispuesto en el art. 540 TRLC.

En su virtud,

SUPLICO AL TRIBUNAL que tenga por efectuada la anterior manifestación, se sirva admitirla, y acordar en el sentido anteriormente expuesto, citando a las partes para la oportuna vista.

Es Justicia que nuevamente se SUPLICA en el lugar y fecha reseñados “ut supra”.

OTROSÍ DIGO: Que interesa a esta parte el recibimiento del pleito a prueba y en este sentido, esta parte manifiesta los medios de prueba de los que intenta valerse en el presente incidente:...

En su virtud,

SUPLICO AL TRIBUNAL que tenga por efectuada la anterior manifestación, se sirva admitirla, y tener por manifestados los medios de prueba de los que intenta valerse esta parte, y previos los oportunos trámites, declare los mismos pertinentes, acordando cuanto proceda en derecho para su práctica.

Es Justicia que nuevamente se SUPLICA en el lugar y fecha reseñados "ut supra"

11. DEMANDA EJERCITANDO LA ACCIÓN RESCISORIA CONCURSAL POR LA ADMINISTRACIÓN CONCURSAL CONTRA ACTO PERJUDICIAL PARA LA MASA ACTIVA. CONTRAPARTE DE MALA FE

AL TRIBUNAL DE INSTANCIA DE...
SECCION DE LO MERCANTIL NUM....

Don..., administrador concursal del concurso voluntario de la compañía... S.L. que se sigue bajo el número de autos..., ante este Tribunal comparezco en los citados autos, y como mejor proceda en derecho DIGO:

Que por medio del presente escrito y en la condición que ostentamos, promovemos DEMANDA DE INCIDENTE CONCURSAL en ejercicio de la acción rescisoria prevista en los arts. 226 y ss. TRLC contra el concursado, la sociedad... S.L. y Don..., con domicilio en..., calle..., núm. ... y piso... la cual se basa en los siguientes

HECHOS

PRIMERO.— En el presente procedimiento número de autos..., se sigue expediente de concurso contra la compañía... S.L. La declaración de concurso voluntario de la expresada sociedad, fue solicitada el ... y acordada mediante auto de fecha... de... de dos mil...

La administración concursal está integrada por quien suscribe, que fue nombrado para tal cargo en la citada resolución de fecha... de... de dos mil..., aceptando el cargo con fecha...

Acreditando lo anterior, se acompañan como DOCUMENTOS..., testimonio del auto declarando el concurso de... S.L. y de la aceptación.

SEGUNDO.— Que en fecha..., ... S.L. vendió a Don..., el siguiente inmueble... El precio de la compraventa, según resulta de la escritura otorgada el día... de... de dos mil..., ante el notario de..., Don..., se fijó en la suma de...euros, cuyo pago se aplazó a... años, sin que se prestase por Don... garantía alguna.

Acreditando lo anterior, se acompaña como DOCUMENTOS... y... copia autorizada de la escritura de compraventa reseñada y certificación del Ilmo. Sr. Registrador de la Propiedad núm. ... de..., correspondiente al inmueble antes reseñado.

Se hace constar que la citada compraventa fue realizada dentro de los dos años anteriores a la solicitud de concurso de... S.L.

TERCERO.— El carácter perjudicial del acto es evidente a la vista que el precio pagado por el inmueble reseñado, era netamente inferior al de mercado al tiempo de la compraventa, provocándose con ello una disminución del patrimonio del deudor concursado, en perjuicio de la masa activa.

Se acredita lo anterior con los siguientes informes periciales, que se acompañan como DOCUMENTOS...:

A) Informe de fecha..., emitido por Don..., arquitecto superior.

B) Informe de fecha..., emitido por Don..., Economista y Auditor de Cuentas (ROAC...).

C) Informe de fecha..., emitido por Don..., Agente de la Propiedad Inmobiliaria (API...).

CUARTO.— Finalmente, entendemos que cabe apreciar mala fe en Don..., pues éste tenía conocimiento la situación de insolvencia del deudor y de la perjudicialidad del acto objeto de rescisión, al tiempo de realizarse el mismo. Y su actuación es claramente reprobable y falta de ética en el tráfico jurídico y mercantil. Ello por cuanto...

Así resulta de... (DOCUMENTOS... que se acompañan a este escrito señalados de número...).

Como consecuencia de su actuación ha causado a la masa activa una serie de daños y perjuicios consistentes en..., por importe de... euros, que resultan de..., que se acompañan como DOCUMENTOS...

A los anteriores hechos, se aducen los siguientes:

FUNDAMENTOS DE DERECHO

DE ORDEN PROCESAL

I.— Es competente este órgano jurisdiccional para conocer de esta demanda incidental, desde un punto de vista objetivo y territorial, a la vista del art. 44 y 45 TRLC.

II.— La presente demanda se sustanciará por los trámites previstos para el incidente concursal, tal y como resulta de los arts. 234 y 532 y ss. TRLC.

FONDO DEL ASUNTO

I.— La legitimación activa de la administración concursal para interponer la presente demanda, resulta del art. 231 TRLC.

II.— La legitimación pasiva de... S.L. y... S.A. resulta, respectivamente, de su condición de concursado y de contraparte del acto impugnado. Así resulta del art. 233.1 TRLC.

III.— Art. 226 TRLC al establecer que "1. Son rescindibles los actos perjudiciales para la masa activa realizados por el deudor dentro de los dos años anteriores a la fecha de la solicitud de declaración de concurso, así como los realizados desde esa fecha a la de la declaración, aunque no hubiere existido intención fraudulenta. 2. Son igualmente rescindibles los actos perjudiciales para la masa activa realizados por el deudor dentro de los dos años anteriores a la fecha de la comunicación de la existencia de negociaciones con los acreedores o la intención de iniciarlas, para alcanzar un plan de reestructuración, así como los realizados desde esa fecha a la de la declaración de concurso, aunque no hubiere existido intención fraudulenta, siempre que concurran las dos siguientes condiciones: 1.º Que no se hubiera aprobado un plan de reestructuración o que, aun aprobado, no hubiera sido homologado por el juez. 2.º Que el concurso se declare dentro del año siguiente a la finalización de los efectos de esa comunicación o de la prórroga que hubiera sido concedida.".

IV.— Art. 229 TRLC, según el cual, cuando se trate de actos no comprendidos en el artículo anterior, el perjuicio patrimonial para la masa activa deberá ser probado por quien ejercite la acción rescisoria.

V.— Art. 235 TRLC sobre los efectos de la rescisión. En especial, su apartado 5 al establecer que si la sentencia apreciase mala fe en quien contrató con el deudor, se le condenará, además, a indemnizar la totalidad de los daños y perjuicios causados a la masa activa.

VI.— Art. 236 TRLC sobre el régimen del derecho a la contraprestación. Especialmente, su apartado 3, según el cual, si la sentencia hubiera apreciado mala fe en el demandado, el crédito a la prestación tendrá la consideración de crédito subordinado. Igual clasificación tendrá el crédito a favor del acreedor de mala fe en caso de rescisión del acto unilateral.

VII.— Art. 394 LEC sobre la imposición de costas procesales a los demandados.

En virtud de lo expuesto,

SUPLICO AL TRIBUNAL que tenga por presentado este escrito, junto a los documentos a él unidos, se sirva admitirlo y tener por promovido por la administración concursal del concurso voluntario de la compañía... S.L. tramitado bajo los autos núm. ..., DEMANDA DE INCIDENTE CONCURSAL en ejercicio de acción rescisoria concursal prevista en el art. 226 TRLC contra la concursada, ... S.L., y Don..., se sirva admitir el incidente y se acuerde emplazar a las demás partes personadas y notificarles la presente para su contestación, en la forma prevenida legalmente y dentro del plazo común de diez días, si fuera de su interés, y previos los oportunos trámites legales, incluido el recibimiento del pleito a prueba que desde este momento solicito, se sirva dictar sentencia por la que:

1.— Se declare la compraventa del inmueble..., inscrito en el Registro de la Propiedad de... al tomo..., libro..., folio..., hoja..., número..., inscripción..., llevada a cabo por... S.L. a favor de Don..., mediante escritura otorgada el día... ante el notario de..., Don..., es perjudicial para la masa activa del concurso de la predicha sociedad, procediendo su rescisión.

2.— Se declare la ineficacia de la compraventa reseñada en el número 1 precedente, declarándose y apreciándose mala fe en la actuación de Don...

3.— Se condene a Don... a reintegrar el citado inmueble a la masa activa junto a sus frutos y a indemnizar los daños y perjuicios causados a la dicha masa por importe de...euros, tal y como se señala en el hecho... de esta demanda.

4.— Se declare que, concurriendo mala fe en Don..., el derecho a la contraprestación que resulte a favor de Don... como consecuencia de la rescisión acordada, tendrá la consideración de crédito concursal subordinado con las consecuencias legales de tal calificación.

5.— Se ordene la realización cuantos actos y formalidades fueren precisos a efectos de que la extinción del acto rescindido surta plenos efectos, y especialmente, la práctica de los anotaciones e inscripciones precisas en la hoja registral de la finca antes reseñada. También aquellos que fueren consecuencia de la rescisión acordada.

6.— Se imponga las costas procesales a los aquí demandados.

Es Justicia que se Suplica en..., hoy día... de... de dos mil...

OTROSÍ DIGO: Se solicita la celebración de vista en el presente incidente de conformidad con lo dispuesto en el art. 540 TRLC.

En su virtud,

SUPLICO AL TRIBUNAL que tenga por efectuada la anterior manifestación, se sirva admitirla, y acordar en el sentido anteriormente expuesto, citando a las partes para la oportuna vista.

Es Justicia que nuevamente se SUPLICA en el lugar y fecha reseñados "ut supra".

OTROSÍ DIGO: Que interesa a esta parte el recibimiento del pleito a prueba y en este sentido, esta parte manifiesta los medios de prueba de los que intenta valerse en el presente incidente:...

En su virtud,

SUPLICO AL TRIBUNAL que tenga por efectuada la anterior manifestación, se sirva admitirla, y tener por manifestados los medios de prueba de los que intenta valerse esta parte, y previos los oportunos trámites, declare los mismos pertinentes, acordando cuanto proceda en derecho para su práctica.

Es Justicia que nuevamente se SUPLICA en el lugar y fecha reseñados "ut supra".

12. DEMANDA EJERCITANDO LA ACCIÓN RESCISORIA CONCURSAL POR LA ADMINISTRACIÓN CONCURSAL CONTRA ACTO PERJUDICIAL PARA LA MASA ACTIVA. BIEN QUE PERTENECE A TERCERO NO DEMANDADO

AL TRIBUNAL DE INSTANCIA DE...
SECCION DE LO MERCANTIL NUM....

Don..., administrador concursal del concurso voluntario de la compañía... S.L. que se sigue ante este Tribunal bajo el número de autos..., comparezco en los citados autos y como mejor proceda en derecho DIGO:

Que por medio del presente escrito y en la condición que ostentamos, promovemos DEMANDA DE INCIDENTE CONCURSAL en ejercicio de la acción rescisoria prevista en el art. 226 TRLC contra el concursado, la sociedad... S.L. y Don..., con domicilio en..., calle..., núm. ... y piso..., la cual se basa en los siguientes:

HECHOS

PRIMERO.— En el presente procedimiento número de autos..., se sigue expediente de concurso de acreedores de la compañía... S.L. La declaración de concurso voluntario de la expresada sociedad, fue solicitada el ... y acordada mediante auto de fecha... de... de dos mil...

La administración concursal está integrada por quien suscribe, que fue nombrado para tal cargo en la citada resolución de fecha... de... de dos mil..., aceptando el cargo con fecha...

Acreditando lo anterior, se acompañan como DOCUMENTOS..., testimonio del auto declarando el concurso de... S.L. y de nuestra aceptación.

SEGUNDO.— Que en fecha..., ... S.L. vendió a Don..., el siguiente inmueble... El precio de la compraventa, según resulta de la escritura otorgada el día... de... de dos mil..., ante el notario de..., Don..., se fijó en la suma de...euros, cuyo pago se aplazó a... años, sin que se prestase por Don... garantía alguna.

Acreditando lo anterior, se acompaña como DOCUMENTOS... y... copia autorizada de la escritura de compraventa reseñada y certificación del Ilmo. Sr. Registrador de la Propiedad núm. ... de..., correspondiente al inmueble antes reseñado.

Se hace constar que la citada compraventa fue realizada dentro de los dos años anteriores a la solicitud de concurso de... S.L.

TERCERO.— Que el carácter perjudicial del acto es evidente a la vista que el precio pagado por el inmueble reseñado, era netamente inferior al de mercado al tiempo de la compraventa, provocándose con ello una disminución del patrimonio del deudor concursado, en perjuicio de la masa activa.

Se acredita lo anterior con los siguientes informes periciales, que se acompañan como DOCUMENTOS...:

A) Informe de fecha..., emitido por Don..., arquitecto superior.

B) Informe de fecha..., emitido por Don..., Economista y Auditor de Cuentas (ROAC...).

C) Informe de fecha..., emitido por Don..., Agente de la Propiedad Inmobiliaria (API...).

CUARTO.— Se hace constar que en fecha..., Don... vendió a Don..., el citado inmueble, mediante escritura otorgada el día... de... de dos mil..., ante el notario de..., Don... La citada compraventa consta inscrita en el Registro de la Propiedad núm. ... de... al tomo...

Lo anterior resulta de la certificación del Ilmo. Sr. Registrador de la Propiedad núm. ... de..., correspondiente al inmueble antes reseñado, que se acompaña como DOCUMENTO... antes reseñado.

No se demanda a Don..., toda vez que el mismo ha actuado de buena fe (y/o goza de irreivindicabilidad o protección registral) toda vez que...

Por tal motivo, no pudiendo restituir Don... el citado inmueble, deberá entregar el valor que tenía el mismo cuando salió del patrimonio del deudor concursado, esto es, la suma de...euros, más el interés legal de dicha cantidad.

El citado valor resulta de... y del informe pericial emitido por... que se acompaña como DOCUMENTO...

A los anteriores hechos, se aducen los siguientes:

FUNDAMENTOS DE DERECHO

DE ORDEN PROCESAL

I.— Es competente este órgano jurisdiccional para conocer de esta demanda incidental, desde un punto de vista objetivo y territorial, a la vista del art. 44 y 45 TRLC.

II.— La presente demanda se sustanciará por los trámites previstos para el incidente concursal, tal y como resulta de los arts. 234 y 532 y ss. TRLC.

FONDO DEL ASUNTO

I.— La legitimación activa de la administración concursal para interponer la presente demanda, resulta del art. 231 TRLC.

II.— La legitimación pasiva de... S.L. y... S.A. resulta, respectivamente, de su condición de concursado y de contraparte del acto impugnado. Así resulta del art. 233.1 TRLC.

III.— Art. 226 TRLC al establecer que "1. Son rescindibles los actos perjudiciales para la masa activa realizados por el deudor dentro de los dos años anteriores a la fecha de la solicitud de declaración de concurso, así como los realizados desde esa fecha a la de la declaración, aunque no hubiere existido intención fraudulenta. 2. Son igualmente rescindibles los actos perjudiciales para la masa activa realizados por el deudor dentro de los dos años anteriores a la fecha de la comunicación de la existencia de negociaciones con los acreedores o la intención de iniciarlas, para alcanzar un plan de reestructuración, así como los realizados desde esa fecha a la de la declaración de concurso, aunque no hubiere existido intención fraudulenta, siempre que concurran las dos siguientes condiciones: 1.º Que no se hubiera aprobado un plan de reestructuración o que, aun aprobado, no hubiera sido homologado por el juez. 2.º Que el concurso se declare dentro del año siguiente a la finalización de los efectos de esa comunicación o de la prórroga que hubiera sido concedida.".

IV.— Art. 229 TRLC, según el cual, cuando se trate de actos no comprendidos en el artículo anterior, el perjuicio patrimonial para la masa activa deberá ser probado por quien ejercite la acción rescisoria.

V.— Art. 235 TRLC sobre los efectos de la rescisión. En especial, su apartado 4 al establecer que si los bienes y derechos salidos del patrimonio del deudor no pudieran reintegrarse a la masa activa por pertenecer a tercero no demandado o que, conforme a la sentencia, hubiera procedido de buena fe o gozase de irreivindicabilidad o de protección registral, se condenará a quien hubiera sido parte en el acto rescindido a entregar el valor que tuvieran cuando salieron del patrimonio del deudor concursado, más el interés legal.

VI.— Art. 236 TRLC sobre el régimen del derecho a la contraprestación.

VII.— Art. 394 LEC sobre la imposición de costas procesales a los demandados.

En virtud de lo expuesto,

SUPLICO AL TRIBUNAL que tenga por presentado este escrito, junto a los documentos a él unidos, se sirva admitirlo y tener por promovida por la administración concursal del concurso voluntario de la compañía... S.L. tramitado bajo los autos núm. ..., DEMANDA DE INCIDENTE CONCURSAL en ejercicio de acción rescisoria concursal prevista en el art. 226 TRLC contra la concursada, ... S.L., y Don..., se sirva admitir el incidente y se acuerde emplazar a las demás partes personadas y notificarles la presente para su contestación, en la forma prevenida legalmente y dentro del plazo común de diez días, si fuera de su interés, y previos los oportunos trámites legales, incluido el recibimiento del pleito a prueba que desde este momento solicito, se sirva dictar sentencia por la que:

1.— Se declare que la compraventa del inmueble..., inscrito en el Registro de la Propiedad de... al tomo..., libro..., folio..., hoja..., número..., inscripción..., llevada a cabo por... S.L. a favor de Don..., mediante escritura otorgada el día... ante el notario de..., Don..., es perjudicial para la masa activa del concurso de la predicha sociedad, procediendo su rescisión.

2.— Se declare la ineficacia de la compraventa reseñada en el número 1 precedente.

3.— Se condene a Don... a entregar el valor que tenía el citado inmueble cuando salió del patrimonio del deudor concursado, esto es, la suma de...euros, más el interés legal de dicha cantidad.

4.— Se ordene la realización cuantos actos y formalidades fueren precisos a efectos de que la extinción del acto rescindido surta plenos efectos. También aquellos que fueren consecuencia de la rescisión acordada.

5.— Se imponga las costas procesales a los aquí demandados.

Es Justicia que se Suplica en..., hoy día... de... de dos mil...

OTROSÍ DIGO: Se solicita la celebración de vista en el presente incidente de conformidad con lo dispuesto en el art. 540 TRLC.

En su virtud,

SUPLICO AL TRIBUNAL que tenga por efectuada la anterior manifestación, se sirva admitirla, y acordar en el sentido anteriormente expuesto, citando a las partes para la oportuna vista.

Es Justicia que nuevamente se SUPLICA en el lugar y fecha reseñados "ut supra".

OTROSÍ DIGO: Que interesa a esta parte el recibimiento del pleito a prueba y en este sentido, esta parte manifiesta los medios de prueba de los que intenta valerse en el presente incidente:...

En su virtud,

SUPLICO AL TRIBUNAL que tenga por efectuada la anterior manifestación, se sirva admitirla, y tener por manifestados los medios de prueba de los que intenta valerse esta parte, y previos los oportunos trámites, declare los mismos pertinentes, acordando cuanto proceda en derecho para su práctica.

Es Justicia que nuevamente se SUPLICA en el lugar y fecha reseñados "ut supra".

13. ESCRITO DIRIGIDO POR UN ACREEDOR A LA ADMINISTRADOR CONCURSAL INTERESANDO EL EJERCICIO DE LA ACCIÓN RESCISORIA CONCURSAL CONTRA UN ACTO DEL DEUDOR

A LA ADMINISTRACIÓN CONCURSAL

Muy Sres. míos:

Con relación al concurso voluntario de la compañía... S.A. que se sigue ante la Sección de los Mercantil núm. ..., del Tribunal de Instancia de ..., bajo el número de autos..., y en mi condición de acreedor de la citada compañía, cúmpleme requerirles en el siguiente sentido:

I.— Que se ha tenido conocimiento que en fecha..., la concursada... S.A. vendió a Don..., el siguiente inmueble... El precio de la compraventa, se fijó en la suma de...euros, cuyo pago se aplazó a... años, sin que se prestase por Don... garantía alguna.

Se hace constar que la citada compraventa fue realizada dentro de los dos años a que se refiere el art. 226.1 TRLC, al no ser aplicable, de los antecedentes que constan a esta parte, el apartado segundo de dicho precepto legal.

II.— Que el carácter perjudicial del expresado acto para la masa activa es evidente a la vista que el precio pagado por el inmueble reseñado, era netamente inferior al de mercado al tiempo de la compraventa, provocándose con ello una disminución del patrimonio del deudor concursado, en perjuicio de la masa activa. Igualmente se fundamenta tal rescisión en... A estos efectos se acompaña la siguiente documentación...

En este sentido, recordar que el art. 226 TRLC establece que "1. Son rescindibles los actos perjudiciales para la masa activa realizados por el deudor dentro de los dos años anteriores a la fecha de la solicitud de declaración de concurso, así como los realizados desde esa fecha a la de la declaración, aunque no hubiere existido intención fraudulenta. 2. Son igualmente rescindibles los actos perjudiciales para la masa activa realizados por el deudor dentro de los dos años anteriores a la fecha de la comunicación de la existencia de negociaciones con los acreedores o la intención de iniciarlas, para alcanzar un plan de reestructuración, así como los realizados desde esa fecha a la de la declaración de concurso, aunque no hubiere existido intención fraudulenta, siempre que concurran las dos siguientes condiciones: 1.º Que no se hubiera aprobado un plan de reestructuración o que, aun aprobado, no hubiera sido homologado por el juez. 2.º Que el concurso se declare dentro del año siguiente a la finalización de los efectos de esa comunicación o de la prórroga que hubiera sido concedida."

III.— Que a la vista de lo anterior, siendo perjudicial la citada compraventa para la masa activa y no teniendo noticias de que se haya ejercitado por ustedes la correspondiente acción contra el citado acto, al amparo de lo dispuesto en el art. 232.1 TRLC, se REQUIERE de esta administración concursal que ejercite la acción rescisoria concursal prevista en el art. 226 TRLC contra la citada compraventa, a efectos que:

1.— Se declare la ineficacia de la compraventa del inmueble..., inscrito en el Registro de la Propiedad de... al tomo..., libro..., folio..., hoja..., número..., inscripción..., llevada a cabo por... S.A. a favor de Don..., mediante escritura otorgada el día... ante el notario de..., Don...

2.— Se condene a Don... a reintegrar el citado inmueble a la masa activa junto a sus frutos, recibiendo simultáneamente Don... la suma de...euros pagada como precio de la compraventa.

3.— Se ordene la realización cuantos actos y formalidades fueren precisas a efectos de que la extinción del acto rescindido surta plenos efectos, y especialmente, la práctica de los anotaciones e inscripciones precisas en la hoja registral de la finca antes reseñada.

IV.— A los efectos oportunos se hace constar que el crédito que ostenta quien suscribe, ha sido reconocido en el concurso de referencia, figurando esta parte, por ello, en la lista de acreedores que incluye el informe provisional formulado el día... de... de dos mil... por esta Administración concursal a la que me dirijo.

Atentamente,

14. ESCRITO DIRIGIDO POR LA ADMINISTRACIÓN CONCURSAL A UN ACREEDOR RECHAZANDO EL EJERCICIO DE LA ACCIÓN RESCISORIA CONCURSAL CONTRA UN ACTO DEL DEUDOR CONCURSADO

Muy Sr. Nuestro:

Como administración concursal del concurso voluntario de la compañía... S.A., que se sigue ante la Sección de lo Mercantil núm. ..., del Tribunal de Instancia de ..., bajo el número de autos..., y con relación a su escrito de fecha..., le indicó lo siguiente:

I.— Que efectivamente y como usted manifestó en su carta aquí contestada, la concursada... S.A. vendió a Don..., el siguiente inmueble..., por un precio de...euros, cuyo pago se aplazó a... años, sin que se prestase por Don... garantía alguna.

II.— Que igualmente tiene usted razón al indicar que la citada compraventa fue realizada dentro de los dos años anteriores a que se refiere el art. 226.1 TRLC, sin que sea aplicable el apartado 2 del referido precepto.

III.— Sin perjuicio de lo anterior, no comparto su opinión sobre el carácter perjudicial del expresado acto para la masa activa, pues entendemos que el precio pagado por el inmueble reseñado, era superior al de mercado al tiempo de la compraventa. En cualquier caso, a la vista de los gastos en que se incurriría y la simultánea y necesaria restitución de prestaciones que impone el art. 236.1 TRLC parece no aconsejable el ejercicio de la acción por usted interesada.

ALTERNATIVA: Igualmente comparto su opinión sobre el carácter perjudicial de la citada compraventa para la masa activa. Sin embargo, la ausencia de fondos en la masa, hace inviable el ejercicio de la acción rescisoria concursal por usted requerida, al no ser posible la simultánea restitución de prestaciones que ordena la Ley, sin que se antoje posible, de la información con la que cuenta esta administración concursal, una eventual alternativa tendente a la cesión a terceros de tales acciones rescisorias o del resultado de la eventual sentencia que se obtuviera.

Todo lo cual se le comunica de conformidad con lo previsto en la Ley y, especialmente, a efectos y con el alcance previsto en el art. 232 TRLC.

Atentamente,

15. CONTESTACIÓN A DEMANDA EJERCITANDO ACCIÓN RESCISORIA CONCURSAL

AL TRIBUNAL DE INSTANCIA DE...
SECCION DE LO MERCANTIL NUM....

..., Procuradora de los Tribunales y de las mercantiles ... S.L., con CIF ..., ... S.L., con CIF ... y ... S.L., con CIF ..., todas las citadas mercantiles con domicilio en ...Calle ..., número ..., ..., cuya representación consta acreditada en las presentes actuaciones, ante este Tribunal comparezco bajo la dirección letrada de ..., abogado del Ilustre Colegio de ... (núm. ... de colegiado), en los autos de incidente concursal número ... (dimanante del Procedimiento de Concurso Ordinario Voluntario n.º ...), y como mejor proceda en Derecho DIGO:

I.— Que por escrito de fecha ..., la mercantil ... S.L., administración concursal designada en el procedimiento de Concurso Voluntario Ordinario n.º ..., de las mercantiles ... S.L. y ... S.L., interpuso DEMANDA DE INCIDENTE CONCURSAL EN EJERCICIO DE LA ACCIÓN RESCISORIA CONCURSAL PREVISTA EN EL ARTÍCULO 226 TRLC, contra las citadas mercantiles concursadas y contra mis representadas ... S.L., ... S.L. y ... S.L. todo ello en los términos de la citada demanda y documentación acompañada a la misma que aquí se dan por íntegramente reproducidos en aras de una mayor brevedad.

II.— Que esta parte mediante el presente escrito, formula CONTESTACIÓN A LA DEMANDA INCIDENTAL, en nombre de mis representadas las mercantiles ..., S.L., ... S.L. y ... S.L., OPONIÉNDOSE a la demanda, todo ello en base a los siguientes:

HECHOS

Esta parte expresamente rechaza todos y cada uno de los hechos y pretensiones formuladas de contrario contra esta parte, salvo que sean admitidos expresamente por esta parte.

PRELIMINAR.— ANTECEDENTES.

Antes de entrar a analizar cada una de las operaciones societarias y otras actuaciones de las concursadas ... S.L. y ... S.L., cuya rescisión y declaración de ineficacia pretende la parte actora en su escrito de demanda, esta parte quiere dejar constancia de lo siguiente para una mayor claridad en la exposición y comprensión de las citadas operaciones:

I.— Que la parte actora en su escrito de demanda incidental, fechada el ..., en ejercicio de la acción rescisoria concursal ex art. 226 TRC, que no otra, solicita a este Tribunal al que respetuosamente me dirijo, que declare la rescisión e ineficacia de las siguientes operaciones:

a) Constitución y suscripción del ...por ciento de las participaciones sociales por parte de la concursada ... S.L., de la sociedad de nueva creación ... S.L., en fecha ... (apartado ... de la pág. ... de la demanda incidental, a cuyos términos nos remitimos).

b) Constitución y suscripción del ... por ciento de las participaciones sociales por parte de la concursada ... S.L., de la sociedad de nueva creación ... S.L., en fecha ... (apartado ... de la pág. ... de la demanda incidental, a cuyos términos nos remitimos).

c) Constitución y suscripción del ... por ciento de las participaciones sociales por parte de la concursada ... S.L., de la sociedad de nueva creación ... S.L., en fecha ... (apartado ... de la pág. ... de la demanda incidental, a cuyos términos nos remitimos).

d) Constitución y suscripción del ... por ciento de las participaciones sociales por parte de la concursada ... S.L., de la sociedad de nueva creación ... S.L., en fecha ... (apartado ... de la pág. ... de la demanda incidental, a cuyos términos nos remitimos).

e) Aumento de Capital de la mercantil ... S.L., mediante aportación no dineraria por parte de la concursada ... S.L., de la nave industrial de su propiedad sita en ..., Calle ... (...), en fecha ... (apartado... de la página ... de la demanda incidental, a cuyos términos nos remitimos).

f) Compraventas de fechas, respectivamente, ..., ..., ... y ..., celebradas entre la concursada ... S.L. (como parte vendedora) y la mercantil ... S.L. (como parte compradora) de artículos, equipos, call center y otros instrumentos (apartados ... de la pág. ... de la demanda incidental, a cuyos términos nos remitimos).

g) Supresión del importe de partidas contables de "existencias" y de "Deudores comerciales y otras cuentas a pagar" en las cuentas de las concursadas ... S.L. (apartados ... de las págs. ... del escrito de demanda incidental, a cuyos términos nos remitimos) y ... S.L. (apartados ... de las págs. ... del escrito de demanda incidental, a cuyos términos nos remitimos).

h) Supresión del importe de partidas contables "Otras inversiones en empresas del grupo y asociadas a corto plazo" en las cuentas de la concursada ... S.L. (apartado 14 de la pág. 23 del escrito de demanda incidental a cuyos términos nos remitimos).

Y además de lo anterior, la parte actora en su escrito de demanda incidental en ejercicio de la acción rescisoria ex art. 226 TRLC, de fecha ..., solicita a este Tribunal, que condene a la demandadas "a la restitución a la masa activa del concurso de cuantos activos han salido como consecuencia de dichos actos, con sus frutos e intereses de acuerdo con lo dispuesto en el art. 235 TRLC, todo ello procediendo a la cancelación registral de las inscripciones causadas en virtud de las escrituras públicas suscritas, con cargo a las mismas, y con subordinación de las posibles prestaciones que como consecuencia de la estimación de las demandas resulten a favor de las demandadas, condenando a las mismas al pago de las costas causadas en el incidente".

II.— También con carácter previo esta parte quiere exponer brevemente y a modo esquemático el proceso temporal de las actuaciones que tienen relación con el presente incidente:

A.— En los meses de ... de 2..., se llevan a cabo, las operaciones de restructuración social cuya rescisión y declaración de ineficacia se pretende por la parte actora:

1. En ... se constituyen las sociedades ... S.L., ... S.L. y ... S.L.

2. En ..., se produce la aportación de la nave industrial propiedad de ... S.L., como contraprestación de la suscripción de todas las participaciones sociales de la ampliación de capital la mercantil ... S.L.

3. En ... de ..., se realizan las compraventas celebradas entre la concursada ... S.L. (como parte vendedora y la mercantil ... S.L. (como parte compradora) de artículos, equipos, call center y otros instrumentos.

B.— El día ..., las mercantiles ... S.L. y ... S.L., solicitan la declaración conjunta de concurso, todo ello sin perjuicio de los concursos declarados conjuntamente se tramiten de forma coordinada, sin consolidación de masas.

C.— El ..., se dicta por este Tribunal, el auto de declaración conjunta de concurso de las mercantiles ... S.L. y ... S.L.

D.— El ..., la parte actora, solicita la apertura de la fase de liquidación del concurso de ... S.L. y ... S.L.

E.— El ..., la parte actora, presenta en el Tribunal, solicitud de prórroga para la emisión del informe a que se refiere el art. 290 y ss. TRLC, fundamentado la solicitud en la complejidad de la tramitación del concurso.

F.— El ... las compañías ... S.L. y ... S.L., presentan escrito de oposición a la apertura de la fase de liquidación del concurso.

G.— El ... la parte actora presenta la demanda incidental ejercicio de la acción rescisoria concursal que motiva las presentes actuaciones de incidente concursal.

H.— El ..., se declara la apertura de la fase de liquidación del concurso, en virtud de auto dictado en esa fecha.

I.— El ..., la parte actora presenta el informe a que se refiere el art. 290 y ss. TRLC.

J.— El ..., las concursadas ... S.L. y ... S.L., presenta escrito de contestación a la demanda incidental que motiva las presentes actuaciones de incidente concursal, solicitando al Tribunal que se desestime íntegramente la misma.

K.— El ..., la parte actora presenta solicitud de medida cautelar de embargo preventivo de bienes y derechos prevista en el art. 727. LEC, así como embargo de todas las cuentas corrientes de las mercantiles ... S.L., ..., S.L., ... S.L. y ... S.L., hasta cubrir como mínimo el importe que es objeto de la demanda rescisoria que origina las presentes actuaciones de incidente concursal y que la parte actora cifra en ...euros.

L.— El ... las mercantiles, ..., S.L., ... S.L. y ... S.L., presentaron solicitud conjunta de concurso voluntario de las citadas entidades y su tramitación coordinada, interesando la apertura de la liquidación y acompañando oferta vinculante de compra de la unidad productiva.

M.— El ..., por auto dictado por este Tribunal en las actuaciones ..., se declaró el concurso voluntario de las mercantiles ... S.L., ... S.L. y ... S.L., procediéndose a la apertura de fase de liquidación y acompañado de oferta vinculante de adquisición de la unidad productiva. Por lo tanto, en el hipotético caso que se estimase la presente demanda, cualquier efecto de la rescisión peticionada, quedaría sujeto a las reglas del citado concurso ... y a la Ley del Dividendo concursal.

N.— Por lo tanto, todas las sociedades del llamado por la actora GRUPO ..., esto es, tanto las matrices (...) como las filiales (...), se hallan declaradas en concurso de acreedores y en fase de liquidación.

Se acompaña como DOCUMENTO UNO y DOS la solicitud de concurso de las tres citadas sociedades y el auto declaración de concurso de ..., S.L., ... S.L. y ... S.L., seguido ante este Tribunal bajo el número de autos ...

Es de destacar por esta parte, que la administración concursal del presente concurso ..., solicitó la apertura de la fase de liquidación y presentó la demanda incidental rescisoria que se contesta con el presente escrito, con anterioridad a la formulación del informe a que se refiere el art. 290 y ss. TRLC, a pesar de que había solicitado una prórroga para dicha formulación debido a la complejidad de la tramitación del concurso.

Es inaudito que la actora, antes de la formulación del informe a que se refiere el art. 290 TRLC (que es un documento básico para realizar su labor y para informar a los acreedores y demás partes personadas en el concurso sobre cuales han sido las causas de la insolvencia de las concursadas, las propuestas de viabilidad de las mismas, la composición de la masa activa y pasiva del concurso mediante los anexos al informe, la historia jurídica y económica de las concursadas y de si se ha cumplido con las obligaciones contables y fiscales y de muchos otros aspectos de indudable transcendencia para el concurso, incluido la mención de posibles acciones rescisorias o de impugnación), y pese a la complejidad del concurso por ella afirmada al solicitar prórroga para la emisión del informe, se haya lanzado a solicitar la apertura de la liquidación, junto a otra suerte de medidas, y presentar una demanda rescisoria como la que origina las presentes actuaciones de incidente concursal, sin ningún fundamento y sin cumplir los requisitos que se exigen en los art. 226 y ss. TRLC (como veremos más adelante), CON LA ÚNICA FINALIDAD, SEGÚN ENTIENDE ESTA PARTE, DE REVERTIR A TODA COSTA Y POR TODOS LOS MEDIOS POSIBLES, BIENES Y DERECHOS A LA MASA ACTIVA DE "SU" CONCURSO.

III.— También con carácter previo, esta parte quiere dejar constancia de que la parte actora, en las ...páginas de su escrito de demanda, repite de una manera reiterativa la idea de que las operaciones de reestructuración cuya rescisión pretende son simplemente resultado de una operación de despatrimonialización de las concursadas.

En ese sentido emplea expresiones como "movimientos patrimoniales sin causa económica que los soporte" (pág... de la demanda), "despatrimonialización a favor de las compañías constituidas" (pág. ... de la demanda), "tras el cese de la actividad de las concursadas todos los activos de las mismas, fondo de comercio, naves industriales, instalaciones y maquinaria entre otros se traspasan a favor de esas nuevas compañías" (pág. ...), "las sociedades en concurso han quedado completamente despatrimonializadas en perjuicio grave de todos y cada uno de los acreedores que integran la masa pasiva" (pág. ...), "han transmitido de plano todos sus activos" (pág. ...), "comportan una importante disminución de la masa activa que quedan completamente despatrimonializadas" (pág. ...) ... y así se puede seguir con innumerables citas más, lo cual no hacemos para no cansar al Tribunal con más expresiones alarmantes sobre una presunta despatrimonialización de las concursadas que, por cierto, no ha existido en absoluto.

Pero por el contrario, y es significativo, no efectúa en las ... páginas de su demanda, *ninguna mención a la existencia en el activo de las concursadas de las participaciones que representan el 100 por ciento del capital social de las mercantiles de nueva creación*. Es decir, no señala en ninguna parte que *las concursadas eran las propietarias de dichas sociedades y que dichas participaciones sociales eran un activo que garantizaba el cobro de los créditos de los acreedores y que en la actualidad forman parte de la masa activa del concurso.*

Esto es, por ejemplo, si las concursadas tenían un activo de ..., tras las operaciones de reestructuración expuestas, sigue teniendo el mismo activo de ... pero a través de determinadas sociedades y en forma de participaciones sociales.

Por cierto, la propia actora que se olvida de mentar las citadas participaciones sociales en su demanda, si que incluye las mismas en el informe del art. 290 y ss. TRLC por ella emitido en el concurso y por el importe resultante de la contabilidad de las concursadas ... S.L. y ... S.L., lo cual entendemos es significativo.

Tampoco efectúa la actora la más mínima mención a que operaciones de reestructuración como las expuestas, de estructura tipo holding, con una sociedad matriz y varias filiales son operaciones ciertamente complejas en cuanto a su diseño y resultado final, pero absolutamente habituales en el tráfico jurídico mercantil. Incluso, su adopción, es objeto de recomendación por abogados y asesores fiscales a sus clientes, a efectos de optimizar impuestos, deslindar actividades optimizando los recursos empresariales, etc.

Recordar que la figura del grupo de sociedades está regulada en la Ley y en modo alguno implica o cabe asimilarla, de per se, a fraude alguno, siendo admitido por la Ley el ejercicio indirecto del objeto social a través de sociedades participadas por la compañía que, incluso, no da lugar al ejercicio del derecho de separación del socio disidente a tal ejercicio indirecto de actividad.

IV.— Para más inri, la parte actora además de repetir constantemente la idea de despatrimonialización de las concursadas, también y del mismo modo insiste en su demanda, que ha habido una lesión o merma en el derecho de crédito de los acreedores que componen la masa pasiva del concurso y una intención fraudulenta al respecto por parte de las concursadas, lo cual no responde a la realidad como más adelante se expondrá.

En conclusión la única idea que quiere transmitir la parte actora en su escrito de demanda, es que las operaciones de reestructuración societaria realizadas, en realidad eran una operación donde estaban confabuladas las mercantiles concursadas y las sociedades de nueva creación, para despatrimonilizar las concursadas y lesionar los derechos de crédito de los acreedores que componen la masa pasiva del concurso, de tal manera que se queden sin cobrar nada, todo ello hecho con "plena consciencia" y con una intención claramente fraudulenta, lo cual reiteramos es inadmisible y no se ajusta a la realidad.

PRIMERO.— ANÁLISIS DE LAS OPERACIONES DE REESTRUCTURACIÓN SOCIETARIA CUYA RESCISIÓN Y DECLARACIÓN DE INEFICACIA SE PRETENDE POR LA ADMINISTRACIÓN CONCURSAL EN SU DEMANDA INCIDENTAL (I). CONSTITUCIÓN DE SOCIEDADES Y AUMENTO DE CAPITAL.

A.— CONSTITUCIÓN DE LAS SOCIEDADES ..., S.L., ... S.L. y ... S.L.

1.— La mercantil ... S.L., se constituyó mediante escritura autorizada el ... por el Notario de ... Don..., número de protocolo ... Se constituyó con capital social de ...euros y como sociedad unipersonal siendo el socio único fundador la mercantil ..., que suscribió la totalidad de participaciones sociales mediante una aportación dineraria de ... marcas comerciales de su propiedad, valoradas por dicho importe de ...euros.

Se admiten por esta parte, todos los datos relativos a la constitución de la sociedad ... S.L., que se contienen en el escrito de demanda incidental presentado por la parte actora (datos registrales de inscripción, CIF, domicilio social, órgano de administración social...etc), a los cuales nos remitimos en aras de una mayor brevedad.

Posteriormente mediante escritura autorizada el ... por el Notario de ... Don..., la mercantil ... S.L. aportó la nave industrial de su propiedad, sita en ... (que constituye el domicilio social de todas las sociedades), a la sociedad de nueva creación ... S.L., como una aportación no dineraria a un Aumento de Capital acordado decisión del socio único ... S.L.

También se hace constar que una vez inscrita la constitución de la sociedad ... S.L. en el Registro Mercantil de ..., cualquier persona con interés legítimo para ello podía solicitar una nota informativa de la sociedad constituida y comprobar que el socio único de la misma era ... S.L.

2.— La mercantil ... S.L., se constituyó mediante escritura autorizada el ... por el Notario de ..., Don..., número de protocolo... Se constituyó con capital social de ...euros y como sociedad unipersonal siendo el socio único fundador la mercantil ... S.L., que suscribió la totalidad de participaciones sociales mediante una aportación dineraria de ...marcas comerciales de su propiedad, valoradas por dicho importe de ...euros.

Se admiten igualmente por esta parte, todos los datos relativos a la constitución de la sociedad ... S.L., que se contienen en el escrito de demanda incidental presentado por la parte actora (datos registrales de inscripción, CIF, domicilio social, órgano de administración social...etc), a los cuales nos remitimos en aras de una mayor brevedad.

3.— La mercantil ... S.L., se constituyó mediante escritura autorizada el ... por el Notario de ..., Don..., número de protocolo 836. Se constituyó con capital social de ...euros, siendo socios fundadores las mercantiles... S.L. y... S.L., suscribiendo cada una de ellas un número de participaciones sociales que representan el ... por ciento del capital social, mediante una aportación dineraria de ...euros por parte de cada uno de los dos socios.

Se admiten por esta parte, todos los datos relativos a la constitución de la sociedad ... S.L., que se contienen en el escrito de demanda incidental presentado por la parte actora (datos registrales de inscripción, CIF, domicilio social, órgano de administración social...etc), a los cuales nos remitimos en aras de una mayor brevedad.

Se hace constar en relación con la constitución de la sociedad ... S.L., que las mercantiles ... S.L. y ... S.L., constituyeron al 50 por ciento cada una, dicha sociedad y por el mínimo legal del capital social (...euros), porque ... S.L. iba asumir parte de la plantilla de trabajadores de ambas mercantiles constituyentes, facturándoles a éstas por el trabajo realizado por dichos trabajadores.

4.— También se alude a una sociedad denominada ... S.L., a quien se demanda por la actora pero no se le menta en la demanda ni se solicita la rescisión de su constitución ni de ningún acto vinculada a la misma.

Se hace constar en relación con la constitución de las citadas sociedades que la parte actora en su escrito de demanda incidental en ningún momento cuestiona NI IMPUGNA A) ni la valoración que se dio a las aportadas en su constitución para la constitución B) ni la contabilización de las mismas por parte de las concursadas, todo lo cual, por cierto y como se dijo anteriormente, es recogido por la actora en el informe de la Administración Concursal de los arts. 290 y ss. TRLC recaído en el procedimiento concursal ...

Acompañamos un breve esquema con las sociedades afectadas por la demanda de la actora:

Común a las citadas sociedades y grupo, y sin perjuicio de lo que a continuación se dirá:

— Son operaciones habituales en el tráfico mercantil. Operaciones de reestructuración como las expuestas, de estructura tipo holding, con un sociedad matriz y varias filiales son operaciones ciertamente complejas en cuanto a su diseño y resultado final, pero absolutamente habituales en el tráfico jurídico mercantil. Incluso, su adopción, es objeto de recomendación por abogados y asesores fiscales a sus clientes, a efectos de optimizar impuestos, deslindar actividades optimizando los recursos empresariales, etc.

— Efectuadas con luz y taquígrafos. No se ha ocultado en ningún momento a nadie la existencia de las mismas; quienes eran sus socios y administradores etc. Una simple consulta al Registro Mercantil resulta bastante para tener acceso a la citada información.

— Las citadas sociedades han tenido actividad. No son empresas fantasma o pantalla, con testaferros etc.

— No se han traspasado las participaciones sociales de las compañías filiales a tercero alguno ni se ha conferido sobre las mismas derecho alguno, real o no (prenda, opción de compra etc) a favor de ningún tercero.

— Son operaciones fácilmente, perdón por la licencia, “desmontables” por las sociedades matrices ... S.L. y ... S.L. desde un punto de vista societario. Bien sea a través de un simple acuerdo de la disolución y liquidación de las sociedades creadas por el socio único, bien por medio de una operación de fusión por absorción, o cualquier otra. Todo ello sin depender de nadie.

A la vista de ello, no parece normal, que cuando se quiere constituir unas sociedades con ánimo espurio o fraudulento, como reitera la actora una y otra vez en su demanda, se actué como se hizo en la constitución de las sociedades filiales antes reseñadas. Lo más razonable sería que estas fueran sociedades interpuestas, vendidas a testaferros, con un vaciado de su activo casi de manera simultánea a su constitución o el empleo de otros medios para despistar. Y la única verdad, es que nada de ello ha pasado en el presente caso que nos ocupa.

Recordar de nuevo que la figura del grupo de sociedades está regulada en la Ley y en modo alguno implica o cabe asimilar, de per se, a fraude alguno, siendo admitido por la Ley el ejercicio indirecto del objeto social a través de sociedades participadas por la compañía que, incluso, no da lugar al ejercicio del derecho de separación.

B.— CAUSAS DE LA OPERACIÓN DE REESTRUCTURACIÓN

Tal como se dejó dicho por las concursadas ... S.L. y ... S.L., en sus escritos de oposición a la apertura de la fase de liquidación del concurso y de contestación a la demanda incidental que motiva las presentes actuaciones, presentados respectivamente el ... y el ..., las mercantiles ... S.L., ... S.L. y ... S.L., se constituyeron como resultado de la decisión de reestructurar el funcionamiento de las empresas hoy concursadas ... S.L. y ... S.L., reestructuración necesaria debido a los problemas de financiación de dichas mercantiles con los bancos, que les negaban el descuento de efectos e incluso llegaron a bloquearles las cuentas.

Para ello, se constituyó la mercantil ... S.L., con el fin de que se especializará en la comercialización de tabaco; se constituyó ... S.L., para que se especializara en la comercialización de productos de fumador y de regalo; y finalmente y como ya se ha dejado dicho se constituyó la mercantil ... S.L. con la finalidad de asumir parte de la plantilla de trabajadores de ... S.L. y ... S.L., facturándoles a éstas por el trabajo realizado por dichos trabajadores.

Por lo tanto y en base a lo anterior, la citada operación de reestructuración se realizó siguiendo una lógica, para intentar superar las dificultades de financiación con las que se encontraban en ese momento las mercantiles ... S.L. y ... S.L., DE UNA MANERA TOTALMENTE TRANSPARENTE COMO SE HA DEJADO ACREDITADO.

Contrariamente a lo manifestado por la administración concursal en su escrito de demanda incidental, no se trató de una operación que buscaba solamente la completa despatrimonialización de las concursadas, traspasando todo el activo a las sociedades constituidas y dejando solamente las deudas sin pagar con clara intención fraudulenta de lesionar los derechos crédito de los acreedores que conforman la masa pasiva del concurso.

Es más, aunque lo intente ocultar la administración concursal, no haciendo mención de ello, y como se dijo anteriormente, la salida de activos para la constitución de las tres sociedades ... S.L., ... S.L. y ... S.L., tuvo como contrapartida la entrada en el activo de las concursadas de las participaciones sociales que suponían la propiedad del 100 por ciento del capital social de las sociedades constituidas, que entre las tres sociedades (tal como reconoce la parte actora en su escrito de demanda incidental, pág. ...) tenían desde la constitución hasta su declaración de concurso un total de movimientos acumulados al debe y al haber por importe de ...euros, lo cual no cuadra con la idea de que sean tres sociedades constituidas con la única finalidad de despatrimonializar a las concursadas.

C.— APORTACIÓN DE LA NAVE INDUSTRIAL A LA MERCANTIL... S.L.

Como ya hemos dejado dicho, la aportación de la nave industrial propiedad de... S.L., como contraprestación de la suscripción de todas las participaciones sociales de la ampliación de capital la mercantil... S.L., se realizó el ... mediante escritura autorizada el ... por el Notario de ...), Don...

Como ya se ha dejado dicho la aportación de la nave industrial se hizo en el marco de la operación reestructuración social descrita, como un activo esencial para que las sociedades constituidas pudieran seguir desarrollando las actividades de las empresas concursadas, y se hizo a la mercantil ... S.L., ya que la propietaria de la nave industrial ... S.L. era el socio único de la sociedad beneficiaria

Como ya se ha dejado dicho, la administración concursal no ha cuestionado la valoración de la nave industrial a los efectos de su aportación, ni sus valores contables en el momento de la aportación.

Dicha escritura de ampliación de capital se presentó telemáticamente en el Registro Mercantil para su inscripción, al día siguiente de su firma, es decir el ..., se expidió copia auténtica para su inscripción por la Notaría el ..., y fue inscrita en el Registro mercantil con fecha ..., tal como consta en la nota de inscripción expedida por el Registro al pie del documento. Es decir se hizo lo más rápido posible.

También con posterioridad a la firma de la escritura se presentó la misma para su inscripción en el Registro de la Propiedad, no procediéndose a su inscripción hasta el día ..., un día después de la fecha en la que el Tribunal de Instancia de ..... Sección Social número ... expidió un mandamiento de embargo sobre de dicha nave, ...

En este hecho la administración concursal ve una maniobra de las concursadas, (sin probar nada al respecto, con simples manifestaciones) para burlar el citado mandamiento de embargo, pero LO CIERTO, es que la escritura se presentó en el Registro de la Propiedad con posterioridad a su firma, y si no se inscribió hasta el ..., fue debido al orden de despacho documentos en el Registro según se van presentado y a su modo de organizar su trabajo y por lo tanto a causas ajenas a las concursadas y a mis mandantes.

También dice la administración concursal en su escrito de demanda que la aportación se hizo sin que la beneficiaria de la aportación ... S.L., se subrogara en la posición de deudora de la mercantil aportante, lo cual ha supuesto un doble perjuicio para la concursada ... S.L., al verse privada de un activo esencial y al mantener a su cargo la deuda hipotecaria.

Sin embargo, el importe de la hipoteca se tuvo en cuenta a la hora de fijar el precio de la aportación no dineraria, el cual no ha sido objeto de tacha o impugnación por la actora, que lo recoge en su informe del art. 290 y ss. TRLC.

Por otro lado, la aportación de la nave supuso para la concursada la entrada en su activo de todas las participaciones sociales que se emitieron en el aumento de capital social como contraprestación (por el mismo valor que el fijado para la nave a efectos de la aportación y que la administración concursal no ha cuestionado en ningún momento), que junto a las que ya tenía por la constitución de la sociedad beneficiaria, hacen de ... S.L., el socio único de ... S.L., y por lo tanto, el titular único aunque sea de modo indirecto de todos los bienes y derechos de esta última sociedad. En puridad no ha habido un acto de disposición en sentido estricto, ya que la concursada en cualquier momento podía haber revertido la transmisión al tener el control de la sociedad beneficiaria de la aportación.

Por el contrario, la receptora del inmueble, se ha "llevado" la carga hipotecaria que grava el inmueble y que, en caso de impago por el deudor, responderá del préstamo ajeno, con la consiguiente ejecución hipotecaria.

Por cierto, tras la aportación no dineraria, el inmueble en cuestión no ha desaparecido, ni ha sido transmitido, ni objeto de nuevo gravamen. Continúa siendo propiedad de la compañía mercantil ... S.L.

SEGUNDO.— *ANÁLISIS DE LAS OPERACIONES DE REESTRUCTURACIÓN SOCIETARIA CUYA RESCISIÓN Y DECLARACIÓN DE INEFICACIA SE PRETENDE POR LA ADMINISTRACIÓN CONCURSAL EN SU DEMANDA INCIDENTAL (II). LAS COMPRAVENTAS CELEBRADAS ENTRE LA ... S.L. (COMO PARTE VENDEDORA) Y LA MERCANTIL ... S.L. (COMO PARTE COMPRADORA) DE ARTÍCULOS, EQUIPOS, CALL CENTER Y OTROS INSTRUMENTOS.*

En el escrito de demanda incidental, la parte actora, considera como perjudiciales para la masa activa y por lo tanto susceptibles de rescisión las siguientes operaciones:

Compraventas de fechas, respectivamente, ...y ..., celebradas entre la concursada. S.L. (como parte vendedora) y la mercantil ... S.L. (como parte compradora) de artículos, equipos, *call center* y otros instrumentos (apartados ... de la pág. ... de la demanda incidental, a cuyos términos nos remitimos).

Dichas operaciones se hicieron como consecuencia de la operación de reestructuración societaria que hemos descrito anteriormente, para que la sociedad de nueva creación ... S.L., pudiera llevar a cabo el desarrollo de las actividades realizadas por la concursada. Lo vendido eran activos necesarios para dicho fin, como por ejemplo el *call center*.

Si las compraventas se celebraron entre las mercantiles ... S.L. (como parte vendedora) y la mercantil ... S.L. (como parte compradora), fue porque la vendedora era socio único de la mercantil compradora y por lo tanto ... S.L., seguía teniendo la titularidad, aunque de modo indirecto, de todos los activos vendidos. Y continuaba el con el desarrollo de su objeto social igualmente de forma indirecta, a través de una sociedad filial de nueva creación, algo habitual y previsto por la legislación societaria.

Cuando se refiere a estas operaciones, la administración concursal dice (sin prueba ninguna al respecto) en su escrito de demanda, que se procedió a la selección de determinados proveedores para pagarles, dejando sin pagar a otros, lo cual no es cierto, ya que todos los pagos a los proveedores se llevan a cabo en el curso de las operaciones comerciales realizadas tras la reestructuración.

Lo cierto que no cabe hablar de perjuicio alguno en esta operación por cuanto el precio de la compraventa se destinó a la cancelación de pasivo de la vendedora.

TERCERO.— *ANÁLISIS DE LAS OPERACIONES DE REESTRUCTURACIÓN SOCIETARIA CUYA RESCISIÓN Y DECLARACIÓN DE INEFICACIA SE PRETENDE POR LA ADMINISTRACIÓN CONCURSAL EN SU DEMANDA INCIDENTAL (II). ANOTACIÓN CONTABLES.*

En cuanto a los citados supuestos de supresión del importe de partidas contables en las cuentas de las concursadas ... S.L. y ... S.L. correspondientes a los apartados ... de las páginas ... y ... del escrito de demanda incidental, aunque uno de dichos supuestos se refiere a la mercantil ... S.L., esta parte se remite a lo expuesto para ello en el escrito de contestación de la demanda incidental presentado el ... por las concursadas ... S.L. y ... S.L., escrito que se da aquí por íntegramente reproducido en aras a una mayor brevedad.

No obstante lo anterior, esta parte quiere hacer constar que dichos supuestos de supresión del importe de partidas contables en las cuentas de las concursadas ... S.L. y ... S.L., NO CONSTITUYEN NINGUNO DE LOS SUPUESTOS QUE CONTEMPLA EL ARTÍCULO 226 Y ss. TRLC PARA EJERCITAR UNA ACCIÓN RESCISORIA, pues no nos hallamos ante actos de disposición de contenido patrimonial.

La práctica de una anotación contable en modo alguno tiene la consideración de acto rescindible ex art. 226 TRLC. El hecho que en la contabilidad se omita la existencia de, por ejemplo, un inmueble propiedad de la concursada, no implica que dicho bien no exista, sino que el registro de la contabilidad es erróneo. Y siguiendo con el ejemplo, si un inmueble que figura en la contabilidad es vendido y se da de baja de la contabilidad, con la oportuna anotación contable, ésta será consecuencia de la compraventa y si se entiende que la venta es perjudicial ex art. 226 TRLC, se ejercitara la acción contra tal acto de disposición pero no contra el registro contable de la transmisión. Debe accionarse contra la venta y si quedara rescindida, efecto de la rescisión sería, entre otros, el registro contable del inmueble.

Dicho lo cual, entendemos que por la actora se yerra al impugnar ex art. 226 TRLC determinadas anotaciones contables pues lo que debía de haber impugnado, y no lo ha hecho, son los actos objeto de esas anotaciones y no las mismas en si. Y dirigiendo la demanda también contra la contraparte en esos actos o negocios objeto de registro contable que son puestos en duda por la Administración Concursal (art. 233.1 TRLC). Lo cual tampoco ha sucedido en este caso.

Además, mantener la postura contraria daría lugar a una situación verdaderamente absurda, ya que si cada vez que el importe de una partida contable de un balance u otra cuenta anual de una concursada en fecha anterior a la declaración del concurso no coincidiera con el importe de dicha partida contable en el inventario presentado junto con la solicitud de concurso, diera lugar a la interposición de una acción rescisoria, se bloquearían los las Secciones de lo Mercantil de los Tribunales de Instancia por exceso de volumen de trabajo, ya que se trata de una situación que se suele dar con mucha frecuencia en la práctica concursal.

La administración concursal quiere hacer valer el ejercicio de la acción rescisoria en dichos supuestos fundamentándolo en la aplicación de la presunción iuris et de iure del art. 227 TRLC, que establece que el perjuicio patrimonial se presume, sin admitir prueba en contrario, cuando se trate de actos de disposición a título gratuito. Es decir que dichos supuestos de supresión de importe de partidas contables, la administración concursal los considera actos de disposición a título gratuito SIN ACREDITAR NADA AL RESPECTO, ni decir de qué acto de disposición a título gratuito se trata en concreto, ni en qué fecha se realizó, ni quién fue el destinatario en concreto de dichas existencia o partidas de deudores o inversiones financieras, lo cual además de incierto, no se sostiene por ninguna parte.

Pero en cualquier caso:

A. La supresión de ...€ de existencias de la concursada..., S.L. no supone la apropiación por parte de los administradores sociales de la misma. En primer lugar, las existencias que se supone que se suprimen, vienen referidas a fecha ..., final del ejercicio económico de dicha mercantil. Es decir, únicamente con el giro ordinario de la actividad, las existencias varían de un día a otro, no pudiendo ser idénticamente las mismas más de un año después. En segundo lugar, la representación legal de sus concursadas ha justificado parte importante del volumen de estas existencias con la valoración de los regalos que se otorgaban al vender sus productos de tabaco como reclamo publicitario correspondientes a los últimos 5 años que se deberían haber ajustado anualmente estas existencias llevando el importe consumido al gasto correspondiente (publicidad y propaganda). El importe de dicha regularización según el escrito de contestación de las concursadas asciende a ...€. Asimismo, indican que otra parte de existencias se regularizan debido a roturas de los productos de los últimos dos años.

De otra parte, las operaciones detalladas en punto ... de la demanda, que suponen venta de artículos (existencias) a ... S.L., deberían haber reducido el importe a que se refiere el punto.

B. La supresión de ...€ de existencias de la concursada ... S.L. correspondientes a la diferencia entre las existencias que figuran en las cuentas anuales a ... y las presentadas en el inventario de bienes de la demanda de concurso en ... Al igual que ocurre en el punto anterior, únicamente con el giro ordinario de la actividad, las existencias varían de un día a otro, no pudiendo ser idénticamente las mismas casi un año después.

C. Supresión de los importes correspondientes a las partidas de deudores de sus concursadas y supresión del importe correspondientes a la partida otras inversiones en empresas del grupo por importe de ...€ de ... S.L. Parte de estos saldos se compensan con la facturación emitida por la mercantil ..., S.L. a la concursada a ..., S.L. y los saldos deudores que se mantienen en contabilidad a la fecha del auto los debería haber incluido el administrador en su inventario de bienes, sin más trámites.

CUARTO.— *DE LA ¿RESCISIÓN? DE LA TOTALIDAD DE LOS MOVIMIENTOS DE LAS SOCIEDADES FILIALES DESDE SU CONSTITUCIÓN.*

La actora, de manera silente, desliza en los fundamentos de hecho de su demanda la pretensión que como uno de los efectos ex art. 235 TRLC de la rescisión por él peticionada, concretamente de la constitución de sociedades, se acuerde la rescisión e ineficacia de todas las operaciones y movimientos realizados por las mismas dese su constitución. Sin embargo en el suplico de la demanda, solicita que se declare la rescisión e ineficacia, junto los actos reseñados en los hechos anteriores. Como no nos aclaramos pues ya se preocupa la actora que haya confusión en su demanda:

A. Ni que decir tiene que tal efecto no resulta del art. 235 TRLC que conlleva únicamente la restitución de prestaciones. Tal pretensión es absolutamente desproporcionada y lesiona a terceros, por cierto, que no han sido traídos al juicio, afectando a principios como el de seguridad jurídica y la tutela judicial efectiva de manera inaceptable y torticera. Una auténtica aberración jurídica.

B. Pero si lo que estuviera ejercitando la actora en su demanda es una acción rescisoria contra todos esos movimientos de las sociedades filiales desde su constitución, indicar que carece de legitimación al efecto (art. 231 TRLC) pues la actora, afortunadamente, no es el administrador concursal de las sociedades filiales en cuestión; la teoría del levantamiento del velo que igualmente desliza en su escrito no se mantiene en pie; tal ejercicio supone una impugnación indiscriminada de actos jurídicos indeterminados algo que no permite el art. 226 TRLC y es contrario a elementales principios de seguridad jurídica, afecta a terceros también indeterminados no traídos a este proceso, y constituyen actos de la actividad de las citadas sociedades filiales, que no pueden ser objeto de impugnación rescisoria en este proceso al no ser del deudor concursado (art. 226 TRLC) y que, dialécticamente hablando, estarían en todo caso amparados en el contenido del art. 230.1.º TRLC.

QUINTO.— *OTRAS CUESTIONES.*

I.— AUSENCIA DE PERJUICIO PARA LOS TRABAJADORES DE LAS CONCURSADAS.

La administración concursal en su escrito de demanda indica que la operación de reestructuración societaria anteriormente descrita, supuso una completa despatrimonialización de las concursadas, con la consecuencia dejar a las mismas sin activos y dejando solamente las obligaciones de pago, perjudicando gravemente a los trabajadores.

Lo anterior es totalmente falso, ya que como sabe la administración concursal y como se dejó dicho por las concursadas en su escrito de oposición a la apertura de la fase de liquidación (págs. ...) como consecuencia de las operaciones de reestructuración social descritas, buen número de trabajadores pudieron continuar trabajando en la sociedad de nueva creación ... S.L., todos ellos cobrando sus salarios.

Dicha circunstancia, es totalmente omitida por la administración concursal en su escrito de demanda incidental.

En cualquier caso, recordar que lo que es objeto de impugnación ex art. 226 TRLC, no son los actos contrarios al interés de los acreedores, que por definición serían todos, pues el único interés de los acreedores es cobrar y cuanto más activo halla para ello mejor es para los acreedores, sino solo aquellos actos que sean perjudiciales para la masa activa.

II.— TRANSPARENCIA DE LAS OPERACIONES CUYA RESCISIÓN SE PRETENDE E IMPROCEDENCIA DE LA INVOCACIÓN DE LA DOCTRINA DEL LEVANTAMIENTO DEL VELO.

Como ya se ha dejado dicho las operaciones cuya rescisión se pretende (constitución de sociedades, aportación de la nave industrial y operaciones de compraventa), se realizaron en el marco de una operación de reestructuración societaria hecha con total transparencia.

Era público que los socios únicos de las sociedades de nueva creación ... S.L. y ... S.L., eran las mercantiles concursadas.

Cualquier trabajador, proveedor, cliente y acreedor de las concursadas conocía perfectamente que detrás de las empresas de nueva constitución están las concursadas y que las nuevas empresas estaban continuando las operaciones comerciales que antes realizaban aquéllas.

Además, tanto cada una de las sociedades matrices, como las sociedades de nueva creación o filiales, todas ellas actualmente en concurso, presentan en su respectiva demanda inventarios de bienes y listados de acreedores diferenciados para cada una de ellas. Cada sociedad presenta su propia contabilidad, y los activos y pasivos de cada sociedad concursada están perfectamente delimitados e individualizados y su titularidad está igualmente delimitada e individualizada.

Por lo tanto, en este caso, es totalmente absurdo e improcedente invocar la doctrina del levantamiento del velo ya que no ha habido ningún "abuso de la personalidad jurídica" ni "confusión de personalidades", tal como dice la actora.

SEXTO.— *AUSENCIA DE PERJUICIO PARA LA MASA ACTIVA Y DE LESIÓN PATRIMONIAL PARA LOS DERECHOS DE CRÉDITO DE LOS ACREEDORES. AUSENCIA DE SACRIFICIO PATRIMONIAL INJUSTIFICADO.*

La administración concursal en su escrito de demanda dice que las operaciones cuya rescisión y declaración de ineficacia pretende, han supuesto una completa despatrimonialización de las concursas y por lo tanto un perjuicio para la masa activa de las concursadas. Como consecuencia de lo anterior dichas operaciones han supuesto, según la administración concursal, una lesión patrimonial para el conjunto de los derechos de crédito de los acreedores con componen la masa pasiva del concurso y por lo tanto han sufrido estos un sacrificio patrimonial injustificado.

Lo anterior como se ha dejado dicho es totalmente incorrecto, por las siguientes razones:

1.— La salida de bienes del activo de las concursadas ha tenido como contrapartida, la entrada por el mismo valor en el activo de las concursadas, de las participaciones sociales correspondientes al 100 por ciento del capital social de las nuevas sociedades constituidas, siendo dichas participaciones sociales garantía para que los acreedores puedan cobrar sus créditos.

2.— La constitución de las nuevas sociedades, han permitido que buen número trabajadores de las concursadas puedan mantener sus puestos de trabajo.

3.— Los importes corresponden a compraventas de bienes entre sus concursadas y las participadas no es impugnado por la Administración Concursal. El resultado de estas compraventas es destinado a la cancelación de deudas con acreedores, proveedores y trabajadores de sus concursadas por parte de las compradoras (participadas). No se produce, por tanto, perjuicio patrimonial dado que se eliminan activos y pasivo por el mismo importe.

4.— Que como exige nuestra jurisprudencia, la acreditación del perjuicio para la masa activa, debe realizarse en el momento en que se realizó el acto perjudicial, es decir en el momento de realización de las operaciones de constitución de las nuevas sociedades, operaciones de compraventa y aportación de la nave industrial. Como la misma administración concursal reconoce en su escrito de demanda incidental, las sociedades de nueva creación DESDE LA CONSTITUCIÓN HASTA SU DECLARACIÓN DE CONCURSO UN TOTAL DE MOVIMIENTOS ACUMULADOS AL DEBE Y AL HABER POR IMPORTE DE ...euros. Por lo tanto no permanecían inactivas, porque fueran unas sociedades constituidas únicamente para sacar los bienes de las concursadas fuera de las mismas y dejar a sus acreedores sin pagar, tal como dice la administración concursal, sino que funcionaban con un buen nivel de ventas y dando trabajo.

5.— La administración concursal trata de relacionar la constitución de la nueva sociedad ..., S.L. con la resolución unilateral por parte de la concedente, de la concesión exclusiva de la marca de tabaco ..., lo cual no tiene nada que ver, ya que no ha sido esa la causa para la resolución unilateral por parte de la concedente. En este caso tampoco ha habido perjuicio de la masa activa.

En base a lo anterior, esta parte entiende que en el momento en que se realizaron las operaciones cuya rescisión y declaración de ineficacia se pretende por parte de la administración concursal, no ha habido perjuicio para la masa activa de las concursadas ni un sacrificio patrimonial injustificado para los acreedores y por tanto debe ser desestimada íntegramente la demanda incidental presentada por la parte actora.

Pero es que además, la actora plantea su demanda rescisoria como una suerte de actuación formada por varios negocios conjuntos y coordinados, tendentes a despatrimonializar a las concursadas en este procedimiento. Y es este caso, tal y como reconoce la doctrina (SÁNCHEZ GARGALLO) y la Jurisprudencia (Sentencia del Tribunal Supremo de fecha 12 de febrero de 2012), el perjuicio debe apreciarse al conjunto de la operación y no de forma fraccionada respecto de los negocios que lo componen, no siendo de aplicación del art. 226 TRLC la presunción no aplicable a la constitución, que, por cierto, al examinarse el perjuicio de la regla general del mismo, ninguna de las presunciones establecidas en los arts. 227 y 228 TRLC, debiendo examinarse el perjuicio de la regla general del art. 229 TRLC, esto es, correspondiendo la carga de la prueba a la actora que, por cierto, ningún perjuicio ha acreditado salvo confabulaciones a todas luces inexistentes.

En cualquier caso, entendemos no aplicable a la constitución de sociedades la presunción del art. 228.1.º TRLC toda vez que en la constitución no hay parte especialmente relacionada con quien constituye la sociedad.

SÉPTIMO.— *SOBRE LA DECLARACIÓN DE MALA FE.*

Dado que no cabe la rescisión peticionada de contrario, tampoco cabe hablar de los efectos de la misma pero de manera muy breve para no cansar al Tribunal, recordar que la mala fe va referida siempre a la realización del negocio, siendo un concepto jurídico que supone ausencia de buena fe con sustento en una conducta que debe ser deducida de hechos concluyentes para su apreciación, lo que exige (STS de 7 de diciembre de 2012) más que el mero conocimiento de la situación de insolvencia o de proximidad a la insolvencia del deudor, así como de los efectos perjudiciales que la transmisión pueda ocasionar a los acreedores; requiere conciencia de que se afecta negativamente a los demás acreedores; requiere que la conducta del acreedor sea merecedora de la repulsa ética en el tráfico jurídico; requiere prueba clara y concluyente por parte de la Administración Concursal actora. Nada de ello concurre en las presentes actuaciones.

A los anteriores hechos aduzco los siguientes

FUNDAMENTOS DE DERECHO

I

Se admiten los correlativos de la demanda en cuanto a los fundamentos de derecho procesales.

II

En cuanto al fondo del asunto

Se rechazan todos los fundamentos de derecho relativos al fondo del asunto alegados de contrario por no ser aplicables en el presente incidente concursal.

A) Son aplicables los artículos 226 y siguientes TRLC que establecen la regulación legal de la acción rescisoria concursal.

B) En cuanto a la acreditación de la existencia de perjuicio para la masa activa del concurso y de sacrificio patrimonial injustificado.

Cabe citar la sentencia del Tribunal Supremo de fecha 6 de marzo de 2018 y demás jurisprudencia que se cita en el cuerpo de dicha sentencia, y que establece que *para acreditar el perjuicio* para la masa activa del concurso y la existencia sacrificio patrimonial injustificado *hay que atender al momento y las circunstancias* en que se realizaron los actos cuya rescisión se pretende.

C) En cuanto a la aplicación de la presunción *iuris tantum* del art. 228.1.º TRLC en relación con actos dispositivos a título oneroso en favor de personas especialmente relacionadas con el concursado:

Hay que citar la Auto del Tribunal Supremo de fecha 23 de enero de 2019, que establece lo siguiente:

“no ha de probarse la existencia de perjuicio para que pueda estimarse la acción de reintegración; por el contrario, ha de probarse la ausencia de circunstancias que determinan la existencia de tal perjuicio para que la acción sea desestimada”.

También en este mismo sentido, la Sentencia del Tribunal de Supremo de fecha 18 de julio de 2013.

Como se deduce de lo que hemos dejado dicho en el presente escrito de contestación de demanda incidental no cabe la aplicación de la presunción del art. 228.1.º TRLC, por que cuando se realizaron las operaciones de compraventa cuya rescisión se pretende no existía ninguna circunstancia determinante de la existencia de un perjuicio para la masa activa.

D) Sobre la existencia o no de mala fe en las operaciones cuya rescisión se pretende mediante la acción rescisoria ejercitada, cabe citar la siguiente Sentencia de la Audiencia Provincial de Valencia de fecha 14 de noviembre de 2018, que establece lo siguiente:

“El artículo 73, excepcionalmente, y para el caso de que el comprador hubiere actuado de mala fe, prevé la transformación de su crédito en concursal, y subordinado, con las consecuencias a ello inherentes.

2) La mala fe va referida siempre la realización del negocio, siendo un concepto jurídico que supone ausencia de buena fe con sustento en una conducta que debe ser deducida de hechos concluyentes para su apreciación, lo que exige (STS de 7 de diciembre de 2012-ECLI:ES:TS: 2012:8314) más que el mero conocimiento de la situación de insolvencia o de proximidad a la insolvencia del deudor, así como de los efectos perjudiciales que la transmisión pueda ocasionar a los acreedores.

3) Requiere conciencia de que se afecta negativamente a los demás acreedores.

4) Requiere que la conducta del acreedor sea merecedora de la repulsa ética en el tráfico jurídico.

5) Requiere prueba clara y concluyente relativa al grado de conocimiento del posible estado de insolvencia de las consecuencias que el pago de un precio notoriamente inferior al normal de mercado podía tener para la luego concursada".

En la operación de reestructuración societaria que motiva el presente incidente concursal no se da ninguno de los requisitos que exige la jurisprudencia para afirmar que las concursadas y mis representadas han actuado con mala fe.

E) En cuanto a la improcedencia de la aplicación de la presunción iuris et de iure del art. 227 TRLC, en relación con actos de disposición a título gratuito a los supuestos de supresión de partidas contables, cabe citar la Sentencia del Tribunal Supremo de fecha 13 de diciembre de 2010 que establece que:

"Lo relevante son los datos fácticos, las circunstancias y características de la operación, que permitan apreciar la causa onerosa o gratuita de la operación, y en concreto si ha habido o no una "real reciprocidad de intereses, que no exige equivalencia de prestaciones" —en que consiste la onerosidad—, o, por el contrario, solamente "un puro beneficio sin contraprestación para una parte y para la otra una disminución de acervo patrimonial sin compensación económica"—en que consiste la gratuidad—".

F) Sentencia de la Audiencia Provincial de Pontevedra de fecha 22 de julio de 2009 sobre la venta de un inmueble y su no perjudicialidad a la vista del precio de la operación y las circunstancias de la concursada.

G) Sobre la no perjudicialidad de una transmisión (incluso daciones en pago) a la vista de las valoraciones y precios acordados vid. Sentencia del Juzgado de lo Mercantil núm. 1 de Málaga de fecha 6 de febrero de 2009.

III

El artículo 394 de la Ley 1/2000, de 7 de enero, de Enjuiciamiento Civil, que regula las costas que deberán ser impuestas a la parte actora.

Por lo expuesto,

SUPLICO AL TRIBUNAL: Que teniendo por presentado este escrito, lo admita y en méritos a lo expuesto acuerde tener por formulada contestación a la demanda incidental en ejercicio de la acción rescisoria concursal prevista en el artículo 226 y ss. TRLC, presentada por la mercantil ... S.L., administración concursal designada en el procedimiento de Concurso Voluntario Ordinario n.º ..., de las mercantiles ... S.L. y ... S.L., dirigida contra, entre otras personas, mis mandantes ..., dictando en su día resolución desestimándola íntegramente, con expresa imposición de las costas a la parte actora.

Es Justicia que se suplica en ..., a fecha de... de ... de ...

OTROSÍ DIGO: Que esta parte interesa la práctica de prueba, con señalamiento de vista, proponiendo los siguientes medios de prueba:

1. Documental, consistente en que se tenga reproducidos los documentos acompañados a este escrito.

2. Más documental. Que se tenga por reproducido en estas actuaciones la documentación obrante en los autos de concurso ordinario n.º ... y en los presentes autos de incidente concursal número ... Especialmente, los acompañados por las concursadas ... S.L. y ... S.L. a su escrito de contestación a la demanda origen del presente incidente.

SUPLICO AL TRIBUNAL: Que tenga por efectuada esta manifestación a los efectos oportunos.

Es Justicia que se suplica en ..., a fecha de... de ... de ...

SEGUNDO OTROSÍ DIGO: Que de conformidad con lo previsto en el artículo 231 de la vigente Ley de Enjuiciamiento Civil, las partes comparecientes muestran su voluntad de cumplir los requisitos exigidos por la Ley, por lo que manifiestan su intención de subsanar aquellos defectos en que puedan incurrir.

SUPLICO AL TRIBUNAL: Tenga por efectuada la anterior manifestación a los efectos indicados.

Es Justicia que se suplica en ..., a fecha de ...

16. ESCRITURA DE REINTEGRACIÓN A LA MASA ACTIVA DEL CONCURSO DE UN INMUEBLE PREVIA ACCIÓN RESCISORIA

ESCRITURA DE REINTEGRO DE INMUEBLE A LA MASA ACTIVA DE LOS CONCURSOS DE DON... Y DOÑA...

NÚMERO ...

En..., mi residencia, a ... de .... de ...

Ante mí,..., Notario del Ilustre Colegio de...

COMPARECEN

De una parte,

DOÑA..., mayor de edad, soltera, vecina de..., provincia de..., con domicilio en calle..., n.º...., Código Postal número..., con DNI/NIF número...

DON..., mayor de edad, soltero, vecino de Fu, provincia de..., con domicilio en..., calle..., código Postal número..., con DNI/NIF número...

DON..., mayor de edad, soltero, vecino de..., provincia de..., con domicilio en calle..., n.º..., Código Postal número..., con DNI/NIF número...

Los cónyuges DOÑA... y DON..., mayores de edad, casados bajo el régimen legal de gananciales, vecinos de..., provincia de..., con domicilio en calle... n.º..., Código Postal número..., con DNI/NIF número... y DNI/NIF número... y..., respectivamente.

Y de otra parte,

DON..., mayor de edad, con domicilio a estos efectos en calle ..., número ..., y con D.N.I./N.I.F. ...

INTERVIENEN

DOÑA..., DON..., DON..., DOÑA... y DON... en su propio nombre y derecho y por si.

DON... interviene en nombre y representación de la sociedad denominada... SLP, que a su vez interviene esta última interviene en su condición de Administrador Concursal de:

Los cónyuges DON... y DOÑA..., mayores de edad, casados bajo el régimen legal de gananciales, vecinos de..., provincia de..., con domicilio en calle... n.º..., Código Postal número..., con DNI/ NIF número... y..., respectivamente.

La entidad... SLP fue nombrado Administrador Concursal de DOÑA... y DON... en autos dictados el día... de... de... por el Magistrado Juez de la sección de lo mercantil número... del Tribunal de Instancia de..., lo que me acredita por exhibición de las Credenciales, cuya autenticidad he comprobado a partir del CSV inserto y que dejo incorporadas a la presente escritura.

Los demás datos de identificación de... SLP son los siguientes:

Domicilio: En ... Calle ... número ... CP ...

Constitución, objeto social y estatutos: Constituida por tiempo indefinido en escritura autorizada del día.... de... de..., por el notario de... Don..., con el número... de protocolo, trasladado su domicilio al actual según resulta de la inscripción segunda.

Manifiesta el compareciente que los datos identificativos de la persona jurídica a la que representa, y muy especialmente su domicilio y objeto social, son los que constan en las referidas escrituras.

En especial, manifiesta que una de las principales actividades de la sociedad es la jurídica, CNAE ....

Inscripción: Consta inscrita en el Registro Mercantil de ... al tomo ..., folio ...., hoja ...

CIF número ... Se incorpora resultado de la consulta realizada a efectos de verificar que este CIF no ha sido revocado.

Facultades: Interviene al haber sido designado por la citada mercantil como persona natural para el ejercicio del cargo de administrador concursal del citado concurso, según resulta de la oportuna credencial y del acta de comparecencia para aceptación del cargo y designación de persona natural, de fecha ..., que se me exhiben y de las que deduzco el oportuno testimonio, que incorporo a la presente.

Se halla facultado para este acto en ejercicio de su cargo, que manifiesta en vigor.

Y yo, el Notario, por razón de lo expuesto, y la documentación expuesta, que tengo a la vista, le juzgo, bajo mi responsabilidad, con capacidad y facultades representativas suficientes para el otorgamiento de esta escritura de reintegro de inmueble a la masa activa de los concursos de Don … y Doña …

Titularidad real: Al efecto de dar cumplimiento a la obligación de identificación del titular real del artículo cuatro de la Ley 10/2010 de 28 de Abril, de prevención del blanqueo de capitales y de la financiación del terrorismo yo, Notario, hago constar que he consultado la Base de Datos de Titular Real, cuya información he puesto de manifiesto al representante de la sociedad, que confirma que dicha información es correcta.

Les identifico por sus reseñados documentos, y les juzgo con la capacidad legal y legitimidad necesaria para el otorgamiento de esta ESCRITURA DE REINTEGRO DE INMUEBLE A LA MASA ACTIVA DE LOS CONCURSOS DE DON … Y DOÑA …, y al efecto:

EXPONEN

I.— DOÑA…, DON…, DON…, DOÑA… y DON… manifiestan ser titulares registrales, por el título y en la forma que se dirá, de la siguiente finca que no constituye el domicilio familiar habitual de ninguno de ellos:

Descripción.— URBANA… En un CONJUNTO EDIFICATORIO que forma parte del denominado "…," sito en…, calle…, número…, sobre la parcela… de… METROS Y… DECÍMETROS CUADRADOS; Vivienda Tipo…., comercial número… de esta parcela.

Se compone de solo planta baja, destinada a viviendas, distribuida en varias dependencias y servicios, con una superficie construida de…

Linda según se entra a la misma:…

Se le asigna un jardín privativo, sito a su frente de... m2 y un solárium en cubierta de.... m2.

Cuota en el conjunto:... enteros con... centésimas de otro entero por ciento (.... %).

Referencia catastral.— Es..., según resulta de la certificación catastral descriptiva y gráfica que se adjunta. Manifiestan los otorgantes que la descripción que contiene esta certificación catastral se corresponde en lo esencial con la realidad física del inmueble.

Igualmente se adjunta a esta escritura certificación catastral con el valor de referencia de la finca.

Título.— Manifiestan que la compraron en pleno dominio, por cuartas partes indivisas, a los tres primeros con carácter privativo y a los dos últimos con carácter ganancial, a Don... Y Doña... en escritura autorizada el día... de... de..., por el Notario de..., Don..., con el número 3098 de protocolo.

Inscripción.— Inscrita en el Registro de la Propiedad de..., al Tomo..., Libro..., Folio..., Finca número... de... inscripción...

Estado de cargas.— Manifiestan que la finca salvo servidumbre está libre de cargas y gravámenes de todo tipo y, en especial, al corriente de pagos de contribuciones e impuestos.

En especial, la parte transmitente declara, a mi solicitud, a los efectos de la afección mencionada en el artículo 64 de la vigente Ley de Haciendas locales, de la que yo, el Notario, advierto, que la finca se encuentra al día en el pago del Impuesto de Bienes

Inmuebles. Incorporo a esta escritura el justificante, obtenido telemáticamente por mí, Notario, que corrobora la anterior manifestación.

Situación arrendaticia y posesoria.— Manifiestan que la finca no está arrendada ni de otra forma ocupada por terceros.

Consentimientos especiales: No se precisan, por no estar sujeta su disposición a ninguna limitación, autorización ni consentimiento, ni existir titulares de derechos de uso, ni ser la vivienda habitual de las familias de los transmitentes.

Régimen de comunidad.— Manifiestan que la finca se encuentra libre de la afección que establece la Ley de Propiedad Horizontal por estar al corriente en el pago de los gastos de la comunidad de propietarios. La parte compradora exonera al vendedor de su obligación de aportar certificación acreditativa del estado de deudas con la comunidad de propietarios.

Situación urbanística.— No se acredita, si bien las partes manifiestan conocerla y yo, el Notario, hago las advertencias pertinentes. A efectos de lo dispuesto en el artículo 84 del Real Decreto 1093/1997, de 4 de julio, las partes hacen constar que la finca no está incluida en área de tanteo y retracto. Además la parte vendedora manifiesta estar al corriente de todo tipo de deberes urbanísticos de conservación y rehabilitación.

Eficiencia energética.— Dada la naturaleza del acto está exceptuado de la entrega del certificado de eficiencia energética.

Manifestación sobre actividades potencialmente contaminantes.— A los efectos previstos en el artículo 98 de la Ley 7/2022, la parte transmitente declara que no ha realizado actividades potencialmente contaminantes sobre el suelo y que desconoce si se han realizado con carácter previo a su adquisición.

Información registral.— La descripción de la finca, su titularidad y su situación de cargas y afecciones es conforme con la información registral obtenida por mí con arreglo a lo dispuesto en el artículo 175 del Reglamento Notarial, que dejo unida a esta matriz. No obstante yo, el Notario, advierto a los otorgantes de que la situación registral existente con anterioridad a la presentación de esta escritura en el Registro de la Propiedad prevalecerá sobre la información registral expresada.

Los otorgantes solicitan que la presente escritura sea presentada telemáticamente por mí en el Registro de la propiedad que corresponda a los efectos previstos en el artículo 249 del Reglamento Notarial; incorporaré a la presente el justificante de la confirmación positiva del Registro de la Propiedad correspondiente de haberse practicado el asiento o de la denegación del mismo; caso de no ser posible efectuar dicha presentación telemática, solicitan la presentación por fa.., en cuyo caso incorporaré a la presente el justificante de dicha presentación, así como la confirmación positiva del Registro de la Propiedad correspondiente de haberse practicado el asiento o la denegación del mismo.

II.— Que en virtud de auto número... dictado por por el Magistrado Juez de la sección de lo mercantil número... del Tribunal de Instancia de..., el día... de... de..., se homologó escrito de transacción judicial en los términos siguientes:

"1.º.— Reintegrar a la masa activa de los concursos de Doña... y Don... y por parte de los demandados ..., la finca con referencia catastral..., inscrita en el Registro de la Propiedad de..., finca número... y sita en la calle... número.... parcela... de... Esta reintegración se efectuará libre de cargas y gravámenes, así como de ocupantes y arrendamientos. Ello en el plazo máximo de un mes a contar desde la fecha de esta transacción. Los gastos de reintegración serán soportado por los señores...

Las partes igualmente pacta que el precio pagado en su día por los citados..., tiene la consideración de crédito contra la masa, que se satisfará, simultáneamente a la reintegración señalada anteriormente. (ALTERNATIVA: no simultáneamente a la reintegración reseñada en el párrafo anterior, sino junto a los demás créditos contra la mas de los concursos de los Señores... y...y siempre con posterioridad a los ya devengados en dichos procedimientos concursales con anterioridad la fecha de esta transacción. Ello obviamente sin perjuicio del pago de aquellos que fueren preferentes y el supuesto del art. 250 Texto Refundido Ley Concursal)".

III.— Que expuesto cuanto antecede se lleva a cabo en este acto el reintegro de la finca descrita a la masa activa de los concursos de Doña... y Don... por parte de los demandados Don...,..., Doña... e..., con arreglo a las siguientes:

ESTIPULACIONES

PRIMERA.— DOÑA..., DON..., DON..., DOÑA... y DON... reintegran a la masa activa concursal de DON... y DOÑA... y, como consecuencia de ello ceden y transmiten a los Sres... Y..., que representado por la administración concursal lo acepta, y por mitades indivisas, el pleno dominio de la finca descrita en el expositivo I de esta escritura, como cuerpo cierto, en su estado físico y urbanístico actual, con cuanto accesorio y anejo le corresponda, libre de cargas, gravámenes, arrendamientos y ocupantes, y al corriente de pagos de contribuciones, impuestos y recibos de comunidad.

SEGUNDA.— Precio. Consiste el precio de esta transacción en... EUROS (...€) precio pagado en su día por los citados Señores..., y que tiene la consideración de crédito contra la masa, que se satisfará, junto a los demás créditos contra la masa de los concursos de los Señores... y...y siempre con posterioridad a los ya devengados en dichos procedimientos concursales con anterioridad a la fecha de esta transacción. Ello obviamente sin perjuicio del pago de aquellos que fueren preferentes y el supuesto del art. 202 Texto Refundido Ley Concursal.

TERCERA.— Los gastos notariales y registrales que deriven del otorgamiento de esta escritura serán pagados por los señores... a partes iguales.

SOLICITAR LA INSCRIPCIÓN REGISTRAL DE LA ESCRITURA.

Se solicita la aplicación de cuantas exenciones y bonificaciones proceda y especialmente la devolución de lo pagado por Impuesto de Transmisiones Patrimoniales e Impuesto sobre el incremento de valor de los inmuebles de naturaleza urbana. En cuanto procede la devolución reseñada a favor de los citados señores..., procederá su ingreso en la más activa de su respectivo concurso.

OTORGAMIENTO Y AUTORIZACIÓN

Informo a los comparecientes de que sus datos personales serán objeto de tratamiento en esta Notaría; dichos datos son necesarios para el cumplimiento de las obligaciones legales del ejercicio de la función pública notarial, conforme a lo previsto en la legislación notarial, de prevención del blanqueo de capitales, tributaria y, en su caso, sustantiva que resulte aplicable al acto o negocio jurídico documentado. La comunicación de los datos personales es un requisito legal, encontrándose los otorgantes obligados a facilitar los datos personales, y estando informados de que la consecuencia de no facilitar tales datos es que no sería posible autorizar el presente documento público. Sus datos se conservarán con carácter confidencial.

La finalidad del tratamiento de los datos es cumplir la normativa para autorizar el presente documento, facilitar su facturación y seguimiento posterior y cumplir las obligaciones propias de la actividad notarial, de las que pueden derivarse la existencia de decisiones automatizadas, autorizadas por la Ley, adoptadas por las Administraciones Públicas y entidades cesionarias autorizadas por Ley, incluida la elaboración de perfiles precisos para la prevención e investigación por las autoridades competentes del blanqueo de capitales y la financiación del terrorismo.

El notario realizará las cesiones de dichos datos que sean de obligado cumplimiento a las Administraciones Públicas, a las entidades y sujetos que estipule la Ley y, en su caso, al Notario que suceda o sustituya al actual en esta notaría.

Los datos serán tratados y protegidos según la Legislación Notarial y la legislación de protección de datos de carácter personal y se conservarán durante los años necesarios para cumplir con las obligaciones legales del Notario o quien le sustituya o suceda.

Los comparecientes pueden ejercitar sus derechos de acceso, rectificación, supresión, limitación, portabilidad y oposición al tratamiento por correo postal ante la Notaría autorizante, sita en..., calle Alcalá, 35 1.º. Asimismo, tienen el derecho a presentar una reclamación ante una autoridad de control.

Hago a los comparecientes las reservas y advertencias oportunas, entre ellas las de carácter fiscal y registral.

Así lo otorgan. Leído por mí, el Notario, este documento a los comparecientes, después de informarles del derecho que tienen de leerlo por sí, quedan enterados de su contenido, lo consienten y firman.

De identificarles, de su legitimación, de que el consentimiento ha sido libremente prestado, de que el otorgamiento se adecúa a la legalidad y a la voluntad debidamente informada de los otorgantes y de que firman ante mí el presente instrumento público, extendido en Composición papel timbrado, yo, el Notario, DOY FE.